D1690674

Rheinland-Pfälzerinnen

Veröffentlichungen der Kommission des Landtages
für die Geschichte des Landes Rheinland-Pfalz
Band 23

Im Auftrage der Kommission des Landtages
herausgegeben
bei der Landesarchivverwaltung Rheinland-Pfalz
von Heinz-Günther Borck
unter Mitarbeit von Beate Dorfey

Rheinland-Pfälzerinnen

Frauen in Politik, Gesellschaft,
Wirtschaft und Kultur
in den Anfangsjahren des Landes Rheinland-Pfalz

bearbeitet von
Hedwig Brüchert

v. HASE & KOEHLER MAINZ
2001

Die Deutsche Bibliothek – CIP-Einheitsaufnahme

Rheinland-Pfälzerinnen : Frauen in Politik, Gesellschaft, Wirtschaft und Kultur in den Anfangsjahren des Landes Rheinland-Pfalz / Hedwig Brüchert (Bearb.). - (Im Auftr. d. Kommission d. Landtages hrsg. bei d. Landesarchivverwaltung Rheinland-Pfalz von Heinz-Günther Borck unter Mitarbeit von Beate Dorfey.) Mainz : v. Hase & Koehler, 2001
(Veröffentlichungen der Kommission des Landtages für die Geschichte des Landes Rheinland-Pfalz ; Bd. 23)
ISBN 3-7758-1394-2

ISBN 3-7758-1394-2
© 2001 by v. Hase & Koehler, Mainz
Alle Rechte vorbehalten · Printed in Germany
Herstellung: Paulinus-Druckerei, Trier

Inhalt

Vorwort des Landtagspräsidenten XI

Vorwort der Herausgeberin XIII

Einführung 1

Lebensbilder rheinland-pfälzischer Frauen 19

Elisabeth Alschner (1929-1997), Fabrikarbeiterin, Gewerkschafterin, Speyer 21
Gertrud Aretz (geb. 1915), Fürsorgerin, Landtagsabgeordnete, Montabaur
    (Westerwald) 24
Hildegard Auer (1910-1997), Geschäftsfrau, Ludwigshafen 26
Auguste Bader (1900-1990), Bäuerin und Müllerin,
    Landfrauenverbandsvorsitzende, Steinwenden (Kreis Kaiserslautern) 30
Ruth Baron (geb. 1921), Journalistin, Mainz 32
Franziska Bereths (1900-1970), Kreistagsmitglied, Wehlen
    (Kreis Bernkastel-Wittlich) 36
Ulla Berghammer (1887-1957), Mitglied der Beratenden
    Landesversammlung, Landau 37
Gertrud Bienko (geb. 1902), Lehrerin, Denkmalschützerin, Koblenz 39
Irmgard Biernath (1905-1998), Bildhauerin, Mainz 42
Lilly Bischoff (1905-1978), Sozialreferentin des Diakonischen Werks
    der Pfälzischen Landeskirche, Speyer 46
Liselotte Blank-Sommer (1920-1998), Architektin, Worms 48
Inge Blum (geb. 1924), Bildhauerin, Mainz 50
Lene Bögler (geb. 1906), Stadtratsmitglied, Beigeordnete, Speyer 53
Martha Brach (1899-1990), Landtagsabgeordnete, Trier 56
Berti Breuer-Weber (1911-1989), Graphikerin, Kinderbuchautorin, Koblenz 59
Karin Bruns (1918-1997), Graphikerin, Frankenthal 62
Maria Bund (geb. 1912), Schneiderin, Stadtratsmitglied, Mainz 66
Geneviève Carrez (geb. 1909), Mitarbeiterin der französischen
    Militärverwaltung 70

Maria Croon (1891-1983), Lehrerin, Schriftstellerin, Meurich (Kreis Trier-Saarburg)	73
Dr. Elisabeth Darapsky (1913-1998), Historikerin, Archivarin, Mainz	78
Carola Dauber (1898-1985), Landtagsabgeordnete, Kaiserslautern	81
Anneliese Debray (1911-1985), Leiterin des Hedwig-Dransfeld-Hauses in Bendorf (Kreis Mayen-Koblenz)	85
Maria Detzel (1892-1965), Mitglied der Beratenden Landesversammlung, Koblenz	89
Erni Deutsch-Einöder (1917-1997), Schriftstellerin, Zweibrücken	92
Maria Dietz (1894-1980), Lehrerin, Bundestagsabgeordnete, Mainz	95
Josefine Doerner (1895-1968), Ministerialrätin, Mitglied der Beratenden Landesversammlung und des Landtags, Altenkirchen	100
Hedwig Doll (1913-1999), Kinobesitzerin, Ludwigshafen	102
Dr. Julia Dünner (1883-1959), Ministerialrätin, Koblenz	107
Auguste Ehrgott (1894-1960), Fürsorgerin, Beigeordnete, Speyer	110
Anni Eisler-Lehmann (1904-1999), Opernsängerin, Verfolgte des NS-Regimes, Stifterin, Mainz	112
Ursula Enseleit (1911-1997), Bildhauerin, Dichterin, Mainz	118
Margarete Falke (1902-1982), ehrenamtliche Mitarbeiterin der Arbeiterwohlfahrt, Stadtratsmitglied, Altenkirchen	120
Susanne Faschon (1925-1995), Schriftstellerin, Kaiserslautern	122
Marga Faulstich (1915-1998), Erfinderin des Leichtgewichts-Brillenglases, Mainz	126
Therese Fiederling (geb. 1919), Buchbindemeisterin, Mainz	129
Dr. Helene Flad (geb. 1924), Bereitschaftsärztin, Trier	132
Dr. Ruth Fuehrer (1902-1966), Pfarrerin, Landtagsabgeordnete, Neustadt a.d.W.	135
Erneste Fuhrmann-Stone (1900-1982), Schriftstellerin, Pirmasens	139
Dr. Mathilde Gantenberg (1889-1975), Studienrätin, Mitglied der Beratenden Landesversammlung und des Landtags, Staatssekretärin, Bundestagsabgeordnete, Trier	141
Emmy Gehrlein-Fuchs (1905-1980), Heimatforscherin, Stifterin, Zweibrücken	145
Otti Gerber (geb. 1922), Mitarbeiterin des DRK-Suchdienstes, Altenpolitikerin, Mainz	147
Gertrud Gerhards (geb. 1919), Unternehmerin, Ransbach-Baumbach (Westerwaldkreis)	151
Susanna Gerloff (1923-1998), Krankenschwester, Schriftstellerin, Simmern (Hunsrück)	154
Irène Giron (1910-1988), Mitarbeiterin der französischen Militärregierung	156
Amely Goebel (1903-1982), Volkswirtin, Jugendfürsorgerin, Landtagsabgeordnete, Trier	161
Helene Grefraths (1912-1999), Caritasmitarbeiterin, Ludwigshafen	164
Hilde Greller (1906-2000), Malerin, Kaiserslautern	166

Irmgard Gusovius (geb. 1913), Kauffrau, VdK-Vorsitzende,
  Kreistagsmitglied, Manderscheid (Kreis Bernkastel-Wittlich) 170
Prof. Dr. Barbara Haccius (1914-1983), Biologin, Mainz 172
Josefine Halein (1904-1990), Mitarbeiterin der „Betreuungsstelle für
  politisch, rassisch und religiös Verfolgte", Landtagsabgeordnete, Mainz   175
Else Harney (1919-1984), Keramikerin, Burg Coraidelstein,
  Klotten a. d. Mosel 179
Thea Haupt (1906-1981), Schriftstellerin, Kaiserslautern 182
Prof. Dr. Edith Heischkel-Artelt (1906-1987), Medizinhistorikerin, Mainz   186
Dora Hennig (1902-1989), Stadtratsmitglied, Landtagsabgeordnete, Mainz   189
Luise Herklotz (geb. 1918), Journalistin, Landtags- und Bundestags-
  abgeordnete, Speyer 191
Susanne Hermans (geb. 1919), Sozialarbeiterin, Landtagsabgeordnete,
  Koblenz 196
Dr. Luise v. d. Heyden (1897-1957), Jugendfürsorgerin, Heimleiterin,
  Wolf (Kreis Bernkastel-Wittlich) 200
Mina Hochmann (1906-1992), Mitarbeiterin der Arbeiterwohlfahrt, Landau   202
Schwester Dr. Norberta Hoffmann (1901-1994), Schuldirektorin,
  Bingen am Rhein und Mainz 205
Annemarie Holst-Steinel (geb. 1924), Landtagssekretärin, Koblenz und Mainz   208
Betty Impertro (1908-1988), Stadtratsmitglied, Ludwigshafen 211
Anne Jackob (1910-2000), Geschäftsfrau, Mainz 213
Anna-Maria Jacoby (1896-1990), Landfrau, Gemeinderats- und
  Kreistagsmitglied, Rivenich (Kreis Bernkastel-Wittlich) 215
Elisabeth Jaeger (1892-1969), Diakonisse, Bad Kreuznach 218
Hildegard Jähnke (geb. 1917), Textilarbeiterin, Gewerkschaftssekretärin,
  Betzdorf (Kreis Altenkirchen) 223
Katharina Kanja (1892-1973), Schulleiterin, Stadtratsmitglied, Koblenz 227
Elfriede Kehrein (1906-1987), Buchhändlerin, „Trümmerfrau", Neuwied 225
Hildegard Kerner (1921-1987), Stadtratsmitglied, Landtagsabgeordnete,
  Neustadt a.d.W. 232
Elisabeth Reichsgräfin von Kesselstatt (1896-1971), Oberin,
  Bingen am Rhein und Vallendar (Kreis Mayen-Koblenz) 236
Elisabeth Kirch (1884-1966), Lehrerin, Schriftstellerin, Kaiserslautern 238
Marie-Elisabeth Klee (geb. 1922), Bundestagsabgeordnete,
  UNICEF-Vorsitzende, Worms 241
Lucie Kölsch (1919-1997), Stadtratsmitglied, Landtagsabgeordnete, Worms   244
Prof. Dr. Hedwig Kömmerling (1896-1996), Historikerin,
  Frauenring-Vorsitzende Pirmasens 249
Anneliese Koenig (geb. 1923), Konditormeisterin, Ludwigshafen 254
Erika Köth (1925-1989), Opernsängerin, Neustadt a.d.W. 258
Elisabeth Konrad (1896-1972), Bauunternehmerin,
  Osthofen (Kreis Alzey-Worms) 263

Karoline Kriechbaum (1899-1973), Arbeiterin, Mundartdichterin,
   Kaiserslautern 265
Walburga Kroiss = Schwester Luthardis (geb. 1919), Krankenschwester,
   Verwaltungsleiterin, Zweibrücken 268
Charlotte Krumbach (1919-1981), Stadtratsmitglied, Zweibrücken 271
Annemarie Lange (1897-1964), Bibliothekarin, Trier 274
Elisabeth Langgässer (1899-1950), Schriftstellerin,
   Rheinzabern (Kreis Germersheim) 276
Maria Leist (1910-1990), Caritas-Mitarbeiterin, Zweibrücken 279
Elisabeth Mahla (1889-1974), Vorsitzende des Frauenrings Rheinland-Pfalz,
   Landau 282
Anna Maus (1905-1984), Fürsorgerin, Stadtratsmitglied, Heimatforscherin,
   Frankenthal 284
Maria Mechelen (1903-1991), Jugendfürsorgerin, Neuwied 287
Mina Merz (1895-1978), Stadtratsmitglied, Frankenthal 289
Agnes Meyer (1896-1990), Karussellbesitzerin, Neuwied............................... 290
Elisabeth Meyer-Bothling (1916-1996), Sozialarbeiterin, Koblenz 295
Dr. Else Missong (1893-1958), Volkswirtin, Mitglied der Beratenden
   Landesversammlung, Linz am Rhein 298
Dr. Gertraud Nellessen (geb. 1921), Abteilungsleiterin
   im Statistischen Landesamt, Bad Ems 302
Hilde Osterspey (1905-1964), Sportlehrerin, Malerin, Schriftstellerin,
   Frankenthal 305
Liesel Ott (1900-1983), Mundartdichterin, Zweibrücken 308
Marlott Persijn-Vautz (geb. 1917), Pianistin, Kaiserslautern 311
Maria Peters (1892-1973), Lehrerin, Heimatschriftstellerin,
   Badem (Kreis Bitburg) und Kasel (Kreis Trier-Saarburg) 313
Cläre Prem (1899-1988), Journalistin, Schriftstellerin, Trier 315
Luise Radler (1911-1988), Gründerin der Arbeiterwohlfahrt Nahbollenbach,
   Kreistagsmitglied, Idar-Oberstein (Kreis Birkenfeld).................................. 317
Marie Raether (1907-1995), Bäuerin, Landfrauenverbandsvorsitzende,
   Dorn-Dürkheim (Kreis Mainz-Bingen) 320
Hedwig Reichensperger (1888-1975), Vorsitzende des Deutschen
   Katholischen Frauenbundes Koblenz 322
Liesel Ritz-Münch (1919-1994), Schneidermeisterin, Vorsitzende
   des Verbands der Pfälzischen Damenschneiderinnungen,
   Kaiserslautern und Bad Dürkheim 324
Emy Roeder (1890-1971), Bildhauerin, Mainz 327
Heny Roos (1905-1986), Gewerkschafterin, Stadtratsmitglied, Ludwigshafen 330
Helene Rothländer (1890-1976), Lehrerin, Stadtratsmitglied,
   Mitglied der Beratenden Landesversammlung und des Landtags, Koblenz 333
Aenne Rumetsch (1908-1982), Stadtratsmitglied, Geschäftsführerin
   der Arbeiterwohlfahrt, Ludwigshafen... 337

Dr. Josefine Runte (geb. 1916), Oberstudiendirektorin, Trier ... 339
Martha Saalfeld (1898-1976), Schriftstellerin, Landau
und Bad Bergzabern (Kreis Südliche Weinstraße) ... 341
Clara Sahlberg (1890-1977), Schneiderin, Gewerkschaftssekretärin, Trier ... 345
Gertrud Sauerborn (1898-1982), Fürsorgerin, Leiterin des
Landesjugendamtes, Gladbach (Kreis Neuwied), Koblenz und Mainz ... 351
Hedwig Schardt (geb. 1924), Lehrerin, Stadtrats- und Kreistagsmitglied,
Landtagsabgeordnete, Kirchheimbolanden (Donnersbergkreis) ... 354
Susanne Scheuer (1878-1957), Bäuerin, Ortsbürgermeisterin,
Köllig (Kreis Trier-Saarburg) ... 357
Annelore Schlösser (geb. 1926), „Studentin der ersten Stunde", Worms ... 361
Ella Schmahl (1915-1995), Bäuerin, Landfrauenverbandsgründerin,
Contwig (Kreis Pirmasens) ... 364
Gisela Schmidt-Reuther (geb. 1915), Künstlerin, Keramikerin, Dozentin,
Rengsdorf (Kreis Neuwied) ... 366
Margarete Schneider = Schwester Edelgard (geb. 1906),
Ordensfrau und Krankenschwester, Engers (Kreis Neuwied) ... 370
Karoline Schott (geb. 1922), Auschwitz-Überlebende, Worms ... 373
Dr. Maria Schröder-Schiffhauer (1911-1997), Journalistin, Schriftstellerin,
Trier ... 377
Anne-Marie Schuler (1899-1999), „Trümmerfrau", Stadtratsmitglied,
Zweibrücken ... 379
Elisabeth Schwamb (1897-1964), Kreistagsmitglied, politische Mahnerin,
Undenheim (Kreis Mainz-Bingen) ... 382
Sofie Schwarzkopf (1895-1979), Stadtratsmitglied, Vorsitzende
der Arbeiterwohlfahrt, Koblenz ... 385
Ilse von Senfft (1916-1998), Elektrikerin, Sendewartin beim Südwestfunk,
Wolfsheim b. Mainz, Linz am Rhein und Waldesch (Kreis Mayen-Koblenz) 387
Elfriede Seppi (1910-1976), Stadtratsmitglied, Landtags-
und Bundestagsabgeordnete, Neuwied ... 390
Katharina Stalter (1896-1950), Stadtratsmitglied, Neustadt a.d.W. ... 393
Hilda von Stedman (1888-1984), Leiterin des amtlichen Suchdienstes
Rheinland-Pfalz, Urbar bei Koblenz ... 396
Dr. Elisabeth Steil-Beuerle (1908-1985), Journalistin, Mainz ... 399
Ina Stein-Wiese (1910-1966), Malerin, Dieblich (Kreis Mayen-Koblenz) ... 403
Lieselotte Steingötter (geb. 1910), Sportlerin, Übungsleiterin, Kaiserslautern ... 405
Hildegard Storr-Britz (1915-1982), Keramikerin, Künstlerin,
Höhr-Grenzhausen (Westerwald) ... 408
Marie Strieffler (1917-1987), Malerin, Landau ... 411
Dr. Erika Sulzmann (1911-1989), Ethnologin, Mainz ... 414
Inge Thomé (geb. 1925), Rundfunkreporterin, Mainz ... 418
Ellen Thress (1895-1990), Politikerin, Bad Kreuznach ... 420
Gretl Tonndorff (1919-1991), Schauspielerin, Sängerin, Koblenz ... 423

Elisabeth Trimborn (geb. 1914), Lehrerin, Stadtratsmitglied, Ludwigshafen   426
Gretel Wacht (geb. 1924), Unternehmerin, Kreistagsmitglied, Konz
    (Kreis Trier-Saarburg)   428
Louise Wandel (1892-1981), Pianistin, Musikpädagogin, Mainz   431
Dr. Ella Weiß (1910-1995), Studienrätin, Mitglied der Beratenden
    Landesversammlung und des Landtags, Frankenthal, Ludwigshafen   433
Mathilde Werbelow (1910-1960), Bibliothekarin, Leiterin
    des deutsch-französischen Kulturhauses „Die Brücke", Neustadt a.d.W.   435
Gertrud Wetzel (1914-1994), Gemeinderats-, Stadtrats- und
    Bezirkstagsmitglied, Landtagsabgeordnete, Ludwigshafen   439
Elizabeth Wiebe (1899-1980), Mitarbeiterin des mennonitischen Hilfswerks,
    Neustadt a.d.W.   442
Ilse Wild-Kussler (geb. 1924), Malerin, Idar-Oberstein und Birkenfeld   444
Maria Wolf (1900-1980), Stadtratsmitglied, Landtagsabgeordnete, Trier   447
Cäcilie Ziegler (geb. 1921), Lehrerin, Schriftstellerin, Heimatforscherin,
    Sankt Martin (Kreis Südliche Weinstraße)   450

Anhang:

Literatur zur Geschichte der Frauen in der Nachkriegszeit,
    zur Geschichte der Frauen in Rheinland-Pfalz und zur Geschichte
    des Landes Rheinland-Pfalz   452
Liste der weiblichen Mitglieder der Beratenden Landesversammlung und
    der ersten fünf rheinland-pfälzischen Landtage (1947-1967)   462
Liste der weiblichen Bundestagsabgeordneten aus Rheinland-Pfalz
    (1949-1967)   463
Personenregister   464
Ortsregister...   473
Bildnachweis   480
Liste der Autorinnen und Autoren und der von ihnen verfassten Biographien   484

Zum Geleit

Frauen haben ihre Rolle in dem vergangenen Jahrhundert stetig gewandelt. Sie haben sich das Wahlrecht erkämpft, Deutschland nach zwei Weltkriegen maßgeblich wieder aufgebaut und stehen in der Bundesrepublik immer stärker in vorderster politischer Reihe.
Dennoch fällt auf, dass unter den bedeutenden Personen dieses Jahrhunderts meist nur wenige Frauen genannt werden, auch in Rheinland-Pfalz. Die Gründe hierfür dürften vielfältig sein. Zum einen die noch immer männlich geprägte Sichtweise der Gesellschaft, die die Verdienste von Frauen häufig weniger hoch bewertet hat als die der Männer. Zum anderen vielleicht die Tendenz bei vielen Frauen, gerade der älteren Generation, die eigenen Leistungen weniger publik zu machen als Männer. Das Bild der Frau, die „im Verborgenen" wirkt, prägte über Generationen das Rollenbild.
In diesem Werk sind Schicksale von Frauen zusammengetragen worden, die Spuren hinterlassen haben in der Geschichte unseres Landes. Es sind ganz verschiedene Frauen mit sehr unterschiedlichen Voraussetzungen und Schicksalen. Sie stehen stellvertretend für Frauengenerationen, die gerade in Deutschland eine besonders schwere Bürde zu tragen hatten. Gemeinsam ist ihnen nicht nur die Epoche, in der sie lebten, sondern auch die individuelle Fähigkeit, in Kriegs- und Nachkriegszeiten besondere Leistungen zu vollbringen.
Dieses Buch ruft Frauen aus den Anfangsjahren des Landes Rheinland-Pfalz in Erinnerung. Diese Jahre waren geprägt von der Notsituation nach einem verheerenden Krieg, von dem gesellschaftlichen Umbruch durch den Zusammenbruch des nationalsozialistischen Regimes. Nahrungsknappheit, Wohnungsnot, Besatzung und Wiederaufbau waren prägende Elemente dieser Zeit. Es folgte der demokratische Aufbau des Landes Rheinland-Pfalz und die Schaffung einer einheitlichen Rechtsordnung für die ehemals preußischen, hessischen und bayerischen Landesteile. Die Frauen, die in diesem Buch porträtiert werden, hatten mit Umständen und Strukturen zu kämpfen, die die Menschen in Rheinland-Pfalz heute aus eigener Erfahrung zum großen Teil nicht mehr kennen.
Aber manches aus den dargestellten Schicksalen mag auch für junge Frauen im heutigen Rheinland-Pfalz Relevanz haben. Sich in „Männerdomänen" zu behaupten, gleichen Lohn für gleiche Leistung zu erhalten, als gleichwertig respektiert zu werden, ist auch heute noch nicht überall selbstverständlich. Auch wenn die Gleichberechtigung von Männern und Frauen schon viel stärker ausgeprägt ist als in den Anfangsjahren des Landes Rheinland-Pfalz, so ist dieses Ziel noch lange nicht erreicht.

Der Anteil der Frauen an der Völkerverständigung, an dem Zusammenwachsen Europas, ist bis heute von großer Bedeutung. Die Einbindung Deutschlands in die Europäische Gemeinschaft ist ein wichtiger Schritt zur Wahrung des Friedens. Aus diesem Grund freue ich mich besonders, dass auch ausländische Frauen, die in den Anfangsjahren unseres Bundeslandes eine Rolle gespielt haben, in diesem Werk Erwähnung finden.

Dieses Buch wird, wie ich hoffe, mehrere Zwecke erfüllen. Es wird Frauen wieder ins Bewusstsein rufen, die in unterschiedlichen Bereichen ihren Teil zu der Entwicklung des Landes Rheinland-Pfalz beigetragen haben und deren Verdienste in Vergessenheit zu geraten drohten. Es soll dazu ermuntern, sich mit diesen Frauen und ihren Geschichten auseinanderzusetzen und möglicherweise auch Rückschlüsse auf das eigene Leben zu ziehen. Vielleicht kann es sogar Verständnis schaffen für die Frauen und auch Männer in anderen Staaten dieser Erde, die sich in einer ähnlichen Situation befinden wie Rheinland-Pfalz in seinen Anfangsjahren. Für Menschen in Ländern, die vom Krieg verwüstet sind und sich in wirtschaftlicher Not befinden. Für solche, die nach faschistischen Regimes Wiederaufbau in materieller und politischer Hinsicht leisten müssen, und auch für solche, die vor dem Grauen des Faschismus und des Krieges nach Deutschland fliehen. Und dieses Buch mag daran erinnern, dass in allen Ländern die Frauen und Kinder die Hauptlasten von Krieg und Unterdrückung tragen.

(Christoph Grimm)
Landtagspräsident

Vorwort der Herausgeberin

Zum Projekt der Kommission des Landtages zur Geschichte des Landes Rheinland-Pfalz: „Frauen in Politik, Gesellschaft, Wirtschaft und Kultur in den Anfangsjahren des Landes Rheinland-Pfalz"

Die Kommission des Landtages zur Geschichte des Landes Rheinland-Pfalz hat in ihrer Veröffentlichungsreihe seit 1978 einundzwanzig Bände herausgebracht. Die rheinland-pfälzischen Frauen kamen darin bisher eher am Rande vor. Dies war einer der Gründe, warum sich die Kommission entschloß, den Frauen, die am Aufbau des Landes mitgewirkt haben, einen eigenen Band zu widmen.
Ein erster Schritt dazu war, daß in den Jahren 1994 und 1995 alle Städte und Gemeinden, Archive, Verbände, Kammern, Gewerkschaften, Parteien, kirchliche und private Organisationen, Geschichts- und Heimatvereine von Herrn Ministerialrat Anton Neugebauer vom Ministerium für Kultur, Gesundheit, Jugend und Frauen angeschrieben wurden mit der Bitte, Frauen aus ihrem Bereich zu benennen, die in dieses Buch aufgenommen werden sollten, sowie biographisches Material über diese Frauen an das Ministerium zu senden. Der Rücklauf dieser Aktion bildete den Grundstock für die weitere Arbeit. Rund einhundert Frauen wurden damals benannt.
Etwa zur gleichen Zeit, als die Planungen der Kommission des Landtages für dieses Buch anliefen, wurden auch am Historischen Seminar der Universität Koblenz-Landau Überlegungen angestellt, ein Projekt „Berühmte Frauen in Rheinland-Pfalz" durchzuführen. Hierbei waren in Koblenz Herr Dr. Helmut Neubach, in Landau Herr Dr. Hans-Jürgen Wünschel federführend; es wurden Lehrveranstaltungen zu diesem Thema angeboten, und unter der Leitung von Herrn Dr. Neubach wurde von Studierenden in Koblenz eine Reihe biographischer Interviews mit Zeitzeuginnen geführt. Einige Ergebnisse dieser Aktivitäten konnten in das vorliegende Buch mit einfließen.
Im Frühjahr 1997 wurde das Institut für Geschichtliche Landeskunde an der Universität Mainz von der Kommission des Landtages für die Geschichte des Landes Rheinland-Pfalz mit der weiteren Durchführung des Projekts beauftragt, und mir wurde die Aufgabe übertragen, die notwendigen Recherchen durchzuführen und das Manuskript für das Buch zu erstellen. Im Laufe der sich anschließenden ersten Phase der Quellen- und Spurensuche wuchs die Liste der Namen weiter an. Für manche Frauen waren dann allerdings nur so spärliche Quellen und Hinweise zu finden, daß sie für die Erstellung eines Lebensbildes nicht ausreichten. Rund 140 Frauen können hier jedoch mit ihrer Lebensgeschichte vorgestellt werden.

Das vorliegende Buch, dies sei vorweg betont, ist also kein biographisches Lexikon von Frauen aus Rheinland-Pfalz. Es war vielmehr das Ziel, hier eine Reihe von exemplarischen Frauenlebensläufen aus unterschiedlichen Berufen und ehrenamtlichen Tätigkeitsbereichen, unterschiedlichen sozialen Schichten und aus den verschiedenen Regionen des Landes vorzustellen und ihre Lebensleistung, vor allem in Bezug auf die ersten beiden Nachkriegsjahrzehnte, zu würdigen. Die hier porträtierten Frauen stehen stellvertretend für eine Vielzahl von nicht genannten und inzwischen oft vergessenen Schicksals- und Geschlechtsgenossinnen.

Die einzige Gruppe, die vollständig aufgenommen wurde, sind die Frauen, die der Beratenden Landesversammlung und den ersten fünf Landtagen von Rheinland-Pfalz angehörten. Die Veröffentlichungsreihe des Landtags ist sicherlich der richtige Ort, um die „Mütter" unserer Landesverfassung und ihre Nachfolgerinnen, die stets nur einen verschwindend geringen Anteil im lange Jahre von Männern dominierten Landtag ausmachten, einmal insgesamt zu würdigen. Und diese Frauen stehen natürlich auch für die gesamte Nachkriegsgeneration, denn sie waren ja nicht nur Politikerinnen, sondern ebenso ganz normale „Trümmerfrauen", Kriegerwitwen, Vertreterinnen verschiedener Berufe und gesellschaftlicher Gruppen.

Angestrebt wurde bei der Zusammenstellung der Biographien für dieses Buch im übrigen eine möglichst große Vielfalt von Tätigkeitsfeldern. Ebenso sollten Frauen aus allen Regionen von Rheinland-Pfalz, Frauen aus Stadt und Land vertreten sein. Dies gestaltete sich zum Teil recht schwierig, da nicht aus allen Teilen von Rheinland-Pfalz in gleichem Umfang Frauen für das Buch vorgeschlagen wurden und sich auch die Mitwirkung vor Ort bei der Quellensuche unterschiedlich intensiv gestaltete. Die Unterstützung durch „Experten" in den jeweiligen Regionen, die genaue Ortsgeschichts- und Personenkenntnisse haben, ist bei der Zusammenstellung eines solchen Buches jedoch unverzichtbar.

Die Auswahl der in dieses Buch aufgenommenen Frauen war daher notgedrungen zum Teil vom Zufall bestimmt. Ein Teil der Frauen war bereits zu Beginn des Projekts im Rahmen der durchgeführten schriftlichen Umfrage benannt worden. Die systematische Auswertung der rheinland-pfälzischen Literatur über die Nachkriegsjahre förderte weitere Namen zutage. In einigen Fällen war in einem Kreisjahrbuch, einer Zeitschrift oder einem lokalgeschichtlichen Werk eine Biographie veröffentlicht worden, und die entsprechende Frau war dadurch bereits dem Vergessen entrissen. Wenn noch Lücken für bestimmte Regionen oder Berufsgruppen herrschten, wurde versucht, diese durch gezielte Nachfragen, z.B. bei Landfrauenverbänden, Archiven, Gemeinden, Frauenvereinigungen, Parteien oder Gewerkschaften, zu schließen.

Eine Voraussetzung dafür, daß eine Biographie in dem Buch erscheinen kann, war natürlich, daß ausreichende Quellen über eine Frau auffindbar waren, die über karge Lebensdaten hinausgingen und es zuließen, ein informatives, abgerundetes Lebensbild zu schreiben. Es zeigte sich leider, daß vielerorts nur wenig Material aus den späten vierziger und fünfziger Jahren aufbewahrt wurde, das Hinweise zur Biographie von Einzelpersonen oder Informationen über die Arbeit von Verbänden und Organisationen liefert. Über Frauen, die keine absoluten Spitzenpositionen bekleiden, werden auch in öffentlichen Archiven nur selten Dokumente gesammelt, und längst nicht jedes Archiv verfügt über eine personengeschichtliche Sammlung. Auch scheinen Frauen seltener als Männer ihre schriftlichen Hinterlassenschaften einem Archiv als Depositum oder Nachlaß zu übergeben, selbst wenn sie in einer herausgehobenen Position tätig waren. Die Spuren- und Datensuche gestaltete sich oft äußerst mühsam und erforderte detektivische Methoden. In einigen wenigen Fällen kam es auch vor, daß eine noch lebende Frau eine Veröffentlichung ihrer Biographie ablehnte. Dies ist zu respektieren.

Es sind höchst unterschiedliche Frauen in dem Buch vertreten: Bäuerinnen, Winzerinnen, Lehrerinnen, Wissenschaftlerinnen, Bildende Künstlerinnen, Schriftstellerinnen, Musikerinnen, Journalistinnen, Ärztinnen, Sozialarbeiterinnen, Caritasschwestern, Diakonissen, Studentinnen der „ersten Stunde", Sekretärinnen, selbständige Unternehmerinnen, Handwerksmeisterinnen, ehrenamtliche Mitarbeiterinnen des Roten Kreuzes und der Arbeiterwohlfahrt, Rundfunkreporterinnen und Technikerinnen, eine Ortsbürgermeisterin, Kommunalpolitikerinnen, Landtags- und Bundestagsabgeordnete, Ministerialrätinnen, Theologinnen, Arbeiterinnen, Gewerkschafterinnen, Archivarinnen, Sportlerinnen, Vorsitzende von Frauenringen, Flüchtlingsfrauen und „Trümmerfrauen".

Vertreten sind auch drei ausländische Frauen, die in den ersten Nachkriegsjahren im Rahmen der französischen Militärverwaltung bzw. einer humanitären Hilfsorganisation ihr Wirkungsfeld in Rheinland-Pfalz hatten. In das Buch aufgenommen wurden außerdem die Lebensgeschichten von zwei Frauen, die unter der nationalsozialistischen Herrschaft aus rassistischen Gründen verfolgt waren und in Lagern überlebten. Ihr weiteres Schicksal zeigt, daß die Erfolgsgeschichte des Wiederaufbaus und des Wirtschaftswunders im Nachkriegsdeutschland ihre Schattenseiten hatte. Nur allzu leicht wurden darüber das geschehene Unrecht und die nationalsozialistischen Verbrechen verdrängt und vergessen, und oft genug kam es vor, daß die Opfer erneut um ihre Rechte und um eine bescheidene Entschädigung kämpfen mußten.

Die hier vorgestellten Frauen wurden, bis auf ganz wenige Ausnahmen, zwischen 1890 und 1925 geboren, d.h., sie haben die Zeit des Nationalsozialismus und den Zweiten Weltkrieg alle sehr bewußt miterlebt und waren bei Kriegsende mitten in ihren aktiven Berufsjahren oder standen zumindest am Beginn des Erwachsenenalters. Ihr Privatleben oder ihre berufliche Karriere waren in vielen Fällen durch die politische Entwicklung und durch die Kriegsereignisse beeinflußt, beeinträchtigt oder in andere Bahnen gelenkt worden. Eine ganze Reihe von Frauen hatte den Ehemann, Verlobten oder Freund verloren, wodurch ihre Lebensumstände in der Nachkriegszeit stark geprägt wurden. Einige der Frauen mußten bei Kriegsende aus ihrer Heimat flüchten und fanden in Rheinland-Pfalz ein neues Zuhause. Etliche der hier porträtierten Frauen, die noch im 19. Jahrhundert geboren wurden, hatten bereits in den Jahren der Weimarer Republik eine berufliche oder politische Karriere gemacht.

In diesem Buch werden vor allem solche Frauen vorgestellt, die sich in den ersten Jahren nach 1945 in irgendeiner Weise besonders engagiert, für andere eingesetzt und am Wiederaufbau von Organisationen, Parteien, Gewerkschaften, Wirtschaftsunternehmen oder in anderen gesellschaftlichen Bereichen engagiert haben. Einerseits haben diese Frauen es besonders verdient, daß ihre Lebensleistung gewürdigt wird, andererseits sind sie es aber auch, die am ehesten heute noch auffindbare Spuren hinterlassen haben.

Diese Frauen, die sich 1945 für öffentliche Aufgaben zur Verfügung stellten und aktiv am Wiederaufbau beteiligten, gehörten gleichzeitig auch häufiger als der Durchschnitt jenem Teil der Bevölkerung an, der während des „Dritten Reichs" der nationalsozialistischen Ideologie ablehnend gegenübergestanden, keiner NS-Organisation angehört und die Befreiung von der Diktatur herbeigesehnt hatte. Dies wird aus vielen der Biographien deutlich.

Bei der Arbeit wurde mir von vielen Seiten Hilfe zuteil, ohne die die Herausgabe dieses Buches nicht möglich gewesen wäre. Daher möchte ich an dieser Stelle all denjenigen Dank sagen, die in irgendeiner Weise zu seinem Zustandekommen beigetragen haben.

Meinen Dank spreche ich zunächst allen Autorinnen und Autoren aus, die mit großer Kooperationsbereitschaft eine oder mehrere Kurzbiographien für dieses Buch geschrieben haben. Ebenso danke ich den Mitarbeiterinnen und Mitarbeitern aller Archive – des Landeshauptarchivs Koblenz, der Stadt- und Kreisarchive in Rheinland-Pfalz sowie einiger kirchlicher, privater und Firmenarchive –, die an der oft mühsamen Materialsuche für dieses Buch beteiligt waren, außerdem den Mitarbeiterinnen und Mitarbeitern des Ordensreferats der Staatskanzlei für die große Hilfsbereitschaft bei der Suche nach Unterlagen über Ordensverleihungen. Ich danke ganz herzlich allen Angehörigen der hier porträtierten Frauen und anderen ihnen persönlich verbundenen Personen, die mit Auskünften, Erinnerungen und privaten Unterlagen äußerst hilfsbereit meine Arbeit ein Stück vorangebracht haben.

Danken möchte ich auch den Studentinnen der Johannes Gutenberg-Universität Mainz, die im Wintersemester 1997/98 lebensgeschichtliche Interviews mit einigen Frauen geführt und mehrere der Kurzbiographien geschrieben haben. Hier möchte ich vor allem Frau Christina Streit und Frau Martina Ruppert nennen, die einen großen Teil der Recherchearbeit in Worms und in Ludwigshafen übernommen haben.

Ich danke Herrn Landtagspräsidenten Christoph Grimm und Herrn Dr. Heinz-Günther Borck sowie der gesamten Kommission des Landtags für die Geschichte des Landes Rheinland-Pfalz, daß sie mich mit der Bearbeitung dieses interessanten Projekts beauftragt haben. Ebenso danke ich Herrn Professor Dr. Michael Matheus, dem Projektleiter, für die verständnisvolle Begleitung der Arbeit an diesem Buch.

Mein ganz besonderer Dank gilt jedoch jenen Frauen, die selbst zur Vervollständigung ihrer eigenen Biographien beigetragen haben, indem sie sich bereitwillig und voller Geduld der Anstrengung eines lebensgeschichtlichen Interviews unterzogen oder ergänzende Auskünfte geliefert, Dokumente hervorgesucht, in ihren privaten Fotoalben gestöbert und lebhaften Anteil an der Entstehung dieses Werkes genommen haben. Ich habe die Gespräche und den brieflichen Austausch mit ihnen als persönliche Bereicherung empfunden.

Dieses Buch soll ein lebendiges Bild der Anfangsjahre des Landes Rheinland-Pfalz vermitteln und gleichzeitig den Frauen der Nachkriegsgeneration ein Denkmal setzen. Bis auf einige Ausnahmen sind sie aus dem öffentlichen Bewußtsein verschwunden. Sie haben kaum Spuren hinterlassen, weder in Archiven noch in der Literatur, und nur in wenigen Fällen trägt eine Straße oder ein Gebäude ihren Namen. Die hier porträtierten einhundertvierzig Frauen sollen stellvertretend für alle anderen Frauen ihrer Generation stehen und an den Beitrag erinnern, den sie in schwieriger Zeit zum Aufbau des Landes geleistet haben.

Darüber hinaus könnte das Buch auch dazu anregen, daß an vielen Orten in Rheinland-Pfalz die Aufarbeitung dieses interessanten, aber bisher vernachlässigten Kapitels der Lokal- und Regionalgeschichte ein Stück vorangebracht wird. Vielleicht bekommen Schulklassen und Geschichtsvereine, Lokalhistoriker und -historikerinnen, Archivare und Archivarinnen, Frauenbeauftragte und Journalistinnen, interessierte Bürgerinnen und Bürger Lust, sich auf die weitere Spurensuche zu begeben, Quellen zu sammeln und Zeitzeuginnen zu befragen. Vielleicht entstehen daraus Publikationen oder kleine Ausstellungen in Schulen und Rathäusern; vielleicht wird auch die eine oder andere Straße nach einer der „Frauen der ersten Stunde" benannt. Wenn mit diesem Buch eine solch nachhaltige Wirkung erzielt wird, dann hat es einen doppelten Zweck erfüllt.

Mainz, im März 2000

Hedwig Brüchert

Einführung

Geschichte der Frauen in der Nachkriegszeit

Zum Thema „Frauen in der Nachkriegszeit" liegen aus den vergangenen zwanzig Jahren mehrere überregionale Untersuchungen vor.[1] Ebenso ist eine Reihe von lokalgeschichtlichen Studien erschienen, die häufig im Zusammenhang mit örtlichen Ausstellungen zum Thema „Kriegsende" oder „Trümmerjahre" entstanden. Bei der Durchsicht dieser Literatur fällt auf, daß darin meist vorrangig auf die wirtschaftliche und soziale Situation der Frauen: den Alltag in den Trümmern, die Ernährungssituation und die schwierige Beschaffung von Nahrungsmitteln, Kleidung und Brennstoffen, den Tauschhandel und Schwarzmarkt, eingegangen wird und die Tüchtigkeit und der Erfindungsreichtum von Frauen bei der Bewältigung der Notsituation zwischen Kriegsende und Währungsreform ausführlich gewürdigt werden.[2] Andere Autorinnen und Autoren nahmen die Rolle der Frauen als „Lückenfüllerinnen" während der Abwesenheit der Männer und ihre anschließende Wiederverdrängung von „männlichen" Arbeitsplätzen und aus traditionell Männern vorbehaltenen

---

1 Einen guten Überblick über das Thema gibt der Sammelband: Anna-Elisabeth Freier/Annette Kuhn (Hg.): „Das Schicksal Deutschlands liegt in der Hand seiner Frauen" – Frauen in der deutschen Nachkriegsgeschichte. Düsseldorf 1984 (Frauen in der Geschichte, V). Siehe auch: Sibylle Meyer/Eva Schulze: Wie wir das alles geschafft haben. Alleinstehende Frauen berichten über ihr Leben nach 1945. München 1984; Klaus-Jörg Ruhl (Hg.): Frauen in der Nachkriegszeit 1945-1963. München 1988; Klaus-Jörg Ruhl (Hg.): Unsere verlorenen Jahre. Frauenalltag in Kriegs- und Nachkriegszeit 1939-1949 in Berichten, Dokumenten und Bildern. Darmstadt u. Neuwied 1985; Birgit Bolognese-Leuchtenmüller u.a. (Hg.): Frauen der ersten Stunde 1945-1955. Wien u.a. 1985; Rainer Horbelt/Sonja Spindler: Wie wir hamsterten, hungerten und überlebten. Zehn Frauen erzählen. Erlebnisse und Dokumente. Frankfurt a.M. 1983.

2 Als Beispiele seien herausgegriffen: Susanne Fuchs: Frauen bewältigen den Neuaufbau: eine lokalgeschichtliche Analyse der unmittelbaren Nachkriegszeit am Beispiel Bonn. Pfaffenweiler 1993 (Bonner Studien z. Frauengesch., 1); Ursula Graf: Leben auf Karte. Frauen in der Nachkriegszeit, in: Irene Franken/Christiane Kling-Mathey (Hg.), Köln der Frauen. Ein Stadtwanderungs- und Lesebuch. Köln 1992, S. 193-206; Beate Hoecker/Renate Meyer-Braun: Bremerinnen bewältigen die Nachkriegszeit. Frauen, Alltag, Politik. Bremen 1988; Marita Krauss: „...es geschahen Dinge, die Wunder ersetzten." Die Frau im Münchner Trümmeralltag, in: Friedrich Prinz (Hg.), Trümmerzeit in München. Kultur und Gesellschaft einer deutschen Großstadt im Aufbruch 1945-1949. München 1984, S. 283-302; Juliane Lepsius: Zusammenbruch und Neubeginn. Krefelder Frauen zwischen Krieg und Wirtschaftswunder. Willich-Anrath 1988; Alexander Link: ‚Schrottelzeit'. Nachkriegsalltag in Mainz. Mainz 1990 (Studien zur Volkskultur in Rheinland-Pfalz, 8); Birgit Sachs: Mainzer Erinnerungen. Frauen und Kinder in der Nachkriegszeit (Mainzer kleine Schriften zur Volkskultur, Bd. 6). Mainz 1994; Susanne Tatje (Red.): „Wir haben uns so durchgeschlagen..." Frauen im Bielefelder Nachkriegsalltag 1945-1950, hg. v. d. Volkshochschule Stadt Bielefeld. Bielefeld 1992; Vom Trümmerfeld zum Wirtschaftswunder? Velberter Frauen erzählen. Begleitheft zur gleichnamigen Ausstellung in der Stadtbücherei Velbert-Mitte vom 1.9.1992-19.9.1992, hg. v. d. Stadt Velbert. Velbert 1992.

Funktionen in Zusammenhang mit der restaurativen Familienpolitik der fünfziger Jahre unter die Lupe.³

Geringeres Interesse wurde dagegen der politischen Arbeit von Frauen, ihrer Beteiligung an der Wiedergründung von Parteien und Gewerkschaften oder ihrer Arbeit in Gemeinderäten und Parlamenten entgegengebracht. Hierzu liegen aus früheren Jahren nur wenige Veröffentlichungen vor.⁴ Auch der Wiederaufbau von Frauenverbänden fand nur wenig Aufmerksamkeit.⁵ Noch seltener wurden Fragen der „Reeducation" und Entnazifizierung in Bezug auf Frauen, der Umgang mit NS-Täterinnen oder die Frauenpolitik der Alliierten thematisiert.⁶

---

3   Angela Delille/Andrea Grohn: Blick zurück aufs Glück. Frauenleben und Familienpolitik in den 50er Jahren. Berlin 1985; Ingrid Langer: Die Mohrinnen hatten ihre Schuldigkeit getan. Staatlich-moralische Aufrüstung der Familie, in: Dieter Bäusch (Hg.), Die fünfziger Jahre. Beiträge zu Politik und Kultur. Tübingen 1985, S. 108-130; Klaus-Jörg Ruhl: Verordnete Unterordnung. Berufstätige Frauen zwischen Wirtschaftswachstum und konservativer Ideologie in der Nachkriegszeit (1945-1963). München 1994; Anne Sachs: Aspekte der beruflichen und sozialen Situation von Frauen in den Jahren 1945 bis 1948, in: Frauenforschung. Informationsdienst des Forschungsinstituts Frau und Gesellschaft 1 (1983), H. 3/4, S. 103-109; Doris Schubert: Frauenarbeit 1945-1949. Quellen und Materialien. Düsseldorf 1984 (Frauen in der deutschen Nachkriegszeit, Bd. 1); Irmgard Weyrather: „Erfreuliche Bilder deutschen Neuaufbaus" – Frauenarbeit in „Männerberufen" nach 1945, in: Helmut König u.a. (Hg.), Sozialphilosophie der industriellen Arbeit. Opladen 1990, S. 133-148.

4   Auf den Bereich der Politik gehen ein: Jutta Bachmann/Susanne Tatje: Frauen in der Politik – mehr Gefühl als Verstand?, in: Susanne Tatje (Red.), „Wir haben uns so durchgeschlagen..." Frauen im Bielefelder Nachkriegsalltag 1945-1950, hg. v. d. Volkshochschule Stadt Bielefeld. Bielefeld 1992, S. 147-161; Jutta Beyer/Everhard Holtmann: „Auch die Frau soll politisch denken" – oder: „Die Bildung des Herzens". Frauen und Frauenbild in der Kommunalpolitik der frühen Nachkriegszeit 1945-1950, in: Archiv für Sozialgeschichte 25 (1985), S. 385-419; Antje Dertinger: Frauen der ersten Stunde. Aus den Gründerjahren der Bundesrepublik. Bonn 1989; Annette Kuhn (Hg.): Frauenpolitik 1945-1949. Quellen und Materialien. Düsseldorf 1986 (Frauen in der deutschen Nachkriegszeit, Bd. 2). – Die „Mütter" des Gleichberechtigungsparagraphen im Grundgesetz werden gewürdigt in: Barbara Boettger: Recht auf Gleichheit und Differenz. Elisabeth Selbert und der Kampf der Frauen um Art. 3.2 des Grundgesetzes. Münster 1990; siehe hierzu auch: Dertinger: Frauen der ersten Stunde. – Einige wenige Autorinnen haben sich dem Thema „Frauenprotest gegen Wiederbewaffnung" gewidmet: Ingrid Schöll: Frauenprotest gegen die Wiederbewaffnung, in: Hart und Zart. Frauenleben 1920-1970. Berlin 1990, S. 270-279; Gaby Swidersky: Die westdeutsche Frauenfriedensbewegung in den 50er Jahren. Hamburg 1983.

5   Mit der Geschichte von Frauenverbänden der Nachkriegszeit beschäftigen sich u.a.: Nori Möding: Die Stunde der Frauen? Frauen und Frauenorganisationen des bürgerlichen Lagers, in: Martin Broszat u.a. (Hg.), Von Stalingrad zur Währungsreform. Zur Sozialgeschichte des Umbruchs in Deutschland. München 1988, S. 619-647; Gabriele Strecker: Gesellschaftspolitische Frauenarbeit in Deutschland. 20 Jahre Deutscher Frauenring. Opladen 1970.

6   Zum letztgenannten Thema siehe: Pia Grundhöfer, Britische und amerikanische Frauenpolitik in der Nachkriegszeit – „To help German women to think for themselves". In: Kurt Düwell/Herbert Uerlings (Hg.), So viel Anfang war nie? 50 Jahre Nachkriegszeit. Öffentliche Ringvorlesung, Wintersemester 1994/95 (Trierer Beiträge, XXV, Juni 1996), Trier 1996, S. 7-20; sowie dies.: „Ausländerinnen reichen die Hand". Britische und amerikanische Frauenpolitik in Deutschland im Rahmen der demokratischen re-education nach 1945. (Mikrofiche-Ausg.) Egelsbach u.a. 1999. Zugl. Diss. Univ. Trier 1995. Für diese seit kurzem auf Mikrofiches zugängliche umfangreiche Dissertation wurden erstmals die entsprechenden Archivbestände der britischen und U.S.-amerikanischen Besatzungsbehörden intensiv ausgewertet.

Erst in jüngster Zeit gibt es verstärkt Ansätze, einige dieser Lücken systematisch zu füllen. Für den Bereich der Politik sei hier auf die beiden großen Forschungsprojekte „Hessische Politikerinnen von 1945 bis 1955" verwiesen, die in den vergangenen Jahren durchgeführt wurden: das eine unter der Leitung von Ute Gerhard an der Universität Frankfurt unter Mitarbeit von Ulla Wischermann und Elke Schüller; das zweite an der Universität Marburg unter Leitung von Ingrid Langer, gemeinsam mit Ulrike Ley und Susanne Sander. Die Ergebnisse wurden seit 1993 in einer sechsbändigen Reihe veröffentlicht.[7] Für den gewerkschaftlichen Bereich wird am Zentrum für Interdisziplinäre Frauen- und Geschlechterforschung der Technischen Universität Berlin von Brigitte Kassel derzeit das Forschungsprojekt „Die Frauenpolitik der Gewerkschaft Öffentliche Dienste, Transport und Verkehr von 1945/49 bis Ende der 1980er Jahre" durchgeführt. Im Rahmen dieses Projekts wird auch untersucht, welchen Beitrag Frauen zum Aufbau der ÖTV in der Nachkriegszeit geleistet haben. Auch in Rheinland-Pfalz spielten hierbei mehrere Frauen eine Rolle, so Hildegard Jähnke (Altenkirchen), Clara Sahlberg (Trier) und Heny Roos (Ludwigshafen), die im vorliegenden Band vorgestellt werden.

Nachkriegs- und Frauengeschichte in Rheinland-Pfalz

Zur allgemeinen politischen, sozialen und wirtschaftlichen Lage von Rheinland-Pfalz in der Nachkriegszeit liegen inzwischen ebenfalls mehrere detaillierte Untersuchungen vor. Als Beispiele seien hier die Bände aus der Veröffentlichungsreihe der Kommission des Landtags zur Geschichte des Landes Rheinland-Pfalz genannt, insbesondere die Darstellung von Karl-Heinz Rothenberger über die Hungerjahre nach dem Zweiten Weltkrieg,[8] der Sammelband „Rheinland-Pfalz entsteht",[9] die Untersuchungen von Rainer Möhler über die Entnazifizierung[10] und von Michael Sommer

---

7 Ingrid Langer (Hg.)/Ulrike Ley/Susanne Sander: Alibi-Frauen? Hessische Politikerinnen I in den Vorparlamenten 1946 bis 1950. Frankfurt a.M. 1994; Ingrid Langer (Hg.)/Ulrike Ley/Susanne Sander: Alibi-Frauen? Hessische Politikerinnen II im 1. und 2. Hessischen Landtag 1946 bis 1954. Frankfurt a.M. 1995; Ingrid Langer (Hg.)/Ulrike Ley/Susanne Sander: Alibi-Frauen? Hessische Politikerinnen III im 2. und 3. Hessischen Landtag 1950-1958. Frankfurt a.M. 1996; Elke Schüller: „Neue, andere Menschen, andere Frauen"? Kommunalpolitikerinnen in Hessen 1945-1956. Ein biographisches Handbuch. I: Kreisfreie Städte. Frankfurt a.M. 1995; Elke Schüller: „Neue, andere Menschen, andere Frauen"? Kommunalpolitikerinnen in Hessen 1945-1956. Ein biographisches Handbuch. II: Kreise, Städte und Gemeinden. Frankfurt a.M. 1996; Ulla Wischermann/Elke Schüller/Ute Gerhard (Hg.): Staatsbürgerinnen zwischen Partei und Bewegung. Frauenpolitik in Hessen 1945-1955. Frankfurt a.M. 1993.
8 Karl-Heinz Rothenberger: Die Hungerjahre nach dem Zweiten Weltkrieg. Ernährung und Landwirtschaft in Rheinland-Pfalz 1945-1950. Boppard 1980 (Veröff. d. Komm. des Landtags für die Geschichte des Landes Rheinl.-Pfalz, Bd. 3).
9 Franz-Josef Heyen: Rheinland-Pfalz entsteht. Beiträge zu den Anfängen des Landes Rheinland-Pfalz in Koblenz 1945-1951. Boppard 1984 (Veröff. d. Kommission des Landtags für die Geschichte des Landes Rheinl.-Pfalz, Bd. 5).
10 Rainer Möhler: Entnazifizierung in Rheinland-Pfalz und im Saarland unter französischer Besatzung von 1945-1952. Mainz 1992 (Veröff. d. Komm. d. Landtags, Bd. 17).

über die Flüchtlingspolitik[11]. Hinzu kommen Quellensammlungen und Darstellungen über den Wiederaufbau der Verwaltung auf den verschiedenen Ebenen[12], über die Gründung von Parteien[13] sowie ein Sammelband über die Kultur im ersten Nachkriegsjahrzehnt[14]. Neben dieser Reihe sind, z.T. anläßlich des fünfzigsten Jahrestages des Kriegsendes oder des fünfzigjährigen Bestehens des Landes, weitere Monographien und Sammelbände erschienen, die sich ebenfalls mit der Nachkriegszeit beschäftigen.[15] Die Gründungs- und Frühgeschichte des „Landes aus der Retorte" Rheinland-Pfalz ist damit insgesamt recht gut dokumentiert.

Wesentlich schlechter ist dagegen die Forschungslage, wenn es um die Geschichte der Frauen dieses Bundeslandes geht. Der Schwerpunkt der Forschung zum Thema „Frauen in der Nachkriegszeit" lag bisher eindeutig auf der britischen und der amerikanischen Besatzungszone. Für Rheinland-Pfalz gibt es bisher lediglich einige regional- und lokalgeschichtliche Publikationen zur Frauengeschichte, wovon die meisten allerdings nicht ausschließlich den Nachkriegsjahren gewidmet sind, sondern einen größeren Zeitraum umspannen.[16]

---

11 Michael Sommer: Flüchtlinge und Vertriebene in Rheinland-Pfalz. Aufnahme, Unterbringung und Eingliederung. Mainz 1990 (Veröff. d. Komm. d. Landtags, Bd. 15).

12 Peter Brommer (Bearb.): Quellen zur Geschichte von Rheinland-Pfalz während der französischen Besatzung März 1945 bis August 1949. Mainz 1985 (Veröff. d. Kommission des Landtags für die Geschichte des Landes Rheinl.-Pfalz, Bd. 6); Hans-Jürgen Wünschel (Bearb.): Quellen zum Neubeginn der Verwaltung im rheinisch-pfälzischen Raum unter der Kontrolle der amerikanischen Militärregierung April bis Juli 1945. Mainz 1985 (Veröff. d. Kommission des Landtags für die Geschichte des Landes Rheinl.-Pfalz, Bd. 7); Heinrich Küppers: Staatsaufbau zwischen Bruch und Tradition. Geschichte des Landes Rheinland-Pfalz 1946-1955. Mainz 1990 (Veröff. d. Kommission des Landtags für die Geschichte des Landes Rheinl.-Pfalz, Bd. 14); Peter Heil: „Gemeinden sind wichtiger als Staaten". Idee und Wirklichkeit des kommunalen Neuanfangs in Rheinland-Pfalz 1945-1957. Mainz 1997 (Veröff. d. Kommission des Landtags für die Geschichte des Landes Rheinl.-Pfalz, Bd. 21).

13 Katrin Kusch: Die Wiedergründung der SPD in Rheinland-Pfalz nach dem Zweiten Weltkrieg (1945-1951). Mainz 1989 (Veröff. d. Kommission des Landtags für die Geschichte des Landes Rheinl.-Pfalz, Bd. 12); Anne Martin: Die Entstehung der CDU in Rheinland-Pfalz. Mainz 1995 (Veröff. d. Kommission des Landtags für die Geschichte des Landes Rheinl.-Pfalz, Bd. 19).

14 Franz-Josef Heyen/Anton Maria Keim (Hg.): Auf der Suche nach neuer Identität. Kultur in Rheinland-Pfalz im Nachkriegsjahrzehnt. Mainz 1996 (Veröff. d. Kommission des Landtags für die Geschichte des Landes Rheinl.-Pfalz, Bd. 20).

15 Kurt Weitzel: Vom Chaos zur Demokratie. Die Entstehung der Parteien in Rheinland-Pfalz 1945-1947. Hg. v. d. Landeszentrale für politische Bildung Rheinland-Pfalz. Mainz 1989. Heinz-Günther Borck (Hg.), unt. Mitarb. v. Dieter Kerber: Beiträge zu 50 Jahren Geschichte des Landes Rheinland-Pfalz. Koblenz 1997 (Veröff. d. Landesarchivverwaltung Rheinl.-Pfalz, Bd. 73); Kurt Düwell/Michael Matheus (Hg.): Kriegsende und Neubeginn. Westdeutschland und Luxemburg zwischen 1944 und 1947. Stuttgart 1997 (Geschichtliche Landeskunde, Bd. 46); Hans-Jürgen Wünschel (Hg.): Rheinland-Pfalz. Beiträge zur Geschichte eines neuen Landes. Landau 1997.

16 Gerhard Berzel: Neustadter Frauen im Zeichen ihrer Zeit. Landau 1990; Hedwig Brüchert-Schunk: Frauen in der Nachkriegszeit. In: Leben in den Trümmern. Mainz 1945 bis 1948. Hg. im Auftrag der Stadt Mainz von Anton M. Keim und Alexander Link. Mainz 1985, S. 105-122; Friederike Ebli: Frauen in Speyer. Leben und Wirken in zwei Jahrtausenden; ein Beitrag von Speyerer Frauen zum Jubiläumsjahr. Hg. v. d. Stadt Speyer. Speyer 1990; Frauen im Donnersbergkreis früher und heute, hg. v. d. Kreisverwaltung Donnersbergkreis, Die Frauenbeauftragte Ingrid Schlabach. Kirchheimbolanden 1989; Frauen im SDR und SWF 1946 bis 1956. Eine Ausstellung zum Internationalen Frauentag 1998. Herausgeberinnen: Die Medienfrauen von SDR und SWF. o.O. 1998; Frauengeschichte – Frauengeschich-

Die „Frauengesellschaft nach 1945"

Die deutsche Nachkriegsgesellschaft der ersten Jahre war, wie vielfach in der Literatur beschrieben, weitgehend eine „männerlose Gesellschaft":
- 3,7 Millionen deutscher Soldaten waren im Krieg gefallen,
- 11,7 Millionen Soldaten befanden sich bei Kriegsende in Gefangenschaft,
- 3,7 Millionen Frauen in Deutschland waren alleinstehend.[17]

Die Situation in Rheinland-Pfalz sah nicht viel anders aus, wie ein Blick auf die Bevölkerungsstatistik zeigt:[18]

Die Bevölkerung von Rheinland-Pfalz 1946

Altersgruppe	Bevölk. insges.	Männer	Frauen	davon: Frauen ledig	Frauen verh.	Frauen verwitw.	Frauen gesch.
20-30	345.848	119.309	226.539	136.585	80.150	8.588	1.216
%	100	34,5	65,5	60,3	35,4	3,8	0,5
30-40	386.119	146.343	239.776	38.283	176.625	22.103	2.765
%	100	37,9	62,1	16,0	73,7	9,2	1,2
20-40 insges.	731.967	265.652	466.315	174.868	256.775	30.691	3.981
%	100	36,3	63,7	37,5	55,1	6,6	0,9
40-50	420.316	187.685	232.631	33.797	176.859	19.035	2.940
%	100	44,7	55,3	14,5	76,0	8,2	1,3
50-60	305.140	132.418	172.722	24.408	116.330	29.944	2.040
%	100	43,4	56,6	14,1	67,4	17,3	1,2
20-60 insges.	1.457.423	585.755	871.668	233.073	549.964	79.670	8.961
%	100	40,2	59,8	26,7	63,1	9,1	1,0
Bevölk. insg.	2.753.569	1.223.604	1.529.965	710.184	638.552	171.033	10.196
%	100	44,4	55,6	46,4	41,7	11,2	0,7

---

ten aus Kaiserslautern. Dokumentation Kaiserslauterer Bürgerinnen und Bürger, hg. v. d. Gleichstellungsstelle Kaiserslautern. Otterbach/Pfalz 1994; Frauenverbände in Rheinland-Pfalz. Hg. vom Ministerium für Soziales und Familie Rheinland-Pfalz, zus.-gest. v. Dr. Hildegard Frieß-Reimann. Mainz 1987; Helmut Kampmann: Frauen in Koblenz machten Geschichte. Bonn 1999; Susanne Klein (Bearb.): Von Frau zu Frau. Auf der Suche nach der verschütteten Geschichte bedeutender Frauen in und um Neuwied, hg. v. Frauenbüro Neuwied. Teil I: Neuwied 1993; Teil II: Neuwied 1995; Barbara Koops: Frauen in der Koblenzer Kommunalpolitik 1918-1933. In: Koblenzer Beitr. z. Geschichte u. Kultur, N.F. 4. Koblenz 1994, S. 79-95; ... politisch auf eigenen Füßen stehen. 75 Jahre Frauenwahlrecht. Frauen in der Ludwigshafener Kommunalpolitik, hg. v. d. Stadtverwaltung Ludwigshafen, Text: Christiane Pfanz-Sponagel, Peter Ruf, Julika Vatter. Ludwigshafen 1993; Gabriele Stüber: Zwischen Trümmern und Wiederaufbau 1945-1950. Nachkriegsalltag aus Frauenperspektive. In: Heide Gieseke/Hans-Jürgen Wünschel (Hg.), Frau und Geschichte. Ein Reader. Landau 1995, S. 229-249.

17 Schubert, Frauenarbeit, S. 15.
18 Die Zahlen der folgenden zwei Tabellen entstammen den Ergebnissen der Volkszählungen von 1946 und von 1950, zur Verfügung gestellt vom Statistischen Landesamt Rheinland-Pfalz.

Die Bevölkerung von Rheinland-Pfalz 1950

Alters-gruppe	Bevölk. insges.	Männer	Frauen	davon: Frauen ledig	Frauen verh.	Frauen verwitw.	Frauen gesch.
20-30	461.498	210.748	250.750	125.700	118.890	3.815	2.345
%	100	45,7	54,3	50,1	47,4	1,5	0,9
30-40	368.782	155.989	212.793	32.368	152.054	23.654	4.717
%	100	42,3	57,7	15,2	71,5	11,1	2,2
20-40 zus.	830.280	366.737	463.543	158.068	270.944	27.469	7.062
%	100	44,2	55,8	34,2	58,5	5,9	1,5
40-50	471.790	217.192	254.598	32.532	189.020	28.446	4.600
%	100	46,0	54,0	12,9	74,2	11,2	1,8
50-60	351.274	154.548	196.726	27.467	132.402	33.987	2.870
%	100	44,0	56,0	14,0	67,3	17,3	1,5
20-60 zus.	1.653.344	738.477	914.867	218.067	592.366	89.902	14.532
%	100	44,7	55,3	23,8	64,7	9,8	1,6
Bevölk. insg.	3.004.752	1.400.896	1.603.856	704.609	686.615	196.746	15.886
%	100	46,6	53,4	43,9	42,8	12,3	1,0

Aus diesen Zahlen wird deutlich, daß besonders die Generation der bei Kriegsende 20- bis 40-jährigen Frauen von dem Männermangel betroffen war. 1946 standen den 265.652 Männern (36,3%) dieser Altersgruppe 466.315 Frauen (63,7%) gegenüber. Auch 1950 bestand noch immer ein starkes Ungleichgewicht von 366.737 Männern (44,2%) gegenüber 463.543 Frauen (55,8%).
Weit über ein Drittel in dieser Altersgruppe war 1946 und auch noch 1950 unverheiratet; für viele Frauen war also eine Lebensplanung mit Familiengründung, wie sie der traditionellen Frauenrolle entsprach, nicht möglich. Zu den vielen Frauen, die ledig waren und schlechte Chancen hatten, einen Lebenspartner zu finden, kamen jene Frauen hinzu, deren Männer gefallen, vermißt oder noch für viele Jahre in Gefangenschaft waren. Auch von ihnen lebten viele allein, in Ungewißheit über das Schicksal des Lebensgefährten, und ihre Kinder wuchsen vaterlos auf. Oder die Frauen lebten unverheiratet mit einem neuen Partner zusammen, in einer sogenannten „Onkelehe".[19] Meist waren hierfür wirtschaftliche Gründe die Ursache: Die Frauen wollten ihre Kriegerwitwenrente nicht verlieren, die sie zum Großziehen der Kinder dringend benötigten. In anderen Fällen war der Mann vermißt, und es bestand kaum Hoffnung auf seine Rückkehr. Er war jedoch noch nicht für tot erklärt worden, so daß eine erneute Heirat nicht möglich war. Die in solchen nicht legalisierten Verbindungen lebenden Frauen wurden in der engstirnigen Atmosphäre der

---

19 Der Begriff „Onkelehe" rührt daher, daß die aus der vorherigen Ehe der Frau stammenden Kinder dazu angehalten wurden, den neuen Partner ihrer Mutter nicht mit „Vater", sondern mit „Onkel" anzusprechen.

fünfziger Jahre, geprägt von einer konservativen Familienideologie, von der Gesellschaft häufig moralisch verurteilt.[20]

Die Situation der Frauen in Rheinland-Pfalz nach 1945

Die Frauen nach dem Zweiten Weltkrieg stellten keine homogene Gruppe dar. Es handelte sich vielmehr um Angehörige verschiedener Generationen, die einen sehr unterschiedlichen familiären, sozialen, politischen und beruflichen Hintergrund aufwiesen. Trotzdem besaß die Mehrzahl dieser Frauen bestimmte gemeinsame Erfahrungen: das Erleben der nationalsozialistischen Herrschaft (wenn auch mit unterschiedlicher persönlicher Einstellung dazu), das Erleben des Krieges, in vielen Fällen persönliche Verlusterfahrungen (gefallene Ehemänner, Verlobte, Söhne, Brüder, Väter; oft auch Verlust von Besitz und Heimat durch Bomben, Flucht oder Vertreibung). Weitere gemeinsame Erfahrungen bestanden aber auch im Gewinnen von Selbständigkeit durch Berufsarbeit, durch den Zwang, die Familie ohne Unterstützung durch den Mann zu versorgen, durch die Notwendigkeit, ungewöhnliche Überlebensstrategien zu entwickeln und oft traditionell „männliche" Arbeiten und Aufgaben zu übernehmen.

Trümmeralltag

„Frauenfragen in den Nachkriegsjahren waren Lebensfragen, und zwar in der Bedeutung, daß das entscheidende politische Handeln in den unmittelbaren Notjahren nach dem Zweiten Weltkrieg darauf gerichtet war, die Überlebensbedingungen der Deutschen abzusichern, die brennenden Fragen nach Nahrung, Kleidung, Hausbrand, Wohnung zu lösen."[21] Diese Feststellung von Anna-Elisabeth Freier galt auch für das Gebiet des späteren Bundeslandes Rheinland-Pfalz. In der französischen Zone stellte sich die Ernährungslage sogar lange Zeit kritischer dar als in den beiden anderen Westzonen. Dies hing damit zusammen, daß Frankreich die Folgen des Krieges selbst noch lange spürte und die französische Bevölkerung ebenfalls Hunger litt. Deshalb requirierte die französische Militärverwaltung in ihrer Zone noch Lebensmittel und andere Güter zu einem Zeitpunkt, als in der amerikanisch besetzten Zone bereits umfangreiche Hilfslieferungen an Getreide und anderen Gütern eintrafen.

Hier kann nicht auf Einzelheiten hinsichtlich der Ernährungssituation, auf die offiziell zugeteilten Kalorienmenge pro Tag, die auf Lebensmittelkarten tatsächlich erhältlichen Rationen, auf die notwendigerweise zusätzlich auf unterschiedlichsten legalen und illegalen Wegen beschafften Mengen eingegangen werden, nicht auf die Unterschiede zwischen Stadt- und Landbevölkerung, auch nicht auf die am stärksten benachteiligten Gruppen (Alte, Alleinstehende) oder die besonders schlechte

---

[20] So unterstellte z.B. der Publizist Erich Reisch in einer Abhandlung über die Familie im Jahr 1955, daß den „Onkelehen", die auch als „wilde Familien" bezeichnet wurden, die „innere Ordnung" fehle; Ruhl, Frauen in der Nachkriegszeit, S. 124.
[21] Freier/Kuhn, „Das Schicksal Deutschlands liegt in der Hand seiner Frauen", S. 18.

Ernährung von Frauen und Müttern, die häufig zugunsten des Ehemannes und der Kinder auf einen Teil ihrer Ration verzichteten. Dieser gesamte Themenkomplex wurde von Karl-Heinz Rothenberger an anderer Stelle bereits ausführlich dargestellt.[22] Die offiziellen Lebensmittelrationen reichten jedenfalls bei weitem nicht aus, sondern deckten nur etwa 30 bis 50% des Normalbedarfs. Wie aus verschiedenen Untersuchungen sowie aus zahlreichen Zeitzeugenberichten hervorgeht, gelang die notdürftige Sicherung der Ernährung der Bevölkerung bis zur Währungsreform nur dadurch, daß ein Teil der Nahrungsmittel auf anderen als den offiziellen Wegen beschafft wurde: durch „Hamstern", den Tauschhandel, auf dem Schwarzmarkt oder durch teilweise Selbstversorgung mit Hilfe von Kleingärten und Kleintierhaltung.[23]

Angesichts der großen Not der Bevölkerung kam den Hilfslieferungen aus dem Ausland, die schon bald nach Kriegsende einsetzten, eine besondere Bedeutung zu. Karitative Organisationen aus zahlreichen Ländern der Welt ließen Deutschland nach dem Krieg Lebensmittel- und Kleiderspenden zukommen. Einige ausländische Organisationen bauten in größeren deutschen Städten eigene Hilfszentren auf, führten regelmäßige Kinder- und Schulspeisungen durch und richteten Suppenküchen, Näh- und Strickstuben, Schuhwerkstätten sowie Kleiderkammern ein. In den Städten auf dem linken Rheinufer wurde ein großer Teil der Hilfe vor Ort durch die „Schweizer Spende", in der Pfalz durch die Mennoniten aus den USA geleistet.

Mit diesen Hilfswerken kamen zahlreiche ausländische Frauen nach Deutschland, die gemeinsam mit deutschen Frauen, die als Hilfskräfte beschäftigt wurden, die Lebensmittelverteilung übernahmen sowie in den Großküchen und Nähstuben Dienst taten. Bei der gemeinsamen Arbeit ergaben sich gleichzeitig Kontakte zwischen den ausländischen und den deutschen Frauen, woraus erste Schritte zur Aussöhnung und Völkerverständigung entstanden.

Stellvertretend für alle Frauen, die in den größten Notzeiten nach dem Krieg als freiwillige Helferinnen aus dem Ausland nach Rheinland-Pfalz kamen, ist die Amerikanerin Elizabeth Wiebe mit ihrer Lebensgeschichte in diesem Buch vertreten.

Frauen in „Männerberufen"

Wie die anfängliche Betrachtung der Bevölkerungszahlen schon zeigte, führte in den ersten Jahren nach 1945 der große Männermangel automatisch dazu, daß Frauen viele Aufgaben und Arbeiten übernehmen mußten, die traditionell Männer ausfüllten. Dies bedeutete häufig eine starke körperliche Belastung für die Frauen, zumal zur Berufsarbeit die Erledigung der Hausarbeit unter erschwerten Bedingungen und die zeit- und kraftraubende Beschaffung von Nahrungsmitteln, verbunden mit

---

22 Rothenberger: Hungerjahre (1980). Eine aktualisierte Kurzdarstellung der Forschungsergebnisse desselben Autors unter dem Titel: Die Hungerjahre nach dem Zweiten Weltkrieg am Beispiel von Rheinland-Pfalz ist nachzulesen in: Düwell/Matheus: Kriegsende und Neubeginn, S. 159-173.
23 Vgl. z.B. Rothenberger, Hungerjahre (1997), S. 167-169. Siehe auch: Link, ‚Schrottelzeit'.

oft langem Schlangestehen vor Geschäften, hinzukam.[24] Die Schwerarbeit betraf nicht nur die Frauen in den Großstädten, wo sie auch zum Trümmerräumen und zu Bauarbeiten herangezogen wurden, sondern auch die Bäuerinnen, die in der Abwesenheit des Mannes oft den Hof alleine bewirtschaften mußten.

In dieser Zeit kam es jedoch auch zu ganz ungewöhnlichen Karrieren von Frauen, die sie in den meisten Fällen unter normalen Bedingungen nicht gemacht hätten. Als Beispiele dafür werden Anneliese Koenig, die erste Konditormeisterin von Rheinland-Pfalz, Ilse von Senfft, Elektrikerin und Senderwartin beim Südwestfunk, Elisabeth Konrad, Bauunternehmerin, Marga Faulstich, Entwicklerin von optischen Gläsern, und Hedwig Doll, Kinobesitzerin, in diesem Buch vorgestellt.

Doch natürlich arbeitete ein Großteil der Frauen auch weiterhin in den traditionell „weiblichen" Berufen, insbesondere in der Fürsorge und Krankenpflege, sei es haupt- oder ehrenamtlich. Auch in diesen Berufen herrschten in den ersten Nachkriegsjahren, wie schon während des Krieges, besonders schwierige und kraftraubende Arbeitsbedingungen. Die Zahl der zu Betreuenden war hoch, die Sozialeinrichtungen waren häufig durch Bomben zerstört, so daß in Provisorien gearbeitet werden mußte; Material und Nahrungsmittel waren nicht in ausreichender Menge zu beschaffen. Viele der Menschen, die zu den Suppenküchen, Kleiderkammern und Lebensmittelausgabestellen, in die Krankenhäuser und Ambulanzen kamen oder in Auffanglagern und Heimen versorgt werden mußten (darunter viele Kinder und Jugendliche), waren durch den Krieg traumatisiert, heimatlos und entwurzelt und brauchten entsprechende Zuwendung. Auch aus der großen Zahl der Frauen, die in dieser Zeit oft bis an den Rand ihrer physischen und psychischen Kraft in karitativen und sozialen Berufen arbeiteten, sind einige hier beispielhaft mit ihrer Lebensgeschichte vertreten, so Lilly Bischoff aus Speyer, Anneliese Debray aus Bendorf, Maria Mechelen und Schwester Edelgard Schneider aus dem Kreis Neuwied, Otti Gerber aus Mainz, Helene Grefraths aus Ludwigshafen, Dr. Luise v. d. Heyden aus Wolf an der Mosel, Mina Hochmann aus Landau, Elisabeth Jaeger aus Bad Kreuznach, Elisabeth v. Kesselstatt (Bingen, später Marienburg), Walburga Kroiss und Maria Leist aus Zweibrücken, Elisabeth Meyer-Bothling aus Koblenz und Hilda von Stedman aus Urbar bei Koblenz.

Doch die Zeit nach Kriegsende war nicht nur eine Zeit des Hungers, der Entbehrung und der Not. Gleichzeitig bedeutete das Ende der NS-Herrschaft den Beginn einer neuen Freiheit und des Aufbruchs im Bereich von Kunst, Literatur und Theater. Schriftsteller und Schriftstellerinnen, die mit Publikationsverbot belegt gewesen waren, konnten ihre innere Emigration beenden. Sie wurden wieder gedruckt und konnten öffentlich ihre Werke und die Fragen der Zeit diskutieren. Kunstschaffende mußten ihre expressionistischen oder abstrakten Werke nicht länger verstecken, konnten

---

24 Zur Frauenarbeit in den ersten Nachkriegsjahren, zu Arbeitsverpflichtungen im Baugewerbe usw. siehe: Schubert, Frauenarbeit, Einführung und Dokumente Kap. 7-10; Ruhl: Frauen in der Nachkriegszeit, insbes. Kap. II „Frauen in Männerberufen". In beiden Veröffentlichungen ist allerdings überwiegend die britische Zone berücksichtigt.

ausstellen und, was ganz wichtig war, wieder den Anschluß an die internationale Kunstszene suchen. Selten hatten die Theater ein größeres begeistertes Publikum als in den „Trümmerjahren"; die Menschen empfanden einen Hunger nach Kultur.

„Als Prämisse ist festzustellen: die Städte im heutigen Rheinland-Pfalz, große wie kleine, waren in diesem ersten Nachkriegsjahrzehnt die eigentlichen Kristallisationsorte nicht nur für den Wiederaufbau in den meisten Bereichen des Lebens. (...) Die Städte stillten den Hunger nach freier Kultur. Sie wiesen am frühesten und nachhaltigsten den Weg aus der geistigen Knebelung in eine neue, von Freiheit bestimmte Identität, die den Qualitätsansprüchen toleranter Vielfalt und kosmopolitischer Orientierung Rechnung trug. Das ‚Neue' in der Kultur kam allerdings nicht mehr – allein! – aus den großen Zentren wie in den ‚Goldenen Zwanzigern'. Es brach sich Bahn an vielen Orten, in großen wie in kleinen Städten, in der vom Zentralismus geschmähten, verachteten und vernachlässigten ‚Provinz'", schreiben Anton M. Keim und Franz-Josef Heyen in ihrem Vorwort zu dem Band „Auf der Suche nach neuer Identität".[25] Zu dieser „Aufbruchsgeneration" im Kulturleben zählten auch zahlreiche Frauen: Malerinnen, Bildhauerinnen und Graphikerinnen, Schriftstellerinnen und Dichterinnen, Sängerinnen, Musikerinnen und Schauspielerinnen, von denen einige hier vertreten sind.

Frauen in der Politik

Obwohl die Bewältigung der Alltagsprobleme und die Versorgung der Familie in der ersten Nachkriegszeit einen großen Teil der Zeit und Kraft der Frauen in Anspruch nahm, war eine ganze Reihe von Frauen an der Wiedergründung der demokratischen Parteien beteiligt. Angesichts des damaligen hohen Frauenüberschusses war die Zahl derjenigen Frauen, die dann von ihren Parteien bei den ersten Wahlen im Herbst 1946 als Kandidatinnen aufgestellt und in die Stadträte und Kreistage gewählt wurden, allerdings überraschend gering. Dies hing offensichtlich mit den Strukturen der Parteien zusammen, die an ihre Traditionen aus der Zeit von vor 1933 anknüpften und in denen überwiegend ältere Männer den Ton angaben, die bereits in der Weimarer Republik wichtige politische Ämter innegehabt hatten.[26]

Auch für die Haltung der Frauen bei Kriegsende, für ihre Bereitschaft, sich für ein öffentliches Amt zur Verfügung zu stellen und für die Allgemeinheit zu engagieren, spielte es eine große Rolle, welcher Generation sie angehörten.

Ältere Frauen, die in der Weimarer Republik bereits erwachsen und berufstätig gewesen waren, ihre politische Sozialisation durchlaufen hatten und durch die Frauenbewegung jener Zeit beeinflußt waren, konnten 1945 an ihre früheren Erfahrungen anknüpfen. Die jüngeren Frauen dagegen, im Dritten Reich herangewachsen, waren in den meisten Fällen von der Mitgliedschaft im BDM und anderen NS-Organisationen und von der jahrelangen ideologischen Beeinflussung durch das nationalso-

---

25 Heyen/Keim: Auf der Suche nach neuer Identität, S. XI.
26 Vgl. Weitzel, Vom Chaos zur Demokratie; Kusch, Die Wiedergründung der SPD; Anne Martin, Die Entstehung der CDU.

zialistische Regime geprägt. Sie waren nun zutiefst verunsichert, mußten sich völlig neu orientieren und waren in der Regel nicht bereit, sich erneut politisch zu engagieren.[27] Hinzu kam, daß die Frauen dieser jüngeren Generation auch häufig Mütter kleiner Kinder waren, für die sie oft alleine sorgen mußten. Für die Übernahme zusätzlicher Aufgaben fehlten ihnen Zeit und Kraft.

Es ist daher kein Zufall, daß in der ersten Politikerinnengeneration nach 1945 nicht die jungen Frauen, sondern eher die mittleren bis älteren Jahrgänge in der Mehrzahl waren. Etliche von ihnen, darunter auffallend viele unverheiratete Akademikerinnen, hatten bereits in den zwanziger Jahren einer Stadtverordnetenversammlung angehört oder waren sogar Landtags- oder Reichstagsabgeordnete gewesen. „Die Initiatorinnen der ‚ersten Stunde' waren mehrheitlich Vertreterinnen der alten Frauenbewegung und ihrer Organisationen bzw. der Frauenbewegung verbundene Politikerinnen von vor 1933 sowie Frauen aus der Arbeiterbewegung, SPD und KPD, die unter Verfolgung und KZ-Haft gelitten hatten,"[28] stellt Ute Gerhard für die Situation in ganz Deutschland fest. Dies gilt auch für die französische Zone, wie durch die Biographien von Maria Detzel (geb. 1892), Dr. Julia Dünner (geb. 1883), Dr. Mathilde Gantenberg (geb. 1889), Dr. Else Missong (geb. 1893) und Helene Rothländer (geb. 1890) belegt wird.

Der Neuaufbau von überparteilichen Frauenverbänden

Nicht alle der aktiven Frauen engagierten sich in politischen Parteien, sondern viele beteiligten sich am Wiederaufbau von überparteilichen Frauenverbänden. Auch diese waren von den Nationalsozialisten 1933 systematisch zerstört oder gleichgeschaltet worden. Nach dem Zweiten Weltkrieg entstanden dann sehr rasch, noch vor der Gründung von Parteien, in allen vier Besatzungszonen spontan zunächst hunderte von überparteilichen Frauenausschüssen.[29] Sie hatten einerseits zum Ziel, gegen die soziale Not zu kämpfen, aber andererseits auch, für die politische Aufklärung der Frauen zu sorgen und für ihre Mitwirkung im öffentlichen Leben einzutreten.

Dabei waren „die Motive und Begründungen für die Beteiligung, den notwendigen ‚Aufbruch' der Frauen (...) überall die gleichen: ‚Zwölf Jahre Diktatur und politische Entrechtung (...) insbesondere der Frauen'; das Ende und Versagen männlicher Politik; ein neues Selbstbewußtsein, das aus Not und Alleinverantwortung für das Überleben gespeist war, mit dem Tenor ‚Wir Frauen müssen es machen', gegründet auf ein Rollenverständnis von der besonderen Eignung der Frauen, der Welt ein menschlicheres Gesicht zu geben; schließlich die Frauen als Mehrheit der Bevölkerung – und es scheint so, als ob diese immer wieder zitierte demographische Größe

---

27 Waltraut Both: Zur sozialen und politischen Situation von Frauen in Hessen und zur Frauenpolitik der amerikanischen Besatzungsmacht. In: Wischermann/Schüller/Gerhard, Staatsbürgerinnen zwischen Partei und Bewegung, S. 151-191, hier: S. 172.
28 Ute Gerhard: „Fern von jedem Suffragettentum" – Frauenpolitik nach 1945, eine Bewegung der Frauen? In: Wischermann/Schüller/Gerhard, Staatsbürgerinnen zwischen Partei und Bewegung, S. 9-40, hier: S. 14.
29 Gerhard, „Fern von jedem Suffragettentum", S. 14.

(60% der Bevölkerung zu vertreten) unter den Zeitgenossen das überzeugendste Argument für ihre demokratische Beteiligung war. Daneben gab es moralische Argumente, Appelle, Mitverantwortung zu tragen für Vergangenheit und Zukunft, ‚Frauenpflichten', nicht nur Rechte zu übernehmen, sowie den Versuch, Politik neu zu definieren und zu gestalten."[30]

In den Westzonen dominierten jene Organisationen, die im Juni 1947 zunächst den Frauenring in der Britischen Zone gründeten und sich im Oktober 1949 dann auf einer Versammlung in Bad Pyrmont zum Deutschen Frauenring als Dachverband verschiedener überparteilicher Frauengruppen zusammenschlossen. Der Deutsche Frauenring verstand sich als bürgerliche Nachfolgeorganisation des 1933 aufgelösten Bundes Deutscher Frauenvereine. Dessen letzte Vorsitzende, Agnes von Zahn-Harnack, wurde zur stellvertretenden Vorsitzenden des Deutschen Frauenrings gewählt.[31] Das Amt der Ersten Vorsitzenden wurde Dr. Theanolte Bähnisch übertragen. Sie war die erste deutsche Regierungspräsidentin nach 1945 in Hannover sowie Staatssekretärin und Vertreterin Niedersachsens beim Bundesrat.

Die Frauenvertreterinnen versuchten von Anfang an, die Zonengrenzen zu überschreiten und sich überregional zu vernetzen. Sie kamen auf ersten interzonalen Frauentreffen zusammen, so in der Frankfurter Paulskirche im Jahr 1948, und sie versammelten sich im Stuttgarter Friedenskreis um die prominente Wissenschaftlerin Dr. Freda Wuesthoff, die als eine der ersten vor den Gefahren der atomaren Bewaffnung warnte.[32]

Als eine ihrer wichtigsten Aufgaben sahen die neuen Frauenverbände die Staatsbürgerliche Bildung der deutschen Frauen an. Besonders in der amerikanischen Zone wurde diese Arbeit von Anfang an von Seiten der Besatzungsbehörden gefördert, ja sogar mitinitiiert. Die amerikanische Militärverwaltung richtete in Wiesbaden ein eigenes „Büro für Frauenfragen" ein. Hier wirkte mehrere Jahre lang die Amerikanerin Betsy Knapp als Frauenreferentin.[33]

Zu den Frauen, die führende Positionen in den neuen deutschen Frauenverbänden innehatten, hielten die Amerikaner und Briten ständig Verbindung. Die Gründung des zonenübergreifenden Deutschen Frauenrings wurde von den Militärregierungen unterstützt. Die Vertreterinnen dieser Organisation, die man als Multiplikatorinnen für die künftige politische Bildung der deutschen Frauen insgesamt betrachtete und die ein wichtiges Netzwerk über die Besatzungszonen hinweg bildeten, wurden zu Seminaren eingeladen, über aktuelle Entwicklungen informiert und waren mit die ersten Deutschen, die nach dem Krieg ins Ausland eingeladen wurden. Ebenfalls eingeladen wurden die weiblichen Landtags- und Bundestagsabgeordneten.[34]

An solchen Informationsreisen in die Vereinigten Staaten von Amerika durften zum

---

30 Gerhard, „Fern von jedem Suffragettentum", S. 13f.
31 Grundhöfer, Britische und amerikanische Frauenpolitik, S. 8.
32 Gerhard, „Fern von jedem Suffragettentum", S. 15. Zur Biographie von Freda Wuesthoff siehe: Günther Berthold, Freda Wuesthoff. Eine Faszination. Freiburg i. Br. 1982.
33 Gerhard, „Fern von jedem Suffragettentum", S. 23f.
34 Grundhöfer, Britische und amerikanische Frauenpolitik, S. 9.

Beispiel die rheinland-pfälzischen Landtagsabgeordneten Luise Herklotz und Susanne Hermans teilnehmen – für beide ein unvergeßliches und prägendes Erlebnis in ihrer Biographie.

In Rheinland-Pfalz kam es wegen der zögerlichen Genehmigungspraxis der französischen Behörden später als in den anderen Westzonen zur Gründung der ersten Ortsgruppen des Frauenrings, wobei der Schwerpunkt in den ersten Jahren eindeutig in der Pfalz lag. Auf Initiative von Prof. Dr. Dr. Hedwig Kömmerling aus Pirmasens und Elisabeth Mahla aus Landau wurde 1951 dann auch ein rheinland-pfälzischer Landesverband des DFR gegründet, zu dessen Vorsitzender Frau Mahla gewählt wurde.

Aufgrund der Struktur des Landes Rheinland-Pfalz organisierten sich die Frauen hier im übrigen eher in konfessionellen und in Landfrauenverbänden. Die Geschichte der Wiedergründung dieser Verbände nach dem Zweiten Weltkrieg ist auf regionaler und lokaler Ebene bisher kaum aufgearbeitet. Mit Hedwig Reichensperger aus Koblenz und Gertrud Gerhards aus Ransbach-Baumbach im Westerwald werden zwei Vertreterinnen von Katholischen Frauenverbänden in diesem Buch vorgestellt. Über das Engagement von Landfrauen in den Nachkriegsjahren, das über die Arbeit auf dem eigenen Hof weit hinausging, geben die Biographien von Auguste Bader und Ella Schmahl aus der Pfalz, von Marie Raether aus Rheinhessen und von Anna-Maria Jacoby von der Mosel Auskunft.

Die französische Besatzungspolitik und die Frauen

Die französische Deutschlandpolitik unterschied sich nach 1945 in vielerlei Beziehung von der Politik in der Zeit nach dem Ersten Weltkrieg. Ein Großteil der Vertreter der französischen Militäradministration ebenso wie im Pariser Außenministerium bemühte sich, die damaligen Fehler nicht zu wiederholen, und setzte schon früh auf Verständigung und Aussöhnung. Wichtigstes Ziel der Franzosen war es, ein demokratisches, friedfertiges Deutschland zu schaffen und ein Wiederaufleben des Nationalsozialismus zu verhindern. Diesem Ziel dienten die Entnazifizierungsverfahren, aber auch eine strenge Kontrolle aller wiedererstehenden Parteien und Organisationen, der Zeitungen und aller anderen Publikationen, vor allem der Schulbücher. Alle Druckerzeugnisse wurden zensiert und durften nur nach Genehmigung durch die französische Militärverwaltung erscheinen.

Entnazifizierung

Für die Entnazifizierung entwickelten die Franzosen ein eigenes Konzept, das sich bewußt von der schematischen amerikanischen Säuberungspolitik abgrenzte.[35] Das selektive französische Verfahren zielte nur auf bestimmte Berufsgruppen und vorwiegend auf Führungskräfte ab. Das Hauptgewicht wurde weniger auf eine poli-

---

35 Die französische Entnazifizierungspolitik wird ausführlich behandelt in: Möhler, Entnazifizierung in Rheinland-Pfalz und im Saarland. Siehe auch: ders., Politische Säuberung im Südwesten unter französischer Besatzung. In: Düwell/Matheus, Kriegsende und Neubeginn, S. 175-191.

tisch-moralische Abrechnung mit dem Nationalsozialismus, als vielmehr auf eine Absicherung der neuen Demokratie für die Zukunft gelegt. In der französischen Zone mußten daher nicht alle Erwachsenen einen Fragebogen ausfüllen, sondern nur Beschäftigte im Öffentlichen Dienst, Lehrer, Führungskräfte in der Wirtschaft und Angehörige bestimmter Freier Berufe. Aus dem Dienst entfernt wurden nur schwer belastete Nationalsozialisten. Die Aufgabe der Entnazifizierung wurde bereits im Herbst 1945 Gremien übertragen, die ausschließlich mit Deutschen, und zwar mit ausgewiesenen Antifaschisten, besetzt waren. Allerdings arbeiteten diese Ausschüsse noch unter Kontrolle der Militärverwaltung.

Bis 1950 wurden für ganz Rheinland-Pfalz rund 300.000 Verfahren bearbeitet; rund 10,9% der Bevölkerung wurden also durch ein Spruchkammerverfahren überprüft. Der weitaus größte Teil davon fiel unter die verschiedenen Amnestien oder wurde der Kategorie der „Mitläufer" zugeordnet. 4.840 Personen wurden als Minderbelastete, nur 440 als Belastete und 5 als Hauptschuldige eingestuft. Der genaue Anteil von Frauen, die ein Entnazifizierungsverfahren durchlaufen haben, und ihre jeweilige Einstufung in die verschiedenen Gruppen läßt sich derzeit noch nicht feststellen, da die rheinland-pfälzischen Spruchkammerakten bisher nur zum Teil erschlossen sind. Es ist jedoch aufgrund des französischen Verfahrens davon auszugehen, daß Frauen nur einen sehr geringen Prozentsatz der Entnazifizierungsfälle insgesamt ausmachten und dementsprechend selten auch in die verschiedenen Kategorien der Belasteten eingestuft wurden.

Französische Kulturpolitik

Mehr als auf die Entnazifizierung setzte die französische Regierung auf einen langfristigen Erfolg der Umerziehung. Innerhalb der französischen Militärverwaltung, deren Hauptsitz sich in Baden-Baden befand, wurde eine Abteilung für Öffentliche Bildung (Education Publique) unter Leitung von Raymond Schmittlein eingerichtet. Diese Behörde entfaltete bis zur Mitte der fünfziger Jahre umfangreiche Aktivitäten, die nachhaltige Auswirkungen auf die kulturelle Entwicklung von Rheinland-Pfalz ausübten.[36]

Im Mai 1946 wurde auf französische Initiative die Mainzer Universität wiedereröffnet. In Speyer entstand 1947 die Staatliche Akademie für Verwaltungswissenschaften (die heutige Deutsche Hochschule für Verwaltungswissenschaften), in Germersheim das später der Universität Mainz angegliederte Dolmetscherinstitut. Auch die Gründung des Instituts für Europäische Geschichte und der Akademie der Wissenschaften und der Literatur in Mainz wurden von der französischen Kulturbehörde intensiv unterstützt.

Auch über die Erwachsenenbildung und über binationale Austauschprogramme sowie internationale Begegnungen, vor allem für die Jugend, wurde von französischer

---

36 Zur Organisation und den Aktivitäten der französischen Kulturverwaltung siehe: Jérôme Vaillant (Hg.), Französische Kulturpolitik in Deutschland 1945-1949. Berichte und Dokumente. Konstanz 1984.

Seite versucht, eine neue demokratische Elite in Deutschland heranzubilden. Diese sollte dann imstande sein, die weitere Umerziehung selbst in die Hand zu nehmen. An der Durchführung der französischen Umerziehungs- und Kulturpolitik in den ersten Nachkriegsjahren hatten zwei Frauen großen Anteil: Die eine ist Irène Giron, stellvertretende Leiterin der „Direction de l'Education Publique", die neben Raymond Schmittlein Hauptmotor der Umsetzung der französischen Kulturpolitik in Rheinland-Pfalz war und deren persönlichem Engagement vor allem die Errichtung des Dolmetscherinstituts in Germersheim zu verdanken ist. Die andere ist die Germanistin Geneviève Carrez, zunächst stellvertretende Leiterin der Abteilung für Jugend und Volksbildung innerhalb der französischen Kulturbehörde und später Leiterin des „Amtes für Internationale Begegnungen", das auf der Mainzer Zitadelle seinen Sitz hatte. Beide sind weitgehend vergessen; in diesem Buch soll auch an sie erinnert werden.

Französische Frauenpolitik

Im Mai 1949 fiel Geneviève Carrez eine weitere Aufgabe zu: Sie wurde zur Beauftragten für Frauenfragen in der Französischen Hohen Kommission ernannt.[37] Eigene politische Schulungsprogramme für Frauen wurden in der französischen Zone erst relativ spät entwickelt. Einer der Gründe, warum in der britischen und der amerikanischen Besatzungszone bereits früher intensive Bemühungen einsetzten, die deutschen Frauen zu erreichen und politisch zu bilden, ist darin zu suchen, daß in Großbritannien und den U.S.A. sehr einflußreiche Frauenverbände existierten, die Druck auf ihre Regierungen ausübten.

Auf Initiative der britischen „Women's Affair Branch" hielten die Frauenbeauftragten der britischen und amerikanischen Zone regelmäßig gemeinsame Konferenzen ab, zu der sie ab 1949 nun auch die französische Frauenbeauftragte einluden. So nahm Geneviève Carrez Ende 1949 an einer zweitägigen Konferenz der Frauenbeauftragten in Berlin teil. In einer Rede an ihre Kolleginnen begründete sie das späte französische Engagement in Frauenfragen. Einerseits spielten die französischen Frauenorganisationen eine weniger bedeutende Rolle in Frankreich als die britischen und amerikanischen Frauenorganisationen in ihren Ländern. Außerdem existiere in der Französischen Zone mit ihrer vorwiegend ländlichen Wirtschaftsstruktur nicht dieselbe organisatorische Vielfalt von Frauenvereinigungen wie in den beiden anderen westlichen Zonen. In der französischen Zone dominiere die Landfrauenvereinigung und der Katholische Frauenbund.[38]

Bei einer gemeinsamen Tagung in Frankfurt am Main im Januar 1951 berieten die Frauenbeauftragten der drei Westzonen über die Durchführung eines staatsbürgerlichen Weiterbildungsseminars für westdeutsche Frauen in Leitungs- und Führungspositionen. Im Frühjahr nahm das Gemeinschaftsprojekt „Citizenship Training Project for Women of Western Germany" Konturen an. Die drei Frauenbeauftragten tra-

---

37 Grundhöfer, Britische und amerikanische Frauenpolitik, S. 9
38 Grundhöfer, „Ausländerinnen reichen die Hand", S. 426f.

fen sich mehrmals, um in Zusammenarbeit mit deutschen Frauenorganisationen ein Programm zu entwickeln. Es richtete sich an Frauen, die bereits im öffentlichen Leben in ihrer Kommune und in Verbänden tätig waren und einen Querschnitt aus allen Berufen und gesellschaftlichen Organisationen bilden sollten. Das Bewußtsein der Teilnehmerinnen für innenpolitische und internationale Belange sollte sensibilisiert und zugleich „zerstörerischen kommunistischen Einflüssen" entgegengewirkt werden.[39] Man hoffte, daß aus den Kursen eine Gruppe von gutinformierten Frauen hervorgehen würde, die anschließend in ihren Gemeinden und ihrem jeweiligen gesellschaftlichen Umfeld als Multiplikatorinnen wirken würden.[40]

Die notwendigen Finanzmittel für das Projekt brachten die Amerikaner auf, die Franzosen stellten Unterkunft und Tagungsräume zur Verfügung, die Briten übernahmen organisatorische Arbeiten. Es wurden nacheinander vier zehntägige Kurse in Speyer abgehalten; sie fanden in der Zeit von August bis September 1951 statt. Jedes Bundesland konnte jeweils drei Teilnehmerinnen (Bayern: vier) anmelden. Insgesamt nahmen 103 Frauen an diesem trizonalen Trainingsprogramm teil. In der darauffolgenden Zeit wurden entsprechende Seminare auch in den anderen Bundesländern und in Westberlin abgehalten, offenbar überall mit großem Erfolg.[41]

Ausblick: Die fünfziger und sechziger Jahre als Teil der Nachkriegszeit – der Einfluß der Familienpolitik auf die Partizipation von Frauen am öffentlichen Leben

Es ist schwierig, das Ende der Nachkriegszeit auf ein bestimmtes Jahr festzulegen. Werden die Gründung der Bundesrepublik und die Verabschiedung des Grundgesetzes häufig als Zäsur angesehen, so gibt es auch gute Argumente dafür, das Ende der Nachkriegszeit erst in den späten fünfziger oder in den sechziger Jahren anzusetzen, mit dem weitgehenden Abschluß des Wiederaufbaus der zerstörten Städte, der Vollendung der Westintegration der Bundesrepublik und dem Ende der Ära Adenauer. In dieser Zeit schieden zahlreiche Persönlichkeiten der ersten Nachkriegsgeneration aus ihren Ämtern aus, die die Zeit nach dem Krieg in verschiedensten Funktionen maßgeblich geprägt hatten, so daß auch unter personellen Gesichtspunkten ein neuer Zeitabschnitt begann.

Der Begriff „Anfangsjahre von Rheinland-Pfalz" im Titel des vorliegenden Bandes ist in diesem weiteren Sinn zu verstehen. In den Biographien der hier porträtierten Frauen wurden deshalb schwerpunktmäßig die ersten zwei Nachkriegsjahrzehnte insgesamt und nicht nur die eigentlichen „Trümmerjahre" in den Blick genommen. Den Schlußpunkt dieser Phase bildet dabei das Ende der Regierung Altmeier, das für Rheinland-Pfalz einen deutlichen Einschnitt bedeutete und den Abschluss der Epoche der Aufbaujahre des Landes markierte.

---

39 Grundhöfer, „Ausländerinnen reichen die Hand", S. 429.
40 Grundhöfer, „Ausländerinnen reichen die Hand", S. 429.
41 Grundhöfer, „Ausländerinnen reichen die Hand", S. 429-433.

In dieser Zeit schied auch eine ganze Reihe der hier vorgestellten Frauen, die unmittelbar nach dem Krieg in den verschiedensten Funktionen Verantwortung übernommen hatten, aus Altersgründen aus ihren Ämtern aus. Ihre manchmal bemerkenswerten Lebensläufe und Karrieren könnten den Eindruck erwecken, dass Frauen in solchen Positionen, als Landtagsabgeordnete, Ministerialrätinnen, Firmenchefinnen oder Meisterinnen, in den fünfziger und sechziger Jahren der Normalfall waren. Es sei deshalb daran erinnert, daß viele der Frauen, die in diesem Buch porträtiert werden, eine Ausnahmeerscheinung darstellten. Sie engagierten sich beim Aufbau des Landes in der Zeit der größten Not, als infolge des Krieges überall Männer fehlten. Die Frauen dieser Generation, die häufig verwitwet oder unverheiratet waren, blieben auch in den darauffolgenden Jahren in ihren Positionen, wenn sie nicht bereits zuvor die Altersgrenze erreicht hatten. Dies darf jedoch nicht darüber hinwegtäuschen, daß die Führungspositionen in Politik, Wirtschaft und Gesellschaft in den fünfziger und sechziger Jahren fast alle von Männern eingenommen wurden, wenn es zu einer Neubesetzung kam.

Schon die Diskussion um den Gleichberechtigungsartikel 3 und den Artikel 6 „Ehe und Familie stehen unter dem besonderen Schutz der staatlichen Ordnung" im Grundgesetz im Jahr 1949 und die Debatten über die familienpolitischen Gesetze und Maßnahmen in den darauffolgenden Jahren zeigten, daß die politischen Entscheidungen in der jungen Bundesrepublik unter Adenauer von einem sehr konservativen Familien- und Frauenbild geprägt waren. Ziel von familienunterstützenden Maßnahmen, wie der Zahlung von Kindergeld, war es, Frauen dazu zu bringen, ihre Berufstätigkeit aufzugeben und sich ganz der Familie zu widmen.[42] Neben dem bevölkerungspolitischen Aspekt spielte dabei auch die ungünstige wirtschaftliche Lage eine Rolle: 1950 betrug die Arbeitslosenquote in Westdeutschland 10,4%; die Eingliederung von Flüchtlingen, Vertriebenen und Kriegsbeschädigten bereitete große Schwierigkeiten. Besonders vehement vertreten wurde diese Familienpolitik, die den Frauen die Beschränkung auf Heim und Herd schmackhaft machen wollte, ab 1953 durch den neuen Bundesfamilienminister Franz-Josef Wuermeling, den Adenauer nach der zweiten Bundestagswahl ins Kabinett geholt hatte. Bekannte Soziologen, wie Helmut Schelsky, traten ebenfalls nachdrücklich dafür ein, die Stabilität der Familie angesichts eines allgemeinen gesellschaftlichen Zusammenbruchs massiv zu fördern.[43]

In einer solchen Atmosphäre war es für die nachwachsende Frauengeneration schwierig, beruflich Karriere zu machen oder in öffentliche Ämter zu gelangen. Es ist daher nicht verwunderlich, daß auch die Zahl der weiblichen Abgeordneten im rheinland-pfälzischen Landtag nach den ersten Wahlperioden sank. Hatten dem Landtag in der ersten Wahlperiode von Mai 1947 bis Mai 1951 immerhin acht Frauen und in der zweiten Wahlperiode sieben Frauen angehört, so waren es nach der

---

42 Siehe zu diesem Thema ausführlich: Robert G. Moeller, Geschützte Mütter. Frauen und Familien in der westdeutschen Nachkriegspolitik. München 1997, insbes. Kap. III und IV, S. 126-226.
43 Moeller, Geschützte Mütter, S. 189.

Wahl von 1963 nur noch vier und in der 5. Wahlperiode von 1967 bis 1971 fünf Frauen. Erst bei der Landtagswahl von 1971 konnten wieder sieben Frauen ein Mandat erringen. 1979 schafften schließlich zehn Frauen den Sprung ins Landesparlament.[44]

Es blieb der neuen Frauenbewegung der siebziger und achtziger Jahre vorbehalten, für die Durchsetzung des Gleichberechtigungsgrundsatzes auf die Straße zu gehen und zu erreichen, daß sich der Anteil von Frauen in allen Bereichen des öffentlichen Lebens in den vergangenen zwanzig Jahren deutlich erhöhte.

---

44 Die Angaben sind entnommen aus: Abgeordnete in Rheinland-Pfalz 1946-1987. Biographisches Handbuch, bearb. v. Heidi Mehl-Lippert und Doris Maria Peckhaus. Mainz 1991. Im Lauf der einzelnen Wahlperioden veränderte sich der Anteil der weiblichen Abgeordneten manchmal geringfügig durch das Ausscheiden und Nachrücken von Abgeordneten. Heute (seit der letzten Landtagswahl von 1997) gehören dem rheinland-pfälzischen Landtag dreißig Frauen als Mitglieder an.

Lebensbilder

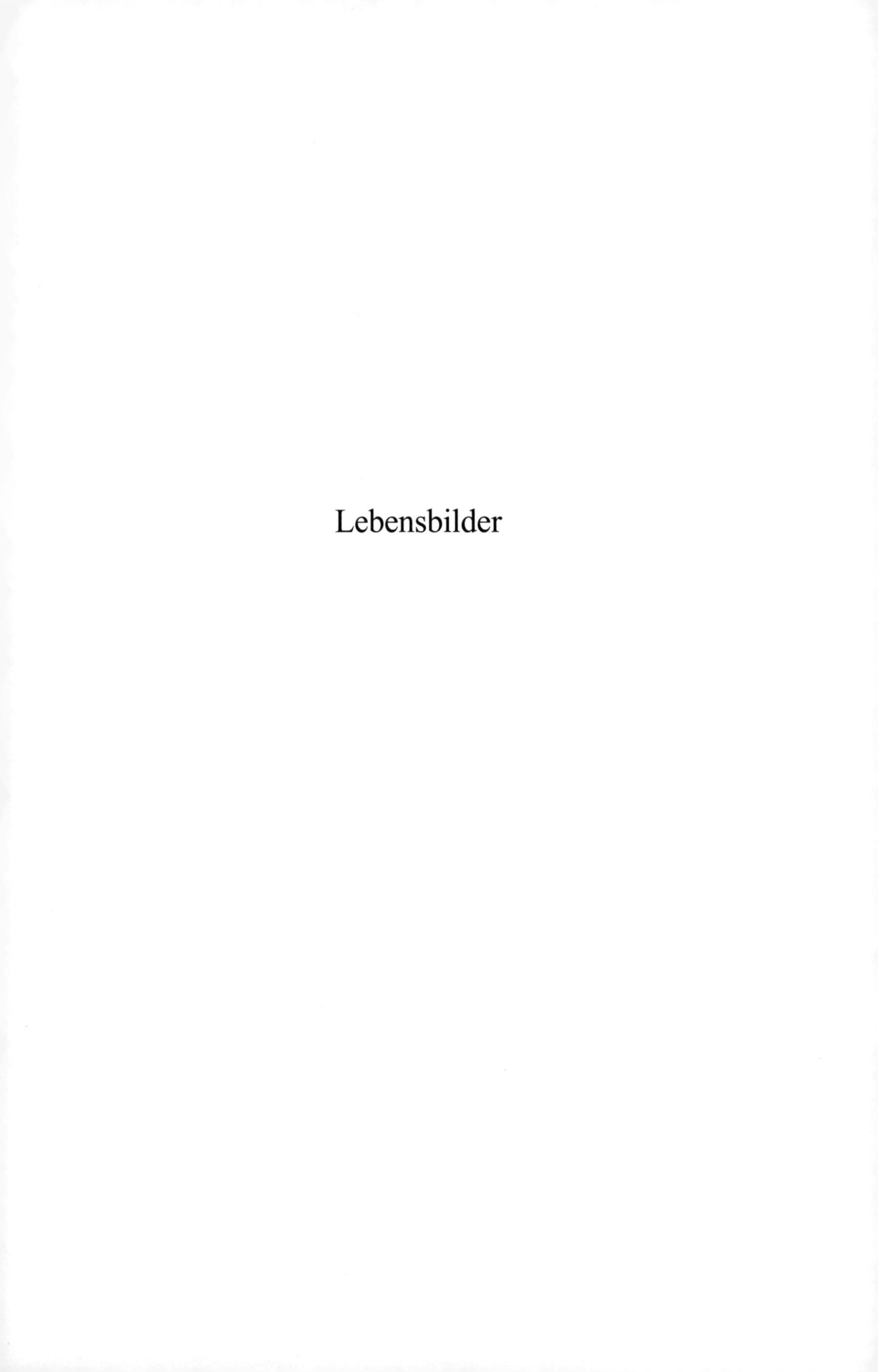

Elisabeth Alschner (1929-1997)

Elisabeth Alschner wurde am 19. November 1929 in Kaiserswalde in Böhmen als Tochter eines Textilarbeiters geboren. Bei Kriegsende wurde die Familie interniert, dann ausgewiesen. Die Notjahre der Nachkriegszeit – an eine gute Ausbildung war überhaupt nicht zu denken – erlebte Elisabeth als junges Mädchen in der Gegend von Fulda in Hessen. Schließlich hatte sie eine Möglichkeit gefunden, sich zur Kunstgewerblerin ausbilden zu lassen. Doch als 1954 ihr Sohn geboren wurde, brach sie die Ausbildung ab und verdiente Geld als Stepperin in einer Fabrik.

Im Oktober 1957 zog Elisabeth Alschner mit ihrem Sohn und ihren Eltern nach Speyer um, wo sie eine Stelle als Stepperin – in Akkordarbeit – in der Rovo-Schuhfabrik gefunden hatte. Zur gleichen Zeit begann auch ihr gewerkschaftliches Engagement, das während der folgenden Jahrzehnte nicht mehr nachlassen sollte.

Elisabeth Alschner

Elisabeth Alschner wurde 1957 Mitglied der Industrie-Gewerkschaft Leder und trat ab nun energisch für die Rechte ihrer Kolleginnen ein. Auch wenn die „Lohnabschlagsklauseln" für Frauen bereits gesetzlich abgeschafft waren, so gab es nun die „Leichtlohngruppen", in die vorwiegend Frauen, so auch die Arbeiterinnen in den Steppereien der Schuhindustrie, eingestuft wurden. Schon bald hatte Elisabeth Alschner zahlreiche Funktionen in der IG Leder inne; unter anderem wurde sie als Mitglied in den Frauenausschuß beim Hauptvorstand in Stuttgart gewählt.

1967 wurde die Firma Rovo durch Salamander übernommen. Elisabeth Alschner wurde zur Betriebsrätin gewählt und vertrat vor allem die Belange der 120 meist jungen Frauen in der Stepperei. Aufgrund ihrer persönlichen Erfahrungen lag ihr eine gute Berufsausbildung für Mädchen besonders am Herzen. Ihrem Einsatz war es in erster Linie zu verdanken, daß in Speyer – einmalig in der Bundesrepublik – die ungelernten jungen Arbeiterinnen in der Berufsschule am gleichen Fachunterricht teilnehmen konnten wie die Lehrlinge.

Acht Jahre nach Übernahme durch die Firma Salamander kam das Aus für die Speyerer Schuhfabrik. Zahlreiche Kolleginnen und Kollegen wurden arbeitslos, darunter auch Elisabeth Alschner. Erstmals erlebte Speyer im Oktober 1974 Massenkundgebungen von Arbeiterinnen und Arbeitern, die gegen den drohenden Verlust ihrer Arbeitsplätze demonstrierten.

Die Schuhindustrie in Speyer war am Ende. Elisabeth Alschner fand 1976 einen neuen Arbeitsplatz als Hilfsarbeiterin in der Firma Klambt-Druck; keine einfache Umstellung für sie persönlich. Doch sie engagierte sich auch hier wieder im Betriebsrat und in der Industrie-Gewerkschaft Druck und Papier. 1988 wurde sie in den Hauptausschuß der IG Medien, wie die Gewerkschaft nun hieß, in Stuttgart gewählt.

Erfreut stellte sie in ihrem neuen Arbeitsbereich fest, daß die jüngere Frauengeneration inzwischen meist besser ausgebildet und sich ihrer Rechte als Arbeitnehmerinnen auch stärker bewußt war, was sich bei den großen Streiks in der Druckindustrie in den folgenden Jahren zeigte. Doch sie wurde nicht müde, auf noch immer bestehende Benachteiligungen von Frauen im Arbeitsleben hinzuweisen. Sie plädierte für die Abschaffung der „ungeschützten Arbeitsverhältnisse" und betonte stets die Wichtigkeit des Anspruchs von Frauen auf eine eigene Rente.

Nach 41 Jahren Fabrikarbeit trat Elisabeth Alschner 1989 in den Ruhestand. Doch an Ausruhen dachte sie noch immer nicht; sie übte weiterhin zahlreiche ehrenamtliche Tätigkeiten aus.

Bereits 1962 war Elisabeth Alschner der SPD beigetreten. Auch bei der Parteiarbeit lag ihr Schwerpunkt auf Fragen der Arbeitswelt und der sozialen Absicherung von Frauen. Sie war lange Jahre Vorsitzende der Arbeitsgemeinschaft sozialdemokratischer Frauen und Vorstandsmitglied der Arbeitsgemeinschaft für Arbeitnehmerfragen im Unterbezirk Speyer, außerdem Mitglied im Vorstand des SPD-Ortsvereins Speyer-Süd und im Vorstand der pfälzischen SPD. Darüber hinaus leitete sie ab 1988 den Arbeitskreis „Sozialpolitik" im SPD-Unterbezirk Speyer, wobei sie sich besonders für die Schuldnerberatung, die häusliche Altenpflege und den Ausbau der ökumenischen Sozialstation einsetzte. 1994 wurde Elisabeth Alschner auch in den Speyerer Stadtrat gewählt. Für ihr unermüdliches Engagement in der SPD wurde sie 1996 mit der Wilhelm-Dröscher-Plakette geehrt.

Doch damit nicht genug: Frau Alschner war auch aktives Mitglied von Pro Familia, der Arbeiterwohlfahrt und stellvertretende Vorsitzende des Vereins zur Förderung der beruflichen Bildung in Speyer. Ganz besonders am Herzen lag ihr auch die Schaffung eines Frauenhauses in Speyer.

Für ihr jahrzehntelanges selbstloses Wirken für die Allgemeinheit wurde Elisabeth Alschner am 11. März 1992 mit dem Bundesverdienstkreuz ausgezeichnet. Im Jahr zuvor war ihr bereits die Hans-Böckler-Medaille des Deutschen Gewerkschaftsbundes verliehen worden, eine hohe Ehrung, die damit erstmals nach Speyer ging.

Neben all ihren Aktivitäten und öffentlichen Ämtern fand Elisabeth Alschner die Zeit, sich einem Gebiet zu widmen, dem seit langem ihr besonderes Interesse galt: In jahrzehntelanger Kleinarbeit trug sie umfangreiches Material zur Geschichte der Speyerer Arbeiterbewegung, der Arbeitersportvereine sowie Dokumente und Bilder aus der Speyerer Arbeitswelt zusammen. Insbesondere den Arbeitsbedingungen der Fabrikarbeiterinnen galt dabei ihr Augenmerk. So war sie Hauptorganisatorin der Ausstellung „Arbeiten und Leben in Speyer – 140 Jahre Arbeiterbewegung in Speyer". Ebenso war sie maßgeblich an der Vorbereitung der Ausstellung „Frauen in Speyer" beteiligt, die anläßlich der 2000-Jahr-Feier der Stadt gezeigt wurde.

Wenige Wochen vor ihrem Tod wurde auf ihren Wunsch das von ihr zusammengetragene, wohlgeordnete Material dem Landesarchiv in Speyer übergeben, damit es Jüngeren für weitere Forschungen zur Geschichte der Speyerer Arbeiterbewegung zur Verfügung steht. Elisabeth Alschner selbst konnte bei dieser Übergabe nicht mehr selbst dabeisein, da sie bereits schwerkrank daniederlag. Sie verstarb im Alter von 67 Jahren am 16. März 1997 im Hospiz des Wilhelminenstifts in Speyer.

In einem der zahlreichen Nachrufe, die ihr Lebenswerk würdigten, heißt es: „Wollte man versuchen, in einem Satz ihren Lebens- und Berufsweg zu beschreiben, dann könnte dieser Satz wohl heißen: Elisabeth Alschner hat gekämpft um Gerechtigkeit!"

Hedwig Brüchert

Quellen/Literatur:

Henny Müller: Um soziale Gerechtigkeit gekämpft. Erkenntnisse nach 40,9 Jahren Fabrikarbeit, in: Tagespost v. 13.10.1990;
Erstmals nach Speyer. Hans-Böckler-Medaille des DGB für Elisabeth Alschner, in: Die Rheinpfalz v. 6.4.1991;
Herausragende Verdienste. Bundesverdienstkreuz für Elisabeth Alschner, in: Die Rheinpfalz v. 12.3.1992;
Vielen Menschen geholfen. SPD dankt Elisabeth Alschner für langjähriges Engagement, in: Tagespost v. 21.3.1992;
„Selbstloses Engagement". Elisabeth Alschner mit Wilhelm-Dröscher-Plakette geehrt, in: Tagespost v. 11.12.1996;
Berg von Überraschungen für Archiv. Speyer: Elisabeth Alschners Dokumentensammlung überreicht, in: Die Rheinpfalz v. 11.2.1997;
Ein Leben für soziale Gerechtigkeit. SPD-Kommunalpolitikerin Elisabeth Alschner im Alter von 67 Jahren verstorben, in: Tagespost v. 18.3.1997;
„... gekämpft um Gerechtigkeit". Zum Tode von Elisabeth Alschner, in: Die Rheinpfalz v. 18.3.1997;
Elisabeth Alschner (1929-1997), in: Pfälzisches Heft Nr. 62/1997;
Staatskanzlei Rheinland-Pfalz: Vorschlagsbegründung zur Verleihung des Verdienstkreuzes am Bande (1991).

Gertrud Aretz (geb. 1915)

Gertrud Aretz wurde am 24. März 1915 in Mönchengladbach geboren, wo sie auch aufwuchs. Sie hatte einen älteren und einen jüngeren Bruder. Ihr Vater, Peter Aretz, war Dreher von Beruf und hatte eine eigene kleine Fabrik. Er verstarb jedoch bereits 1921. Die Mutter, Gertrud geb. Knorr, heiratete einige Zeit später den Betriebsleiter Robert Brittken, der den drei Kindern ein liebevoller zweiter Vater wurde.
Gertrud Aretz besuchte zunächst die achtjährige Volksschule. Nach einigen Jahren der Tätigkeit im Haushalt absolvierte sie die Ausbildung zur Hauswirtschaftslehrerin. 1937 ging sie nach Berlin, um dort die Soziale Frauenschule, eine Einrichtung des Katholischen Deutschen Frauenbundes, zu besuchen. Sie legte dort ihr Examen als Fürsorgerin ab und studierte anschließend aus Interesse noch Katholische Theologie.

Gertrud Aretz (1959)

Auch in diesem Fach durfte sie mit einer Ausnahmegenehmigung das Abschlußexamen ablegen, obwohl sie kein Abitur hatte.
1941 ging Gertrud Aretz nach Köln, um als Werksfürsorgerin zu arbeiten. Sie wurde zunächst in der Forma-Textilfabrik eingestellt, die über 1000 Beschäftigte, zumeist Frauen, hatte. Als diese Firma 1943 ausgebombt wurde und den Betrieb einstellen mußte, arbeitete sie als Fürsorgerin in den Rheinischen Kabelwerken Köln, bis diese gegen Kriegsende ebenfalls zerstört wurden.
Sofort nach Kriegsende wurde sie, da sie keiner NSDAP-Organisation angehört hatte, von der Stadtverwaltung Köln angestellt, wo sie als Familienfürsorgerin im Wohlfahrtsamt, später im Gesundheitsamt eingesetzt wurde. Danach ging sie ein Jahr lang als Arbeiterin in eine Fabrik, um die Arbeitswelt von innen kennenzulernen. Anschließend nahm sie eine Stelle als Verbandssekretärin bei der Zentrale der Katholischen Arbeitnehmerbewegung (KAB) in Köln an.
1953 wechselte Gertrud Aretz in den Gewerbeaufsichtsdienst beim Staatlichen Gewerbeaufsichtsamt in Montabaur. In den ersten Jahren war sie im Angestelltenverhältnis beschäftigt. Parallel zu ihrem Dienst besuchte sie mehrere Jahre lang die Verwaltungsakademie in Koblenz und erwarb dort den Abschluß. Danach wurde sie zur Gewerbeinspektorin ernannt. Bei dieser Tätigkeit kamen ihr ihre langjährigen Erfahrungen als Werksfürsorgerin sehr zustatten.
Gertrud Aretz war bereits 1950 der CDU beigetreten. Schon nach kurzer Zeit wurde sie in den Kreisvorstand der CDU des Unterwesterwaldkreises gewählt; außerdem

gehörte sie der Bezirksfrauenvereinigung Montabaur und den Bezirkssozialausschüssen der Christlich-Demokratischen Arbeitnehmerschaft in der CDU an.

1959 wurde sie von der CDU ihres Wahlkreises als Kandidatin für die Landtagswahl aufgestellt. Von Mai 1959 bis Mai 1963 gehörte sie dem rheinland-pfälzischen Landtag an. Hier schickte sie ihre Fraktion aufgrund ihrer vielfältigen beruflichen Erfahrungen in den Wirtschafts- und den Rechtsausschuß; sie arbeitete jedoch auch in mehreren anderen Ausschüssen mit und setzte sich intensiv für die Anliegen von Frauen, Jugendlichen und Kindern ein. Einerseits machte ihr die Arbeit im Landtag Freude, andererseits störte sie sich an bestimmten Abläufen und Verhaltensweisen von Kolleginnen und Kollegen im politischen Alltag, und sie empfand, daß die Landtagstätigkeit, die ja eine gleichzeitige Berufstätigkeit ausschloß, zu einer gewissen Isolierung führte. So entschied sie sich, nach dem Ende dieser Wahlperiode nicht wieder zu kandidieren, sondern in ihre Stelle beim Gewerbeaufsichtsamt zurückzukehren.

Im Jahr 1975 ließ sie sich aus Gesundheitsgründen im Alter von sechzig Jahren pensionieren; sie hatte zu diesem Zeitpunkt den Rang einer Gewerbeamtsrätin erreicht. Die vorhergehenden Jahre waren recht anstrengend gewesen, denn neben dem Beruf hatte sie die Sorge um die kranke Mutter, bei der sie so viel Zeit wie möglich in Mönchengladbach verbrachte.

Nach dem Tod der Mutter begann Gertrud Aretz, ihren Ruhestand zu genießen. Sie entdeckte die Freude am Reisen. Auf zahlreichen Studienfahrten lernte sie andere Länder, Menschen und Kulturen kennen. So besuchte sie neben vielen europäischen Ländern auch Israel, Ägypten, die U.S.A. und verschiedene afrikanische Staaten. Auch betätigte sie sich noch etwas in der CDU Montabaur, doch sie war der Ansicht, die politische Arbeit sollten nun vor allem die Jüngeren machen.

Bis heute hat sie jedoch ein Ehrenamt beibehalten, das ihr besonders am Herzen liegt: Sie ist seit vielen Jahren die Beauftragte für die Diözese Limburg des Päpstlichen Missionswerks Katholischer Frauen, das seinen Sitz in Koblenz hat. Die Mitglieder sammeln Spenden und unterstützen damit Priester in der Missionsarbeit. Außerdem wird damit armen Frauen in Ländern der Dritten Welt, z.B. in Thailand und verschiedenen afrikanischen Staaten, eine Ausbildung ermöglicht, um sie vor der Prostitution zu bewahren. In diese Arbeit steckt Gertrud Aretz viel Zeit und Kraft. Weitere Aktivitäten läßt ihr Gesundheitszustand leider kaum zu; seit einiger Zeit ist sie beim Gehen auf Krücken angewiesen. Doch sie blickt zufrieden zurück auf ein reiches, ausgefülltes Leben und möchte keine ihrer Erfahrungen missen.

Hedwig Brüchert

Quellen/Literatur:

Amtliches Handbuch des Landtages Rheinland-Pfalz, IV. Wahlperiode. Hg. v. Büro des Landtages Rheinland-Pfalz. Mainz 1959, S. 205;
Abgeordnete in Rheinland-Pfalz 1946-1987. Biographisches Handbuch, hg. v. Landtag Rheinland-Pfalz, bearb. v. Heidi Mehl-Lippert und Doris Maria Peckhaus. Mainz 1991, S. 145;
Mündliche Auskünfte von Frau Gertrud Aretz.

Hildegard Auer (1910-1997)

Hildegard Franziska Henn wurde am 3. November 1910 in Hardheim bei Walldürn geboren. Sie hatte drei ältere Geschwister, der Vater war Bildhauer. Bereits während ihrer Schulzeit – die Familie wohnte inzwischen in der Pfalz – veröffentlichte das vielseitig begabte Mädchen einige Erzählungen und Gedichte im Ludwigshafener „General-Anzeiger". Außerdem spielte sie begeistert Theater.

Der Tod des Vaters im Jahr 1921 bedeutete einen tiefen Einschnitt, die finanzielle Situation der Familie war sehr angespannt. Für Hildegard war dies ein Ansporn. Ihr Abschlußzeugnis enthielt als Beurteilungen nur die Note „Hervorragend". Die Stadt Ludwigshafen bot ihr ein Stipendium zum freien Studium an, was von der Familie jedoch abgelehnt werden mußte, da man auf einen zusätzlichen Verdienst angewiesen war.

Hildegard Auer (1946)

Voller Elan begann Hildegard Auer eine dreijährige Ausbildung zum Einzelhandelskaufmann im Spezialgeschäft für Wäsche und Herrenartikel Arnold Graf in Ludwigshafen. Daneben absolvierte sie noch die zweijährige Handelsschule, die sie mit der Gesamtnote „Hervorragend" abschloß, so daß Stadt und Schule ihr noch einen weiterführenden einjährigen Abendkurs finanzierten.

Nachdem sie die Lehre ebenfalls mit ausgezeichneten Ergebnissen beendet hatte, arbeitete sie als Verkäuferin im Kaufhaus Rothschild in der Ludwigstraße, später im Kaufhaus Kander in Mannheim. Dort übertrug man ihr aufgrund ihres Talents und Engagements trotz ihrer Jugend bereits verantwortungsvolle Aufgaben.

Die Massenarbeitslosigkeit der Jahre 1930 bis 1933 und die dadurch entstandene Not brachten dem Einzelhandel sinkende Umsätze. Auch das Kaufhaus Kander war davon betroffen und mußte die Bezüge seiner Angestellten kürzen. Da Mutter und Geschwister aber auf Hildegards Gehalt angewiesen waren, war guter Rat teuer. Doch bald bot sich ein neues reizvolles Aufgabengebiet. Ein Onkel arbeitete in einem Versandlagerhaus, hauptsächlich für Persil bzw. für die Firma Henkel. Er vermittelte seiner Nichte eine Stelle als Wanderlehrerin, die die Firma Henkel in ganz Deutschland beschäftigte, um Vorträge über Waschmittel, Pflege der Wäsche und Hygiene zu halten und Reklamationen entgegenzunehmen. Nach kurzer Ausbildungszeit wurde Hildegard Auer als jüngste Wanderlehrerin in die Praxis entsandt. Dieser neue Beruf führte sie durch ganz Deutschland und brachte sie dann wieder zurück in die Pfalz, wo sie den Bezirk Neustadt betreute.

Wenn sie an den Wochenenden zu Hause war, verbrachte sie ihre freie Zeit in der katholischen Jugendorganisation „Quickborn und Jungborn". Sie leitete einen Mädchenchor, gab Gitarrenunterricht und spielte Theater. Durch ihr Engagement in der katholischen Jugend lernte sie den „Neudeutschen" Paul Auer kennen. „Neudeutschland" war ein katholischer Jugendbund für Schüler und Studenten. Paul Auer studierte an der Mannheimer Musikhochschule und war ein talentierter Pianist. Zu Ostern 1939 verlobten sie sich. Nachdem eine Wohnung in Ludwigshafen eingerichtet war, fand im Sommer 1939 in der St. Ludwigkirche die Trauung statt, anschließend ging es in die Flitterwochen. Für kurze Zeit arbeitete Hildegard Auer noch weiter als Wanderlehrerin, bevor sie ihre Stellung aufgab, um nur noch Hausfrau zu sein. Doch der drohende Krieg trübte bald das junge Eheglück. Paul Auer wurde zur militärischen Ausbildung eingezogen, und schon Ende August 1939 erreichte ihn der Stellungsbefehl.

Wieder mußte Hildegard Auer für sich selbst sorgen, und so trat sie am 1. Februar 1940 eine Stellung als Kontoristin bei der BASF in Ludwigshafen-Oppau an. Dort war sie neben ihrer kaufmännischen Tätigkeit für den Luftschutz zuständig, ihr unterstanden 15 Betriebe mit ca. 5000 Beschäftigten.

Ihr Mann war zunächst in Frankreich eingesetzt, wurde dann jedoch nach vierzehntägigem Heimaturlaub im Oktober 1942 nach Rußland verlegt. Dort geriet er mit der sechsten Armee in den Kessel von Stalingrad. Am 6. Januar 1943 erreichte Hildegard Auer noch ein Brief, dies war sein letztes Lebenszeichen. Um ihren Kummer zu bewältigen, während sie in Ungewißheit über sein Schicksal war, stürzte sich Hildegard Auer in die Arbeit. Doch auch in Ludwigshafen wurde die Lage immer bedrohlicher, im August 1943 begannen die schweren Luftangriffe auf den Raum Ludwigshafen/Mannheim. Bei einem Angriff vom 5. auf den 6. September 1943 wurde ihre Wohnung ein Opfer der Flammen. Sie hatte fast alles verloren. Dennoch setzte sie sich weiterhin in diesen Bombennächten für andere ein und half, wo sie nur konnte. Dafür wurde ihr im September 1943 das Luftschutzehrenzeichen für „mutigen und heldenhaften Einsatz beim Fliegerangriff" verliehen.

Mit völlig leeren Händen zog sie in die Wohnung ihrer Schwägerin. Noch immer hatte sie die Hoffnung auf ein Lebenszeichen ihres Mannes nicht aufgegeben, als ausgerechnet am Heiligen Abend 1943 die offizielle Vermißtenmeldung eintraf.

1944 wurde ein Jahr des Schreckens. 127 Großangriffe vernichteten Ludwigshafen fast vollständig. Nur knapp entkam Hildegard Auer kurz vor Kriegsende dem Tod bei einem schweren Bombardement der BASF.

Schon bald nach Kriegsende faßte Hildegard Auer den Entschluß, einen Neuanfang zu wagen und in ihrem Beruf als Einzelhandelskaufmann in Zukunft selbständig ihr Brot zu verdienen. Bei den französischen Besatzungsbehörden stellte sie den Antrag auf Eröffnung eines Geschäfts, was ihr auch gewährt wurde, allerdings mit zahlreichen Einschränkungen. Auch die deutschen Dienststellen erwiesen sich als nicht besonders hilfsbereit, sie gaben alteingesessenen Geschäftsinhabern den Vorzug. Nach langem Hin und Her eröffnete Hildegard Auer im Frühjahr 1946 ihr „Geschenkhaus" in der Heinigstraße, wo sie Schreib- und Lederwaren, Gemälde und Schnitzereien von ehemaligen Kollegen ihres Vaters verkaufte. Vor allem die Gemälde lockten französische Kunden an, die zum Teil mit Lebensmitteln bezahlten – ein unschätzbarer Vorteil in den Hungerjahren nach dem Krieg. Im Hof des Geschäftes stellte Hildegard Auer eine ausgediente Arbeitsdienstbaracke auf, wo sechs Arbeitslose aus Igamibändern der BASF Vorhänge, Schürzen und Tischdecken herstellten. Mit dem Zug fuhr sie nach Idar-Oberstein, um Schmuck und Edelsteine zu erwerben. Bereits nach drei Tagen war alles ausverkauft, denn viele Kunden nutzten die Gelegenheit, um die wertlose Reichsmark in wertbeständigeren Silberschmuck anzulegen. Doch schon ergaben sich wieder Probleme, diesmal mit dem Einzelhandelsverband, der ihr mitteilte, nur Fachleute dürften Schmuck verkaufen. Doch auch davon ließ sich Hildegard Auer nicht aufhalten. Kurz entschlossen fuhr sie nach Idar-Oberstein und ließ sich binnen zweier Tage zur Fachfrau ausbilden.

1947 versuchte sie vergeblich, über die inzwischen eingerichteten Suchdienste etwas über das Schicksal ihres Mannes zu erfahren. Einen letzten Anlauf nahm Hildegard Auer bei General Dwight D. Eisenhower, der vermutlich mit ihrer Familie verwandt war. Der Besuch bei General Eisenhower brachte zwar keine neuen Informationen über Paul Auer, aber einen unbefristeten Passierschein für die amerikanische Zone, der sich als wunderbarer „Sesam öffne dich" an allen Grenzen erwies. Dies war besonders hilfreich für das Geschäft, denn in der amerikanischen Zone ließen sich leichter Waren beschaffen als in der französischen.

Einen weiteren Einschnitt brachte die Währungsreform 1948. Geld war nun knapp, und es bestand keine Nachfrage mehr nach ihren Geschenkartikeln. Wieder sah sich Hildegard Auer vor einem Neuanfang. Sie stellte ihr Sortiment auf Haushaltswaren um. Außerdem suchte sie einen günstigeren Standort für ihr Geschäft, und so wurde Ende 1949 in bester Lage in der Bismarckstraße Neueröffnung gefeiert. Es war immer noch schwierig, Waren zu beschaffen, denn neue Ware mußte bar bezahlt werden. Durch zähe Verhandlungen konnte sie mit einer Schreibwarengroßhandlung und mit Textilfabriken Lieferungen in Kommission vereinbaren. Zwei Vertreter aus Frankreich boten ihr Wolle an, die sich innerhalb kürzester Zeit zum Verkaufsschlager entwickelte. Durch den Verkauf der Wolle erhielt Hildegard Auer das nötige Eigenkapital, so daß sie ihr Sortiment allmählich um ansprechende Modellkleider erweitern konnte. Neue Erzeugnisse eroberten den Markt und wurden ins Angebot aufgenommen: Nylon- und Perlonstrümpfe. Diese bisher unbekannten Produkte stellten auch neue Anforderungen an die Verkäuferinnen. Hildegard Auer setzte sich für eine entsprechende Ausbildung ein und begann ihre Arbeit als ehrenamtliche Lehrerin der IHK; später wurde sie auch Mitglied des Prüfungsvorstandes für Einzelhandelskaufleute. Aus diesen Anfängen entwickelte sich eine dreißig Jahre dauernde Ausbildungstätigkeit.

In den Jahren des „Wirtschaftswunders" florierte das Geschäft. Der Umsatz stieg und auch der Bedarf an gehobener Garderobe, für den Hildegard Auer sich Anregung holte auf den Messen in Frankfurt, Düsseldorf und Wien. Sie avancierte zum Spezialhaus für österreichische und bayerische Trachtenmode.

Im Mai 1958 folgte sie einer Einladung von Verwandten nach New York, von wo sie viele neue Eindrücke und Anregungen mit nach Hause brachte.
Nicht nur für ihr eigenes Geschäft setzte sich Hildegard Auer unermüdlich ein. Als Mitglied der Leistungsgemeinschaft des Einzelhandels, des Verkehrsvereins und der Werbegemeinschaft engagierte sie sich stets für den Standort Ludwigshafen, der in der Konkurrenz zur größeren Nachbarstadt Mannheim immer zu kämpfen hatte.
Im Jahr 1977 feierte Hildegard Auer ihr goldenes Berufsjubiläum, anläßlich dessen sie die goldene Verdienstmedaille des Einzelhandels und die silberne Kammermünze der IHK verliehen bekam. Da sie keine Erben hatte, machte sie sich Gedanken um die Zukunft ihres Geschäftes. Nachdem eine Übernahme durch neue Inhaber an erschwerten Mietbedingungen gescheitert war, entschloß sich Hildegard Auer 1978 zu Ausverkauf und Schließung ihres Geschäfts.
Nach 52 Berufsjahren erlaubte sich Hildegard Auer zum erstenmal einen ausgedehnten Urlaub und machte von Juni bis August 1978 eine große Rundreise durch 27 Staaten der USA.
Wieder zu Hause, erwartete sie eine neue Aufgabe. Bei den Pfarrgemeinderatswahlen 1978 wurde sie in den Verwaltungsausschuß der Pfarrei Heilig Geist gewählt. Dort kümmerte sie sich besonders um die Belange der älteren Menschen und gründete einen Seniorenkreis, der bald 140 Mitglieder zählte. Der Glaube war ein wichtiger Bestandteil im Leben von Hildegard Auer. Um ihn zu vertiefen und zu ergründen, nahm sie teil an Reisen nach Israel und Griechenland. Auch für den Seniorenkreis organisierte sie viele Reisen und Ausflüge; der Höhepunkt war eine Fahrt nach Rom im März 1993. Für ihr Engagement im Seniorenkreis der Pfarrei Heilig Geist erhielt sie 1995 an ihrem 85. Geburtstag das Caritaskreuz in Silber.
Die letzten Jahre ihres erfüllten Lebens verbrachte sie damit, all das Erlebte für die Nachwelt festzuhalten. Kurz nach Erscheinen ihrer Autobiographie „Das Leben lieben" verstarb Hildegard Auer am 5. März 1997 in Ludwigshafen.

Martina Ruppert

Quellen/Literatur:
Auskünfte des Stadtarchivs Ludwigshafen;
Hildegard Auer: Das Leben lieben. Speyer o.J.

Auguste Bader (1900-1990)

Eine der angesehensten Persönlichkeiten im deutschen Landfrauenverband der Nachkriegszeit war Auguste Bader, geb. Braun, von der Moormühle bei Steinwenden, Kreis Kaiserslautern.

Sie wurde am 10. Februar 1900 auf der Moordammühle bei Landstuhl geboren. Ihre Vorfahren waren über viele Generationen Gerber, Bauern und Müller in der Westpfalz. Als Zweitälteste wuchs sie mit einem Bruder und vier Schwestern auf und mußte früh im elterlichen Gerbereibetrieb mithelfen. Sie besuchte die Volksschule in Landstuhl, dann bis zur Mittleren Reife die „Höhere Weibliche Bildungsanstalt" (heute Burg-Gymnasium) in Kaiserslautern, um anschließend eine Haushaltungsschule in Bonn zu absolvieren.

Auguste Bader

1924 verheiratete sie sich mit ihrem Vetter, dem Müllermeister Carl Bader von der Moormühle, und übernahm die Leitung des Haushalts auf dem großen, seit 1719 in Familienbesitz befindlichen Mühlenhofgut, auf dem damals etwa zehn, in der Erntezeit bis zu zwanzig Personen beschäftigt waren. 1925 und 1927 wurden ihr eine Tochter und ein Sohn geboren.

Um der mangelhaften Versorgung von Alten und Kranken entgegenzuwirken, gründete sie 1925 zusammen mit Eva Kurz aus Weltersbach einen Diakonissenverein für Steinwenden und Weltersbach. Durch ihren Einsatz konnte bald darauf eine Diakonissenschwester ihren segensreichen Dienst hier antreten.

Die Verbesserung der Situation der Frauen auf dem Lande war ihr ein besonderes Anliegen. 1927 ergriff sie die Initiative zur Gründung des Landwirtschaftlichen Hausfrauenvereins (LHV) und wurde bald zur Kreisvorsitzenden dieser neuen Organisation gewählt. Die Vereinigung bestand bis zur Gleichschaltung in der NS-Zeit und zur Bildung der NS-Frauenschaft.

Trotz des frühen Todes ihres Mannes (1943) und zunehmender Arbeit im Betrieb schloß sich Auguste Bader nach dem Zweiten Weltkrieg mit anderen Frauen zusammen, um den Landfrauenverein Pfalz zu gründen, für dessen Anschluß an den Deutschen Landfrauenverband sie sich mit Erfolg einsetzte.

Von 1951 bis 1958 war sie zweite Vorsitzende des pfälzischen Landfrauenverbandes, dann wurde sie zur ersten Landesvorsitzenden gewählt. Zwei Wahlperioden übte sie dieses Amt mit großem Engagement aus. Ihr Wort hatte großes Gewicht im Deutschen Landfrauenverband, bei sozialen Organisationen, bei Landes- und Kommunalpolitikern und vor allem bei „ihren Landfrauen", bei denen sie große Verehrung genoß. Zwei Jahrzehnte leitete sie auch den Landfrauenverein Steinwenden-Weltersbach, der sie nach ihrem Ausscheiden zur Ehrenvorsitzenden ernannte.

Auguste Bader gehörte lange Zeit als einzige Frau dem Vorstand der Pfälzischen Bauern- und Winzerschaft sowie bis 1970 der Landwirtschaftskammer Pfalz an. Sie war eine der ersten Meisterinnen der ländlichen Hauswirtschaft in der Pfalz, bildete selbst 19 Lehrlinge aus und wirkte als Jurorin in Prüfungsausschüssen für die Gehilfen- und Meisterprüfungen sowie am Berufswettkampf der Landjugend mit. Als es noch keine Sozialstationen gab, gründete sie 1965 – gewissermaßen als deren Vorläuferin – in Steinwenden die erste Dorfhelferinnen-Station in der Pfalz und übernahm anfangs auch die Einsatzleitung.

Bei alledem nahm sie sich stets Zeit, anderen zuzuhören. Viele sind zu ihr gekommen mit ihren Sorgen und Nöten, wobei sie ihre eigenen in den Hintergrund stellte. Vielen hat sie – gerade in den Notjahren nach dem Zweiten Weltkrieg – auf mancherlei Weise im Stillen geholfen.

Ihr Wirken in der Öffentlichkeit wurde mit zahlreichen Ehrungen belohnt. Der Deutsche Landfrauenverband verlieh ihr die „Goldene Biene". Für ihre Verdienste um die pfälzische Landwirtschaft wurden ihr die „Adam-Müller-Medaille", die große goldene und die große silberne Medaille der Landwirtschaftskammer Pfalz verliehen. Der Landkreis Kaiserslautern ehrte sie mit dem Großen Wappenschild, und der Ministerpräsident zeichnete sie mit der Ehrennadel des Landes aus.

Bis in ihre letzten Tage besaß Auguste Bader einen wachen Geist. Noch in ihrem 90. Lebensjahr las sie täglich die Zeitung und pflegte eine ausgedehnte Korrespondenz. Ihre Briefe zeichneten sich durch eine schöne, gestochene Handschrift und guten Stil aus. Ab und zu verfaßte sie auch ein Gedicht, das mancherlei Lebensweisheiten und Erfahrungen aus neun Jahrzehnten des 20. Jahrhunderts enthielt.

Am 6. Oktober 1990 ist sie in einem Pflegeheim in Waldmohr, wo sie nur wenige Tage verbracht hatte, verstorben. Ihre letzte Ruhestätte fand sie auf dem Friedhof in Steinwenden, Ortsteil Weltersbach.

Roland Paul

Quellen/Literatur:
Mitteilungen des Landfrauenverbandes Pfalz, Geschäftsstelle Kaiserslautern;
Mehrere Interviews des Verfassers mit Auguste Bader zwischen 1980 und 1990;
Roland Paul: Auguste Bader wird heute 90 Jahre alt. Ihr Wort hatte Gewicht bei „ihren Landfrauen".
In: Die Rheinpfalz, Kaiserslauterer Rundschau, v. 10.2.1990;
Roland Paul: Die Moormühle bei Steinwenden und ihre Geschichte (unveröffentl. Manuskript).

Ruth Baron (geb. 1921)

Ruth Baron gehörte zu der jungen Journalistengeneration in Rheinland-Pfalz, die sich nach der Zeit des Nationalsozialismus und des Zweiten Weltkriegs um den Wiederaufbau und das Funktionieren eines demokratischen Pressewesens verdient machte. Sie erwarb durch ihr Können und ihr Engagement auf verschiedenen Ebenen des Journalismus – als stellvertretende Chefredakteurin der „Staatszeitung", freie Journalistin, Leiterin der Bischöflichen Pressestelle Mainz – weit über den Kreis ihrer Kolleginnen und Kollegen hinaus Respekt und Anerkennung.

Ruth Baron wurde am 20. August 1921 in Landau in der Pfalz in einer liberal-katholischen Kaufmannsfamilie geboren. Über ihr Elternhaus schreibt sie: „Seine tolerante, humorvolle, Geborgenheit vermittelnde

Ruth Baron (1982)

Atmosphäre, die Erziehung zu Eigenverantwortung, Fairneß, Umgang mit Geld in damals noch nicht üblicher Freiheit und Respektierung des jungen Menschen bei ganz klaren Richtlinien des Zusammenlebens prägten mich für das ganze Leben und ließen mich – je älter, je intensiver – dankbar sein für dieses Elternhaus."

Den Wunsch, Journalistin zu werden, hatte Ruth Baron schon von Kindesbeinen an. Die Neugierde, Welt und Leben kennenzulernen und dabei relativ unabhängig zu sein, waren neben der Liebe zur deutschen Sprache und Literatur die Beweggründe dafür. Nach vier Grundschuljahren bei den Englischen Fräulein besuchte sie, für ein Mädchen damals ungewöhnlich, das Humanistische Gymnasium in Landau, das sie 1940 mit dem Abitur abschloß.

Während der Schulzeit war sie kurze Zeit Mitglied in einem Katholischen Jugendverband; nach dessen Auflösung durch die Nazis dann Mitglied im Bund deutscher Mädel (BdM), zuletzt als Führerin. Baron war von der Jugendarbeit begeistert: Singen, Gedichte lesen, Musizieren, Theaterspielen, Auf-Fahrt-Gehen und die Möglichkeit, Sport zu treiben, die es damals in der Schule noch nicht gab, zogen sie an. Der frühe Tod ihres Vaters 1937 war ein schwerer Schicksalsschlag, der das junge Mädchen sehr erschütterte. Nach dem Abitur mußte Ruth Baron den obligatorischen Arbeitsdienst auf einem Bauernhof in Unterfranken absolvieren, ein Jahr Mitarbeit in der Jungmädelführung in Landau schloß sich an.

Noch im Krieg begann sie das Studium der Zeitungswissenschaften, der Philosophie, Psychologie, Germanistik und Geschichte. Über die Universitäten München, Wien und Berlin kam sie nach Heidelberg. Eine hier konzipierte Doktorarbeit: „Die

Psychologie des Stadt- und Landlesers" konnte nicht realisiert werden, da Ruth Baron gegen Kriegsende zum Studentinnen-Kriegseinsatz bei der Flak am Rhein-Main-Flughafen einberufen wurde. Der Krieg brachte im privaten Bereich schmerzliche Verluste. Kurz vor der Hochzeit kam ihr Verlobter an der Ostfront um. Ihre Mutter, die in zweiter Ehe in Berlin verheiratet war, verlor bei einem Bombenangriff ihren Mann.

Nach Kriegsende setzte Ruth Baron das Studium an der 1946 von den Franzosen wiedergegründeten Universität Mainz fort. In den Anfangsjahren gab es ihre Fächer Zeitungswissenschaften und Psychologie noch nicht. Aus diesem Grund, aber auch, um Geld zu verdienen (die Familie hatte im Krieg ihr Vermögen verloren), trat sie am 1. Januar 1949 als Referentin in die Landespressestelle der Staatskanzlei des neu gegründeten Bundeslandes Rheinland-Pfalz ein; 1950 wurde sie Redakteurin der „Staats-Zeitung", später deren stellvertretende Chefredakteurin. Die Landesregierung hatte zunächst ihren Sitz in Koblenz, ab 1950 in Mainz. 1955 bot sich Ruth Baron über ein Frankreich-Stipendium die Gelegenheit zu einem Studienaufenthalt in Tours. Ohne zu zögern gab sie ihren sicheren Job bei der Staatskanzlei auf. „Im Krieg waren wir ja nie herausgekommen; also nahm ich sofort an."

Nach dem Frankreichaufenthalt folgten 13 Jahre freiberufliche Tätigkeit als Korrespondentin für Landespolitik für Zeitungen und Nachrichtenagenturen in Rheinland-Pfalz. Ruth Baron war bei der Landesregierung und dem Landtag in Rheinland-Pfalz, bald auch in Hessen, akkreditiert. Neben der Tagespolitik galt ihr besonderes Interesse der Kulturpolitik. „In jedem Falle halte ich die Kulturpolitik für das A und O meines Bestrebens, den besten Einblick in die Welt zu erhalten!"

Baron war zeitweilig das einzige weibliche Mitglied der Landespressekonferenz, die 1950 nach dem Umzug der Landesregierung von den hauptberuflich mit der Landespolitik befaßten Korrespondenten und Redakteuren in Mainz gegründet worden war. Berufliche Angebote, die sie von Mainz weggeführt hätten, lehnte sie ab. Mehr und mehr verwuchs sie mit der Stadt, und es gehörte zu ihren großen Erlebnissen, den Wiederaufbau dieser so sehr zerstörten Stadt schreibend begleiten zu können. Eines der herausragenden Ereignisse dieser Zeit war das 2000jährige Stadtjubiläum 1962. In den sechziger Jahren war auch die Aussöhnung mit Frankreich eines ihrer besonderen Anliegen: besonders die Partnerschaft zwischen Rheinland-Pfalz und Burgund sowie die Städtepartnerschaft Mainz-Dijon.

1959 wurde Ruth Baron mit der Aufgabe betraut, den Regionaldienst Rhein-Main der Katholischen Nachrichtenagentur (KNA) mit aufzubauen. Diese Arbeit führte schließlich zu Kontakten mit dem Bischöflichen Ordinariat in Mainz. Zunächst übernahm sie einen Teil der Pressearbeit für das Bistum Mainz. 1965 erhielt sie das Angebot, als erste Frau in der Bundesrepublik eine bischöfliche Pressestelle aufzubauen und zu leiten. In dieser für die katholische Kirche sehr wichtigen frühen Nachkonzilszeit mit der Öffnung nach außen gehörte das Bistum Mainz zu den ersten Bistümern in Deutschland, die sich zu diesem Zweck einer Pressestelle bedienten.

Ruth Baron ergriff die Chance. 17 Jahre fruchtbarer und interessanter Arbeit für das Bistum folgten. Ihre guten Beziehungen zu Politikern und Journalisten kamen ihr dabei zugute. Über ihre Arbeit als Leiterin der Pressestelle meint sie im Rückblick: „Als wichtigste Aufgabe einer Bischöflichen Pressestelle habe ich von Anfang an gesehen, die Journalisten wahrheitsgemäß über das kirchliche Leben zu informieren. Ihre Fragen wurden so gut wie möglich beantwortet, auch wenn sie nicht immer angenehm waren. Dadurch ist es gelungen, das Vertrauen der Journalisten zu gewinnen, was sich für die weitere Arbeit als sehr fruchtbar erwies." Diese Information der Medien – zu den Printmedien kamen Rundfunk und Fernsehen hinzu – geschah vorwiegend durch die Mainzer Bistumsnachrichten: Die Hauptzielsetzung dieses Organs ist die aktuelle Information der Medien über Termine, Ereignisse und Meinungsäußerungen im Bereich des Bistums Mainz. Darüber hinaus ist in der Summe der Einzelinformationen auch so etwas wie eine Bistumschronik entstanden, die das Leben im Bistum Mainz in vielfältigen Facetten widerspiegelt.

1974 war Ruth Baron die Begründerin der Arbeitsgemeinschaft der Bischöflichen Pressestellen in Deutschland. Erfahrungsaustausch und eine Verbesserung der Kooperation der Pressereferenten der Bischöflichen Ordinariate und Generalvikariate waren das Ziel der AG, die heute noch besteht.

In ihre Zeit als Leiterin der Bischöflichen Pressestelle Mainz fielen bedeutende geschichtliche Höhepunkte des Bistums: 1973 die Erhebung des Mainzer Bischofs Hermann Volk zum Kardinal (nach 400 Jahren wieder ein Kardinal auf dem Mainzer Bischofsstuhl); 1975 die 1000-Jahr-Feier des Mainzer Domes und 1977 der 100. Todestag des Mainzer Sozialbischofs Wilhelm Emmanuel von Ketteler. Sozusagen die „Krönung" ihrer Arbeit war sicher der Besuch von Papst Johannes Paul II. im Jahre 1980 in Mainz, von dem wichtige Impulse für die Ökumene ausgingen.

Für ihre Verdienste als Leiterin der Pressestelle und besonders für die Organisation des Pressezentrums in der Rheingoldhalle während des Papstbesuches wurde Ruth Baron 1981 mit dem Päpstlichen Orden „Pro ecclesia et pontifice" (Für Kirche und Papst) ausgezeichnet. Der Orden war damals die höchste päpstliche Auszeichnung, die an eine Frau vergeben wurde. Kardinal Volk würdigte bei der Verleihung Ruth Barons große Verdienste und ihr Engagement. Mit weiteren Ehrungen wurde Ruth Barons Lebenswerk anerkannt: 1970 erhielt sie das Bundesverdienstkreuz am Bande und 1982 den Verdienstorden des Landes Rheinland-Pfalz. Am 1. April 1982 wurde Ruth Baron in einem Festakt im Mainzer Haus am Dom in den Ruhestand verabschiedet. Bis 1989 arbeitete sie noch als freie Mitarbeiterin bei der KNA und von 1985 bis 1993 ehrenamtlich bei der Filmbewertung mit. Als Faden zog sich durch ihr Berufsleben: Immer bei den Anfängen dabeisein, Neues wagen und das Risiko nicht scheuen.

Das herausragende Interesse Ruth Barons galt seit den siebziger Jahren der Entwicklung der Katholischen Kirche in den kommunistischen Ostblockstaaten, die unterdrückt wurde und mit vielen Schwierigkeiten zu kämpfen hatte. Als Mitglied von Pax Christi, der katholischen Friedensbewegung, und der Berliner Konferenz, einem Forum „progressiver Katholiken" in Ost und West (gegründet 1964 in Ostberlin), knüpfte sie zahlreiche Kontakte mit Menschen in der DDR, in Polen und

Ungarn. Dabei gab es immer wieder Schwierigkeiten, Mißverständnisse und Verleumdungen, aber auch wertvolle Begegnungen, Gespräche und Gelegenheit zu helfen. Ihre Freundschaft mit dem ungarischen Bischof Imre Timko, Nyíregyháza, führte zu einer Partnerschaft des Bistums Mainz mit Nyíregyháza, die bis heute gepflegt wird.

Ihren Ruhestand hat Ruth Baron sehr aktiv gestaltet. Ganz besonders hat sie sich ihren Hobbys, dem Reiten und dem Reisen, gewidmet; das Reiten hat die 77jährige erst kürzlich aufgegeben. Sie nimmt noch immer regen Anteil an Politik und Zeitgeschehen und – selbstverständlich – am Geschehen in der Katholischen Kirche und im Bistum Mainz. Ruth Baron, die unverheiratet geblieben ist, zieht für ihr bisheriges Leben das Fazit: „Es war ein reiches Leben, reich an Leid und Freude, an Arbeit und Mühe, an Licht und Schatten, an Liebe und menschlicher Zuneigung. Es war in hohem Maße bestimmt von philosophisch-theologischen Studien und hatte sein Fundament im christlich-katholischen Glauben."

Heidemarie Fink

Quellen/Literatur:

Gespräch der Autorin mit Ruth Baron im Jahr 1998;
Persönliche Aufzeichnungen und Dokumente;
Begründung zur Verleihung des Bundesverdienstkreuzes 1970.

Franziska Bereths (1900-1970)

Franziska Bereths stammt aus Wehlen an der Mosel, wo sie am 2. April 1900 geboren wurde. Sie war das fünfte von elf Kindern der Eheleute Michael Peter Bereths und Barbara geb. Neises.

Gemeinsam mit ihren neun Schwestern und einem Bruder wurde sie katholisch erzogen und besuchte die örtliche Volksschule. Der Vater, von Beruf Posthalter in Wehlen, betätigte sich in der katholischen Kirchengemeinde als Küster, Organist und Dirigent des Kirchenchors. Nach Abschluß der Schule arbeitete Franziska zunächst in der Weinhandlung Jakob Friedrich in ihrem Heimatort. Anschließend war sie bis zu ihrer Pensionierung als Büroangestellte beim RWE in Bernkastel-Kues beschäftigt.

Franziska Bereths

Als nach dem Zweiten Weltkrieg wieder demokratische Parteien gegründet werden durften, trat Franziska Bereths sofort der CDU bei. Bei den ersten Wahlen im Oktober 1946 wurde sie von ihrer Partei als Kandidatin aufgestellt und in den Kreistag des Altkreises Bernkastel gewählt. Sie widmete sich vor allem dem Bereich der Sozialpolitik und war viele Jahre lang Mitglied des Ausschusses für soziale Angelegenheiten und des Jugendwohlfahrtsausschusses. Besonders in den Notjahren der ersten Nachkriegszeit konnte sie zahlreichen bedürftigen Menschen ihres Kreises helfen.

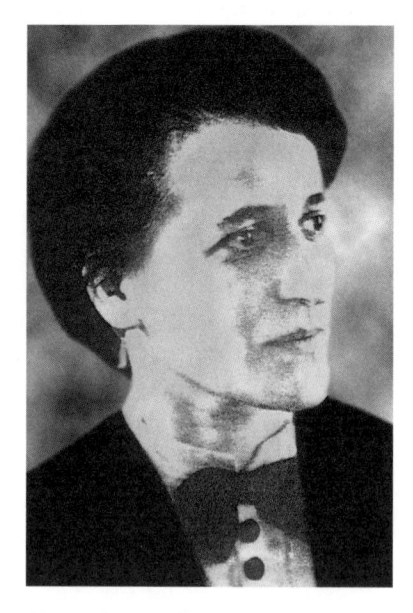

Frau Bereths gehörte dem Kreistag 18 Jahre lang ununterbrochen an. 1964 zog sie sich dann aus der aktiven Politik zurück. Sie verstarb nach kurzer Krankheit am 28. Januar 1970 und ist in ihrem Heimatort Wehlen begraben.

Hedwig Brüchert

Quellen/Literatur:

Auskünfte und Unterlagen des Kreisarchivs Bernkastel-Wittlich;
Auskünfte von Herrn Hans-Ulrich Praus, Wehlen.

Ulla Berghammer (1887-1957)

Ulla Berghammer wurde als Ursula Much am 26. Dezember 1887 in Bad Tölz geboren, wo sie ihre Kindheit verlebte. Sie hatte zwölf Geschwister. Als sie 14 Jahre alt war, verstarb die Mutter im Wochenbett. Ursula mußte sich nun nach Beendigung der Volksschule um den Haushalt und die jüngeren Geschwister kümmern. An eine eigene Berufsausbildung war unter diesen Umständen nicht zu denken. 1908 heiratete sie Konrad Berghammer, der 1911 als Bezirksbaumeister nach Frankenthal in der damals zu Bayern gehörenden Pfalz versetzt wurde. Ihre beiden Kinder, eine Tochter und ein Sohn, wurden 1909 und 1921 geboren. Im Ersten Weltkrieg leistete Ulla Berghammer ehrenamtliche Arbeit in der Sozialstation und der Küche einer Frankenthaler Fabrik. Dafür wurde sie mit dem bayerischen Verdienstkreuz ausgezeichnet.

Ulla Berghammer

Ab 1920 hatte Konrad Berghammer dann die Stelle eines Baurats in Landau inne. Die Familie lebte in der Löhlstraße 15. Über Politik wurde im Hause Berghammer immer viel gesprochen. Konrad Berghammer war Mitglied der Bayerischen Volkspartei und war befreundet mit dem späteren Finanzminister Schäffer. Dieser und andere politische Freunde gingen im Hause Berghammer in Landau ein und aus. Ulla Berghammer selbst trat 1929 der Zentrumspartei bei und gehörte dem Landauer Stadtrat an, bis die demokratischen Selbstverwaltungsorgane von den neuen braunen Machthabern abgeschafft wurden und sich die Zentrumspartei im Sommer 1933 auflöste.

Ulla Berghammer wurde 1933 für einige Wochen in „Schutzhaft" genommen, doch sie ließ sich nicht einschüchtern. Heimlich half sie in den folgenden Jahren Jüdinnen aus ihrem Bekanntenkreis, bevor diese auswandern konnten. Mit Erfolg bemühte sie sich um die Freilassung ihres in Buchenwald inhaftierten Bruders, der dann inoffiziell bei Familie Berghammer in Landau lebte.

Als der Krieg zu Ende gegangen war und nach zwölf Jahren der Diktatur ein neuer demokratischer Staat aufgebaut werden konnte, engagierte sich Ulla Berghammer sofort wieder politisch. Sie gehörte zu den Männern und Frauen, die sich Ende des Jahres 1945 um die Schaffung einer christlichen Partei bemühten, und war eine von 34 Unterzeichnern und Unterzeichnerinnen eines Antrags zur Wiedergründung des Zentrums in der Pfalz. In diesem Antrag hieß es: „Wir übernehmen zunächst die alten christlichen, demokratischen und sozialen Grundsätze und Ziele der ehemaligen ‚Deutschen Zentrumspartei'." Man betonte, daß die neue Organisation überkonfessionell sein und über den zukünftigen Parteinamen ein Parteitag entscheiden sollte, obwohl es zu jenem Zeitpunkt noch starke Kräfte im katholisch-klerikalen Lager der Pfalz gab, die eine rein katholische Partei vorgezogen hätten.

Als Vertreterin der pfälzischen CDP (einer der Vorläuferparteien der rheinland-pfälzischen CDU) gehörte Ulla Berghammer zu den wenigen Frauen, die als Mitglied in die Beratende Landesversammlung entsandt wurden und über den Verfassungsentwurf für das neugeschaffene Land berieten. Als sie einmal von einem Mann mit der Frage konfrontiert wurde, was Frauen in der Politik zu suchen hätten, konterte sie lässig in ihrem unverkennbar bayerischen Dialekt: „So wie ös Männer hätten mir Frauen den Krieg aa verliern können." In der ersten Sitzung der Beratenden Landesversammlung am 22. November 1946 wurde sie neben drei weiteren Frauen (Dr. Else Missong, Josefine Doerner und Maria Detzel) in den Sozialpolitischen Ausschuß gewählt. Sie gehörte der Landesversammlung bis zu ihrer letzten Sitzung am 25. April 1947 an und stimmte, gemeinsam mit ihrer Fraktion, in der namentlichen Schlußabstimmung dem Verfassungsentwurf zu.

Bei der Wahl zum ersten rheinland-pfälzischen Landtag 1947 war Ulla Berghammer dann nicht auf der Kandidatenliste vertreten. Sie gehörte zu jenem Flügel der pfälzischen Christdemokraten, der für eine Rückkehr der Pfalz zu Bayern plädierte. Über dieses Thema kam es zu internen Meinungsverschiedenheiten, und sie wurde von ihrer Partei nicht aufgestellt.

Bei den ersten Kommunalwahlen im September 1946 hatte Ulla Berghammer jedoch kandidiert und war neben Anna Buck (SPD) und Toni Fuß (KPD) als eine von drei Frauen in den Stadtrat von Landau gewählt worden. Sie gehörte dem Wohnungs-, dem Wohlfahrts- und dem Krankenhausausschuß an und bemühte sich vor allen Dingen, den wohnungslosen und hungernden Menschen in jener Notzeit vor der Währungsreform zu helfen. Bei der Kommunalwahl vom 14. November 1948 wurde sie erneut in den Stadtrat gewählt.

Ein Schlaganfall, der eine halbseitige Lähmung und eine Sprachlähmung zur Folge hatte, riß Ulla Berghammer im November 1949 unvermittelt aus der politischen Arbeit. Das Ehepaar zog zur Tochter nach München, die ihre Mutter nun pflegte. Dort verstarb Ulla Berghammer am 24. September 1957, dreizehn Jahre vor ihrem Mann, der 91 Jahre alt wurde.

Hedwig Brüchert

Quellen/Literatur:

Archiv des Landtags Rheinland-Pfalz;
Abgeordnete in Rheinland-Pfalz 1946-1987. Biographisches Handbuch, hg. v. Landtag Rheinland-Pfalz, bearb. v. Heidi Mehl-Lippert u. Doris Maria Peckhaus, S. 32 u. 153;
Protokoll über die 1. Sitzung der Beratenden Landesversammlung von Rheinland-Pfalz am 22. November 1946;
Schriftliche Auskünfte des Sohnes, Medizinaldir. a. D. Dr. Konrad Berghammer, Andernach, von 1995 und 1999;
Anne Martin: Die Entstehung der CDU in Rheinland-Pfalz. Mainz 1995 (Veröffentlichungen der Kommission des Landtages für die Geschichte des Landes Rheinland-Pfalz, Bd. 19), S. 73, 164 u. 173.

Gertrud Bienko (geb. 1902)

Gertrud Bienko wurde als Gertrud Dahmen am 6. September 1902 in Koblenz geboren. Ihr Vater, Franz Dahmen, betrieb in der Altstadt ein Geschäft mit Milchprodukten. Die Familie war katholisch, aber in der politischen Einstellung liberal, antimilitaristisch und antipreußisch. Gertruds Großvater hatte sich nach dem Ersten Vatikanischen Konzil den Altkatholiken angeschlossen, ihr Vater war deshalb auch nicht im 1863 gegründeten, weitgehend handwerklich-kleinbürgerlichen Katholischen Leseverein, sondern in der großbürgerlich-liberalen Casino-Gesellschaft von 1808 Mitglied geworden.

Gertrud besuchte zunächst bis zum 10. Schuljahr die katholische Ursulinenschule und trat 1919 in das Lehrerinnenseminar von Dr. Wacker auf der Insel Oberwerth ein.

Gertrud Bienko

Noch im gleichen Jahr wechselte sie jedoch auf das Oberlyzeum der protestantischen Hildaschule, um das Abitur nachzuholen. 1922 begann sie in Bonn ein Studium der Geschichte, Germanistik, Katholischen Theologie und Romanistik. 1924 ging sie an die Universität München. Während der Schulzeit und des Studiums wurde sie geprägt durch die Begegnung mit Romano Guardini und seiner Bewegung der liturgischen Erneuerung und durch die kosmopolitisch-pazifistischen Ideen der französischen Schriftsteller Romain Rolland und Marc Sangnier, die sie während ihres Studiums 1926 in Paris im Pensionat der Pazifistin Madame Jouve kennenlernte. Gertrud Dahmen setzte ihr Studium in Münster und Köln fort. Da sich ein Dissertationsvorhaben über den Schriftsteller Hermann Sudermann nicht realisieren ließ, ging Gertrud Dahmen nach Ostpreußen und übernahm in Karlsberg eine Stelle als Lehrerin in einem privaten Ausbildungsinstitut für Erzieherinnen.

Dort lernte sie den Gutsbesitzer Walter Bienko kennen und heiratete ihn 1935. Gertrud Bienko gab ihren Beruf auf und lebte sich schnell in die Aufgaben und Pflichten einer Gutsherrin ein. Ihre Nachbarn waren die Grafen Ulrich Wilhelm Schwerin von Schwanenfeld und Hans von Lehndorff, die zu den Kreisen des Widerstandes gegen Hitler gehörten. Wie ihr Ehemann lehnte Gertrud Bienko den Nationalsozialismus ab. Beide wurden in ihrer Gegnerschaft bestärkt, wenn Wachmannschaften von Hitlers Hauptquartier, das 15 Kilometer von ihrem Gut entfernt war, sie besuchten und von Judenerschießungen und Kriegsverbrechen berichteten. Bienko schickte seine Frau am 19. Juli 1944 nach Koblenz; offenbar hatte er Kenntnis vom geplanten Attentat des Obersten Claus Graf Stauffenberg auf Hitler. Sie verließ jedoch wegen der Bombenangriffe die Stadt und siedelte zu Freunden nach Nidda in Hessen um, wo sie das Kriegsende erlebte.

Gertrud Bienko wurde bei der Wiedereröffnung des Gymnasiums Nidda als eine von drei „unbelasteten" Oberschullehrerinnen übernommen. Nach dem Scheitern ihrer Ehe kehrte sie im August 1946 nach Koblenz zurück. An der Volkshochschule war sie 1947 „Dozentin der ersten Stunde" und führte dort Kurse für Literatur ein. Sie unterrichtete an der Ursulinenschule Deutsch, Geschichte und Französisch, legte 1948 ihr Staatsexamen ab und wurde 1950 zur Studienassessorin ernannt.

Wegen ihrer liberalen und kritischen politischen Einstellung geriet sie an dem katholischen Gymnasium bald in Konflikte mit ihren Dienstvorgesetzten. 1953 wurde ihr wegen ihrer Kritik am konfessionellen Schulsystem die Klassenleitung entzogen. Als sich Gertrud Bienko 1956 an der Gründung einer unabhängigen „Stadtratspartei für kulturellen Aufbau von Koblenz" beteiligte, legte ihr die Leitung der Ursulinenschule schließlich das Ausscheiden aus dem Schuldienst nahe. Wegen ihrer offen geäußerten Sympathie für den Pazifisten und Präsidenten der Evangelischen Kirche von Hessen-Nassau, Martin Niemöller, hatte es schon vorher häufig Auseinandersetzungen mit der Schulleitung gegeben. Gertrud Bienko wechselte zum Aufbaugymnasium Montabaur und wurde 1961 wieder nach Koblenz an das Neusprachliche Gymnasium, das heutige Eichendorff-Gymnasium, versetzt. Aber auch hier bekam die streitbare Studienrätin Schwierigkeiten, weil sie sich gegen die „Verteufelung des Kommunismus" wandte, Kontakt zur Deutschen Friedens-Union hielt und mit der Humanistischen Union für die Entkonfessionalisierung der Volksschulen kämpfte.

Weit über Koblenz hinaus wurde Gertrud Bienko 1964 bekannt durch einen Artikel des Nachrichtenmagazin „Der Spiegel". Sie hatte im Auftrag der Humanistischen Union ein an bayerischen Volksschulen eingeführtes Lesebuch begutachtet und ein vernichtendes Urteil gefällt. Daraufhin wurde Gertrud Bienko 1965 vorzeitig pensioniert.

In ihrem gezwungenermaßen „vorgezogenen" Ruhestand war sie keineswegs untätig. Sie beteiligte sich an der Gründung des „Club Humanité" in Koblenz und engagiert sich noch heute für das Koblenzer Kulturleben. Sie ist Mitglied im Verein für Kunst und Geschichte des Mittelrheins, sie interessiert sich für die Stadtgeschichte, die Denkmalspflege und die Kunst- und Musikszene. Sie hielt viele historische Vorträge, kämpfte gegen den Abriß der Dominikanerkirche und der Karmeliterkirche. Sie beteiligte sich an der Bürgerinitiative gegen den Abbruch der Mauer am Wasserturm und gegen die Anlage des Zentralplatzes, andererseits nahm sie in der öffentlichen Diskussion ebenso deutlich Stellung gegen die Wiedererrichtung des Denkmals Kaiser Wilhelms I. am Deutschen Eck. Anfang der achtziger Jahre rettete sie eines der ältesten Häuser außerhalb der alten Befestigung durch Ankauf vor dem Abriß, ließ es renovieren und sorgte für ein neues Nutzungskonzept. Mit ihrer Gertrud-Bienko-Stiftung fördert die Mäzenatin seit 1988 junge Talente an der Städtischen Musikschule.

Wegen ihrer Verdienste um die Stadt Koblenz wurde Gertrud Bienko 1994 mit einer Skulptur des Künstlers Fritz Berlin ausgezeichnet. 1995 wurde sie mit dem Altstadtpreis geehrt.

Gertrud Bienko nimmt noch heute lebhaft Anteil am Koblenzer Kulturleben. Ihr Engagement als aktive Bürgerin im vorpolitischen Raum für die lebendige Demokratie und das öffentliche Wohl ist beispielhaft.

Barbara Koops

Quellen/Literatur:
Gespräche der Verfasserin mit Gertrud Bienko v. 20.9.1998 und 7.11.1998;
Der Spiegel Nr. 46/1963, S. 64 u. 66.

Irmgard Biernath (1905-1998)

Am 10. August 1998 verstarb die Bildhauerin Irmgard Biernath im 93. Lebensjahr in Mainz. Über vierzig Jahre lang bereicherte sie das künstlerische und kulturelle Leben ihrer Wahlheimat sowohl durch ihre eigenen Arbeiten als auch durch ihr pädagogisches Wirken und durch ihre Präsenz in zahlreichen kulturellen Vereinigungen der Stadt. Sie engagierte sich gern im Namen der Kunst und war Mitglied in der Arbeitsgemeinschaft für bildnerische Erziehung, im Kunstverein Eisenturm e.V., in der Vereinigung Bildender Künstler e.V., der Künstlergilde Esslingen und im Bund Bildender Künstler (BBK) Rheinland-Pfalz.

Die Pädagogin und Bildhauerin wurde mit zahlreichen Auszeichnungen geehrt. 1962 erhielt sie die „Gisela-Spange" der Stadt Mainz, 1976 die Verdienstmedaille des Verdienstordens der Bundesrepublik Deutschland. 1981 verlieh ihr die Stadt Mainz den Karlspfennig und 1990 anläßlich ihres 85. Geburtstages in Anerkennung ihres Werkes den zuvor erst einmal vergebenen, von Hannes Gaab entworfenen „Mainzer Teller". Zu ihrem 90. Geburtstag wurde sie schließlich „in Anerkennung ihrer langjährigen Verdienste um die Mainzer Kunstszene" mit dem Stadtsiegel in Bronze ausgezeichnet.

Irmgard Biernath kam am 8. Dezember 1905 im sächsischen Waldheim zur Welt. Nach einer unbeschwerten, zusammen mit einem jüngeren Bruder verbrachten Jugend in ihrem Elternhaus ging die Schülerin 1922, auf Wunsch des Vaters, eines Bankdirektors „mit weitgehend unterdrückten künstlerischen Neigungen", zur Fortsetzung ihrer schulischen Ausbildung nach Königsberg. Dort wohnte sie bei einer Schwester ihres Vaters, einer unverheirateten Lehrerin, die auch als Porträt- und Landschaftsmalerin erfolgreich war. 1925 bestand Irmgard Biernath am Lyzeum in Königsberg ihr Abitur, um ein Jahr später die Erste Lehramtsprüfung abzulegen. 1926 kehrte sie noch einmal nach Waldheim zurück und arbeitete dort als Privatlehrerin. Doch zog es sie bereits zwei Jahre später wieder in die Ferne, als sich die Gelegenheit bot, in Heringen bei Limburg die beiden Töchter des dortigen Pfarrers zu unterrichten. In diese Zeit fällt auch ihre erste Begegnung mit Mainz, der Stadt ihres späteren Lebens- und Wirkungskreises, die sie Pfingsten 1928 besuchte, um den damals hier lebenden Bruder wiederzusehen.

Von 1929 bis 1933 unterrichtete Irmgard Biernath an einer privaten Höheren Schule in Grünheide bei Berlin. Gern erinnerte sie sich an die in dem kleinen Ort verbrachten Jahre. In direkter Nachbarschaft des Verlegers Ernst Rowohlt lebend, konnte sie oft genug an geselligen Zusammenkünften seines „Grünheider Kreises" teilhaben, den zahlreiche Schauspieler, Maler und Schriftsteller als Refugium nutzten, vor allem in der Zeit, als sich mit der Übernahme der Macht durch die Nationalsozialisten die Zukunft für viele Künstler und Intellektuelle verdüsterte.

1933 wurde die junge Lehrerin in den Staatsdienst übernommen und unterrichtete in den folgenden Jahren an einer Volksschule in Bernau bei Berlin. Voll Bitterkeit mußte sie hier die nationalsozialistischen „Säuberungen" miterleben. Sie wurde auch selbst Opfer verschiedener Denunziationen und schied schließlich 1941 freiwillig aus dem

Irmgard Biernath mit ihrer letzten größeren Arbeit, dem „Pumpenbübchen" (1998)

Schuldienst aus. Die Kriegsjahre mit langen Bombennächten verbrachte sie in Berlin; nach dem Einmarsch der Alliierten fand sie sich im Ostsektor der Stadt wieder.
Trotz der schwierigen Bedingungen der Nachkriegszeit gelang es der inzwischen Vierzigjährigen, nun endlich das lang ersehnte Kunststudium aufzunehmen, und zwar an der Bildhauerschule von Professor Bernhard Heiliger in Berlin-Weißensee. Doch bereits 1948 entschloß sie sich, gemeinsam mit ihrem Studienfreund Heinz Hegert Ostberlin zu verlassen. Von einer genehmigten Reise zu den Bach-Wochen in Ansbach kehrten sie nicht zurück, sondern immatrikulierten sich an der Akademie der Bildenden Künste Nürnberg, die zu jener Zeit noch im ehemaligen Deutschordensschloß in Ellingen bei Weißenburg ihren Sitz hatte, wohin sie während des Krieges evakuiert worden war. Hier avancierte Irmgard Biernath zur Meisterschülerin von Professor Hans Wimmer. 1952 erreichte sie ihren Studienabschluß, der sie zur Lehrtätigkeit an Kunstschulen befähigte. Für kurze Zeit lebte sie als freischaffende Künstlerin in München und erteilte gleichzeitig Kunstunterricht an einer kaufmännischen Berufsschule.
Als Irmgard Biernath im Jahr 1953 zufällig erfuhr, daß für eine Mainzer Schule dringend eine ausgebildete Kunstlehrerin gesucht wurde, bewarb sie sich mit Erfolg. Als sie am 1. Dezember am Mainzer Hauptbahnhof aus dem Zug stieg, mit einem einzigen kleinen Koffer, der ihre wenigen Habseligkeiten enthielt, empfing sie eine noch immer in Trümmern liegende Stadt, in der sie niemand erwartete. Ihr neues Wirkungsfeld war die Neutorschule in der Altstadt; zum 1. Januar 1954 wurde sie wieder in den staatlichen Schuldienst übernommen. In Mainz-Kastel fand sie zu-

nächst ein bescheidenes möbliertes Zimmer und nach einiger Zeit die ersehnte größere Wohnung in der Rheinallee in Mainz, in die sie ihren verwitweten Vater mit aufnehmen konnte.

Sehr bald engagierte sich die Pädagogin innerhalb und außerhalb der Schule als Wegbereiterin für einen neuen Kunstunterricht. Ab 1958 hatte sie einen Lehrauftrag an der Mainzer Werkkunstschule inne und unterrichtete dort einige Jahre lang angehende Kunsterzieher. Etwa zur gleichen Zeit begann sie ihre nebenberufliche Tätigkeit an der Volkshochschule, deren kreatives Angebot, das in der ersten Nachkriegszeit ein Schattendasein gefristet hatte, in den folgenden Jahren von Irmgard Biernath stark ausgebaut und durch ihre Persönlichkeit geprägt wurde. Sie begründete eine Malschule für Kinder, in der sie deren Phantasie und Kreativität durch bisher im Schulunterricht nicht übliche Techniken hervorlockte und ihr Farbgefühl bildete: Die Kinder malten frei, ohne Vorzeichnen, mit fingerdicken Borstenpinseln und mit selbst angerührten kräftigen Pulverfarben auf großformatiges Papier von alten Zeitungspapierrollen. Mit den Ergebnissen ihrer Kindermalkurse verblüffte sie Fachkollegen aus aller Welt auf internationalen Kunsterzieher-Tagungen, und ihre Veröffentlichung im Ernst-Klett-Verlag „Die Farbe in der Grundschule" fand viel Beachtung.

Ein besonderes Anliegen aber war es ihr, bei Erwachsenen durch eigene schöpferische Betätigung ein tiefergehendes Verständnis für Kunst und Form zu wecken, sie zum „Sehenlernen" und zum „Unterscheiden zwischen Kunst und Kitsch" zu befähigen. Mit der von ihr konzipierten Kursreihe „Formende Hände" führte sie 1957 erfolgreich Kreativkurse für Erwachsene an der Mainzer Volkshochschule ein. So manch schlummerndes Talent unter den zahlreichen Teilnehmerinnen und Teilnehmern konnte in den folgenden Jahren unter der gestrengen Anleitung und den kritischen Blicken der fachkundigen Lehrerin geweckt werden. Schon zweieinhalb Jahre nach Einrichtung des Kurses konnte Irmgard Biernath eine erste Ausstellung im Haus am Dom mit Arbeiten von Kursteilnehmern zeigen, die große Beachtung in der Öffentlichkeit fand. In den folgenden Jahren präsentierte sie eine Reihe weiterer Ausstellungen sowohl mit Arbeiten aus ihren Kursen als auch mit eigenen Werken.

Fast 25 Jahre lang organisierte und leitete Irmgard Biernath zudem Studienreisen der Volkshochschule zu den Stätten der Kunst rund ums Mittelmeer bis nach Ägypten und ins damalige Persien. Als Reiseleiterin verstand sie es, die Faszination vergangener Kulturen und die Kunstgeschichte lebendig zu vermitteln und ihre Mitreisenden zu begeistern.

Die eigentliche Periode für das eigene künstlerische Schaffen begann für Irmgard Biernath erst relativ spät, um 1965, und setzte sich besonders intensiv nach ihrer Pensionierung im Jahr 1971 fort. In einem Alter, in dem die meisten Menschen, auf ihr Arbeitsleben zurückblickend, die Hände in den Schoß legen, entstanden unter den Händen der Bildhauerin nun zahlreiche Kunstwerke, die heute in Mainz ihren festen Platz haben. 1965 schuf sie ein Kopfbildnis von Anna Seghers. Von dieser Bronzeplastik, für die Irmgard Biernath während eines Mainz-Besuchs der Schriftstellerin anläßlich einer Lesung in der Volkshochschule Vorskizzen angefertigt hatte, existieren drei Ausformungen: Eine befindet sich in der nach der berühmten Tochter der Stadt benannten Anna-Seghers-Bücherei, eine weitere in der Frauenlobschule und eine dritte im Museum der Stadt Waldheim. Mit großer Klarheit und Präzision verstand es die Künstlerin, mit ihrem nüchtern kritischen Blick die Persönlichkeit ihres Gegenübers „ohne Verbrämung" zu erfassen und das Wesentliche wiederzugeben. So schuf sie auch Bronzeplastiken des in Mainz geborenen Schriftstellers und Regisseurs Rudolf Frank sowie von Josef Rudolf, dem vertrauten Weggefährten und langjährigen Leiter der Volkshochschule. Nach einer Zeichnung, die ihr der Vater Anne Franks hatte zukommen lassen, fertigte sie auch deren Kopfbildnis, ebenso wie das des französischen Präfekten Jeanbon St. André.

Neben den Bronzeköpfen entstanden in Irmgard Biernaths Atelier zahlreiche kraftvolle Tierplastiken, geschaffen in klassischer Gesetzmäßigkeit der Kunst. Durch strenge Formensprache besonders ausdrucksstark in ihrer Geschlossenheit zeigt sich auch die 1980 vollendete Bronzeplastik der „Trauernden Mutter", die vor dem Institut für Rechtsmedizin am Pulverturm in Mainz ihren Platz fand.

Eines ihrer Spätwerke ist das Bronzerelief von Georg Forster, das am ehemaligen Mainzer Wohnhaus des berühmten Weltumseglers, Schriftstellers und Klubisten in der Neuen Universitätsstraße 5 zu sehen ist. Beeindruckt von seiner Lebensgeschichte, formte es die damals fast neunzigjährige Bildhauerin anläßlich von Forsters 200. Todestag im Jahr 1994.

In Anerkennung ihrer künstlerischen und pädagogischen Arbeit präsentierte die Stadt Mainz das Lebenswerk der Bildhauerin anläßlich ihres 90. Geburtstages in einer Einzelausstellung in der Brückenturm-Galerie einer großen Öffentlichkeit.

In ihren letzten Lebensjahren knüpfte Irmgard Biernath wieder engere Kontakte zu ihrer Geburtsstadt Waldheim, deren Ehrenbürgerin sie wurde. Der künstlerische Nachlaß der Bildhauerin hat seinen Platz nun im dortigen Museum gefunden.

Bis zuletzt beeindruckte sie durch ihre natürliche und starke Persönlichkeit, die vor allem in Mainz ihre künstlerischen Spuren hinterlassen hat, in der Stadt, in der sie einen großen Teil ihres langen Lebens so gern verbrachte.

Marlene Hübel

Quellen/Literatur:

Irmgard Biernath. Ein Lebenswerk. Mainz 1995;
Typisch für ihre Kunst: Harmonie und Balance. Späte Ehrung für die Bildhauerin Irmgard Biernath, Allgemeine Zeitung v. 10.12.1990;
Mensch und Kunst vereint. Bildhauerin, Pädagogin, Kursleiterin: Wahlmainzerin wird bald 90, Mainzer Rheinzeitung v. 18.11.1995;
Dem Leben zugewandt. Irmgard Biernath zum 90./Ausstellung im Brückenturm, Allgemeine Zeitung v. 20.11.1995;
Die Kraft des Formens. Stadtsiegel zum 90. Geburtstag Irmgard Biernaths, Allgemeine Zeitung v. 9.12.1995;
Pumpenbübchen ist jüngstes „Kind" von Irmgard Biernath. Die 92jährige Bildhauerin beschenkte ihre Heimatstadt, Allgemeine Zeitung v. 1.8.1998;
Bildhauerin Biernath ist verstorben, Allgemeine Zeitung v. 12.8.1998.

Lilly Bischoff (1905-1978)

Lilly Bischoff wurde am 24. Dezember 1905 in Ludwigshafen als Tochter eines Rechtsanwalts geboren. Zunächst war es ihr Berufsziel, in der Kanzlei ihres Vaters zu arbeiten. Deshalb absolvierte sie eine Lehre bei der Dresdner Bank in Ludwigshafen.
Nach dem frühen Tod des Vaters wandte sie sich einem anderen Berufsweg zu. Sie ließ sich als freie Schwester in der Krankenpflege in Kaiserswerth und Solingen ausbilden, besuchte von 1927 bis 1929 die städtische Soziale Frauenschule in München und arbeitete dann fast zehn Jahre lang als Fürsorgerin im Kreis Bergzabern. Von 1936 bis 1943 war sie als Werksfürsorgerin beim Mülheimer Bergwerksverein Essen tätig, anschließend als Fürsorgerin beim Stadtjugendamt Mannheim.
Im Jahr 1947 wechselte Lilly Bischoff als leitende Fürsorgerin zum Hilfswerk der Evangelischen Kirche der Pfalz in Speyer (seit 1968: Diakonisches Werk). In dieser Notzeit nach dem Zweiten Weltkrieg galt es vorrangig, die vielen hungernden Menschen mit Nahrungsmitteln zu versorgen. Vor allem notleidende Kinder wurden mit Spenden der amerikanischen Mennoniten gespeist. Zu den Arbeitsbereichen von Lilly Bischoff zählten der Aufbau der Beratungsstellen in den Kirchenbezirken, die Fachaufsicht über die dort eingesetzten Fürsorgerinnen und die Mitorganisation bei Kinder- und Schulspeisungen. Von großer Bedeutung angesichts der Mangelerscheinungen und des allgemeinen schlechten Gesundheitszustandes war zu jener Zeit auch die Genesungsfürsorge für Kinder. Lilly Bischoff sorgte mit für den Aufbau der ersten Kinderlager des Hilfswerks in Diemerstein und in Ramsen. Später wurden die Kinder auch in Erholungsorten an der See sowie im Mittel- und Hochgebirge untergebracht. Mehr als 20.000 Kinder wurden insgesamt in den ersten beiden Nachkriegsjahrzehnten von Lilly Bischoff in Erholung geschickt.
Auch der Jugendlichen und jungen Erwachsenen, die in den Wirren der Nachkriegszeit als Folge von materieller Not, fehlender Geborgenheit in Familien und geistiger Desorientierung besonders gefährdet waren, nahm sich das Hilfswerk an. So gründete Lilly Bischoff in Pirmasens und Landstuhl zwei Auffangheime für gefährdete Mädchen. In Landau entstand in Trägerschaft des Hilfswerks ein Auffangheim für männliche Jugendliche. Daß diese Einrichtung gerade in Landau geschaffen wurde, hatte einen besonderen Grund: Hier war die zentrale Sammelstelle, von der aus die Transporte mit den jungen Männern, die sich für die französische Fremdenlegion hatten anwerben lassen, ins Ausland abgingen. Für viele bedeutete dies den Einsatz in Kämpfen in Indochina oder Nordafrika, und viele verloren dort ihr Leben. Diese Rekrutierungstätigkeit, bei der die französischen Militärdienststellen aktiv mitwirkten, stellte eine starke Belastung für die Beziehungen zwischen den Franzosen und der deutschen Bevölkerung dar. Oft bereuten die Angeworbenen schon bald diesen Schritt. Die Mitarbeiter des Heimes versuchten, häufig mit Erfolg, die Anwerbungen rückgängig zu machen und die jungen Menschen zur Umkehr zu bewegen.
Lilly Bischoff engagierte sich auch beim Wiederaufbau des Deutschen Berufsverbandes der Sozialarbeiter und Sozialpädagogen e.V. (DBS), der ursprünglich als

„Deutscher Verband der Sozialbeamtinnen" 1916 in Berlin gegründet und 1933 aufgelöst worden war. Bei der Gründungsversammlung des rheinland-pfälzischen Landesverbandes des DBS am 30. Oktober 1949 in Mainz wurde sie als Schriftführerin in den Vorstand gewählt. Vorsitzende war die Speyerer Beigeordnete Auguste Ehrgott; außerdem waren im Vorstand vertreten: die Regierungsrätin im Sozialministerium Gertrud Sauerborn, Elisabeth Vent (Gesundheitsamt Koblenz), Wilhelmine Schrader (Gesundheitsamt Mainz) und Anna Maus (Stadtjugendamt Frankenthal). Nachdem die Phase der schlimmsten Not vorüber war, setzten, wie überall im Wohlfahrtswesen, auch Veränderungen in der Arbeit der Diakonie ein. Lilly Bischoff erlebte noch während ihrer aktiven Berufsjahre den Wandel von der materiellen zur psychosozialen Hilfe; hierzu zählte beispielsweise die Suchtkrankenhilfe. Zuletzt hatte sie die Leitung der Abteilung für Sozialfragen inne. Zu ihren Aufgaben gehörten: Einzelhilfen, Stipendien, Beihilfen für Berufsausbildung, Patenschaftshilfen und Adoptionen. Darüber hinaus setzte sie sich intensiv für die Altenbetreuung ein.
In der Zeit des wirtschaftlichen Aufschwungs der Bundesrepublik kam auf die Wohlfahrtsverbände als neue Herausforderung zunehmend auch die Betreuung und Beratung der rasch wachsenden Zahl von Gastarbeitern zu. Hier war Lilly Bischoff für die griechischen Gastarbeiter zuständig. Sie setzte sich auch dafür ein, daß die Kinder der Gastarbeiter in die Kindergärten aufgenommen wurden und daß in Ludwigshafen eine Begegnungsstätte (das Griechenzentrum) errichtet wurde.
Neben ihrer Berufsarbeit engagierte sie sich auch in kirchlichen Gremien. Sie gehörte dem örtlichen Presbyterium und zeitweise der Landessynode an.
1969 trat Lilly Bischoff in den Ruhestand, übte aber einige ihrer bisherigen Tätigkeiten weiterhin ehrenamtlich aus. Sie verstarb im Dezember 1978 in Speyer.

Hedwig Brüchert

Quellen und Literatur:
Wir stellen vor: Lilly Bischoff, in: Der Kirchenbote Nr. 36 v. 7.9.1969;
Deutscher Berufsverband der Sozialarbeiter und Sozialpädagogen e.V., DBS, in: Frauenverbände in Rheinland-Pfalz, hg. v. Ministerium für Soziales und Familie, zus.-gest. v. Hildegard Frieß-Reimann, S. 29;
Rainer Plappert: Das Land als Militärstandort, in: Heinz-Günther Borck (Hg.): Beiträge zu 50 Jahren Geschichte des Landes Rheinland-Pfalz. Koblenz 1997 (Veröffentlichungen der Landesarchivverwaltung Rheinland-Pfalz, Bd. 73), S. 401-452;
Gabriele Stüber: Die Stunde der Diakonie. Kirchliche Nothilfe nach dem Zweiten Weltkrieg, in: Hans-Jürgen Wünschel (Hg.): Rheinland-Pfalz. Beiträge zur Geschichte eines neuen Landes. Landau 1997 (Landauer Universitätsschriften: Geschichte, Bd. 4), S. 181-205;
Auskünfte von Herrn Eduard Nagel, Speyer, und Herrn Dr. Hartmut Kopf, Speyer.

Liselotte Blank-Sommer (1920-1998)

„Kein Kulturgut darf mehr Schaden nehmen, Kulturstätten sind wieder herzurichten!" Dies war der Befehl des ersten amerikanischen Stadtkommandanten von Worms, Captain Neel van Steenberg, dem die frischgebackene Architektin Liselotte Blank im Frühjahr 1945 mit ganzer Kraft Folge leistete.

Am 4. Oktober 1920 auf dem oberhessischen Wirberg bei Reinhardshain geboren, verbrachte die Pfarrerstochter Liselotte Blank seit ihrem neunten Lebensjahr ihre Kindheit, gemeinsam mit zwei älteren Brüdern, in Horchheim bei Worms. Schon bei ihrer Geburt stand für ihre Mutter fest, daß ihr Nesthäkchen studieren werde, da sie dieselben Chancen wie ihre Brüder erhalten sollte.

Liselotte Blank-Sommer

Zwar machte sie eher widerwillig 1940 am Eleonoren-Gymnasium in Worms ihr Abitur, doch schon bald stand der damals für ein Mädchen ungewöhnliche Wunsch, Architektin zu werden, fest. Den endgültigen Impuls gab ihr ältester Bruder Hans, mit dem sie eine besonders herzliche Zuneigung verband. Er war es, der sie nach einem Schreinerpraktikum und einer abgebrochenen Lehre als Bauzeichnerin mit nach Darmstadt nahm, um sie dort für das Architekturstudium anzumelden. Nachdem beide Brüder im Krieg gefallen waren, mußte Liselotte Blank nun selbst ihre Entscheidungen treffen. „In die Ehe retten" kam für sie nie in Frage. Sie wollte nur einen Partner, zu dem sie aufschauen konnte.

Ebenso hoch steckte sie sich auch ihre beruflichen Ziele. So erkämpfte sie sich nach den ersten Semestern in Darmstadt die besten Praktikumsplätze in München und machte ihr Diplom mit Auszeichnung bei dem „Architekturfürsten" Professor Schmitthenner in Stuttgart. Das Diplomzeugnis mußte er ihr handschriftlich ausstellen, da die Stuttgarter Universität bereits zerstört war und die französischen Truppen vor Tübingen standen, wohin die Stuttgarter Hochschule ausgewichen war. Von dort mit dem Fahrrad wieder zu Hause angelangt, erreichte sie sofort die Bitte einer ehemaligen Lehrerin, die als Dolmetscherin für die nach Kriegsende in Worms stationierten Amerikaner beschäftigt war, bei der Instandsetzung des beschädigten Wormser Museums Andreasstift zu helfen. „So daß ich, als ich fertig war, am nächsten Tag hier auf den Trümmern stand und aufgebaut habe."

Ihre erste offizielle Aufgabe war eine Fahrt nach Neustadt an der Weinstraße, wo die 25jährige mit ihrem Charme die Franzosen, die inzwischen für Worms zuständig waren, dazu bringen sollte, Geldmittel für den Wiederaufbau in Worms zu bewilligen. Das erfolgreiche Ende dieser und zahlreicher darauffolgender Missionen brachte ihr schließlich den Beinamen „Mademoiselle Liselott'" ein. Mit Generalvollmachten ausgestattet, übernahm „Liselott' von Worms" kommissarisch die Aufgabe als Stadtbaumeisterin, wobei sie von Heiner Saxer, mit dem sie ab 1947 dann dreißig Jahre lang ein Architekturbüro in Worms führte, als Bauleiter unterstützt wurde. Die Tätigkeit der jungen Architektin in dieser Zeit bestand nicht darin, ihre auf der Hochschule entworfenen Pläne zu verwirklichen, sondern ihr „angeborenes Organisationstalent" unter Beweis zu stellen. Durch das „Organisieren" am Rande der Möglichkeiten und auch der Legalität gelang es ihr, Baumaterialien, wie zum Beispiel Holz aus dem Schwarzwald, im Tausch gegen Wein aus Rheinhessen zu beschaffen.

In dieser Zeit reifte eine intensive Freundschaft zwischen der Familie des Wormser Kulturoffiziers Soutou und Frau Blank heran, die ein Leben lang bestehen blieb. Die in Worms geborene Tochter der Soutous war eines ihrer sechs Patenkinder. Doch auch auf der Ebene der Europa-Union, der sie 1947 als fünftes Mitglied in Worms beitrat, engagierte sich Frau Blank für die deutsch-französische Verständigung.

Durch die Schadenssicherung an Wormser Bauwerken, wie zum Beispiel bei der Liebfrauenkirche, der Magnuskirche und am Herrnsheimer Schloß, hatte sie maßgeblichen Anteil an der Erhaltung des Wormser Kulturgutes. Aber auch der Entwurf für die Neugestaltung des Lutherplatzes stammt aus der Feder des Architekturbüros Blank-Saxer; ebenso ist der Erhalt des „schönsten Hauses von Worms", des Barockpalais am Dom, ihrem Engagement zu verdanken.

Ihr Können gab sie auch gerne an den Nachwuchs weiter. Zwanzig Jahre lang lehrte sie an der Fachhochschule Mainz Architektur. Hier mußte sie allerdings auch lernen, sich gegen mißgünstige Kollegen durchzusetzen.

Ihr Privatleben wurde lange Jahre von ihrer Familie bestimmt. Bis zu ihrem Tod wohnten ihre Eltern und die Großmutter, betreut und gepflegt von Frau Blank, mit in dem Haus, das sie direkt nach dem Krieg als Trümmerhaufen am Rande der Innenstadt von Worms erworben und nach ihren Vorstellungen neu aufgebaut hatte. Eine schwere Erkrankung zwang sie 1986, ihren Beruf aufzugeben. Doch es gelang ihr weiterhin, wenn auch in abgeschwächter Form, ihrer größten Leidenschaft, dem Reisen, zu frönen. „Es gibt kein Land in der Welt, wo ich nicht war und wo ich keine Kontakte habe." Ende der achtziger Jahre heiratete sie schließlich ihren langjährigen Reisepartner Dr. Oskar Sommer.

Für die verbliebene Zeit hatte sie sich vorgenommen, all ihre alten Aufzeichnungen und Fotos von Ereignissen aus den ersten Jahren nach dem Krieg zu ordnen, um sie der Nachwelt als geschichtliche Dokumente hinterlassen zu können. Dieses Vorhaben konnte sie jedoch nur zum Teil realisieren. Noch vor Abschluß der begonnenen Arbeit erlag sie am 10. April 1998 ihrem schweren Lungenleiden.

Christina Streit

Quellen/Literatur:

Interview mit Frau Blank-Sommer vom 31. März 1998, geführt von Christina Streit;
„Mademoiselle Liselott in den Ruinen", in: Wormser Allgemeine Zeitung vom 24.04.1996.

Inge Blum (geb. 1924)

Untrennbar verbunden mit dem Aufbruch der bildenden Kunst nach dem Ende der Nazi-Diktatur ist – weit über die Regionalität hinaus – die 1924 in Ludwigshafen geborene, von 1947 bis 1951 in Mainz studierende, heute in Mainz lebende und schaffende Bildhauerin Inge Blum.

Die Leidenschaft, mit der damals eben noch Verfemte, jetzt Befreite, den Anschluß an die freie europäische und weltweite Kunstszene, die Moderne, suchten, gegen die zwölf Jahre verordnete „Abschrift nach dem Vorbild der Natur" und die Verklärung von „Blut und Boden" stritten und sie zu überwinden trachteten, erscheint heute wie eine ferne Legende. Sie gehört zu den Chancen der vielbeschworenen „Stunde Null", in der – auch was die bildende Kunst betrifft – so viel Anfang war wie nie. Zu den aus Krieg und Verbot heimgekehrten Malern und Bildhauern zählte in Mainz der Bildhauer Heinz Müller-Olm, der die Aufbruchstimmung mit initiierte, die mit einer Gruppe von Dozenten der Mainzer Kunstschule so etwas wie ein künstlerisches Zentrum entstehen ließ.

Zu den Kunststudierenden mit jenem Streben nach neuer Form zählte auch die Pfälzer Architektentochter Inge Blum. Auch nach einem halben Jahrhundert, in dem Inge Blums bildhauerisches Schaffen bei aller Konsequenz immer wieder für Überraschungen, ja im Sinne mancher Kritiker/innen gar für Irritationen und Mißverständnisse gut war und noch ist, stellt sie eine viel zu wenig gefeierte – wenn überhaupt an einigen offiziellen Ehrungen zu messende – stabile Konstante der rheinlandpfälzischen Kunstszene dar. Ihr Gesamtwerk ist zu selten als aussagekräftige und ihr gerecht werdende Retrospektive ausgestellt worden, wie häufig sie auch in Landeskunstausstellungen, als Mitglied der Arbeitsgemeinschaft Pfälzischer Künstler (APK) oder in Gruppenrepräsentationen in Bonn, Karlsruhe, Trier, München, Speyer, Paris, Valencia oder Luxemburg, um Beispiele zu nennen, als rheinland-pfälzische Bildhauerin von hoher Qualität „vorgezeigt" wurde. Repräsentative Einzelausstellungen widmete ihr 1990 und 1999 die Brückenturmgalerie der Landeshauptstadt. Und jedes Mal konstatierten die Rezensenten/innen: Wandlungen, Weggabelungen, neue mutige Schritte, Entwicklungen, Läuterungsphasen, Aufbruch zu neuen Ufern, aber auch da und dort „Resignation" oder Eigenwilligkeiten. Eine Palette der anerkannten Individualität der Künstlerin!

Schon 1987 stellte ein Kritiker an den Anfang eines Essays „Von der Dialektik im Werk" und den „Zwei Seelen einer Bildhauerin" die Anmerkung, verwöhnt habe „die öffentliche Meinung" Inge Blum bisher nicht. Den frühen Arbeiten hatte der wortmächtige Kunstkritiker der fünfziger und sechziger Jahre, der früh verstorbene Günter Pfeifer, einen „beachtlichen Grad von Harmonie" bescheinigt, nannte ihren Lehrer an der Mainzer Kunstschule Heinz Müller-Olm (1907-1993) und dessen „knappen Stil" im Studium bestimmend, erkannte Mataré mit seinen fließenden Linien in mancher Arbeit. Für die junge Künstlerin war es ein Gradmesser ihrer frühen Erfolge, daß sie 1954/55 im Rahmen eines Stipendiums der französischen Regierung nach Paris gehen und die Académie de la Grande Chaumière besuchen konnte. Eine damals sensationelle Auszeichnung für eine junge deutsche Künstlerin! Ihr

Inge Blum im Hof der Académie de la Grande Chaumière Paris mit eigener Arbeit (1954)

Lehrer wurde in dieser Zeit der russisch-französische Bildhauer Ossip Zadkine aus Smolensk, gerade auf dem Zenit seines Ruhmes. Er war vom Kubismus ausgegangen und im Spätwerk zu einer surrealistischen Variante eben dieses skulpturalen Kubismus gelangt – seit 1953 war er weltbekannt mit seinem Rotterdamer Mahnmal

51

„Zerstörte Stadt", eine „skelettierte Stadt" klagt gewaltig an – und das Mainz, das Inge Blum als Studienort gerade verlassen hatte, war noch immer eine solche ...
Inge Blum ist dann in Mainz einen Weg der Nüchternheit und Schwere im bildnerischen Werk gegangen, einen Weg der „Liebe zur Reduzierung der fertigen Arbeit auf ein Fragment", wie sie selber sagt. Sie habe den Ton als Material für sich entdeckt, stellt eine Kritikerin 1973 anläßlich einer Ausstellung im Mainzer Institut Français fest, den Ton, „dessen spezifische Möglichkeiten, seine Knautschbarkeit, seine Ausbreitung in fließenden Formen ihren Intentionen entgegenkommen"; Verkümmerung und überdimensionale Aufblähung von Körperteilen und Gliedmaßen drückten einen „ausgeprägten Sinn für das Groteske" aus. Torso und Fragment bestimmten zunehmend ihr Schaffen. Beide Formen sind ja vielleicht paradoxerweise das vollkommenste Stück plastischer Energie und waren jahrhundertelang als abendländisches Erbe Gegenstand der Bewunderung und Ausdruck gültigster Form. Mit eigens entwickelter Technik hat sich Inge Blum den mannigfaltigsten Variationen von Torsi verschrieben, unverwechselbar, aber immer wieder manches epigonale „Nachschaffen" provozierend, das sich selbst original empfindet. Aber all diesen Nachempfindungen fehlt die Konsequenz, die Kraft, vor allem die Blum'sche Kompromißlosigkeit, die allerdings nicht mit Gefälligkeit und anbiedernder „Modernität" Juroren und Preisrichtern ins Auge springt. Die Kunst der Inge Blum „macht nicht an"... Ein bedeutendes Signal für dieses Schaffen – eines unter zahlreichen im öffentlichen Bereich (Ludwigshafen, Bingen, Morbach, Pferdsfeld) ist der überlebensgroße „Wächter" vor der Neuen Feuerwache in Mainz (1991).
Inge Blum, die stets freischaffende, die Risiken der Freiheit mit all ihren Bedingungen annehmende Bildhauerin, hat Konflikte nie gescheut. Als auf der Titelseite des 1979 herausgegebenen Bandes „Begegnungen – Kunst in Rheinland-Pfalz" ihre freizügig sich räkelnde „Liegende" – eine Terracotta-Plastik mittlerer Maße – prangte, verfiel sie dem Zensur-Protest der damaligen Kultusministerin. Der „unzüchtig" und „nicht jugendfrei" aufgemachte Einband wurde „zurückgezogen" und blieb nur in wenigen Exemplaren archiviert... Eine solche Künstlerin konnte bei aller hohen Qualität nicht besonders förderungswürdig oder gar „staatspreisverdächtig" sein. Nicht nur hier stand manche Provinzialität der notwendigen Anerkennung der Bildhauerin im Wege. Inge Blum gehört zu der mutigen und wagenden Generation des Trümmeraufbruchs, zu jenen Künstlerinnen aus Rheinland-Pfalz, die als Beweis bildhauerischen Schaffens vorzuzeigen – auch zu ehren – einem lange Zeit der bildenden Kunst nicht allzu holden Lande gut ansteht.

Anton Maria Keim

Quellen/Literatur:

Gespräche mit der Künstlerin aus Anlaß ihrer Retrospektiven, vor allem 1999 in der Brückenturm-Galerie der Stadt Mainz;
Susanne Faschon: Besuch im Eisenturm. Atelier-Nachmittag bei Inge Blum. In: Begegnungen. Kunst in Rheinland-Pfalz. Jahrbuch des Berufsverbandes Bildender Künstler Rheinland-Pfalz 1978/79;
Anton Maria Keim: Inge Blum. Anmerkungen zu ihrem Werk. In: BBK aktuell, 4/1991.

Lene Bögler (geb. 1906)

Lene Bögler wurde am 21. März 1906 in Ludwigshafen geboren. Ihr Vater, Hermann Rost, war Buchdrucker und Vorsitzender der Druckergewerkschaft in Ludwigshafen, und Lene wuchs in einem Elternhaus heran, in dem Politik und die Zugehörigkeit zur Arbeiterbewegung eine große Rolle spielten.
So war es nicht verwunderlich, daß Lene bereits mit 15 Jahren der SPD beitrat. Die Satzung der Partei sah ein solch frühes Eintrittsalter eigentlich nicht vor, deshalb mußte eine Sonderregelung getroffen werden. Nachdem sie ihre Schulausbildung abgeschlossen hatte, wurde sie Mitarbeiterin im Bezirksbüro der pfälzischen SPD, eine Tätigkeit, die sie bis zur Schließung aller SPD-Sekretariate und die Beschlagnahme der Unterlagen durch die Nationalsozialisten im Jahr 1933 ausübte.

Lene Bögler

Auch Lenes Privatleben wurde stark durch den klassenbewußten Vater und durch die Arbeiterbewegung geprägt. Noch an ihrem 90. Geburtstag erinnerte sie sich: „Als wir jungen Mädchen anfingen zu poussieren und einen jungen Mann nach Hause brachten, war die erste Frage des Vaters: „Wo ist er organisiert?" Nach seiner Auffassung hatte ein klassenbewußter Arbeiter in der Gewerkschaft, in der Genossenschaft und in der SPD zu sein."
1933 heiratete Lene den 1902 geborenen Pfälzer Franz Bögler, der von 1929 bis zur Machtübernahme durch die Nationalsozialisten SPD-Parteisekretär in Ludwigshafen und Landtagsabgeordneter gewesen war. Sie mußten in Saarbrücken heiraten, da Franz Bögler dorthin hatte fliehen müssen. Gegen ihn lag ein Haftbefehl vor; als vorheriger hauptamtlicher Mitarbeiter und prominenter Politiker der SPD war er natürlich aufs höchste gefährdet. Das Saarland gehörte bis zur Volksabstimmung von 1935 nicht zum Reichsgebiet, sondern wurde vom Völkerbund treuhänderisch verwaltet, so daß die Gegner von Hitler hier zunächst in Sicherheit waren. Bald nach der Hochzeit ging Lene mit ihrem Mann in die Tschechoslowakei. Franz Bögler hatte vom Exil-Vorstand der SPD in Prag den Auftrag, von dort aus als Grenzsekretär die illegale Arbeit in Deutschland mitzuorganisieren.
1938, beim Einmarsch Hitlers, mußte Lene Bögler mit ihrem fünfjährigen Sohn Helmut per Flugzeug aus der Tschechoslowakei fliehen. Über Holland und Belgien gelangte sie nach Frankreich. 1939 konnte sie von Marseille aus über Spanien nach Portugal ausreisen und gelangte von dort per Schiff völlig mittellos in die U.S.A. Da

sie nur ein provisorisches Visum hatte, bekam sie keine Arbeitserlaubnis, sondern konnte sich lediglich als Dienstmädchen verdingen. Nach einem Jahr fand sie Arbeit als Näherin in einer Kleiderfabrik. Schließlich gelang es ihr, eine Stelle beim Rundfunk, der „Stimme Amerikas", zu erhalten, wo sie als Sprecherin eingesetzt wurde und besonders ihr politisches Verständnis gefragt war. Doch die amerikanischen Behörden merkten bald, daß sie nicht „richtig" eingewandert war und nicht die amerikanische Staatsangehörigkeit erworben hatte. Man verdächtigte sie, Kommunistin zu sein, und sie wurde entlassen. Doch das wollte sie sich nicht gefallen lassen. Sie legte Einspruch ein, bekam bescheinigt, daß sie keine Kommunistin, sondern Sozialdemokratin war, und durfte bei der „Stimme Amerikas" weiterarbeiten.

Franz Bögler war es nicht geglückt, ebenfalls in die U.S.A. zu emigrieren. Er hatte sich von Prag nach Frankreich geflüchtet, war wiederholt verhaftet worden, fand zuletzt in der Schweiz Zuflucht und kehrte nach Kriegsende nach Speyer zurück. Hier war er maßgeblich an der Wiedergründung der SPD beteiligt. Von 1947 bis 1949 hatte er das Amt des Oberregierungspräsidenten der Pfalz inne.

Lene Bögler gelang es mit ihrem Sohn erst 1947, nach Deutschland zurückzukehren. Es war nicht einfach, von den U.S.A. aus eine Einreiseerlaubnis für die französische Zone zu erhalten. Sie benötigte eine Bescheinigung, daß ihr Mann sie und das Kind bei sich aufnehmen und für ihren Unterhalt aufkommen würde. Schließlich traf sie nach den langen Jahren der erzwungenen Trennung in Speyer ein, und die Familie war wieder vereint.

1948 kandidierte Lene für die SPD mit Erfolg bei den Speyerer Stadtratswahlen. Sie wurde dann vom Stadtrat zur Beigeordneten gewählt und war für das Sozialressort zuständig. Damit war sie die erste weibliche Beigeordnete in der Pfalz. Zu ihren Aufgabengebieten gehörten das Sozialamt, das Jugendamt, die Kriegsfürsorge und das Wohnungsamt; später kam das Ausgleichsamt hinzu. Besonders in den ersten Jahren ihrer Tätigkeit war sie mit der großen Not der Menschen in der Nachkriegszeit konfrontiert. Eines der größten Probleme war die Unterbringung der Flüchtlinge in einer Stadt, die im Krieg stark zerstört worden war und wo daher ohnehin großer Wohnungsmangel herrschte. Hatten die Franzosen anfangs verhindert, daß Flüchtlinge in ihre Zone einreisen durften, mußten sie schließlich ebenfalls bestimmte Kontingente aufnehmen. Lene Bögler erinnerte sich 1996 im Rückblick: „Als sie (die Franzosen) auf Beschluß der Alliierten dazu verpflichtet wurden, ihren Anteil an Ostflüchtlingen zu übernehmen, kamen die Züge mit den vertriebenen Menschen auch nach Speyer. Mir oblag es, die Leute auf dem Bahnhof zu begrüßen und ihnen zu sagen, daß es für sie leider keine Wohnungen gab und daß sie vorübergehend in Massenlagern untergebracht werden müßten. Wohnungen seien im Bau, sie könnten jeden Tag selbst sehen, wie sie aus der Erde wachsen. Es gab in Speyer zehn Lager mit 650 Insassen, die zentral verköstigt wurden. Die Küche war in der Pestalozzi-Schule, von dort wurde das Essen in die Lager gebracht und verteilt."

Neben der Linderung der Wohnungsnot widmete sich Lene Bögler intensiv sozial- und jugendpolitischen Fragen. So sorgte sie für eine Ausweitung der Stadtranderholung für Kinder und schuf neue Kindergärten, Krippen und Horte. Ebenso setzte sie sich für den Bau eines Altenheims ein, um nur einige Themen zu nennen. Auch im Ortsverband Speyer der Arbeiter-Wohlfahrt arbeitete sie viele Jahre ehrenamtlich mit. Als Speyer im Jahr 1955 von einer Hochwasserkatastrophe heimgesucht wurde, setzte sich Lene Bögler so unermüdlich für die Opfer ein, daß ihr die Presse voller Hochachtung den Beinamen „Mutter der Stadt" verlieh.

Zwei Jahre vor Ablauf der vierten Amtsperiode, im Juli 1962, trat Lene Bögler aus der SPD aus und legte gleichzeitig ihr Amt als Beigeordnete nieder. Über ihre Beweggründe äußerte sie sich öffentlich nur sehr knapp. Ihre Entscheidung stand jedoch damit in Zusammenhang, daß ihr Mann kurz zuvor, im März 1962, nach langen Querelen aus der Partei ausgeschlossen worden war. Bei den Auseinandersetzungen um Franz Bögler innerhalb der pfälzischen SPD hatte offenbar der Speyerer Oberbürgermeister Dr. Skopp eine wichige Rolle als Gegner ihres Mannes gespielt. Lene Bögler fühlte sich vom Verwaltungschef zu Unrecht ebenfalls angegriffen und sah keine Möglichkeit, weiter vertrauensvoll mit ihm zusammenzuarbeiten.

Im Ruhestand widmete sich Lene Bögler ihren vielen Interessen. Sie lernte Bridge spielen und liebte vor allem Fernreisen. So besuchte sie Nepal, Indien, China und Japan, auch nach Amerika zog es sie immer wieder. 1976 verstarb ihr Mann. Bald danach verließ Lene Bögler Speyer und zog in ein Zwei-Zimmer-Appartement in einem Seniorenwohnheim in Neustadt an der Weinstraße. Doch ihr Terminkalender war weiterhin randvoll, und auch die Reiselust blieb ihr noch lange erhalten: Ihren 80. Geburtstag feierte sie zum Beispiel bei Verwandten und Freunden in den U.S.A.

Hedwig Brüchert

Quellen/Literatur:

Ehrentag für Lene Bögler (Die Freiheit v. 21.3.1956);
Ein Leben für die Sozialarbeit. Beigeordnete Frau Lene Bögler wird heute 50 Jahre alt (Die Rheinpfalz v. 21.3.1956);
Lene Bögler legte Amt nieder (Die Rheinpfalz v. 10.7.1962);
Ihr Leben im Rückblick erscheint einem wie ein heiterer Roman (Rheinpfalz v. 8.1.1983);
80 Jahre – doch sie schmiedet noch Pläne (Tagespost v. 21.3.1986);
Eine Frau von Format: Lene Bögler wurde 85 Jahre alt (Tagespost v. 26.3.1991);
Lene Bögler, mehr als die Frau an seiner Seite (Pfälzische Post, Nr. 58, H. 2/1996, S. 16f.);
Partei stand schon an der Wiege Pate (Die Rheinpfalz v. 22.3.1996);
Die erste weibliche Beigeordnete der Pfalz hat Speyer nicht vergessen (Tagespost v. 22.3.1996);
Gemeinnützige Wohnungsbau- und Siedlungsgesellschaft mbH Speyer (Hg.): GEWO 1948-1998. Konzeption und Redaktion: Markus Zech. Speyer 1998;
Stephan Pieroth: Parteien und Presse in Rheinland-Pfalz 1945-1971. Ein Beitrag zur Mediengeschichte unter besonderer Berücksichtigung der Mainzer SPD-Zeitung „Die Freiheit". Mainz 1994 (Veröffentlichungen der Kommission des Landtages für die Geschichte des Landes Rheinland-Pfalz, Bd. 18), S. 846 (Biographie Franz Bögler).

Martha Brach (1899-1990)

Martha Kohn wurde am 23. Juli 1899 an einem Sonntag in Trier geboren. Im Standesamtsregister lautet die Eintragung 24. Juli. Das kam so: Damals mußten die Geburten innerhalb von 24 Stunden angezeigt werden. Da Johann Kohn über einem wohl wichtigen Geschäft den Gang zum Standesamt zu weit hinausgeschoben hatte, gab er einfach den 24. Juli an. So hatte das Kind zwei Geburtstage.
Ihr Vater war der Wirt und Fuhrunternehmer Johann Kohn, der aus Euren stammte und dort 1857 auf die Welt kam. Die Mutter, Ottilie geb. Hoffmann aus Ruwer bei Trier, war 1865 geboren. Die beiden heirateten am 20. April 1888. Martha hatte eine ältere Schwester, die 1891 geboren wurde. Ottilie Kohn war eine sehr tatkräftige Frau. Als Johann Kohn

Martha Brach (1959)

im Jahr 1909 starb, übernahm sie außer dem Gasthaus auch das Fuhrunternehmen.
Die kleine Martha besuchte die Private Caspary-Schule. 1911 schickte die Mutter sie nach Metz ins Pensionat der Kleinen Schwestern von Sainte Chrétienne. Dort wurde in einer Woche nur englisch, in der anderen nur französisch gesprochen. So lernte sie beide Sprachen fließend. Als der Erste Weltkrieg ausbrach, kehrte sie nach Hause zurück. Sie arbeitete beim Posthilfsdienst und war Volontärin im Fotogeschäft Fässy in Trier. Nach dem Krieg, als ihre Mutter im Augustinerhof, dem späteren Rathaus der Stadt Trier, eine Kantine für die Beamten der aus dem Saargebiet nach Trier verlegten Reichsbahndirektion übernahm, bat sie ihre Tochter, ihr dabei zu helfen. Unter den Gästen des Mittagstisches war ein gewisser Joachim Brach, Eisenbahn-Sekretär, geboren 1888 in Auersmacher bei Saargemünd. Er verliebte sich in die muntere Martha, die täglich adrett gekleidet war und liebenswürdig die Gäste bediente. Bereits acht Wochen später, am 10. August 1920, war die Hochzeit.
Während der Ruhrkrise im Jahr 1923 leisteten die Eisenbahner passiven Widerstand, worauf viele von der französischen Militärregierung aus dem linksrheinischen Gebiet ausgewiesen wurden. Joachim Brach kam im März 1923 nach Gießen, wo die Familie bis November 1924 wohnte. Die älteste Tochter, Ingeborg Ottilie, kam hier im November 1923 zur Welt. Das zweite Kind, Gisela Maria Elisabeth, wurde 1926, der Sohn Hans-Joachim August im Jahr 1928, Maria Josepha Emilie 1933 und der Jüngste, Gerd-Michael Jakob, 1934 in Trier geboren.
Nach dem Saaranschluß 1935 wurde die Reichsbahndirektion nach Saarbrücken verlegt. Die Familie folgte am 1. April 1936 dorthin. Martha Brach, obwohl Beamtenfrau, gehörte keiner der Parteiorganisationen an. Aus einem lebendig religiösen

Elternhaus stammend, auch durch die Internatszeit gefestigt, lehnte sie die NSDAP ab. In Sorge um eine vielleicht nicht mehr mögliche Religionserziehung der Kinder und aus ihrem großen Interesse an religiösen Fragen erwarb Martha Brach in diesen Jahren die Lehrbefähigung für katholische Religion, die sogenannte „Missio Canonica".

Joachim Brach starb am 4. März 1938, knapp 50 Jahre alt, infolge eines Herzinfarkts. Seine Witwe stand allein mit fünf unmündigen Kindern da. Sie zog nach Trier in das Haus ihrer Mutter. Dann kamen die Kriegsjahre, in denen Martha Brach außer der Sorge um ihre nun kränkelnde Mutter noch Zeit fand, sich um Kriegsversehrte im Lazarett Rudolfinum zu kümmern. Ab Spätsommer 1944 erlebte Trier, das bis dahin glimpflich bei den Bombardements davongekommen war, den Krieg hautnah. Am 1. November 1944 wurde Martha Brachs ältester Sohn Hans-Joachim am Grab seines Vaters im Beisein der Mutter und der beiden älteren Schwestern von einem Granatsplitter getroffen und starb am 13. November an dieser Verletzung. Am 23. Dezember wurde das Elternhaus in der Eurener Straße 10 bei einem schweren Luftangriff teilweise zerstört, während Martha Brach mit ihren vier Kindern im Keller Schutz suchte.

Nach dem Krieg, als das politische Leben in der Stadt Trier wieder begann, stellte sich Martha Brach zur Verfügung. „Jetzt gilt es, ein neues politisches Haus zu bauen, da will ich dabei sein." Ihre Hilfsbereitschaft und ihr Verhandlungsgeschick im Umgang mit der französischen Besatzungsmacht waren sicher eine Motivation zum politischen Engagement. Am 21. August 1946 trat sie in die CDU ein und kandidierte 1948 erstmals für den Stadtrat, war aber schon 1947 im Wohnungs- und Ernährungsausschuß tätig. Zwanzig Jahre lang war sie dann Ratsmitglied und setzte sich für den problembelasteten Stadtteil Trier-West ein.

Sie arbeitete in zahlreichen Ratsausschüssen mit. 1950 war sie Mitglied im Hauptausschuß, im Wohnungsausschuß, im Gesundheits- und Soforthilfeausschuß, im Beirat zur Durchführung der Schulspeisung, im Hauptauschuß der Volkshochschule und im Stadtrechtsausschuß. Nach der Kommunalwahl 1956 gehörte sie auch dem Haupt- und Finanzausschuß an. Im Sommer 1954 bereiste sie acht Wochen lang auf Einladung des State Departement in Washington die Vereinigten Staaten von Amerika und wurde in New Orleans am 18. Juni 1954 zur Ehrenbürgerin ernannt.

1959 zog Martha Brach als CDU-Kandidatin der Stadt Trier in den Landtag Rheinland-Pfalz ein, dem sie eine Wahlperiode lang angehörte. Dort war sie Mitglied im Petitionsausschuß.

Schon in den zwanziger Jahren war Martha Brach Mitglied des Katholischen Deutschen Frauenbundes, als die Mitarbeit der Frauen im öffentlichen Leben noch in den Kinderschuhen steckte. Die politische Bildung der Frauen war ihr ein Herzensanliegen. Sie reiste zu Vorträgen im Bezirk umher, um Frauen zur Mitarbeit in den Parteien zu gewinnen. So war sie auch Gründerin der Frauenvereinigung der CDU Trier und deren langjährige Erste Vorsitzende, von 1960 bis 1969 auch Bezirksvorsitzende. Den Stadtverband vertrat sie auf Landesebene in der Kommunalpolitischen Vereinigung und war als Vorsitzende der Frauenvereinigung Mitglied des Geschäftsführenden Stadtvorstandes und des Bezirksvorstandes ihrer Partei.

Zwanzig Jahre lang, bis 1974, war Martha Brach als Schöffin beim Gericht tätig und betreute mehrere Mündel.

Wollte man die zahlreichen Gremien, Vereine und Gesellschaften aufzählen, in denen sie sich engagierte, ergäbe dies eine lange Liste; hier seien nur einige genannt: Am längsten gehörte sie wohl dem ETUS (Eisenbahn-Turn- und Sportverein) Trier an, der 1926 gegründet worden und dem sie gemeinsam mit ihrem Mann beigetreten war. Nach dem Krieg zählte sie zu den Gründerinnen der Deutsch-Französischen Gesellschaft und der Christlich-Jüdischen Gesellschaft in Trier und war Mitglied im Freundeskreis Rheinland-Pfalz Burgund. Auch an der Gründung der Theatergemeinde Trier im Jahr 1951 war sie beteiligt.

Für ihr großes persönliches Engagement wurde Martha Brach vielfach geehrt. Am 19. September 1964 wurde sie mit dem Bundesverdienstkreuz Erster Klasse und im gleichen Jahr, am 26. Oktober 1964, mit der Freiherr-vom-Stein-Plakette als Anerkennung für ihre kommunalpolitische Tätigkeit ausgezeichnet. 1968 bekam sie als erste den Silberteller der Stadt Trier für 20jährige Mitgliedschaft im Stadtrat. Ihre Ratsmitgliedschaft endete im Jahr 1969. Bei diesem Anlaß überreichte ihr der Oberbürgermeister den Ehrenring der Stadt; zum 70. Geburtstag erhielt sie außerdem vom Ministerpräsidenten den Wappenteller des Landes Rheinland-Pfalz.

Dann, so sollte man meinen, wurde es ruhiger im Leben der Martha Brach, aber nein – mit 70 Jahren baute sie noch ein Haus. Sie nahm immer noch lebhaften Anteil am Stadtgeschehen und dem Stadtteil Trier-West, in dem sie wohnte bis zu ihrem Tod. Daneben widmete sie sich ihren Hobbys, wozu das Autofahren, Reisen, Nähen und Sticken gehörte. 1973 erlitt sie einen Herzinfarkt, auch einen schweren Autounfall am 8. August 1977 überlebte sie. Fortan ging sie am Stock.

Zum 90. Geburtstag erbat sie sich anstelle von Geschenken eine finanzielle Zuwendung für das Jugendwerk Don Bosco in Trier-West. Glückwünsche gab es viele, auch Helmut Kohl, damals schon Bundeskanzler, gratulierte mit Schreiben vom 21. Juli 1989.

Noch eine Ehrung durfte die 90jährige erleben. Am 1. Dezember 1989 überreichte ihr Ministerpräsident Carl-Ludwig Wagner den Verdienstorden des Landes Rheinland-Pfalz. Martha Brach starb am 26. Juli 1990, zwei Tage nach ihrem 91. Geburtstag.

Gisela Brach

Quellen/Literatur:

Gisela Brach: Runde Geburtstage und ein ungerader von Martha Brach. Mit einem Nachtrag. Trier 1989;
Gisela Brach: Martha Brach starb mit 91 Jahren. In: Neues Trierisches Jahrbuch 1990;
Gisela Brach: Ach Mama Du. Trauergedichte. Koblenz 1992;
Private Unterlagen.

Berti Breuer-Weber (1911-1989)

Berti Weber wurde am 4. August 1911 als Tochter des Lederfabrikanten Ernst C. Weber und seiner Frau Agnes in Bad Kreuznach an der Nahe geboren. Die Ferien verbrachte sie von Kindheit an meist auf dem Hunsrück, dessen Landschaft und Menschen ihr ein Leben lang sehr vertraut waren. In Kreuznach besuchte sie das Städtische Lyzeum mit Frauenoberschule, das sie Ostern 1931 mit dem Abschlußexamen verließ. Dieses Lyzeum war eine Versuchsschule, die sich der Verbesserung der Mädchenbildung verschrieben hatte und in der Kreativität besonders gefördert wurde. Sie war von der bekannten Pädagogin Lina Hilger aufgebaut worden und wurde auch von ihr geleitet. Eine von Berti Webers Oberstufenlehrerinnen war Dr. Mathilde Gantenberg. Die Jahre in der anregenden Atmosphäre dieses Lyzeums beeinflußten zwei-

Berti Breuer-Weber

fellos den späteren beruflichen Weg Berti Webers. Noch während ihrer Schulzeit stellte sie das Büchlein „Hunsrücksprüche" zusammen, das sie auch selbst illustrierte und das von der Schule herausgegeben wurde.

1931 nahm sie das Studium an der Staatlichen Kunstakademie in Düsseldorf auf, wo sie der Grafikklasse von Professor Ernst Aufseeser und der Schriftklasse von Hanna Simon angehörte. Beide Lehrer wurden 1933 von den Nationalsozialisten entlassen und emigrierten nach England. Berti Weber arbeitete nun als freischaffende Grafikerin und lebte mit ihrer kranken Mutter in Hirschfeld im Hunsrück. Nach dem Tod der Mutter ging sie nach München, wo sie Mitarbeiterin bei verschiedenen Zeitungen und Zeitschriften war und Bücher für den Kösel & Pustet-Verlag illustrierte.

1937 heiratete sie den Maler Josef Breuer aus Köln, auch er ein Schüler der Kunstakademie Düsseldorf. Im gleichen Jahr wurde ihre Tochter Ursula geboren. Berti Breuer-Weber hatte sich entschlossen, ihr Kind im Hunsrück zur Welt zu bringen. Deshalb hatte das Paar München verlassen und die Weitersbacher Mühle bei Rhaunen gemietet. Die Abgeschiedenheit des Hunsrücks bot auch eine Möglichkeit, sich von dem politischen Geschehen jener Jahre weitgehend fernzuhalten.

1938 wurde der Wittlicher Verleger Georg Fischer auf die junge Künstlerin aufmerksam, auf dessen Anregung hin sie ihre ersten eigenen Bücher gestaltete. Berti Weber – sie veröffentlichte bis in die fünfziger Jahre unter ihrem Mädchennamen – schuf dafür nicht nur die Illustrationen, sondern schrieb meist auch die Texte selbst.

Als erstes erschien ein Buch über Kinderspiele. Es folgten „Wir besuchen heute fleißige Handwerksleute" und „Hurra, wir gehen zur Schule". Sie entwickelte eine frühe Form des Kindersachbuches, das damals etwas Neues darstellte. Die Bücher verkauften sich hervorragend, und die Künstlerin erhielt immer neue Aufträge ihres Verlegers. Auf sein Drängen hin verließen die Breuers 1939 die abgelegene Weitersbacher Mühle und zogen nach Irmenach, da dies die geschäftlichen Kontakte erleichterte.

Doch schon bald sollte sich ihr Leben radikal verändern. Kurz nach Beginn des Zweiten Weltkrieges wurde Josef Breuer eingezogen und an die Ostfront geschickt. Berti Breuer blieb mit ihrer kleinen Tochter allein zurück. Ihre Arbeitsmöglichkeiten wurden kurz darauf drastisch eingeschränkt. Da sie nicht der Reichskulturkammer angehörte, durfte sie ab 1941 nichts mehr veröffentlichen. 1942 mußte sie schließlich auf Betreiben der Nationalsozialisten ihr Haus verlassen und fand bei der Witwe des Malers Gesemann, die die Ahringsmühle bei Enkirch bewohnte, eine notdürftige Unterkunft.

Glücklicherweise kehrte Josef Breuer bald nach Kriegsende zurück. Die Familie lebte noch einige Zeit im Hunsrück und dann an der Mosel. Berti Breuer-Weber hielt sich und die Ihren mit Gebrauchsgrafik sowie mit dem Basteln von Puppen und Handpuppen über Wasser. Nach der Währungsreform erhielt sie dann wieder Aufträge zum Illustrieren von Zeitungen und Zeitschriften, u.a. für die Kinderseite der „Rheinzeitung", für den „Rheinischen Hausfreund" und für die „Bunte Kiste", eine Kinderzeitung des Mainzer Scholz-Verlags.

Bereits 1947 hatte sich eine Reihe von Kunstschaffenden der Region, darunter das Ehepaar Breuer, im Berufsverband Bildender Künstler Rheinland-Pfalz zusammengeschlossen. Angeregt durch Josef und Berti Breuer, wurde bald darauf innerhalb des Verbandes die Idee entwickelt, in dem jungen Bundesland eine Einrichtung zur Förderung der bildenden Kunst in Form eines Atelierhauses zu schaffen. Der Plan wurde vom Land Rheinland-Pfalz unterstützt, und schon bald ergab sich eine wunderbare Gelegenheit, ihn zu verwirklichen. Die frühere Goebenkaserne auf dem Asterstein, im rechtsrheinischen Teil von Koblenz gelegen, war nach Kriegsende zunächst von französischem Militär besetzt gewesen, wurde dann jedoch für die zivile Nutzung freigegeben. Damit war der ideale Ort für das Künstlerhaus gefunden. Eines der Kasernengebäude mit Nebengebäuden wurde ab 1948 für diese Zwecke umgebaut. Es entstanden sechs zu vermietende Atelier-Wohnungen sowie zwei Ateliers für Stipendiaten. Bei der Verwirklichung des Projekts war von Seiten der rheinland-pfälzischen Regierung vor allem Dr. Mathilde Gantenberg, inzwischen Staatssekretärin im Kultusministerium, die treibende Kraft, und auch der französische Botschafter François-Poncet leistete wertvolle Unterstützung.

1950 konnten die Breuers und andere Künstler schließlich auf dem Asterstein einziehen. Hier, in der anregenden Atmosphäre dieses Atelierhauses in der Gemeinschaft mit anderen Kunstschaffenden, erlebte Berti Breuer-Weber nun ihre produktivsten Jahre. Im Februar 1956 traf sie jedoch ein schwerer Schicksalsschlag: Ihr Mann, der sich von den langen Jahren an der Front weder gesundheitlich noch seelisch je ganz erholt hatte, verstarb im Alter von nur 43 Jahren. Berti Breuer-Weber vollendete für ihn ein Putzmosaik im Landeshauptarchiv in Koblenz, an dem er gerade gearbeitet hatte.

In den folgenden drei Jahrzehnten lebte und arbeitete sie weiter auf dem Asterstein. Es entstanden zahlreiche Bilder- und Kinderbücher, zu denen sie Text und Bild schuf. Sie erschienen in bekannten Kinderbuchverlagen, wie beim Franz Schneider-Verlag in München, dem Pestalozzi-Verlag in Fürth und dem W. Fischer-Verlag in Göttingen, und erreichten meist sehr hohe Auflagen, so ihre Spiel- und Bastelbücher, Osterhasen-, ABC- und anderen lustigen und lehrreichen Geschichtenbücher. Einige ihrer Werke wurden in bis zu dreizehn Sprachen, sogar ins Japanische, übersetzt und fanden begeisterte junge Leser rund um den Erdball.

1988 gab Berti Breuer-Weber ihr Atelier aus Altersgründen auf und zog wieder auf den Hunsrück, wo sie seit ihrer Kindheit stets so gerne gelebt hatte. Nur wenige Monate später, am 29. Januar 1989, verstarb sie während eines Besuchs bei ihrer Tochter in Göttingen.

Hedwig Brüchert

Quellen/Literatur:

Klaus Peter Decker: Berti Breuer-Weber (Hunsrücker Autoren, 6). In: Die Hott. Morbacher Hefte zur Geschichte und Gegenwart, 5. Jg. (1987), Nr. 10, S. 31-34;
Bernd Goldmann/Henner Grube/Joachim Hempel (Hg.): Literarisches Rheinland-Pfalz heute. Ein Autorenlexikon. Mainz 1988, S. 30f.;
Das Künstlerhaus auf dem Asterstein zu Koblenz. Dokumentation und Ausstellung. Konzept und Realisation: Franz-J. Heyen. Koblenz 1987;
Sabine Jung: Die bildende Kunst in Rheinland-Pfalz und ihre Domizile. Die Künstlerhäuser Asterstein, Edenkoben, Schloß Balmoral. In: Kunst in Rheinland-Pfalz 1948-1998. Jahrbuch zum fünfzigjährigen Bestehen des BBK Rheinland-Pfalz, hg. v. d. Berufsverband Bildender Künstler Rheinland-Pfalz im Bundesverband e.V. o.O. 1998, S. 185-193;
Stadtarchiv Koblenz, Zeitgeschichtliche Dokumentation;
Schriftliche Auskünfte von Frau Ursula Boehringer geb. Breuer, Göttingen.

Karin Bruns (1918-1997)

Am 25. Februar 1998 wäre Karin Bruns 80 Jahre alt geworden. Ihre Heimatstadt Frankenthal in der Pfalz wollte die geniale Zeichnerin durch eine von der Künstlerin selbst ausgewählte Kollektion ihrer Zeichnungen, Collagen und Druckgraphiken ehren. Die Planungen änderten sich, nicht aber die Ehrung selbst. Die Künstlerin starb am 2. Oktober 1997 in einem Krankenhaus in Heidelberg. 1965 war sie in die traditionsreiche Stadt am Neckar übergesiedelt und hatte 1968 in Handschuhsheim ihr außerordentlich gastfreundliches Haus mit dem großen, hellen Atelier bezogen. In Frankenthal hat man im Dezember 1998 in einer Ausstellung der Künstlerin gedacht. In einer kaum bekannten handschriftlichen autobiographischen Skizze vermerkte sie: „Ich zeichnete früh und viel. Im elterlichen Geschäft in Frankenthal gab es Papier genug; mein Vater kaufte mir Farbstifte; Sarah, die Nachbarin, bestellte die von mir ‚hausgemachte Illustrierte', die ich pünktlich jede Woche abliefern mußte (...). Anregung und Förderung durch die Eltern und durch unsere jüdischen Nachbarn prägten mich sehr."
Mit elf Jahren nahm sie – ab 1929 – bei dem Bildhauer und Maler Walter Perron ersten künstlerischen Unterricht. Sein Frankenthaler Haus war überfüllt mit Kunstwerken älterer und neuerer Zeit. In Mannheim besuchte sie zunächst die „Freie Akademie", danach eine Modeschule, in der Zeichnen und Aquarellieren dominierten. Im Kontakt mit der Mannheimer Bühne war es obligatorisch, ein bestimmtes Theaterstück zu bearbeiten. Mit Karins Wahl „Ariadne auf Naxos" war der Auftakt zu späteren Arbeiten im Dienst des Theaters gegeben.
Entscheidend für die weiteren Jahre: Die hochbegabte Elevin wagte den Sprung nach Berlin. Hier blieb sie von 1938 bis Anfang 1945. Sie studierte an der Hochschule für Bildende Künste bei Struve und Spiegel. Sie wurde freie Mitarbeiterin beim Scherl-Verlag und war für große Zeitschriften tätig. TERRA-Film beauftragte sie mit Kostümentwürfen. In ihrem Freundeskreis erlebte sie „heiße Diskussionen" – mit Erich Kästner, Hans Scholz, Gustav Seitz, Bernhard Heiliger u.a. Die Auswirkungen des Krieges, die Bombenangriffe auf Berlin haben die Künstlerin in der Rückerinnerung zur Notiz veranlaßt: „Ich war damals nur noch mit dem Überleben beschäftigt." Der Ausbruch des „Totalen Krieges" machte alles zunichte. 1943 wurde ihr Atelier zerstört. Sie kam bei ihrem späteren Ehemann Johnny Bruns in Potsdam unter. Ende Januar 1945 flüchteten beide – mit Rucksack – aus den Trümmern Berlins. Anfang März landeten sie in Frankenthal. Das Elternhaus war zerstört. Freunde boten eine Dachkammer an. Im Mai 1945 heiratete sie Johnny Bruns. Die Tochter Nane kam 1949 auf die Welt. Hartes Durchkämpfen. Schwierig, einen Passierschein über den Rhein, von der „Französischen" in die „Amerikanische Zone", zu erhalten. Porträtaufträge wurden mit Zigaretten honoriert. Mit dieser „Schwarzmarkt-Währung", vor allem mit einer „relativen Mobilität", ging es über die Runden. „Wir hatten noch Rosinen im Kopf", notierte Karin Bruns, – „wir wollten so bald wie möglich nach Berlin zurück oder wenigstens nach Hamburg." Nach dem frühen Tode von Johnny Bruns im Jahre 1952 gab sie solche Pläne auf.

Karin Bruns bei der Herstellung ihrer Druckgraphiken

Im Rhein-Neckar-Raum fand Karin Bruns eine Reihe von Künstlerinnen und Künstlern, die einen eigenen Bund gründeten. Sie lernte die Nichte des Bildhauers Gerhard Marcks kennen, auch die Kollegen Hans Fischer, Harry Mac Lean, Brigitte

63

Heiliger, auch den von ihr sehr geschätzten Maler Johann Georg Müller, mit dem sie 1960 in die engste Wahl für den Pfalzpreis kam und ihm den „Vortritt" überließ – bezeichnend für ihren Umgang mit Gleichgesinnten. 1959 war ihr ein Stipendium für Salzburg zugesprochen worden, 1967 erhielt sie den Pfalzpreis für Graphik, 1986 den Willibald-Cramm-Preis und 1992 den Kunstpreis mit der Picasso-Medaille der Vereinigung Pfälzer Kunstfreunde.

1964 heiratete sie den Bildhauer Theo Siegle, den sie schon während dessen Tätigkeit als Kunsterzieher in Ludwigshafen kennengelernt hatte und nach dem Kriege wiedertraf als Leiter und Professor einer Bildhauerklasse an der Staatlichen Werkkunstschule in Saarbrücken. Wie schon gesagt, bezogen Karin und Theo 1968 ihr Haus in Handschuhsheim. In Heidelberg ist Theo Siegle im Jahre 1973 gestorben.

Als Zeichnerin, Aquarellistin und Druckgraphikerin von hohem Rang stellte sich Karin Bruns im In- und Ausland in Einzel- und Gruppenausstellungen vor, u.a. in Heidelberg, Ludwigshafen, Frankenthal, Kaiserslautern, Saarbrücken, Homburg, Koblenz, Mainz, München, Speyer, Schloß Mainau, in Basel und Ascona. Sie gehörte dem Künstlerbund Rhein-Neckar, der Arbeitsgemeinschaft Pfälzer Künstler und der Pfälzischen Sezession an. Als hochgeschätzte Spezialistin für Druckgraphik aller Art wirkte sie oft als Jurorin, auch bei der Vereinigung Pfälzer Kunstfreunde.

In ihren eigenen Arbeiten ließ sie sich gerne von großer Dichtung in Versen, in Prosa und Dramen inspirieren. Sie schuf u.a. Illustrationen zu den genialen Versen von François Villon, 1431 in Paris geboren, mit 32 Jahren gestorben. Sie beschäftigte sich mit John Miltons „Das verlorene Paradies", mit Charles Baudelaires „Blumen des Bösen" und mit Goethes „Reineke Fuchs". Hinzu kommen eigene fantastische Gestaltungen – eine Bilderwelt voller Anwandlungen und Verwandlungen aus Bereichen des Wirklichen und Unwirklichen. Die Titel, die sie ihren Blättern gab, sprechen für sich: „Parzen", „Fortuna", „Enfer", „Maskentreiben", „Pastorale", „Massaker", „Remember", „Notturno", „Wolkenspiel". Mythos und Dunkles leben in Fragmenten – so kann man angesichts dieser graphischen Bilder von Karin Bruns ein Wort von Paul Klee zitieren. In „Variationen" hat sie Strawinskys „Feuervogel" illustriert, nach ihrer Ausstattung des Balletts im Jahre 1968.

Es ging ihr nicht um Vervielfältigung ihrer Graphiken, sondern um das einzelne Blatt, was in einer Zeit der Reproduzier-Wut viel heißen will. Durch ihre Kombinationen von Kaltnadel- und Ätzradierung, mit Hilfe der Collage, durch ständiges Experimentieren, durch Übergehen der wenigen Abzüge von der Druckplatte mit der Rohrfeder, mit Pastell oder Aquarell sichert sie ihren einzigartigen graphischen, mit Mischtechniken durchsetzten Blättern absolute Originalität. Bei der Schwemme von pseudographischen Produktionen bis hin zu Fälschereien druckgraphischer Blätter der „modernen Klassiker" wie Picasso, Dali, Chagall, Jawlensky ist Karin Bruns nicht nur in ihrem eigenen druckgraphischen und gezeichneten Bereich der Unredlichkeit und purer Gewinnsucht mutig in aller Öffentlichkeit entgegengetreten.

Wilhelm Weber

Quellen/Literatur:

Karl Kuntz: Karin Bruns zum 65. Geburtstag, in: Rhein-Neckar-Zeitung v. 25. Februar 1983, nachgedruckt im Katalog der Ausstellung im Mittelrheinischen Landesmuseum Mainz, 11. Juni bis 6. Juli 1983;
Wilhelm Weber: Improvisation und Konzentration – Zu den Graphiken von Karin Bruns. Mainzer Katalog 1983;
Hans Gerke/Susanne Himmelheber: Vorwort zur Ausstellung „Karin Bruns – Aquarelle, Zeichnungen, Druckgraphik". Alte Universität, Heidelberger Kunstverein und Gedok, 12. März bis 2. April 1989;
Anette Hoffmann: Durch kühne Ideen so manches bewegt (Zur Ausstellung von Karin Bruns im Kunstverein „Die Treidler"), in: Die Rheinpfalz/Frankenthaler Zeitung v. 22. März 1993;
Ursula Weber: Biographie und Bibliographie im Katalog der Ausstellung „50 Jahre Pfälzische Sezession", 30. Juli bis 12. September 1995 im Historischen Museum der Pfalz, Speyer, anschließend bis November 1995 in Schloß Mainau, Bodensee. – Katalog „75 Jahre APK", 14. September bis 5. Oktober 1997 im Herrenhof, Neustadt-Mußbach.

Maria Bund (geb. 1912)

„Frau der sozialen Tat", so lautete die Überschrift eines Artikels in einer Mainzer Lokalzeitung, als im März 1996, in ihrem vierundachtzigsten Lebensjahr, darüber berichtet wurde, daß Maria Bund die höchste Auszeichnung der Stadt für soziales Engagement erhalten hatte. Knapper und präziser kann man diese Frau nicht beschreiben.

Maria Bund wurde als Maria Friedrich am 18. Februar 1912 in Mümling-Grumbach (Kreis Erbach), einem kleinen Ort im Odenwald, geboren. Sie hatte einen älteren und einen jüngeren Bruder. 1921, nach dem frühen Tod der Mutter, die einem Lungenleiden erlag, wurde Maria in die Familie einer Tante aufgenommen, die in Mainz in der Augustinerstraße lebte. Hier wurde Maria in einem sozialdemokratisch geprägten Milieu groß und wuchs ganz automatisch in die Arbeiterjugendbewegung und später in ein Engagement in Gewerkschaft und SPD hinein.

Maria Bund

Maria ging zunächst in die Volksschule in der Karmeliterschule. Danach durfte sie aufgrund guter Leistungen die „E-Klassen" in der Schillerschule besuchen, das waren „Klassen mit erweiterten Lernzielen". Sie waren kurz nach dem Ersten Weltkrieg in Mainz an der Volksschule eingerichtet worden, um begabten Kindern aus weniger vermögenden Bevölkerungsschichten eine gute Ausbildung bei Schulgeldfreiheit zu ermöglichen. Die Schüler der „E-Klassen" lernten zwei Fremdsprachen und konnten die Mittlere Reife erlangen. An dieser Schule unterrichteten besonders engagierte, fortschrittliche Lehrer, an die sich Maria Bund noch heute gerne erinnert. Einige von ihnen standen der Sozialdemokratie nahe. Besonders Lehrer Wirth war dafür bekannt, daß er seine Schüler jedes Jahr am 1. Mai für die Maifeiern der Arbeiterbewegung vom Unterricht befreite, obwohl dieser Tag damals noch kein gesetzlicher Feiertag war.

Maria wäre gerne Lehrerin geworden. Nach der achten Klasse mußte sie die Schule jedoch verlassen, als der Onkel, Metallarbeiter bei der M.A.N. in Mainz-Gustavsburg, arbeitslos wurde. So machte sie eine Lehre als Schneiderin. Während der Ausbildung bekamen die Lehrmädchen damals allerdings fast keinen Lohn und hatten sehr lange Arbeitsstunden. Maria wurde Mitglied im Deutschen Bekleidungsarbeiter-Verband. Ihre Freizeit verbrachte sie in der Gewerkschaftsjugend, in der Sozialistischen Arbeiterjugend und bei den Freien Turnern. Außerdem sang sie voller Be-

geisterung im Mainzer Volkschor mit, der sich in den Zwanziger Jahren als Zusammenschluß von mehreren kleineren Arbeitergesangsvereinen gebildet hatte.
Auch bei den Naturfreunden wurde Maria Mitglied und half an den Wochenenden mit, das Haus der Mainzer Naturfreunde in Wildsachsen im Taunus auszubauen, das dort Ende der zwanziger Jahre ganz in Eigenleistung hergerichtet wurde. Meist fuhren die Mainzer sonntags mit dem Fahrrad nach Wildsachsen, um das Geld für die Eisenbahnfahrt zu sparen, denn während der Weltwirtschaftskrise waren zahlreiche Menschen arbeitslos. Das Naturfreundehaus, wo man billig übernachten und selbst kochen konnte, bot in jener Zeit eine willkommene Möglichkeit für junge Menschen, preiswert, aber in fröhlicher Gemeinschaft mit Gleichgesinnten die Freizeit zu verbringen. Hier in Wildsachsen lernte Maria ihren Mann, Karl Bund, kennen, der ebenfalls Schneider war. Er stammte aus Hannover, arbeitete aber zu jener Zeit als Gewerkschaftssekretär beim Bekleidungsarbeiter-Verband in Frankfurt am Main, besuchte dort auch die Akademie der Arbeit und war aktives SPD-Mitglied. Er gab den letzten Anstoß dazu, daß Maria nun auch in die Partei eintrat.
Die Machtübernahme durch die Nationalsozialisten bedeutete einen tiefen Einschnitt in den Alltag der Mitglieder der sozialistischen Arbeiterorganisationen. Alle hauptamtlichen Partei- und Gewerkschaftsmitarbeiter wurden arbeitslos, so auch Karl Bund. Außerdem waren sie von Verhaftung bedroht. Das Naturfreundehaus in Wildsachsen, das gerade fertig ausgebaut und eingerichtet war, wurde von den neuen Machthabern beschlagnahmt; ebenso wurden alle anderen Organisationen, wie der Volkschor und die Arbeitersportvereine, verboten und ihr Vermögen beschlagnahmt. Maria und Karl überlegten, ob sie in die Emigration gehen sollten, entschieden sich jedoch dagegen, aus Angst, daß dann ihre zurückbleibenden Angehörigen Repressalien ausgesetzt würden. In Frankfurt zu bleiben war für Karl Bund gefährlich, da er dort als Gewerkschaftssekretär eine exponierte Stellung innegehabt hatte. Deshalb entschlossen sich die beiden 1933 zu heiraten und in Mainz zu wohnen, wo niemand Karl Bund kannte. Die jungen Eheleute fanden eine Wohnung in der Kötherhofstraße und betrieben eine kleine Schneiderwerkstatt. Sie hatten das Glück, von Verhaftungen verschont zu bleiben. Doch waren die Jahre der Hitler-Diktatur die schlimmsten ihres Lebens. Nur heimlich konnten sie Kontakte zu politischen Freunden in Frankfurt und in Hannover aufrechterhalten. Einmal wurde Maria von der Gestapo verhört, da ein von ihr geschriebener Brief bei der Verhaftung eines ihrer Frankfurter Freunde gefunden worden war.
1942 wurde Karl Bund zur Wehrmacht eingezogen. Auch Maria sollte bald darauf dienstverpflichtet werden. Da ihre Tochter Renate, 1939 geboren, jedoch ab ihrem vierten Lebensjahr an einer langwierigen Hüftgelenkentzündung litt und in Gips lag, konnte Maria durchsetzen, daß sie weiter zuhause nähen durfte. Einmal wollten die Behörden ihre Nähmaschinen zum Einsatz in einem kriegswichtigen Betrieb requirieren, doch Maria konnte mit großen Überredungskünsten die Maschinen, die für sie und ihren Mann die Existenzgrundlage darstellten, retten. Auch dem wiederholten Druck, doch endlich der NS-Frauenschaft beizutreten, entzog sie sich geschickt.

Wegen des Gipsverbandes ihrer Tochter konnte Maria bei Fliegeralarm nie in den Luftschutzkeller gehen, da sie das Kind nicht transportieren konnte. In den letzten Kriegswochen, als die Luftangriffe auf Mainz immer schlimmer wurden, fuhr sie mit Renate auf Drängen ihres Mannes zu seinen Verwandten in der Nähe von Hannover, um dort das Kriegsende abzuwarten. Karl Bund wurde beim Einmarsch der Alliierten bei Fritzlar gefangengenommen und im Kriegsgefangenenlager Bretzenheim bei Bad Kreuznach interniert.

Schon wenige Wochen später wurde Karl Bund aus dem Lager entlassen, und er holte Frau und Tochter zurück nach Mainz. Ihre Wohnung in der Kötherhofstraße war von Bomben getroffen worden. Sie fanden eine erste Bleibe in einem nur teilweise beschädigten Haus in der Ebert-Siedlung, wo sie vom Bett aus durch das zerstörte Dach den Himmel über sich sehen konnten. 1946, mitten in der größten Notzeit, wurde ihr zweites Kind, Thomas, geboren.

Trotz der Existenzsorgen der ersten Nachkriegsjahre waren Maria und Karl Bund beim Wiederaufbau eines demokratischen politischen Lebens und der Wiedergründung der SPD von Anfang an mit dabei. Sie hatten sich inzwischen, um ihren Lebensunterhalt zu verdienen, selbständig gemacht. Während Karl Bund sich besonders bei der Neuorganisation seines Berufsverbandes engagierte – er war lange Jahre Obermeister der Innung, zeitweise stellvertretender Kreishandwerksmeister und brachte nach dem Krieg gemeinsam mit anderen das Lehrlings- und Meisterprüfungswesen sowie das Arbeitsgerichtswesen wieder in Gang –, wurde Maria Bund vor allem in der Arbeiterwohlfahrt und in der Kommunalpolitik aktiv.

Die Sozialdemokraten, die noch am Leben und in Mainz waren, hatten sich schon bald nach Kriegsende wieder zusammengefunden und die Wiedergründung der Partei vorbereitet. Im Herbst 1945 hätte man wieder mit der politischen Arbeit beginnen können. Vorläufig mußte man sich jedoch privat treffen, denn mit der offiziellen Genehmigung von Parteien war die französische Militärverwaltung sehr zögerlich. Sie erfolgte erst Anfang des Jahres 1946.

Am dringendsten notwendig war zunächst angesichts der unvorstellbaren Not in der zerstörten Stadt die Hilfe bei der Linderung von Hunger, Wohnungsnot, dem Mangel an Kleidung, Schuhen und Brennmaterial. Maria Bund gründete, gemeinsam mit einer Reihe weiterer Frauen, im Herbst 1945 eine Gruppe der Arbeiterwohlfahrt in der Ebertsiedlung. Bis 1948 war sie deren Vorsitzende, später auch zeitweise Vorsitzende der aus dem Zusammenschluß mehrerer kleinerer Stadtteilgruppen entstandenen Ortsgruppe der Arbeiterwohlfahrt Mainz-Mitte. Die Frauen halfen vor allem bei Kinderspeisungen und bei der Verteilung von Lebensmittelsendungen aus dem Ausland, sie sammelten und verteilten Kleidungsstücke an Bedürftige und organisierten Ferienfreizeiten für Mainzer Schulkinder im Gonsenheimer Wald. Auch nachdem die größte Not beseitigt war, nahm die Arbeit nicht ab. Lediglich die Aufgaben wandelten sich etwas im Lauf der Zeit. So bildete die Betreuung alter Menschen (in Heimen, in Altentagesstätten und mit mobilen Diensten) zunehmend einen Schwerpunkt der Aktivitäten der Arbeiterwohlfahrt.

Auch in der SPD hatte Maria Bund etliche Funktionen inne. So war sie Unterbezirksdelegierte, Bezirksdelegierte und Mitglied des Bezirksfrauenausschusses. Als Nachfolgerin der schwer erkrankten Anna Galmbacher leitete sie viele Jahre lang die Mainzer SPD-Frauengruppe und war deren unumstrittene „Chefin", bis sie das Amt aus Altersgründen in jüngere Hände übergab. Die Frauengruppe organisierte Bildungsreisen, politische Diskussionsveranstaltungen, und auch die Geselligkeit kam nicht zu kurz. Maria Bund lag jedoch vor allem am Herzen, gegen die Benachteiligung von Frauen in Beruf und Gesellschaft anzukämpfen und ihre Geschlechtsgenossinnen zu ermutigen, selbst politisch aktiv zu werden. Ab 1963 übernahm die SPD-Frauengruppe gemeinsam mit CDU-Frauen alljährlich am Heiligen Abend die Bewirtung bei der städtischen Weihnachtsfeier für alleinstehende ältere Menschen. Diese Feier wurde zur festen Einrichtung in der Stadt Mainz, und Maria Bund war selbst bis vor wenigen Jahren stets im Team der ehrenamtlichen Helferinnen anzutreffen.

Von 1962 bis 1964 und nochmals von 1965 bis 1969 war Maria Bund Mitglied des Mainzer Stadtrats und gehörte hier dem Sozialausschuß, dem Hospizienausschuß und dem Schulausschuß an. Danach verzichtete sie auf eine erneute Kandidatur, um sich ganz ihren ehrenamtlichen sozialen Aufgaben zu widmen. Zwölf Jahre lang übte sie auch das Amt einer Jugendschöffin aus. Und als schließlich der Seniorenbeirat der Stadt Mainz eingerichtet worden war, gehörte ihm Maria Bund von 1982 an über zehn Jahre lang als Vertreterin der Arbeiterwohlfahrt an.

Für ihr vielfältiges Engagement erhielt Maria Bund mehrere Auszeichnungen. So wurde ihr im Jahr 1982 die Ehrennadel des Landes Rheinland-Pfalz verliehen; 1991 erhielt sie das Bundesverdienstkreuz am Bande. Im Jahr 1996 wurde ihr schließlich von Oberbürgermeister Herman-Hartmut Weyel für ihr über fünfzigjähriges ehrenamtliches Wirken die Bernhard-Adelung-Plakette überreicht, die höchste Auszeichnung, die die Stadt Mainz für soziales Engagement zu vergeben hat.

Karl Bund starb im Jahr 1997. Bis dahin hatte das Ehepaar noch die Schneiderwerkstatt weitergeführt, wenn auch zuletzt in stark reduziertem Umfang. Maria Bunds Leben ist inzwischen ruhiger geworden. Aber noch immer ist sie gerne bei Veranstaltungen der Arbeiterwohlfahrt, der SPD und bei offiziellen Anlässen der Stadt Mainz dabei, auch wenn ihr derzeit ihr Gesundheitszustand etwas zu schaffen macht.

Hedwig Brüchert

Quellen/Literatur:

Tonband-Interview mit Maria und Karl Bund, geführt von Hedwig Brüchert am 31.3.1984;
Ehrennadel des Landes für Maria Bund, Allgemeine Zeitung Mainz v. 29.10.1982;
Vorschlagsbegründung für die Verleihung des Bundesverdienstkreuzes 1991 (Staatskanzlei Rheinland-Pfalz);
„Im guten Sinne etwas bewegen". Drei Mainzer erhalten Verdienstkreuz am Bande/Engagement für die Gesellschaft, Allgemeine Zeitung Mainz v. 4.3.1991;
Frau der sozialen Tat. Bernhard-Adelung-Plakette der Stadt für Maria Bund. Allgemeine Zeitung Mainz v. 14.3.1996.

Geneviève Carrez (geb. 1909)

Geneviève Carrez wurde am 2. Juli 1909 in Besançon geboren. Ihr Vater, P. Muller, war Rechtsanwalt am dortigen Berufungsgericht, ihre Mutter, eine geborene Gruet, war Hausfrau.
1926 legte Geneviève ihr Abitur mit den Hauptfächern Latein und Deutsch ab. Ihr Interesse galt den Fremdsprachen, und so studierte sie Germanistik. Nach einem einjährigen Studienaufenthalt in Wien erlangte sie ihr Diplom mit einer Abschlußarbeit über Arthur Schnitzler und bestand 1934 die „Agrégation" für Deutsch (eine Zusatzprüfung für besonders qualifizierte Lehrkräfte in Frankreich). Nach einem weiteren einjährigen Auslandsaufenthalt in Berlin, wo sie ihre Sprachkenntnisse perfektionierte, kehrte sie nach Frankreich zurück und unterrichtete ab 1936 am Pasteur-Gymnasium in Besançon. Im Jahr 1936 heiratete sie Jean Carrez, einen Berufskollegen.

Geneviève Carrez (1977)

Nach Ausbruch des Zweiten Weltkrieges vertrat Geneviève Carrez die Stelle des Schulleiters in Lans le Saunier, als dieser zum Militär eingezogen worden war. 1940 kam sie nach Besançon zurück, um stellvertretend das dortige Pasteur-Gymnasium zu leiten. 1945 ließ sie sich aus familiären Gründen – sie war inzwischen Mutter von drei Kindern – für einige Zeit beurlauben.
Als man ihr 1947 aufgrund ihrer hervorragenden Deutschkenntnisse eine Stelle bei der Militärregierung in Deutschland anbot, übernahm sie die neue Aufgabe mit großem Interesse und hohen Erwartungen. Innerhalb der Verwaltung ihrer Besatzungszone hatten die Franzosen ein eigenes „Amt für Öffentliche Bildung" (Direction de l'Education Publique) eingerichtet, das dem Germanisten Raymond Schmittlein unterstand. Geneviève Carrez wurde bei dieser Behörde zunächst in Baden-Baden eingesetzt, wo sie von 1947 bis 1948 als Stellvertreterin von Jean-Charles Moreau, dem Leiter der Abteilung für Jugend und Volksbildung, arbeitete. Hatte zu Beginn bei den französischen Behörden der Gedanke der Kontrolle der Deutschen im Vordergrund gestanden, so war nun zunehmend eine gute bilaterale Zusammenarbeit das Ziel. 1948 wurde nach einer Umstrukturierung der französischen Besatzungsbehörden die Abteilung für Jugend und Volksbildung aufgelöst und in ein „Amt für Internationale Begegnungen" umgewandelt.
1949 wurde Geneviève Carrez' Dienstsitz nach Mainz verlegt, wo sie ihr Büro auf der Zitadelle hatte. Nach dem Weggang von Jean-Charles Moreau, der 1951 das Generalsekretariat der „Europäischen Jugendkampagne" übernahm, wurde Frau Car-

rez die Leitung des Amtes für Internationale Begegnungen übertragen, eine Aufgabe, die sie bis 1954 wahrnahm. In dieser Zeit trug sie mit dazu bei, daß zahlreiche deutsche Jugendliche erstmals nach Frankreich reisen und einen Beitrag zur Aussöhnung zwischen den zuvor verfeindeten Nachbarländern leisten konnten. Das arbeitsintensivste und sicher eindrucksvollste Ereignis jener Jahre waren die fünf internationalen Jugendtreffen im Jahr 1951, bei denen im Juli und August insgesamt 30.000 junge Menschen aus 15 Ländern für jeweils zehn Tage auf dem Loreley-Felsen, in von der Hitler-Jugend hinterlassenen Lagern, zusammenkamen. Seminare, Arbeitsgruppen, Theaterspiel, Chorgesang, Volkstänze, Filme und bildende Kunst bildeten das Programm. Als einer der langfristigen Erfolge der Arbeit des „Amtes für Internationale Begegnungen" kann die Gründung des „Deutsch-Französischen Jugendwerkes" von 1963 betrachtet werden.

1949 wurde Geneviève Carrez zusätzlich zur Frauenbeauftragten der Militärregierung in der französischen Zone ernannt. In dieser Funktion arbeitete sie eng mit ihren Kolleginnen der britischen und der amerikanischen Zone zusammen, wo der Bereich der staatsbürgerlichen Frauenbildung bereits etwas früher aufgebaut worden war. Ziel dieser Arbeit war es, die deutschen Frauen für die aktive Teilnahme in einem demokratischen Staatswesen zu schulen. Ab 1949 nahm Geneviève Carrez an den regelmäßigen Treffen der alliierten Frauenbeauftragten aus den Westzonen teil, und sie war auch bei der Gründungsversammlung des Deutschen Frauenrings anwesend, der vom 7. bis 10. Oktober 1949 in Bad Pyrmont stattfand. Dort kündigte sie in einer Rede ihre Absicht an, das Verhältnis zwischen deutschen und französischen Frauen positiv zu gestalten. Es dürfe nicht länger von einem „deutsch-französischen Problem" gesprochen werden. Stattdessen sei es wichtig, sich aufgeschlossen zu begegnen und die Verhältnisse im anderen Land kennenzulernen.

Eine der herausragenden Aktivitäten der Frauenbeauftragten stellten die „Staatsbürgerlichen Schulungskurse" in Speyer dar, die im Sommer 1951 mehrmals nacheinander durchgeführt wurden. Sie wurden von den Frauenbeauftragten der drei Westzonen gemeinsam mit Vertreterinnen verschiedener westdeutscher Frauenorganisationen geplant und vorbereitet. Zielgruppe waren Frauen, die bereits im öffentlichen Leben ihrer Kommune oder in Verbänden tätig waren und einen Querschnitt „aus allen Berufen, aus Stadt und Land, aus erzieherischer, religiöser und sozialer Arbeit, aus Frauenorganisationen und aus den verschiedensten Arten ehrenamtlicher Tätigkeit" darstellten. Die Teilnehmerinnen dieser zehntägigen Kurse sollten dann ihrerseits als Multiplikatorinnen wirken und weitere Frauen zu verantwortlicher Mitarbeit heranziehen. Diese Speyerer Kurse waren überaus erfolgreich und wurden später in den anderen Westzonen wiederholt.

1954 kehrte Geneviève Carrez nach Frankreich zurück und nahm wieder ihre Stelle im Pasteur-Gymnasium in Besançon an. Gleichzeitig gründete sie in ihrer Heimatstadt ein aktives Internationales Austausch-Komitee, das vor allem Jugendbegegnungen aus verschiedenen Ländern förderte. 1955 ging sie in den vorzeitigen Ruhestand, um ihre alten Eltern zu pflegen, aber auch, um mehr Zeit für ihre ehrenamtliche Arbeit im Internationalen Austausch-Komitee zu haben, das sie bis 1975 verantwortlich leitete. Diese Aktivitäten wurden später von der Stadt Besançon weitergeführt.

Geneviève Carrez verbringt ihren Lebensabend im Kreise ihrer Familie in Besançon und ist vielbeschäftigte Großmutter. Ihre engen Verbindungen zu Deutschland hat sie bis heute weitergepflegt und informiert sich ständig über aktuelle Entwicklungen. An den regelmäßigen Begegnungen zwischen der Ortsgruppe der UFCS (Union Féminine Civique et Sociale) von Besançon und dem Frauenring der deutschen Partnerstadt Freiburg sowie zwischen den beiden Pax Christi-Gruppen der Diözesen Besançon und Freiburg nimmt sie stets gerne teil und ist dabei häufig als Dolmetscherin gefragt.

Sie blickt zufrieden auf ihre Tätigkeit im Nachkriegsdeutschland zurück, mit der sie zur Entwicklung der heutigen engen freundschaftlichen Beziehungen zwischen den beiden Nachbarländern beigetragen hat.

Bénédicte Ruelland/Hedwig Brüchert

Quellen/Literatur:

Korrespondenz mit Frau Geneviève Carrez vom März 1998 und Juni 1999;

Corine Defrance: La politique culturelle de la France sur la rive gauche du Rhin 1945-1955. Strasbourg 1994;

Pia Grundhöfer: „Ausländerinnen reichen die Hand". Britische und amerikanische Frauenpolitik im Rahmen der demokratischen re-education nach 1945. Egelsbach u. a. 1999, Microfiche-Ausg. (Deutsche Hochschulschriften 2595). Zugl. Diss. Univ. Trier 1995;

Jean-Charles Moreau: Jugendarbeit und Volksbildung in der französischen Besatzungszone, in: Jérôme Vaillant (Hg.), Französische Kulturpolitik in Deutschland 1945-1949. Berichte und Dokumente. Konstanz 1984, S. 23-41.

Maria Croon (1891-1983)

Maria Croon stammt aus Meurich, einem kleinen Dorf auf dem Gau, der Hochfläche zwischen Mosel und Saar, im Altkreis Saarburg (heute Kreis Trier-Saarburg).
Hier wurde sie am 13. Mai 1891 als jüngstes Kind – sie hatte noch sieben Geschwister – des Landwirts Brittnacher geboren. Auf dem Saargau, im kleinen Meurich, das heute ein Ortsteil von Kirf ist, verbrachte sie vierzehn Jahre ihres Lebens. Die Eindrücke, Erfahrungen und Erlebnisse, die sie in ihrem Heimatdorf gewann, sollten ihr ganzes Leben mitbestimmen. Ihre Verbundenheit mit ihrem Dorf hat sie in ihrem Buch „Die Dorfstraße", das das bäuerliche Leben um die Jahrhundertwende schildert, wie auch in ihrem Mundartgedicht „Mäin Därfjen" später in Worte gekleidet.

Maria Croon (1966)

Die Schule befand sich im benachbarten Pfarrort Kirf; den halbstündigen Weg mußten die Schulkinder von Meurich schon am frühesten Morgen antreten; das war mit großer Mühsal verbunden, besonders im Winter. Die einzige Verbindung vom Heimatort zur Kreisstadt Saarburg war in Marias Kinderzeit die Postkutsche; es sei denn, man fuhr an den Markttagen mit dem Leiterwagen in die Stadt oder man nahm einen mehrstündigen Fußmarsch in Kauf, die „Hott" auf dem Rücken, in der man Eier, Butter, Brot transportierte, um diese Erzeugnisse auf dem Markt anzubieten.

Schon in frühester Jugend mußte Maria Brittnacher im landwirtschaftlichen Betrieb mitarbeiten. Das hinderte sie aber nicht daran, kaum des Lesens mächtig, ihrer Leselust zu frönen; „auf unserem Backofen liegend, ein halbes Meter unter dem Plafond der kleinen Kammer unter der Futterküche", schreibt sie später. Hier las sie stundenlang in den alten „Michaelskalendern", die damals in vielen Bauernfamilien anzutreffen waren, und im Paulinus, dem Trierer Bistumsblatt. „Dort auf dem Backofen lebte ich mein zweites Leben, und die ganze übrige Welt war versunken und vergessen. Selbst wenn unsere Großmutter aus dem Schrein zu Füßen des Backofens ein Brot herausnahm und dabei unversehens den Truhendeckel fallen ließ, rief mich dieses Gepolter nicht in die Wirklichkeit zurück."

„Kein Wunder", so schreibt sie später, „daß ich bei (meiner) Lesebesessenheit schon in jungen Jahren selbst heimlich zur Feder griff, und daß ich sehr glücklich war, als ich mit 19 Jahren meiner ersten gedruckten Kurzgeschichte gegenüberstand. Heute (1959) kann ich mir denken, daß der damalige Redakteur des ‚Paulinus' mir nur

seufzend den Willen tat, denn das ‚Künstlerschicksal', das ich ahnungsloser Engel unter diesem Titel gestaltet hatte, war wenig überzeugend."
Nach der Schulentlassung besuchte sie auf Anraten vom „Här" (Mundartausdruck für Herr), wie man auf den Dörfern den Pastor nannte, und ihrer Lehrerin die Präparandie in der Kreisstadt Saarburg und anschließend dort das Lehrerinnenseminar. 1911 erhielt Maria Brittnacher ihre erste Stelle als Lehrerin in Hüttersdorf im Saarland, war vertretungsweise in Fraulautern und Außen bei Schmelz tätig, dann in erster fester Anstellung wieder in Hüttersdorf. Hier lernte sie ihren Kollegen Nikolaus Croon kennen, den sie im Jahre 1918 während eines Fronturlaubs des jungen Leutnants heiratete. Als verheiratete Frau mußte sie aus dem Schuldienst ausscheiden; eine verheiratete Lehrerin war damals undenkbar. Aus ihrer Ehe gingen drei Kinder hervor; später gehörten eine Reihe von Enkelinnen und Enkeln zur Familie.
Der Erste Weltkrieg veranlaßte sie, „Und wir daheim – ein Kriegsbuch der Frauen und Mütter" zu schreiben, das im Verlag der Saarbrücker Landeszeitung erschien, in dem sie Kummer, Angst und Leid der zurückgebliebenen Frauen beschreibt, den Hunger der Darbenden daheim, die Nöte und Entbehrungen.
Nikolaus Croon trat bald darauf eine Stelle in Primstal an und anschließend in Merzig, wo die Familie ab 1933 lebte.
Maria Croon wurde Mitarbeiterin von Zeitungen, Zeitschriften, Bistumsblättern, religiösen Jugendschriften, Monatsheften, Sammelbänden und Kalendern. Ihr ureigenes Gebiet waren die Kurzgeschichte und die Erzählung, aber auch der Roman. Sie hat auch Gedichte geschrieben, meist in Mundart, meint aber in ihrer Kurzbiographie bescheiden dazu: „Das Verseschmieden überlasse ich den genialen Dichtern. Nur wenn mich eine Idee, sei sie ernster oder heiterer Art, sehr bewegt, gestalte ich sie in gebundener Form, und zwar meistens in der lieben alten Mundart meines Heimatdorfes."
Ab 1937 gehörte sie zum Mitarbeiterstab der katholischen Wochenschrift „Nach der Schicht", bis, wie sie berichtet, „der Nationalsozialismus das Apostolat der christlichen Presse erschwerte und weitgehend unmöglich machte". So wurde am 28. Juli 1938 auch das Trierer Bistumsblatt „Paulinus", für das Maria Croon ebenfalls geschrieben hatte, verboten. In diesen Jahren waren Publikationen im Sinne der nationalsozialistischen Ideologie, mit „Blut und Boden-Themen", gefragt. Da war kein Raum für Maria Croon, die das einfache schwere Leben des tiefgläubigen bäuerlichen Menschen mit seinen Gebräuchen, seinen Hoffnungen und Enttäuschungen schilderte.
Im Jahr 1939 wurden die Menschen aus der Westwallzone des Saargebiets und der Heimat Maria Croons, im Land zwischen Mosel und Saar, zwangsevakuiert. Auch die Familie Croon mußte die Heimat verlassen, wurde in einem Dorf im Harz einquartiert und mußte sich im harten Winter ohne eigenen Hausrat einrichten. Zwar konnte die Familie 1940 heimkehren, aber in den folgenden Jahren wurde der Krieg grausamer. Einer der Söhne galt in der Schlacht um Stalingrad 1942/1943 als vermißt, und im Herbst 1944 näherten sich die alliierten Armeen dem Westwall. Wieder mußten die Menschen an Obermosel und Saar ihre Heimat verlassen. Die Evakuierung wurde von den Dienststellen der NSDAP überhastet vorgenommen, so

daß die Familie Croon mit einem Handwagen, auf den sie nur das Allernotwendigste aufladen konnte, nach Hüttersdorf zu Verwandten flüchten konnte und nicht, wie die meisten Menschen der Region, ins Innere Deutschlands transportiert wurde. Die Front blieb am Westwall stehen, aber Merzig und die Dörfer ringsum lagen unter Artilleriebeschuß. Als Nikolaus Croon sich am 30. Dezember 1944 zu Fuß aufmachte, um aus seinem Haus Winterkleider zu bergen, wurde er im Ort Merchingen von Granatsplittern getroffen und getötet. Zu diesem schmerzlichen Verlust kam die Sorge um den vermißten Sohn und um ihre Tochter, die zur sogenannten „Heimatflak" eingezogen worden war.

Der Krieg war über das Grenzland im Westen hinweggefegt und hatte Zerstörungen und Not hinterlassen. Städte und Dörfer lagen teilweise in Schutt und Asche. Auch Maria Croon fand ihr Haus im zerstörten Merzig bei ihrer Rückkehr mit der heimgekehrten Tochter und ihrem elfjährigen Sohn arg mitgenommen. Wie viele andere Frauen räumte sie Trümmer beiseite und versuchte, so gut es ging, ihr Haus wieder bewohnbar zu machen.

Als im Oktober 1945 die meisten Schulen in der französischen Besatzungszone wieder eröffnet wurden – viele waren noch teilweise zerstört, die Lehrmittel vernichtet, viele Lehrer im Krieg geblieben oder noch im Gefangenschaft oder wurden wegen ihrer Mitgliedschaft in der NSDAP nicht angestellt stellte sich Maria Croon zur Verfügung und begann wieder in ihrem Beruf als Lehrerin zu arbeiten. Sie wollte das Ihre zu einer besseren Zukunft für die folgende Generation leisten. Auch bei ihren Lesungen in Volkshochschulen und Volksbildungswerken in den folgenden Jahren konnte sie die Menschen aufrütteln und ihnen in ihren Alltag Abwechslung und Freude bringen.

Sie begann auch wieder zu schreiben. Ihr Hauptthema war die Schilderung der dörflich-bäuerlichen Welt ihrer Heimat um die Jahrhundertwende oder der zwanziger Jahre. Aber sie zeigte, wenn sie auch oft in liebenswerter Weise die Menschen und das Land zeichnete, keineswegs eine „gute alte Zeit", sie verschwieg nicht, daß es Elend und Not gab, Armut und Mißstände, Ungerechtigkeit und Leid, harte Arbeit und soziale Konflikte. In ihren Arbeiten kommt auch ihr starker und tiefer Glaube zum Ausdruck, und so baut sie darauf auf, wenn sie schildert, mit welchem Mut, welcher Gläubigkeit sich die arme Bevölkerung den unüberwindlich scheinenden Hindernissen entgegenstellte, wie etwa in ihrem Buch „Das Werk einer Magd", das im Verlag Lintz in Trier erschienen ist.

Maria Croon schrieb aber auch heitere Geschichten, war sie doch selbst ein humorvoller Mensch. Dorf-Originale und seltsame Käuze bewegen sich in ihren Erzählungen, wie in ihrem Buch „Ein Freiersgang zur Pflaumenzeit – heitere Dorfgeschichten", erschienen im Verlag „Nach der Schicht", Wiebelskirchen.

Es können hier nicht alle ihre Bücher, Aufsätze und Geschichten genannt werden. Ihr umfangreichstes Werk ist der Roman „Die köstliche Mühsal", im Verlag „Nach der Schicht", Wiebelskirchen, 1982 in dritter Auflage erschienen, der die Geschichte einer bäuerlichen Familie zeigt, die in die Zeit nach 1900 hineingestellt ist, in die wechselvolle und überwiegend tragische Geschichte des Grenzlandes.

Maria Croon selbst schreibt in ihrer bereits erwähnten Kurzbiographie: „Wurzeln, Kraft und Eigenart meines Schrifttums sind im Boden meiner bäuerlichen Heimat verankert. Ich schöpfe aus den Quellen, aus denen der Bauer Lebensmut und Schaffensfreude trinkt, aus der Heimatscholle, die zwar zäh, rauh und schwer, aber treu und mütterlich ist, und aus der kindlich gläubigen Verbundenheit mit dem Herrgott, von dem aus alles Wachsen und Gedeihen abhängt, nicht nur das körperliche, sondern vor allem auch das Wachsen und Reifen der Seelen."

Im Jahre 1960 zog Maria Croon nach Britten, am Rande des Hochwaldes. Literaten des Trierer Landes trafen sich bald darauf bis in die achtziger Jahre und noch darüber hinaus zwanglos in Trier oder bei dem dichtenden Vieharzt Dr. Leopold Ferring im Niederweilerhof im nahe bei Trier gelegenen Trierweiler im „Literarisch-musischen Arbeitskreis." Hier traf man damals neben Ferring so bekannte Leute wie die Trierer Heimatdichterin Cläre Prem, die Trierer Journalistin und Publizistin, Dr. Maria Schiffhauer, den Heimatdichter Addi Mertes aus Trier, Annette Craemer, bekannt geworden durch ihre Märchen und Scherenschnitte, sowie den „Balladendichter" von mosselländischen Sagen und langjährigen Schriftleiter des Paulinuskalenders, Matthias Minninger. Auch Maria Croon gehörte zu diesem Kreis.

Von 1945 bis kurz vor ihrem Tod sind noch eine Reihe Erzählungen und Bücher aus ihrer Feder erschienen. Sie schrieb im „Heimatbuch des Kreises Saarburg", dessen literarischen Teil sie auch geleitet hat, im „Heimatbuch des Kreises Merzig-Wadern, im „Bauern-Kalender" des „Saarländischen Bauernblattes", im „Letzeburger (Luxemburger) Bauere Kalenner", im Heimat- und Volkskalender „Nach der Schicht", im „Saarbrücker Bergmannskalender" und im „Jahrbuch des Landkreises Trier-Saarburg"; „Der fröhliche Feierabend", eine Sammlung lustiger Geschichten erschien 1980. 1981 erschien die Novelle „Der Träumer" und anläßlich des 90. Geburtstages „Heielei hett – Begegnungen und Erfahrungen"*, eine Sammlung von Erzählungen und Aufsätzen, die sich in verschiedenen Zeitschriften und Büchern im Laufe der Jahrzehnte angesammelt hatten.

Nicht vergessen wollen wir die Theaterstücke, die Maria Croon geschrieben hat. Besonders hervorzuheben ist der Schwank „Den drehidegen Pätter" (hochdeutsch etwa: „Der unwirsche, ungehaltene Pate"), eine Variation von „Kleider machen Leute". Die Stadt Merzig hat anläßlich des 90. Geburtstages der Schriftstellerin im Jahre 1981 das Stück aufführen und neu drucken lassen. Daneben hat sie kürzere Stücke geschrieben, in denen Alltagskonflikte in humorvoller Weise dargestellt sind. Eines ihrer Schauspiele: „Der Blinde am Weg" hat einen ernsten Inhalt; es greift das aktuelle Thema des Abschiebens der alten Menschen auf.

---

* Wenn sich in den Dörfern zwischen Mosel und Saar, wo Maria Croon geboren wurde, unvermutet Mann und Frau begegnen, rufen sie sich zu: „Heielei henn" (sieh da, er) und „Heielei hett" (sieh da, es). Maria Croon schreibt über ihre moselfränkische Mundart anläßlich eines Wiedersehens von Nachbarn während der Evakuierung 1939 im Harz: „Heielei, das war unser Platt, das mir ehedem schwerfällig und plump vorkam, das aber hier in der Fremde in meinem Ohr und noch mehr in meinem Herzen klingt wie ein Lied und wärmt wie der Taakenplatz hinterm Ofen daheim im Winter. Es war so etwas, was wir Leute aus der Dreiländerecke mit dem Wort Geheichnis bezeichnen."

Maria Croon hat viele Ehrungen erfahren. An ihrem 75. Geburtstag im Jahre 1966 verlieh ihr der Heimatort Meurich die Ehrenbürgerschaft, der Minister für Kultus, Unterricht und Volksbildung des Saarlandes, Werner Scherer, überreichte ihr das Bundesverdienstkreuz und der letzte Landrat des Kreises Saarburg (seit 1969 Kreis Trier-Saarburg), Hermann Reinholz, verlieh ihr am 16. Dezember 1966 das Kreisehrenwappen. Reinholz gelang es dabei, das Charakteristische der Werke Maria Croons in Worte zu kleiden:

„Fast alle Romane, Erzählungen und Kurzgeschichten spielen sich ab in ihrer Heimat, auf dem Saar-Mosel-Gau unseres Kreises. Die Träger der Handlung sind immer jene einfachen ländlichen Menschen, die Frau Croon jederzeit vertraut waren und zu denen sie sich immer zugehörig fühlte. Die von Ihnen gezeichneten Gestalten sind voll echten Lebens, sie werden so treu geschildert, daß man sich in das Geschehen einbezogen fühlt. In besinnlichen, ernsten und heiteren Zügen werden das Brauchtum und das Leben der ländlichen Bevölkerung geschildert. Durch Ihre gekonnte Darstellungskunst bewahren Sie uns und unseren Nachkommen das bunte Leben des Dorfes und die Kenntnis über den Rhythmus des harten und schweren Bauernlebens."

Maria Croon starb am 23. März 1983, im zweiundneunzigsten Lebensjahr.

Edgar Christoffel

Quellen/Literatur:

Gespräche mit Maria Croon;
Kurzbiographie in: Wir bergen die Ernte, hg. von der Arbeitsgemeinschaft für Heimatschrifttum im Kreisvolksbildungswerk Trier-Land, Trier 1959;
Bücher und Kurzgeschichten von Maria Croon;
Hans Lang: Maria Croon zum 90. Geburtstag, in: Kreisjahrbuch Trier-Saarburg 1982;
Philipp Wey: Zur Erinnerung an Maria Croon, in: Kreisjahrbuch Trier-Saarburg 1984.

Dr. Elisabeth Darapsky (1913-1998)

Elisabeth Alice Juliane Darapsky wurde am 3. November 1913 als Tochter des städtischen Branddirektors Anton Darapsky und seiner Frau Anna, geb. Müller, in Mainz geboren. Ihr Rufname war Ella. Sie wuchs in einer tiefgläubigen katholischen Familie auf. Nach dem frühen Tod des Vaters im Jahr 1918 übte der sieben Jahre ältere Bruder, Emil, großen Einfluß auf Elisabeths geistige Entwicklung aus. Nach vier Volksschuljahren besuchte sie zunächst die Ursulinen-Schwestern-Schule in Haselünne im Emsland bis zur Mittleren Reife und wechselte dann an die Schule der „Englischen Fräulein" in Mainz, wo sie 1933 das Abitur ablegte. Danach studierte sie Geschichte, Germanistik und Musikwissenschaft in Frankfurt, Gießen und zuletzt in Köln, wo

Dr. Elisabeth Darapsky

sie am 23. Oktober 1939 bei Gerhard Kallen mit einer Dissertation über das Thema: „Die ländlichen Grundbesitzverhältnisse des Kölnischen Stiftes St. Gereon bis 1500" zum Dr. phil. promoviert wurde. Bereits im April 1939 war sie als wissenschaftliche Mitarbeiterin im Mainzer Stadtarchiv angestellt worden, eine Tätigkeit, die ihr große Freude machte.

Als sie jedoch verbeamtet werden sollte, gab es Schwierigkeiten. Elisabeth Darapsky hatte dem nationalsozialistischen Regime, ebenso wie ihre gesamte Familie, von Anfang an ablehnend gegenübergestanden, und dies war den Machthabern nicht verborgen geblieben. In der streng vertraulichen Antwort auf eine Anfrage wegen der Verbeamtung schrieb der NSDAP-Kreisleiter am 28. Juli 1942 an den Mainzer Oberbürgermeister: „Die Angefragte gehört bis zum heutigen Tage keiner Gliederung an. Sie ist kirchlich sehr stark gebunden und weltanschaulich in keiner Weise gefestigt. Wenn ich ihr auch die politische Zuverlässigkeit nicht absprechen will, so muss ich doch einer Berufung der Vgn. D. in das Beamtenverhältnis meine Zustimmung versagen."

Im Sommer 1943 reiste Dr. Elisabeth Darapsky für einige Zeit nach Köln, um ihre Dissertation für den Druck vorzubereiten, zu dem es dann allerdings nicht mehr kam. Die starken Kriegszerstörungen in der Stadt schienen sie sehr zu deprimieren. Sie empfand den Zweiten Weltkrieg als ein selbstverschuldetes Strafgericht für die Deutschen. In Briefen an ihren Bruder, seit seiner aus Gesundheitsgründen erfolgten Entlassung aus der Wehrmacht als Lehrer in Wöllstein (Kreis Alzey) tätig, äußerte sie diese Gedanken sehr offen. Was sie nicht vorhersehen konnte: Zwei ihrer Briefe an den Bruder ebenso wie mehrere Briefe, die ihr Bruder während seiner Militärdienstzeit an Mutter und Schwester geschrieben hatte, gelangten in die Hände der Gestapo. Im September 1943 verstarb die Mutter. Kurz darauf, am 14. Oktober, wurden Elisabeth Darapsky und ihr Bruder zusammen mit zwei weiteren Regimekritikern aus Wöllstein (dem Pfarrer Josef Nikodemus und dem Lehrer Anton Knab) von der Geheimen Staatspolizei verhaftet. Die nächsten drei Monate verbrachten sie in Untersuchungshaft im Polizeigefängnis in Mainz. Am 20. Januar 1944 wurden alle vier mit der Eisenbahn nach Berlin überführt, wo sie in verschiedenen Gefängnissen auf ihren Prozeß warten mußten. Elisabeth Darapsky wurde zum 1. August 1944 aus dem Dienst der Stadt entlassen (der Oberbürgermeister hatte bereits am 15.10.1943 die Gehaltszahlung einstellen lassen); am 6. September 1944 fand schließlich der Prozeß vor dem Berliner Volksgerichtshof statt. Die Anklage lautete in allen vier Fällen auf Verbrechen der Wehrkraftzersetzung. Emil Darapsky wurde zum Tode verurteilt und hingerichtet. Für Elisabeth Darapsky lautete das Urteil: fünf Jahre Zuchthaus und fünf Jahre Ehrverlust. Bis zur Befreiung durch die Alliierten im Frühjahr 1945 verbüßte sie ihre Strafe im Zuchthaus Berlin-Moabit und im Zuchthaus Waldheim in Sachsen; danach kehrte sie, große Strecken zu Fuß zurücklegend, nach Mainz zurück, wo sie ihre Wohnung unzerstört vorfand.

Am 24. Juni 1945 wurde sie im Stadtarchiv Mainz wieder eingestellt; 1948 wurde dann die Verbeamtung mit Wirkung vom 1. Juli 1945 rückwirkend vollzogen, und sie wurde zur Archivrätin ernannt. Somit war ein kleiner Teil des erlittenen Unrechts wiedergutgemacht; den geliebten Bruder konnte ihr allerdings niemand zurückgeben, und sie trauerte ihr Leben lang um ihn.

In den folgenden dreißig Jahren setzte sich Dr. Elisabeth Darapsky unermüdlich für das Archiv ein, das ihr zur Lebensaufgabe wurde. Zunächst waren Aufräumungsarbeiten zu leisten, denn das Gebäude in der Rheinallee war teilbeschädigt. Die während des Krieges ausgelagerten Archivbestände mußten zurückgeholt und wieder eingeordnet werden. Elisabeth Darapsky war vor allem für die älteren Bestände des Archivs, für die Bild- und Plansammlung und für den Handschriftenbestand der Stadtbibliothek, die damals noch gemeinsam mit dem Archiv verwaltet wurde, zuständig. Durch geschicktes Verhandeln gelang es ihr, mehrere wichtige Personennachlässe für das Archiv zu sichern. Besonders am Herzen lag ihr die Beratung der Archivbenutzer, von denen sich viele noch heute dankbar an ihre unbürokratische Hilfsbereitschaft erinnern.

Daneben kam ihre eigene wissenschaftliche Arbeit nicht zu kurz. Zahlreiche stadtgeschichtliche Beiträge im „Neuen Mainz", in der „Mainzer Zeitschrift" und anderen Publikationsorganen entstammen ihrer Feder. Zusammen mit Richard Dertsch gab sie als Band 22 der „Beiträge zur Geschichte der Stadt Mainz" die Urkunden des Pfarrarchivs St. Ignaz heraus. Als Band 25 derselben Reihe erschien 1980 die von ihr verfaßte „Geschichte der Welschnonnen in Mainz". 1976 wurde sie pensioniert, doch ihre Forschungstätigkeit führte sie bis ins hohe Alter fort. Ihr besonderes Interesse galt dem barocken Mainz. Viele Jahre lang arbeitete sie an dem Band: „Mainz, die kurfürstliche Residenzstadt 1648-1792", den sie als ihr Lebenswerk betrachtete und dessen Fertigstellung und Erscheinen im Jahr 1995 sie zu ihrer großen Genugtuung noch erleben durfte.

Nach kurzer Krankheit verstarb Elisabeth Darapsky am 30. Juli 1998 im Alter von 84 Jahren im Bruder-Konrad-Stift in Mainz, in dem sie die letzten Lebensjahre verbracht hatte. Ihre zahlreichen Schriften zur Geschichte ihrer Heimatstadt bleiben der Nachwelt erhalten.

Hedwig Brüchert

Quellen/Literatur:

Ludwig Falck: Dr. E. Darapsky: Als Archivarin stets hilfsbereit. Allgemeine Zeitung Mainz v. 3.11.1983;
Friedrich Schütz: Im Dienst der Stadtgeschichte. Zum Tod von Dr. Elisabeth Darapsky. In: Mainz Vierteljahreshefte für Kultur, Politik, Wirtschaft, Geschichte, 18. Jg. (1998), H. 4, S. 98;
Heinrich Holtmann (Hg.): Die Märtyrer von Wöllstein. Veröffentlichung der Carl-Brilmayer-Gesellschaft, Bd. 39 (1996).

Carola Dauber (1898-1985)

Zu den engagiertesten Politikerinnen in Rheinland-Pfalz zählte in den fünfziger und sechziger Jahren Carola Dauber.
Sie wurde am 16. November 1898 in Kaiserslautern als jüngste von drei Töchtern des selbständigen Textilkaufmanns Friedrich Wilhelm Schneider und seiner Frau Louise, geb. Kuby, geboren. Während der Vater im westfälischen Berleburg beheimatet war, entstammte die Mutter der alteingesessenen Metzgersfamilie Kuby, die wiederum mit einer Reihe angesehener Lauterer Familien verwandt war, u.a. mit der Metzgersfamilie Crusius, der Kaufmannsfamilie Gotthold und der Familie des Nähmaschinenfabrikanten Georg Michael Pfaff. Die Mutter starb früh, als „Ola" – wie Carola seit ihrer Kindheit in der Familie genannt wurde – gerade drei Jahre alt war.

Carola Dauber

Nach dem Besuch der Volksschule kam sie in die „Töchterschule", die HWB (= Höhere weibliche Bildungsanstalt, das heutige Burg-Gymnasium), die sie nach dem „Einjährigen" verließ, um den Vater im Haushalt und Geschäft zu unterstützen. Er starb 1919. Im gleichen Jahr heiratete sie den Lehrer Walter Dauber, mit dem sie eine harmonische Ehe führte. Das einzige Kind dieser Ehe, Wolfgang, wurde 1921 geboren. Die Daubers wohnten damals in Morlautern, wo Walter Dauber unterrichtete, dann auf den Erzhütten, schließlich seit Beginn der dreißiger Jahre in der Lauterer Altenwoogstraße.

Der Zweite Weltkrieg sollte dem Familienglück ein Ende bereiten. Der 18jährige Sohn, der gerade sein Abitur bestanden hatte, meldete sich wie sein Vater freiwillig zum Kriegsdienst und machte den Feldzug im Osten mit. Als junger Leutnant fiel er am 19. Oktober 1941 vor Moskau. Die Eltern waren untröstlich über den Verlust des Sohnes. Kaum drei Jahre später erhielt Carola Dauber die Mitteilung, daß ihr Mann, Hauptmann Walter Dauber, seit der Einschließung von Witebsk (Juni 1944) vermißt war. Getröstet von guten Freunden und Verwandten, dabei immer wieder auf ein Lebenszeichen ihres Mannes hoffend, verbrachte sie die letzten schrecklichen Kriegsmonate in ihrer Heimatstadt, deren Zerstörung sie als weiteren harten Schicksalsschlag empfand.

Der Kriegstod des Sohnes und das vergebliche Warten auf die Rückkehr des vermißten Ehemannes ließen Carola Dauber jedoch nicht verzweifeln, „haben sie nicht in die Resignation getrieben, sondern zum Engagement für das Leben", wie es Pfarrer Fred Bach bei der Trauerfeier formuliert hat. Selbst hatte sie einmal gesagt: „Der

Schicksalsschlag hat mich arm gemacht an mir selber, aber reich gemacht, daß ich anderen helfen konnte."

In der Arbeit für andere, vor allem für jene, die sich selbst nicht helfen und artikulieren konnten, sah sie nach dem Zweiten Weltkrieg für viele Jahre bis ins hohe Alter hinein eine Aufgabe, die ihr die verlorengegangene eigene Familie ersetzen sollte. Bald nach Kriegsende trat sie dem Verband der Kriegsopfer und Kriegshinterbliebenen Deutschlands (VdK) bei, dessen Landesverband Rheinland-Pfalz sie mit aufbaute. Als Vorstandsmitglied des VdK, Landeshinterbliebenenbetreuerin, stellvertretende Landesverbandsvorsitzende und langjährige zweite Vorsitzende des Kreisverbandes Kaiserslautern des VdK war sie in den fünfziger und sechziger Jahren eine hervorragende Anwältin der Kriegsopfer.

Wenngleich sie einer eher liberal-konservativen, dem früheren Nationalliberalismus nahestehenden Familie entstammte und zu Beginn der dreißiger Jahre – wie ihr Mann – „deutsch-national" gewählt hatte, fand sie in der unmittelbaren Nachkriegszeit zur sozialdemokratischen Partei, in der sie ihre politischen und gesellschaftlichen Ziele am ehesten vertreten sah. „Wir brauchen eine Frau wie Sie!", waren die Worte des Sprechers der SPD-Landtagsfraktion, Eugen Hertel, als er sie zur Kandidatur für den Landtag aufforderte. Sie kandidierte, wurde gewählt und engagierte sich mit beispielhafter Energie für die politische Arbeit, vor allem im Bereich der Sozialpolitik, nahm sich der Minderheiten, Kriegswitwen, Kriegsversehrten, Kriegsgefangenen, elternlosen Kinder, Nichtseßhaften, Blinden, Hirnverletzten, insbesondere auch der alten Menschen an. Sie wurde bald nach ihrer Wahl in den Landtag (1951) ein wichtiger Motor in der rheinland-pfälzischen Sozialpolitik und das „soziale Gewissen der Fraktion", wie der ehemalige Staatssekretär Otto Schmidt bei ihrem auf eigenen Wunsch erfolgten Ausscheiden aus dem Landtag 1963 erklärte.

Kaum bekannt ist die Tatsache, daß sie sich als enge Vertraute des Böhler Pfarrers Theodor Friedrich, der in den fünfziger Jahren im Auftrag der evangelischen Kirche in Deutschland den deutschen Kriegsgefangenen in Frankreich beistand, für deren Freilassung bzw. Haftverbesserung und die Versorgung der Angehörigen verwendete. So schrieb Pfarrer Friedrich am 17. August 1955 an Carola Dauber u.a.: „Bei dieser Gelegenheit möchte ich Ihnen zuerst sagen, wie dankbar ich bin, daß Sie sich in der zurückliegenden Zeit in besonderer Weise um meine Gefangenen und deren Angehörige gekümmert haben. Ihr Name ist in den Gefängnissen Frankreichs bekannt, und alle Gefangenen denken an Sie, selbst wenn sie Sie nicht kennen, mit großer Liebe und Dankbarkeit."

Besonders am Herzen lag Carola Dauber vor allem auch die Arbeit der Kriegsgräberfürsorge. In den Jahren 1960 und 1961 besuchte sie Soldatenfriedhöfe in sieben europäischen Ländern und entzündete dort im Auftrag des VdK-Deutschland die von Papst Pius XII. gestiftete „Lampe der Brüderlichkeit". Ihre Ansprachen galten den vielen Gefallenen aus allen Ländern, deren Gräber zu einem verstärkten Einsatz für den Frieden in der Welt mahnen sollten.

Carola Dauber war eine energische Gegnerin der Wiederbewaffnung und der Schaffung der Bundeswehr zu Beginn der fünfziger Jahre. Eigenes Schicksal und ihr tiefer Glaube haben sie zu einer entschiedenen Pazifistin werden lassen. Schon als Jugendliche hatte sie zu Hause „mit der Lampe unter der Bettdecke" – wie sie einmal erzählte – Bertha von Suttners Buch „Die Waffen nieder" gelesen. In diesem Zusammenhang seien auch ihre Begegnungen mit Männern der früheren Bekennenden Kirche, wie Martin Niemöller und Helmut Gollwitzer, erwähnt, wie insbesondere auch ihre Freundschaft zu den pfälzischen Theologen Karl Groß und Heinz Wilhelmy, mit denen sie gemeinsame Überzeugungen teilte. Auch später engagierte sie sich mit ihnen und anderen, z.B. mit ihrem Verwandten, dem langjährigen Leiter der Evangelischen Akademie der Pfalz, Pfarrer Alfred H. Kuby, in der Kirchlich-Theologischen Arbeitsgemeinschaft (KTA).

Prägend für sie war die Begegnung mit dem großen SPD-Politiker Kurt Schumacher in den Nachkriegsjahren. Sein Bild, eine Zeichnung von Werner vom Scheidt, hatte in ihrem Wohnzimmer einen Ehrenplatz. Ein anderer Name tauchte in ihren Erzählungen immer wieder auf: Professor Eduard Spranger, der bekannte Pädagoge und Psychologe. Mit ihm hatte Walter Dauber jahrzehntelangen Briefwechsel gepflegt. Carola Dauber hielt den Kontakt bis zu Sprangers Tod 1963 aufrecht. „Was ich in 20jähriger Ehe durch meinen Mann von Ihnen für meine heutige Arbeit im Dienst am Menschen empfangen durfte, dafür danke ich Ihnen, sehr verehrter Herr Professor, in den Tagen Ihres 70. Geburtstages aus tiefstem Herzen", schrieb sie Spranger im Juni 1952 aus Trippstadt.

Nach dem Krieg war Carola Dauber von Kaiserslautern nach Trippstadt gezogen, von dort später nach Schopp, wo sie bis zu ihrem Umzug ins Kaiserslauterer Alex-Müller-Heim 1980 lebte. Kommunalpolitisch engagierte sie sich im Trippstadter Gemeinderat und von 1951 bis 1960 im Kreistag und Kreisausschuß von Kaiserslautern.

Zehn Jahre lang hatte sie das Amt der Kreisvorsitzenden der Arbeiterwohlfahrt inne, kümmerte sich um die Verteilung von Paketen an notleidende Personen, half bei der Einrichtung von Nähstuben mit, nahm sich der Flüchtlingsfamilien an, vermittelte Müttern, Kindern und alten Menschen Erholungsaufenthalte. Die Einrichtung und der Ausbau von Kinder- und Müttergenesungsheimen im Lande Rheinland-Pfalz ist untrennbar mit ihrem Namen verbunden. Sie zählte zu den eifrigsten Förderern und Mitbegründern des SOS-Kinderdorfes Eisenberg. Der SOS-Kinderdorf e.V. ernannte sie daher „in Anerkennung großer Verdienste um die SOS-Kinderdörfer in der Bundesrepublik Deutschland" 1984 in München zum Ehrenmitglied.

Bereits 1969 hatte ihr Ministerpräsident Helmut Kohl im Auftrag des Bundespräsidenten das Große Bundesverdienstkreuz verliehen.

Bis kurz vor ihrem Tod nahm Carola Dauber Anteil am politischen Geschehen. So unterstützte sie die Initiative der Frauen, die sich gegen den Krieg wandten und für den Frieden einsetzten („Frauen wagen Frieden"). Noch an ihrem 85. Geburtstag bestach sie die zahlreichen Gratulanten im Alex-Müller-Heim mit einer brillanten Rede, die mit Appellen an die anwesenden Politiker gespickt war. Die in politischer Verantwortung Stehenden forderte sie dabei auf, sich noch mehr für Völkerverständigung und Frieden zu engagieren: „Verhandeln Sie, solange es nur geht, denn solange verhandelt wird, wird nicht geschossen und in Verlorenheit gestorben." Als sie in ihrer Rede auf den Umgangsstil unter Politikern zu sprechen kam, meinte sie: „Man hatte früher auch politisch unterschiedliche Auffassungen, aber in der Arbeit und Verantwortung haben wir uns immer wieder gefunden."

Carola Dauber starb am 3. Oktober 1985 im Alex-Müller-Heim in Kaiserslautern. Ihr Grab befindet sich auf dem Friedhof in Schopp.

Roland Paul

Quellen/Literatur:

Privatarchiv des Verfassers. darin vor allem Notizen mehrerer Interviews des Verfassers mit Carola Dauber zwischen 1980 und 1985, Briefe von Pfarrer Theodor Friedrich und Prof. Dr. Eduard Spranger an Carola Dauber;

Roland Paul: In memoriam Carola Dauber (1898-1985). Ein Leben im Dienste der Mitmenschen. In: Heimatkalender für Stadt und Landkreis Kaiserslautern 1987, S. 205-208;

Karl Bäcker: 50 Jahre Sozialverband VdK, Kreisverband Kaiserslautern. Otterbach 1998.

Anneliese Debray (1911-1985)

„Eines ist nur erforderlich: Sich engagieren" – mit diesen Worten umschrieb Anneliese Debray ihr Wirken auf dem Gebiet der internationalen Begegnung. Doch dieser Satz könnte auch als Motto für das gesamte Leben dieser dynamischen Frau stehen.
Anneliese Debray wurde 1911 in Lünen geboren. Der Vater, der einer sehr alten normannischen Familie entstammte, war Kaufmann, wäre jedoch seiner Neigung nach gerne Maler geworden. Die Mutter starb 1918 bei der Geburt des vierten Kindes zusammen mit dem Kind. Durch den frühen Tod der Mutter mußten sie und ihre Geschwister Friedrich (geb. 1909) und Monika (geb. 1916, gest. 1997) schon in jungen Jahren Energie und Selbständigkeit beweisen. Sie besuchte die „Höhere Töchterschule" in Lünen und hätte gerne studiert, doch bedingt durch die familiäre Situation – der Vater erkrankte früh an Krebs – bereitete sie sich auf den Sekretärinnenberuf vor. 1932 ging sie nach Hamburg, wo sie Chefsekretärin des Generaldirektors der Firma Shell wurde. In ihrer Freizeit jedoch widmete sie sich voll und ganz dem Aufbau und der Förderung von Jugendbundgruppen des Katholischen Deutschen Frauenbundes, was sie ab 1933 in den Augen der nationalsozialistischen Machthaber zur verdächtigen Person machte.
Trotz mehrmaliger Vernehmungen durch die Gestapo, ständiger Überwachung und trotz der großen Entfernung zwischen Hamburg und Bendorf – 1926 hatte der Jugendbund des Katholischen Deutschen Frauenbundes sein Sekretariat von München nach Bendorf verlegt – übernahm sie 1940 die Bundesführung des Jugendbundes. Maria Abs, eine ihrer Weggefährtinnen, schreibt über sie in diesen Jahren: „Um sie war Freiheit und Freude. Heute kann man sich kaum noch vorstellen, welche Leistung ihr Engagement für den Bund bedeutete: Nach einer 48-Stunden-Woche reiste sie von Hamburg kreuz und quer durch Deutschland, um ihre Bundesschwestern in den einzelnen Gruppen zu besuchen, zu unterweisen, und oft auch, um zu trösten. ... In unseren tristen Kriegsalltag kamen ihre Briefe. Sie wurden im Schneeballsystem vervielfältigt und weitergeschickt und waren Ermutigung, Trost und Vorbereitung auf eine Zukunft, für die wir mitverantwortlich sein wollten."
Nach dem Krieg verzichtete sie auf ihre berufliche Karriere und übernahm in Bendorf die Leitung des Sekretariats des Jugendbundes. Zugleich fiel ihr damit auch die Aufgabe zu, aus dem ziemlich verfallenen Gemäuer des Hedwig-Dransfeld-Hauses, das der Katholische Deutsche Frauenbund 1925 erworben hatte, wieder ein anziehendes Zentrum zu machen. In vielen Werkwochen und Tagungen setzte sie sich für eine religiöse und geistige Neuorientierung ein. Ihr Beispiel riß viele mit und überzeugte junge Mädchen und Frauen, ihr Leben in christlicher Verantwortung zu gestalten und in dieser Weise nach außen zu wirken.
Mit Freundinnen und Freunden gründete sie 1951 den Hedwig-Dransfeld-Haus e.V., dem der Katholische Deutsche Frauenbund, der das Zentrum aus wirtschaftlichen Gründen nicht mehr halten konnte, die Gebäude und Grundstücke im Bendorfer Wenigerbachtal übertrug. Anneliese Debray wurde Leiterin des Hedwig-

Anneliese Debray (rechts) mit Konrad Adenauer und Ministerpräsident Peter Altmeier bei der Einweihung des „Gussie-Adenauer-Hauses" am 23. Mai 1963

Dransfeld-Hauses. Ihre besondere Sorge galt zunächst der Weiterentwicklung der Müttergenesung, die bereits 1925 von Frauen des Katholischen Deutschen Frauenbundes für Mütter kinderreicher Familien aus dem Ruhrgebiet aufgebaut worden war, der Jugend-, Frauen- und Familienbildung sowie der Integration behinderter Menschen. Durch intensiven Einsatz und viel Überzeugungsarbeit gelang es ihr, die notwendigen Mittel für den Bau des Gussie-Adenauer-Hauses zu beschaffen, das mit seinem – schon damals! – ganzheitlichen Mütterkurkonzept Bendorf bald über die Grenzen von Rheinland-Pfalz hinaus bekanntmachte.

Dank ihrer Weltoffenheit, ihrer Dialogbereitschaft, ihres Charismas, ihrer Fähigkeit, die Begabungen anderer zu erspüren, ihrer Offenheit für Randgruppen und Grenzgänger schuf sie früher als an anderen Orten mit dem Hedwig-Dransfeld-Haus eine Stätte der Friedens-. Verständigungs- und Versöhnungsarbeit. Aus den zahlreichen Initiativen seien nur drei hervorgehoben, die charakteristisch für das untrügliche Geschick dieser Frau waren, brennende Zeitfragen aufzuspüren und sie auch dann schon ins Bewußtsein einer größeren Öffentlichkeit zu rücken, wenn die Beschäftigung mit ihnen noch keinen offiziellen Beifall fand.

Schon bald nach dem Krieg veranstaltete sie die ersten deutsch-französischen Familienferien, und lange vor der Gründung des Deutsch-Französischen Jugendwerkes gab es zahlreiche Brücken zwischen dem Hedwig-Dransfeld-Haus und Frankreich, vor allem der jungen, um Erneuerung und Verständigung ringenden Kirche. So wurde schon Ende der vierziger Jahre das Hedwig-Dransfeld-Haus zum Centre d'accueil von Pax Christi. Doch auch die Versöhnung mit den osteuropäischen Ländern – hier besonders mit Polen – und ebenso die deutsch-deutsche Begegnung lagen Anneliese Debray am Herzen. Sie stand immer in regem Briefaustausch mit Einzelnen und mit Gruppen, machte Besuche, organisierte Treffen und lud Menschen, die eine Reiseerlaubnis erhielten, zu Begegnungswochen und Seminaren ins Hedwig-Dransfeld-Haus ein. Sie scheute sich auch nicht, sich öfter selber ans Steuer eines hochbeladenen VW-Busses zu setzen, um Lebensmittel und Textilien quer durch „Kalte-Kriegs-Zonen" hindurch an die Menschen zu bringen, die diese nötig hatten.

Der gleichen inneren Haltung, nämlich zur Überwindung von Intoleranz, Unfrieden und Haß beizutragen und dabei auch in neues, von der Amtskirche noch nicht betretenes Land vorzustoßen, entsprang der Wunsch, Jüdinnen und Juden sowie Christinnen und Christen beim gemeinsamen Studium der Bibel einander näherzubringen. Seit dreißig Jahren sind die Jüdisch-Christlichen Bibelwochen zu einem festen Bestandteil der Bildungs- und Begegnungsarbeit des Hedwig-Dransfeld-Hauses geworden und haben viel dazu beitragen, Vorurteile auf beiden Seiten abzubauen. Der Rabbiner und Direktor des Leo-Baeck-College in London, Jonathan Magonet, der gemeinsam mit Anneliese Debray und anderen die Jüdisch-Christliche Bibelwoche ins Leben gerufen hat und sie bis heute mit verantwortet, schreibt: „Das Hedwig-Dransfeld-Haus in Bendorf ist für mich und viele meiner jüdischen und christlichen Freundinnen und Freunde zur Heimat und Familie geworden."

Ihr besonderes Anliegen, sich stets mit den Strömungen der Zeit und dem, was gesellschaftlich notwendig ist, auseinanderzusetzen, sowie ihr großes Engagement für die Jugend und die Frauen öffnete den Dialog zwischen Juden und Christen zu einem Trialog mit Muslima und Muslimen. Und so fand vor 25 Jahren die erste Jüdisch-Christlich-Muslimische Studentenkonferenz und vor 23 Jahren die erste Jüdisch-Christlich-Muslimische Frauenkonferenz in Bendorf statt. Zwei junge Israeli teilten 1978 nach ihrer Rückkehr in die Heimat in einem Brief an Anneliese Debray ihre Erfahrungen mit: „Liebe Anneliese... Es ist sehr schwer, auszudrücken, was wir fühlen – und lustig, wenn hier die Leute uns fragen: ‚Wie war es?', wir nur sagen können: ‚Unglaublich'. Wir können ihnen nicht verständlich machen, was es für uns war – so unglaublich – Ägypter, Palästinenser, Muslime und Christen zu treffen."

Das „HDH" – wie es seine zahlreichen Besucher liebevoll nennen – war 35 Jahre lang Heimat und Wirkungsstätte von Anneliese Debray. Behutsam, wenn es um das Respektieren der Gefühle anderer ging, aber in entscheidenden Augenblicken doch schnell zupackend, baute sie das Zentrum in Bendorf zu einem Ort vielfältiger persönlicher, sozialer und internationaler Beziehungen aus. Trotz häufig wechselnder Gästescharen, aufwendiger Baumaßnahmen und oft großer finanzieller Schwierigkeiten verstand sie es, eine Atmosphäre der Wärme und Offenheit zu schaffen, in der Vorurteile abgebaut werden und echte Freundschaften entstehen konnten. Sie hat das Wort von Martin Buber Fleisch und Blut werden lassen: „Alles wirkliche Leben ist Begegnung".

Nach ihrer Pensionierung 1981 erfüllte sich Anneliese Debray einen langgehegten Wunsch: Sie zog für einige Zeit nach Israel, wo sie durch ihre Tätigkeit viele jüdische und arabische Freundinnen und Freunde hatte. Einer der letzten Höhepunkte ihres Lebens war die Teilnahme an der ersten Friedensreise von Pax Christi nach Moskau.

Als die Nachricht von ihrem plötzlichen Tod im Februar 1985 – unterwegs, auf einer Reise zu Freunden – bekannt wurde, waren viele bestürzt und traurig. Freundinnen und Freunde aus aller Welt hielten die Totenwache. Im Auferstehungsgottesdienst sprach ein in Rumänien geborener, in Israel lebender Jude für sie das jüdische Totengebet, ein jüdischer Freund spielte auf der Mundharmonika eine Abschiedsmelodie und ein evangelischer Pfarrer blies ihr zu Ehren auf der Trompete. Das war ein bewegender Abschied auch im Sinn von in Bewegung setzend, nach vorn weisend. Anneliese Debray hat das Hedwig-Dransfeld-Haus Bendorf in vielen Ländern bekanntgemacht, und alle, die einmal dort waren und dieser Frau begegnet sind, können mit Nachdruck und neuer Sinngebung jene Worte wiederholen, die sie im Jahre 1954 an eine Freundin schrieb: „Bendorf ist ein Begriff, bei dem einem warm ums Herz wird, bei dem man beschwingt wird zu kühnen Taten und Wagnissen."

Helga Sourek/Mechtild Kappetein

Quellen/Literatur:

Dieter Kittlauß: In Erinnerung an Anneliese Debray, in: Heimatbuch Kreis Mayen-Koblenz 1995, S. 102-103;
Gespräche der Autorinnen mit Anneliese Debray;
Archiv des Hedwig-Dransfeld-Hauses e.V., Bendorf.

Maria Detzel (1892-1965)

Am 29. März 1933 fand die konstituierende Sitzung der am 12. März gewählten Koblenzer Stadtverordnetenversammlung statt. Nach der feierlichen Verpflichtung der gewählten Vertreter beantragte die NSDAP als stärkste Fraktion, dem Reichskanzler Adolf Hitler das Ehrenbürgerrecht der Stadt Koblenz zu verleihen. Das offizielle Protokoll berichtet über diesen Teil der Sitzung: „Auf die Frage des Vorsitzenden (des Kommissarischen Oberbürgermeisters Otto Wittgen), wer zu diesem Antrag das Wort wünscht, werden keine Wortmeldungen angezeigt. Sodann läßt der Kommissarische Oberbürgermeister abstimmen. Dieser stellt fest und teilt mit, daß der Antrag einstimmig angenommen ist. Unmittelbar nach der Abstimmung erheben sich die sozialdemokratischen Stadtverordneten Rummel und Frau Detzel und versuchen dadurch gegen die Annahme des Antrags zu stimmen. Die beiden sozialdemokratischen Abgeordneten wurden daraufhin unter anhaltenden Protestrufen der Anwesenden von SS-Leuten aus dem Saale geführt." Nach Augenzeugenberichten wurden die beiden aus der Koblenzer Festhalle hinausgeprügelt.

Maria Detzel (ca. 1960)

Maria Detzel, die mit ihrem Fraktionskollegen Veit Rummel so beherzt gegen die Ehrung Hitlers protestiert hatte, stammte nicht aus einem sozialdemokratischen Elternhaus. Als Maria Rath wurde sie am 6. April 1892 in Güls bei Koblenz geboren. Nach der Schule und einer einjährigen Ausbildung an der Handelsschule arbeitete sie seit 1909 als Kontoristin und Buchhalterin. 1913 heiratete sie den Telegrapheninspektor Peter Detzel und gab ihren Beruf auf.

Bei Beginn des Ersten Weltkriegs meldete sich Maria Detzel im Sommer 1914 als freiwillige Krankenpflegerin zum Einsatz im Festungslazarett Koblenz. Ihr Mann fiel 1917 als Soldat an der Front. Die junge Witwe sah nun ihre besondere Aufgabe darin, sich für die Kriegsbeschädigten und Hinterbliebenen einzusetzen. Bei ihrer Arbeit lernte sie den christlichen Gewerkschafter Johannes Junglas kennen. Wenn auch beide nach 1918 und nach 1945 in verschiedenen Parteien aktiv waren, so kreuzten sich ihre Lebenswege immer wieder.

Nach dem Kriegsende 1918 wurde Maria Detzel als Sachbearbeiterin in das Hauptversorgungsamt Koblenz übernommen. Aber nicht nur beruflich, auch ehrenamtlich kümmerte sie sich um die Kriegsopfer. Sie engagierte sich im Verband der Kriegsbeschädigten, Kriegshinterbliebenen und Sozialversicherten und war von 1926 bis 1933 die Geschäftsführerin des Reichsbundes der Kriegsbeschädigten im Regierungsbezirk Koblenz. 1927 bis 1928 war sie außerdem Mitglied des Bundesausschusses der Kriegsbeschädigten.

Maria Detzels sozialpolitische Tätigkeit führte sie 1920 in die SPD und in die Gewerkschaftsbewegung. Sie trat häufig als Rednerin in Parteiveranstaltungen und in öffentlichen Versammlungen auf. Das Spektrum ihrer Themen umfaßte kommunale Probleme der Sozialpolitik ebenso wie Fragen der Reichspolitik. So trat sie 1926 für das Volksbegehren zur Fürstenenteignung ein und sprach 1932 öffentlich zum Thema „Freiwilliger Arbeitsdienst".

Maria Detzel wurde 1924 Beisitzerin im Vorstand des SPD-Ortsvereins Koblenz und 1925 stellvertretende Schriftführerin. 1928 wurde sie in den Vorstand des SPD-Unterbezirks gewählt. 1924, 1928 und 1930 kandidierte sie auf Platz 4 der SPD-Wahlkreisliste für den Reichstag.

Ab 1929 war Maria Detzel, nominiert auf Platz 2 der SPD-Liste, Mitglied der Koblenzer Stadtverordnetenversammlung. Bei der Kommunalwahl vom 12. März 1933 wurde sie wiedergewählt. Wegen ihrer Protestaktion am 29. März 1933 mußte sie am 19. April 1933 ihr Stadtverordnetenmandat niederlegen. Sie wurde von der Gestapo in „Schutzhaft" genommen. Nach ihrer Entlassung mußte sie sich drei Jahre lang täglich bei der Polizei melden. Im Juli 1937 wurde sie erneut verhaftet, ebenso 1944 nach dem Attentat auf Hitler am 20. Juli. Nach schweren Bombenangriffen wurde Maria Detzel freigelassen; sie suchte Zuflucht im Landkreis Mayen.

Bald nach Kriegsende kehrte Maria Detzel nach Koblenz zurück und knüpfte beruflich und politisch dort an, wo sie 1933 zwangsweise ihre Tätigkeit hatte einstellen müssen. Die französische Militärregierung hatte am 21. Juli 1945 die Errichtung eines Bürgerrats genehmigt, in den 18 Koblenzer Bürger und Bürgerinnen berufen wurden. Neben Helene Rothländer war Maria Detzel die einzige Frau in diesem Gremium, das als Bindeglied zwischen der Bürgerschaft und der Stadtverwaltung dienen und diese beraten sollte.

Politische und gewerkschaftliche Organisationen wurden erst in der zweiten Jahreshälfte 1945 wieder zugelassen. Maria Detzel beteiligte sich an der Gründung der Gewerkschaften am 12. August 1945 in Koblenz-Metternich, und zusammen mit Johann Doetsch und Hans Schneider rief sie die Koblenzer SPD wieder ins Leben. Bereits im Herbst 1945 hatten die Koblenzer Sozialdemokraten die Neugründung der SPD vorbereitet. Den offiziellen Antrag vom 28. Dezember 1945, den Johann Doetsch, Hans Schneider und Maria Detzel unterzeichnet hatten, genehmigte der französische Gouverneur Hettier de Boislambert am 16. Januar 1946. Maria Detzel gehörte dem ersten Vorstand des SPD-Ortsvereins Koblenz an, wurde 1946 zur Stellvertretenden Vorsitzenden des SPD-Unterbezirks Koblenz gewählt und war die einzige Frau im SPD-Bezirksvorstand Rheinland-Hessen-Nassau. Parteipolitisch wirkte Maria Detzel auch über ihre engere Heimat hinaus: Sie vertrat die Koblenzer Sozialdemokraten im Oktober 1945 auf der interzonalen Konferenz der SPD in Wennigsen bei Hannover und wurde 1947 in den sozialpolitischen Ausschuß beim SPD-Parteivorstand berufen. Politisch stand sie vermutlich der Linie des Parteivor-

sitzenden Kurt Schumacher nahe, da sie in der SPD-Zeitung „Die Freiheit" Kommentare gegen den „roten Faschismus" der SED veröffentlichte.
Mit der Kommunalwahl vom 15. September 1946 wurde der Koblenzer Bürgerrat wieder durch eine demokratisch legitimierte Stadtverordnetenversammlung (ab 1948 Stadtrat) abgelöst. Diesem Gremium gehörte Maria Detzel ununterbrochen bis zu ihrem Ausscheiden im Jahr 1962 an. Von Februar bis Juli 1962 leitete sie kommissarisch die SPD-Stadtratsfraktion.
Von November 1946 bis März 1947 war Maria Detzel Mitglied der Beratenden Landesversammlung, die in Koblenz die Verfassung des Landes Rheinland-Pfalz ausarbeitete. Hier gehörte sie dem Ernährungs- und Versorgungsausschuß und dem Sozialpolitischen Ausschuß an.
Vor allem der Aufbau der Versorgungsverwaltung in Rheinland-Pfalz ist Maria Detzels Werk. Sie wurde im Juli 1945 zur Regierungsrätin ernannt und war unter Minister Johann Junglas (CDU) als Referentin im Ministerium für Arbeit und Volkswohlfahrt für die Kriegsopferversorgung zuständig. Sie sorgte im Jahr 1948 dafür, daß diese Versorgung als eigenständiger Sozialleistungsbereich gesetzlich festgeschrieben und nicht in die Unfallversicherung integriert wurde. Im April 1954 übernahm Maria Detzel als Regierungsdirektorin das Versorgungsamt Rheinland-Pfalz in Koblenz, das sie bis zu ihrer Pensionierung leitete. Daneben übte sie ehrenamtliche Funktionen in den Kriegsopferverbänden aus, seit 1951 als Schriftführerin im Präsidium des VdK.
Für ihre kommunalpolitischen Verdienste zeichnete die Landesregierung Maria Detzel 1955 mit der Freiherr-vom-Stein-Plakette aus. Zum 70. Geburtstag wurde ihr am 6. April 1962 das Bundesverdienstkreuz erster Klasse verliehen.
Maria Detzel starb am 5. Juli 1965 in Koblenz.

Barbara Koops

Quellen/Literatur:

Barbara Koops: Frauen in der Koblenzer Kommunalpolitik 1918-1933. In: Koblenzer Beiträge zur Geschichte und Kultur 4, Koblenz 1995, S. 70-95;
Katrin Kusch: Die Wiedergründung der SPD in Rheinland-Pfalz nach dem Zweiten Weltkrieg (1945-1951), Mainz 1989;
Hans Josef Schmidt: Formierung der Parteien in Koblenz. In: Franz-Josef Heyen (Hg.): Rheinland-Pfalz entsteht. Beiträge zu den Anfängen des Landes Rheinland-Pfalz in Koblenz 1945-1951, Boppard 1984, S. 105-125.

Erni Deutsch-Einöder (1917-1997)

Eine Biographie über Erni Deutsch-Einöder zu schreiben ist gar nicht so leicht, hat sie doch nie viel Aufhebens von sich gemacht und es so auch nicht für nötig befunden, viele Informationen über sich zu hinterlassen. Doch gerade diese Bescheidenheit ist schon ein Wesensmerkmal dieser einzigartigen Persönlichkeit, die gerne zu Gunsten anderer von sich absah.

Geboren wurde sie am 17. November 1917 in Einöd, wo ihr Vater, Wilhelm Deutsch, ein Modelleur aus Lothringen, bedingt durch den Ersten Weltkrieg ihre Mutter kennengelernt hatte. Zwei Jahre nach ihrer Geburt, nach dem Vertrag von Versailles, ändert sich die Landkarte. Elsaß-Lothringen wird erneut französisch, das Saargebiet dem Völkerbund unterstellt. Es ist jetzt einfacher, in die Heimat des Vaters zu gehen als in die benachbarte Pfalz, obwohl Lothringen, das vertraute Land mit den sanften Hügeln, den verträumten Dörfern, umringt von Mirabellenhainen, jetzt in „fremder" Hand liegt.

Erni Deutsch-Einöder

So wird Erni Deutsch 1930 nach Abschluß ihrer Schulzeit in Einöd und Schwarzenacker in Merlebach ansässig, wo sie eine kaufmännische Berufsausbildung speziell in Dekoration und Werbung absolviert, die sie in Schulen in Straßburg, Metz und St. Etienne an der Loire (Handelsschulkurse und Ecole des Arts et Métiers) vervollständigt.

Schon zu dieser Zeit veröffentlicht die Handelsschülerin Lyrik und erzählende Prosa in der heimatlichen elsaß-lothringischen Presse (Courrier de la Merle – Le Républicain – L'Ami des Foyers chrét., Metz etc.), später in „Dernières Nouvelles d'Alsace, Straßburg, und in Schweizer Illustrierten Blättern. Bis zu ihrem Lebensende sind es über 200 Erzählungen, wovon viele in den unterschiedlichsten über dreißig Sammelwerken im Pilger-Verlag, Speyer, bei G. Dokter, Weißenthurm, bei Arbogast, Otterbach, und anderen mehrmals abgedruckt werden.

Daneben ist sie vor 1939 nebenberuflich in christlichen Jugendverbänden tätig (Jeunesse protestante d'Alsace et de Lorraine).

Das Saargebiet ist inzwischen weit weg. Die Volksabstimmung bringt es wieder unter deutsche Oberhoheit. Die Tür zur Heimat der Mutter schlägt zu – bis sich im Zweiten Weltkrieg erneut die Grenzen verändern und gleich Ebbe und Flut die Menschen hin und her werfen, ihre Zugehörigkeitsgefühle auf die Probe stellen, sie in ihren Solidaritätsbeziehungen verunsichern.

Nach der Eroberung Lothringens durch die Deutschen wird Erni Deutsch, die seit 1939 stellvertretende Referatsleiterin in der Stadtverwaltung Merlebach ist, von den neuen Herren ebenfalls für geeignet befunden für die Jugendarbeit – diesmal unter der Landesbezeichnung Westmark mit dem Sitz in St. Avold.

Wegen dieser Tätigkeit wird sie nach dem Krieg aus dem geliebten Lothringen, das nun wieder französisch ist, ausgewiesen, für sie, die sich nie für die unterschiedlichen Systeme, sondern für die Heimat und die Menschen darin engagierte, eine „Vertreibung".

Zuflucht findet sie 1945 nahe Einöd, der Heimat der Mutter, in Zweibrücken, wo sie ihren Lebensunterhalt verdient als Kontoristin, Dolmetscherin und Übersetzerin – das Französische ist ihr ja geläufig. Von 1959 an ist sie dank ihrer Ausbildung und ihrer Zweisprachigkeit Dekorateurin in einem Bekleidungshaus und Auslandskorrespondentin. 1965 übernimmt sie die Geschäftsführung der Volkshochschule Zweibrücken, die zwölf Jahre profitiert von Ernis Menschenkenntnis, ihrer gütigen Ausstrahlung und ihrem Engagement für die gute Sache der Volksbildung.

Da der Name Deutsch seit 1945 in Lothringen nicht mehr hoffähig ist, veröffentlicht sie zunächst (in der „Rheinpfalz, der „Saarbrücker Zeitung", der Saarbrücker und Trierer Landeszeitung, im „Pfälz. Tageblatt" in „Chez – Soi", Colmar, in „l'Ami des Foyers", Metz) unter dem Pseudonym Erni Einöder, dem sie ab 1950 aber wieder ihren Mädchennamen voransetzt. Man kann ihre Texte nun im ganzen Bundesgebiet lesen ebenso wie im deutschsprachigen Ausland: Elsaß-Lothringen, Luxemburg, Schweiz, Österreich sowie in den USA. In Anthologien und Jahrbüchern erscheinen ihre Beiträge (Kurzgeschichten, Essays, Novellen, Berichte). Südwestfunk und Radio Saarbrücken senden Funkerzählungen. In einer Zeit der Sprachlosigkeit findet sie wieder Worte, gute Worte in ihren Texten, deren Qualitätsmerkmal warme, behutsame, ungekünstelte Einfachheit ist, wie auch gute Worte für die Menschen, die sie umgeben und denen sie Mut macht, der Unmenschlichkeit einer sinnentleerten Welt ein tapferes Dennoch entgegenzusetzen.

So ist sie Gründungsmitglied des sich 1951 nach dem Krieg neu konstituierenden Literarischen Vereins der Pfalz. Die Sektion Zweibrücken leitet sie nach dem Tod von Rudolf Wilms bis zur Übernahme durch Michael Dillinger 1982.

Der Literarische Verein der Pfalz bringt 1962 auch ihr erstes Buch heraus: „Die Tauben fliegen unseretwegen", ein Buch, das eine ungewöhnlich große Resonanz findet. Für diesen Erstling wird Erni Deutsch-Einöder von der Deutschen Friedrich-Schiller-Stiftung, Berlin, mit einer Anerkennungsgabe und vom Kultusministerium Rheinland-Pfalz mit einem Förderpreis bedacht. Im selben Jahr erhält sie auch das Auslandsstipendium des Verbandes deutscher Schriftsteller und des Auswärtigen Amtes. 1966 folgt der Pfalzpreis für Literatur.

1981 erscheint ein weiteres Buch, nämlich „Wege die nach Hause führen". Ihre letzte Ehrung erfährt sie 1988 mit der Martha-Saalfeld-Medaille, die verdienten Mitgliedern des Literarischen Vereins für ihr stetes Bemühen um das literarische Leben der Region überreicht wird. In seiner Laudatio anläßlich der Preisverleihung würdigte Wolfgang Diehl die Autorin als eine, die den Tanz auf der Grenze zwischen

Deutschland und Frankreich bewältigt hat durch ihr Erzählen und Schreiben, das sie ausweist als eine Vermittlerin von hohem Range, eine Integrationsfigur.

Wie ihre Texte widerspiegeln, hat sie den gleichen Schmerz, die gleiche Empfindsamkeit, die gleiche Erschütterbarkeit in Freude und Trauer gesucht und gefunden bei Menschen verschiedener Nationen, verschiedenen Glaubens, verschiedener Interessen. Dieses Substantielle, alle Menschen Verbindende, hat sie entdeckt durch ihre mütterliche Zuwendung, die erst einmal horcht, wahrnimmt, still und geduldig, ehe sie wertet. Alle, die sie kannten, werden ihre unerschöpfliche Geduld beim Zuhören, ihr ruhiges Bei-sich-und-den-Dingen-Sein, schmerzlich vermissen.

Sie starb am 16. Februar 1997 vor der Vollendung ihres 80. Lebensjahres. Leider konnte sie ihre Buchprojekte, die Erzählsammlung „Reife Frucht in hellen Körben" und die beiden Sammlungen von Kurzgeschichten „Matinée in Sestri" und „Esel an der Adria" nicht mehr verwirklichen.

Barbara Franke

Quellen/Literatur:

Quellen, zur Verfügung gestellt von Familie Fred Dvorsak, Puttelange aux Lacs:
Erni Deutsch-Einöder: Angaben zur Person, Angaben zur schriftstellerischen Arbeit, Werkstattbericht vom 27.11.1965;
Willi Gutting: Laudatio für Erni Deutsch-Einöder anläßlich der Verleihung der Fördergabe für Literatur 1965;
Presseartikel zur Überreichung der Martha-Saalfeld-Medaille in „Die Rheinpfalz" vom 1.12.1988.

Maria Dietz (1894-1980)

Maria Dietz wurde am 7. Februar 1894 als Tochter des Kaufmanns Theodor Hilgers und seiner Frau Maria in Düsseldorf geboren. Sie wuchs, gemeinsam mit dem vier Jahre jüngeren Bruder Josef, in der Atmosphäre eines katholischen, gutbürgerlichen, bildungsbewußten und sehr weltoffenen Elternhauses auf. Einige von Marias Onkeln lebten im Ausland, einer war mit einer Engländerin verheiratet; man war im Hause Hilgers an anderen Ländern und Kulturen interessiert, und das Erlernen von Fremdsprachen gehörte ganz selbstverständlich dazu.
Maria besuchte das Städtische Oberlyzeum in Düsseldorf. Sie liebte die Schule, und schon früh stand für sie fest, daß sie selbst einmal unterrichten wollte. Nach dem Abitur besuchte sie die einjährige Seminarklasse des Oberlyzeums und erhielt 1915 die Lehrbefähigung für Lyzeen und Mittelschulen. Anschließend erhielt sie von der Stiftung des Museumsgründers, Oskar von Miller, ein Stipendium für einen Studienaufhalt am Deutschen Museum in München, von dessen Konzeption sie tief beeindruckt war. In der Stipendiatengruppe war sie das einzige Mädchen. Sie fertigte eine Arbeit über den Grundgedanken des Deutschen Museums und seine Auswertung im Unterricht an und erhielt eine Urkunde.
In den folgenden Jahren unterrichtete Maria Hilgers als Schulamtsanwärterin am St. Ursula-Lyzeum in Düsseldorf, später am städtischen Lyzeum in Siegburg, wo sie 1918 ihre Bestallung als ordentliche Lehrerin erhielt. Daneben hörte sie Vorlesungen über deutsche und französische Literatur sowie über Philosophie an der Universität Bonn.
Der Erste Weltkrieg brachte ihr erstmals schmerzlich zum Bewußtsein, wie weit entfernt die Menschheit von dem Idealbild einer weltoffenen friedliebenden Gemeinschaft war, mit dem sie aufgewachsen war.
1922 heiratete sie Heinrich Dietz aus Mainz, wo er Direktor der Städtischen Sparkasse war. Diese Stadt wurde ihr nun zur neuen Heimat. Das Ehepaar wohnte zunächst am Römerwall; später, als die Kinder geboren waren, zogen sie in eine hübsche große Wohnung in der Neumannstraße. Ihren Beruf als Lehrerin hatte Maria Dietz aufgeben müssen, wie das für verheiratete Frauen zu jener Zeit noch vorgeschrieben war. 1924 wurde eine Tochter, 1928 ein Sohn geboren; Maria Dietz widmete sich nun vor allem der Familie. Aber ein wenig drängte es die energische, vielseitig interessierte und talentierte junge Frau doch, auch darüber hinaus zu wirken. Sie wurde im Katholischen Deutschen Frauenbund aktiv, hielt Vorträge über pädagogische Themen und Zeitfragen und unterrichtete ehrenamtlich „Erziehungslehre" an der damals in Mainz von der katholischen Kirche eingerichteten Mütterschule. Um 1931 wurde sie gebeten, im „Weltfriedensbund der Mütter und Erzieherinnen" mitzuarbeiten, einer Bewegung, die deutsche und französische Mütter ins Leben gerufen hatten. Auf zahlreichen internationalen Begegnungen mit Frauen aus Frankreich, Belgien, Holland und Deutschland sprach sie im Namen der deutschen Mütter.
Durch die nationalsozialistische Machtübernahme wurden diese Aktivitäten und das unbeschwerte Familienleben jäh unterbrochen. Die neuen Machthaber wollten

Maria Dietz, MdB (rechts) überreicht Frau Ernestine Barker vom „International Woman's Club Rhine-Moselle bei deren Besuch im Deutschen Bundestag ein Buch (25. Januar 1957)

Heinrich Dietz, der für seine demokratische Haltung bekannt war und nicht der NSDAP angehörte, bei der Sparkasse loswerden, um ihn durch einen linientreuen Gefolgsmann zu ersetzen. Im Juni 1933 enthoben sie ihn seines Postens und nahmen ihn in „Schutzhaft". Er verbrachte eine Nacht im Gefängnis, danach ließ man ihn wieder frei. Wenig später fand eine Gerichtsverhandlung statt, bei der seine Entlassung bestätigt wurde. Ihm wurde unter anderem die Tätigkeit seiner Frau in einer international und pazifistisch orientierten Organisation angelastet. Er wurde mit verkürzten Bezügen pensioniert und mußte die städtische Wohnung in der Neumannstraße räumen. Die Familie zog nach Weisenau.

Heinrich Dietz fand keine andere Anstellung und machte sich schließlich als Immobilienverwalter selbständig. Die Familie lebte in den folgenden Jahren sehr zurückgezogen. Die Eltern versuchten, den Kindern wenigstens zuhause eine klare weltanschauliche Orientierung zu geben. Doch die angstvoll durchwachten Nächte in Luftschutzkellern konnten sie ihnen nicht ersparen. Zweimal wurde die Familie in Weisenau ausgebombt. Im Grauen dieser Kriegsnächte, als sie mit ihren Kindern zusammengekauert in einer Kellerecke saßen und die Erschütterungen der Bombeneinschläge spürte, nahm Maria Dietz sich vor, wie sie in ihren Erinnerungen später schrieb: „Gott, wenn Du mich diesen Wahnsinn überleben läßt, dann werde ich mitarbeiten, daß nicht noch einmal ein totalitäres System über unser Volk kommt."

Schon kurz nach Kriegsende wurde Heinrich Dietz, der unbelastet war, von den Amerikanern wieder als Direktor der Sparkasse eingesetzt. Das frühere Wohnhaus in der Neumannstraße war durch Bomben beschädigt. Sobald es instandgesetzt war, konnte Familie Dietz wieder in die dortige Dienstwohnung einziehen.

Maria Dietz gehörte nun zu den Frauen und Männern, die in der zweiten Jahreshälfte 1945 auf Initiative des früheren Zentrumspolitikers Lorenz Diehl darangingen, in Mainz eine christliche Partei wiederaufzubauen. Dabei sah sie, wie die meisten Gründungsmitglieder aus Rheinhessen, die Zusammenarbeit der beiden großen christlichen Konfessionen auf politischem Gebiet nach den Erfahrungen der nationalsozialistischen Diktatur als den richtigen Weg an. Am 9. Januar 1946 wurde schließlich die „Christlich-Soziale Volkspartei" (CSVP) als Vorläuferpartei der späteren CDU bei der französischen Militärregierung angemeldet. Dem ersten Vorstand gehörten allerdings nur Männer an.

Bei den Wahlen zur Kreisversammlung vom 13. Oktober 1946 wurde Maria Dietz in die Kreisversammlung des Stadt- und Landkreises Mainz gewählt (Mainz war damals noch nicht kreisfreie Stadt). Nach der zweiten Kommunalwahl, die am 14. November 1948 stattfand, gehörte sie dann dem Mainzer Stadtrat an und arbeitete hier vor allem im Kultur- und Schulausschuß sowie in der Kommission für Wohnungsfragen mit.

Nachdem sich die christlichen Parteien aus den verschiedenen Landesteilen zu einer einheitlichen Landespartei unter dem Namen CDU zusammengeschlossen hatten, wurde auf einem Parteitag am 17./18. Oktober 1947 in Kaiserslautern Maria Dietz neben vier weiteren Frauen in den 35 Personen umfassenden neuen Landesvorstand gewählt. Auf diesem Parteitag wurde auch – gegen den Willen des Landesvorsitzenden Peter Altmeier – ein Vorbereitungsausschuß zur Gründung eines CDU-Landesfrauenbeirats (der Vorläuferorganisation der späteren Frauen-Union) gewählt. Maria Dietz übernahm den Vorsitz; unterstützt wurde sie durch Gertrude Sauerborn aus Neuwied (der späteren Leiterin des Landesjugendamtes) und durch Erika Becker aus Montabaur. Die Beteiligung an der politischen Arbeit in der CDU wurde den Frauen nicht gerade leichtgemacht. Schon auf dem ersten Landesparteitag sahen sie sich genötigt, den Antrag zu stellen, „daß die Partei die Zahl der mitarbeitenden Frauen erhöhen muß. Zu allen Orts-, Kreis-, Bezirks- und Landesparteisatzungen stellen wir den Antrag, daß im engeren und erweiterten Vorstand jeweils eine Frau vertreten sein muß."

Am 25. August 1948 fand in Bingen die konstituierende Sitzung des Landesfrauenbeirats der CDU statt. Maria Dietz wurde zur Landesvorsitzenden gewählt (diese Funktion übte sie bis 1955 aus). Die folgenden Monate waren vor allem mit den Vorbereitung für die Wahlen zum ersten Deutschen Bundestag ausgefüllt. Der Landesfrauenbeirat forderte für Rheinland-Pfalz eine Frauenquote von 20%, wie sie Konrad Adenauer den Frauen in der Bizone versprochen hatte. Es wurden dann zwar weniger Frauen gewählt, aber Maria Dietz zog für die rheinland-pfälzische CDU in den Bundestag ein. Daraufhin legte sie am 16. Oktober 1949 ihr Stadtratsmandat nieder, um sich ganz der neuen Aufgabe in Bonn zu widmen.

Hier entfaltete sie in den folgenden Jahren – sie gehörte dem Parlament bis 1957 an – zahlreiche Aktivitäten. Sie arbeitete im Kulturausschuß, im Ausschuß für Presse, Rundfunk und Film sowie im Petitionsausschuß mit. Außerdem gehörte sie dem Büchereibeirat des Deutschen Bundestages und dem Kuratorium der Bundeszentrale für Heimatdienst an. Gleich 1949 beantragte sie ein „Hilfsprogramm für die sittlich gefährdete Jugend" (dabei ging es ihr vor allem um die Umgebung der Kasernen in Baumholder, Kaiserslautern, Bitburg und Worms, wo die Prostitution blühte). Es wurden in Bonn zehn Millionen Mark dafür zur Verfügung gestellt. Weitere dringende Themen der frühen fünfziger Jahre waren die Kriegsopferversorgung, die Reform des Familienrechts, das Gleichberechtigungsgesetz, der Mutterschutz, der Jugendschutz (Alkoholausschank, jugendgefährdende Filme etc.), der Familienlastenausgleich und die Neuordnung der Renten.

Als sich die materielle Situation der Bevölkerung mit dem einsetzenden „Wirtschaftswunder" gebessert hatte, wandte sie sich zunehmend Fragen der Erziehung der nachwachsenden Generation zu, der die richtigen Werte vermittelt werden sollten. Lebhaften Beifall nicht nur von den Regierungsparteien, sondern auch von der SPD erhielt Maria Dietz laut Bundestagsprotokoll vom 23. Juni 1950, als sie in einer Rede leidenschaftlich für das Verbot von Kriegsspielzeug plädierte:

„(...) Wenn das Kind Dörfer und Städte baut, wenn es mit anderen Worten Werte schafft und dann hingeht und diese Werte, sei es auch nur im Spiel, mit Kanonen und Tanks wieder zerstört, dann zeigt das eine Ehrfurchtslosigkeit, dann zeigt sich darin ein Geist der Zerstörung, der unwillkürlich auch in die ganze Haltung des jungen Menschen eingeht. Ist es nicht grauenvoll, wenn auf der letzten Spielzeugausstellung in Nürnberg ein Atomzertrümmerungsspielzeug für 19,75 DM verkauft wurde? Ist es nicht grauenvoll, daß dieses Gespenst, vor dem wir alle erbeben, sich nun den Eintritt in die Kinderstuben erschleicht, um dort einen Platz einzunehmen? (...) Ich bin der Ansicht, daß gerade dieser Geist der Ehrfurcht sehr wesentlich für die Erziehung unserer Kinder ist, nachdem wir eine Zeit hinter uns haben, deren Kennzeichen die Ehrfurchtslosigkeit war (...)."

Daneben war ihr die internationale Verständigung, vor allem die Aussöhnung mit dem Nachbarland Frankreich als Grundlage für die Schaffung eines vereinigten Europa, ein Herzensanliegen. Sie war Mitglied des Deutschen Rates der Europäischen Bewegung und eine der beiden deutschen Vertreterinnen im internationalen Rat des „Mouvement Mondial des Mères (MMM)", der 1947 gegründeten „Weltbewegung der Mütter". Als „Ambassador of good will" nahm sie 1954 an einer Studienfahrt von deutschen Parlamentsmitgliedern in die Vereinigten Staaten teil, wo sie Gelegenheit hatte, vor Studierenden mehrerer Hochschulen, vor Lehrervereinigungen, vor berufstätigen Frauen und vor über 2000 Delegierten des amerikanischen katholischen Frauenbundes zu sprechen.

1957 schied Maria Dietz aus dem Bundestag aus. In der Folgezeit zog sie sich von der aktiven Politik zurück und widmete sich nun vor allem der Arbeit im Katholischen Deutschen Frauenbund, den sie nach dem Krieg in der Diözese Mainz wieder mit aufgebaut hatte. Daneben gab sie im Auftrag des Caritas-Verbandes ausländischen Kindern Deutschunterricht. Außerdem versorgte sie ihren um zehn Jahre älteren Mann, der 1964 starb.

An ihrem 80. Geburtstag erlebte Maria Dietz eine besondere Überraschung: Für ihr großes Engagement in den Aufbaujahren der Bundesrepublik wurde ihr am 7. Februar 1974 das Bundesverdienstkreuz Erster Klasse verliehen. Sie verstarb nach längerem Krankenlager am 12. April 1980 im Alter von 86 Jahren im Bruder-Konrad-Stift in Mainz.

Hedwig Brüchert

Quellen/Literatur:

Chronik der Frauen-Union. Masch. schr., zus.-gest. 1997 v. Rotraut Hock, Geschäftsführerin der Frauen-Union Rheinland-Pfalz;
Frauenverbände in Rheinland-Pfalz. Hg. v. Ministerium für Soziales und Familie Rheinland-Pfalz, zus.-gest. v. Hildegard Frieß-Reimann. Mainz 1987, darin: Katholischer Deutscher Frauenbund e.V., KDFB in den Diözesen Limburg, Mainz, Speyer, Trier, S. 73-76, und CDU-Frauenvereinigung, S. 13-16;
Frauenvereinigung der CDU 1947-1987. 40 Jahre für Rheinland-Pfalz. (Mainz 1987);
Anne Martin: Die Entstehung der CDU in Rheinland-Pfalz. Mainz 1995 (Veröffentlichungen der Kommission des Landtages für die Geschichte des Landes Rheinland-Pfalz, Bd. 19);
Kurt Weitzel: Vom Chaos zur Demokratie. Die Entstehung der Parteien in Rheinland-Pfalz 1945-1947. Mainz 1989;
Listen für die Kreisversammlung, Neuer Mainzer Anzeiger v. 8.10.1946;
Der Sonntag der Kreiswahl, Rheinischer Merkur v. 15.10.1946;
Erste Sitzung der Kreisversammlung, Neuer Mainzer Anzeiger v. 2.11.1946;
Auskünfte Stadtverwaltung Mainz, Hauptamt;
Auskünfte von Frau Rosmarie Hoffmann (Tochter), Mainz.

Josefine Doerner (1895-1968)

Josefine (eigentlich Maria-Josefine) Doerner wurde am 5. August 1895 in Köln geboren und wuchs in einer katholischen Familie auf. Sie besuchte die Volksschule in Ahrweiler und anschließend das Ursulinen-Lyzeum in Köln. Den größten Teil ihres Lebens wohnte sie in Schönstein bei Wissen an der Sieg, wo ihre Familie herstammte.
Am 13. Mai 1912 trat sie als „Gehilfin" in den Dienst der Reichspost ein. Doch die berufliche Arbeit alleine genügte der sozial eingestellten, intelligenten und politisch interessierten jungen Frau nicht; ihr Leben lang engagierte sie sich sozial und setzte sich für andere, vor allem für Frauen, ein. Gleich nach dem Ersten Weltkrieg ließ sie sich in Mitarbeitervertretungen wählen und gehörte von 1919 bis 1924 dem Hauptbeamtenausschuß beim Reichspostministerium an. 1920 wurde sie außerdem in den Bezirks- und Hauptvorstand des Verbandes der Deutschen Reichspost- und Telegraphenbeamtinnen gewählt und gehörte von 1925 bis 1933 dem Verwaltungsrat der Deutschen Reichspost an. Außerdem arbeitete sie im Bund Deutscher Frauenvereine mit, wo ihr Urteil und ihr Rat sehr geschätzt wurden. Sie war Mitglied der Zentrumspartei und kandidierte 1933 bei den Wahlen zum Preußischen Landtag.

Josefine Doerner (1947)

Aufgrund ihres vielfältigen Engagements und ihrer klaren demokratischen Überzeugung hatte sie ab 1933 unter dem nationalsozialistischen Regime, das politisch aktive Frauen ohnehin verabscheute, einen schweren Stand. 1941 nahm man dann eine schwere Krankheit Josefine Doerners zum Anlaß, sie in den Ruhestand zu versetzen.

Nach Kriegsende wurden Frauen wie sie jedoch dringend gebraucht. Josefine Doerner gehörte zu den Gründungsmitgliedern der CDP (der Vorläuferpartei der CDU in der Provinz Rheinland-Hessen-Nassau) und wurde 1946, bei den ersten demokratischen Wahlen nach den Jahren der Diktatur, in den Kreistag Altenkirchen/Westerwald gewählt, dem sie dann bis zu ihrem Tod angehörte. Von 1946 bis 1948, in den Jahren der größten Not vor der Währungsreform, als überall Hunger und Unterversorgung herrschten, war sie als Kreisdeputierte Vertreterin des Landrats und engagierte sich vor allem auf sozialem Gebiet. Auch in den nachfolgenden zwei Jahrzehnten bildete die Sozial- und Jugendpolitik den Schwerpunkt ihrer politischen Arbeit.

Als auf Anordnung der französischen Militärregierung 1946 die Vorbereitungen für die Schaffung des Landes Rheinland-Pfalz begannen und eine Beratende Landes-

versammlung die Verfassung für das zukünftige Land ausarbeiten sollte, wurde Josefine Doerner von der CDP in dieses wichtige Gremium entsandt. Hier war sie eine von sieben Frauen unter den 127 Mitgliedern der Versammlung und arbeitete im Ernährungs- und Versorgungsausschuß sowie im Sozialpolitischen Ausschuß mit.
Im Mai 1947 wurde sie in den ersten rheinland-pfälzischen Landtag gewählt, dem sie bis zum Ende der Wahlperiode im Jahr 1951 angehörte.
Sie engagierte sich auch beim Aufbau einer Frauenorganisation innerhalb ihrer Partei. Gleichzeitig mit der Gründung des CDU-Frauenbeirats (der Vorläuferorganisation der Frauen-Union) auf Landesebene rief Josefine Doerner 1948 in Altenkirchen den ersten Kreis-Frauenbeirat ins Leben. Sie war es auch, die Verbindungen über die Landesgrenzen hinaus mit den Christdemokratinnen der Bi-Zone herstellte und zur offiziellen Vertreterin der französischen Zone in der am 1. Mai 1948 in Frankfurt gegründeten „Frauenarbeitsgemeinschaft der CDU/CSU Deutschlands" bestimmt wurde. Diese Aufgabe fiel ihr wahrscheinlich auch deshalb zu, weil sie ab 1948 in Frankfurt ihren Dienstsitz hatte und deshalb die Zonengrenzen problemlos überschreiten konnte.
Nach dem Krieg war Josefine Doerner wieder als Beamtin in den Postdienst eingestellt worden. 1948 übernahm sie dann das Referat für den weiblichen Dienst bei der Hauptverwaltung für das Post- und Fernmeldewesen in Frankfurt am Main. Als man ihr 1949 eine Kandidatur für den Bundestag antrug, entschied sie sich nach reiflicher Überlegung dafür, im Verwaltungsdienst zu bleiben, wo sie die Möglichkeit hatte, für bessere Arbeitsbedingungen für die weiblichen Beschäftigten zu kämpfen. In der Zeit der einsetzenden Automatisierung, die große Umwälzungen gerade bei den Frauenarbeitsplätzen bei der Deutschen Bundespost mit sich brachte, war dies besonders wichtig. Nach jahrelanger erfolgreicher Tätigkeit wurde sie schließlich 1960 im Rang einer Ministerialrätin in den Ruhestand verabschiedet. Aus diesem Anlaß wurde ihr für ihre vielfältigen Verdienste das Große Bundesverdienstkreuz verliehen. 1966 wurde sie auch mit dem Wappenteller des Kreises Altenkirchen geehrt.
Josefine Doerner verstarb am 5. September 1968 nach schwerer Krankheit in Bonn.

Hedwig Brüchert

Quellen/Literatur:

Abgeordnete in Rheinland-Pfalz 1946-1987. Biographisches Handbuch, hg. v. Landtag Rheinland-Pfalz, bearb. v. Heidi Mehl-Lippert und Doris Maria Peckhaus. Mainz 1991, S. 174;
Chronik der Frauen-Union. Masch. schr., zus.-gest. 1997 v. Rotraut Hock, Geschäftsführerin der Frauen-Union Rheinland-Pfalz;
E. Enseling: Maria-Josefine Doerner †, in: Frau und Politik, Jg. 1968, Heft 10, S. 12;
Nachruf von Landrat Dr. Krämer, Altenkirchen, v. 9. September 1968;
Anne Martin: Die Entstehung der CDU in Rheinland-Pfalz. Mainz 1995 (Veröffentlichungen der Kommission des Landtages für die Geschichte des Landes Rheinland-Pfalz);
Bernhard Simon: Die Abgeordneten der 1. Wahlperiode des rheinland-pfälzischen Landtages 18. Mai 1947-17. Mai 1951, in: Franz-Josef Heyen (Hg.), Rheinland-Pfalz entsteht. Beiträge zu den Anfängen des Landes Rheinland-Pfalz in Koblenz 1945-1951. Boppard am Rhein 1984, S. 127-183.

Hedwig Doll (1913-1999)

Die steineklopfende Trümmerfrau, die nach dem Kriege den maßgeblichen Anteil am materiellen Wiederaufbau geleistet hat, gehört zu den gängigen Klischees von der Nachkriegszeit. Vieles spricht jedoch dafür, daß dieses Bild auch reale Bezüge hat, denn es kam – wenn auch nur für kurze Zeit – zu einer Stärkung der Rolle der Frau in der Gesellschaft. Vor diesem Hintergrund ist es keineswegs verwunderlich, daß auch „Frau Theaterbesitzer" – vor dem Kriege eine Seltenheit – bei Versammlungen von Lichtspielunternehmern nach 1945 mit ihren Kolleginnen die Mehrheit bildete. Schon die Zeitgenossen erkannten die verschiedenen Ursachen, wie der „Internationalen Filmwoche" von 1949 zu entnehmen ist:

Hedwig Doll (1946)

„Viele Frauen führen heute die Betriebe für ihre gefallenen oder nicht heimgekehrten Männer. Der Krieg hat manche Theaterbesitzerstochter am Heiraten gehindert, so daß sie nach dem Tode des Vaters gezwungen war, den Betrieb allein weiterzuführen. Es gibt aber auch genug Fälle, in denen Ehefrauen während der ‚männerlosen' Kriegszeit so starken Anteil an dem Betrieb genommen haben, daß sie sich nach der Rückkehr ihres Gatten nicht wieder ins ‚Privatleben' zurückzogen, sondern weiterhin aktiv mitarbeiteten." Daß Frauen ebenso kompetent waren wie ihre männlichen Kollegen, wurde auch damals schon anerkennend festgestellt: „Die meisten Theaterbesitzerinnen sind vorsichtig, mißtrauisch und völlig illusionslos. In ihren geräumigen Handtaschen liegt neben der Puderdose das Dispositionsbuch, in dem Prozentsätze und Einnahmen fein säuberlich vermerkt sind."
Eine „Frau Theaterbesitzer" war auch Hedwig Doll, seit 1946 Besitzerin des Lichtspielhauses am Schillerplatz in Ludwigshafen-Oggersheim.
Noch in der Zeit des Kaiserreichs wurde sie am 30. Januar 1913 als zweite Tochter von Elisabeth und Heinrich Treiber, beide waren protestantisch, in der pfälzischen Stadt Oggersheim geboren. Die Familie Treiber gehörte bereits damals zu den einflußreichsten Familien der Stadt, nicht zuletzt deshalb, weil sie auf eine lange Tradition als Brauereibesitzer zurückblicken konnte. Der Markenname „Treiber-Bier" ist heute noch ein Begriff in der Region. Heinrich Treiber war der erste hauptamtliche Bürgermeister von Oggersheim, bevor er 1933 als Sozialdemokrat von den Nazis abgesetzt wurde.
Ihre Begeisterung für die Musik erbte Hedwig Treiber wohl eher von der Mutter. Deren Bruder Arthur Bard war ein bekannter Kammersänger mit Engagements an

Das Lichtspielhaus am Schillerplatz in Ludwigshafen-Oggersheim

verschiedenen deutschen Opernhäusern, zuletzt in Nürnberg. Ein anderer Onkel von Hedwig Treiber war Verwaltungsdirektor der Dresdener Semper-Oper. Bei seiner Familie verbrachte sie einige Zeit nach dem Abschluß der Schule. In diesem Umfeld lernte sie Ende der zwanziger Jahre auch damals schon berühmte Persönlichkeiten, wie den Schauspieler Heinrich George oder den noch unbekannten Dirigenten Herbert (von) Karajan, kennen.

Nach der Grundschule in Oggersheim hatte Hedwig das Karolinen-Institut in Frankenthal besucht. Weil sie in der Schule zur Zeit der Weimarer Republik besonders von den katholischen Schwestern immer wieder als „Sozzen-Bangert" geschmäht wurde, schickten sie ihre Eltern auf ein Internat der Herrnhuter Brüdergemeine in Königsfeld im Schwarzwald. Nach zehn Klassen beendete sie die Schulausbildung am Mannheimer Institut Siegmund. Danach besuchte sie die Filiale der Mannheimer Musikhochschule in der Ludwigshafener Kaiser-Wilhelm-Straße und studierte dort Klavier und Gesang.

Ihre Leidenschaft für das Kino entwickelte sich bei Hedwig Treiber durch ein einschneidendes Erlebnis in den zwanziger Jahren. 1926, kaum drei Jahrzehnte nach der Erfindung der Kinematographie, war sie Zeugin, als der Film „Droben stehet die Kapelle" gedreht wurde. Dieser Stummfilm, dessen Inhalt nicht überliefert ist, wurde von der Oggersheimer Firma Stoebener Film produziert und bestand aus sechs Akten. Offenbar hatte den namentlich nicht mehr bekannten Regisseur das Ambiente der ehemaligen Brauerei, in der noch eine Mälzerei betrieben wurde, inspiriert. Im Hinterhof des elterlichen Anwesens wurde einer der sechs Akte gedreht.

An eines der Requisiten kann sie sich noch genau erinnern: Es war das Bett der Großmutter.

In den dreißiger Jahren bekam die ständig wachsende Arbeiterstadt Oggersheim endlich ihr eigenes Lichtspielhaus. Im Erdgeschoß des Hauses der Familie Treiber mietete sich das Tonbild-Theater ein. In der NS-Zeit war die Familie auf das Einkommen aus der Vermietung angewiesen, da die Pensionszahlungen an den Vater eingestellt und das Barvermögen der Familie konfisziert wurden.

1936 heiratete Hedwig Treiber den Mitinhaber eines Musikhauses, Hans Doll, und lebte nun im benachbarten Ludwigshafen. Bereits vier Jahre später wohnte sie wieder in Oggersheim, wo auch ihr einziges Kind, ihre Tochter Heny, zur Welt kam. Ihr Ehemann war inzwischen zur Wehrmacht eingezogen worden, und die Hochschwangere fühlte sich im Elternhaus sicherer. Wie sie den Krieg und die Nachkriegszeit erlebte, schildert sie am besten selbst:

„Nach dem Zweiten Weltkrieg war in Ludwigshafen (...) die ganze Ludwigstraße kaputt, auch um den Pfalzbau, da war gar nichts mehr, unser Haus in der Oggersheimer Straße war ebenfalls völlig ausgebombt.

Ich war mit meiner kleinen Tochter bei meinen Eltern in Oggersheim. Bei einem schweren Angriff war ich im Keller da unten, wo sich 400 Personen drängten. (...) Es sind nur zwei Menschen umgekommen. (...) Unser Haus gehörte früher zum Kloster Lorsch, die haben damals schon Bier und Schnaps gebraut und mußten deshalb viele tiefe Keller haben (...). Unsere Keller waren deshalb ideal als Luftschutzkeller. (...) Als ich nach dem Angriff mit meiner Mutter aus dem hinteren Keller kroch, die Vorderausgänge waren ja durch die Trümmer blockiert, haben wir gerufen: ‚Ach Gott! Wo ist denn unser Haus?' (...) Weg wars! Wie weggeblasen. (...) Es wäre wohl die Bombe gar nicht wert gewesen. (...) Die wollten ganz bestimmt die ‚Anilin' oder die Eisenbahn treffen, aber ‚unser Haiselcher' ganz bestimmt nicht.

Wir lebten für einige Monate im Keller ohne Tageslicht. Ich erinnere mich noch genau an Prälat Caire, der uns die erste Kerze brachte.

Als 1945 alles in Schutt lag, gehörte ich – neben Frau Ida Mücklich in Friesenheim – zu den ersten Kinobetreibern in Ludwigshafen. Dann erst kam Herr Direktor Lutz von der UFA mit den Rheingold-Lichtspielen im Hemshof. Diese Kinos waren zunächst notdürftig instandgesetzte Säle, in denen keine regelmäßigen Programme abliefen. (...) Mein Mann war in Kriegsgefangenschaft. Unser Musikgeschäft in der Ludwigshafener Innenstadt war zerstört. Im Erdgeschoß meines Elternhauses in Oggersheim waren in der Vorkriegszeit Räume als Lichtspieltheater vermietet, da dachte ich, was die Mieter gekonnt haben, das kann ich auch, und baute das Kino auf.

Als festes Programmkino haben wir erst im Juni 1946 eröffnet. Doch bis dahin war noch viel zu tun. Ich habe Steine getragen bis zum letzten Ziegel. (...) 1947 kam mein Ehemann aus der Kriegsgefangenschaft zurück. Zuerst hatte er Schwierigkeiten, die Mechanismen der Nachkriegsgesellschaft bzw. der Besatzungsherrschaft zu begreifen. Schließlich übernahm er, als gelernter Kaufmann, das Kino. (...)

Zur Besatzungszeit mußte das Kinoprogramm von den Behörden des „Gouvernement Militaire" in Ludwigshafen genehmigt werden. (...) Ich war auch verpflichtet, mindestens zwei Logenplätze für die französische Besatzung freizuhalten. Die wurden aber von niemandem beansprucht. Einmal kam ein Pfälzer ‚Krawallo', und ich habe ihm die beiden Plätze überlassen. Kurz nach Vorstellungsbeginn kam so ein – früher sagte man halt – ‚Gschlumbes', das war so ein Unteroffizier mit seiner ‚Dame', und beanspruchte die beiden Plätze. Er reklamierte die beiden Plätze für sich. Ich sagte, es täte mir leid, ich könne während einer Vorstellung keine zahlenden Gäste hinauswerfen, um seinen Anspruch zu wahren. Daraufhin zeigte er mich an. Ich mußte acht Tage lang von morgens sieben Uhr bis nachmittags im Amtsgericht Ludwigshafen bei den Franzosen in einer Gefängniszelle sitzen. (...) Heute kann sich das keiner mehr vorstellen, aber so war das in der Besatzungszeit.

(...) 1945 begann ich den provisorischen Spielbetrieb mit einer Maschine (...). Zur Eröffnung des regelmäßigen Programmkinos im Juni 1946 benötigte ich dringend eine zweite Maschine. Es gab nur eine einzige Vorführmaschine in der gesamten Besatzungszone und die stand in Emmendingen bei Freiburg. Es war ein Problem, die Maschine aus dem französischen Südbaden durch die amerikanische Zone nach Ludwigshafen zu bringen. Die französischen Besatzungsbehörden in Ludwigshafen und Neustadt stellten sich stur. Da ich in der Vorkriegszeit mit meinen Eltern oft in Baden-Baden war, beschloß ich, selbst zu den dort ansässigen obersten Besatzungsbehörden zu reisen. Nach mehrmaligen hartnäckigen Versuchen habe ich glücklicherweise einen ‚Brückenpaß' über die Rheinbrücke bekommen. Inzwischen war ich den Besatzungsbehörden in Neustadt wohl bekannt. Überall hat es geheißen: ‚Die Dame mit dem großen Hut ist wieder da.' So konnte ich mit meinem Auto nach Baden-Baden aufbrechen. (...) Durch meine Hartnäckigkeit wurde ich zu General Koenig vorgelassen und habe ihm erklärt, was ich brauche. (...) Dort bekam ich dann einen ‚Deblockageschein', um das Gerät über die amerikanische Zone nach Oggersheim zu bringen. So konnten wir unsere Vorführungen ohne Unterbrechungen machen und überblenden. Jeder, auch der Direktor der Ludwigshafener UFA-Theaterbetriebe, Lutz, fragte damals erstaunt: ‚Sagen Sie mal, wie kommen denn Sie zu dieser Maschine?' Ich habe ihm geantwortet: ‚Ich bin einfach hingefahren und habe hartnäckig gewartet und gewartet.'"

Angesichts dieser Erlebnisse ist es nicht verwunderlich, daß Hedwig Doll es als schönsten Erfolg ansah, diese Jahre nicht nur durchlebt, sondern auch gemeistert zu haben. Rückblickend gehörte es für sie zu ihren bedeutendsten Leistungen, aus dem Nichts und ohne Erfahrung ihr Lichtspielhaus am Schillerplatz mit über dreißig Angestellten aufgebaut zu haben. Zusammen mit ihrem Mann hat sie dann in den fünfziger Jahren ein zweites Kino in Oggersheim eröffnet. Bereits zu Beginn der sechziger Jahre begann es allerdings für die Kinobranche wirtschaftlich schwierig zu werden. Die Rolle des Massenmediums übernahm das Fernsehen. Das Lichtspielwesen zog sich in eine Nische der stetig anwachsenden Freizeitindustrie zurück. Vor allem die kleineren Lichtspielhäuser, die nicht in den Innenstädten lagen, hatten Schwierigkeiten, sich in diesem Segment zu behaupten. Nach und nach reduzierten auch die Dolls ihren Kinobetrieb. Ende der sechziger Jahre schlossen sie schließlich ihr

Stammhaus am Schillerplatz. Danach hatten sie endlich mehr Zeit für das Reisen, am liebsten fuhren sie mit dem Auto nach Österreich.

Nach dem Tod ihres Mannes im Jahre 1979 widmete Hedwig Doll ihre Zeit dem Lesen und der Pflege ihres Wintergartens mit prächtigen südländischen Pflanzen. Auch im hohen Alter verstand sie es, die Nachkriegsjahre, die ihrem Leben eine so nachhaltige Prägung gaben, durch ihre farbigen Schilderungen wieder lebendig zu machen. Sie verstarb im Juni 1999.

Peter Gleber

Quellen/Literatur:

Internationale Filmwoche, 38 (1949), S. 494;

Verschiedene Gespräche des Autors mit Frau Hedwig Doll seit 1988 sowie eine Befragung vom 28. November 1997;

Peter Gleber: Kino als Überlebensmittel. Anfänge und Bedeutung dieses Mediums in der französischen Zone unter besonderer Berücksichtigung der Großstadt Ludwigshafen am Rhein 1945-1949, in: Zeitschrift für die Geschichte des Oberrheins, Jg. 145 (1997), S. 403-429;

Peter Gleber: Zwischen gestern und morgen. Film und Kino im Nachkriegsjahrzehnt, in: Franz-Josef Heyen, Anton M. Keim (Hg.), Auf der Suche nach neuer Identität. Kultur in Rheinland-Pfalz im Nachkriegsjahrzehnt. Mainz 1996 (Veröff. d. Kommission des Landtages für die Geschichte des Landes Rheinland-Pfalz, Bd. 20), S. 451-520.

Dr. Julia Dünner (1883-1959)

Julia (Juliane Bernhardine Caroline) Dünner wurde am 9. Oktober 1883 in Köln-Mülheim geboren. Gemeinsam mit mehreren Geschwistern wuchs sie in einem gutbürgerlichen katholischen Elternhaus auf, durfte die Höhere Schule besuchen und das Abitur erwerben – damals für Mädchen keine Selbstverständlichkeit.
Die Möglichkeiten der Berufsausübung waren für Frauen allerdings noch sehr eingeschränkt. Julia Dünner begann daher, zunächst ehrenamtlich auf verschiedenen Gebieten der Wohlfahrtspflege, insbesondere der Jugendpflege, der Berufsberatung und der Heimarbeiterinnenfürsorge, zu arbeiten. Diese Tätigkeiten regten sie dazu an, zwei Semester lang die Katholische Soziale Frauenschule in München zu besuchen. In dieser Zeit wurde sie stark von der Persönlichkeit von Ellen Ammann, der damaligen Landesvorsitzenden des Katholischen Frauenbundes in Bayern, beeindruckt. Sie wurde für die katholische Frauenbewegung gewonnen, der sie ein Leben lang treu bleiben sollte.
Sie ging dann zurück nach Köln, wo sie an der Verwaltungshochschule das Studium der Rechts- und Staatswissenschaften aufnahm, das sie an den Universitäten Bonn und Tübingen fortsetzte. Ihre Lieblingsfächer waren das öffentliche Recht, Staatsverfassungs- und Staatsverwaltungsrecht, Kommunalrecht und Sozialrecht. An der Verwaltungshochschule in Köln erwarb sie das Diplom für Sozialbeamte und für Kommunalbeamte. 1917 promovierte sie in Tübingen zum Doktor der Staatswissenschaften. Danach übernahm sie an der Universität Köln mehrere Semester lang einen Lehrauftrag und unterrichtete die Fächer Sozialpolitik und Wohlfahrtspflege.
Neben Ellen Ammann übte vor allem Hedwig Dransfeld, die Gründerin und seit 1912 erste Vorsitzende des Katholischen deutschen Frauenbundes, großen Einfluß auf die Entwicklung Julia Dünners aus. Auf deren Anregung hin richtete sie an der Zentrale des Katholischen Frauenbundes in Köln eine Abteilung für staatsbürgerliche Schulung ein und baute im ganzen Deutschen Reich Studienzirkel und Schulungskurse auf. Außerdem gründete sie eine Schriftenreihe zur staatsbürgerlichen Bildung.
Die entscheidende Wende in ihrer Berufslaufbahn trat im November 1920 ein, als man Dr. Julia Dünner als Fachfrau in das Reichsarbeitsministerium holte. Hier wurde sie zur Referentin in der Abteilung „Sozialfürsorge" im Rang einer Regierungsrätin ernannt. Schon bald richtete sie ein neues Referat ein, das die Aufgabe hatte, die gesamte private Wohltätigkeit im Deutschen Reich zu fördern und zu vernetzen. Für Dr. Julia Dünner, von der katholischen Soziallehre herkommend, war die freie Wohlfahrtspflege, basierend auf der christlichen Nächstenliebe, unverzichtbarer Bestandteil für das Funktionieren eines sozialen Staatswesens. Ihr Ziel war daher vor allem die Schaffung einer organischen Verbindung der privaten mit der öffentlichen Wohlfahrtspflege.
Darüber hinaus baute Dr. Julia Dünner vor allem die öffentliche Fürsorge für die Kriegswaisen und die Kinder von Kriegsbeschädigten aus. Sie stellte Richtlinien für deren Erziehung und Ausbildungsförderung auf. Bei der Beratung des Reichsju-

gendwohlfahrtsgesetzes wurde Frau Dünner zum Kommissar für das Reichsarbeitsministerium bestellt.

1924 war sie dann mit der Ausarbeitung der „Reichsverordnung über die Fürsorgepflicht" und der „Reichsgrundsätze über Voraussetzung, Art und Maß der öffentlichen Fürsorge" maßgeblich an der Schaffung des neuen Wohlfahrtsrechtes der Weimarer Republik beteiligt. In dieser Zeit entfaltete sie auch eine reiche Publikationstätigkeit. So veröffentlichte sie im Jahr 1925 die Textausgabe „Das Reichsfürsorgerecht. Die Fürsorgepflichtverordnung vom 13.2.1924 nebst allen damit zusammenhängenden Gesetzen und Verordnungen des Reiches und der Länder" und 1926 einen Erläuterungsband „Die soziale Wohlfahrtsrente". 1929 gab sie die zweite, völlig neu bearbeitete Auflage des „Handwörterbuchs der Wohlfahrtspflege" heraus. Außerdem verfaßte sie zahlreiche Beiträge für Fachblätter sowie Artikel zum Themengebiet der Wohlfahrtspflege für verschiedene Lexika.

Nach der Machtübernahme durch die Nationalsozialisten waren Frauen in Führungspositionen nicht mehr erwünscht. Aufgrund des § 5 des „Gesetzes zur Wiederherstellung des Berufsbeamtentums" vom 7. April 1933 wurde Dr. Julia Dünner, seit April 1927 Ministerialrätin, aus dem Reichsarbeitsministerium entfernt und auf die Planstelle eines Regierungsrats beim Versorgungsamt Koblenz versetzt. Am 1. Januar 1945 folgte dann wegen Dienstunfähigkeit die Versetzung in den dauernden Ruhestand.

Als der Krieg zu Ende war und fähige Beamtinnen und Beamte für den Neuaufbau der Verwaltung gebraucht wurden, die keinen nationalsozialistischen Organisationen angehört hatten, holte man auch Dr. Juli Dünner in eine verantwortliche Position zurück. Sie nahm am 9. Oktober 1945 als Ministerialrätin beim Regierungspräsidium in Koblenz die Arbeit auf. Sie hatte in dieser von Mangel und Not geprägten Zeit bis zur Währungsreform vor allem Versorgungsfragen zu lösen. Nach Gründung des Landes Rheinland-Pfalz war sie noch kurze Zeit bei der Landesregierung tätig.

Am 31. Dezember 1948, im Alter von 65 Jahren, ging sie schließlich endgültig in den Ruhestand. Allerdings übte sie auch danach noch ehrenamtliche Funktionen aus. So wurde sie im Januar 1953 von Ministerpräsident Altmeier zum ehrenamtlichen Mitglied des Landesverwaltungsgerichtes Rheinland-Pfalz ernannt. Dieses Amt übte sie vier Jahre lang aus.

Doch Dr. Julia Dünner sprang in der unmittelbaren Nachkriegszeit, als die Frauen überall gebraucht wurden, nicht nur beruflich wieder ein, sondern beteiligte sich auch am politischen Wiederaufbau. Sie trat der CDP, der Vorläuferpartei der späteren CDU in Koblenz, bei, wobei ihr vor allem die Frauenarbeit am Herzen lag. Neben Helene Rothländer und Dr. Else Missong gehörte sie zu jener Generation meist akademisch gebildeteter Frauen aus dem Umfeld des Katholischen Deutschen Frauenbundes, die schon in der Weimarer Republik Verantwortung getragen hatten und nun ihre Erfahrung erneut zur Verfügung stellten.

Dr. Julia Dünner wurde 1947 zur Vorsitzenden des Koblenzer CDU-Bezirksfrauenbeirats gewählt. Sie hatte in vielen Fragen eine eigene Meinung und setzte sich vor allem zugunsten von berufstätigen Frauen ein. So protestierte sie im Oktober 1947 gegen die Einkommensteuergesetzgebung, die bei der besonderen Besteuerung Lediger keinen Unterschied zwischen Männern und Frauen machte. Dies sei, so begründete sie, angesichts der Tatsache, daß bei dem „katastrophalen Frauenüberschuß (...) Millionen Frauen nicht zum primären Beruf der Frau, zur Ehe, kommen könn(t)en, sondern ihr ganzes Leben im Beruf stehen" müßten, eine tiefe Ungerechtigkeit. Die arbeitende Frau sei „vom Leben sowieso schwerer belastet" und habe ein Anrecht darauf, sich wenigstens ein eigenes Heim mit selbständiger Haushaltsführung zu schaffen und für den Fall der Berufsunfähigkeit und für das Alter vorzusorgen. Dr. Julia Dünner kritisierte außerdem die Mehrbesteuerung kinderlos Verheirateter; diese entspreche „nationalsozialistischer Denkungsweise".

Sie hatte jedoch nicht lange Funktionen in der CDU-Frauenorganisationen inne. Dies könnte altersbedingte Gründe gehabt haben. Hinzu kam, daß sie bei den CDU-Frauen nicht unumstritten war und offenbar als nicht energisch genug gegenüber Altmeier galt. Die Frauen hätten lieber Helene Rothländer an der Spitze ihrer Organisation gesehen und sprachen sich 1948 gegen eine Wiederwahl Dünners aus.

Ihre letzten Lebensjahre verbrachte Dr. Julia Dünner in Bad Godesberg, wo sie mit einer Freundin, Fräulein Thoenissen, eine Wohnung teilte. Sie wollte in der Nähe der Bonner Universität sein, um weiterhin Studien betreiben zu können und in Verbindung mit der Arbeit des Katholischen Frauenbundes zu bleiben. Ihr größter Lebenswunsch war es gewesen, einmal Professor des öffentlichen Rechtes, des Verfassungsrechtes oder des Verwaltungsrechtes, zu werden; sie besaß eine außergewöhnliche juristische Begabung. Durch die jähe Unterbrechung ihrer beruflichen Karriere im Jahr 1933 waren solche Hoffnungen zerstört worden. Bis zuletzt interessierte sie sich für die Entwicklung der Sozialgesetzgebung und plante noch kurz vor ihrem Tod, mit ihrer langjährigen Weggefährtin, der CDU-Bundestagsabgeordneten Helene Weber, den Entwurf des neuen Sozialhilfegesetzes, der damals im Parlament diskutiert wurde, durchzusprechen. Doch dazu kam es nicht mehr. Sie verstarb am 30. Mai 1959 in Koblenz.

Hedwig Brüchert

Quellen/Literatur:

Landeshauptarchiv Koblenz, Best. 860 P, Nr. 339 (Personalakte Dr. Julia Dünner);
Informationen des Stadtarchivs Koblenz;
Frauenvereinigung der CDU 1947-1987. 40 Jahre für Rheinland-Pfalz. (Mainz 1987);
Anne Martin: Die Entstehung der CDU in Rheinland-Pfalz. Mainz 1995 (Veröffentlichungen der Kommission des Landtages für die Geschichte des Landes Rheinland-Pfalz, Bd. 19);
Helene Weber: Julia Dünner †. In: Die christliche Frau, Jg. 48 (1959), S. 108-110.

Auguste Ehrgott (1894-1960)

Auguste Ehrgott wurde am 12. Januar 1893 in Neustadt an der Haardt geboren. Der Vater, Jakob Ehrgott, war Zugführer bei der Reichsbahn, die Mutter Margarethe war Hausfrau. Auguste und ihre drei Brüder wurden protestantisch erzogen.

Nach der Volksschule machte sie eine Ausbildung als Kinderkrankenpflegerin an der Universitätsklinik in Jena. Später legte sie noch ein Fürsorgerinnen-Examen ab. Im Ersten Weltkrieg wurde sie als Krankenschwester in einem Lazarett eingesetzt.

In den zwanziger Jahren wurde Auguste Ehrgott vom bayerischen Staat bei der pfälzischen Regierung in Speyer als Kreisfürsorgerin eingestellt. Ihre Arbeit wurde sehr anerkannt, und durch ihr kompetentes und resolutes Auftreten verschaffte sie sich überall rasch Respekt. Doch nach 1933 bekam sie zunehmend dienstliche Schwierigkeiten. Sie war bekannt als entschiedene Gegnerin des Nationalsozialismus und damit für die neuen Machthaber in ihrer Funktion nicht tragbar. Deshalb wurde sie zwangspensioniert. Sie zog nach Heidelberg, wo sie die Kriegszeit überstand. Dort gehörte sie dem „Hussong-Kreis" an, in dem sich Mitglieder der Bekennenden Kirche zusammenfanden.

Auguste Ehrgott

Nach dem Zweiten Weltkrieg zog Auguste Ehrgott wieder nach Speyer. Sie gehörte zu den Mitbegründerinnen der örtlichen CDU und wurde auf dem ersten Landesparteitag am 17./18. Oktober 1947 in Kaiserslautern, auf dem sich die christlichen Parteien der verschiedenen rheinland-pfälzischen Landesteile, die bis dahin unter verschiedenen Namen existiert hatten, zusammenschlossen, gemeinsam mit fünf weiteren Frauen in den 35-köpfigen Landesvorstand gewählt.

1948, bei den zweiten Kommunalwahlen nach dem Krieg, kandidierte Auguste Ehrgott für die CDU und wurde in den Speyerer Stadtrat gewählt. Sie gehörte ihm eine Wahlperiode lang an und übernahm in diesen vier Jahren das Amt der dritten Beigeordneten. Damit hatte die Stadt Speyer mit der Sozialdezernentin Lene Bögler und mit Auguste Ehrgott in diesen entscheidenden Nachkriegsjahren, als mit der Währungsreform die Aufbauphase begann und zahlreiche soziale Probleme gelöst werden mußten, zwei engagierte Frauen in wichtigen Funktionsstellen der Kommunalpolitik. Auguste Ehrgotts Aufgabengebiet umfaßte vor allem das Schulwesen. Außerdem gehörte sie dem Wohlfahrtsausschuß, dem Jugendamtsausschuß, der Neubürgerbetreuungsstelle beim Oberbürgermeister und dem Soforthilfe-Ausschuß für die Gruppe der Sachbeschädigten an.

Im April 1952 verursachte Auguste Ehrgott in Speyer einen politischen Eklat. Sie erklärte ihren Austritt aus der CDU und wechselte in die F.D.P. Zu diesem Schritt hatte sie das Verhalten Adenauers getrieben, dem sie Unaufrichtigkeit vorwarf und von dessen Politik sie abgrundtief enttäuscht war. Nach einer Vertrauensabstimmung im Speyerer Rat vom 20. Mai 1952 übte sie ihr Beigeordnetenamt trotz des Protestes der CDU-Fraktion bis zum Ende der Wahlperiode weiter aus. Danach hatte sie keine politischen Ämter mehr inne.

Besonders am Herzen lag Auguste Ehrgott nach dem Krieg offenbar der Wiederaufbau des „Deutschen Verbandes der Sozialbeamtinnen", der 1916 in Berlin gegründet worden war und dem sie bereits in den zwanziger Jahren als junge Fürsorgerin angehört hatte. Er wurde am 30. Oktober 1949 in Mainz unter dem geänderten Namen „Deutscher Berufsverband der Sozialarbeiter und Sozialpädagogen e.V., DBS" wieder ins Leben gerufen. Auf der Gründungsversammlung wurde Auguste Ehrgott zur Ersten Vorsitzenden gewählt und übte dieses Amt dann zehn Jahre lang aus. Ihr zur Seite standen Gertrud Sauerborn aus Neuwied (Regierungsrätin im Sozialministerium Rheinland-Pfalz), Lilly Bischoff (Sozialreferentin des Diakonischen Werks der Pfälzischen Landeskirche in Speyer), Elisabeth Vent (Leitende Sozialarbeiterin im Gesundheitsamt Koblenz), Wilhelmine Schrader (Leitende Sozialarbeiterin im Gesundheitsamt Mainz) und Anna Maus (Stadtjugendamt Frankenthal) als weitere Vorstandsmitglieder.

Ihre letzten Lebensjahre verbrachte Auguste Ehrgott in Mainz, in der Familie ihres Bruders. Hier verstarb sie, erst 67 Jahre alt, am 20. September 1960 und wurde im Familiengrab beigesetzt.

Hedwig Brüchert

Quellen/Literatur:

Stadtarchiv Speyer, Zeitungsausschnittsammlung;
Schriftliche Auskünfte von Frau Barbara Mohr, Pressestelle der Stadt Speyer;
Frauenverbände in Rheinland-Pfalz. Hg. v. Ministerium für Soziales und Familie Rheinland-Pfalz, zus.-gest. v. Hildegard Frieß-Reimann. Mainz 1987, darin: Deutscher Berufsverband der Sozialarbeiter und Sozialpädagogen e.V., DBS, S. 29;
Chronik der Frauen-Union. Masch.schr., zus.-gest. 1997 v. Rotraud Hock, Geschäftsführerin der Frauen-Union Rheinland-Pfalz;
Anne Martin: Die Entstehung der CDU in Rheinland-Pfalz. Mainz 1995 (Veröffentlichungen der Kommission des Landtages für die Geschichte des Landes Rheinland-Pfalz, Bd. 19);
Kurt Weitzel: Vom Chaos zur Demokratie. Die Entstehung der Parteien in Rheinland-Pfalz 1945-1947. Mainz 1989;
Mündliche Auskünfte von Herrn Dr. med. Hanns Ehrgott, Recklinghausen.

Anni Eisler-Lehmann (1904-1999)

Anni Lehmann wurde 1904 in Mainz geboren. Ihr Vater, Hugo Lehmann, war Prokurist und Direktor in der Privatbank Carlebach & Cahn auf der Großen Bleiche. Im Ersten Weltkrieg wurde er mit dem Eisernen Kreuz II. Klasse ausgezeichnet. Nach dem Krieg machte er sich als Immobilienmakler selbständig. Die Mutter, Emilie Lehmann, die aus Herborn im Westerwald stammte, führte am Schillerplatz ein Damenhutgeschäft. Anni hatte einen älteren Bruder, Alfred, der nach Beendigung der Schulzeit in das väterliche Geschäft eintrat.

Anni besuchte die Höhere Mädchenschule und zeigte schon während ihrer Schulzeit künstlerische Neigungen. Nach Erlangung der Mittleren Reife trat sie in eine Kunstgewerbeschule über mit dem Ziel, Modezeichnerin zu werden. Gleichzeitig begann sie, Gesangsunterricht bei einer Sängerin des Mainzer Theaters zu nehmen. Die musikalische Begabung lag in der Familie: Annis Großvater, Simon Lehmann, war Kantor in der alten Synagoge gewesen. Bald stand ihr Entschluß fest: Sie wollte Opernsängerin werden. Von 1926 bis 1931 absolvierte sie beim Kapellmeister des Mainzer Theaters, Hans Lenzer, das Rollenstudium. Als sie 1931 in Köln die Bühnenprüfung ablegte, hatte sie ein Repertoire von 125 Partien vorzuweisen und bestand mit großem Erfolg.

Sie erhielt ein erstes Engagement für die Spielzeit 1932/33 am Würzburger Theater und war bald der Publikumsliebling. Doch dann kam der 30. Januar 1933. Jüdische Künstler waren an deutschen Bühnen nun unerwünscht. An eine Verlängerung des Vertrags war nicht zu denken, und so ging die junge Sängerin im Mai 1933 nach Österreich. Nach Gelegenheitsauftritten in Wien und einem Engagement in Innsbruck wechselte sie 1934 in die Tschechoslowakei. Doch hier war es inzwischen für deutsche Künstler schwierig geworden, eine Arbeitserlaubnis zu bekommen. Der Intendant der angesehenen Troppauer Bühne bot ihr ein Engagement an, unter der Voraussetzung, daß sie die tschechoslowakische Staatsangehörigkeit erwarb. Also ging sie eine Scheinehe mit einem tschechischen Staatsbürger namens Eisler ein. Sie erhielt ihr Engagement in Troppau, und aus Dankbarkeit behielt sie den Namen Eisler bis an ihr Lebensende bei.

In Troppau stand sie nun jeden Abend auf der Bühne, sang alle Alt-Partien von Mozart über Verdi bis Wagner und Strauss, wurde vom Publikum gefeiert und schien eine große Karriere vor sich zu haben. Doch die politische Entwicklung ließ bald auch in der Tschechoslowakei nichts Gutes für jüdische Künstler erwarten, und so faßte sie im Frühjahr 1938 den Entschluß, nach Palästina auszuwandern. Sie schaffte es, ein Engagement für Tel Aviv zu erhalten; sie war dort auf Plakaten bereits für eine „Carmen"-Aufführung angekündigt, doch das britische Konsulat verweigerte die Einreisegenehmigung.

Doch Anni Eisler-Lehmann gab die Hoffnung nicht auf und streckte die Fühler nach Übersee aus. Im September 1938 wurde sie nach Paris bestellt, um dem Intendanten der „Metropolitan Opera" New York vorzusingen, der in Europa auf Nachwuchssuche war. Auf der Rückreise besuchte sie ihre Mutter und den Bruder in Mainz, um

Anni Eisler-Lehmann (1989), vor dem Plakat mit der Ankündigung ihres Konzerts am 3. Mai 1939 in Monte Carlo mit dem Dirigenten Rafael Kubelik.

mit ihnen die jüdischen Feiertage zu verbringen – der Vater war im Jahr zuvor gestorben. Kurz bevor sie wieder nach Troppau fahren wollte, um die Proben für die neue Spielzeit aufzunehmen, erreichte sie ein Brief des dortigen Theaterdirektors, in dem er ihren Vertrag widerrief. Inzwischen waren Hitlers Truppen in der Tschechoslowakei einmarschiert, und es bestand keine Aussicht mehr, daß eine jüdische Sängerin eine Arbeitsgenehmigung erhalten würde. So saß sie nun also im Herbst 1938 mit ihrem tschechischen Paß in Mainz fest und haderte mit ihrem Schicksal, daß sie eine Vertretung in Basel eigens abgelehnt hatte, um in Troppau nicht vertragsbrüchig zu werden. Und so kam es, daß sie den 9./10. November in Mainz miterleben mußte, als die elterliche Wohnung kurz und klein geschlagen und ihr Bruder Alfred mißhandelt wurde. Da half es auch nichts, daß Frau Lehmann den eindringenden Horden das Eiserne Kreuz ihres Mannes entgegenhielt.

Anni Eisler-Lehmann konnte nicht in Deutschland bleiben. Sie mußte versuchen, im Ausland ein neues Engagement zu erhalten. Sie sollte Erich Kleiber vom Teatro Colon in Buenos Aires vorsingen, der sich auf Tournee durch Europa befand. Doch wo auch immer er dirigierte, sie erhielt kein Visum für das entsprechende Land. Endlich gelang es ihr, ein Visum für Monte Carlo zu bekommen, und sang Kleiber dort im Januar 1939 vor. Doch da er inzwischen anderen Sängerinnen Zusagen gemacht hatte, konnte er sie nicht sofort nach Buenos Aires verpflichten. Anni mußte in Frankreich bleiben. Zwar wurde sie für ein großes Konzert in Monte Carlo unter dem Dirigenten Raphael Kubelik engagiert, doch die Gage reichte nur für einige Zeit. Danach nahm sie eine Stelle als au-pair-Mädchen bei einer russischen Jüdin an, um ihren Lebensunterhalt zu sichern.

Ende August 1939 reiste sie zusammen mit anderen Künstlern nach Vichy, um dort zu singen. Als sie sich dort eines Abends für einen Auftritt vorbereitete, klingelte das Telefon, und das Konzert wurde abgesagt: Der Krieg war ausgebrochen. Sie blieb in Vichy, bis im Juni 1940 die deutsche Wehrmacht in Frankreich einmarschierte. Gemeinsam mit einem riesigen Strom von Flüchtlingen versuchte Anni Eisler-Lehmann, über Südfrankreich nach Spanien zu entkommen. Doch die Straßen waren verstopft, es gab keine funktionierenden Verkehrsmittel mehr, und schließlich saß sie in Périgueux fest, wo sie versuchte, sich durch Musikunterricht über Wasser zu halten. Am 3. Oktober 1940 wurde dann vom Vichy-Regime das „Juden-Statut" eingeführt; einen Tag später wurde das Gesetz zur Internierung ausländischer Juden erlassen. Sie mußten sich auf den Behörden melden und bekamen das Wort „juif" (Jude) in rot in ihren Paß gestempelt. Wenige Wochen später wurde Anni Eisler-Lehmann morgens früh um 4 Uhr von der Gendarmerie abgeholt und in ein Internierungslager gebracht.

Es begann ein langer Leidensweg durch verschiedene Lager; die längste Zeit verbrachte Anni Eisler-Lehmann in dem berüchtigten Lager Gurs in den Pyrenäen, wo tausende von Menschen bei völlig unzureichender Ernährung und ohne Schutz gegen die Kälte der unwirtlichen Bergregion untergebracht waren. Krank und fiebergeschüttelt kam Anni Eisler-Lehmann bei klirrendem Frost nach einem langen, quälenden Transport in Gurs an. Doch sie ließ sich nicht so leicht unterkriegen. Kaum war sie genesen, beteiligte sie sich an Konzerten, die von den Lagerinsassen selbst organisiert wurden. In Gurs, wo zahlreiche Künstler aller Sparten interniert waren, entwickelte sich ein vielfältiges kulturelles Leben mit erstklassigen Darbietungen, von Kabarett über Revuen und Tanzdarbietungen bis zu Oper und Konzerten. Für diese Veranstaltungen und zu den notwendigen Proben durften dann auch Männer und Frauen zusammenkommen, während sie sonst in Gurs streng getrennt untergebracht waren. Hier trug nun auch Anni Eisler-Lehmann die Opernpartien, die sie früher auf großen Bühnen gesungen hatte, auf der improvisierten Lagerbühne für die Mithäftlinge vor. Diese Aufführungen waren eines der Mittel, mit denen die Internierten versuchten, sich ihren Lebensmut zu bewahren und die unwürdigen, hygienisch katastrophalen Bedingungen des Lagerlebens erträglicher zu machen. Hin und wieder gab es auch die Möglichkeit, über die französischen Wachmannschaften für höhere Geldbeträge oder im Tausch gegen Wertgegenstände eine zusätzliche Brotration zu bekommen. Das schlimmste war jedoch die ständige Bedrohung, mit einem der nächsten Transporte von Gurs aus in die Vernichtungslager nach Polen geschickt zu werden.

Als sich schließlich 1944 abzeichnete, daß die Alliierten siegen würden, ließ die strenge Aufsicht durch die französischen Wachmannschaften nach. Anni Eisler-Lehmann durfte aus Gesundheitsgründen das Lager verlassen und sich, allerdings an einem vorgeschriebenen Ort, eine Privatunterkunft suchen, die sie nun auch selbst bezahlen mußte. Sie schlug sich mit Arbeiten bei Bauern durch. Gefährlich wurde es, als die zurückweichenden deutschen Soldaten durch das Dorf kamen und sich mit Mitgliedern des französischen Widerstandes letzte Kämpfe lieferten. Dann endlich war Frankreich befreit. Anni wohnte in der ersten Zeit bei einem befreundeten jüdischen Ehepaar in Beaulieue. Zu Weihnachten 1944 sang sie im dortigen Altersheim das „Ave Maria", anschließend wurde in der Stadt ein Konzert organisiert. Von ihren Freunden wurde sie überredet, nach Paris zu gehen, um dort einen Neuanfang als Künstlerin zu versuchen. Mit fünf Litern Nußöl zum Tauschen als einziges Startkapital traf sie zusammen mit einer Freundin in Paris ein. Doch hier zerschlugen sich bald ihre Hoffnungen auf eine neue Bühnenkarriere. Tausende von einheimischen arbeitslosen Künstlern standen in Paris auf der Suche nach einem Engagement Schlange. Und vor allem: Nach der leidvollen Erfahrung mit der deutschen Besatzung wollte niemand in Frankreich eine Sängerin mit einem deutschen Akzent hören. Daß sie als Jüdin selbst verfolgt gewesen war, interessierte in dieser Situation niemanden.

Nach Deutschland zurückzukehren, konnte sich Anni Eisler-Lehmann damals noch nicht vorstellen. Erst kurz zuvor hatte sie erfahren, daß ihre Mutter im Mai 1944 in Theresienstadt verhungert war. Dorthin war sie zusammen mit Annis Bruder Alfred im September 1942 deportiert worden; Alfred Lehmann war bereits vier Wochen später an einer der in dem völlig überfüllten Lager Theresienstadt grassierenden Seuchen gestorben. So blieb Anni als „Staatenlose" – aus Deutschland war sie ja ausgebürgert worden – in den folgenden Jahren in Paris. Sie übernahm die Vertretung für eine kleine Lederwarenfabrik, fand einen französischen Lebensgefährten und begrub die Hoffnung auf eine Fortsetzung ihrer Gesangskarriere.

Eines Tages wurde es jedoch notwendig, sich um den Nachlaß der Eltern zu kümmern. Das Haus in der Hafenstraße in Mainz war von Bomben zerstört, und die Stadt wollte ihr das Trümmergrundstück zu einem billigen Preis abkaufen. Da erwachte in ihr der Trotz; vielleicht war auch ein Stückchen Heimweh dabei. Sie reiste einige Male nach Mainz und entschloß sich in den fünfziger Jahren, ihr Vaterhaus selbst wieder aufzubauen. 1958 siedelte sie wieder ganz in ihre Geburtsstadt über, als eine der ganz wenigen unter den überlebenden Mainzer Juden, die nach 1945 auf Dauer zurückkehrten. Hatte die jüdische Gemeinde Mainz in den zwanziger Jahren noch fast dreitausend Mitglieder gezählt, so fand Annie Eisler-Lehmann jetzt nur eine winzige Gemeinschaft von etwa 100 Menschen vor, die am Sabbath und an den Feiertagen in einem provisorischen Betsaal in der Forsterstraße 2 zusammenkam. Die prachtvolle Hauptsynagoge in der Hindenburgstraße war im November 1938 in Brand gesteckt und kurz darauf gesprengt worden. Das Wiedereingewöhnen fiel nicht leicht, und der Schmerz um Mutter und Bruder begleitete sie bis an ihr Lebensende. Von ihren Jugendfreundinnen und früheren Bekannten der Familie Lehmann war fast niemand mehr in Mainz zu finden. Doch häufig bekam Anni Post und Besuch von alten Freunden aus allen Teilen der Welt und wurde dank ihres ausgezeichneten Gedächtnisses als „wandelndes Lexikon" viel in Anspruch genommen: Über fast alle jüdischen Mainzer Familien konnte sie Auskunft geben und wußte, wo die Nachkommen nun lebten.

Für ein Wiederanknüpfen an ihre Bühnenkarriere der Vorkriegszeit war es nach der Rückkehr nach Deutschland natürlich zu spät, auch wenn sich Anni Eisler-Lehmann in all den Jahren intensiv mit Musik beschäftigte. 1997 erfüllte sich die Hochbetagte jedoch einen sehnlichen Lebenswunsch. Wenn durch die menschenverachtende nationalsozialistische Diktatur schon ihre eigene Laufbahn als Sängerin abrupt abgebrochen, aber auch in ihr Privatleben brutal eingegriffen worden war und sie nun im Alter ganz alleine ohne Familie dastand, so wollte sie doch wenigstens für den Sängernachwuchs etwas tun. Sie gründete die „Anni-Eisler-Lehmann-Stiftung", die das Ziel hat, junge jüdische Gesangsstudierende, die einen Teil ihrer Ausbildung in Mainz absolvieren, mit Stipendien zu unterstützen. Eine besondere Freude war es für sie, ihre erste Stipendiatin, Rona Izrael, 1998 in der Rolle der Vitellia in Mozarts „La Clemenza di Tito" in einer Inszenierung des Fachbereichs Musik der Mainzer Universität zu hören.

Als weitere große Genugtuung, die sie in ihrem hohen Alter noch erleben durfte, empfand sie die 1999 gefallene Entscheidung, daß in der Hindenburgstraße in Mainz, am alten Standort der 1912 eingeweihten und 1938 zerstörten Synagoge, ein neues jüdisches Gemeinde-Zentrum entstehen soll.

Anläßlich ihres 95. Geburtstags wurde Anni-Eisler-Lehmann von Oberbürgermeister Jens Beutel mit der Gutenberg-Plakette, der höchsten Auszeichnung der Stadt Mainz im kulturellen Bereich, geehrt. Sie verstarb wenige Wochen später, am 11. November 1999.

Hedwig Brüchert

Quellen/Literatur:

Tonband-Interview mit Anni-Eisler-Lehmann, geführt von Hedwig Brüchert im Jahr 1988, sowie weitere Gespräche in den Jahren 1988 bis 1999;
Hedwig Brüchert-Schunk: Von der Opernbühne ins Internierungslager. Die Lebensgeschichte der Sängerin Anni Eisler-Lehmann, in: Mainzer Geschichtsblätter, Heft 6 (1990), S. 151-160;
Gabriele Mittag: „Es gibt Verdammte nur in Gurs". Literatur, Kultur und Alltag in einem französischen Internierungslager 1940-1942. Tübingen 1996;
Mirjam Ulrich: „Aus Liebe zur Musik". Anni Eisler-Lehmann-Stiftung in Mainz, in: JOGU Nr. 163/1998, S. 13;
Junge jüdische Sänger unterstützt. Mainzer Rhein-Zeitung vom 21.10.1999.

Ursula Enseleit (1911-1997)

Ursula Riel wurde am 25. Juli 1911 in Wenzken, Kreis Angerburg, in Ostpreußen geboren. 1934 heiratete sie den Lehrer Adolf Enseleit, der zehn Jahre später im Zweiten Weltkrieg fiel. Im Oktober 1944 mußte sie vor der Russischen Armee fliehen und fand nach mehreren Wochen in Magdeburg ihre Eltern und Geschwister wieder. Dort begann sie im Oktober 1945 eine Ausbildung zur Lehrerin im Pädagogischen Institut. Fünf Jahre später, 1950, verließ sie Ostdeutschland und ging in den Westen. In einem am 14. Mai 1950 geschriebenen Lebenslauf heißt es: „Ich faßte den schweren Entschluß (...), auch nach dem Westen zu gehen. Das dort in der Ostzone herrschende politische System zerstörte mich. Ich konnte und wollte nicht mehr lügen."
Seit 1950 lebte sie in Mainz und wendete

Ursula Enseleit

sich erst als Vierzigjährige der bildenden Kunst zu. 1950 bis 1954 besuchte sie die Landeskunstschule in Mainz und wurde eine Schülerin von Emy Roeder. Neben ihrem bildhauerischen Talent war es die Dichtkunst, in der sie sich Zeit ihres Lebens ausdrückte. In beiden Gattungen, als Bildhauerin und als Lyrikerin, konnte sie Erfolge nachweisen. 1964 erhielt sie den Förderpreis für Plastik des Landes Rheinland-Pfalz. 1967 gewann sie den Angerburger Literaturpreis des Land- und Patenkreises Rotenburg/Wümme für ihren Gedichtband „Ungerupft" und ein zweites Mal 1979 für die Gedichtsammlung „Das flammende Herz". Ein Jahr zuvor, 1978, hatte sie den Kulturpreis für bildende Kunst der Landsmannschaft Ostpreußen erhalten.
Seit den frühen siebziger Jahren nahm sie an zahlreichen Ausstellungen teil: 1972 im Kreishaus Rotenburg/Wümme, 1982/1983 in der Erziehungswissenschaftlichen Hochschule Rheinland-Pfalz in Mainz und 1983 im Heimatmuseum Rotenburg/Wümme. Gemeinsam mit Conrad Wetteskind stellte sie 1987 einige Arbeiten in einer Ausstellung in der Brückenturmgalerie der Stadt Mainz aus. Anfang der neunziger Jahre, 1993, folgte eine Einzelausstellung im Rathaus in Osthofen.
Außer „Ungerupft" (1967) erschienen ihre Gedichtbände „Singende Säge" (1972), „Keitelkahn" und „Das flammende Herz" (1980), die sie auch selbst illustrierte. In den Bänden halten sich Wort und Bild das Gleichgewicht, und die Illustration erhält den Status eines eigenständigen Werks.
Beeindruckt durch das Vorbild ihrer Lehrerin Emy Roeder, fertigte Ursula Enseleit Portraitköpfe, Einzelfiguren und Tierdarstellungen an. Ihre künstlerische Herkunft

zeigt sich auch in den klar abgegrenzten Formen ihrer Plastiken. Dabei kommt allerdings eine weichere, emotionalere Formgebung hinzu, die den Unterschied zur Lehrerin beweist. Anders als bei Emy Roeder bleibt in einigen ihrer Arbeiten der Prozeß des Modellierens erhalten, sie gibt den Figuren dabei den Eindruck des Unfertigen und des Veränderbaren.

Die Hauptmotive ihres künstlerischen Schaffens hängen mit ihren Lebenserinnerungen zusammen, besonders aus der Kinderzeit in Ostpreußen, als sie auf dem Land aufwuchs. Elche, Eulen und Vögel ziehen sich als Motive durch ihr Werk als Bildhauerin und als Lyrikerin. Ihren Werken eigen ist das Interesse an der Veränderung, ohne das Ursprüngliche zu vergessen. So zeigt das Doppelselbstbildnis „Alter und Kindheit" (1979/1980) ein Selbstporträt aus neuerer Zeit und eines als Kind. Abermals wird hierin der Bezug zu ihrer Kindheit in der Heimat Ostpreußen deutlich, der zeitlebens bestehen blieb. Die Doppelung erscheint nochmals in ihren Tier-Menschenkind-Gruppen, bei denen die Mutter durch das Tier, wie einer Elchkuh, ersetzt werden kann. Biographisch mag dies in dem frühen Tod der Mutter begründet sein oder eher in der Bezogenheit der Künstlerin zur Natur ihres Heimatlandes.

Öffentliche Aufträge erhielt Ursula Enseleit für Plastiken in Rotenburg, Wümme („Der Schwimmeister", „Reiher- und Eulenwand" und „Leguan-Reliefs") und für das Rathaus in Bad Mergentheim („Kopernikus-Bronzerelief" 1973, „Die vier Gesichter", 1975/76).

Am 8. August 1997 starb Ursula Enseleit in Mainz.

Ursula Terner

Quellen/Literatur:

Gottfried Borrmann: Ursula Enseleit zum Gruß. Der Künstlerin zum 70. Geburtstag. In: Mainz, 1. Jg. (1980), Heft 3, S. 138;
Hans-Jürgen Imiela: Jenseits von Traum und Spiel. Über die Künstlerin Ursula Enseleit. In: Mainz, 7. Jg. (1987), Heft 1, S. 71-71;
Unterlagen von Frau Dr. Thierfeldt (Fotos, Gedichtbände).

Margarete Falke (1902-1982)

Margarete Falke, geb. Hirche, kam am 12. Juli 1902 in Bunzlau in Schlesien als Kind einer Arbeiterfamilie zur Welt. Sie wuchs in Magdeburg auf und wurde nach ihrer Schulentlassung Verkäuferin im Konsum. Gleichzeitig trat sie der Sozialistischen Arbeiterjugend (SAJ) bei, deren örtlicher Vorsitzender damals der spätere SPD-Parteivorsitzende Erich Ollenhauer war. Der Beitritt zur SPD im Jahr 1918 war für die Tochter eines sozialdemokratischen Gewerkschafters eine Selbstverständlichkeit.
1927 heiratete Margarete Hirche den Bauingenieur Otto Falke, den sie bei der SAJ kennengelernt hatte. Das Paar zog nach Barby an der Elbe, wo Otto eine Anstellung bei der Stadt fand. Sie richteten sich eine Wohnung ein, in den folgenden Jahren gebar Margarete zwei Kinder, und sie waren eine glückliche junge Familie. Doch mit der Machtübernahme durch die Nationalsozialisten begann eine schlimme Zeit.

Margarete Falke

Am Tage nach der Reichstagswahl vom 5. März 1933 entfernte der überzeugte Sozialdemokrat Otto Falke eine Hakenkreuzfahne, die die neuen braunen Machthaber auf dem Rathaus gehißt hatten. Nur mit Mühe konnte ihn daraufhin die Polizei vor wütenden Nazis schützen. Er konnte entkommen und versteckte sich in Magdeburg, während ihn SA-Leute in Barby suchten. Eines Abends zerschossen sie in der Wohnung von Familie Falke sämtliche Fensterscheiben. Nur dem mutigen Dazwischentreten des Hauseigentümers, der selbst NSDAP-Sympathisant war, verdankte es Margarete Falke, daß sie und ihre beiden kleinen Kinder mit dem Schrecken davonkamen.
Otto Falke verlor natürlich sofort seine Stellung bei der Stadtverwaltung. Nach langer Arbeitslosigkeit wurde er schließlich beim Reichsarbeitsdienst eingestellt und übersiedelte 1938 mit seiner Familie nach Altenkirchen im Westerwald.
Schon bald nach Kriegsbeginn wurde Otto Falke zur Wehrmacht eingezogen und kam an die Ostfront. Er fiel 1943 in Rußland. Margarete Falke stand mit ihren inzwischen fünf Kindern alleine da, ohne Verwandte und fern von ihrer sächsischen Heimat. Nach dem Ende des Krieges plante sie, wieder nach Magdeburg zurückzukehren. Doch als sie bei einem kurzen Aufenthalt in ihrer Geburtsstadt sah, wie sich dort die politischen Verhältnisse entwickelt hatten, entschied sie sich, mit ihren Kindern in Altenkirchen zu bleiben.
Als erste Frau trat sie 1946 in den SPD-Ortsverein Altenkirchen ein. 1948 wurde sie für vier Jahre in den Altenkirchener Stadtrat gewählt und gehörte hier dem Fürsor-

geausschuß an. Auch nach ihrer Stadtratszeit war sie weiterhin in verschiedenen Ausschüssen vertreten, so z.B. von 1953 bis 1965 als Mitglied des Fürsorge- und späteren Sozialhilfeausschusses des Kreises Altenkirchen. Außerdem gründete sie den Ortsverband der Arbeiterwohlfahrt, dessen Vorsitz sie von 1950 bis zu ihrem Tode 1982 innehatte. In den Jahren nach dem Krieg, als ein großer Teil der Bevölkerung Hunger und Not litt, arbeitslos war und oft noch in Notunterkünften leben mußte, leistete die Arbeiterwohlfahrt unschätzbare Hilfe. Die ehrenamtlichen Mitarbeiterinnen verteilten Lebensmittel, Kleidung und Schuhe, organisierten Ferienfreizeiten für bedürftige Kinder und machten den Menschen wieder Mut.

Als Kriegerwitwe engagierte sich Margarete Falke auch bei der Gründung des Verbandes der Kriegsopfer und Hinterbliebenen (VdK), dessen örtlichem Vorstand sie ebenfalls viele Jahre lang angehörte.

Mit großer Willenskraft, Beharrlichkeit und unermüdlichem Fleiß schaffte sie es, ihren Kindern ein eigenes Heim zu schaffen und allen fünfen eine gute Ausbildung zu ermöglichen. Trotz all ihrer anderen Aufgaben und Verpflichtungen war sie mehrere Jahre lang im Elternbeirat der damaligen Altenkirchener Volksschule und des Neusprachlichen Gymnasiums aktiv. Neben der Sorge für ihre Kinder lag ihr jedoch vor allem die Mitarbeit in der Arbeiterwohlfahrt und in der SPD am Herzen. Sie hatte am eigenen Leib erfahren, wie die Weimarer Republik von ihren Gegnern zerstört worden war, und sie wollte mit allen Kräften dazu beitragen, den neuen demokratischen Staat so zu festigen, daß sich die Ereignisse von 1933 nicht wiederholen konnten.

Für ihr vielfältiges, unermüdliches ehrenamtliches Wirken in der kommunalen Selbstverwaltung und im sozialen Bereich wurde Margarete Falke im Jahr 1977, anläßlich ihres 75. Geburtstages, mit dem Bundesverdienstkreuz am Bande ausgezeichnet. Sie verstarb am 10. August 1982 in Altenkirchen.

Hans Helzer

Quellen/Literatur:
Gespräche des Verfassers mit Margarete Falke;
1921 – 1981, 60 Jahre SPD Kreisverband Altenkirchen, S. 66-67;
Vorschlagsbegründung für die Verleihung des Bundesverdienstkreuzes 1977.

Susanne Faschon (1925-1995)

Wir wollten über eine Lesung unter dem Thema „Dichtung und Krankheit" sprechen, als wir uns zum ersten Mal begegneten. Susanne Faschon war gerade aus Bonn zurückgekehrt, wohin sie ihren Mann, Professor Hans Stirn, während eines Klinikaufenthalts begleitet hatte. Aus der Konfrontation mit seiner schweren Krankheit, mit Klinikalltag und Chemotherapie waren wunderschöne Gedichte entstanden, von denen ich meinte, daß sie vielen Menschen etwas zu sagen hätten.

Kaum konnte ich es daher fassen, als sie erwähnte, in Bonn ein entzückendes Schlafzimmer gekauft zu haben. Auf meinen verständnislosen Blick hin öffnete sich mir die Schriftstellerin als Sammlerin. Unter vielem Anderen sammelte sie Puppenstuben und jegliches Inventar dafür. So kam bald nach der Lesung in der Öffentlichen Bücherei Mainz auch ihre erste Puppenstuben-Ausstellung hier zustande: „Zwischen Plüschsofa und Vertiko", eröffnet am 4. Dezember 1986. Susanne Faschon schlüpfte mit Begeisterung in diese kleine Welt und gestaltete sie mit unzähligen, auf Flohmärkten einzeln zusammengetragenen Puppen und Möbeln, Nippes und anderem Inventar ebenso realistisch, lebendig und liebevoll wie Erlebtes und Beobachtetes in ihren Gedichten und Geschichten. Wer war diese Frau? Geboren wurde Susanne Margarete Reuter am 3. Mai 1925 in Kaiserslautern. Ihren Vater, einen Finanzbeamten, kennzeichnet sie als korrekt, eher spießbürgerlich und „von Natur aus mürrisch", ihre Mutter als überängstlich. Während der Vater sehr früh in die NSDAP und die SA eintritt, weiß die dem Regime kritisch gegenüberstehende Mutter Susannes Mitgliedschaft im BDM zu verhindern. Aus der unterschiedlichen Einstellung der Eltern erwächst der Wunsch der Lesehungrigen, „den absoluten Bestseller jener Zeit", Hitlers „Mein Kampf", zu studieren. Sie wünscht ihn sich zum dreizehnten Geburtstag und bekommt ihn. Doch Fragen bleiben unbeantwortet, und auch ein Lexikon verschafft kaum weitere Einsichten.

Nach dem Einser-Abitur 1944 an der Höheren Weiblichen Bildungsanstalt (HWB), verbunden mit dem Scheffel-Preis für besondere sprachliche Leistungen, erlebt Susanne den schweren Fliegerangriff auf Kaiserslautern, der auch ihr Wohnhaus zerstört. Das Kriegsende – in der Evakuierung bei Verwandten des Vaters im fränkischen Miltenberg – erlebt die Zwanzigjährige als Befreiung.

Dennoch beginnt eine sehr schwere Zeit für die Familie Reuter, deren bürgerliche Existenz nun zerstört ist. Der Vater sitzt zunächst in einem französischen Strafge-

Susanne Faschon (1945)

fangenenlager und kann erst Jahre nach seiner Rückkehr, zurückgestuft, wieder in seinem früheren Beruf arbeiten. Frau und Tochter Susanne – die wesentlich jüngere Schwester ist noch zu klein – lernen, sich mit „Hamstern", Putzen und Gelegenheitsarbeiten durchzuschlagen.

Susanne hätte gern Lehrerin werden wollen, heiratet jedoch schon 1947 den Grabsteinbildhauer Rudolf Faschon. 1948 wird ihre Tochter Viola geboren. Die ersten Ehejahre stehen zeitgemäß unter dem Zeichen von Wohnungszwangswirtschaft und sehr beschränkten finanziellen Verhältnissen. Erst 1950 wird es möglich, eine eigene Einzimmerwohnung zu beziehen, und wiederum muß Susanne großenteils die Familie ernähren: mit Gelegenheitsarbeiten, als Stenotypistin, seit Ende der fünfziger Jahre als Chefsekretärin von Carl Maria Kiesel, dem im Dritten Reich Verfolgten und nach der Emigration früh heimgekehrten Direktor der Pfalzgalerie Kaiserslautern.

Trotz Beruf, Familie und Haushalt findet Susanne Faschon Zeit für die Schriftstellerei. „Das Blumenjahr", Gedichte (1953), und „Kein Spiel für Träumer", Jahresgabe des Literarischen Vereins der Pfalz (1959), sind die ersten Veröffentlichungen. 1956 erhält sie den Ersten Preis im Bockenheimer Mundartwettbewerb, zu dessen Jury sie dann von 1960 bis 1995 gehört. Seit 1958 engagiert sich Susanne Faschon mit der Organisation von öffentlichen Autorenlesungen für das kulturelle Leben ihrer Heimatstadt.

Durch die Begegnung mit zahlreichen zeitgenössischen Künstlern, die intensive Beschäftigung mit der künstlerischen Moderne in Malerei und bildender Kunst wird die Zeit in der Pfalzgalerie (bis 1965) entscheidend für Susanne Faschons weitere Entwicklung – in künstlerischer wie in privater Hinsicht.

Nach ihrer Scheidung 1966 arbeitet sie in Mannheim bei der Wissenschaftlichen Buchgemeinschaft, im Reiss-Museum und schließlich in der wissenschaftlichen Stadtbibliothek, die heute zur Universitätsbibliothek Mannheim gehört. Zwei Jahre später heiratet sie den zweiundzwanzig Jahre älteren Kiesel. „Vogelzug" (Landau 1984) mit Gedichten von Susanne Faschon und Grafiken von Carl Maria Kiesel zeugt von einem auch künstlerisch sehr engen Miteinander: Gedicht und Grafik interpretieren und ergänzen sich gegenseitig.

Seit den sechziger Jahren engagiert sich Susanne Faschon im Vorstand des Schriftstellerverbandes Rheinland-Pfalz, als Herausgeberin von Lyrik aus Rheinland-Pfalz und dem Saarland, wird mit der Ehrengabe der Deutschen Schillerstiftung, Berlin, und dem Förderpreis des Kultusministeriums Rheinland-Pfalz sowie einem Auslandsstipendium des Auswärtigen Amtes und des VS ausgezeichnet. Aber sie bleibt in ihrem Beruf. 1968 nach Bischofsheim bei Mainz umgezogen, wird sie Bibliothekarin und Sachbearbeiterin beim Südwestfunk (heute SWR), Landesstudio Rheinland-Pfalz in Mainz, und bleibt dies bis zu ihrem Ruhestand 1984.

Nach dem Tod von Kiesel 1971 verstummt die Dichterin für mehrere Jahre. In dieser Zeit (1971-1974) ist sie politisch – als Stadtratsmitglied der SPD in Bischofsheim – besonders aktiv.

Als Susanne Faschon 1973 ihren späteren dritten Mann, Hans Stirn, kennenlernt, beginnt sie wieder zu schreiben. Zunächst ist es Prosa: „Das Dorf der Winde. Heiteres von unterwegs", Pfullingen 1976; „Der Traum von Jakobsweiler. Geschichten vom Glück mit Johannes", Neustadt an der Weinstraße 1980. Das intensive Miterleben der schweren Krankheit von Johannes wird dann – vielfach von ihm ermuntert – mit zahlreichen äußerst knappen und ebenso treffsicher gestalteten Liebesgedichten verarbeitet. Diese Produktivität – in Hochdeutsch und im heimatlichen Pfälzer Dialekt – dauert auch an, als Hans Stirn 1986 stirbt: „Mei Gedicht is mei Wohret", Landau 1988. Als sie von derselben Krankheit heimgesucht wird, schreibt sie – humorvoll, leichtfüßig und ein wenig melancholisch – dagegen an: „Sommers Ende. Gedichte" mit Zeichnungen von Karl Unverzagt, Frankfurt a.M. 1994; „Altweiversummer. Gedichte in Pfälzer Mundart", Landau 1994. In „Prinzessin Maultasch" mit Zeichnungen von Karl Unverzagt, Otterbach 1995, versammelt sie elf autobiographische Geschichten. Dazu gehört „SA-Mann Josef R.": sie ist mit ihrem Vater ins Reine gekommen. Ein halbes Jahr nach ihrem 70. Geburtstag, an dem sie ihre vielen Freunde und Weggefährten zu einem großen Fest um sich versammelt hatte, stirbt Susanne Faschon am 25. Oktober 1995 in Wiesbaden.

Susanne Faschon hat in den entscheidenden siebzig Jahren dieses Jahrhunderts, die sie sehr bewußt miterlebte und beobachtete, viele Höhen und Tiefen erlebt. In ihrer Heimat, der Pfalz, und im Lande Rheinland-Pfalz hat sie auch mitgestaltet durch ihr politisches und vor allem kulturelles Engagement. Ihrer Heimat und deren Menschen, Sprache und Lebensart setzte sie in ihren Gedichten und Geschichten, in zahlreichen Hörspielen ein unverwechselbares Denkmal. Sie selbst fand Eingang in zahlreiche Anthologien, war bei ungezählten Lesungen „Autorin zum Anfassen". Als Herausgeberin und Mitglied in mehreren Gremien zur Vergabe von Literaturpreisen förderte sie andere Autoren, indem sie ihnen ein Forum bot.

Sie pflegte Freundschaften und verstand es, auch Menschen für sich zu gewinnen, die ihr zunächst mit Vorbehalten gegenüberstanden. So faszinierend wie ihre Persönlichkeit auf andere Menschen, so inspirierend wirkte ihr Schaffen auf andere Künstler. Während Karl Unverzagt geradezu auf die nächsten Krankheits- und Todesgedichte wartete, um seine Skizzen dazu zu gesellen, vertonte und sang Lilian Klawitter zum Teil dieselben Gedichte. Zwei Schallplatten der Firma sound-da-ton, Steyerberg: „Laßt uns nach Frieden schreien" (1982/83) und „Sommers-Ende" (1988) zeugen davon.

Susanne Faschon freute sich über dieses Echo wie über die vielen Ehrungen, die ihr auch in späteren Jahren zuteil wurden. Stolz war sie auf die positive Bewertung schon ihrer frühen Gedichte durch Ernst Bloch und auf den Verdienstorden des Landes Rheinland-Pfalz, der ihr 1994 verliehen wurde.

Eine umfassende Würdigung des Werkes von Susanne Faschon steht noch aus. Aufschlußreich auch für ihre Arbeitsweise, das Ringen um das treffendste Wort, die knappste Formulierung dieser anscheinend so leicht daherkommenden Verse, ist ihr – noch unbearbeiteter – Nachlaß in der Mainzer Stadtbibliothek.

De Summer is rum

*Mit unserm Lewe
geht's jetz wie
mir'm Laab;
des fallt un
fallt.*

*Un wann's aa
luschtig aussieht,
rot un gehl
un wie's so
trudelt,
's is doch rum.*

*Un ame schääne Daa
is alles leer.
Wann d'awer
guckscht,
wieviel noch
drinhängt,
derfscht noch
hoffe.*

(Susanne Faschon)

Geesche Wellmer-Brennecke

Quellen/Literatur:

Persönliche Gespräche der Verfasserin mit Susanne Faschon 1986 bis 1995;
Für biographische Hinweise bin ich der Schwester, Frau Ingeborg Michno, geb. Reuter, sehr dankbar.

Marga Faulstich (1915-1998)

Die Glaschemikerin Marga Faulstich gehörte zu den ersten weiblichen Führungskräften in der rheinland-pfälzischen Wirtschaft. Nach der Ansiedlung des weltweit renommierten Spezialglasherstellers Schott Glas in Mainz im Jahre 1952 war sie maßgeblich am Auf- und Ausbau des Bereiches Forschung und Entwicklung des größten Mainzer Industrieunternehmens beteiligt. Große internationale Anerkennung fand die Expertin für optische Gläser durch die Erfindung des Leichtgewichts-Brillenglases.

Marga Faulstich wurde am 16. Juni 1915 in Weimar geboren, wo Vater und Mutter als Bürovorsteher bzw. Sekretärin in einer Rechtsanwaltskanzlei arbeiteten. Als der Vater 1922 zu einer Verwaltungsbehörde in Jena wechselte (später wurde er zum Direktor berufen), übersiedelte die fünfköpfige Familie in die Saalestadt. Dort besuchte Marga Faulstich das Reformrealgymnasium, und schon bald entwickelte sie großes Interesse für die Naturwissenschaften.

Dem Vorbild ihrer Mutter folgend, die mehr als dreißig Jahre berufstätig war, strebte Marga Faulstich nach der Reifeprüfung 1934 ins Berufsleben. Trotz der damals schwierigen Lage auf dem Arbeitsmarkt mit mehreren Millionen Arbeitslosen konnte sie im Juli 1935 eine Ausbildung als wissenschaftliche Hilfskraft im physikalisch-chemischen Labor des Jenaer Glaswerks Schott & Gen. beginnen. Das Jenaer Glaswerk war bereits damals der führende Hersteller optischer und technischer Spezialgläser in Europa.

Faulstichs wichtigstes Aufgabengebiet in den ersten Jahren bei Schott war die Mitarbeit bei der Entwicklung sogenannter „dünner Schichten" auf dem Sektor optisches Glas. Heutige Beschichtungstechnologien für entspiegelte Brillengläser oder Schaufensterscheiben und für Sonnenschutzgläser für die Fassadenarchitektur gehen auf die damaligen Grundlagenforschungen zurück.

Innerhalb weniger Jahre stieg Marga Faulstich von der Hilfskraft zur Laborantin, weiter zur wissenschaftlichen Assistentin und schließlich zur anerkannten Kollegin unter den durchwegs männlichen Wissenschaftlern auf. Der Verlust ihres Verlobten im Krieg bewog sie, sich vollends auf den Beruf zu konzentrieren. So begann sie 1942 neben ihrer Arbeit bei Schott das Studium der Chemie an der Universität Jena, das sie nach Kriegsende allerdings nicht fortführen konnte.

Das Ende des Zweiten Weltkrieges und die unmittelbaren Folgen brachten für Marga Faulstich den markantesten Einschnitt in ihrer Lebensgeschichte. Dies hing mit der Vereinbarung der Alliierten zusammen, daß Thüringen und damit Jena zur sowjetischen Besatzungszone gehören sollte. Da die Amerikaner aber das bedeutende wissenschaftliche und technische Know-how des Jenaer Glaswerks für den Westen sichern wollten, nahmen sie bei ihrem Rückzug kurzerhand 41 ausgewählte Spezialisten und Führungskräfte – darunter Marga Faulstich – mit in den Westen Deutschlands.

Die damals Dreißigjährige erinnerte sich später: „Wir konnten nur das Nötigste von unserer beweglichen Habe in ein paar Kisten packen. Das war alles. Den Rest samt

Marga Faulstich beim Prüfen eines optischen Glases

den Möbeln hinterließen wir Flüchtlingen aus Ostpreußen, die in unsere Wohnung einquartiert worden waren. Eines Morgens stand dann ein Lkw der US-Armee vor der Tür. Verwandte, Freunde und Nachbarn verabschiedeten sich unter Tränen, und wir fuhren los. Niemand wußte, was die Zukunft bringen würde."
Diese Ereignisse sind als „Zug der 41 Glasmacher" in die Schott-Geschichte eingegangen. Zunächst folgten Jahre der Ungewißheit in Süddeutschland. 1949 gingen Marga Faulstich und ihre Kollegen daran, in Landshut ein Forschungslabor aufzubauen und an die Jenaer Arbeit anzuknüpfen. Darüber hinaus galt es, den Vorsprung der Amerikaner bei der Entwicklung neuer optischer Gläser aufzuholen. Nach der Enteignung des Stammwerkes in Jena 1948 und der Gründung der beiden deutschen Staaten 1949 entschlossen sich die „41 Glasmacher" schließlich zum Aufbau eines neuen Hauptwerkes in zentraler Lage der Bundesrepublik. Die Wahl fiel auf Mainz. Das Werk wurde 1952 eröffnet, und mit dem Umzug des Forschungslabors von Landshut nach Mainz fand auch Marga Faulstich hier eine neue Heimat.
In Mainz hat Marga Faulstich in verantwortlicher Position am Auf- und Ausbau der Forschung und Entwicklung von Schott Glas mitgewirkt. Sie hatte wesentlichen Anteil an der Entwicklung neuer optischer Gläser, wodurch die Herstellung besonders hochwertiger Objektive für Mikroskope, Ferngläser und andere optische Geräte zur Bilderzeugung möglich wurde. Zusätzlich zum Entwicklungslabor für optische Gläser leitete Marga Faulstich 16 Jahre lang die Produktion Tiegel-

schmelze, in der die besonders schwierig zu schmelzenden optischen Gläser gefertigt wurden.

Neben den Forschungsarbeiten an klassischen optischen Gläsern befaßte sich Marga Faulstich auch mit Spezialgläsern für die Augenoptik. Ein großer Wurf gelang ihr mit der Entwicklung des hochbrechenden Leichtgewichts-Brillenglases SF 64. Brillenträger mit hohen Dioptrienzahlen haben dadurch zwei bedeutende Annehmlichkeiten erhalten: Die Brille wurde wesentlich leichter und zudem ästhetischer. Diese Innovation fand große internationale Anerkennung: Sie wurde in den USA als eine der hundert bedeutendsten technischen Neuerungen des Jahres 1973 gewürdigt.

Insgesamt hat Marga Faulstich an der Entwicklung von über 300 Typen optischer Gläser mitgewirkt. Annähernd 40 Patente tragen ihren Namen. Aufgrund ihrer großen Fachkompetenz war sie bei internationalen Fachorganen und Kongressen als Autorin und Referentin sehr gefragt.

Im privaten Bereich waren Reisen in ferne Länder und der Tennis-Sport ihre Lieblingsbeschäftigungen.

Marga Faulstich war die erste weibliche Führungskraft bei Schott Glas. Nach 44jähriger Tätigkeit trat die dynamische und willensstarke Frau 1979 in den Ruhestand. Am 1. Februar 1998 starb sie im Alter von 82 Jahren in Mainz.

Jürgen Steiner

Quellen/Literatur:

Dieter Krause, Norbert Neuroth: Marga Faulstich 80 Jahre. In: Glastechnische Berichte. Glass Science and Technology 68 (1995) Nr. 6, S. N83-N85;

Glas prägte ihr Leben. Anerkannte Wissenschaftlerin Marga Faulstich wurde 80 Jahre alt. In: Schott intern 5/1995, S. 9;

Schott Glaswerke (Hg.): Von Jena nach Mainz – und zurück. Schott-Geschichte zwischen Kaltem Krieg und deutscher Wiedervereinigung. Mainz 1995;

Marga Faulstich: Dankrede anläßlich meines 40jährigen Dienstjubiläums im Juli 1975 (masch. Manuskript, Archiv Schott Glas);

Gewichtiger Preis für leichtes Glas. In: Schott intern 8/1973, S. 4-5;

Neues Glas aus Mainz ersetzt künftig die „Bullaugen"-Brillen. In: Allgemeine Zeitung Mainz vom 25.10.1973, S. 13.

Therese Fiederling (geb. 1919)

Der Erste Weltkrieg war gerade ein gutes Jahr vorbei, als Therese am 10. Dezember 1919 in Mainz als Tochter des Buchbindermeisters Adolf Gärtner und seiner Frau Katharina, geb. Weßler, geboren wurde. Gemeinsam mit der Schwester Sophie, die vier Jahre älter war, wuchs das Mädchen heran. Der Vater (1886 in Frankfurt geboren) hatte als junger Mann bei der Buchbinderei Leonhard Färber in Mainz Arbeit gefunden. Der Inhaber starb früh, und die Witwe verkaufte die Firma nach einiger Zeit an Adolf Gärtner, der erst sehr viel später den Namen „Färber" aus dem Firmenzeichen löschte.

Die ganze Familie Gärtner war mit Büchern „gesegnet", wie Frau Fiederling es ausdrückt. Der Vater als Buchbinder, die Schwester als Bibliothekarin und später sogar ihr Mann, der Graphiker und Pädagoge war. Da konnte es nicht ausbleiben, daß auch sie sich dem Buch verschrieb. Nach der Schulzeit an der Maria Ward-Schule in Mainz begann sie eine Ausbildung bei ihrem Vater. Da ihr aber eine Horizonterweiterung dringend notwendig erschien, ging sie zur Fortsetzung ihrer Lehrzeit nach Stuttgart zur Firma Wochner. Dort wurde sie sofort in die Familie, zu der sie noch heute Kontakt hat, aufgenommen. Hier machte sie dann 1938 auch ihre Gesellenprüfung.

Therese Fiederling

Inzwischen herrschten in Deutschland die Nationalsozialisten. Adolf Gärtner war von Anfang an, allein schon auf Grund seiner starken religiösen Bindung, gegen diese neue Richtung – und mit ihm seine ganze Familie. Sie schafften es, sich nicht vom NS-System vereinnahmen zu lassen. Weder Adolf Gärtner noch seine Frau oder die Töchter waren Parteimitglieder bzw. gehörten einer anderen Organisation der Partei an. „Als Freischaffender war man in seinen Bewegungen freier", erklärt Frau Fiederling. Es war zwar bekannt, daß die Gärtners keine Anhänger des herrschenden Regimes waren und daß sie jüdische Freunde hatten, aber sie waren keinen direkten Repressalien ausgesetzt.

Therese Gärtner schrieb sich 1940 an der Akademie für Graphische Künste in Leipzig ein, um dort ihre Meisterprüfung zu machen. Trotz des Krieges empfand sie Leipzig als eine wunderbare Stadt und war vor allem von ihrem Professor (Ignatz Wiemeler) begeistert. Aber der Krieg machte einen Strich durch ihre Rechnung, und sie mußte ihre Studien abbrechen und nach Mainz zurückkehren. Hier arbeitete sie im Familienbetrieb, wo der Vater weiter wirken konnte, da er aus Altersgründen nicht eingezogen worden war. Somit war die ganze Familie beisammen, was in Zeiten der Not ein großer Rückhalt war. Nebenbei unterrichtete Therese auch an der Kunstschule. Dort lernte sie ihren späteren Mann, Franz Fiederling, kennen. Er war zum Wintersemester 1936/37 als Dozent für Graphik, Schriftgestaltung, Photographie und gestaltendes Zeichnen an die Schule gekommen. Als diese 1940 aufgelöst wurde, durfte er als einziger bleiben und konnte seine Klasse für Graphik behalten. Mitten im Krieg, 1942, wurde Verlobung gefeiert und nach dem Krieg, 1946, geheiratet. Zwei Söhne – Bardo und Stefan, der eine heute im graphischen, der andere im medizinischen Bereich tätig – entstammen dieser Verbindung.

Daß die Familie den Zweiten Weltkrieg überlebt hat, empfindet Therese Fiederling noch heute als einen großen Glücksfall. Unmittelbar nach dem Krieg verblieb ein Teil der Familie Gärtner in Mainz, ein anderer Teil verbrachte einige Zeit im Odenwald. Richtig ausgebombt war man zwar nicht, aber ein Blindgänger hatte die Wohnung getroffen und einige Möbel zerstört. Außerdem waren Material sowie Möbel an verschiedenen Stellen ausgelagert, und so hauste man zunächst in einer leeren Wohnung.

Dennoch schaffte es Therese Fiederling schon bald nach dem Krieg, sich auf ihre Meisterprüfung vorzubereiten. Dank der Weitsicht des Vaters, der vor dem Krieg Leder, Gold und Felle gekauft hatte, stand ihr auch in gewissem Umfang Material zur Verfügung, wenn auch nicht alles den Krieg heil überstanden hatte. Im Jahr 1948 bestand sie vor der Handwerkskammer Rheinhessen mit Glanz ihre Meisterprüfung. Dafür mußte sie mehrere Meisterstücke anfertigen. So entstanden u.a. zwei Einbände für Faust I und II sowie ein Pergamentband als Gästebuch und ein Schmuckkästchen, das sie handvergoldete. Daß sie als Frau in diesem Beruf damals eine Ausnahme war, hat sie so nicht empfunden.

Neben der Arbeit in der Buchbinderei unterrichtete Therese Fiederling an der Berufsschule sowie an der Kunstschule. Letzteres mußte sie allerdings nach einiger Zeit aufgeben, da Ehepaare nicht beide an der gleichen Schule tätig sein durften. Die Kunstschule war die Vorgängerin der heutigen Fachhochschule. Die Nachfolge ihres Vaters in der Buchbinderei übernahm sie 1970 nach dessen Tod. Auch arbeitete sie viel mit ihrem Mann zusammen. Sein früher Tod im Jahr 1973 hinterließ eine schmerzliche Lücke in ihrem Leben.

In all den Jahren hat sie unendlich viele Bücher gebunden, für Bibliotheken, Institute oder Privatpersonen, sowie viel restauriert. Dafür hat sie häufig Kurse in Ascona besucht. Sie ist Mitglied der internationalen Vereinigung „Meister der Einbandkunst" (MDE). Ganz besonders gern erinnert sie sich an eine Geburtstagsgabe des Schott-Verlages an Carl Orff, an die Gestaltung einer Festgabe für die britische Königin anläßlich ihres Besuches in Mainz sowie an die Anfertigung des Goldenen Buches der Stadt Mainz. Ihre Arbeiten waren auf zahlreichen Ausstellungen zu sehen, ob in Mainz oder in anderen Städten. Viele Jahre war sie für den Berufsverband tätig, sowohl als Mitglied im Prüfungsausschuß für die Meisterprüfung als auch als Obermeisterin der Buchbinderinnung Rheinhessen (bis 1996). Sie hat sämtliche Medaillen erhalten, die dieser Berufszweig zu vergeben hat.

Obwohl sie längst im Ruhestand sein könnte, denkt Therese Fiederling immer noch nicht daran aufzuhören. Zwar läuft der Betrieb nicht mehr auf Hochtouren, und das Personal wurde reduziert, aber „aufhören" ist für Therese Fiederling ein Fremdwort. Nach wie vor ist sie mit Leib und Seele Buchbinderin und ein „Garant für feste Bindungen", wie einst ein Werbespruch ihrer Firma lautete.

Rosemary Ripperger

Quellen und Literatur:

Gerald Martin: Kunstschule im Wiederaufbau. In: Mainz, 10. Jg., H. 2, S. 90-92;
Jo Schulz-Vobach: Garant für feste Bindungen. In: Mainz, 12. Jg., H. 1, S. 66-68;
Gespräche der Autorin mit Frau Fiederling.

Dr. Helene Flad (geb. 1924)

Als sich Dr. med. Helene Flad an ihrem 70. Geburtstag aus dem aktiven ehrenamtlichen Dienst beim Roten Kreuz in Trier-Ehrang zurückzog, konnte sie auf eine fünfzigjährige Mitgliedschaft und auf mehrere Jahrzehnte als Bereitschaftsärztin zurückblicken.

Helene Flad wurde am 16. November 1924 in Kenn bei Trier geboren. Der Vater, Johannes Flad, war Werkmeister im Wasserwerk Kenn und stammte aus Schwaben. Die Mutter, Helena Flad geb. Mayer, stammte aus Ehrang.

Helene besuchte das Auguste-Viktoria-Gymnasium in Trier, wo sie 1943 die Abiturprüfung ablegte. Ihr Berufswunsch war es, Ärztin zu werden. Bevor sie jedoch das Studium aufnehmen durfte, mußte sie zunächst ein Jahr Ausgleichsdienst als Helferin in einem Kindergarten ableisten. Im Sommersemester 1944 konnte sie schließlich mit dem Studium in Heidelberg beginnen und trat im gleichen Jahr auch dem Roten Kreuz bei. Dazu waren während des Krieges alle Medizinstudenten verpflichtet. Doch die Front rückte immer näher, und bereits nach einem Semester wurde der Studienbetrieb unterbrochen. Erst im Herbst 1946, als die Universität Mainz wiedereröffnet worden war und zum Wintersemester auch eine medizinische Fakultät eingerichtet hatte, konnte Helene Flad ihr Studium fortsetzen. In Mainz bestand sie ihr Examen, machte das Physikum und die Doktorprüfung. Danach arbeitete sie als Assistenzärztin im Marienkrankenhaus in Ehrang (Chirurgie), in der Frauen- und Kinderklinik in Frankfurt und auf der Inneren Abteilung des Evangelischen Elisabeth-Krankenhauses in Trier.

1955 ließ sie sich dann als praktische Ärztin – später Ärztin für Allgemeinmedizin – in Ehrang nieder, eine Tätigkeit, die sie mit Kassenzulassung bis 1989 ausübte. Und kurze Zeit nach der Niederlassung begann auch ihr aktiver Dienst im Deutschen Roten Kreuz.

Nach dem Zweiten Weltkrieg waren in der französischen Zone zunächst alle Vereine verboten. Im Dezember 1947 wurde das Rote Kreuz in Rheinland-Pfalz wieder zugelassen. Ab diesem Zeitpunkt bemühte sich auch eine Gruppe von Rotkreuzlern in Ehrang, den dortigen DRK-Ortsverein wiederaufzubauen. Die offizielle Wiedergründung erfolgte schließlich am 3. Dezember 1949 im Rahmen einer Mitgliederversammlung.

Ab Beginn der fünfziger Jahre nahm die Zahl der Arbeits- und der Verkehrsunfälle stark zu. Dies war eine Begleiterscheinung des wirtschaftlichen Wiederaufbaus und der zunehmenden Motorisierung. Besonders die sich ausweitenden ortsansässigen Industrieunternehmen, wie das Klöckner-Werk Quint, das Mosaikwerk Ehrang und die Walzenmühle, ließen die Schaffung eines rasch einsatzfähigen Bereitschaftsdienstes immer notwendiger erscheinen. 1954 faßte der Ortsverein Ehrang daher den Beschluß, eine eigene Rettungswache aufzubauen. Als erstes Fahrzeug für den Rettungsdienst erwarb man einen gebrauchten LKW.

Bald nach Einrichtung der Rettungswache, im April 1956, wurde die damals 31jährige Dr. med. Helene Flad zur Bereitschaftsärztin des DRK gewählt. Dieses Amt üb-

Dr. Helene Flad (erste Reihe, vorne) beim Einsatz des Roten Kreuzes bei der Hl.-Rock-Wallfahrt in Trier 1959

te sie dann neben ihrer Praxis bis November 1987 aus. Über dreißig Jahre lang stand sie zu allen Tages- und Nachtzeiten zur Verfügung; sie hat nicht gezählt, wie oft sie während dieser Zeit nachts aus dem Bett geholt wurde. Oft mußten ihre Patienten in der Praxis geduldig warten oder weggeschickt werden, wenn Frau Flad gerade zu einer Unfallstelle gerufen worden war.

Ein wichtiges Anliegen war ihr auch die gesundheitliche Aufklärung der Bevölkerung, mit der sie bereits in den sechziger Jahren begann. Ab Mitte der siebziger bis in die neunziger Jahre organisierte sie dann regelmäßig Aktionstage, in deren Rahmen verschiedene Ärzte über Spezialgebiete referierten, in Zusammenarbeit mit den Krankenkassen Aufklärungsbroschüren über die Wichtigkeit von Vorsorgeuntersuchungen verteilt und kostenlose Gesundheitstests, z.B. Blutzuckerbestimmungen, durchgeführt wurden. Ebenso stellte die Ausbildung von aktiven Helfern sowie die Durchführung von Erste-Hilfe-Lehrgängen für die Bevölkerung einen wichtigen Arbeitsbereich des DRK-Ortsvereins Ehrang dar, an dem Dr. Helene Flad maßgeblichen Anteil hatte.

1986 übernahm sie die Aufgabe der Landesbereitschaftsführerin Rheinland-Pfalz. In dieser Funktion war sie Mitglied des Landesvorstandes und als solche mitverantwortlich für die Aktivitäten im Landesverband. Es galt, Kurse, Seminare, Erste-Hilfe-Wettbewerbe, später Helfertage genannt, auszuarbeiten, zu koordinieren und durchzuführen. Von 1958 bis 1993 bestimmte Dr. Helene Flad außerdem als stellvertretende Vorsitzende die Geschicke des DRK-Ortsvereins Ehrang aktiv mit.

In Anerkennung ihres jahrzehntelangen Engagements für die Allgemeinheit wurde Frau Dr. Flad während der Feierlichkeiten zum 75jährigen Jubiläum des DRK-Ortsvereins Ehrang im Juli 1982 das Bundesverdienstkreuz am Bande verliehen. 1985 wurde sie dann durch den Präsidenten des DRK-Landesverbandes, Dr. Walter Schmitt, mit der Goldenen DRK-Ehrennadel ausgezeichnet. 1990 erhielt sie den Verdienstorden des Landes Rheinland-Pfalz.

Als sie in der Mitgliederversammlung vom 29. November 1993 bekanntgab, daß sie aus persönlichen Gründen das Amt der stellvertretenden Vorsitzenden niederlegen wolle, wurde dies mit großem Bedauern aufgenommen. Ihr Wirken für den Verein wurde vom Vorsitzenden gewürdigt, und langanhaltender Applaus zeigte, wie sehr ihre Arbeit und ihre Persönlichkeit im Roten Kreuz anerkannt waren.

Ihr 70. Geburtstag im darauffolgenden Jahr wurde dann zum Anlaß genommen, sie in feierlichem Rahmen zu verabschieden. Ihre jahrzehntelangen Leistungen wurden nochmals öffentlich gewürdigt, und sie wurde zum Ehrenmitglied des DRK-Ortsvereins Ehrang ernannt. Die Feier fand im Lehrsaal des „Edith-Seifer-Hauses" statt, das der Ortsverein von 1979 bis 1987 in Ehrang errichtet hatte.

Frau Dr. Flad, die auch heute noch gemeinsam mit ihrer Schwester in Ehrang wohnt, hat sich zwar aus der aktiven Rot-Kreuz-Arbeit zurückgezogen, hält jedoch weiterhin Kontakt zu ihrem Ortsverein. Heute betreut sie zweimal in der Woche eine Gruppe des Coronarsportvereins Trier e.V. und hat auch die medizinische Betreuung von Wandergruppen dieses Vereins übernommen. In der verbleibenden Zeit widmet sie sich ihren zahlreichen anderen Interessen. Sie fährt Rad, hört gerne Musik, beschäftigt sich mit Gobelin-Stickerei und liebt die Arbeit in ihrem Garten.

Hedwig Brüchert

Quellen/Literatur:

Ernst Freichel: Chronik des Deutschen Roten Kreuzes, Ortsverein Ehrang. Ehranger Heimat e.V., 2. Sonderband 1997;
mündliche und schriftliche Auskünfte von Frau Dr. Helene Flad.

Dr. Ruth Fuehrer (1902-1966)

Ruth Fuehrer war eine der vier Frauen, die 1947 für die CDU in das erste rheinland-pfälzische Parlament einzogen. Sie war eine „Zugereiste" aus Ostpreußen, war 1946 in die Pfalz gekommen, um die Stelle als Sachbearbeiterin der Evangelischen Frauenarbeit wieder zu übernehmen, die sie bereits von 1936 bis 1942 innegehabt hatte, bevor sie durch die politischen und innerkirchlichen Entwicklungen gezwungen gewesen war, in ihre Heimat zurückzukehren.
1902 wurde sie als Tochter des Großkaufmanns Karl Fuehrer und seiner Ehefrau Margarete, geb. Barkowski, in Königsberg geboren. Ihr Vater starb, als sie 13 Jahre alt war. 1922 legte sie in Königsberg die Reifeprüfung ab und studierte anschließend bis 1927 Theologie in Königsberg, Leipzig, Bethel und Rostock, ohne damals als Frau

Dr. Ruth Fuehrer (1947)

die geringste Aussicht auf eine Anstellung zu haben. Es gab zu dieser Zeit weder Landeskirchen, die Frauen anstellten, noch Gesetze oder Regelungen für eine solche Anstellung. Unverständnis und Konflikte in der Familie waren vor diesem Hintergrund nicht zu vermeiden. Ihr Interesse an Theologie und die Fülle der Arbeit im kirchlichen Bereich, die sie vor Augen hatte, waren für Ruth Fuehrer Motivation, sich auf diese ungewisse Zukunft einzulassen.
1926 schloß sie ihr Studium in Königsberg ab mit der Erlangung der Lizentiatenwürde. Erst 1958 wurde ihr Titel Lic. theol. umgewandelt in den Titel Dr. theol. Nach Beendigung ihres Studiums 1927 wurde sie zunächst Stadtvikarin in Meiningen/Thüringen, 1928 dort Krankenhauspfarrerin. 1929 wurde sie in Meiningen ordiniert, da sie aufgrund ihres Dienstes in der Krankenhausseelsorge ohnehin das volle Pfarramt einschließlich Sakramentverwaltung und Gottesdiensten ausübte.
Ab Ende 1932 war sie tätig als Mütterschulleiterin und Dozentin im Dienst der Evangelischen Frauenhilfe in Potsdam. In die Pfalz kam Ruth Fuehrer 1936. Marie Conrad, die damalige Landesleiterin, berief sie als erste theologische Sachbearbeiterin in den Dienst der pfälzischen Evangelischen Frauenarbeit. Zu ihren Aufgaben zählten Lehrgänge, Rüstzeiten, Vorträge, Wahrnehmung der Kontakte auf Reichsebene und vor allem die Herausgabe der monatlich erscheinenden Zeitschrift „Frau und Kirche".
1942 mußte sie nach sechsjähriger Tätigkeit aus kirchenpolitischen Gründen die Pfalz verlassen, unter anderem, um einer einheimischen Frau Platz zu machen. Weitere Gründe für ihren Weggang waren sicher die massiven Einschränkungen ihrer

Arbeitsmöglichkeiten durch die Verbote der NSDAP besonders ab 1938. Sie betrafen die Herausgabe der Zeitung, die gesamte Vortragsarbeit, die öffentlichen Tagungen und Landesfrauentage. All das wurde nicht mehr unabhängig von der NSDAP geduldet, insbesondere die gesamte Mütterschularbeit war stark eingeschränkt. Die kirchliche Frauenarbeit mußte sich reduzieren auf biblische Themen und rein christliche Erziehungs- und Beratungsarbeit. 1942 wurde die Situation weiter erschwert durch die von staatlichen und kirchlichen Stellen angestrebte Neuordnung der Frauenarbeit. Unter der Bezeichnung „Verkirchlichung" sollte eine festere Bindung an die Kirchenregierung und damit eine stärkere Kontrolle herbeigeführt werden. Die kirchlichen Frauenvereine, in der Pfalz der evangelisch-protestantische Frauenbund, mußten aufgelöst werden.

Ruth Fuehrer war es immer ein Anliegen gewesen, die Frauenarbeit aus der Kirchenpolitik herauszuhalten. Das hatte zur Folge, daß sie sich auch selbst nie klar für die eine oder andere Seite entschied, deshalb auch nicht Mitglied der Bekennenden Kirche war. Es ist fast eine Tragik der Geschichte, daß sie 1942 selbst Opfer der Kirchenpolitik wurde und als Nichtpfälzerin die Pfalz, die ihr in den sechs Jahren ein „Stücklein Heimat" geworden war, verlassen mußte.

In ihrer Theologie hatte Ruth Fuehrer versucht, biblische Verkündigung und das Leben der Menschen, also Alltag und Glauben, zusammenzubringen. Motiviert von der biblischen Botschaft, übte sie durchaus Kritik an der nationalsozialistischen Ideologie. Sie bezog klar Stellung, auch öffentlich, wo immer sie es für erforderlich hielt, und versuchte, Falsches von Wahrem zu unterscheiden. Doch trotz ihrer deutlichen Stellungnahme bei vielen Einzelthemen versäumte sie es, das System als solches zu kritisieren und eindeutig Position dagegen zu beziehen. Der Weg der Neutralität, das Heraushalten aus politischen wie kirchenpolitischen Fragen, schien ihr richtiger.

Ruth Fuehrer ging 1942 zurück nach Ostpreußen und übernahm dort die Leitung des Katechetischen Amtes beim Konsistorium in Königsberg. 1943 wurde sie in das Kirchenbeamtenverhältnis auf Lebenszeit berufen und zur Kirchenrätin ernannt. Sie wurde in Ostpreußen dringend gebraucht. Mehr als 150 Pfarrer der dortigen Kirchenprovinz, alle Mitglieder der Bekennenden Kirche, saßen im Gefängnis. Von ihrer Kirchenleitung war sie mit allen Vollmachten ausgestattet worden, um ihren Dienst ausüben zu können. Auch in ihrer neuen Position behielt sie ihre Haltung der bewußten Ablehnung jeglicher Kirchenpolitik einerseits und der biblischen Verkündigung und daraus erwachsenden Kritik andererseits bei. Dadurch war es ihr möglich, bald das Vertrauen weiter kirchlicher Kreise in Ostpreußen zu gewinnen. Zu einer entschiedenen, eindeutigen Stellungnahme gegenüber dem Naziregime fand sie jedoch auch hier offensichtlich nicht.

Beim Bombenangriff 1944 auf Königsberg wurde auch das Elternhaus von Ruth Fuehrer zerstört. Mit ihrer alten Mutter verließ sie ihre Heimat. Zunächst war sie für ein Jahr als Krankenhauspfarrerin in Berlin tätig. Im Sommer 1946 kehrte sie, diesmal gemeinsam mit ihrer Mutter, in die Pfalz zurück. Sie übernahm wieder die Stelle der theologischen Sachbearbeiterin bei der Evangelischen Frauenarbeit in Neustadt an der Weinstraße.

Die letzten Jahre hatten Ruth Fuehrer gewandelt. Durch den Zusammenbruch des Dritten Reiches hatte sich auch ihre Einstellung zu Politik geändert. Schon bald nach ihrer Rückkehr in die Pfalz entschloß sie sich zur Mitarbeit in der CDU, in der sie als Frau und evangelische Theologin eine absolute Ausnahmeerscheinung war. Sie wurde in den Landesausschuß der neugegründeten Partei berufen, wo ihr die Vertretung der Frauen und ihrer Positionen in verschiedenen öffentlichen Angelegenheiten besonders wichtig war. Ein weiteres Anliegen, das sie als selbst Betroffene in die Union einbrachte, war die Situation der Ostvertriebenen. Dazu kam, daß sie eine von wenigen Protestanten der Pfälzischen Union innerhalb der rheinlandpfälzischen CDU war. Außer ihr waren nur drei protestantische Männer aus der Pfalz in Führungsgremien der CDU in der Aufbauphase nach 1945 vertreten.
Bei der ersten Landtagswahl 1947 wurde Ruth Fuehrer als Kandidatin aufgestellt und als einzige CDU-Frau aus der Pfalz in den Landtag gewählt. Die große Arbeitsüberlastung während der letzten Kriegsjahre und der mit dem Zusammenbruch verbundene Verlust der Heimat hatten sie jedoch enorm viel Kraft gekostet. Ihre seitdem angeschlagene Gesundheit und ihre Unzufriedenheit mit den konfessionellen Kräfteverhältnissen in der CDU sowie ein allgemeines Unbehagen an der Politik ließen sie im Januar 1949 ihr Mandat niederlegen. Sehr unzufrieden war sie z.B. darüber gewesen, daß man sie als einzige kompetente Vertreterin der Evangelischen Kirche innerhalb der CDU nicht in den kulturpolitischen Ausschuß des Landtages entsandt hatte. Sowohl die Frauen wie auch die Landeskirche hätten dies erwartet, begründete sie ihren Protest.
Vermutlich war auch die reservierte Haltung des Landeskirchenrates gegenüber dem Engagement in politischen Parteien ein Grund für ihren vorzeitigen Rückzug aus der Politik. Im Herbst 1946, also bereits zu Beginn ihrer parteipolitischen Tätigkeit, war sie von der Kirchenregierung vor die Alternative: kirchliches Amt oder parteipolitische Betätigung gestellt worden. Hintergrund für diese Zurückhaltung innerhalb der Evangelischen Kirche waren sicher die sehr schmerzhaften, noch nicht verarbeiteten Erfahrungen während der Zeit des Dritten Reiches. Das Verhältnis von Kirche zu Staat und Politik mußte dringend neu durchdacht werden. In der pfälzischen Landeskirche sollte aus diesem Grunde ein Ausschuß gebildet werden, der die Verbindung zwischen Kirche und Politik sowie den politischen Parteien überdenken und Gestaltungsvorschläge unterbreiten sollte. Ruth Fuehrers Mitarbeit in diesem Ausschuß war von der Kirchenregierung erwünscht. Vermutlich kam es aber nicht dazu, da sie sich ja für das politische Mandat entschied.
Auch nach ihrem Rücktritt von ihren politischen Ämtern 1949 beobachtete Ruth Fuehrer das politische Geschehen weiterhin kritisch und äußerte sich dazu, wenn sie es für nötig hielt. Sie übte deutliche Kritik an der CDU sowie führenden Kirchenleuten, als diese sich für eine Politik der Stärke gegenüber dem Ostblock und die Stationierung von Atomwaffen aussprachen.
Durch die Währungsreform kam es 1948 bei der Frauenarbeit zu finanziellen Engpässen, so daß Ruth Fuehrer ihre Arbeitszeit dort auf eine halbe Stelle reduzierte. Dazu übernahm sie eine halbe Stelle als Stadtvikarin in Neustadt. Es war zum einen

ihr Wunsch, endlich an einem Ort einzuwurzeln, zum andern wollte sie als ordinierte Theologin im Auftrag der Kirche arbeiten. Dazu gehörte für sie unbedingt eine feste Predigtstelle. Dieses Anliegen war jedoch in Neustadt wegen massiver Widerstände im Presbyterium gegen eine Frau auf der Kanzel nicht zu realisieren. Die Tätigkeit in Neustadt war für Ruth Fuehrer äußerst unbefriedigend, im Oktober 1949 übernahm sie stattdessen das Krankenhauspfarramt in Ludwigshafen.

Im Sommer 1949 starb ihre Mutter. In dieser Zeit wurde ihr ihre Freundin Schwester Hedwig Besell, die als Gemeindehelferin tätig war, sehr wichtig. Die beiden Frauen lebten von da an zusammen. Ruth Fuehrer litt unter ihrer angeschlagenen Gesundheit, wegen der sie häufig ihren Dienst nicht so ausüben konnte, wie sie es gerne getan hätte. Das führte wiederholt zu Konflikten mit Kollegen und dem Landeskirchenrat. Auch ihre Vortragstätigkeit und die schriftliche Bearbeitung von Themen wurde im Kollegenkreis nicht gerne gesehen, da sie dadurch ihren Dienst im Krankenhaus einschränken mußte. Als sie 1953 wieder schwer krank wurde, bat sie um ihre Versetzung oder ihre Pensionierung, um dann freiberuflich mit den ihr verbliebenen Kräften tätig sein zu können. Es war ihr wichtig, ihre Kompetenzen voll einzubringen, sie war deshalb nicht zur Übernahme jeder Stelle bereit. Dazu kam, daß sich Ruth Fuehrer in der Pfalz nicht mehr wirklich zu Hause fühlte. 1953 spielte sie verstärkt mit dem Gedanken, in die sogenannte Ostzone zurückzugehen oder auch nach Norddeutschland, wo sie „die Menschen auf der Straße verstehen" konnte.

Anfang 1954 wurde sie beurlaubt und ging im Sommer des gleichen Jahres, 52jährig, in den Ruhestand. Die Kriegs- und Nachkriegsjahre hatten ihre Spuren hinterlassen, dazu kamen einige schwere Krankheiten, so daß sie früh gealtert war. Hin und wieder übernahm sie noch einmal einen Vertretungsdienst oder war unterwegs zu Vorträgen. Sie war auch weiterhin schriftstellerisch tätig. 1960 wurde ihr umfangreichstes und wichtigstes Buch „Besuch und Seelsorge im Krankenhaus" herausgegeben und fand allgemeine Anerkennung.

Ihre letzten Lebensjahre verbrachte Ruth Fuehrer gemeinsam mit ihrer Freundin Hedwig Besell in Kassel. Durch einen tragischen Verkehrsunfall während ihrer Ferien in Gmunden/Oberösterreich kam sie am 22. Juli 1966 ums Leben.

Monika Feigk

Quellen/Literatur:

Archivalien im Zentralarchiv der Evangelischen Kirche der Pfalz, Speyer;
Anne Martin, Die Entstehung der CDU in Rheinland-Pfalz. Mainz 1995.

Erneste Fuhrmann-Stone (1900-1982)

Erneste Fuhrmann-Stone wird am 10. Mai 1900 in Pirmasens als Tochter der Clara Luise Sandt und des Amerikaners ungarischer Herkunft, Alex Stone, geboren. „Der Weg der Kindheit ging umständlich durch fremde Städte und Länder", schreibt die Autorin: Hamburg, Debrecin, Budapest, Wien und Leipzig. Dort besucht sie die Städtische Frauenschule.
1917 kehrt Erneste Stone mit ihrer Mutter nach Pirmasens zurück, der Vater ist 1913 in die USA gegangen und gilt seit 1920 als verschollen. Erneste Stone beginnt früh mit dem Schreiben von Gedichten. Um 1921 versucht sie sich auch erstmals an journalistischen Arbeiten.
1923 heiratet sie Franz Karl Fuhrmann. Ab 1932 ist sie Mitarbeiterin der nationalsozialistischen Zeitung „Rheinfront".

Erneste Fuhrmann-Stone

1951 übernimmt sie die Leitung des Ortsringes Pirmasens im Literarischen Verein der Pfalz, wird bald auch Beisitzerin im Vorstand dieses Vereins und setzt sich in den folgenden Jahrzehnten für die Interessen ihrer Schriftstellerkolleginnen und -kollegen ein. Besondere Verdienste erwirbt sie sich durch ihre engagierte Unterstützung junger pfälzischer Autoren und deren Vorstellung in der Öffentlichkeit. So organisiert sie zahlreiche Dichterlesungen und Vortragsreihen von beachtlichem Niveau in den Volkshochschulen der Pfalz.
Am 11. Mai 1975, zu ihrem 75. Geburtstag, wird ihr für ihr literarisches Werk, vor allem aber auch für ihren unermüdlichen ehrenamtlichen Einsatz für andere, das Bundesverdienstkreuz verliehen. Im gleichen Jahr wird sie auch mit der Ehrenplakette in Gold der Stadt Pirmasens ausgezeichnet, wobei besonders hervorgehoben wird, daß sie zu den ersten gehört hat, die nach dem Kriege einen freundschaftlichen Brückenschlag zum französischen Nachbarn gewagt haben. Das 1960 erschienene Buch „Köstliches Elsaß" gibt davon Zeugnis. 1976 erhält sie den Literaturpreis des Bezirksverbandes Pfalz.
Am 16. September 1982 stirbt Erneste Fuhrmann-Stone in Pirmasens.
Es gibt keinen Roman aus der Feder Fuhrmann-Stones. Die kleine Form des Gedichtes, der kurzen Erzählung, der Legende, des journalistischen Beitrages liegt ihr besonders. Dort kann sie ihre genaue Beobachtung, die das Zufällige und Unscheinbare wahrnimmt und ihm seine Bedeutung gibt, die das Wesentliche in knappe Sätze faßt, am besten zum Ausdruck bringen. Aber Schreiben ist nicht Lebensinhalt, nicht zwingendes, elementares Bedürfnis, sondern schöne und wohl auch befriedigende Nebenbeschäftigung.

Die Stadtbücherei Pirmasens nimmt den 80. Geburtstag der Schriftstellerin zum Anlaß, ihrem literarischen Schaffen eine kleine Ausstellung zu widmen. In der zu diesem Anlaß herausgegebenen Schrift wird Fuhrmann-Stone zitiert: „Von jeher hatte ich den Ehrgeiz, mit den von mir beschriebenen Landschaften Menschen zu erreichen, so daß diese sie sehen (...). Ich bemühte mich, außerhalb aller Schreib-Moden, um eine einfache Sprache, die jedem offen ist, dem Menschlichen dient und dem Anspruchsvollen noch etwas zu geben vermag."

In dieser Bemühung hat sie sich eine Lesergemeinde erschrieben, die ihre kleinen Texte liebevoll aufnimmt und die ideologische Verirrung der dreißiger Jahre verzeiht. Mit ihren Arbeiten findet sie auch über die Grenzen ihrer engeren Heimat hinaus Resonanz, wozu vor allem ihre Mitarbeit beim Saarländischen Rundfunk beiträgt.

Sie gehört also nicht zu jenen pfälzischen Autorinnen, die man übersieht. Im Gegenteil: „Die Resonanz auf (...) das gesamte literarische Schaffen war ungewöhnlich. Ungewöhnlich ist auch die Zahl der Zuschriften ihrer Leser und Freunde, die die gedruckten Gaben aus ihrer Hand als das betrachten, was sie wirklich sind, als Schau und Überschau, als Anteilnahme am allgemeinen Schicksal unserer Welt und als Dokument des Einverständnisses und der Freundschaft, in denen sich Gedankenfülle und saubere Sprache zu einfachen klaren Bildern von hohem Wert vereinigen" (Erni Deutsch-Einöder in „Stimme der Pfalz", Jahrgang 21, Heft 2, 2. Quartal 1970).

Monika Beckerle

Quellen/Literatur:

Monika Beckerle (Hg.): Dachkammer und Literarischer Salon. Schriftstellerinnen in der Pfalz. Werkauswahl und Porträts. Landau 1991, S. 43-58;
Vorschlagsbegründung zur Verleihung des Verdienstkreuzes am Bande (1975);
Werke von Erneste Fuhrmann-Stone:
Köstliches Elsaß. Hortus Deliciarum. Fahrten und Wanderungen. Landau 1960;
Im Vorübergehen. Kleine Erlebnisse. Jahresgabe des Literarischen Vereines der Pfalz. Landau 1960;
Bilder und Bilanzen. Gedichte aus fünfzig Jahren. Der Karlsruher Bote (um 1969);
Persische Legende. Vom Ursprung der Rose. Pirmasens (um 1974);
Im Spiegel. Erlebte Schicksale. Otterbach 1975;
Köstliches Elsaß. Zweite Folge der Fahrten und Wanderungen. Otterbach 1976;
Geschichten vom kleinen Leben. Zehn Erzählungen – meist heiter. Ostfildern 1977;
Seine lieblichsten Kinder. Gedichte. Zweibrücker Handpresse, 1978,
Geliebte Kreatur. Heitere und ernste Erlebnisse mit Tieren. Ostfildern 1979;
Erlebnis und Begegnung. Frühe und späte Gedichte. Zeichnungen von Karl Heinz. Speyer 1981;
Madonna auf den Straßensteinen. Erzählung. St. Michael 1982.

Dr. Mathilde Gantenberg (1889-1975)

Dr. Mathilde Gantenberg war eine der ersten Frauen, die in Rheinland-Pfalz in ein hohes Staatsamt berufen wurden. Von 1948 bis 1951 bekleidete sie das Amt einer Staatssekretärin im Ministerium für Unterricht und Kultus.

Sie wurde am 25. Dezember 1889 in Bochum in Westfalen als Tochter einer bürgerlichen katholischen Familie geboren. Das begabte Mädchen durfte das Realgymnasium besuchen. Nach dem Abitur nahm sie ein Studium der Fächer Germanistik, Französisch und Pädagogik in Münster auf. In dieser Zeit lernte sie Helene Weber kennen, die Vorreiterin der katholischen Frauenbewegung und spätere Zentrumsabgeordnete im Reichstag, mit der sie viel verband. 1917 mußte Mathilde Gantenberg das Studium unterbrechen und wurde in einer Munitionsfabrik dienstverpflichtet.

Dr. Mathilde Gantenberg (1955)

Dieser Einblick in eine für sie bis dahin fremde Welt, in der sie eine „Konfrontation mit sozialer Ungerechtigkeit" erlebte, wie sie später aufschrieb, führten bei ihr zu einer Veränderung des Bewußtseins, zur Erschütterung ihres bürgerlichen Weltbildes und zur Entstehung einer pazifistischen Haltung. 1919 promovierte sie an der Universität Münster mit einem germanistischen Thema zum Dr. phil. und legte im gleichen Jahr die wissenschaftliche Prüfung für das Lehramt an höheren Schulen ab. 1920/21 absolvierte sie das Referendariat an der Hildaschule in Koblenz und bestand anschließend die Pädagogische Prüfung für das Lehramt an höheren Schulen mit Auszeichnung. Sie unterrichtete dann an verschiedenen höheren Mädchenschulen in Koblenz und Xanten und wurde zur Studienrätin ernannt.

Seit Beginn ihrer Unterrichtstätigkeit machte sie sich Gedanken über die Möglichkeiten einer Veränderung der Mädchenbildung. Im Herbst 1927 wechselte sie nach Bad Kreuznach an das städtische Mädchenlyzeum, eine der Reformschulen für Mädchen der Weimarer Republik. Hier konnte sie in einem engagierten Kollegium gemeinsam mit der gleichgesinnten Schulleiterin, Lina Hilger, die sie bereits früher kennengelernt hatte und von der sie nun nach Bad Kreuznach geholt worden war, neue Unterrichtsmethoden erproben. Die Förderung von Kreativität und individuellen Begabungen spielte am Kreuznacher Lyzeum eine wichtige Rolle. Noch Jahrzehnte später erinnerten sich Schülerinnen, von denen einige künstlerische Berufe ergriffen, an den hervorragenden Unterricht.

Geprägt von der Frauenbewegung der zwanziger Jahre, lehnte Mathilde Gantenberg die Reduzierung von Frauen auf ihre „Natur", das Betonen der „weiblichen Eigenart" und die „Mütterlichkeitsromantik", die mit dem Erstarken der nationalsozialistischen Ideologie zu Beginn der dreißiger Jahre Hochkonjunktur hatte, entschieden ab und brandmarkte sie in einem öffentlichen Vortrag im Januar 1932 als „gefährliche Irrlehre". Den Nationalsozialisten war diese selbstbewußte, kämpferische, politisch engagierte Lehrerin, die von 1928 bis 1933 für die Zentrumspartei auch der Stadtverordnetenversammlung von Bad Kreuznach angehörte, natürlich ein Dorn im Auge. Sie benutzten das „Gesetz zur Wiederherstellung des Berufsbeamtentums", um sie im Herbst 1933 ohne Pensionsansprüche aus dem Schuldienst zu entfernen. Mühsam erwarb sie in den folgenden Jahren ihren Lebensunterhalt. Zunächst bewirtschaftete sie einen Bauernhof in der Eifel, ging dann für einige Zeit nach Montreux in die Schweiz an ein englisches Internat und arbeitete ab 1940 als Buchhändlerin in Trier.

Nach dem Zusammenbruch des Hitler-Regimes wurde Frau Dr. Gantenberg wieder in ihren alten Beruf eingesetzt und leitete das Auguste-Viktoria-Gymnasium in Trier. Auch politisch engagierte sie sich sofort wieder und gehörte zu den Mitbegründern der Trierer CDU. Bei den ersten Kommunalwahlen im September 1946 wurde sie in die Stadtverordnetenversammlung von Trier gewählt. Kurz darauf wurde sie von ihrer Partei als eine von ganz wenigen Frauen in die Beratende Landesversammlung entsandt. Hier wurde sie in der ersten Sitzung am 22. November 1946 im Koblenzer Stadttheater neben fünf weiteren Mitgliedern zur Schriftführerin gewählt. Von Februar bis Oktober 1947 war sie als Referentin für das höhere Mädchenschulwesen beim Oberpräsidenten der Provinz Rheinland-Hessen-Nassau tätig.

Im Mai 1947 wurde sie für die CDU in den ersten rheinland-pfälzischen Landtag gewählt. Ein knappes Jahr lang führte sie den Vorsitz im Kulturpolitischen Ausschuß, bevor sie am 22. April 1948 als Staatssekretärin in das Ministerium für Unterricht und Kultus berufen wurde. In diesem Amt kamen ihr ihre langjährigen Erfahrungen im Schuldienst und ihre intensive Beschäftigung mit Reformen des Mädchenschulwesens zugute. Sie setzte sich mutig mit den Vertretern der französischen Kulturverwaltung über die beste Form des deutschen Bildungswesens und über die Beibehaltung von Mädchenoberschulen auseinander, als diese das rheinland-pfälzische Schulsystem dem französischen anpassen wollten. Allerdings interessierte sich Mathilde Gantenberg vorrangig für das höhere Schulwesen. Beim Thema konfessionelle Volksschulen vertrat sie unkritisch die stark von der katholischen Kirche beeinflußte Politik der CDU, die ausschließlich von den Erfahrungen in der ehemals preußisch verwalteten Provinz Rheinland-Hessen-Nassau geprägt war. Sie unterstützte die Umwandlung zahlreicher Simultanschulen in der Pfalz und Rheinhessen auch gegen den Willen der Eltern in konfessionelle Zwergschulen, obwohl in diesen Landesteilen die Simultanschule eine lange Tradition hatte und nicht von den Nationalsozialisten eingeführt worden war.

Während ihrer Amtszeit als Staatssekretärin widmete sich Mathilde Gantenberg nicht nur der Bildungspolitik, sondern setzte sich auch intensiv für die Belange der

Künstler ein. Ihr ist wesentlich die Verwirklichung eines wichtigen Projekts zu verdanken, das heute kaum noch mit ihrem Namen in Verbindung gebracht wird, das jedoch im Bereich der Bildenden Kunst für Rheinland-Pfalz bis in die Gegenwart nachwirkt.

Nach der Gründung des Berufsverbandes Bildender Künstler entstand die Idee, in Rheinland-Pfalz eine Einrichtung zur Förderung von Künstlerinnen und Künstlern zu schaffen. Von dem Künstlerpaar Josef und Berti Breuer kam der Vorschlag, dafür eines der Gebäude der ehemaligen Goebenkaserne auf dem Asterstein in Koblenz zu nutzen. Mathilde Gantenberg griff die Idee sofort auf. Sie kannte Berti Breuer seit langem persönlich; diese war eine ihrer Schülerinnen am Kreuznacher Mädchenlyzeum gewesen, und schon damals hatte sich ihre künstlerische Begabung gezeigt. Gemeinsam mit dem Referenten für Kunst, Prof. Fritz Volbach, und dem Kunstwissenschaftler Prof. Ludwig Thormaehlen schaffte es die Staatssekretärin im Ministerium für Unterricht und Kultus, nach zahlreichen Verhandlungen mit französischen und deutschen Behörden alle Widerstände zu überwinden. Dies war nicht einfach in einer Zeit, in der extreme Wohnungsnot herrschte, es noch überall am Nötigsten fehlte und sowohl die Schaffung von Künstlerateliers als auch der Ankauf von Kunstwerken von den meisten als verzichtbarer Luxus angesehen wurde. Die bildenden Künstler jener Zeit lebten in einer existentiellen Krise. Mit Finanzmitteln des Landes wurden auf dem Asterstein im ehemaligen Pferdestall der Kaserne sechs zu vermietende Atelier-Wohnungen sowie zwei Ateliers für Stipendiaten geschaffen. Später wurde die Zahl der Ateliers erweitert. Bis heute fanden hier zahlreiche rheinland-pfälzische Kunstschaffende eine vorübergehende, manchmal eine dauerhafte Bleibe und in der Gemeinschaft der Künstler anregende Arbeitsbedingungen. Auf dem Asterstein wurde damit das erste von heute drei existierenden Künstlerhäusern (Edenkoben und Schloß Balmoral kamen erst wesentlich später hinzu) geschaffen, in denen bildende Künstler durch das Land Rheinland-Pfalz gefördert werden.

Das Amt einer Staatssekretärin übte Mathilde Gantenberg bis zum Ende der ersten Wahlperiode am 17. Mai 1951 aus. Nach dem Ausscheiden von Kultusminister Dr. Süsterhenn verließ auch Dr. Mathilde Gantenberg das Ministerium. Eine Gesetzesänderung verhinderte fortan, daß man die Wahrnehmung eines Mandats mit der Ausübung eines Regierungsamtes verbinden konnte. Mathilde Gantenberg entschied sich für die Abgeordnetentätigkeit im Landtag, in den sie 1951 und 1955 wiedergewählt wurde.

Im Oktober 1956 rückte sie in den Deutschen Bundestag nach, dem sie bis zum Ende der darauffolgenden Wahlperiode im Jahr 1961 angehörte. Sie bekleidete in dieser Zeit auch wichtige Parteiämter. Außerdem übernahm sie den Vorsitz im Landesverband Rheinland-Pfalz der überparteilichen Europa-Union, zu deren Ehrenvorsitzender sie später ernannt wurde. Als Delegierte der katholischen Frauenverbände war sie Mitglied der Deutschen UNESCO-Kommission; hier leistete sie wichtige Arbeit im Stipendien- und Vollzugsausschuß. Sie wurde auch in das Kuratorium der Studienstiftung des Deutschen Volkes gewählt.

Anläßlich ihres 70 Geburtstages wurde Dr. Mathilde Gantenberg mit dem Großen Bundesverdienstkreuz ausgezeichnet. Fünf Jahre später wurde ihr das Große Verdienstkreuz mit Stern, eine äußerst seltene Ehrung, verliehen. Sie verstarb im Alter von 85 Jahren am 29. Oktober 1975 in Trier.

Hedwig Brüchert

Quellen/Literatur:

Abgeordnete in Rheinland-Pfalz 1946-1987. Biographisches Handbuch, hg. v. Landtag Rheinland-Pfalz, bearb. v. Heidi Mehl-Lippert u. Doris Maria Peckhaus, S. 186f.;
Parlamentarierinnen in deutschen Parlamenten 1919-1983. Bonn 1983 (Deutscher Bundestag, Materialien Nr. 82, Oktober 1983), S. 74;
Das Künstlerhaus auf dem Asterstein zu Koblenz. Dokumentation und Ausstellung. Konzept u. Realisation: Franz-J. Heyen unter Mitwirkung v. Dieter Gube u. Werner Knopp. Koblenz 1987;
Anne Martin: Die Entstehung der CDU in Rheinland-Pfalz. Mainz 1995 (Veröff. d. Kommission des Landtags für die Geschichte des Landes Rheinl.-Pfalz, Bd. 19);
Vorschlagsbegründung für die Verleihung des Großen Bundesverdienstkreuzes mit Stern (1965).

Emmy Gehrlein-Fuchs (1905-1980)

Am 3. April 1905 erblickte Emmy Fuchs in Zweibrücken in der Pfalz das Licht der Welt. Ihr Vater, Michael Fuchs, und seine Ehefrau Lina, geb. Denzler, behüteten ihr einziges Kind mit Argusaugen, was Emmy manchmal als recht beengend empfand und bis ins hohe Alter nicht vergaß. Ihre Volksschulzeit und die ersten Jahre an der Höheren Mädchenschule verbrachte sie in Grünstadt, wo der Vater die Stelle eines Gerichtsvollziehers innehatte.

1919 kehrte der Vater mit seiner Familie nach Zweibrücken zurück, wo Emmy ihre Schulzeit beendete. Nach Meinung des Vaters benötigten Mädchen kein Studium, weshalb er ihr nicht gestattete, das Abitur zu erlangen. Auch ihr Wunsch, einen juristischen Beruf zu ergreifen, wurde ihr versagt. So erlernte sie den Beruf einer Bankkauffrau bei der Stadtsparkasse und bewarb sich

Emmy Gehrlein-Fuchs

nach der brilliant bestandenen Abschlußprüfung bei dem Anwaltsbüro Biffar, Zapf und Jung, wo sie bereits nach einem halben Jahr zur Bürovorsteherin avancierte. Hier nun war sie in ihrem Element, wenn es darum ging, Menschenschicksale kennenzulernen und zu helfen, wo es nur ging. Gleichzeitig genoß sie es nun, auch ihren persönlichen Interessen, wie der Musik und Geschichtsstudien, nachgehen zu können, ohne die ständige Bevormundung durch den Vater ertragen zu müssen. Bücher durfte sie sich allerdings noch immer nicht kaufen, aber sie hatte verständige Chefs, die ihr Literatur überließen.

So entfaltete sie nun ihre Interessengebiete in alle möglichen Richtungen. Zum Klavierspiel kam der Gesang; viele Festlichkeiten innerhalb und außerhalb der Familie wurden damit verschönt. Ihr historisches Interesse brachte sie in Kontakt mit anderen Zweibrücker Geschichtsforschern, und schon bald schrieb sie eigene Beiträge zur Heimatgeschichte.

Nicht lange nach ihrer Eheschließung mit dem Bankbeamten Otto Gehrlein wurde ihr Mann zur Wehrmacht eingezogen. Emmy Gehrlein-Fuchs selbst wurde während des Krieges zum Dienst beim Roten Kreuz verpflichtet und bei den Evakuierungsarbeiten in Zweibrücken eingesetzt. Mit den Evakuierungstransporten gelangte sie bis in die Oberpfalz (die Heimat ihres Vaters) und wurde dort im Landratsamt Münchberg dienstverpflichtet. Zwei Jahre später konnte sie nach Zweibrücken zurückkehren. Hier wurde sie nun zum Dienst für die Wehrmacht eingesetzt und mußte täglich das Fleisch von der Wehrmachtsschlächterei in Zweibrücken nach Bitsch zur Heeresverpflegungsstelle fahren. Als Fahrzeug hatte sie einen alten Holzvergaser zur Verfügung, der mehr als einmal auf offener Strecke stehenblieb. Sobald es möglich war, holte Emmy auch ihre Eltern wieder nach Zweibrücken und wartete auf das Ende des Krieges sowie auf die Rückkehr ihres Mannes. Glücklicherweise geriet er nicht in Gefangenschaft, sondern kehrte im Frühjahr 1945 unversehrt nach Hause zurück.

In den ersten Nachkriegsjahren arbeitete Emmy Gehrlein-Fuchs weiterhin beim Roten Kreuz, um die große Not der Zweibrücker Bevölkerung zu lindern. Hier war sie in dieser schwierigen Zeit, die von Hunger, Entbehrungen, Wohnungsnot und Arbeitslosigkeit geprägt war, „Mädchen für alles". Anfang der fünfziger Jahre wagte sie dann mit ihrem Mann nochmals einen Neuanfang: Gemeinsam bauten sie sich mit einem eigenen Rechts- und Steuerberaterbüro eine neue Existenz auf. Damit legten die Eheleute, deren Ehe kinderlos blieb, den Grundstein für die später geschaffene Zweibrücker „Kulturgutstiftung Gehrlein-Fuchs", die in Emmys unzerstört gebliebenem Elternhaus untergebracht ist. Ihre Hauptfürsorge galt in den folgenden mehr als zwanzig Jahren ihren Klienten und deren Sorgen und Nöten. Das Büro bestand bis zum Tod von Otto Gehrlein im Jahr 1975.

Soweit ihr neben der Berufsarbeit Zeit blieb, widmete sich Emmy Gehrlein-Fuchs ihren von Jugend auf vorhandenen Interessen, die insbesondere der Heimatgeschichte galten und die ihr Mann mit ihr teilte. Gemeinsam erkundeten sie zahlreiche Themen der Geschichte der Stadt und Region Zweibrücken, wobei sie besonders das Schicksal des Zweibrücker Herzogtums und seiner Regenten interessierte. Viel Material hatten sie gesammelt, und Emmy Gehrlein-Fuchs plante nach dem Tod ihres Mannes, noch zwei größere Arbeiten fertigzustellen: einen Führer durch Zweibrücken und eine kurze, reich bebilderte Geschichte der Grafen und Herzöge von Zweibrücken.

Dazu kam es jedoch nicht mehr. Am 22. Februar 1980 verstarb Emmy Gehrlein-Fuchs nach kurzer, schwerer Krankheit.

Doch in der „Kulturgutstiftung Gehrlein-Fuchs", errichtet 1976 in Zweibrücken, bleibt sie in ihrer Vaterstadt lebendig. Ziel der Stiftung ist der Erwerb von Kulturgut der alten Residenzstadt Zweibrücken und des Herzogtums Pfalz-Zweibrücken. Das Kulturgut soll erhalten und der Öffentlichkeit zugänglich gemacht werden. 1985 konnte aus dem Stiftungsvermögen das Wohnhaus des Hofmalers Johann Christian von Mannlich (1741-1822) in der Zweibrücker Herzogsvorstadt erworben werden. Mit Hilfe des Landesamtes für Denkmalpflege hat die Stiftung im zweiten Obergeschoß des Mannlich-Hauses eine „Mannlich-Gedächtnisstätte" eingerichtet.

Annebärbel Kaul

Quellen/Literatur:

Persönliche Erinnerungen.

Otti Gerber (geb. 1922)

Otti Weil wurde am 14. Januar 1922 in Mainz als Tochter eines Bilanzbuchhalters und einer Verkäuferin geboren. Die Eltern besaßen in der Altstadt ein Lederwarengeschäft.

Nach Abschluß der Volksschule besuchte sie von 1936 bis 1938 die Städtische Frauenarbeitsschule im Gebäude der Feldbergschule in Mainz und erlernte den Beruf der Kindergärtnerin. Im Anschluß an ihre zweijährige Ausbildung und ein einjähriges Praktikum erhielt sie 1939 eine Anstellung an der Frauenarbeitsschule, der ein eigener Kindergarten angeschlossen war, und wurde mit der Ausbildung der Kindergärtnerinnen betraut. Während des Krieges war die Betreuung der Kleinkinder besonders notwendig und die Einrichtung ständig überfüllt, da die Väter an der Front und zahlreiche Mütter dienstverpflichtet waren. Otti Weil arbeitete hier bis Ende 1944.

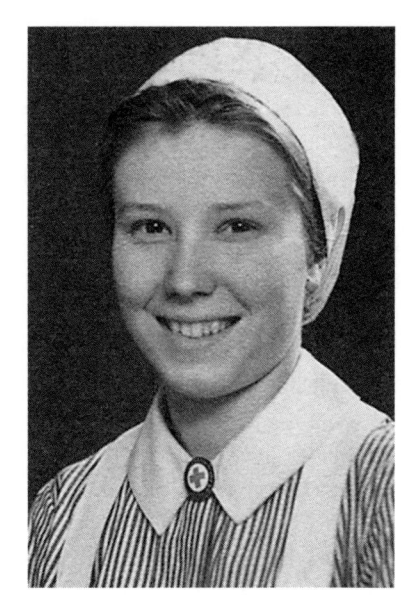

Otti Gerber in den vierziger Jahren

Im Alter von 19 Jahren hatte sie an der Grundausbildung des Deutschen Roten Kreuzes teilgenommen und war seitdem in ihrer Freizeit als ehrenamtliche Helferin im Bereitschaftsdienst tätig. Ende 1944 wurde sie dann ganz zum Dienst beim Roten Kreuz einberufen und im Städtischen Krankenhaus in einem Lehrgang zur Schwesternhelferin ausgebildet. Ab Anfang des Jahres 1945 wurde sie in verschiedenen Lazaretten eingesetzt, zuletzt in einem Speziallazarett für Hirnverletzte in Heidelberg. Nach dem Großangriff auf Mainz vom 27. Februar 1945 wollte sie jedoch unbedingt nach Hause, da sie in größter Sorge um ihre Eltern und ihren Bruder war. Sie schaffte es, sich in den Wirren des nahenden Kriegsendes von Heidelberg nach Mainz durchzuschlagen. Die elterliche Wohnung am Schillerplatz war vollkommen zerstört. Otti Weil fand eine vorläufige Unterkunft in einer Bäckerei in der Mainzer Altstadt. Die Suche nach ihren Angehörigen verlief zunächst ergebnislos.

Beim Einmarsch der Amerikaner in Mainz geriet sie als Rot-Kreuz-Schwesternhelferin in Kriegsgefangenschaft. Sie wurde verpflichtet, in einem Notlazarett, das sich auf der Kupferberg-Terrasse befand, deutsche Kriegsverletzte zu betreuen, durfte das Gebäude jedoch nicht verlassen. Während der Begleitung eines Transportes mit Schwerverletzten, die nach Wiesbaden in ein Lazarett verlegt wurden, gelang es ihr aber zu fliehen. Sie machte sich auf die Suche nach ihren Eltern. Inzwischen hatte sie erfahren, daß diese in den Taunus evakuiert worden waren. Nach einer vierwöchigen Suche mit dem Fahrrad fand sie die Eltern schließlich in einem kleinen Dorf im Taunus in der Nähe von Niedernhausen – ein ergreifendes Wiedersehen!

Otti Weil nahm schon bald die Arbeit beim Roten Kreuz in Mainz wieder auf. In der ersten Zeit war sie vor allem in der Kriegsgefangenenbetreuung eingesetzt. Sie machte oft nachts am Hauptbahnhof Dienst, wenn die überfüllten Züge mit Gefangenen durchfuhren, und versorgte sie notdürftig mit Brot und Tee. Mit Lastwagen fuhren die DRK-Mitarbeiter außerdem in die Landgemeinden und sammelten bei den Bauern Lebensmittel ein. Diese brachten sie dann zu den Kriegsgefangenenlagern und warfen sie für die hungernden Soldaten über den Zaun, da sie in der ersten Zeit von der Militärverwaltung nicht die Genehmigung zum Betreten der Lager erhielten. Eines der größten dieser Lager befand sich in Bretzenheim an der Nahe.

Für die ausgebombten und wohnungslosen Menschen, die keine Möglichkeit hatten, sich selbst zu versorgen, wurde in Mainzer Schulküchen Eintopf gekocht. Die Rot-Kreuz-Schwestern standen dann mit großen Töpfen auf der Straße und gaben die Suppe aus. Große Hilfe bei der Versorgung der Bevölkerung leistete die „Schweizer Spende", eine humanitäre Organisation, die auf dem Mainzer Schloßplatz ihre Baracken errichtet hatte und große Mengen an Nahrungsmitteln und Kleidung aus der Schweiz in die französische Zone brachte.

Ab 1946 leitete Otti Weil dann zwei Jahre lang den Suchdienst des Roten Kreuzes in Mainz, der in einem Notbüro im Städtischen Krankenhaus untergebracht war. Diese Arbeit war in den ersten Nachkriegsjahren, als zahllose Menschen ihre Angehörigen noch nicht wiedergefunden hatten und nicht wußten, ob sie überhaupt noch am Leben waren, von zentraler Bedeutung. Vom frühen Morgen bis zum Abend standen lange Warteschlangen vor dem Büro. Otti Weil und eine Kollegin füllten den ganzen Tag Vermißtenanzeigen aus und wurden mit viel Leid und Verzweiflung konfrontiert. Glücklich waren sie, wenn sie die Nachricht erhielten, daß ein Gesuchter lebte und wo er sich aufhielt. Diese Informationen leiteten sie dann umgehend an die Familien weiter.

Als die Arbeit beim Suchdienst schließlich etwas abnahm, half Otti Weil, die DRK-Geschäftsstelle in Mainz, an der Mitternacht Nr. 6, wieder aufzubauen. Das Gebäude war zerstört. Es wurde daher fürs erste eine Baracke errichtet, darin wurden das Büro und die Rettungswache untergebracht. Auch der Rettungsdienst wurde neu aufgebaut. Otti Weil erledigte die Verwaltungsarbeiten und war zunächst „Mädchen für alles". Als dann weitere hauptamtliche Mitarbeiterinnen eingestellt wurden, übernahm sie den Bereich der Mütter- und Kindererholungsfürsorge. Besondere Freude bereiteten ihr dabei die Kindererholungsreisen nach Italien in den fünfziger Jahren, an denen 450 Kinder aus Rheinland-Pfalz teilnahmen.

1959 wechselte sie ihre Arbeitsstelle und bildete beim Deutschen Paritätischen Wohlfahrtsverband Haushaltsgehilfinnen aus. Ab 1960 war sie dann als Verwaltungsangestellte bei der Bezirksverwaltung der Gewerkschaft ÖTV im Frauensekretariat tätig, eine Arbeit, die sie besonders interessant fand. 1969 wurde sie aufgrund einer falsch behandelten Nervenentzündung mit nachfolgender teilweiser Lähmung der rechten Hand berufsunfähig und mußte ihre Stelle aufgeben.

Doch dies bedeutete nicht, daß Otti Weil nun untätig gewesen wäre oder sich gelangweilt hätte! Einerseits mußte sie ihre alten Eltern pflegen, andererseits war sie schon seit vielen Jahren neben ihrem Beruf ehrenamtlich tätig. Diese Neigung, sich sozial zu engagieren, lag wohl in der Familie. Schon ihre Großeltern mütterlicherseits hatten für Waisenkinder Geld gesammelt und den Mainzer Zweigverein des „Hessischen Fechtvereins Waisenschutz" geleitet (das Wort „Fechten" bedeutete früher soviel wie „Betteln"). Ihre Eltern hatten diese Arbeit fortgesetzt. 1957 war Otti Weil dann ebenfalls dem „Hessischen Fechtverein Waisenschutz" beigetreten, der im gleichen Jahr seinen Namen in „Sozialwerk Waisenschutz und Altenhilfe" (SWA) änderte. Diese Umbenennung war eine Konsequenz aus der Tatsache, daß es immer weniger Waisenkinder zu betreuen gab, der Bedarf an Altenarbeit dagegen ständig wuchs. Otti Weil wurde schon bald in den Vorstand gewählt. Ab 1961 bekleidete sie dann 36 Jahre lang das Amt der Vorsitzenden des Mainzer Zweigvereins des SWA.

Auf ihre Initiative hin eröffnete der Verein 1972 in der Richard-Wagner-Straße 5 in der Mainzer Neustadt eine Altentagesstätte, in die sie in den folgenden Jahren einen Großteil ihrer Zeit und Kraft investierte und die bis heute ein beliebter Treffpunkt für Senioren ist. Die Einrichtung ist jeden Wochentag geöffnet. Die alten Leute können dort nicht nur Kaffee trinken und sich unterhalten, sondern es werden zahlreiche Aktivitäten angeboten. Besonders beliebt sind die regelmäßigen Ausflüge und mehrtägigen Seniorenfahrten sowie die über das ganze Jahr verteilten Feiern. Einen Höhepunkt bildet stets der jährliche große „Kreppelkaffee" mit Fastnachtssitzung im Kurfürstlichen Schloß, an dem über 800 Senioren teilnehmen. Als echter Mainzerin und begeisterter Fastnachterin – sie ist „Oberst der Garde" beim Narrenclub Hechtsheim – war und ist Frau Gerber die Organisation dieser Veranstaltung, die im Jahr 2000 zum 27. Mal stattfindet, immer ein besonderes Anliegen.

Durch ihre Arbeit im „Sozialwerk Waisenschutz und Altenhilfe" hatte sie ihren Mann, Karl Gerber, kennengelernt, der ebenfalls dem Vereinsvorstand angehörte. Eigentlich hatte Otti nie heiraten wollen. Sie fand, daß sie dafür auch gar keine Zeit hatte. Sieben Jahre lang wartete sie, bevor sie „ja" sagte. Die beiden heirateten 1968 und waren in den folgenden zwanzig Jahren gemeinsam für das „Sozialwerk" aktiv. Otti Gerber kümmerte sich vorwiegend um die Mainzer Altentagesstätte, Karl Gerber um die Organisation der rheinland-pfälzischen und hessischen Zweigvereine. Seit 1989 ist Otti Gerber verwitwet. 1997 gab sie den Vorsitz im „Sozialwerk Waisenschutz und Altenhilfe" auf und wurde zur Ehrenvorsitzenden ernannt.

Neben der Betreuung der Altentagesstätte übernahm Otti Gerber in den vergangenen Jahrzehnten zahlreiche weitere ehrenamtliche Aufgaben. 1972 wurde sie in den Vorstand des Landesverbandes des Deutschen Paritätischen Wohlfahrtsverbandes gewählt. Sie war zwanzig Jahre lang Schöffin beim Jugendgericht, später ehrenamtliche Richterin am Verwaltungsgericht.

1982 war sie an der Gründung des Seniorenbeirats der Stadt Mainz beteiligt, dessen Vorsitz sie von 1988 bis 1998 innehatte. Die Arbeit dieses Gremiums war ihr stets besonders wichtig. 1993 wurde sie außerdem zur Vorsitzenden des Landesseniorienrates gewählt, dessen Hauptaufgabe es ist, den Aufbau von kommunalen Seniorenbeiräten voranzutreiben. Gab es 1989 erst fünf solcher Beiräte in Rheinland-Pfalz, so ist die Zahl inzwischen auf 45 angewachsen – ein Erfolg, auf den Otti Gerber stolz sein kann. Ihre Devise ist: „Alte Leute sollen sich nicht unterdrücken lassen, sollen ein Mitspracherecht haben. Wir wollen mitreden, wir wollen gefragt werden nach dem Motto ‚Nicht für die Alten, sondern mit den Alten'." Auf ihre Initiative hin gibt das Ministerium für Arbeit, Soziales und Gesundheit seit 1994 die Senioren-Zeitschrift „Spätlese" heraus, für deren Redaktion Frau Gerber mitverantwortlich ist. Als Mitglied im „Landesfachbeirat für Seniorenpolitik" vertritt sie die Interessen der älteren Generation.

Soziales und politisches Engagement gingen bei ihr ein Leben lang Hand in Hand. Seit langem ist sie Mitglied der SPD. Im Jahr 1989 wurde sie für fünf Jahre in den Mainzer Stadtrat gewählt und war während dieser Zeit im Sozialausschuß und im Stadtrechtsausschuß vertreten.

Die Liste der Ehrungen und Auszeichnungen, mit denen Otti Gerbers vielfältiges ehrenamtliches Engagement gewürdigt wurde, ist lang; es können hier nur einige herausgegriffen werden. 1972 erhielt sie die Silberne Ehrennadel des Deutschen Paritätischen Wohlfahrtsverbandes und den Wappenteller der Stadt Mainz. Ein Jahr später wurde ihr das Bundesverdienstkreuz am Bande verliehen, auf das sie besonders stolz ist. Ein unvergeßliches Erlebnis war für sie eine Einladung zum Tee bei Bundespräsident Richard von Weizsäcker. 1992 erhielt sie die Goldene Henri-Dunant-Medaille des Deutschen Roten Kreuzes, 1994 die Goldene Verdienstmedaille des Deutschen Paritätischen Wohlfahrtsverbandes. Als der Seniorenbeirat sie im Oktober 1999 feierlich verabschiedete, wurde sie mit der höchsten Auszeichnung der Stadt Mainz für soziales Engagement, der Bernhard-Adelung-Plakette, geehrt. Sie ist auch Trägerin der Ehrennadel des Landes Rheinland-Pfalz.

Der Elan der mittlerweile 78jährigen Rentnerin, die die Altenpolitik als ihre liebste Beschäftigung bezeichnet, ist ungebrochen. Als ihr Vorbild nennt sie Henri Dunant, den Gründer des Roten Kreuzes. Ihr Lebensmotto lautet: „Edel sei der Mensch, hilfreich und gut."

Elke Balzhäuser

Quellen/Literatur:

Interview mit Frau Otti Gerber am 21. Januar 1998, geführt von Elke Balzhäuser;
Unterlagen über die Arbeit des „Sozialwerks Waisenschutz und Altenhilfe" (Privatbesitz von Frau Gerber);
Vorschlagsbegründung für die Verleihung des Bundesverdienstkreuzes am Bande (1973);
„Es gibt noch sehr viel zu tun". Mainzer Rhein-Zeitung v. 14.1.1997;
"Hohe Maßstäbe gesetzt". Allgemeine Zeitung Mainz v. 2,10.1999;
Sie gab „Alten eine Lobby". Otti Gerber mit Bernhard-Adelung-Medaille ausgezeichnet. Allgemeine Zeitung Mainz v. 4.10.1999.

Gertrud Gerhards (geb. 1919)

Gertrud Gerhards wurde am 3. April 1919 in Baumbach im Westerwald geboren, wo sie gemeinsam mit drei Brüdern in einem katholischen Elternhaus aufwuchs und wo sie auch heute noch lebt. Ihr Vater, Wilhelm August Gerhards, war Steinzeugfabrikant. Die Mutter Johanna, geb. Fischer, stammte aus einer Bäckersfamilie. Gertrud besuchte die Volksschule in Baumbach. Gerne hätte sie das Abitur gemacht und studiert. Doch ihr Vater sah das für ein Mädchen als nicht notwendig an. „Du heiratest ja doch!", bekam sie immer wieder zu hören. Doch ihr Leben sollte sich anders entwickeln. Gertrud Gerhards gehört der Generation an, in der zahllose junge Männer ihr Leben im Krieg verloren und eine große Zahl junger Frauen unverheiratet blieben und ihr Leben lang alleine „ihren Mann" standen.

Gertrud Gerhards (um 1960)

So trat Gertrud im Alter von 14 Jahren in die väterliche Firma ein, wo sie alles über Steinzeugproduktion, Verkauf und Buchhaltung lernte. Während des Krieges, als der Vater schon krank war und ihre Brüder zur Wehrmacht eingezogen waren, mußte sie als Zwanzigjährige die Verantwortung für das Unternehmen weitgehend alleine tragen. Nach dem Krieg, als der Vater im Alter von 67 Jahren verstarb, war Gertrud Gerhards Teilhaberin und leitete die Firma, ein Familienunternehmen mit zeitweise bis zu zwanzig Beschäftigten, gemeinsam mit ihrem ältesten Bruder, während die beiden jüngeren Brüder andere Berufe erlernt hatten. Gertrud übernahm überwiegend die Büroarbeiten, kümmerte sich jedoch auch mit um die Weiterentwicklung des Betriebs. So weitete sie gemeinsam mit ihrem Bruder die Töpferei, die zu Zeiten des Vaters vor allem Schnapskrüge hergestellt hatte, nach und nach auf die Produktion von vielerlei Gefäßen, wie Schalen und Vasen, aus. Das Ausprobieren neuer Formen und Glasuren empfand sie „neben der vielen Dreckarbeit, die in einer Steinzeugfabrik anfällt", stets als sehr befriedigend.

Als gläubige Katholikin hatte sie sich schon früh in der Jugendarbeit ihrer Pfarrei engagiert, zunächst als Gruppenführerin. Während des Zweiten Weltkrieges übernahm sie dann das Amt der Jugendführerin. Dies erforderte Mut zu einer Zeit, in der kirchliche Jugendarbeit von der nationalsozialistischen Staatsführung sehr ungern gesehen und weitgehend unterbunden wurde. Man mußte möglichst unauffällig zusammenkommen, dennoch gab es immer wieder Ein-

151

schüchterungsversuche von Seiten der NS-Behörden. So wurde Gertrud Gerhards während des Krieges dreimal von der Gestapo vernommen, glücklicherweise jedoch ohne weitere Konsequenzen.

Nach Kriegsende setzte sie ihr kirchliches Engagement fort. Sie wurde zur Dekanatsführerin gewählt und beteiligte sich an der „Katholischen Aktion", einer von Papst Pius XI. ins Leben gerufenen Organisation des Laienapostolats. Außerdem war sie lange Jahre in der Frauenarbeit des Bistums Limburg aktiv. Als Vorsitzende der KFD (Katholische Frauengemeinschaft Deutschlands), Abteilung Berufstätige Frauen, hatte sie wesentlichen Anteil daran, daß die soziale Bedeutung und die Probleme der Frauenerwerbstätigkeit sowohl innerhalb des Verbandes als auch in Kirche und Gesellschaft insgesamt stärker ins Bewußtsein rückten. Während ihrer langjährigen Mitarbeit im Führungskreis des Bundesvorstandes der „KFD – Berufstätige Frauen" trat sie stets für eine Vereinbarkeit von Beruf und Familie ein und vertrat die Interessen der berufstätigen Frauen auch in den übrigen Gremien der KFD auf Bundesebene. Als Unternehmerin, die daneben viele Jahre lang ihre kranke Mutter pflegte, entwickelte sie ein besonderes Gespür für die Sorgen und Nöte der unter der Doppelbelastung leidenden Frauen. Nach Einführung der Pfarrgemeinderäte in den katholischen Gemeinden hatte Frau Gerhards dann vierzehn Jahre lang auch das Amt der Vorsitzenden dieses Gremiums in ihrer Gemeinde St. Antonius in Baumbach inne. Sie wurde überdies in den Bezirkssynodalrat und in die Diözesanversammlung gewählt.

Schon bald nach dem Krieg hatte sie auch begonnen, bei der Caritas aktiv mitzuarbeiten. Sie war am Aufbau der Besuchsdienste für alte und kranke Menschen im Krankenhaus und im Altersheim beteiligt. Ende der fünfziger Jahre kam die Betreuungsarbeit für Behinderte hinzu.

Obwohl die Weiterführung der Firma in der wirtschaftlich schwierigen Nachkriegszeit und nach dem Tod des Vaters viel Kraft erforderte, fand Frau Gerhards die Zeit, sich auch in der Kommunalpolitik zu engagieren. Sie trat 1956 in die CDU ein und gehörte über dreißig Jahre lang dem Sozialausschuß der Ortsgemeinde Baumbach, später der Stadt Ransbach-Baumbach an. Über acht Jahre lang, von Dezember 1960 bis Juli 1969, war sie auch Mitglied des Gemeinderates von Baumbach und arbeitete einige Jahre lang im Vorstand des Gemeindeverbands der CDU Ransbach-Baumbach mit.

Ende der siebziger Jahre legte sie die Leitung der Steinzeugfabrik zunehmend in die Hände ihrer Nichte, einer Keramik-Ingenieurin, und von deren Mann, arbeitete jedoch noch einige Jahre lang im Betrieb mit. Mitte der achtziger Jahre zog sie sich dann ganz aus der Berufsarbeit zurück und widmete sich ihren verschiedenen Ehrenämtern.

Für ihre langjährige Arbeit im kirchlichen Bereich wurde Gertrud Gerhards im Jahr 1985 die höchste Auszeichnung des Bistums Limburg, die Georgs-Medaille, überreicht. 1989 wurde ihr dann anläßlich ihres 70. Geburtstags das Bundesverdienstkreuz am Bande verliehen. Sehr gefreut hat sie sich auch, als sie vor kurzem, zu ihrem 80. Geburtstag am 3. April 1999, die Goldene Ehrennadel des Deutschen Caritasverbandes erhielt. *Hedwig Brüchert*

Quellen/Literatur:
Mitteilungen des Referats Frauenarbeit des Bistums Limburg vom 10.1.1995;
Aus christlicher Sicht: Toleranz und ständige Lernbereitschaft. Was bedeutet Leben gestalten? Eine Antwort von Gertrud Gerhards. In: Frau und Beruf (Verbandszeitschrift der KFD – Berufstätige Frauen), 2/1985;
Schreiben der Jungen Union Westerwald, Gemeindeverband Ransbach-Baumbach, an den Landrat des Westerwaldkreises, Peter Paul Weinert, vom 18.9.1988 (Vorschlag zur Verleihung des Verdienstkreuzes des Verdienstordens der Bundesrepublik Deutschland).

Susanna Gerloff (1923-1998)

Hausfrau, Mutter, Sprechstundenhilfe, Autorin und Kriegsschwester – all diese Aufgaben erfüllte Susi Gerloff in ihrem ereignisreichen Leben mit Höhen und Tiefen. Geboren wurde sie am 30. Juli 1923 in Rümmelsheim, einem Dorf bei Bad Kreuznach. Ihre Kindheit verbrachte sie im nahegelegenen Schweppenhausen. Ihr Vater Adolf Pfaffenbach war Schreiner, ihre Mutter Elisabeth Hausfrau. Fünf Jahre nach ihr kam ihr Bruder Karl auf die Welt.

Nach der mittleren Reife 1939, im Alter von 16 Jahren, entschloß sich Susi Pfaffenbach, Krankenschwester zu werden, und meldete sich gemeinsam mit einer Freundin beim Roten Kreuz. Ihre erste Arbeitsstelle nach der Ausbildung in Erster Hilfe war der Bahnhofsdienst. Sie versorgte die verletzten Soldaten aus den Lazarettzügen von der Westfront. In der Kreuznacher Diakonie erhielt sie dann die pflegerische Grundausbildung zum Lazarettdienst und arbeitete dort ab 1940 als Krankenschwester.

Susanna Gerloff (1987)

Im Juli 1942 stand ihr die erste Versetzung bevor: Sie erhielt den Marschbefehl in ein Kriegslazarett nach Warschau. Innerhalb von zwei Tagen mußte sie Bad Kreuznach verlassen und sich bei ihrem neuen Mutterhaus in Mainz melden. Erst nach einer zermürbenden dreimonatigen Wartezeit begann am 19. Oktober ihre Reise nach Warschau und vor Ort die Arbeit auf der Fleckfieber-Station. Eine Erkrankung an Paratyphus bedeutete für sie die Rückkehr in die Heimat. Im Februar 1944 trat sie einen zweimonatigen Erholungsurlaub in Bad Kreuznach an. Am 15. April hieß es für Susi Pfaffenbach erneut Abschied nehmen. Vor die Wahl gestellt, entschied sie sich, nach Frankreich zu reisen, denn zurück nach Warschau wollte sie unter keinen Umständen. Diesmal brachte sie der Zug nach Nancy. Die Augenstation wurde ihr neues Arbeitsterrain. Hier erlebte sie den Rückzug der deutschen Soldaten. „Unsere Truppen (...) rennen um ihr Leben. So war es schon immer in den Kriegen; es gibt nur Sieger und Besiegte. Der Besiegte wird immer gedemütigt und geprügelt und hat immer Unrecht. Bald schon sitzen die „Großen" wieder zusammen und hecken neue Dinge aus, die die „Kleinen" wieder ausführen dürfen, müssen! O, diese Welt! Bald wird auch unsere Stunde hier schlagen; Herrgott, sei uns gnädig!", schreibt sie später in ihrem Buch „Kriegsschwestern". Das Erleben des Krieges im Lazarett, in dem sie unzählige verwundete und verstümmelte Soldaten betreute und dem Tod ständig ins Gesicht sah, brachte sie zu dem Schluß: „Frauen und Mütter sind die größten Verlierer eines Krieges. (...) Männer sagen, Kriege seien Naturgesetze!

Frauen und Mütter, würden sie danach gefragt, suchten und fänden Möglichkeiten, dieses ‚Naturgesetz' zu durchbrechen. Ihre Herzen sind nicht in Stahl und Eisen gebettet."
Als sie Frankreich am 30. August 1944 verlassen mußte, erreichte sie nach einigen Irrfahrten und Zwischenstationen schließlich Freiburg. Zum Kriegsende mußte sie auch von dort fliehen. Sie gehörte zu den glücklichen, die schließlich wieder wohlbehalten in ihrer Heimat Bad Kreuznach ankamen. „Ja, der Krieg hat mich entlassen. Meine Odyssee ist zu Ende!", lautet der letzte Satz in ihrem erfolgreichsten Buch „Kriegsschwestern. Erlebnisberichte", in dem sie die Ereignisse von 1939 bis 1945 literarisch aufbereitete und ein höchst eindrucksvolles Bild von ihrem Leben und der damaligen Zeit zeichnete. Über dieses Werk drehte der Südwestfunk in Mainz einen Dokumentarfilm an Originalschauplätzen.
Das Jahr 1945 brachte für Susi Pfaffenbach nicht nur das Ende des Krieges, sondern auch private Veränderungen. Sie heiratete den Augenarzt Klaus Gerloff, den sie im Krieg kennengelernt hatte. Ein Jahr später wurde ihr erster Sohn Hartmut geboren, der zweite Sohn Uli kam 1949 auf die Welt. Im gleichen Jahr zog sie mit ihrer Familie in den Heimatort ihres Mannes nach Simmern, einem Städtchen im Hunsrück. Die Heirat bedeutete für sie jedoch nicht die Beschränkung ihrer Aktivitäten auf den Haushalt. Sie war bis an ihr Lebensende ehrenamtlich für das Rote Kreuz tätig. Daneben stand sie ihrem Mann in dessen Praxis als Sprechstundenhilfe zur Seite und arbeitete im Krankenhaus.
Auch langgehegte persönliche Wünsche realisierte Susi Gerloff mit Hilfe enormer Energie und Willenskraft. Schon immer hatte sie ein Faible für Rußland. Im Alter von 45 Jahren entschloß sie sich deshalb, die russische Sprache zu lernen. Außerdem widmete sie sich zunehmend dem Schreiben. Zwar ließen ihr ihre Aufgaben als Hausfrau, Mutter und Sprechstundenhilfe nur wenig Zeit für ihre Leidenschaft. Diese knapp bemessene Zeit nutzte sie jedoch zu ersten literarischen Gehversuchen im stillen Kämmerlein. Erst in den siebziger Jahren wagte sie es allerdings, die Öffentlichkeit an den Ergebnissen teilhaben zu lassen.
1976 begann sie, als freie Mitarbeiterin beim Südwest-Landesstudio Mainz zu arbeiten. Sie schrieb Mundarthörspiele für den Rundfunk, die großen Anklang beim Publikum fanden. 1978 gewann sie den ersten Preis beim rheinland-pfälzischen Mundartwettbewerb. Zwei Jahre später hatte sie den Tod ihres Ehemannes zu verkraften. Er war im Alter von 78 Jahren nach 35 Jahren Ehe gestorben.
Dieser Schicksalsschlag hielt Susi Gerloff nicht vom Schreiben ab. Ihr erstes Mundart-Theaterstück „Es Worschtgeheimnis" wurde 1980 in Simmern uraufgeführt. Drei Jahre später konnte sie der Premiere ihres zweiten Stückes „Neija, die Dorfhex" beiwohnen. Wie schon ihr Theaterdebüt, fand auch dieses Stück großen Anklang. Das erste, von ihr 1984 veröffentlichte Buch „s´Annache" trug weiter zu ihrem Bekanntheitsgrad bei. Es handelt sich dabei um eine Sammlung von mundartlichen und hochdeutschen Geschichten und Gedichten, die vor allem von den Menschen ihrer Heimat und ihrer persönlichen Liebe zur Heimat handeln. Es folgten die Bücher „Eine verrückte Reise", „Komm, es wird Weihnacht" und das erfolgreichste

Werk „Kriegsschwestern", das mittlerweile in zweiter Auflage erschienen ist. Auch als Schriftstellerin zog sie sich nicht von der Öffentlichkeit zurück, sondern engagierte sich im Kreise Gleichgesinnter. Sie war eines der Gründungsmitglieder der „Autorengruppe Hunsrück" und bis zuletzt die Zweite Vorsitzende des Vereins. Neben dem persönlichen Austausch der Mitglieder untereinander initiiert die Gruppe Autorenlesungen und ähnliche Aktivitäten. 1987 wurde sie vom Oeffentlichen Anzeiger in Bad Kreuznach mit dem „Schambes-Klappergässer-Preis" ausgezeichnet. Zwei Jahre vor ihrem Tod wurde ihre Arbeit auf Landesebene mit dem Verdienstorden von Rheinland-Pfalz gewürdigt.

In den neunziger Jahren wurde die rührige Schriftstellerin jäh in ihren Aktivitäten unterbrochen. Sie erkrankte schwer und erlag am 29. März 1998 ihrem Leiden.

„Meine Mutter war ein sehr kreativer und ein sehr sozialer Mensch. Sie hat vielen Mitmenschen finanziell geholfen und sie ideell unterstützt. Sie hatte einen sehr starken Willen. Wenn sie von einer Idee beseelt war, rannte sie auch mit dem Kopf durch die Wand. Langeweile gab es für sie nicht", beschreibt Sohn Uli Gerloff den Charakter seiner Mutter.

Alexandra Gerhardy

Quellen und Literatur:

Zitate aus: Susi Gerloff, Kriegsschwestern, Erlebnisberichte. Pfaffen-Schwabenheim 1995, S. 133 u. S. 139f.;
Gespräch mit Uli Gerloff 1998;
Bernd Goldmann/Henner Grube/Joachim Hempel (Hg.): Literarisches Rheinland-Pfalz heute. Ein Autorenlexikon. Mainz 1988, S. 81;
Alfred Kopp: Die bekannte Heimatschriftstellerin Susi Gerloff ist mit 74 Jahren verstorben. Für ihre literarischen Publikationen wurde sie mehrfach ausgezeichnet, in: Heimat zwischen Hunsrück und Eifel, Beilage der Rhein-Zeitung für Schule und Elternhaus, 46. Jahrgang, Nr. 7, Juli 1998.

Irène Giron (1910-1988)

Wenn heute über die Anfänge des kulturellen Lebens in der Französischen Zone nach dem Zusammenbruch der NS-Herrschaft gesprochen und geschrieben wird, so wird meist vergessen, die Frau zu erwähnen, der neben Raymond Schmittlein, dem Leiter der „Direction de l'Education Publique", als seiner Stellvertreterin sicherlich der größte Anteil an der Förderung der Kultur in der Frühgeschichte von Rheinland-Pfalz und an der Schaffung wichtiger Bildungs- und Forschungseinrichtungen zukommt: Irène Giron.

Irène Emilie Roman wurde am 22. September 1910 in Hamburg als Tochter eines britischen Vaters und einer deutschen Mutter geboren. Sie sprach neben Englisch und Deutsch fließend Französisch und erwarb am Dolmetscherinstitut in Heidelberg ein Diplom. Von Zeitgenossen wird sie als äußerst gebildete, geistvolle, ungewöhnliche Persönlichkeit beschrieben. Von Anfang an scheint ihr Leben durch Offenheit für andere Länder und Kulturen geprägt gewesen zu sein.

Im September 1939 wurde sie in Südafrika vom Kriegsausbruch überrascht. Sofort fuhr sie nach Paris und übernahm aufgrund ihrer guten Sprachkenntnisse im Dienst der „Présidence du Conseil" Arbeit als Übersetzerin und Dolmetscherin im „Centre d'écoute de la Radiodiffusion Nationale". Diese Tätigkeit endete mit dem Waffenstillstand zwischen Frankreich und Deutschland vom 22. Juni 1940. Um diese Zeit heiratete sie den Pariser Rechtsanwalt und Journalisten Charles Giron, der als Ordonnanzoffizier des Generals de Gaulle von der Gestapo und der Polizei von Vichy gesucht wurde. Mit der Heirat erhielt sie die französische Staatsangehörigkeit. Im Dezember 1940 wirkte sie in Le Puy, Clermont und Lyon am Aufbau eines Widerstandsnetzes mit, das unter dem Befehl von General Cochet stand. Anfang 1941 ging sie gemeinsam mit ihrem Mann und drei weiteren Mitgliedern der Widerstandsbewegung nach Algier, um dort die Gruppe „Combat Algérie" zu gründen. Sie bauten die nordafrikanische Résistance auf, die besonders im November 1942 bei der Landung von General Eisenhower mit seinen Truppen eine wichtige Rolle spielen sollte. Irène Giron gründete außerdem Anfang 1942 die Gruppe „Combat Maroc" und arbeitete als Redaktionssekretärin für die Untergrundzeitschrift „Combat". Sie war für die Propaganda der Untergrundbewegung verantwortlich und zählte zu ihrem Führungsgremium. Nach der Landung der Alliierten in Nordafrika gründete sie in Tunis, Algier, Oran und Casablanca Aufnahmezentren für junge französische Widerstandskämpfer, die sich den Divisionen der Generäle Leclerc und Koenig anschließen wollten.

1944, als sich das Kriegsende mit der Niederlage Deutschlands abzeichnete und Frankreich befreit war, wurde sie dem „Cabinet du Ministre de l'Education Nationale" unter Bildungsminister René Capitant zugeordnet und wirkte in den folgenden sieben Jahren als Stellvertreterin von Raymond Schmittlein, dem Direktor der Abteilung für Öffentliche Bildung bei der französischen Militärverwaltung in Deutschland. Schmittlein kannte sie bereits als Algier; er hatte dort ebenfalls dem Stab des zukünftigen Bildungsministers Capitant angehört und bereits Pläne für Bildungsre-

Irène Giron mit dem Hohen Kommissar François Poncet, Raymond Schmittlein und dem Institutsleiter Prof. Dr. Schramm (v. l. n. r.) bei einem offiziellen Besuch im Dolmetscherinstitut in Germersheim (1948)

formen in Frankreich und Deutschland für die Zeit nach dem Krieg entwickelt. Er besaß mütterlicherseits verwandtschaftliche Beziehungen nach Deutschland, insbesondere nach Mainz. Neben der perfekten Beherrschung der Sprache verfügte er auch über eine umfassende Kenntnis der deutschen klassischen Literatur und der Geschichte. Er und seine engste Mitarbeiterin, Irène Giron, brachten also beide ausgezeichnete Voraussetzungen ebenso wie konkrete Vorstellungen mit, um das Bildungswesen und das kulturelle Leben auf dem linken Rheinufer neu aufzubauen.
So kam Irène Giron 1945 nach Deutschland. Ihren Dienstsitz hatte sie zunächst bei der Militärregierung in Baden-Baden, war jedoch auch für den Nordteil der französischen Zone, das spätere Land Rheinland-Pfalz, zuständig.
Die Abteilung für Öffentliche Bildung der französischen Militärregierung hatte den schwierigen Auftrag zu erfüllen, die deutsche Bevölkerung zu demokratisieren und

insbesondere die Jugend zu einem offenen Austausch mit anderen Nationen hinzuführen. Sie entwickelte sich in den folgenden Jahren zu einem Motor, der das geistige und kulturelle Leben in der französischen Zone innerhalb kurzer Zeit wiedererweckte und dieses durch die Schaffung wichtiger Einrichtungen entscheidend förderte. So war es Raymond Schmittlein, Irène Giron und ihrem Mitarbeiterstab zu verdanken, daß die Universität Mainz bereits im Mai 1946 ihren Lehrbetrieb aufnehmen konnte. Daneben war die „Direction de l'Education Publique" für die Neuorganisation des deutschen Schulwesens zuständig, wobei der Überarbeitung und Zulassung neuer Schulbücher sowie dem Neudruck von Werken deutscher Klassiker und von Geschichtsdarstellungen (alle Druckerzeugnisse mußten von den französischen Behörden genehmigt werden) besonderes Gewicht beigemessen wurde.

Eine weitere wichtige Entscheidung für Rheinland-Pfalz war der Aufbau einer Verwaltungshochschule in Speyer. Dem ganz persönlichen Einsatz von Irène Giron war offensichtlich auch die Gründung und der Organisationsaufbau der Dolmetscherschule in Germersheim zu verdanken. Dieser Einrichtung, die später der Mainzer Universität angegliedert wurde, widmete Frau Giron einen Großteil ihrer Aufmerksamkeit und ihrer Zeit. Insbesondere sorgte sie selbst für die Auswahl eines hervorragenden Lehrpersonals und für die Rekrutierung von geeigneten Studierenden. Germersheim war eines der ersten wissenschaftlichen Dolmetscherinstitute in Deutschland. Ein der Schule angeschlossenes Studentenwohnheim trägt seit einigen Jahren Irène Girons Namen.

1949, als mit der Gründung der Bundesrepublik, der Wahl eines deutschen Parlaments und der Etablierung einer deutschen Regierung die Besatzungszeit offiziell endete und die Alliierten stattdessen Hohe Kommissariate einrichteten, wurde die französische Verwaltung in Deutschland umstrukturiert. Irène Giron ging gemeinsam mit Schmittlein nach Mainz, von wo aus dieser nun die Aufgabe des französischen Kulturbeauftragten (Directeur général des Affaires culturelles) für die gesamte Bundesrepublik wahrnahm. Frau Giron war weiterhin seine Stellvertreterin. Nach einigen Monaten in einer Kaserne in Gonsenheim bezogen sie mit ihrer Verwaltung Räume in der teilweise zerstörten Mainzer Zitadelle, die auf Schmittleins Betreiben instandgesetzt wurde. In diese zweite Phase der französischen Kulturpolitik fällt nun vor allem der kulturelle Austausch, zum Beispiel der Aufbau der achtzehn „Instituts français" in Deutschland sowie die Gründung des „Vereins zur Förderung des deutsch-französischen Kulturaustausches". Letztere fand am 27. Oktober 1950 in Mainz statt und hatte unter anderem den Zweck, den Ausbau des Südwestfunks finanziell zu unterstützen. Auch an dieser Gründung war Irène Giron beteiligt. Ebenso wurde der Austausch von deutschen und französischen Jugendlichen intensiv gefördert. Die Organisation dieser Programme lag vorwiegend in den Händen von Geneviève Carrez, der Leiterin des Amtes für Internationale Begegnungen, einer Unterabteilung von Schmittleins Behörde. Höhepunkt dieser Bemühungen waren die Jugendtreffen auf dem Loreley-Felsen im Sommer 1951, an denen rund 30.000 junge Menschen aus ganz Europa teilnahmen.

Auch an der Schaffung des Instituts für Europäische Geschichte in Mainz im Jahr

1950 hatte die französische Kulturbehörde maßgeblichen Anteil. Der Anstoß war von den 1948 erstmals stattfindenden, von der „Direction de l'Education Publique" in Speyer organisierten internationalen Historikerkonferenzen ausgegangen, die den Meinungsaustausch und die Zusammenarbeit zwischen Historikern im Sinne des werdenden Europa fördern sollten. Die Gründung der Mainzer Akademie der Wissenschaften und der Literatur, von deutschen Intellektuellen im Sommer 1949 initiiert, wurde ebenfalls durch Irène Giron unterstützt.

Corine Defrance urteilt in ihrer umfangreichen Untersuchung über die Kulturpolitik Frankreichs auf dem linken Rheinufer von 1945 bis 1955 zusammenfassend:

„Raymond Schmittlein et sa collaboratrice Irène Giron furent des principaux concepteurs et réalisateurs de la politique culturelle française dans la zone. Ils disposèrent d'une liberté d'action très considérable." (S. 310)

(Übersetzung: Raymond Schmittlein und seine Mitarbeiterin Irène Giron waren die Hauptverantwortlichen für die Konzeption und Durchführung der französischen Kulturpolitik in ihrer Besatzungszone. Sie verfügten über einen ganz beträchtlichen Handlungsspielraum."

Beide nutzten ihre große Handlungsfreiheit zum Wohle des kulturellen Aufbaus in Rheinland-Pfalz, von dem wir noch heute profitieren, und beide ergänzten sich bei der Arbeit hervorragend. Sie verfolgten ein völlig übereinstimmendes Konzept von Kulturpolitik, und es ist im Nachhinein schwierig zu unterscheiden, welche einzelnen Ideen und Planungen ursprünglich auf Raymond Schmittlein und welche auf Irène Giron zurückgingen und wer sie jeweils realisierte. Während ihr Vorgesetzter jedoch oft aufbrausend und manchmal verletzend sein konnte, zeichnete sich seine Stellvertreterin dadurch aus, daß sie äußerst geduldig, höflich und humorvoll war, wodurch sie ihre Gesprächspartner meist überzeugte.

Als Raymond Schmittlein sein Amt bei der Hohen französischen Kommission aufgab, um in seiner Heimat bei den Wahlen zur Nationalversammlung zu kandidieren, kehrte auch Irène Giron nach Frankreich zurück.

1952 wurde sie auf Vorschlag von René Capitant, nach dem Krieg französischer Bildungsminister, für den Grad des Ritters der Ehrenlegion „à titre exceptionnel" vorgeschlagen, eine ungewöhnliche Auszeichnung für eine Frau.

Sie verstarb am 29. April 1988 in Paris.

Hedwig Brüchert

Quellen/Literatur:

Corine Defrance: La politique culturelle de la France sur la rive gauche du Rhin 1945-1955. Strasbourg 1994;

Corine Defrance: Die Franzosen und die Gründung des Instituts für Europäische Geschichte in Mainz 1949-1955. In: Winfried Schulze/Corine Defrance, Die Gründung des Instituts für Europäische Geschichte Mainz. Mainz 1992 (Veröff. d. Instituts für Europäische Geschichte, Beiheft 36), S. 55-77;

Manfred Heinemann (Hg.): Hochschuloffiziere und Wiederaufbau des Hochschulwesens in Westdeutschland 1945-1952. Teil 3: Die Französische Zone, bearb. v. Jürgen Fischer. Hildesheim 1991;

Jérôme Vaillant (Hg.): Französische Kulturpolitik in Deutschland 1945-1949. Berichte und Dokumente. Konstanz 1984.

Amely Goebel (1903-1982)

Amely Maria Eva Goebel wurde am 8. Juli 1903 in Straßburg geboren, wo ihr Vater zu dieser Zeit als Assistenzarzt tätig war. Der Augenarzt Dr. Carl Michael Goebel, 1873 in Ernst an der Mosel geboren, stammte aus einer alteingesessenen katholischen Winzerfamilie. Ihre Mutter, Anna Maria Eich, war 1874 in Trier geboren und hatte eine Lehrerinnenausbildung absolviert. Kurz nach Amelys Geburt zog die junge Familie nach Trier, wo Carl Goebel eine eigene Praxis eröffnete.

Amely Goebel und ihre um ein Jahr jüngere Schwester Eva Maria wuchsen in einer bildungsbewußten Familie auf. Die Mutter hatte selbst eine Lehrerinnenausbildung absolviert, und so legten die Eltern Wert auf eine gute Schulbildung ihrer begabten Töchter.

Amely Goebel (1955)

Beide besuchten zunächst die Schule der Ursulinen; anschließend wechselten sie auf die Auguste Viktoria-Schule. 1922 legte Amely Goebel das Abitur ab. Während die Schwester nach dem Abitur ein Kunststudium in Düsseldorf aufnahm und später in Trier als Kunsterzieherin arbeitete, entschied sich Amely für eine sozialwissenschaftliche Ausbildung, obwohl auch sie eine künstlerische Begabung besaß. Sie nahm ein Studium der Volkswirtschaft in Bonn auf, daneben belegte sie Philosophie. 1926 erlangte sie ihr Diplom. Geprägt von ihrer katholischen Erziehung und dem sozial eingestellten Elternhaus, stand jedoch bereits damals für sie fest, daß sie nicht als Volkswirtin Karriere machen, sondern sich sozial-karitativ engagieren wollte. Daher wechselte sie an die Universität Heidelberg; die damals als erste deutsche Universität einen Spezialstudiengang für soziale Fürsorge anbot. Mit dieser Zusatzausbildung verbunden war ein fürsorgerisches Praktikum in den sozialen Einrichtungen der Stadt Mannheim. Das Engagement im sozialfürsorgerischen Bereich sollte das gesamte weitere Leben von Amely Goebel bestimmen.

Da sie aufgrund ihrer christlichen Grundüberzeugung unter der nationalsozialistischen Herrschaft keine zufriedenstellende berufliche Aufgabe zu erwarten hatte, entschloß sich Amely Goebel in Absprache mit ihrer Familie, auf eine Anstellung zu verzichten und stattdessen ehrenamtlich tätig zu werden. Daneben half sie ihrem alternden Vater in seiner Augenarztpraxis.

Im November 1936 – zu einer Zeit also, als die Bedingungen für eine unabhängige katholische Fürsorgearbeit äußerst erschwert waren, da die nationalsozialistische Organisation „NSV" die Zuständigkeit für die Sozialarbeit weitgehend allein beanspruchte – begann Amely Goebel mit der ehrenamtlichen Arbeit im „Katholischen Fürsorgeverein für Mädchen, Frauen und Kinder" in Trier, dessen Vorsitzende sie bereits zwei Jahre später wurde. Diese überregionale katholische Fachorganisation der Jugend- und Gefährdetenhilfe, die dem Deutschen Caritasverband angeschlossen ist, unterhielt damals in Trier zwei große Heim: eines für gefährdete Mädchen, das andere für unverheiratete Mütter und ihre Kinder, das Gertrudenheim und das St. Anna-Stift. Hier setzte Amely Goebel in der Folgezeit ihre ganze Arbeitskraft ein und wirkte dabei weit über den Trierer Raum hinaus. Während die „offene Fürsorgearbeit" des Caritasverbandes im Dritten Reich stark eingeschränkt und das „Gertrudenheim" in der Maximinstraße geschlossen werden mußte, konnte die Arbeit im St. Anna-Stift in der Krahnenstraße offenbar mit stillschweigender Billigung der Behörden relativ ungestört fortgesetzt werden. Kurz vor Kriegsausbruch wurden einem Bericht zufolge hier 32 Mütter und 25 Säuglinge betreut. Im Winter 1944/45 mußte es allerdings evakuiert werden. Unmittelbar nach dem Ende des Krieges wurde es instandgesetzt und wieder in Betrieb genommen. 1948 übernahm es auf Ersuchen der Stadt vorübergehend auch die Aufgabe des Städtischen Säuglingsheims.

Der Initiative von Amely Goebel ist es zu verdanken, daß 1951 in der Krahnenstraße mit dem Maria-Goretti-Heim auch wieder eine Zufluchtsstätte für Mädchen und Frauen entstand. Hierfür bestand in den schwierigen Nachkriegsjahren, angesichts wirtschaftlicher Not und auseinandergerissener Familien, ein großer Bedarf. Das Haus diente seither als anerkannte „Jugendschutzstelle"; hier werden minderjährige Mädchen, die das Elternhaus oder ein Heim verlassen haben, so lange aufgenommen, bis geklärt ist, ob sie wieder ins Elternhaus zurückkehren können oder in einem Heim Unterkunft finden.

Aufgrund ihrer Fachkenntnisse wurde Amely Goebel unmittelbar nach Kriegsende auch beim Wiederaufbau der jugendfürsorgerischen Arbeit des Jugend- und Sozialamtes der Stadt und des Landkreises Trier beratend herangezogen. Als ihr Ende der vierziger Jahre eine Stelle als Regierungsrätin bei der Bezirksregierung Trier angeboten wurde, lehnte sie diese jedoch, wenn auch schweren Herzens, ab, um ihren inzwischen weit über siebzigjährigen Vater in seiner Arztpraxis nicht alleine zu lassen. Beide Eltern verstarben kurz darauf im Jahr 1950. Amely Goebel arbeitete weiterhin bis zu ihrem Lebensende ehrenamtlich für den Fürsorgeverein und lebte von den Mieteinkünften des elterlichen Hauses.

Seit den fünfziger Jahren, als die Zahl der Flüchtlinge aus der DDR immer größer wurde, half der Fürsorgeverein neben seiner sonstigen Arbeit auch dieser Personengruppe. Weibliche Jugendliche, die ohne Eltern geflohen waren und nun völlig alleine dastanden, wurden so lange im „Maria-Goretti-Heim" aufgenommen, bis sie Arbeit und Wohnung gefunden hatten.

Darüber hinaus sorgte Amely Goebel dafür, daß das seit 1913 bestehende St.-Anna-Stift nach und nach zu einem den Erfordernissen der Zeit entsprechenden Mutter-Kind-Heim ausgebaut wurde, dem ein Kinderheim und eine Kinderkrippe angeschlossen wurden. Der Erweiterungsbau konnte im Februar 1974 seiner Bestimmung übergeben werden. 1973 wurde auch eine Modell-Beratungsstelle für Frauen in Schwangerschaftskonflikten angegliedert. Neben dieser Arbeit war Frau Goebel auch in der Gefängnisfürsorge aktiv.

Im Mai 1969 beantragte der Katholische Fürsorgeverein Trier beim Registergericht die Umbenennung in „Sozialdienst katholischer Frauen e.V.". Der Dachverband in Dortmund hatte diese Umbenennung inzwischen beschlossen, um den neuen Aspekten der Dienste, die der Fürsorgeverein leistete, auch im Namen besser gerechtzuwerden.

Es verwundert nicht, daß Amely Goebel als anerkannte Fachfrau im sozialfürsorgerischen Bereich auch in der Kommunalpolitik gefragt war. Schon 1946 der CDU beigetreten, kandidierte sie 1952 erstmals für den Trierer Stadtrat. Hier brachte sie ihren Sachverstand vor allem im Sozial- und im Jugendwohlfahrtsausschuß ein; außerdem gehörte sie auch dem Kulturausschuß an. In ihrer Partei hatte sie zahlreiche Funktionen in Vorständen und Gremien auf Stadt-, Bezirks- und Landesebene inne. Am 11. Oktober 1957 rückte sie als Nachfolgerin für Dr. Mathilde Gantenberg, die inzwischen dem Bundestag angehörte, in den rheinland-pfälzischen Landtag nach. Auch hier widmete sie sich vorwiegend sozialpolitischen Fragen. Nach Ablauf der dritten Wahlperiode im Jahr 1959 verzichtete Amely auf eine erneute Kandidatur, um ihrer schwer erkrankten Schwester in Trier beizustehen, die 1960 ihrem Leiden erlag. Ihre kommunalpolitische Arbeit im Trierer Stadtrat setzte Amely Goebel jedoch bis 1974 fort.

Ihre großen persönlichen Leistungen wurden durch eine Reihe von hohen Auszeichnungen gewürdigt. Im Juli 1968, anläßlich ihres 65. Geburtstages, wurde Amely Goebel das Bundesverdienstkreuz Erster Klasse verliehen; 1982 erhielt sie den neugeschaffenen Verdienstorden des Landes Rheinland-Pfalz. Für ihr kommunalpolitisches Engagement wurde sie mit dem Ehrenring der Stadt Trier ausgezeichnet. Darüber hinaus war sie Trägerin des päpstlichen Ordens „Pro ecclesia et pontifice" und der Ehrennadel der Christlich Demokratischen Union; ebenso erhielt sie die Agnes Neuhaus-Medaille und die Freiherr-vom-Stein-Plakette.

Bis kurz vor ihrem Lebensende aktiv, verstarb Amely Goebel am 18. September 1982 im Trierer Herz-Jesu-Krankenhaus an den Folgen eines Schlaganfalls, den sie einige Wochen zuvor, während einer Diözesan-Jahrestagung des Sozialdienstes Katholischer Frauen, erlitten hatte.

Hedwig Brüchert

Quellen und Literatur:

Abgeordnete in Rheinland-Pfalz 1946-1987. Biographisches Handbuch, hg. v. Landtag Rheinland-Pfalz, bearb. v. Heidi Mehl-Lippert u. Doris Maria Peckhaus. Mainz 1991, S. 191f.;
Nachtrag zum Amtlichen Handbuch des Landtages Rheinland-Pfalz, III. Wahlperiode 1955. Mainz 1958, S. 8 u. 13;
Vorschlagsbegründung für die Verleihung des Bundesverdienstkreuzes Erster Klasse 1968;
Vorschlagsbegründung für die Verleihung des Landesverdienstordens 1982;
Dr. Hubert Mockenhaupt: „Helfen Sie uns arbeiten". Anfänge und Weg des Katholischen Fürsorgevereins und des St. Annastiftes Trier, in: 80 Jahre Sozialdienst Katholischer Frauen e.V., 70 Jahre Annastift Mutter-Kind-Wohnheim Trier. Trier 1983, S. 33-49;
Ihr Leben galt dem Sozialdienst. Zum Tod von Amely Goebel, in: Paulinus 18/Nr. 40 v. 3.10.1982;
Ihr Leben galt bedrängten Menschen, in: Trierischer Volksfreund v. 23.9.1982.

Helene Grefraths (1912-1999)

Helene Grefraths wurde am 11. Februar 1912 in Rheydt bei Mönchengladbach geboren. Nach dem Abitur studierte sie zunächst ein Semester lang Philologie an der Universität Bonn. Ihr eigentliches Interesse galt jedoch schon früh der Sozialarbeit, und so wechselte sie im zweiten Semester an die Höhere Fachschule für Sozialarbeit in Aachen.

Nach Abschluß der Ausbildung arbeitete sie zunächst als Fürsorgerin bei der Stadt Rheydt. Über Metz und Neunkirchen, wo sie während des Krieges tätig war, kam Helene Grefraths 1945 nach Ludwigshafen. Die Not der Menschen in der in Trümmern liegenden Stadt war groß, und es fehlte überall dringend an Fachkräften, um die Sozialdienste wiederaufzubauen. Bereits am 1. September 1945 wurde Helene Grefraths von dem Speyerer Bischof Dr. Wendel eingestellt mit dem Auftrag, die Caritasarbeit in Ludwigshafen zu organisieren. Zunächst stand jedoch die praktische Hilfe im Vordergrund. In der ersten Zeit hatte sie alle Hände voll zu tun, um ausgebombten Obdachlosen, Flüchtlingen und zurückkehrenden Kriegsgefangenen zu helfen. Sie beschaffte Lebensmittel, verteilte Spenden von ausländischen Hilfsorganisationen, suchte Unterkunft für Menschen ohne Wohnung.

Erst nach der Währungsreform, als sich das Alltagsleben der Menschen langsam normalisierte, konnten Helene Grefraths und ihre Kolleginnen darangehen, das Caritaswerk Ludwigshafen systematisch auszubauen. Es wurden nach und nach Hilfs- und Beratungsdienste für verschiedene Gruppen von Hilfesuchenden geschaffen. Frau Grefraths vertrat das Caritaswerk in dem neu eingerichteten Jugendwohlfahrtsausschuß und im Sozialausschuß der Stadt sowie im Beirat der Volkshochschule. Sie hatte eine profunde Kenntnis der Sozialgesetzgebung und setzte sich dafür ein, daß die neuen Sozialhilfe- und Jugendwohlfahrtsgesetze auf kommunaler Ebene in geeigneter Weise umgesetzt wurden. Zu ihren Aufgaben gehörten die Beratung der Kindergärten sowie der Aufbau und die Organisation der Ausländerhilfe: zunächst, in den fünfziger Jahren, für die Ungarnflüchtlinge, ab den sechziger Jahren für die Gastarbeiter und schließlich für die Spätaussiedler. Um den Kindern der nach Ludwigshafen gekommenen Aussiedlerfamilien bei der Eingewöhnung in der neuen Heimat zu helfen, rief sie das Jugendgemeinschaftswerk ins Leben, leitete mehrere Jahre lang persönlich die Gruppenstunden und führte Bildungsfahrten durch.

Daneben kümmerte sich Helene Grefraths um die Unterbringung von Nichtseßhaften und Obdachlosen und war über zehn Jahre lang in der Gefängnisfürsorge in den Haftanstalten von Frankenthal und Ludwigshafen tätig. Auch die Pflegschaft und Vormundschaft von psychisch kranken und behinderten Menschen zählte zu ihrem Arbeitsgebiet. Sie übernahm selbst zahlreiche Pflegschaften, die einen Großteil ihrer Zeit in Anspruch nahmen. Mit Ausdauer und Überzeugungskraft konnte sie erreichen, daß psychisch Kranke nicht mehr in die Pfalzklinik eingeliefert, sondern im St. Michaelsheim betreut wurden. Unter ihrer aktiven Mitwirkung wurde einige Zeit später auch die offene Arbeit im Max-Hochrein-Haus ausgebaut. Zusammen mit Caritasrektor Johannes Urich gründete sie die beschützende Werkstatt in Mundenheim, die Vorläufereinrichtung der heutigen Werkstätte für Behinderte.

Zu Helene Grefraths' Aufgaben gehörte auch der Einsatz der Familienpflegerinnen, die heute bei der Sozialstation angestellt sind. Am Aufbau der Sozialstationen in Ludwigshafen, die sich inzwischen sehr bewährt haben, war sie intensiv beteiligt. Überhaupt verschloß sie sich nie Veränderungen in der Gemeinwesenarbeit, sondern gestaltete alle neuen Entwicklungen, die sich aus sich wandelnden gesellschaftlichen Verhältnissen und Vorstellungen ergaben, aktiv und ideenreich mit.

Auch nachdem sie die Altersgrenze erreicht hatte und aus dem hauptamtlichen Caritasdienst ausgeschieden war, führte sie eine Reihe von Pflegschaften weiter und unterstützte den Aufbau des neuen Wohnheims für psychisch Kranke in St. Johannes.

Anläßlich ihres 75. Geburtstags wurde sie im Februar 1987 durch Caritasdirektor Prälat Dr. Ludwig Staufer mit dem Caritaskreuz in Gold ausgezeichnet. Die Stadt Ludwigshafen verlieh der verdienten Sozialarbeiterin den Ehrenring. 1971 hatte sie bereits das Bundesverdienstkreuz am Bande erhalten.

Helene Grefraths, die die letzten Jahre ihres Lebens in einem Pflegeheim verbrachte, verstarb am 5. November 1999. Auf ihren Wunsch fand sie in ihrer Heimat im Rheinland, in Mönchengladbach, ihre letzte Ruhestätte.

Hedwig Brüchert

Quellen/Literatur:
Schreiben des Bischöflichen Ordinariats Speyer v. 3.11.1994;
Schreiben des Caritasverbandes der Diözese Speyer v. 6.9.1994;
Ludwigshafener Katholisches Kirchenblatt, 39. Jg. (1987), Nr. 12 (15.-21. März 1987);
Ludwigshafener Katholisches Kirchenblatt 51. Jg., Nr. 46 (14.-20.11.1999);
Auskünfte des Archivs des Bistums Speyer;
Auskünfte des Caritaswerks Ludwigshafen;
Auskünfte von Frau Dr. Gertrud Schneider, Ludwigshafen.

Hilde Greller (1906-2000)

Es brauchte nie viel, um den Kobold in ihr zu entdecken. Zart und zerbrechlich, aber immer mit blitzenden Augen, die so gar nichts von der matronenhaften Würde des Alters hatten, so ist Hilde Greller, die große Malerin Kaiserslauterns, allen in Erinnerung. Putzmunter im Geist, geprägt von Leseleidenschaft und Aufgeschlossenheit für alles Geschehen, lebendig und verschmitzt. Im Gespräch griff sie gerne wahllos hinein in ein übervolles Leben, das geprägt war von ihrem künstlerischen Schaffen, aber auch von Liebe, Ehe, Kinderkriegen, Alltagssorgen und „wahnsinnig viel Arbeit". Sie habe immer versucht, das Schöne in ihren Bildern zu zeigen. In diesen Worten lag mehr als die erklärende Deutung ihres Werks, sie waren Bekenntnis, Bejahung und Maxime ihres Lebens und untrennbar mit ihrem künstlerischen Werdegang verbunden.

Am 24. August 1906 in Kaiserslautern geboren, wohnte sie länger als achtzig Jahre in ihrem Elternhaus in der Amselstraße, das im Dornröschenschlaf inmitten des verwunschenen Gartens die Zeit überdauert und seinen Charme bewahrt hat. Die Liebe zur Natur, zu Kindern und Blumen hat Hilde Greller von ihrem „furchtbar lieben" Vater geerbt, dem Lehrer und Oberbaurat Adolf Stieger. Schon mit sechs Jahren wußte sie, was sie einmal werden wollte. Beim Figurenkneten in der nahen Lehmgrube hatte sie das Wort „Künstlerin" aufgeschnappt. Der Vater definierte den fremden Begriff. „Ein Künstler ist ein Mensch, der anderen Freude macht." Damit war die Entscheidung für sie gefallen. Es war eindeutig der Vater, der wohl schon früh ihr Talent erkannt und ihre ersten künstlerischen Schritte stark beeinflußt, der sie sehr unterstützt und geprägt hat. Er war es aber auch, der seiner Tochter, entgegen ihrer Neigung, zum Studium der Grafik riet, denn die Malerei galt ihm als Hungerberuf. Zwischen glücklicher Kindheit und künstlerischer Ausbildung lag die Schule. Das „Einjährige" mußte gemacht werden, die Eltern bestanden darauf. Hilde Greller erinnerte sich nicht gerne dran. Danach folgte die Ausbildung an der Meisterschule. Ein Jahr lang ging sie als einziges Mädchen unter 27 Buben in die Malerklasse. Nicht die hehre Kunst stand auf dem Programm, Tünchen, „Flaschen" und Lackieren mußte sie lernen.

Schließlich dann der Beginn des eigentlichen künstlerischen Werdegangs. In der Grafikerklasse begann sie mit Freihandzeichnen, erste Holz- und Linolschnittarbeiten folgten. Sie war stark motiviert, reichte gegen den Willen der Schule ein Plakat ein und hatte auf Anhieb Erfolg. Die erste selbständige Arbeit wurde mit 190 Mark prämiert. „Das war viel Geld damals, ich hab" mir ein Fahrrad dafür gekauft". Ein Jahr später, 1925, verließ sie die Meisterschule, wenn auch nicht ganz freiwillig. Es hatte Krach wegen der Illustration eines Albums gegeben. Sie fühlte sich in ihrer künstlerischen Ehre gekränkt und flog „mit hocherhobenem Haupt" aus der Schule.

So zog sie im Alter von 19 Jahren mit einer Mappe ihrer Werke unterm Arm nach Düsseldorf und wurde Schülerin von Professor Aufseeser an der Kunstakademie. Durch Zufall gerieten erste Malversuche dem bekannten Heinrich Nauern in die Hände. Er erkannte ihr Talent und bot ihr einen Platz in seiner überfüllten Malklasse an. Aus Gehorsam dem Vater gegenüber verzichtete sie auf die Ausbildung in dieser

Hilde Greller

„brotlosen Kunst". Sie sollte es zeitlebens bedauern. Schon während ihrer Studienzeit hatte sie kleinere und größere Erfolge und gewann beachtliche Preise.
1928 kehrte sie heim nach Kaiserslautern. „Es langt jetzt", hatte sie beschlossen. Einen Abschluß hat sie nie gemacht. In ihrer Heimatstadt begann sie zunächst als selbständige Grafikerin, fertigte Entwürfe für kunstgewerbliche Sachen und fing an zu malen. „Und von da an habe ich den Pinsel nicht mehr aus der Hand gegeben". Sie war von der Malerei besessen. 1931 heiratete sie den Buch- und Kunsthändler Hans Greller, einen Idealisten, der das Geldverdienen weit hinter seine ethischen und moralischen Grundsätze stellte. Wenn eine Neuerscheinung auf dem Buchmarkt nicht seinen Vorstellungen entsprach, nahm er sie nicht in sein Sortiment auf. Tagsüber half Hilde Greller ihrem Mann im Geschäft, abends und nachts hat sie oft stundenlang gemalt, häufig, um die oft schmale Haushaltskasse aufzubessern. Drei Kinder stellten sich ein: Peter, der älteste, wurde 1937 geboren. Vier Jahre später folgte Antje, und 1945, bei Kriegsende, kam Susanne auf die Welt. In diesem Jahr geriet auch Hans Greller für vier Monate in Gefangenschaft nach Frankreich.
Für Hilde Greller begann eine schwere Zeit. Drei kleine Kinder waren durchzubringen, der Buchladen war durch den Krieg teilweise zerstört, und Bilder kaufte in dieser Zeit keiner. Sie erhielt ein paar Mark „Soldatenlohn". Aber sie hatte ein Dach über dem Kopf, das Elternhaus in der Amselstraße war von den Bomben verschont geblieben, und sie ließ sich nicht unterkriegen. Ein paar Straßen vom alten Geschäft

entfernt öffnete sie ein provisorisches Lädchen, teilte sich die Fläche dort mit einem Wäschegeschäft und verkaufte Bücher. Und sie sammelte jedes Fetzchen Papier, das sie kriegen konnte, um zu malen. „Politik war nie ihr Ding", sagt die Freundin. „Und mit den Nazis hatte sie schon gar nix am Hut." Sie habe, im Gegenteil, oft ungeniert Dinge gesagt, die „oben" nicht gerne gehört wurden. „Aber die Hilde war eben auch in dieser Beziehung ganz geradeaus", attestiert ihr die langjährige Gefährtin.

Vieles ist gesagt und geschrieben worden über das Werk der bekannten Kaiserslauterer Malerin, über ihre poetische Bilderwelt und ihr leidenschaftliches Verhältnis zur Farbe. Hannes Leising, der pfälzische Dichter, meinte einmal über sie. „Ihre Bilder machen traurig und froh wegen ihrer Schönheit, in die ein Tropfen Schwermut geflossen ist." Motive aus dem Alltag, aus ihrer Umgebung, waren häufig Gegenstand ihrer Bilder. Rittersporn, Mohn, Tulpen und Malven, so wie sie im Garten blühten und welkten, hat sie in ihrer unverwechselbaren Farbsprache festgehalten. Kinder mit Tieren, Tänzerinnen, Masken und Clowns sind ihre Themen. Wohl nahm sie ihre Anregungen aus der Natur und dem Sichtbaren, doch nie war sie ihrem Bildgegenstand sklavisch verhaftet, sie gestaltete, schaute hinter die Fassade. Hilde Greller ging es in ihren Bildern mehr um das Suggerieren als das Sagen, um eine tiefere Wahrheit als die natürlich wahrzunehmende. Stimmungshaftes, Atmosphärisches verdichtet sich in ihren Werken, macht sich selbständig in einer Harmonie von Farben und Konturen. Man sollte seine Sinne öffnen für die malerische Entfaltung dieser elegisch-melancholischen und zugleich rauschhaften Farbenpracht in einer märchenhaften, wundersamen Bilderwelt.

Menschen haben sie immer interessiert. Sie lese gerne in den Gesichtern. Sehr viele Portraits seien so entstanden. „Ich habe stets das gemalt, was in mir drin war. In meine Bilder fließen Dinge hinein, für die man keine großartigen Erklärungen braucht", sagte sie einmal. Ihr Schaffen trage keine einheitlich geprägte Handschrift wie bei vielen Künstlern. Sie wehrte sich gegen starre Schablonen, offen wollte sie in ihren Arbeiten sein, beweglich und keiner festen Theorie verhaftet. Da kam die Persönlichkeit der Malerin durch, die sich nie in ein nur auf Konvention bedachtes, allzu starres Korsett zwängen ließ. Ihre innere Freiheit war ihr sehr wichtig. Hilde Greller beherrschte eine Fülle von Techniken, jede für sich in mühevoller Arbeit erworben und zur Meisterschaft entwickelt. Öl- und Aquarellmalerei, Misch- und Temperatechniken, Hinterglasmalerei und verschiedene Drucktechniken waren Mittel ihres Ausdrucks und Gestaltens. Auch das ‚grafische Seelchen' in ihr rührte sich hin und wieder in ihren Werken.

An Erfolg und Anerkennung für ihre Arbeit hat es nie gefehlt. Das beweisen die vielen Einzel- und Gruppenausstellungen von Hamburg bis München. Bis nach Lagos in Nigeria ist ihre Kunst gedrungen, und die UNESCO hat für eine Serie der UNICEF-Karten ein Bild bei ihr erworben. So wanderte ihr Name um die Welt. Aber auch in ihrer Heimat Kaiserslautern und in der Pfalz hat sie fortdauernde Spuren hinterlassen. In einer Kritik des Südwestfunks anläßlich einer Ausstellung 1960 im Reiss-Museum in Mannheim wurde Hilde Grellers ‚überraschendes Werk als neuer Aktivposten für die Malerei der Pfalz' bezeichnet, ‚deren Wert gar nicht hoch genug angeschlagen werden kann'. Sie war Mitglied der Arbeitsgemeinschaft Pfälzer Künstler (APK) und des Landesberufsverbandes Bildender Künstler in Rheinland-Pfalz. Ihre Bilder schmükken Ministerien, Botschaften, Banken und Schulen. Aber sie hängen auch zur Freude vieler Bürger – als echte Greller – in etlichen Wohnstuben unserer Stadt.

Hilde Greller verbrachte ihre letzten Lebensjahre in einem Seniorenheim in Enkenbach bei Kaiserslautern. Nach langer Krankheit ist sie dort im Mai 2000 im Alter von 94 Jahren verstorben. Die Kraft des Malens hatte sie schon lange verlassen. Aber auch im hohen Alter wurde sie begleitet von ihrer Familie und vielen guten Freunden. „Sie haben mir geholfen, mein Leben zu leben", hat sie immer wieder betont. Und doch lag letzten Endes alles Entscheidende – die Gestaltung eines Lebenswerkes – in ihr, nicht an den Umständen.

Jutta Steinbrecher

Gekürzte Fassung des Beitrags der Autorin in: Frauengeschichte – Frauengeschichten aus Kaiserslautern. Dokumentation Kaiserslauterer Bürgerinnen und Bürger. Hg. v. d. Gleichstellungsstelle Kaiserslautern. Otterbach/Pfalz 1994, S. 146-151.

Irmgard Gusovius (geb. 1913)

Im Jahr 1947 begann das Engagement von Irmgard Gusovius für die Kriegshinterbliebenen, das sie nicht mehr loslassen sollte. Über Jahrzehnte hinweg, bis ins Alter, hatte sie wichtige Funktionen im VdK und in verschiedenen anderen Gremien inne. Sie wurde am 22. Oktober 1913 als einziges Kind von Ida und Hans Morio von Recklinghausen in Braunschweig geboren und wurde evangelisch erzogen. Als Irmgard zehn Jahre alt war, zog die Familie nach Brandenburg um. Der Vater, ein Diplomingenieur, übernahm die Leitung einer Ölfabrik in Wittenberge. Irmgard besuchte dort das altsprachliche Gymnasium. Ende der zwanziger Jahre, in der Weltwirtschaftskrise, wurde die Ölfabrik verkauft, und der Vater wurde arbeitslos. Familie von Recklinghausen zog nun nach Manderscheid in der Eifel, dem Heimatort von Irmgards Großeltern. Diese besaßen in Manderscheid eine Pension mit 22 Gästezimmern sowie eine Buch- und Zeitschriftenhandlung. Als der Großvater starb, führten Irmgards Eltern beides weiter. Sie selbst ging noch bis zur Mittleren Reife auf das Wittlicher Gymnasium, danach half sie den Eltern im Familienbetrieb. 1941 heiratete Irmgard von Recklinghausen den aus Ostpreußen stammenden Hans Günter Gusovius, den sie bei einem Besuch in Braunschweig kennen gelernt hatte. Er war promovierter Diplom-Landwirt. Das junge Ehepaar lebte in Berlin, wo auch das ältere Kind, die Tochter Ute, geboren ist. Wegen der zunehmenden Bombenangriffe auf die Hauptstadt flüchtete sich Irmgard Gusovius mit ihrer kleinen Tochter ins Elternhaus nach Manderscheid, wo das zweite Kind, ein Junge, zur Welt kam. Hans Günter Gusovius wurde eingezogen und kam schon wenige Tage später an der Ostfront ums Leben. Dies erfuhr Frau Gusovius jedoch erst nach drei Jahren; bis dahin lebte sie in Ungewißheit über das Schicksal ihres Mannes.
Mit ihren zwei Kindern stand sie nun alleine da. Die Pension wurde bei Kriegsende von den amerikanischen Truppen, später von den Franzosen beschlagnahmt. Als Existenzgrundlage dienten Irmgard Gusovius die Buchhandlung und der Zeitschriftenladen; ihre Mutter verstarb bereits 1953, der Vater nur ein Jahr später. Das Geschäft wird heute von der Tochter, Ute Gusovius, weitergeführt. Die Pension wurde später in Wohnungen umgewandelt.
Ihre persönliche Verlusterfahrung während des Zweiten Weltkrieges war es wohl vor allem, die Irmgard Gusovius zu ihrem Engagement für andere Menschen führte. Sie begann schon bald nach dem Krieg damit, gemeinsam mit anderen Betroffenen den Verband der Kriegsopfer und Hinterbliebenen (VdK) in Rheinland-Pfalz aufzubauen, um Hilfe für die Hinterbliebenen, Kriegsbeschädigten, Witwen und Waisen zu leisten und sie in sozialrechtlichen Fragen zu beraten. Seit 1947 Mitglied des Vorstands des VdK-Kreisverbandes Wittlich, gehörte sie bereits ein Jahr später dem Landesverbandsausschuß an und wurde 1950 zur stellvertretenden Vorsitzenden des VdK-Landesverbandes Rheinland-Pfalz gewählt.
Fünfzig Jahre lang, bis 1997, gehörte sie dem Verbandsvorstand dann in verschiedenen Funktionen an; unter anderem versah sie von 1958 bis 1971 das Amt der Schriftführerin. Daneben leitete sie ab 1952 die VdK-Ortsgruppe Manderscheid

und war von 1956 bis in die achtziger Jahre Vorsitzende des VdK-Kreisverbandes Wittlich bzw. nach der Zusammenlegung der Kreisverbände Wittlich und Daun die Vorsitzende dieses größeren Verbandes mit 77 Ortsgruppen. In Wittlich und in Daun betreute sie je ein Büro, in dem die Beratung stattfand. Vor allem im Weinbau war es für die Witwen schwierig, den Betrieb alleine weiterzuführen. In diesem Bereich konnte Irmgard Gusovius zahlreichen Ratsuchenden helfen. Auch auf Bundesebene nahm sie verschiedene Funktionen im VdK wahr. Nicht zuletzt war sie an der Formulierung des Bundesversorgungsgesetzes beteiligt, bei dessen Ausarbeitung neben Vertretern der Bundeswehr auch der VdK hinzugezogen wurde.

Ihr hohes Engagement für den VdK brachte es mit sich, daß Irmgard Gusovius auch in andere Gremien berufen wurde, wo ihr Sachverstand in sozialrechtlichen Angelegenheiten gefragt war. So war sie von 1948 an für viele Jahre Mitglied im Landeshinterbliebenenausschuß von Rheinland-Pfalz. Von 1968 bis 1988 übte sie das Amt einer Sozialrichterin am Sozialgericht Trier aus.

Neben der Verbandsarbeit spielte die Politik eine wichtige Rolle im Leben von Irmgard Gusovius. In ihrer Gemeinde und im Landkreis konnte sie mitgestalten und ihre Ideen einbringen und bewies sich als resolute, eigenständige Persönlichkeit, die auch ungewöhnliche Entscheidungen traf, wenn sie es für richtig und notwendig hielt. Sie war 1950 der FDP beigetreten und vertrat diese Partei von 1954 bis 1968 im Kreistag von Wittlich, ab 1956 auch im Gemeinderat Manderscheid. 1968 verließ sie die FDP, da ihr die bundespolitische Entwicklung nicht gefiel bzw. sie mit einigen der Führungspersönlichkeiten der Partei nicht einverstanden war.

Nun trat sie mit einer freien Liste, der „Liste Gusovius", zur Wahl an, erzielte hervorragende Stimmergebnisse und gehörte dem Gemeinderat noch bis 1979 an.

Für ihre vielfältigen Verdienste vor allem auf sozialpolitischem Gebiet wurden Irmgard Gusovius zahlreiche Ehrungen zuteil. Unter anderem wurde sie im Jahr 1967 mit dem Bundesverdienstkreuz am Bande, 1976 mit dem Bundesverdienstkreuz Erster Klasse ausgezeichnet. Anläßlich ihres 70. Geburtstages im Jahr 1983 überreichte ihr Bürgermeister Densborn eine Dankesurkunde und den Wappenteller der Verbandsgemeinde Manderscheid. Doch sie dachte noch lange nicht ans Aufhören. Im gleichen Jahr trat sie in die CDU ein und gehörte dem Seniorenausschuß an. Daneben übte sie weiterhin verschiedene Ämter im VdK aus.

Vor wenigen Jahren gab Irmgard Gusovius nach einer schweren Krankheit ihre Ehrenämter auf und zog sich aus der aktiven Arbeit zurück. Doch auch heute noch kommen Witwen aus Manderscheid zu ihr, um sie wegen ihrer Rentenangelegenheiten um Rat zu fragen.

Hedwig Brüchert

Quellen/Literatur:

Auskünfte des Kreisarchivs Bernkastel-Wittlich;
Persönliche Auskünfte von Frau Irmgard Gusovius;
Vorschlagsbegründung für die Verleihung des Bundesverdienstkreuzes Erster Klasse (1976);
Ehrungsstunde für Frau Irmgard Gusovius. Trierischer Volksfreund v. 15.4.1976;
„Große Ehrung" der VG für Irmgard Gusovius. Trierischer Volksfreund v. 1.11.1983.

Prof. Dr. Barbara Haccius (1914-1983)

Die Naturwissenschaftlerin Professor Barbara Haccius war eine der wenigen Frauen, die in den ersten Jahren nach Wiedereröffnung der Mainzer Universität nach dem Zweiten Weltkrieg hier als Wissenschaftlerinnen gewirkt haben. Durch ihre jahrzehntelange unermüdliche Forschungs- und Lehrtätigkeit am botanischen Institut der Johannes Gutenberg-Universität hat sie auf ihren Forschungsgebieten einen bleibenden Namen erlangt.

Barbara Haccius wurde am 6. Dezember 1914 in Straßburg geboren. Nach Ablegung des Abiturs am humanistischen Mädchengymnasium in Karlsruhe studierte sie von 1933 bis 1939 Botanik, Zoologie, Chemie, Geologie und Philosophie an den Universitäten München, Freiburg und Halle. Im Juli 1939 promovierte sie im Fach Botanik bei Prof. Wilhelm Troll in Halle mit „ausgezeichnet" und legte im Oktober 1939 die Wissenschaftliche Prüfung für das höhere Lehramt mit „ausgezeichnet" ab. Nach der Pädagogischen Prüfung für das höhere Lehramt wurde sie im April 1941 zur Studienassessorin und im Januar 1946 zur Studienrätin ernannt. Im Mai 1949 folgte die Ernennung zur Universitätsdozentin an der Pädagogischen Fakultät der Universität Halle.

Prof. Dr. Barbara Haccius

1950 verließ sie Halle, um eine Tätigkeit als wissenschaftliche Mitarbeiterin am Botanischen Institut der Universität Mainz anzutreten. Im Juli desselben Jahres erfolgte die Habilitation in Botanik und im November 1950 die Erteilung der Venia legendi für das Fach Botanik an der Universität Mainz. Von April 1951 bis März 1954 erhielt sie ein Forschungsstipendium der Deutschen Forschungsgemeinschaft. Im Mai 1954 folgte dann die Ernennung zur Wissenschaftlichen Assistentin am Botanischen Institut der Universität Mainz und knapp zwei Jahre später diejenige zur Außerplanmäßigen Professorin. Nach der Übernahme ins Beamtenverhältnis im Februar 1960 wurde sie im Mai 1965 zur Wissenschaftlichen Rätin und im Juni 1971 zur Abteilungsvorsteherin und Universitätsprofessorin ernannt. Im März 1977 ließ sie sich aus gesundheitlichen Gründen in den Ruhestand versetzen.

Als Ergebnis ihrer jahrzehntelangen intensiven Forschungstätigkeit auf den verschiedensten Gebieten der Morphologie, Embryologie und experimentellen Botanik sowie der Mikrobiologie und Mykologie liegen über siebzig z. T. sehr umfangreiche Publikationen vor.

In ihrer ersten Veröffentlichung, die gleichzeitig das Thema ihrer Dissertation darstellt, befaßte sie sich mit „Untersuchungen über die Bedeutung der Distichie für das Verständnis der zerstreuten Blattstellung bei den Dikotylen" (Bot. Arch. 40: 58-150, 1939). Der Thematik der Blattstellungen widmete sie sich auch in den darauffolgenden Jahren, wobei ihr Interesse einmal solchen Pflanzen galt, die aufgrund der Blattstellung ein von der gesamten Familie abweichendes Verhalten zu zeigen schienen (Clematis/Waldrebe innerhalb der Familie der Ranunculaceae/Hahnenfußgewächse), und zum anderen Pflanzen, die – obwohl zu den Dicotyledoneae, den Zweikeimblättrigen Pflanzen gehörend – nur ein Keimblatt ausbilden (sog. „monocotyle Dicotyle"), ebenso wie natürlich auch den monocotylen Pflanzen selbst. In allen untersuchten Fällen analysierte sie die Anlegung der auf die Cotyledonen (Keimblätter) folgenden Blätter, deren Divergenzen und die daraus resultierenden Blattstellungen.

Diese ersten Untersuchungen weckten ihr leidenschaftliches Interesse, das sie bis an ihr Lebensende nicht losließ, für den Bau und die Funktion pflanzlicher Embryonen bzw. deren Organe. In zahlreichen Veröffentlichungen hat sie die Ergebnisse ihrer embryologischen und histogenetischen Studien dokumentiert. Nicht zuletzt dem Auftreten von Polyembryonie in diversen Pflanzenfamilien galt ihre besondere Aufmerksamkeit.

Bereits Anfang der fünfziger Jahre beschritt sie den langen und mühseligen Weg, durch experimentelle Einwirkung auf Versuchspflanzen einen Beitrag zur Klärung der Morphogenese pflanzlicher Embryonen, der Regenerationsfähigkeit und Funktion einzelner embryonaler Anlagen, und letztlich zum Verständnis phylogenetischer Zusammenhänge zu leisten. Als vorzüglich für experimentelle Untersuchungen geeignetes Objekt entdeckte sie dabei Eranthis hiemalis, den Winterling (Ranunculaceae): Die Embryonen dieser bereits im Januar/Februar blühenden Pflanze sind zum Zeitpunkt der Samenreife noch völlig undifferenziert und entwickeln sich erst während der folgenden Monate in den im Boden liegenden Samen. Barbara Haccius konnte daher durch Behandlung frisch geernteter Samen die jungen Embryonen sehr viel leichter der Einwirkung von Röntgenstrahlen bzw. Chemikalien aussetzen als gleich weit entwickelte Keime noch in Fruchtknoten befindlicher Samen.

Die Ergebnisse ihrer embryologischen Forschungen hat sie in der Publikation „Zur derzeitigen Situation der Angiospermen-Embryologie" (Bot. Jahrb. Syst., 91: 309-329, 1971) zusammengefaßt.

In den sechziger Jahren dehnte sie ihr Forschungsgebiet auch auf die Untersuchung von Callus-Kulturen aus. Auf diesem Gebiet gelang es ihr und ihren Mitarbeitern wiederholt embryogene Calli zu züchten, die Entwicklungsgeschichte der in vitro entstandenen Adventivembryonen zu studieren und mit dem Verhalten in vivo zu vergleichen. In weiteren Experimenten wurde das Verhalten explantierter Antheren bzw. Fruchtknoten von Nicotiana tabacum (Virginischer Tabak) untersucht. In ihrer vorletzten Publikation „Question of unicellular origin of non-zygotic embryos in callus cultures" (Phytomorphology, 28: 74-81, 1978) gibt sie einen Überblick über ihren bisherigen Erkenntnisstand und einen Ausblick auf weitere zur Klärung der anstehenden Probleme erforderliche und geplante Untersuchungen.

Während ihrer jahrzehntelangen Forschungs- und Lehrtätigkeit an den botanischen Instituten der Johannes Gutenberg-Universität zu Mainz hat sie neben einer Vielzahl von Diplomanden und Staatsexamenskandidaten auch die Arbeiten von fünfzehn Doktoranden und drei indische Humboldt-Stipendiaten betreut. Während ihrer gesamten beruflichen Laufbahn stand sie weltweit in Wissens- und Erfahrungsaustausch mit Kollegen und hielt zahlreiche Vorträge auf internationalen Tagungen, Kongressen und Symposien. Viele Ergebnisse ihrer Forschungen sind inzwischen Bestandteil renommierter Lehrbücher.

Barbara Haccius ist nach einem erfüllten Leben, in dessen Mittelpunkt sie die wissenschaftliche Forschung gestellt hatte, nach langer, schwerer Krankheit am 29. Dezember 1983 in Mainz verstorben.

Gerlinde Hausner

Quellen/Literatur:

Gerlinde Hausner: Haccius, Barbara. In: Renate Strohmeier, Lexikon der Naturwissenschaftlerinnen und naturkundigen Frauen Europas: von der Antike bis zum 20. Jahrhundert. Frankfurt am Main 1998, S. 125; persönliche Kenntnis der Forschungstätigkeit von Frau Prof. Haccius aus langjähriger gemeinsamer Arbeit.

Josefine Halein (1904-1990)

Josefine (Rufname: Fina) Nordmann wurde am 21. Januar 1904 in Mainz-Kastel als Kind einer Arbeiterfamilie geboren. Sie wuchs mit sieben Geschwistern auf. Ihr Vater, Gewerkschafter und Sozialdemokrat, war vierzig Jahre lang als Schlosser bei der Firma Kalle in Biebrich beschäftigt. Die Mutter war eine christliche Frau, und so wurden die Kinder katholisch erzogen. Josefine besuchte die Volksschule und arbeitete dann als Verkäuferin.

1926 heiratete sie Johann Halein, der bei der Städtischen Feuerwehr beschäftigt war. Er gehörte der KPD an. Auch Fina kam zunehmend zu der Überzeugung, daß die Kommunisten die einzigen waren, die einer Wiederaufrüstung Deutschlands und damit einer Kriegsgefahr wirksam entgegentraten.

Josefine Halein (1948)

Bestärkt wurde sie darin durch die heftigen Auseinandersetzungen, die sich 1928 im Reichstag an der Frage der Finanzierung des Panzerkreuzers A entzündeten. Sie begann, bei der Internationalen Arbeiterhilfe (IAH) mitzuarbeiten, die während der Weltwirtschaftskrise mit Hilfe von Spendensammlungen unzählige Arbeitslose materiell unterstützte.

Doch dann kam das Jahr 1933. Ihr Mann wurde wegen seiner Betätigung in der RGO, der Revolutionären Gewerkschafts-Opposition, zusammen mit zwölf weiteren Mainzer Kommunisten festgenommen und zu einem Jahr Haft verurteilt. Die Strafe saß er im Gefängnis in der Diether-von-Isenburg-Straße ab. Die Frauen der Inhaftierten trafen sich oft vor den Gefängnistoren, um zu warten, bis sie ihre Männer besuchen durften. Einige Zeit versuchte auch die Internationale Arbeiterhilfe noch, ihre Arbeit von der Kapuzinerstraße aus, wo sie ein kleines Lager und Büro besaß, fortzusetzen, doch dies wurde zunehmend schwieriger und gefährlicher. Johann Halein wurde nach einem Jahr aus dem Gefängnis entlassen, doch er fand als „Politischer" nun keine feste Arbeit mehr. 1942 wurde er dann zur Wehrmacht eingezogen.

Fina Halein erlebte die gesamten Kriegsjahre in Mainz. Zweimal wurde sie ausgebombt: das erste Mal in der Hinteren Bleiche 20, wo das Haus teilzerstört wurde. Sie zog dann in die Osteinstraße 7, wo sie sich eine Wohnung mit ihrer Schwägerin und einer ihrer Schwestern teilte. Auch ihren alten Vater nahm sie mit auf. Die Mutter war kurz zuvor, bei dem schweren Luftangriff auf Mainz-Kastel vom 9. September 1944, ums Leben gekommen. Doch nur vierzehn Tage später, im September 1944, wurde auch das Haus in der Osteinstraße von einem Volltreffer total zerstört.

Von ihrer Habe blieb Fina nur ein kleiner Koffer. Bis ins hohe Alter vergaß sie nicht die angstvollen Stunden in Luftschutzkellern, den gegen Ende des Krieges sich häufenden Bombenalarm, den schrecklichen Anblick von Tod und Zerstörung auf den Straßen. Für sie stand fest, daß sie nach dem Ende des Hitlerregimes dazu beitragen wollte, daß sich eine solche Diktatur und ein solcher Krieg nicht wiederholen.

Schon wenige Tage nach dem Einmarsch der Amerikaner arbeitete Fina Halein wieder im Lebensmittelladen ihres vorherigen Chefs. Er war zwar auch kurz vor Kriegsende in der Neustadt ausgebombt worden, fand jedoch benutzbare neue Räume am Gartenfeldplatz. Nachdem sie selbst für einige Zeit bei ihrer Schwester notdürftig untergekommen war, konnte sie wieder in ihre frühere, wiederhergestellte Wohnung in der Hinteren Bleiche einziehen. Auch ihr Mann kehrte bald aus dem Krieg zurück; die Ehe wurde allerdings kurz darauf, im Jahr 1947, geschieden.

Als im Sommer 1945 die „Städtische Betreuungsstelle für politisch, rassisch und religiös Verfolgte" die Arbeit aufnahm, wurde Fina Halein bei der Stadtverwaltung Mainz eingestellt. Das Konzept für die Tätigkeit dieser Einrichtung hatte Fritz Ohlhof ausgearbeitet, der selbst mehrere Jahre im Konzentrationslager inhaftiert gewesen und 1945 in Buchenwald befreit worden war. Fina Halein wurde eine seiner Mitarbeiterinnen und kümmerte sich in den folgenden Jahren engagiert darum, daß die unter Hitler aus rassischen, religiösen oder politischen Gründen Verfolgten, die nun aus den Lagern oder aus der Emigration zurückkehrten, vorrangig eine Unterkunft und das Nötigste zum Leben erhielten. Die Beschaffung dieser Güter war in der ersten Zeit allerdings fast unmöglich. Erst als nach und nach Hilfslieferungen aus dem Ausland, vor allem aus der Schweiz, eintrafen, besserte sich die Lage etwas.

Anfang 1946 wurden die Parteien wieder zugelassen. Fina Halein trat nun in die KPD ein und wurde bei den ersten Wahlen des gleichen Jahres in den Mainzer Stadtrat gewählt. Sie engagierte sich vor allem im Sozial- und im Wohnungsausschuß. Nach ihrer Erinnerung waren es insbesondere die Frauen aus allen Fraktionen, die sich für die Versorgung der notleidenden Bevölkerung einsetzten. Noch viele Jahre später war ihr die mühsame Arbeit jener Zeit gegenwärtig:

„Beispielsweise: Es waren sehr wenig Kartoffeln in der Stadt Mainz, die Lebensmittelnot war groß. Da sind wir vom Stadtrat zu dritt nach Neustadt zu den Franzosen gefahren, die hatten dort ihren Sitz für die Versorgung der Bevölkerung. Und da haben wir um Kartoffeln gebettelt, richtiggehend gebettelt, ja! Und daraufhin kriegte die Stadt, soviel ich mich erinnere, noch 200 Zentner Kartoffeln zusätzlich. Wir mußten auch sorgen dafür, daß die Menschen was zu brennen hatten, die Kohlen waren rationiert – Holz, da hatten wir in Mainz extra ein Holzlager errichtet, wo die Bevölkerung eine bestimmte Menge Holz bekommen konnte. Alles das ging über den Sozialausschuß. Dann gab es das Problem: Es gab so viele Menschen, die keine Arbeit hatten und finanziell die Hilfe der Stadt brauchten, Sozialhilfe. Jetzt mußten wir in den Ausschüssen uns darum kümmern: Was bekommen die Menschen – Sozialhilfeempfänger – an Weihnachten zusätzlich? Ein paar Mark mehr, oder kriegen sie einen Zentner Kohle, kriegen sie noch ein kleines bißchen mehr Lebensmittelvorrat? Das waren die Aufgaben

der Frauen, die sich eigentlich immer gleich geblieben sind! Die Sorge darum, daß die Kinder Milch bekamen, daß die alten Leute noch einen Bezugsschein für einen Mantel bekamen; dann hatten sie ja auch keine Möbel (...). Das war immer eine Bettelei, bis es soweit war."

Fina Halein gehörte Anfang 1946 auch zu den Gründungsmitgliedern der Gewerkschaft HBV (Handel, Banken, Versicherungen) in Mainz und war vier Jahre lang Erste Vorsitzende des Ortsverbandes. Als Delegierte der HBV Mainz nahm sie vom 12. bis 14. Oktober 1949 am Gründungskongreß des Deutschen Gewerkschaftsbundes in München teil. Von den 487 stimmberechtigten Delegierten waren nur 14 Frauen. Fina Halein leistete während des Kongresses einen kämpferischen Redebeitrag, in dem sie gegen die Empfehlung des DGB-Vorsitzenden Hans Böckler eindringlich an die männlichen Delegierten appellierte, die erfahrene Kollegin Kipp-Kaule als Vertreterin der Frauen in den Bundesvorstand zu wählen.

Als Nachfolgerin für den zurückgetretenen Paul Baumann rückte Fina Halein außerdem am 1. Februar 1948 in den rheinland-pfälzischen Landtag nach, dem sie bis zum Ende der ersten Wahlperiode 1951 angehörte.

Inzwischen prägte allerdings der „Kalte Krieg" zunehmend das politische Klima in Deutschland, und für Fina Halein als KPD-Mitglied wurde die Lage immer schwieriger. 1952 wurde sie wegen ihres politischen Engagements gegen die Remilitarisierung der Bundesrepublik von der Stadtverwaltung entlassen. Im gleichen Jahr wurde sie erneut in den Mainzer Stadtrat gewählt. Ab 1956, dem Jahr, in dem die KPD offiziell verboten wurde, war dann auch dies nicht mehr möglich. Anfang der sechziger Jahre wurde sie wegen ihrer Mitgliedschaft im „Demokratischen Frauenbund Deutschlands" angeklagt und zunächst zu zwei Monaten Haft auf Bewährung, in einer späteren Verhandlung dann zu zehn Monaten Gefängnis verurteilt. Über diese Zeit konnte sie auch lange danach, im Alter, nur mit großer Verbitterung sprechen. Ihren Lebensunterhalt verdiente sie in der Folgezeit mehr schlecht als recht durch eine selbständige Handelstätigkeit. Ihren Idealen und politischen Überzeugungen blieb sie jedoch treu, trat nach deren Gründung der DKP bei und engagierte sich bis ins hohe Alter in der Friedensbewegung.

Auch in ihrer Gewerkschaft, der HBV, war sie bis in die siebziger Jahre hinein als Delegierte aktiv und wurde schließlich im April 1976 zur Ehrenvorsitzenden gewählt. Bei der Gewerkschaftsarbeit standen für sie vor allem Verbesserungen für die weiblichen Beschäftigten, Fragen der Gleichberechtigung, eine Angleichung der Frauen- an die Männerlöhne und eine ausreichende Altersabsicherung der Frauen im Vordergrund. Auch nach ihrer aktiven Zeit hielt sie immer wieder Vorträge beim Internationalen Frauentag am 8. März, um die Kolleginnen im Kampf um gleiche Rechte zu ermutigen.

Im Jahr 1979 zog Fina Halein zurück an ihren Geburtsort, nach Mainz-Kastel, wo sie in einer kleinen Wohnung in der Blücherstraße lebte. Sie verstarb am 2. März 1990.

Hedwig Brüchert

Quellen/Literatur:

Abgeordnete in Rheinland-Pfalz 1946-1987. Biographisches Handbuch, hg. v. Landtag Rheinland-Pfalz, bearb. v. Heidi Mehl-Lippert und Doris Maria Peckhaus. Mainz 1991, S. 198;
Hans Berkessel: Gewerkschaften in Mainz 1945 bis 1948, in: Anton M. Keim/Alexander Link (Hg.), Leben in den Trümmern. Mainz 1945 bis 1948. Mainz 1985, S. 73-82;
Blick auf Mainzer Frauengeschichte 1995 (Kalender), hg. v. Frauenbüro der Stadt Mainz, Blatt Juni 1995;
Hedwig Brüchert-Schunk: Frauen in der Nachkriegszeit, in: Anton M. Keim/Alexander Link (Hg.), Leben in den Trümmern. Mainz 1945 bis 1948. Mainz 1985, S. 105-122;
Deppe/Müller/Pickshaus/Schleifstein: Einheitsgewerkschaft. Quellen – Grundlagen – Probleme. Frankfurt a.M. 1982, S. 227f.;
Private Unterlagen von Frau Fina Halein;
Interview mit Fina Halein vom 14.1.1985, geführt von Hedwig Brüchert-Schunk.

Else Harney (1919-1984)

Else Harney wurde am 17. Mai 1919 in Wuppertal geboren und wuchs in der behüteten Atmosphäre eines gutbürgerlichen Elternhauses in Düsseldorf auf. Ihr Vater war Bankier und Konsul. Else besuchte die Goethe-Schule, ein Düsseldorfer Lyzeum.
Nach Abschluß der Schulausbildung nahm Else Harney, deren künstlerisches Interesse bei ihren Eltern Verständnis und Unterstützung fand, ein Studium der Malerei und Bildhauerei auf. Von 1937 bis 1938 war sie Schülerin bei Prof. Hugo Troendle in München. 1939/40 hatte sie Unterricht bei Irma Breusing und Milly Steger; 1940 bis 1942 war sie Schülerin von Professor Werner Heuser. In den letzten Kriegsjahren wurde die Kunststudentin zum Krankenpflegedienst zwangsverpflichtet. Nach dem Einmarsch der Alliierten leistete sie, da sie über englische und russische Sprachkenntnisse verfügte, noch ein Jahr lang Dolmetscherdienste in einem Lazarett in Lüdenscheid.
1946 begann sie, als freischaffende Malerin und Bildhauerin zu arbeiten. Doch nach der Währungsreform verkauften sich Kunstwerke schlecht; die Menschen mußten mit dem knappen Geld, das sie nun hatten, erst einmal die wichtigsten Bedürfnisse befriedigen. 1951/52 erlernte Else Harney daher in Höhr-Grenzhausen zusätzlich das Töpferhandwerk, um mit „Gebrauchskunst" ein Auskommen zu finden. Doch der Ton, den sie dabei als ideales Material und Ausdrucksmöglichkeit für sich entdeckte, sollte sie von da ab nicht mehr loslassen.
Inzwischen war sie auf die Burg Coraidelstein, hoch über dem Moselort Klotten gelegen, gezogen. Das Burggelände hatte sie von ihrem Vater erhalten, der es in den zwanziger Jahren als Sommerquartier erworben hatte. Hier baute sie sich ab 1952 gemeinsam mit ihrem Lebensgefährten Wendelin Stahl, ebenfalls Keramiker und aus einer Töpferfamilie mit langer Tradition stammend, eine gemeinsame Werkstatt aus; hinzu kamen ein Wohn- und Ausstellungshaus. Die abgeschiedene Atmosphäre des Burgberges ermöglichte ein ungestörtes Arbeiten; Pferde, Hunde und andere Tiere waren die einzige Gesellschaft.
In den ersten Jahren auf Coraidelstein stellten Else Harney und Wendelin Stahl mit großem Erfolg vor allem handwerklich perfekte, dem Zeitgeschmack der fünfziger Jahre entsprechende Gebrauchsstücke aus Keramik in größerer Stückzahl für den Markt her. Sie hatten mehrere Angestellte, vertrieben ihre Produkte in der gesamten Bundesrepublik und stellten regelmäßig auf der Frankfurter Messe aus.
Doch Else Harney drängte es nach mehr Eigenständigkeit in ihrer Arbeit, sie wollte keine Serien mehr produzieren, sondern Einzelstücke formen, bei denen das Künstlerische stärker zu seinem Recht kam. Coraidelstein, ausreichend weit entfernt vom kommerziellen Betrieb Höhr-Grenzhausens, bot dazu ideale Voraussetzungen. Gemeinsam mit ihrem Partner ging sie dazu über, den Betrieb zu verkleinern, Abschied von den bisherigen Formen und Glasuren zu nehmen und künstlerisch wertvolle Unikate zu schaffen. Damit einher ging der Bau eines Holzofens, in dem die Stücke im offenen Feuer gebrannt wurden. Die folgenden Jahre waren bestimmt vom Experimentieren mit völlig neuen Formen und Glasuren. Else Harney arbeitete intensiv an der Vervollkommnung der Tropfenform bei ihren Gefäßen. Diese zog sie zu immer dünneren Hälsen aus und

Else Harney

belegte sie mit Blattornamenten. Pflanzlich-organische Formen hatten es ihr angetan; sie strebte in ihrer künstlerischen Arbeit den Einklang mit der Natur an. Zu ihrem Lebenspartner stand sie nie in einem Konkurrenzverhältnis. Beiden war zwar der Austausch über ihre Arbeit und die wechselseitige Kritik wichtig, aber beide entwickelten einen völlig eigenen, unverwechselbaren Stil, was die Formen und die Glasuren anging. Mit der Umstellung auf das Schaffen von Einzelstücken wandelte sich der Abnehmerkreis der Produkte Else Harneys. Ihre Gefäße, meist enghalsige Vasen, aber auch Schalen und Keramikskulpturen, waren auf Ausstellungen zu sehen und wurden nun meist von Sammlern erworben. Allerdings waren Else Harney der Kunstbetrieb, jeder Ausstellungsrummel und sonstige gesellschaftliche Ereignisse ein Greuel. Sie zog sich anschließend immer wieder erleichtert auf ihren Burgberg zurück.

Als im Jahr 1971 vom Land Rheinland-Pfalz neben dem Kunstpreis zum ersten Mal auch ein Staatspreis für das Kunsthandwerk verliehen wurde, wählte die Jury Else Harney als eine von drei Preisträgerinnen aus. Sie nahm die Auszeichnung mit gemischten Gefühlen entgegen und nannte sie eine „bitterböse Sache", da sie sie für die zukünftige Arbeit als mögliche Belastung und Einschränkung empfand. „Wie gerne ist man bereit, an das Lob anderer zu glauben. Damit aber verbindet sich die Verpflichtung: Nun muß jedes Stück gut werden. Schon verkrampft man, verliert die innere Freiheit. Ja, ich habe einige Zeit mit mir ringen müssen, bis ich mich wieder frei machen konnte von diesem Preis", äußerte sie in einem Interview.

Eine der letzten großen Ausstellungen, auf denen Else Harney ihre Arbeiten zeigte, fand 1982 in Osaka statt. Ebenso war sie bei den „Keramischen Miniaturen" in Tokio, Paris, Lausanne und Budapest vertreten.

Sie verstarb, erst 65 Jahre alt, am 22. April 1984 und wurde auf dem frühlingsblühenden Friedhof von Klotten zu Grabe getragen.

Else Harney zählt zu den ganz großen Künstlerinnen der Keramik. Doch ihr Leben lang blieb sie selbstkritisch und glaubte, noch nicht die vollendete Form erreicht zu haben. „Ich möchte *die* schöne Vase machen, und dann könnte ich die Hände in den Schoß legen", sagte sie einmal.

Hedwig Brüchert

Quellen/Literatur:
Keramik. Publikation für Töpfer, Sammler und Museen, 24, 1987 (gleichzeitig Katalog zur Retrospektive „Wendelin Stahl/Else Harney" auf Schloß Ziegelberg, Mettlach/Saar und im KERAMION, Frechen); Auskünfte und persönliche Unterlagen von Herrn Wendelin Stahl, Burg Coraidelstein, Klotten.

Thea Haupt (1906-1981)

Zu Beginn der fünfziger Jahre kam Thea Haupt in die Pfalz. Ein klappriges Vehikel, gesteuert von Friedrich Wilhelm Haupt, erreichte Kaiserslautern, eine Stadt, die dem aus Schlesien stammenden Paar nicht einmal dem Namen nach bekannt war. In Dansenberg fanden sie ein Haus mit Garten. Während sich ihr Mann als Kraftfahrzeug-Sachverständiger niederließ, versuchte Thea Haupt, ihrer Neigung und ihrer Ausbildung gemäß, im weiten Feld der schwarzen Kunst Fuß zu fassen.

Den Grundstein für ihre Entwicklung hatten die Eltern gelegt. Thea Haupt war am 5. Februar 1906 als einziges Mädchen neben zwei Brüdern in Breslau zur Welt gekommen. Ihr Vater, Postrat von Fritschen, ein Sonntagsmaler, die Mutter, ausgebildete Malerin, förderten die geistige und musische Veranlagung der Tochter. Nach acht Semestern Kunstgewerbeschule in Gleiwitz und Nürnberg und einjähriger Praxis in einer Druckerei startete die Gebrauchsgraphikerin und Lithographin ins Erwerbsleben. Der Journalismus lockte die junge Frau. In der Leitung eines Modeverlages konnte sie ihre Fähigkeiten entfalten, ihre Zeichenkunst unter Beweis stellen, Texte verfassen. Bald wurde ihr die redaktionelle Leitung des Werbe- und Modeverlags übertragen. Das Schreiben als stetes Bedürfnis brachte sie danach in die Redaktion der ersten Rundfunkzeitung, wo sie weiblichen Themen Gehör verschaffen wollte. Bis zum Zweiten Weltkrieg lebte Thea Haupt mit ihrem Mann, einem Seefahrer und Ingenieur, in Berlin. Sie besuchte noch einmal Gleiwitz, um sich an unbeschwerte Studienjahre zu erinnern, bevor sie in den Jahren 1940 bis 1944 als Bildredakteurin dienstverpflichtet wurde.

Als der Krieg aus war, trafen sich Friedrich und Thea Haupt in Bremen wieder. Zusammen machten sie sich auf den Weg gen Süden. Sie fuhren rheinaufwärts und erlebten eine nie gesehene Landschaft, entdeckten Burgruinen und Schlösser, sahen Städte und Dörfer und trafen weltoffene Menschen. Thea Haupt, von Berufs wegen eine aufmerksame Beobachterin, erkannte die wirtschaftliche, völkerverbindende und kulturelle Bedeutung des Flusses und nahm sich insgeheim vor, einmal ein Buch über den Strom zu schreiben.

Unkosten bestritten die Haupts aus freischaffender Tätigkeit. Thea Haupt schrieb, was gefragt war: Skizzen für eine ostdeutsche Zeitung, kunstvoll gestaltete Urkunden für Ämter und Privatleute, sie malte Bilder zum Verkauf. Vom Verlag „Weg in die Welt" angeregt, entstand eine Erzieherfibel für Eltern und Kinder: „Was darf ich – was darf ich nicht". Das Buch sollte Antwort geben auf alles, was Kinder fragen und alle Mütter der Welt lehren: Menschliches Zusammenleben, gemeinsames Arbeiten, Aufrichtigkeit und Achtung vor Mitmenschen. Als der Band im Jahr 1957 herauskam, war von antiautoritärer Erziehung noch keine Rede; das Buch war willkommen und wurde im Westen und im Osten Deutschlands zum Erfolg.

1958 brachte Thea Haupt eines der ersten Kinderkochbücher auf den Markt. Mit dem Titel „Wir schaffen es auch allein" gab es der Voggenreiter Verlag, Bad Godesberg, heraus. Ein neuartig aufgefaßtes, gut gestaltetes, bebildertes Hausbuch sollte

Thea Haupt

Hilfestellung leisten für Halbwüchsige und Schlüsselkinder, für alleinerziehende Mütter; ein Rundum-Lexikon, geschrieben von einer kinderlosen Frau.
Im Westen heimisch fühlte sich Thea Haupt nach vielen Wanderungen durch die Pfalz. Nicht von ungefähr schrieb sie dann auf Burg Berwartstein „Das Buch vom

großen Strom", zu dem sie jahrelang den Stoff zusammengetragen hatte. Der Verlag Ensslin & Laiblin, Reutlingen, war von dem Thema fasziniert und startete 1961 die erste Auflage mit zehntausend Exemplaren. In sachlichem Stil erzählt die Autorin in dem Buch die gut erfundenen Schicksale dreier Jungen, die zu verschiedenen Zeiten gelebt haben. Sie brachte ihre inzwischen beachtlichen archäologischen und historischen Kenntnisse ein, illustrierte das Buch mit Bildtafeln und Fotos und gestaltete es zu einem Kulturbilderbuch. Es wurde sehr gut besprochen und lag bald in vielen Buchhandlungen. Die erste Auflage war in kürzester Zeit vergriffen. Fünf Jahre war das „Strombuch" Bestseller des Verlags und bestärkte die Autorin im Bewußtsein, auf dem richtigen Weg zu sein. Als Nebenprodukt ihrer Forschungszüge entstand die Geschichte des Schifferpatrons Sankt Nikolaus, die in der Zeitschrift „Die Waage" erschien und vom Rundfunk gesendet wurde. 1962 kam bei Ensslin & Laiblin, Stuttgart, ein weiteres Kinderbuch, „Zöpfchen und Knöpfchen", heraus, an dem die Autorin und der Verlag ihren Spaß hatten.

In den sechziger Jahren brach das Ehepaar Haupt nach Afrika auf, wo sich Friedrich Haupt im gemäßigten Winterklima an der südafrikanischen Küste erholen wollte. Für die Schreibende waren die Reisen in den Süden Afrikas mehr als ein Abenteuer. Ehe sie sich über die Verhältnisse vor Ort unterrichten ließ und sich Privatadressen deutschstämmiger Familien beschaffte, bei denen sie unterkommen konnten, studierte Thea Haupt Sachbücher aus dem Bereich Politik, Wirtschaft und Gesellschaft und informierte sich über die Geschichte Südafrikas. Die Autorin kehrte nun zum Journalismus zurück und unternahm elf Reisen nach Afrika, drei mit dem Auto, die andern per Flugzeug, als Afrika-Korrespondentin für Zeitungen der ehemaligen DDR, für Zeitschriften-Verlage und für die „Rheinpfalz". Als Augenzeugin brachte sie Bilder und Berichte über die Auseinandersetzungen zwischen Schwarzen und Weißen. In ihren Beiträgen verwies sie stets auf die Geschichte des Landes. Zwischen den Reisen kehrten die Haupts immer wieder nach Dansenberg zurück.

Thea Haupts Interesse an historischen Themen wuchs. Sie schloß sich dem Historischen Verein der Pfalz an und nahm an zahlreichen Exkursionen teil. Auf einer der Studienfahrten lernte die Schriftstellerin das Steinen Schloß bei Biebermühle kennen, von dem geschichtliche Daten kaum bekannt sind. Thea Haupt suchte in Archiven und Klöstern nach Unterlagen, sie besichtigte Burgen und Bergbefestigungen im Pfälzerwald und im Westrich, sie beging alte Straßen, um die einstige Bedeutung der Burg Steinen Schloß zu klären.

Über siebzig Jahre alt, begann die Schriftstellerin ihr wichtigstes Werk: Die Roman-Trilogie über den ersten Kreuzzug (1096-1099). Das Vorhaben löste eine Odyssee zu abenteuerlichen Quellen aus. Anhand alter Landkarten folgte sie im Auto, per Flugzeug und zu Fuß verwehten Spuren der Tragödie. In knapp drei Jahren baute die Autorin ein wirklichkeitsnahes Gerüst und verarbeitete über tausend Merkzettel. Der erste Band „Viel Steine gab's und wenig Brot" erschien 1980; der Verlag Thienemann, Stuttgart, hatte aus Verkaufsgründen auf dem Titel bestanden.

Der überraschende Tod ihres Mannes überschattete die Fertigstellung der Trilogie. Trotz ihrer Trauer und eines erlittenen Herzinfarktes arbeitete Thea Haupt weiter.

Während einer Reise durch Hohenlohe und Franken spürte sie das Ende ihrer Zeit gekommen. In Ebermannstadt, wo sie wieder Recherchen anstellen, Burgen besuchen und Heimatforscher zu Rate ziehen wollte, erlitt Thea Haupt einen zweiten Infarkt. Sie kam ins Krankenhaus nach Nürnberg, wo sie am 25. August 1981 im 76. Lebensjahr starb.

Thea Haupt erlebte nicht mehr das Erscheinen des zweiten Bandes „Wallfahrt in Waffen" im Herbst 1982. Wie schon der erste Band, war auch er ansehnlich gestaltet und kam beim Verlag Thienemann, Stuttgart, heraus.

Marliese Fuhrmann

Quellen/Literatur:
Marliese Fuhrmann: „... dies höchste Gut, es heißt – Selbständigkeit." Schreibende Frauen und ihre Werke. In: Frauengeschichte – Frauengeschichten aus Kaiserslautern. Dokumentation Kaiserslauterer Bürgerinnen und Bürger, hg. v. d. Gleichstellungsstelle Kaiserslautern. Otterbach/Pfalz 1994, S. 110-120;
Maria Schmitt-Rilling: „Nichts ist wichtiger als das Glück der Menschen." In: Die Rheinpfalz v. 23.8.1983;
Hans Schreeb: Dem Andenken an Thea Haupt. In: Jahrbuch zur Geschichte von Stadt und Landkreis Kaiserslautern, hg. v. Historischen Verein, Kaiserslautern 1980/81, S. 615-619.

Prof. Dr. Edith Heischkel-Artelt (1906-1987)

Am 13. Februar 1906 in Dresden geboren, besuchte Edith Heischkel zunächst von 1912 bis 1915 die 10. Bürgerschule ihrer Heimatstadt, wechselte anschließend auf die städtische höhere Mädchenschule und absolvierte von 1919 bis zur Reifeprüfung im Februar 1925 das Mädchengymnasium in Dresden-Neustadt. Nach dem Abitur beschloß Edith Heischkel, Medizin zu studieren, und immatrikulierte sich an der Universität Leipzig. Dort bestand sie 1927 das Physikum und wechselte im Sommersemester 1927 an die Universität Freiburg, wo sie Schülerin von Paul Diepgen wurde. Weitere Stationen ihres Studiums waren München und Berlin. Anschließend kehrte sie nach Freiburg zurück und bestand dort 1930 das Staatsexamen. Ihr praktisches Jahr leistete Edith Heischkel in Dresden ab. 1931 folgte in Freiburg die Promotion. Das Thema ihrer Dissertation lautete: „Die Medizinhistoriographie im XVIII. Jahrhundert".

Prof. Dr. Edith Heischkel-Artelt (1971)

Ihr Lehrer Paul Diepgen hatte inzwischen die Leitung des Instituts für Geschichte der Medizin und Naturwissenschaften der Humboldt-Universität Berlin übernommen. Sie folgte ihm dorthin als außerplanmäßige Assistentin und war gleichzeitig wissenschaftliche Mitarbeiterin am Pharmakologischen Institut bei Wolfgang Heubner. 1935 ging sie ganz an Diepgens Institut und nahm zusätzlich ein Studium der Zeitungswissenschaften, der mittleren und neueren Geschichte und der historischen Hilfswissenschaften auf, das sie im Frühjahr 1945 mit einer Dissertation zum Thema „Die medizinischen Zeitschriften der vierziger Jahre des 19. Jahrhunderts als publizistisches Führungsmittel zu einer neuen Heilkunde" bei Emil Dovifat abschloß. Bereits 1938 war Edith Heischkel im Fach Medizin habilitiert und 1939 zur Dozentin an der Berliner Universität ernannt worden.

Im März 1944 hatte sie Walter Artelt, der wie sie Medizinhistoriker und Schüler Paul Diepgens war, geheiratet. Kurz nach Kriegsende siedelte sie mit ihm nach Frankfurt am Main über, wo er die Leitung des dortigen Instituts für Geschichte der Medizin übernahm. Edith Heischkel-Artelt nahm zum Wintersemester 1946/47 eine Lehrtätigkeit an der wiedergegründeten Universität in Mainz auf. Hier wurde nun auch Paul Diepgen, inzwischen in Berlin emeritiert, als Gastprofessor tätig. Er hatte auch seine umfangreiche Bibliothek mitgebracht. Gemeinsam bauten sie ein neues Medizinhistorisches Institut auf, zu dessen Direktor Paul Diepgen ernannt wurde.

„In den Hörsälen saßen damals, blaß und schmal, dick vermummt in Mäntel und Schals, die Studenten. Die Hörsäle waren ungeheizt, hatten aber heile Fenster und waren so vor Wind und Regen abgeschirmt", erinnerte sich Edith Heischkel in einer Ansprache zum fünfundzwanzigjährigen Jubiläum des Instituts im Jahr 1972. Aber selbst der Mangel an Unterrichtsmaterialien, den sie weiter beschrieb, konnte nicht die Freude schmälern, „wieder arbeiten zu können".
„Einen Etat für Anschaffungen und einen eigenen Raum hatten wir noch nicht." Glücklicherweise konnte Adolf Dabelow vom Anatomischen Institut hier Abhilfe schaffen und stellte den Medizinhistorikern ein Zimmer zur Verfügung. „Beim Aufbau des Institutes schwebte uns als Idealbild unser altes Berliner Institut für Geschichte der Medizin und Naturwissenschaften vor. (...) Die Dimensionen waren jetzt freilich bescheidener." In Mainz mußte man sich vorerst mit einem einzigen Raum zufrieden geben, in dem Sprechstunden und Übungen abgehalten wurden. Gleichzeitig saßen dort auch die bibliotheksbenutzenden Gäste und Doktoranden. Adolf Dabelow konnte nach einiger Zeit noch einen Kellerraum entbehren, so daß Edith Heischkel dort Übungen für Doktoranden und Kurse zur Einführung in das Wissenschaftliche Arbeiten für das Studium Generale abhalten konnte.
Durch Leihgaben von Dr. Ernst Boehringer, Ingelheim, der Akademie der Wissenschaften und der Literatur sowie von Sammlungen aus der Bibliothek des Priesterseminars und von Dubletten von älteren Zeitschriften, die das Senckenbergische Institut für Geschichte der Medizin in Frankfurt zur Verfügung stellte, wuchs die medizinhistorische Bibliothek des Mainzer Instituts rasch an.
Edith Heischkel-Artelt wurde 1948 zur außerplanmäßigen Professorin und 1957 zur Wissenschaftlichen Rätin ernannt. Nach dem Ausscheiden Paul Diepgens hatte sie als seine Nachfolgerin die Institutsleitung übernommen. 1962 erhielt sie dann auch die Ernennung zur ordentlichen Professorin.
Von einem ihrer ehemaligen Assistenten, Rolf Winau, wurde Edith Heischkel-Artelt in einem Beitrag anläßlich ihres 65. Geburtstags als stets freundliche und ausgeglichene, nie harte oder verletzende Frau beschrieben. „Wissenschaftliche Exaktheit und Strenge, die sie von sich selbst fordert, erwartet sie auch von ihren Assistenten, und wenn sie mit uns unsere Manuskripte durchgeht, dann spüren wir, daß hier nie Kritik um der Kritik willen geübt wird, sondern um aus dem Schatz der Kenntnisse und Erfahrungen zu raten und zu helfen."
Im Jahr 1958 zog das Institut in eine eigene Baracke, die die dringendste Raumnot behob. „Wir hatten genügend Arbeitszimmer und einen Seminarraum; wir lebten mitten im Grünen, die blühenden Buddleiasträucher hingen in unsere Fenster herein, um Blumenschmuck für unsere Tische waren wir nie verlegen. Mit der Fauna hingegen standen wir bald auf Kriegsfuß: aus der ersten Maus, die die Raumpflegerin in meinem Arbeitszimmer sah, wurden ganze Familien. Ameisen liefen plötzlich scharenweise, ausgerechnet während der Sprechstunde, über Schreibtisch und Hände. Das hartnäckigste Getier aber waren die Ratten (...). Auch der Fachmann für Ungezieferverliligung konnte nichts gegen sie ausrichten." Im September 1964 wurde die Baracke zugunsten des Philosophikum-Neubaus abgerissen, und das Medizin-

historische Institut zog diesmal in den Ausstellungs- und Vorlesungsraum der neuerrichteten Universitätsbibliothek. Nach einem weiteren Umzug hat das Medizinhistorische Institut schließlich im Gebäude „Am Pulverturm" eine Heimat gefunden. Neben ihrer Tätigkeit in Mainz hielt Edith Heischkel-Artelt von 1951 bis 1964 Gastvorlesungen in Medizingeschichte an der Universität Gießen. Außerdem gehörte sie mehreren internationalen Wissenschaftsgesellschaften an: Sie war assoziiertes Mitglied der Medizinhistorischen Sektion der schwedischen Ärztegesellschaft, korrespondierendes Mitglied der Sociedad Española de Historia de la Medicina und der Académie Internationale d'Histoire des Sciences, Mitglied der Deutschen Akademie der Naturforscher und der International Academy of the History of Medicine. Auch an der Wiedergründung der Deutschen Gesellschaft für Geschichte der Medizin, Naturwissenschaft und Technik hatte sie 1948 maßgeblich mitgewirkt. Im Jahr 1974 wurde sie emeritiert und legte die Institutsleitung nieder. Wenige Wochen vor ihrem 70. Geburtstag, im Jahr 1976, starb ihr Mann. In den darauffolgenden Jahren lebte Edith Heischkel-Artelt allein in ihrem Haus in Frankfurt am Main, ganz ihrer Arbeit und ihren Büchern hingegeben. Am 1. August 1987 starb sie hier in ihrem 82. Lebensjahr nach einem reich erfüllten Wissenschaftlerinnenleben.

Stefanie Kaminski

Quellen/Literatur:

Festschrift: 25 Jahre Medizinhistorisches Institut der Johannes Gutenberg-Universität Mainz 1947-1972. (Mainz) 1973;
Gunter Mann (Hg.): Medizinhistoriker in unserer Zeit: Edith Heischkel, Walter Artelt. Frankfurt am Main 1971;
Gunter Mann: Geburtstag – Edith Heischkel-Artelt 80 Jahre. In: Nachrichtenblatt der Deutschen Gesellschaft für Geschichte der Medizin, Naturwissenschaft und Technik e.V., 36. Jg., Heft 1 (Frühjahr 1986);
Volker Rödel: Prof. Dr. med. Dr. phil. Edith Heischkel-Artelt 70 Jahre. In: Ärzteblatt Rheinland-Pfalz, 29 (1976), S. 120;
Rolf Winau: Edith Heischkel-Artelt 65 Jahre. In: Nachrichtenblatt der Deutschen Gesellschaft für Geschichte der Medizin, Naturwissenschaft und Technik e.V., 20. Jg., Heft 2 (Dez. 1970);
Rolf Winau: Edith Heischkel-Artelt 70 Jahre. In: Nachrichtenblatt der Deutschen Gesellschaft für Geschichte der Medizin, Naturwissenschaft und Technik e. V., 26. Jg., Heft 1 (Mai 1976).

Dora Hennig (1902-1989)

Dora Mauer wurde am 1. Juni 1902 in Mainz geboren. Sie hatte eine Schwester; der Vater war beim Städtischen Straßenbahnamt beschäftigt. Die Familie wohnte in der Hafenstraße.

Nach dem Besuch der Volksschule arbeitete Dora als Haushaltshilfe, wie es damals für viele Mädchen üblich war. Während des Ersten Weltkriegs fand sie Arbeit in der Rüstungsindustrie. Diese Stellen waren bei den Frauen trotz der schweren Arbeit und des Schichtbetriebs recht begehrt, da die Bezahlung wesentlich besser war als in anderen Bereichen und da man vor allen Dingen Sonderzuteilungen bei Lebensmitteln erhielt.

In den zwanziger Jahren war Dora dann weiterhin in einem metallverarbeitenden Betrieb beschäftigt. 1925 trat sie in den Deutschen Metallarbeiterverband ein, 1927 wurde sie auch Mitglied der SPD. Im März 1936 heiratete sie Richard Hennig, der eine Tochter mit in die Ehe brachte und bei der Gasmesserfabrik Elster & Co. beschäftigt war. Nach einigen Jahren als Hausfrau wurde Dora dann während des Krieges bei der Reichsbahn dienstverpflichtet.

Dora Hennig (1951)

Als in Mainz im Herbst 1945 die Wiedergründung der SPD vorbereitet wurde, war auch Dora Hennig mit dabei. Bei den ersten Kommunalwahlen stand sie auf der Kandidatenliste ihrer Partei und wurde im September 1946 als eine von nur drei Frauen in den Mainzer Stadtrat gewählt.

Voller Tatendrang ging sie an die Arbeit. Sie wurde in den Wohnungsvergabeausschuß, den Lastenausgleichsausschuß und den Sozialausschuß entsandt. Eine der vordringlichsten und zugleich schwierigsten Aufgaben dieser Zeit bestand darin, für die vielen ausgebombten, notdürftig in Kellern hausenden Menschen, für die Evakuierten, die zurückkehren wollten, und etwas später dann auch für die zureisenden Flüchtlinge Wohnraum zu schaffen und in der Zeit der Wohnungszwangsbewirtschaftung gerecht zuzuteilen. Dies machte Dora Hennig zu einer ihrer Hauptaufgaben. Noch vor der Währungsreform gelang es nicht zuletzt dank ihrer Initiative, mit Marschallplan-Geldern eine Siedlung mit Behelfswohnungen in Mainz-Mombach, nahe der Suderstraße, zu errichten, in der viele Familien eine neue Heimstatt fanden.

Neben der Bekämpfung der Wohnungsnot nahm sich Dora Hennig als Mitglied im Sozialhilfe-, Kultur- und Schul-, Theater- und Musik-, Stadtrechtsausschuß und im

Ausschuß für die Bürgerlichen Hospizien zahlreicher weiterer Probleme jener Zeit an. Von 1951 bis 1955 vertrat sie den Wahlkreis Mainz auch im rheinland-pfälzischen Landtag. 1962 wurde sie für ihr kommunalpolitisches Engagement mit der Freiherr-vom-Stein-Plakette ausgezeichnet. Anläßlich ihres 65. Geburtstag erhielt sie, damals dienstältestes Mitglied des Rates, aus den Händen von Oberbürgermeister Jockel Fuchs die Gutenberg-Statuette. Und bei ihrem Ausscheiden aus dem Stadtrat, dem sie ununterbrochen 23 Jahre lang angehört hatte, wurde ihr 1969 der Ehrenring der Stadt Mainz überreicht.

Neben der Kommunal- und Landespolitik engagierte sich Dora Hennig auch viele Jahre in ihrer Partei. Den Frauen wurde die Mitarbeit in den Gremien allerdings nicht gerade leicht gemacht; sie mußten um jeden Vorstandsposten kämpfen. Dem ersten rheinhessischen Bezirksvorstand gehörte gar keine Frau an, dem zweiten eine einzige (Anna Alex). 1950 wurde dann Dora Hennig, gemeinsam mit Elisabeth Schwamb und Gertrud Vogel, in den Vorstand gewählt. Mehrere Jahre lang war Dora Hennig außerdem Vorsitzende des Bezirksfrauenausschusses der rheinhessischen SPD (der Vorläuferorganisation der Arbeitsgemeinschaft sozialdemokratischer Frauen, AsF), bevor sie 1965 von Lucie Kölsch aus Worms abgelöst wurde.

Dora Hennig lebte nach dem Tod ihres Mannes viele Jahre lang mit ihrer Schwägerin in einer gemeinsam Wohnung in der Heidelbergerfaßgasse 13. Die letzten Lebensjahre verbrachte sie im Städtischen Altersheim in der Altenauergasse, wo sie am 11. März 1989 im Alter von 86 Jahren verstarb.

Hedwig Brüchert

Quellen/Literatur:

Archiv des Landtags Rheinland-Pfalz;
Abgeordnete in Rheinland-Pfalz 1946-1987. Biographisches Handbuch, hg. v. Landtag Rheinland-Pfalz, bearb. v. Heidi Mehl-Lippert u. Doris Maria Peckhaus, S. 205;
Hedwig Brüchert-Schunk: Frauen in der Nachkriegszeit, in: Anton M. Keim/Alexander Link (Hg.), Leben in den Trümmern. Mainz 1945 bis 1948. Mainz 1985, S. 105-122;
Frauenverbände in Rheinland-Pfalz. Hg. v. Ministerium für Soziales und Familie Rheinland-Pfalz, zus.-gest. v. Hildegard Frieß-Reimann. Mainz 1987, darin: Arbeitsgemeinschaft sozialdemokratischer Frauen, AsF, S. 9-12;
Katrin Kusch: Die Wiedergründung der SPD in Rheinland-Pfalz nach dem Zweiten Weltkrieg (1945-1951). Mainz 1989 (Veröffentlichungen der Kommission des Landtages für die Geschichte des Landes Rheinland-Pfalz, Bd. 12);
Seit 1946 im Mainzer Stadtrat. In: Das Neue Mainz 7/1967;
Todesanzeigen in: Allgemeine Zeitung v. 14.3.1989;
Auskünfte von Herrn Karl Delorme, Mainz;
Auskünfte von Herrn Alfred Eppard, Mainz.

Luise Herklotz (geb. 1918)

Luise Herklotz wurde am 20. August 1918 in Speyer im Hasenpfuhl, einem Arbeiterviertel, geboren, Ihr Vater, Karl Herklotz, war Rheinschiffer. Ihre Mutter, Gewerkschafterin und Sozialdemokratin, war Stepperin in einer Schuhfabrik, wo sie nach Inkrafttreten des Betriebsrätegesetzes in der Weimarer Republik auch eine der ersten weiblichen Betriebsrätinnen in Speyer war. Ein Onkel, Josef Weber, war bis 1932 SPD-Abgeordneter im bayerischen Landtag. Luise selbst, die sehr sportbegeistert war, gehörte schon als Kind dem Freien Wassersportverein und dem Arbeiter-Turn- und Sportbund an.

Nach dem frühen Tod des Vaters mußte die Mutter ihre drei Kinder alleine großziehen. Luise, eine begabte Schülerin, wurde von der Mutter und ihren Lehrern gefördert. Sie erhielt nach der Volksschule ein Stipendium, das ihr den Besuch des Städtischen Mädchenlyzeums in Speyer ermöglichte. Nach Erlangung der Mittleren Reife begann sie 1935 eine journalistische Ausbildung bei der Speyerer Zeitung und war dann zunächst als Redaktionssekretärin, später als Redakteurin bei verschiedenen Zeitungen tätig.

Als dann 1947 unter großen Mühen die rheinland-pfälzische SPD-Zeitung „Die Freiheit" gegründet werden durfte, wurde Luise Herklotz die Leitung der pfälzischen Redaktion in Neustadt übertragen. Sie war außerdem zuständig für das Feuilleton der Gesamtausgabe. Chefredakteur war der aus dem Exil zurückgekehrte Günter Markscheffel, der seinen Sitz in Mainz hatte. 1948 gehörte Luise zu den Gründungsmitgliedern des Bezirksverbandes der Pfalz der Deutschen Presse, der Vorläuferorganisation des heutigen Journalistenverbandes.

Zu diesem Zeitpunkt war Luise Herklotz bereits aktives Mitglied der SPD. Bei den Vorbereitungen zur Wiedergründung der SPD im Jahr 1945 war sie von Anfang an mit dabeigewesen, auch wenn die ersten Besprechungen noch im Geheimen, in Privatwohnungen oder im Pfälzer Wald (erinnert sei an das berühmte erste pfälzische SPD-Treffen im Naturfreundehaus Elmstein) stattfinden mußten. Die Parteien wurden von der französischen Militärregierung erst Anfang 1946 offiziell genehmigt. Das politische Engagement sollte von nun an Luises Leben prägen. Sie nahm als Pressevertreterin für die „Rheinpfalz" mit der pfälzischen Delegation am ersten Nachkriegsparteitag der SPD vom 9. bis 11. Mai 1946 in Hannover teil – ein unvergeßliches Erlebnis, nicht zuletzt wegen der Begegnung mit Kurt Schumacher. 1947 wurde sie in den pfälzischen Bezirksvorstand der SPD gewählt (dem sie bis 1980 angehörte). Ab 1947 war Luise Herklotz auch Vorsitzende des SPD-Bezirksfrauenausschusses (bis 1969) und mahnte die Frauen, die sie „von Natur aus als Pazifistinnen" betrachtete, ihre Stimme zu erheben und sich überall aktiv in die Politik einzuschalten.

Noch in der ersten Wahlperiode rückte sie am 2. Oktober 1949 für den Pfälzer Adolf Ludwig, der in den Bundestag wechselte, in den rheinland-pfälzischen Landtag nach. Sie gehörte u.a. dem Flüchtlingsausschuß an. Schon im ersten Jahr ihrer Zugehörigkeit zum Landesparlament sprach sie mehrfach in Plenarsitzungen zu dem damals hochaktuellen Thema „Aufnahme von Flüchtlingen". Das Land war kurz

Luise Herklotz (1959)

zuvor verpflichtet worden, die ursprüngliche, von den Franzosen verhängte Zuzugssperre aufzuheben und bestimmte Flüchtlingskontingente aus den anderen Bundesländern aufzunehmen. Luise Herklotz setzte sich leidenschaftlich dafür ein, ausreichende Mittel bereitzustellen, den Menschen in Rheinland-Pfalz eine neue Heimat zu geben und die Zuweisung an die einzelnen Regionen nicht von konfessionellen

Überlegungen, sondern von den beruflichen Eingliederungsmöglichkeiten abhängig zu machen. 1951 und 1955 wurde Luise Herklotz in den zweiten und dritten Landtag wiedergewählt. Als erste Abgeordnete aus der französischen Zone durfte sie 1951 zu einer Studienreise in die USA teilnehmen, von der sie voller neuer Eindrücke zurückkehrte.

Das Landtagsmandat legte sie im Oktober 1957 nieder, nachdem sie im Herbst 1956 in den Bundestag nachgerückt war, wo sie zu den jüngsten Abgeordneten zählte. Hier gehörte sie dem Ausschuß für Kulturpolitik und Publizistik an und war in dieser Eigenschaft an den Beratungen über das neue Ehrenschutzgesetz der Presse und über die Schaffung des Zweiten Deutschen Fernsehens beteiligt. Sie beschäftigte sich u.a. mit Fragen der Studentenförderung und vertrat ihre Fraktion jahrelang bei den Filmfestspielen in Berlin. Als Mitglied des Kunstbeirats der Bundespost initiierte sie u.a. eine Briefmarkenserie über berühmte Frauen (anläßlich des 50. Jahrestages des Frauenwahlrechts). Ebenso gehörte sie dem Ausschuß für Arbeit, in dem das Jugendarbeitsschutzgesetz beraten wurde, und dem Ausschuß für Atomenergie und Wasserwirtschaft an.

Am 25. März 1958 hatte sie einen großen Auftritt im Bundestag. In der Aussprache über die Antwort der Bundesregierung auf die Große Anfage der CDU/CSU-Fraktion betr. die Deutsche Frage auf künftigen internationalen Konferenzen und die Große Anfrage der FDP-Fraktion betr. Gipfelkonferenz und atomwaffenfreie Zone hatten die weiblichen Abgeordneten der SPD und der FDP einen gemeinsamen Antrag vorgelegt, der die Forderung nach Einstellung von atomaren Versuchsexplosionen enthielt. Luise Herklotz hielt im Namen der Antragstellerinnen eine flammende Friedensrede, die Aufsehen erregte. Herbert Wehner veröffentlichte den Text später in seinem Buch „Frau Abgeordnete, Sie haben das Wort".

Doch nicht nur die „großen" Themen beschäftigten sie, sondern sie setzte sich in Bonn auch unermüdlich für ihren Wahlkreis ein. So verhandelte sie zäh über einen Bundeszuschuß für die Wiederherstellung des berühmten Speyerer „Altpörtels" und bemühte sich um die Schaffung von Hochwasserschutzmaßnahmen, da der Speyerbach immer wieder Teile der Stadt überschwemmte.

Im Mai 1966 wurde Luise Herklotz, gemeinsam mit der CDU-Vertreterin Marie-Elisabeth Klee aus Worms, in die Beratende Versammlung des Europarates nach Straßburg entsandt, der sie bis 1972 angehörte und wo sie u.a. in der Agrarkommission tätig war. Beide Frauen waren auch Mitglied der Versammlung der Westeuropäischen Union in Paris. In dieser Eigenschaft und als Mitglied der Interparlamentarischen Union führte sie die Teilnahme an Konferenzen in viele Städte und Länder der Welt: nach Tokio, Neu Delhi, Rom, Paris, Ägypten, Israel, in den Kongo, nach Kamerun, Niger, in die USA, nach Kanada, Ceylon und in fast alle europäischen Staaten. Die europäische Idee vertrat Luise Herklotz stets mit Leidenschaft. Sie sah darin einen Weg zur Schaffung einer friedlichen und sozialen Welt.

1972, nach sechzehnjähriger Mitarbeit im Bundestag und in vielen internationalen Gremien, kandidierte Luise Herklotz auf eigenen Wunsch nicht mehr für eine neue Amtsperiode. Im August 1973, anläßlich ihres 55. Geburtstags, wurde ihr das

Bundesverdienstkreuz Erster Klasse verliehen. Die Auszeichnung wurde ihr im Speyerer Rathaus von der damaligen Bundestagspräsidentin, Annemarie Renger, persönlich überbracht. Die beiden Frauen verband seit langem eine enge Freundschaft, und Annemarie Renger war häufig in Speyer zu Gast. Luise Herklotz hatte das Verdienstkreuz eigentlich bereits vier Jahre zuvor erhalten sollen. Damals hatte sie es jedoch aus prinzipiellen Erwägungen abgelehnt, unter anderem deshalb, weil damals auch der spanische Informationsminister Fraga Iribarne, Vertreter der Franco-Diktatur, von der Bundesrepublik damit geehrt worden war. Jetzt, aus den Händen der politischen Freundin, nahm sie die Ehrung an.

Kurz darauf erlebte sie, obwohl zu diesem Zeitpunkt nicht mehr Parlamentarierin, einen Höhepunkt ihrer politischen Laufbahn. Das war der Tag, an dem sie, als einzige Frau, im September 1973 mit der Delegation der Bundesrepublik zur Vollversammlung der Vereinten Nationen nach New York reisen durfte. Herbert Wehner hatte sie vorgeschlagen, als Professor Carlo Schmid plötzlich erkrankt war. Bei dieser Vollversammlung stand die Aufnahme der beiden deutschen Staaten auf der Tagesordnung. Luise Herklotz hatte die Bundesrepublik Deutschland im Wirtschafts- und Sozialrat der UNO zu vertreten.

Einige Jahre später stieg sie nochmals voll ein in die Politik. Im Sommer 1979 errang Luise Herklotz als einzige Pfälzerin einen Sitz im ersten direkt gewählten Europa-Parlament. Aufgrund ihrer früheren Arbeit im Europarat war dies für sie kein absolutes Neuland, sondern sie konnte ihre Erfahrungen einbringen, auch wenn nun erstmals ein direkt gewähltes Gremium über die europäischen Belange beraten und beschließen durfte. Sie wurde in den Landwirtschaftsausschuß und als stellvertretendes Mitglied in den Ausschuß für Soziales und Beschäftigungspolitik gewählt. Außerdem wollte sie sich verstärkt für die Interessen der Verbraucher einsetzen. Als drängendste Aufgaben für die europäische Gemeinschaft sah sie bereits damals, 1979, die Energiefragen und eine aktive gesamteuropäische Beschäftigungspolitik an – Themen, die die Politik der Gemeinschaft noch heute weitgehend bestimmen. In einem ihrer Entschließungsanträge in den folgenden Jahren setzte sie sich gegen Tierversuche ein und kritisierte die Art des Transports von Schlachtvieh. 1984, nach der ersten fünfjährigen Wahlperiode, schied Luise Herklotz aus dem Europäischen Parlament aus. Zum Abschied wurde sie in Bonn mit dem Großen Bundesverdienstkreuz ausgezeichnet.

Doch das Ausscheiden aus dem Straßburger Parlament bedeutete nicht das Ende ihrer Aktivitäten. Gleich nach dem Krieg war sie auch der Arbeiterwohlfahrt beigetreten, und bereits 1978 war sie zur Vorsitzenden der AWO Speyer gewählt worden. Diese Arbeit führte sie nun verstärkt fort. Für ihr Engagement wurde ihr 1986 mit der Überreichung der Marie-Juchacz-Plakette gedankt.

Vor kurzem, im Oktober 1999, wurde Luise Herklotz eine weitere Ehrung zuteil: Ministerpräsident Kurt Beck verlieh ihr den Verdienstorden des Landes Rheinland-Pfalz.

Trotz aller hohen Auszeichnungen und der vielen Zeit, die Luise Herklotz im Laufe ihres Parlamentarierinnenlebens weit weg von zuhause verbracht hat, ist sie doch immer eine echte Pfälzerin geblieben. Sie lebt noch heute im Hasenpfuhl, dem Arbeiterviertel, in dem sie geboren und aufgewachsen ist. Wie sie an ihrem 70. Geburtstag bescheiden zusammenfaßte, hatte sie in ihrem Leben ganz einfach für „Menschlichkeit in der Politik" stehen und dabei immer den „Menschen in den Mittelpunkt stellen" wollen. Für die Speyerer ist sie nach wie vor „die Luis, die sich immer um die Leit kümmert"– ein großes Kompliment für eine Politikerin.

Hedwig Brüchert

Quellen/Literatur:

Abgeordnete in Rheinland-Pfalz 1946-1987. Biographisches Handbuch, hg. v. Landtag Rheinland-Pfalz, bearb. v. Heidi Mehl-Lippert u. Doris Maria Peckhaus, S. 206;
Landtag Rheinland-Pfalz, 1. Wahlperiode, Stenographische Berichte, 78. Sitzung (2.3.1950), S. 2108f.; 84. Sitzung (12.7.1950), S. 2341ff.; 86. Sitzung (13.9.1950), S. 2484;
Elisabeth Alschner (Zusammenstell.): „...erheben wir unsere Stimme, schalten wir uns in das politische Leben ein...". Luise Herklotz, eine pfälzische Sozialdemokratin in der Nachkriegszeit, hg. v. SPD-Bezirk Pfalz (1994);
Luise Herklotz: Eine Sozialdemokratin erinnert sich. In: Hans-Jürgen Wünschel (Hg.), Rheinland-Pfalz. Beiträge zur Geschichte eines neuen Landes. Landau 1997 (Landauer Universitätsschriften, Bd. 4);
Katrin Kusch: Die Wiedergründung der SPD in Rheinland-Pfalz nach dem Zweiten Weltkrieg (1945-1951). Mainz 1989 (Veröffentlichungen der Kommission des Landtages für die Geschichte des Landes Rheinland-Pfalz, Bd. 12);
Parlamentarierinnen in deutschen Parlamenten 1919-1983. Hg. v. Deutschen Bundestag, Verwaltung, Hauptabt. Wissenschaftliche Dienste, Materialien Nr. 82. Bonn 1983;
Stephan Pieroth: Parteien und Presse in Rheinland-Pfalz 1945-1971. Ein Beitrag zur Mediengeschichte unter bes. Berücksichtigung der Mainzer SPD-Zeitung „Die Freiheit". Mainz 1994;
Herbert Wehner: „Frau Abgeordnete, Sie haben das Wort!" Bundestagsreden sozialdemokratischer Parlamentarierinnen, 1949-1979. Bonn 1980;
Stadtarchiv Speyer, Zeitungsausschnittssammlung.

Susanne Hermans (geb. 1919)

Susanne Hermans wurde am 26. August 1919 als Susanne Hillesheim in Güls an der Mosel geboren. Nach der Volksschule und Aufbauschule besuchte sie die Oberschule (Hildagymnasium Koblenz) und legte dort 1938 ihr Abitur ab. Es folgte ein Studium an der Sozialen Frauenschule in Aachen, parallel dazu absolvierte sie beim Koblenzer Jugendamt einige Praktika und ihr Anerkennungsjahr. Mit 24 Jahren hatte sie die Ausbildung zur staatlich anerkannten Sozialarbeiterin abgeschlossen.

Aufgewachsen in einer katholischen Familie, war Susanne Hillesheim schon als junges Mädchen vor allem durch ihren Vater für die sozialen Probleme der Bevölkerung sensibilisiert worden. So war es fast selbstverständlich, daß sie sich nach 1945 schon bald selbst politisch engagierte:

Susanne Hermans (1963)

„Die vielfältige Not der damaligen Zeit und die Erfahrungen der jüngsten Vergangenheit trugen zu meiner Entscheidung bei, am politischen Wiederaufbau aktiv mitzuarbeiten. Auch der Einfluß meines Vaters, der schon vor 1930 aktiv in der Kommunalpolitik tätig gewesen war und den – obwohl hochdekorierter Soldat des Ersten Weltkriegs – ein Sondergericht wegen Vergehen gegen das NS-Heimtückegesetz verurteilt hatte, veranlaßte mich, schon 1946 der Jungen Union in Koblenz beizutreten. (...) Sie umfaßte damals die 17- bis 40-Jährigen, von denen nicht wenige in der deutschen Wehrmacht beachtliche Positionen erreicht hatten, während sie kaum zivile Berufsvorbereitung besaßen, geschweige denn eine berufliche Tätigkeit ausüben konnten. Die Tatsache, daß dieser „Jugend' (in der Politik nun ...) viele 60- bis 70-Jährige gegenüberstanden, die nicht nur eine qualifizierte berufliche Grundlage hatten, sondern auch über langjährige demokratische politische Erfahrungen verfügten, führte in vielen Auseinandersetzungen zu gegensätzlichen Auffassungen."

Bedingt durch die Kriegswirren, waren viele heimatlose und entwurzelte Jugendliche aus dem östlichen Deutschland ins Rheinland gekommen. Gemeinsam mit anderen politisch engagierten jungen Leuten versuchte Susanne Hillesheim, die materielle und seelische Not der elternlosen Jugendlichen in den Auffangheimen zu lindern. Aufgrund einer Initiative der Jungen Union wurde ein Gesetz über Hilfen für die heimatlosen Jugendlichen und die Errichtung eines Landesaufnahmeheims verabschiedet.

1948 wurde Susanne Hillesheim auf dem Landesparteitag in Trier in den Landesvorstand der CDU gewählt; sie hatte dieses Amt dann ununterbrochen 22 Jahre lang inne.

„Ich war Kandidatin der Jungen Union, führend in den Sozialausschüssen tätig und von der Frauenvereinigung akzeptiert. Das war auch der Grund, weshalb ich 1951 (bei der Aufstellung der Kandidaten für die Landtagswahl) einen Platz unter den ersten fünf der Liste für den Wahlkreis 1 bekam. Man schlug drei Fliegen mit einer Klappe: Man hatte eine Frau, eine Sozialpolitikerin und eine Vertreterin der Jungen Union. Bevor es aber soweit war, wurde ich einer eingehenden Prüfung durch Frau Ministerialrat Dr. Dünner unterzogen, die ich mit Erfolg bestand. Wehe, man redete sie nicht mit Titel an! Ich wurde zum Tee in ihre Wohnung eingeladen. Frau Rothländer, die damalige Koblenzer Landtagsabgeordnete, riet mir, neben dem blauen Kostüm und den Blumen ja nicht Hut und Handschuhe zu vergessen."

Als die junge Abgeordnete von der Mosel die ersten Wochen ihrer parlamentarischen Tätigkeit erlebte, war sie überzeugt, „in diesem Verein nicht alt zu werden". Doch sie erhielt Unterstützung:

„Frau Gantenberg, meine mütterliche Freundin, machte mir Mut und meinte, es würde anders, wenn ich in meinem eigentlichen Interessengebiet arbeiten könnte."

Vom ersten Tag an war Susanne Hillesheim Mitglied des Sozialpolitischen Ausschusses. Sie erinnert sich:

„Mein erster Antrag, den ich namens der Fraktion stellen durfte, betraf die Besserstellung der sozialen Berufe. Unterstützt wurde dieser Antrag von der ehemaligen Reichstagsabgeordneten und späteren Bundestagsabgeordneten Helene Weber, die mehrmals nach Mainz kam, um die etwas widerstrebenden Kollegen von der Notwendigkeit dieser Maßnahme zu überzeugen."

Erwähnenswert ist, daß es im rheinland-pfälzischen Landtag 1951 unter den hundert Abgeordneten nur sechs Frauen gab. Dieser Anteil ist in den darauffolgenden Jahren sogar noch gesunken. Susanne Hillesheim war mit 31 Jahren das drittjüngste Mitglied des Landesparlaments; die meisten waren älter als 50 Jahre. Und bis 1963 blieb sie die jüngste weibliche Abgeordnete. Vor diesem personellen Hintergrund erscheint ihr engagiertes und kompetentes Auftreten um so beeindruckender.

Auf Einladung der Vereinigten Staaten durfte das Land Rheinland-Pfalz im Jahr 1952 ein Mitglied des Landtags auf eine dreimonatige Studienreise in die U.S.A. entsenden. Susanne Hermans erzählt:

„Ministerpräsident Altmeier erklärte dazu: ‚Schicken wir ihnen eine Frau, und dazu etwas Junges!' Daß die Wahl dabei auf mich fiel, neideten mir die Kollegen nicht, besonders, als ich versprach, ihnen für ihre Frauen Nylonstrümpfe und Nachthemden mitzubringen. Das waren damals in Deutschland noch unerschwingliche und seltene Luxusgegenstände. (...) Die lehrreichen und interessanten Monate zeigten mir die völlig anderen Verhältnisse in den U.S.A. und weiteten meinen Blick über meinen bisherigen Erfahrungsbereich hinaus."

1953 heiratete Susanne Hillesheim den Ministerialdirektor Hubert Hermans, einen Juristen, der an der rheinland-pfälzischen Verfassung und am Grundgesetz der Bundesrepublik mitgearbeitet hatte. Er war bis 1951 Landtagsabgeordneter und von 1952 bis 1971 Bevollmächtigter des Landes Rheinland-Pfalz beim Bund. Ihre beiden Töchter wurden 1954 und 1956 geboren.

Für Susanne Hermans-Hillesheim, der die Sozialpolitik zum ureigensten Tätigkeitsfeld geworden war, folgten harte und erfolgreiche Arbeitsjahre im Parlament. Mit der SPD-Abgeordneten Carola Dauber, die sich ebenfalls besonders auf sozialpolitischem Gebiet engagierte, verband sie eine echte Freundschaft. Die von Susanne Hermans eingebrachten Anträge – häufig das Ergebnis interfraktioneller Zusammenarbeit – zur Gesetzgebung auf dem Gebiet der Altenhilfe, der Kinderheime, Kindergärten und der Jugendpflege, deren Verwirklichung viel Geld kostete, brachten ihr den Spitznamen „Teuerste Frau des Landes" ein.

„Als ich Jahre später mit Frau Kölsch von der SPD die Behinderteneinrichtungen in Holland besuchte und es uns gelang, bei den anschließenden Beratungen den Etat für die Behinderten auf 1,5 Millionen DM zu erhöhen, meinte der damalige Finanzminister Glahn, man hätte die Damen lieber auf eine dreimonatige Weltreise schicken sollen, das wäre den Finanzen des Landes besser bekommen als diese drei Tage Holland."

Landesweit bekannt wurde Susanne Hermans, als sie 1971 den Vorsitz des Petitionsausschusses und der Strafvollzugskommission übernahm. Mit großem persönlichem Einsatz leistete sie konkrete Hilfe in aktuellen Notlagen. Vielen Rheinland-Pfälzern sind noch ihre Appelle im Rundfunk in Erinnerung, mit denen sie die Bürger zur spontanen Unterstützung sozial benachteiligter Menschen aufrief.

1981 wurde sie zur Landtagsvizepräsidentin gewählt, ein Amt, das sie bis zu ihrem freiwilligen Ausscheiden aus dem rheinland-pfälzischen Parlament mit dem Ende der 9. Wahlperiode im Jahr 1983 innehatte.

Für ihre vielfältigen Verdienste erhielt sie 1981 das Große Bundesverdienstkreuz mit Stern. Sie zählt damit zu den wenigen Frauen in Rheinland-Pfalz, denen diese hohe Ehrung zuteil wurde. Mit dem Verdienstorden des Landes Rheinland-Pfalz wurde sie 1989 ausgezeichnet.

Lang ist die Liste der Ehrenämter, die Susanne Hermans teilweise über Jahrzehnte innehatte und von denen sie manche heute noch ausübt. Über zwanzig Jahre lang war sie Vorsitzende des Sozialdienstes Katholischer Frauen. Als sie dieses Amt im November 1994 in jüngere Hände legte, wurde sie zur Ehrenvorsitzenden ernannt. Bei dieser Gelegenheit wurde sie als Dank für ihre Arbeit mit der Medaille des Bistums Trier ausgezeichnet. Ebenso war sie lange Jahre im Bundeskuratorium der Stiftung „Mutter und Kind", in der Arenberger Caritasverwaltung und in der Haye'schen Stiftung tätig. Noch heute ist sie u.a. Mitglied des Bundesvorstandes Katholischer Fürsorgerinnen.

Seit 1989 verwitwet, lebt Susanne Hermans nach wie vor in ihrem Heimatort Koblenz-Güls und ist als Zeitzeugin für die Aufbaujahre von Rheinland-Pfalz heute noch oft gefragt – zuletzt bei den Feierlichkeiten zum fünfzigjährigen Bestehen des Landes im Jahr 1997.

Zum Abschluß sei Dr. Heinz Peter Volkert, der damalige Landtagspräsident, zitiert, der in seiner Laudatio zu ihrem 70. Geburtstag am 26. August 1989 sagte:

„Susi Hermans hat das Bild der politischen Frau in unserm Land entscheidend geprägt. Fest in ihrer Weltanschauung, bis zur Leidenschaft engagiert, wenn Men-

schen in Not sind, kompetent und derart sachlich informiert, daß sie ministeriale Experten zur völligen Verzweiflung bringt, und letztlich von großer Zähigkeit, die stets charmant-fraulich verpackt in den Anstrengungen nicht nachläßt, bis das für richtig erkannte Ziel erreicht ist."

Elisabeth Weiler

Quellen/Literatur:

Susanne Hermans: Meine parlamentarische Tätigkeit, in: Rheinland-Pfalz persönlich, hg. v. Sparkassen- und Giroverband Rheinland-Pfalz. Mainz 1987, S. 105-119;
Persönliche Gespräche der Autorin mit Frau Susanne Hermans im Winter 1994/95;
Abgeordnete in Rheinland-Pfalz 1946-1987. Biographisches Handbuch, hg. v. Landtag Rheinland-Pfalz, bearb. v. Heidi Mehl-Lippert und Doris Maria Peckhaus. Mainz 1991;
„Trotz Abschieds weiter mit dabei", in: Koblenzer Rhein-Zeitung vom 25.11.1994.

Dr. Luise von der Heyden (1897-1957)

Luise von der Heyden wurde am 2. Juli 1897 in Wuppertal-Ronsdorf geboren. Nach dem Besuch der Volksschule absolvierte sie die Höhere Schule und legte das Abitur ab. Offenbar war es schon früh ihr Berufswunsch, in der Jugendfürsorge tätig zu werden. Da es noch kein entsprechendes Studienfach an den Hochschulen gab, belegte sie von 1917 bis 1922 an den Universitäten Marburg, München, Freiburg und Bonn, wie damals üblich, eine Fächerkombination, die ihr ein breites Grundwissen in Hinblick auf das für später angestrebte Tätigkeitsfeld vermittelte: Philologie, Volkswirtschaft, Staats- und Verwaltungsrecht sowie Philosophie und Psychologie. Im Jahr 1923 schloß sie ihr Studium an der staatswissenschaftlichen Fakultät in Bonn mit der Promotion ab. Das Thema ihrer Dissertation lautete: „Die Ideenwelt der evangelischen Arbeitervereine".
Noch im gleichen Jahr nahm sie die Arbeit als Polizeifürsorgerin beim Polizeipräsidium Köln auf, wo sie zwei Jahre lang beschäftigt war und wo sie bereits vor allem Jugendliche betreute. Danach war sie fünfzehn Jahre lang im Bergischen Diakonissenhaus Wuppertal-Aprath tätig. In dieser Anstalt wurden nicht nur junge Diakonissen ausgebildet und Krankenpflege sowie Alten- und Erziehungshilfe geleistet, sondern man hatte auch ein Heim eingerichtet, in dem „sittlich gefährdete" Mädchen aufgenommen wurden. Dr. Luise von der Heyden trug hier die Verantwortung als Erziehungsleiterin und lehrte zusätzlich acht Jahre lang an einer Frauenschule für Volkspflege die Fächer Pädagogik und Psychologie.
Im Jahr 1939 wurde sie dann von der rheinischen Provinzialverwaltung als Heimleiterin in das Erziehungsheim in Wolf an der Mosel berufen. Dieses Haus, 1894 als evangelisches Waisenheim gegründet, war 1939 aufgrund von finanziellen Nöten und unter dem Druck, der nach 1933 auf kirchliche Erziehungsanstalten ausgeübt wurde, vom Landesverband der Inneren Mission im Rheinland an den Staat verkauft worden. In den Übergabeverhandlungen mit der Provinzialverwaltung in Düsseldorf war jedoch ausgehandelt worden, daß die Leitung des Hauses auch künftig einer der evangelischen Kirche nahestehenden Person übertragen werden solle. Diese war mit Dr. Luise von der Heyden gefunden.
Sie trat ihre Stelle am 1. September 1939 an und hatte zunächst die schwere Aufgabe, das Heim durch die Zeit des Zweiten Weltkriegs hindurch zu leiten. Hatte man von Seiten des neuen Trägers zunächst geplant, die Einrichtung in ein Erziehungsheim für Schulmädchen umzuwandeln, so konnte Frau von der Heyden erreichen, daß es weiterhin koedukativ blieb. So hatte sie die Möglichkeit, ganze Geschwisterreihen vom Säugling bis zu den schulentlassenen ältesten Geschwistern aufzunehmen und in einer familienähnlichen Atmosphäre zu betreuen. Die Abgeschiedenheit des Heims ermöglichte es außerdem, auch weiterhin eine religiös ausgerichtete Erziehung zu praktizieren. Schon bald nach ihrem Dienstantritt begann die Leiterin mit der Durchführung der seit langem notwendigen Umbau- und Renovierungsarbeiten, auch wenn diese unter den Kriegsbedingungen nur langsam voranschritten. Gegen Ende des Krieges wurde das Heim vorübergehend eva-

kuiert, doch konnte die Arbeit unmittelbar nach Kriegsende wieder aufgenommen werden.

Nach Gründung des Landes Rheinland-Pfalz wurde aus der preußischen „Provinzialerziehungsanstalt" ein rheinland-pfälzisches „Landeserziehungsheim" mit 180 bis 200 Plätzen. Im Jahr 1950 konnte dann die Innere Mission Rheinland im Zuge der Wiedergutmachung das Wolfer Waisenheim zurückerwerben, wonach es wieder „Evangelisches Kinder- und Jugendheim Wolf" hieß. Dr. Luise von der Heyden hatte auch nach diesem Wechsel weiterhin die Leitung inne.

Trotz der umfangreichen organisatorischen Arbeit, die in den ersten Nachkriegsjahren zu leisten war und viel Kraft kostete, stand für Dr. Luise von der Heyden immer die Pädagogik im Mittelpunkt. Sie war stets bereit, neue, vielversprechende Erziehungsmethoden zu erproben, und ihr Heim wurde weit über die Grenzen des Landes hinaus als vorbildlich anerkannt. 1954 erreichte sie, daß ein zweistöckiger Neubau für Jungen errichtet wurde. Hier waren die Jungen nun nicht mehr in großen Schlafsälen untergebracht, sondern lebten in kleinen Gruppen mit ihren Erziehern, wie es den damals neuesten Erkenntnissen der Pädagogik entsprach. Das Kinder- und Jugendheim Wolf wurde jedoch nicht nur durch Frau von der Heydens konzeptionelle Ideen geprägt, sondern auch durch ihre warmherzige, mütterliche Persönlichkeit, mit der sie für die Kinder und Jugendlichen ein echtes „Zuhause" schuf.

Auch der Erfahrungsaustausch mit anderen Einrichtungen und mit Fachleuten war Frau von der Heyden stets wichtig. So gehörte sie viele Jahre lang dem vom Landesjugendamt eingesetzten Beirat für Heimerziehung an, in dem sie viele wertvolle Anregungen gab.

Auf Vorschlag des Ministerpräsidenten von Rheinland-Pfalz wurde Dr. Luise von der Heyden am 30. Mai 1954 mit dem Bundesverdienstkreuz am Bande ausgezeichnet.

Nach einem ausgefüllten Berufsleben durfte sie ihren Ruhestand nicht mehr genießen. Wegen einer schweren Erkrankung mußte sie am 1. Oktober 1956 vorzeitig den Dienst aufgeben und verstarb kurz darauf, am 25. Februar 1957, im sechzigsten Lebensjahr.

Hedwig Brüchert

Quellen/Literatur:

Vorschlagsbegründung für die Verleihung des Bundesverdienstkreuzes am Bande 1954;
Auszug aus der Heimchronik;
Auskünfte von Frau Palm, Evangelischer Jugendhof Martin Luther King, Traben-Trarbach (Wolf).

Mina Hochmann (1906-1992)

Mina Hochmann wurde als Mina Kunz am 5. Juni 1906 in Heuchelheim bei Landau als jüngstes Kind und einziges Mädchen von vier Geschwistern geboren. Der Vater verstarb, als sie noch ein Kind war. Auch den ältesten Bruder verlor sie früh im Krieg, der nur der erste von zwei Weltkriegen sein sollte, die sie erleben mußte.

Mit Gelegenheitsarbeiten, wie Wäsche waschen, verdiente die Mutter, Katharina Kunz, den Lebensunterhalt für die Familie, der durch eine kleine Witwen- und Waisenrente allein nicht gesichert war.

Mina besuchte die Volksschule in Landau und machte dann eine Ausbildung zur Schneiderin. 1927 heiratete sie Leo Michael Hochmann, Holzhofmeister in einem Sägewerk. Sie selbst arbeitete in verschiedenen Landauer Fabriken, wie Brocker & März und Bromela. Als ihr Mann arbeitslos

Mina Hochmann

wurde und in Landau und Umgebung keine Beschäftigung finden konnte, nahm er 1938 eine Arbeitsstelle in Koblenz an. Mina Hochmann – sie war inzwischen Mutter von zwei Söhnen, Wilhelm und Hans – zog mit den Kindern nach.

Noch in den letzten Kriegsmonaten wurde ihr Mann eingezogen; ebenso der ältere Sohn, Wilhelm. Die Wehrmachtsführung schreckte nicht davor zurück, Jugendliche, halbe Kinder, an die Front zu schicken.

1945, kurz vor Kriegsende, wurde Mina Hochmann mit dem jüngeren Sohn aus dem zerstörten Koblenz nach Weimar evakuiert. Für die zu dieser Zeit hochschwangere Frau ein schicksalsreiches Jahr. Die Tochter Christel wurde im April 1945 in Weimar geboren. Doch erfuhr ihr Mann Leo nichts mehr von dieser freudigen Nachricht. Er starb an einer Kriegsverwundung, die er noch kurz zuvor in einem Brief an sie als „Pferdebiß" heruntergespielt hatte, um die Familie nicht zu beunruhigen. Die Nachricht von seinem Tod erhielt Mina Hochmann kurze Zeit nach der Entbindung.

Ihr kam nun die alleinige Verantwortung für ihre Kinder in diesen schwierigen Zeiten zu. Glücklicherweise war ihr Sohn Wilhelm gesund aus dem Krieg zurückgekehrt. 1946 wurde die Familie nach Kaub am Rhein in der Nähe von Koblenz reevakuiert, wo sie bis 1949 in einem Flüchtlingslager untergebracht war. Von dort aus unternahmen Mina und ihre Söhne Fahrten nach Koblenz, um aus der teils ausgebrannten Wohnung zu retten, was zu retten war.

Der ältere Sohn entschloß sich 1948 zum Leidwesen der Mutter, angesichts der schlechten Arbeitsmöglichkeiten in Deutschland in die Fremdenlegion zu gehen.

Hans, der Zweitälteste, heiratete im Dezember 1949. Er arbeitete in der Schiefergrube von Kaub. Mina Hochmann kehrte um diese Zeit mit der kleinen Tochter Christel nach Landau zurück. Nach dem Tod ihres Mannes zog es sie wieder nach Hause in die Pfalz. In der Haardtstraße fand sie zunächst eine Notwohnung; ein paar Jahre später zog sie in die Kramstraße um. Sie lebte in diesen ersten Nachkriegsjahren von der kleinen Kriegswitwenrente und besserte diese durch Näharbeiten bei der Schuhfabrik Mansmann auf. So gelang es ihr, sich und ihre Tochter durchzubringen. Später, als Sohn Wilhelm aus der Fremdenlegion nach Landau zurückgekehrt war – das war im Jahr 1959 –, kaufte er ein Haus in der Lindelbrunnstraße, in das auch Mina Hochmann und ihre Mutter miteinziehen konnten.

Schon bald nach dem Krieg war Mina Hochmann der SPD beigetreten und hatte auch begonnen, aktiv in der Arbeiterwohlfahrt mitzuarbeiten. Ab 1953 führte sie zusammen mit den Mitarbeiterinnen Ella Kaufmann und Pauline Magin regelmäßig drei- bis vierwöchige Kinderferienfreizeiten und Zeltlager in der Umgebung von Landau, z.B. in Herxheim, Bellheim und Ludwigswinkel, durch. Als gelernte Schneiderin war sie es auch, die im Auftrag der Arbeiterwohlfahrt aus den Mänteln der Heimkehrer Mützen für Landauer Kinder nähte. Die hierfür erforderlichen Nähmaschinen waren von der Arbeiterwohlfahrt bereits 1928 mit einem Zuschuß der Stadt Landau angeschafft und über die Zeit des „Dritten Reiches" und den Krieg gerettet worden.

Außerdem übernahm Mina Hochmann einen Teil des Dienstes in den Notquartieren, die in Turnhallen und Landauer Schulen eingerichtet werden mußten, als 1950 die ersten großen Flüchtlingstransporte in der Pfalz eintrafen. Die Franzosen hatten sich zunächst geweigert, angesichts der schlechten Ernährungslage und der Wohnungsnot in ihrer Zone Flüchtlinge und Heimatvertriebene aufzunehmen. Durch einen Beschluß der Alliierten von 1949 wurden sie dann jedoch dazu verpflichtet, bestimmte Kontingente unterzubringen. Da eine ausreichende Zahl von Wohnungen so schnell nicht zu beschaffen war, mußten die Flüchtlingsfamilien anfangs in Massenquartieren leben, wo sie von den Hilfsorganisationen, darunter auch der Arbeiterwohlfahrt, betreut und mit dem Nötigsten versorgt wurden.

Bis in die siebziger Jahre hinein verteilte Mina Hochmann im Auftrag der Arbeiterwohlfahrt Lebensmittelspenden an bedürftige und sozial schwache Menschen. Ab 1963 war sie außerdem stellvertretende Leiterin der Altenstube, die das Herzstück der Aktivitäten der Landauer Arbeiterwohlfahrt darstellte. Diese Altenstube hatte es sich zur Aufgabe gemacht, eine Begegnungsstätte für alleinstehende und einsame Menschen zu sein, die sich hier täglich treffen konnten zum Erzählen, Kaffeetrinken, Singen und Basteln.

1971 wurde Mina Hochmann schließlich zur Leiterin der Altenstube gewählt, ein Amt, das sie dann bis zu ihrem 75. Geburtstag ausübte. Während dieser Jahre verwaltete sie auch die anfangs noch kleine, bescheidene, aus zwei Schränken bestehende Kleiderkammer der Arbeiterwohlfahrt, die sie allmählich ausbaute. Hier kleidete sie bedürftige Menschen ein.

1983 gab Mina Hochmann die Leitung der Altenstube aus Altersgründen ab. Bereits am 27. Januar 1982 war sie als erste Landauerin mit der Verdienstmedaille der Arbeiterwohlfahrt für ihre langjährige ehrenamtliche Hilfe ausgezeichnet worden. 1990 erhielt sie für ihr außerordentliches soziales Engagement den Landesverdienstorden.

Auch nach ihrer aktiven Zeit blieb sie, nun selbst gern gesehener Gast in der Altenstube, der Arbeiterwohlfahrt aufs Engste verbunden. Mina Hochmann verstarb am 14. November 1992 in Landau.

Mildred Michel-Haas

Quellen/Literatur:

Interview mit Frau Hochmann (Schwiegertochter von Mina Hochmann) vom 8.1.1998;
Interview mit Herrn Peter Kempf, Vorsitzender der Arbeiterwohlfahrt, Ortsgruppe Landau, vom 20.1.1998;
Michael Sommer: Flüchtlinge und Vertriebene in Rheinland-Pfalz. Aufnahme, Unterbringung und Eingliederung. Mainz 1990 (Veröffentlichungen der Kommission des Landtages für die Geschichte des Landes Rheinland-Pfalz, Bd. 15).

Schwester Dr. Norberta Hoffmann (1901-1994)

Norberta Hoffmann wurde am 27. März 1901 in Mainz geboren und wuchs in einem Haus am Rand des Stadtparks auf. Ebenso wie ihre vier Schwestern, wurde sie von den Eltern „zu den Englischen Fräulein", die heutige Maria-Ward-Schule, geschickt. Im Anschluß daran besuchte sie die Lehrerinnenbildungsanstalt in Mainz und legte 1921 in Darmstadt die erste Lehrerprüfung ab. Zwei Jahre lang unterrichtete sie als Volksschullehrerin in Bensheim an der Bergstraße; danach folgte die zweite Lehrerprüfung.

Im Jahr 1923 trat Norberta Hoffmann in den Orden des Instituts Beatae Mariae Virginis ein und kehrte damit an den Ort ihrer Schulzeit zurück. Nach Beendigung des Noviziats und dem Ablegen der ersten Gelübde im Jahr 1926 nahm sie an der Universität Münster in Westfalen ein Universitätsstudium auf. Nach zehn Semestern legte sie im Juli 1931 die Wissenschaftliche Prüfung für das Lehramt in den Fächern Deutsch, Französisch und Englisch ab, zwei Jahre später folgte die Pädagogische Prüfung. 1933 promovierte sie mit einer germanistischen Arbeit zum Doktor der Philosophie und kehrte nach Mainz zurück.

Hier, in ihrer Heimatstadt, unterrichtete sie nur kurze Zeit, denn noch im selben Jahr wurde ihr die Leitung des Lyzeums des Ordens in Darmstadt übertragen. Diese Aufgabe nahm sie fünf Jahre lang in einer schwierigen Zeit wahr. Denn inzwischen gerieten die privaten und konfessionellen Schulen zunehmend unter Druck durch das nationalsozialistische Regime; 1938 wurde das Darmstädter Institut schließlich aufgelöst. Nach einer weiteren Station in Wiesbaden unterrichtete Dr. M. Norberta Hoffmann von 1940 bis 1945 an der Handelsschule, die der Orden in Fulda unterhielt.

Als nach dem Ende des Zweiten Weltkriegs im Herbst 1945 der Schulunterricht wieder begann und auch die früheren Privatschulen wieder eröffnet werden durften, übernahm Dr. M. Norberta Hoffmann für zwei Jahre die Leitung der Hildegardisschule in Bingen, bevor sie 1947 zur Direktorin des Instituts St. Mariae – der Maria-Ward-Schule – in Mainz ernannt wurde. Dieses verantwortungsvolle Amt hatte sie dann 23 Jahre lang inne.

In dieser langen Zeitspanne war sie zunächst die treibende Kraft beim Wiederaufbau in den schwierigen Nachkriegsjahren, die von materieller und geistiger Not geprägt waren. Daneben widmete sie sich jedoch vor allem der Entwicklung eines modernen Unterrichtswesens. Der Aufbau eines Schulzweigs mit Französisch-Unterricht von der Sexta an war ihr Verdienst. Auf ihre Initiative gehen auch eine Reihe weiterer Reformen im pädagogischen Bereich zurück. Ihr lag stets vor allem die Förderung der individuellen Fähigkeiten ihrer Schülerinnen am Herzen. Sie ermutigte sie, offen, wach und neugierig zu sein, nach Erkenntnis zu streben und ihre eigene Persönlichkeit zu entfalten. Der gute Ruf dieses Mädchen-Gymnasiums, der der Schule ständig wachsende Anmeldezahlen brachte, war weitgehend auf das von Schwester M. Norberta entwickelte zeitgemäße pädagogische Konzept zurückzuführen.

Schwester Dr. Norberta Hoffmann bei der Überreichung des Bundesverdienstkreuzes am 13. April 1970 durch Kultusminister Dr. Bernhard Vogel

Eine weitere Aufgabe bestand in der äußeren Entwicklung der Maria-Ward-Schule, die räumlich den Schülerinnenzahlen in den sechziger Jahren nicht mehr gewachsen war und dringend erweitert werden mußte. Bei ihrer Pensionierung Anfang des Jahres 1971 war der Erweiterungsbau am Ballplatz 3 mit zwölf neuen Klassensälen und mehreren Fachräumen, darunter einem Sprachlabor, fast vollendet; weitere Bauabschnitte, vor allem eine Turnhalle, im hinteren Teil des Geländes am Stefansberg befanden sich in Planung. So hatte sie noch zu ihrer Amtszeit die Weichen für die zukünftige Entwicklung der Schule gestellt und konnte ihr Werk nun beruhigt in jüngere Hände legen.

Durch die Verleihung des Bundesverdienstkreuzes am Bande wurden Schwester Dr. M. Norberta Hoffmanns Leistungen als langjährige Schulleiterin gewürdigt. Vom Bistum Mainz wurde sie mit der Martinus-Medaille geehrt.

Der Abschied von der Schule bedeutete zwar einen Einschnitt in ihrem Leben, doch auch im Ruhestand war Schwester Dr. M. Norberta Hoffmann keineswegs untätig. Nun fand sie endlich Zeit für die intensivere Beschäftigung mit Literatur und Lyrik; sie las viel – vor allem Rilke, Hölderlin und Marie-Luise Kaschnitz – und schrieb zahlreiche wissenschaftliche Aufsätze für Fachzeitschriften über ihre Lieblingsliteratur. Außerdem begann sie sich mit hebräischer Dichtung zu beschäftigen und verfaßte Aufsätze zu aktuellen Fragen der Zeit. Als sie im Jahr 1986 in Anwesenheit von Kardinal Volk ihre diamantene Ordensprofeß (nach sechzigjähriger Zugehörigkeit zur Kongregation des „Instituts Beatae Mariae Virginis") beging, war sie noch voller Tatendrang und voller Pläne.

Schwester Dr. M. Norberta Hoffmann verstarb am 24. Februar 1994 im Alter von fast 93 Jahren in ihrer Heimatstadt Mainz.

Hedwig Brüchert

Quellen/Literatur:

Begründung für die Verleihung des Verdienstordens am Bande der Bundesrepublik Deutschland (1970);
Maria-Ward-Schule hat Sorgen: Kultusminister macht Hoffnung. Allgemeine Zeitung Mainz v. 14.4.1970;
Maria Ward-Schule Mainz, Jahrbuch 1971;
Geschicke des Ordens mitbestimmt. Schwester Dr. Norberta Hoffmann feiert heute „Diamantenes". Allgemeine Zeitung Mainz v. 4.1.1986;
Hildegardisschule Bingen 1864-1989. Bingen 1989;
Auskünfte von Frau Dr. Andrea Litzenburger und Unterlagen aus dem Schularchiv der Maria Ward-Schule Mainz.

Annemarie Holst-Steinel (geb. 1924)

Als Kind kam Annemarie Holst viel herum. Geboren wurde sie am 10. Dezember 1924 in Bremerhaven. Sie hatte einen um neun Jahre älteren Bruder. Der Vater war Kaufmann in der Textilbranche und mußte aus beruflichen Gründen wiederholt den Wohnort wechseln. So zog die Familie 1929 nach Braunschweig, wo Annemarie die Volksschule und anschließend die ersten beiden Jahre des Gymnasiums besuchte. Danach verschlug es Familie Holst nach Süddeutschland. Da der Vater nicht der NSDAP angehörte, hatte er in Braunschweig die Arbeit verloren und mußte sich eine neue Stelle suchen. Annemarie ging nun also in Nürnberg weiter zur Schule, wo sie 1940 die Mittlere Reife erlangte. Danach besuchte sie die Handelsschule. Sie hätte gerne eine Sprachenschule in Dresden besucht, wegen des Krieges war dies jedoch nicht möglich. 1942 zog ihre Familie nach Koblenz um, wo Annemarie nach Abschluß der Handelsschulausbildung eine Anstellung im Büro der Bezirksregierung bekam. Da sie sehr schnell stenografieren konnte, wurde sie schon bald in das Vorzimmer des Vizepräsidenten versetzt.

Annemarie Holst-Steinel in den fünfziger Jahren

1943 fiel Annemaries Bruder in Rußland. Sie hatte ihm sehr nah gestanden, und sein Tod belastete sie lange Zeit stark. Gegen Kriegsende, als die Bombenangriffe auf Koblenz immer schlimmer wurden, ging sie nach Thüringen, wo sich ihre Mutter bereits seit einiger Zeit bei Verwandten aufhielt.

Sobald es möglich war, kehrte Annemarie nach Koblenz zurück. Sie arbeitete zunächst ehrenamtlich bei der Bahnhofsmission, dann fand sie eine Stelle bei der Evangelischen Gemeinde. Als die Verwaltungen nach und nach erneut aufgebaut wurden, bekam sie wieder eine Stelle bei der Bezirksregierung Koblenz, die in erhaltengebliebenen Gebäuden im Stadtteil Oberwerth untergebracht war.

Dort hatte auch Wilhelm Froitzheim, der spätere Landtagsdirektor, sein Büro. Er wurde im Herbst 1946 zum Leiter des Büros der Beratenden Landesversammlung ernannt. Die bevorstehende Beratung einer Verfassung für das zukünftige Land Rheinland-Pfalz war allgemeines Gesprächsthema, und auch Annemarie war höchst interessiert und neugierig. Eines Tages hörte sie, daß für die bevorstehenden Sitzungen der Versammlung Schreibkräfte gesucht wurden. Sie ging direkt zu Froitzheim, bat, in diese Abteilung versetzt zu werden, und wurde prompt genommen.

Am 22. November 1946 nahm die Beratende Landesversammlung ihre Arbeit auf.

Wegen der Bombenschäden war es schwierig, Räume zu finden. Die erste feierliche Sitzung fand in Anwesenheit hoher französischer Offiziere im Koblenzer Theater statt. Alle Reden wurden mitstenographiert. Anschließend mußten die Stenogramme sofort übertragen werden. Dies war unter anderem Annemaries Aufgabe. Es war kein leichtes Unterfangen, denn es standen nur einige uralte Schreibmaschinen zur Verfügung. Doch die Franzosen bestanden darauf, die Wortprotokolle jeweils am folgenden Morgen um acht Uhr vorgelegt zu bekommen, auch wenn die Sitzung bis in die Nacht hinein gedauert hatte. Zu dritt arbeiteten Annemarie und ihre zwei Kolleginnen oft nächtelang durch. Dafür gab es gelegentlich eine kleine Sonderration. Die Arbeit war anstrengend, aber aufregend. Annemarie Holst hatte das Gefühl, historische Stunden mitzuerleben und daran, wenn auch nur als Schreibkraft, mitwirken zu dürfen. Daher äußerte sie später einmal in einem Interview, daß sie „an der Schreibmaschine Demokratie gelernt" habe. Unvergessen geblieben ist ihr auch der Eklat in der ersten Sitzung der Versammlung, als die CDU-Abgeordnete Dr. Else Missong in einer leidenschaftlichen Rede, in der sie das Leid der hungernden Bevölkerung beklagte, ausrief: „Für Gräber brauchen wir keine Verfassung!" Die anwesenden Mitglieder der französischen Militärregierung waren empört, und Frau Missong mußte bald darauf, unter Druck aus den eigenen Reihen, ihr Mandat niederlegen.

Doch nicht nur die Protokolle der Plenarsitzungen, sondern auch die der verschiedenen Ausschußsitzungen mußten geschrieben werden. Annemarie Holst war meist beim Verfassungsausschuß eingesetzt, wo sie auch selbst protokollierte. Dieser Ausschuß tagte zwischen dem 18. Dezember 1946 und dem 23. April 1947 an insgesamt 21 Tagen, meist im „Faust-Haus" in Bad Kreuznach. Andere Ausschüsse tagten in Bad Ems. Wegen der Sperrstunde konnte sie dann abends nicht mehr nach Hause fahren, sondern mußte am Sitzungsort übernachten. Am 25. April schloß die Beratende Landesversammlung ihre Arbeit ab. Annemarie Holst wurde in der letzten Sitzung von Adolf Süsterhenn, dem Autor des Verfassungsentwurfs, in Anerkennung der geleisteten Tag- und Nachtarbeit der vorangegangenen Monate scherzhaft als „Hebamme der Verfassung" tituliert, worauf sie sehr stolz war.

Als dann nach den ersten Wahlen vom 18. Mai 1947 das Landesparlament seine Arbeit aufnahm, wurde Annemarie Holst in die Landtagsverwaltung übernommen. Sie führte in den folgenden Jahren vor allem in Ausschußsitzungen Protokoll. Anschließend mußten die Mitschriften damals noch auf Matrizen geschrieben werden, um vervielfältigt zu werden – „eine irrsinnige Arbeit", wie sie sich noch lebhaft erinnert.

Die Landtagssitzungen fanden zunächst im Koblenzer Ratssaal, anschließend im Saal des katholischen Lesevereins Koblenz statt. 1951, nach dem Wiederaufbau des Deutschhauses, wurde der Sitz des Landtags dann nach Mainz verlegt. Annemarie Holst, die bis dahin bei ihren Eltern gewohnt hatte, zog nun ebenfalls nach Mainz und fand zunächst in Mombach eine Unterkunft. Sie protokollierte weiterhin in Ausschußsitzungen und arbeitete lange Zeit im Vorzimmer des Landtagsdirektors Froitzheim, der dieses Amt bis zu seinem Tod im Januar 1979 innehatte. Zuletzt war

Frau Holst-Steinel im wissenschaftlichen Dienst des Landtags tätig. In den Anfangsjahren habe es im Landtag, auch zwischen den Abgeordneten und den Angestellten, ein größeres Zusammengehörigkeitsgefühl gegeben als später, urteilt sie rückblickend. Dies war sicher eine Folge der gemeinsam durchlebten „Trümmerjahre" in Koblenz und in der ersten Mainzer Zeit, als Mangel und Raumnot herrschten und vieles improvisiert werden mußte. So erinnert sie sich an ein nettes Erlebnis: Eines Tages während der ersten Wahlperiode brachte der Landtags-Vizepräsident Weber, der in Pirmasens eine Schuhfabrik besaß, einen Koffer voller Schuhe mit, in dem für jede Angestellte ein Paar in der richtigen Größe dabei war – eine wunderbare Überraschung zu einer Zeit, als die Gehälter der Schreibkräfte noch niedrig, die Preise hoch und der Kauf von hübschen Schuhen, Perlonstrümpfen oder einem eleganten Kleid für die meisten jungen Frauen noch ein Luxus war!

1985 ging Annemarie Holst-Steinel in den Ruhestand. Sie blieb in Mainz, das ihr inzwischen zur Heimat geworden war und wo sie auch ihren Lebenspartner gefunden hatte. Gemeinsam machten sie in den folgenden Jahren viele interessante Reisen bis nach Rußland und Amerika. Ihr liebstes Ziel blieb jedoch Italien, die Toskana, wo sie gute Freunde fanden. Der Tod ihres Mannes, der im Jahr 1997 nach kurzer, schwerer Krankheit verstarb, war ein schwerer Schicksalsschlag.

Von den Fenstern ihrer hübschen Wohnung in Marienborn aus hat sie einen weiten Blick ins Rhein-Main-Gebiet. In der Wohnung bewahrt sie Erinnerungen an besonders schöne Reisen auf. Außerdem gilt ihre Liebe der Oper; als Jugendliche hat sie in Nürnberg selbst im Theaterchor, in den „Meistersingern", mitgesungen. Politisch hat sie sich nie engagiert, aber sie ist ehrenamtlich tätig: Seit fünfzehn Jahren betreut sie als Mitglied der „Grünen Damen" Patienten im Krankenhaus.

Hedwig Brüchert

Quellen/Literatur:

Interview mit Frau Annemarie Holst-Steinel vom 7.1.1999, geführt von Hedwig Brüchert;
Die Entstehung der Verfassung für Rheinland-Pfalz. Eine Dokumentation, bearb. v. Helmut Klaas. Boppard am Rhein 1978 (Veröffentlichungen der Kommission des Landtages für die Geschichte des Landes Rheinland-Pfalz, Bd. 1);
Ursula Samary: „An der Schreibmaschine lernte ich Demokratie." Annemarie Holst-Steinel, „Hebamme der Verfassung", erinnert sich an die Anfänge des Landes vor 50 Jahren im Koblenzer Theater. Mainzer Rhein-Zeitung v. 22.11.1996;
Beratende Landesversammlung Rheinland-Pfalz, Drucksache Nr. 1, Protokoll über die 1. Sitzung am 22. November 1946, S. 6f.

Betty Impertro (1908-1988)

Betty (Barbara) Holzner wurde am 23. September 1908 in Pflaumbach bei Nördlingen geboren, wo sie auch die Volksschule und die Handelsschule besuchte, um anschließend als kaufmännische Angestellte zu arbeiten. Im Jahr 1926 übersiedelte sie in die Pfalz, nach Ludwigshafen, das ihr zur zweiten Heimat werden sollte.
Bis zu ihrer Heirat mit Eduard Impertro, der aus Ludwigshafen-Mundenheim stammte, im Jahr 1931 arbeitete sie als Sprechstundenhilfe bei einem Mannheimer Arzt. 1933 wurde sie Mutter, die Tochter Inge kam zur Welt. 1940 wurde die zweite Tochter, Edeltraud, geboren. Doch das Familienglück währte nicht lange. Am 4. Oktober 1941 verunglückte ihr Mann, der als Bauführer bei der Ludwigshafener Firma Brechtel angestellt war, tödlich. Sie mußte nun ihre Kinder in den schweren Kriegszeiten alleine aufziehen. In dieser schwierigen Situation dürfte der Katholikin ihr Glaube eine Stütze gewesen sein.

Betty Impertro

Nach Kriegsende schloß sich Betty Impertro einem Kreis politisch Gleichgesinnter an, der 1946 den CDU-Ortsverband Ludwigshafen-Gartenstadt gründete. Sie gehörte als Beisitzerin dem Parteivorstand an und war für Frauenfragen zuständig. Die von ihr organisierten Frauenversammlungen erfreuten sich großer Beliebtheit, denn im Durchschnitt verzeichneten die Veranstaltungen zwischen 45 und 50 Besucherinnen – und das bei einer Zahl von gerade einmal 51 weiblichen Mitgliedern im Jahr 1950. Wohl mit aufgrund dieser Erfolge wurde ihr das Amt der Kreisvorsitzenden der CDU-Frauenvereinigung des Kreisverbandes Ludwigshafen übertragen, das sie im Jahr 1973 aus Altersgründen gegen den Ehrenvorsitz eintauschte. Von 1958 bis 1970 leitete Betty Impertro auch die CDU-Frauenvereinigung des CDU-Bezirksverbandes Pfalz. Außerdem gehörte sie zeitweise dem Bundesausschuß der CDU-Frauenvereinigung an.

1948 wurde die verwitwete Hausfrau als Kandidatin des CDU-Ortsverbandes Ludwigshafen-Gartenstadt in den Stadtrat gewählt. In ihrer 26jährigen Amtszeit als Stadträtin machte sich Betty Impertro in aufopferungsvoller Weise um das Wohl ihrer Ludwigshafener Mitbürger verdient. Die wegen ihrer Hilfsbereitschaft und ihres zupackenden Einsatzes über Parteigrenzen hinweg allgemein geschätzte Christdemokratin war vor allem im Sozialausschuß und in der Kommission für Wohnungswesen aktiv, in dem Aufgabenbereich also, in dem sie in der Nachkriegszeit am unmittelbarsten mit der Not der hungernden und ausgebombten Bevölkerung in Berührung kam. Von den Stadtratskollegen wurde „Tante Betty", wie ihre Freunde die Kommunalpolitikerin ansprachen, zur „Mutter der Fraktion" ernannt. „Mütterlich war sie, wenn sie sich der kleinen Sorgen und Nöte der Fraktionskollegen annahm, wenn sie sich in heißer Stadtratsdebatte der trockenen Gaumen der Redner erbarmte und Lutschbonbons verteilte", schilderte der langjährige Ludwigshafener SPD-Oberbürgermeister Werner Ludwig ihr Verhalten im Stadtparlament.

Obwohl Politik in Betty Impertros Leben eine wichtige Rolle spielte, verzichtete sie bei den Stadtratswahlen 1974 auf eine erneute Kandidatur: „Ich werde im September 65, und dieses Amt sollte ein Jüngerer besetzen."

Aber auch nach dem Ende ihrer Stadtratstätigkeit zog sich Betty Impertro nicht auf das Altenteil zurück, sondern übernahm das Amt der Patientenfürsprecherin im St. Marienkrankenhaus. Schon in den Jahren zuvor hatte sie außerdem als Schöffin am Amts- und Landgericht fungiert.

Mit der Verleihung der Freiherr-vom-Stein-Plakette im Jahr 1968 und dem Ehrenring der Stadt Ludwigshafen 1974 zollte man Betty Impertros langjähriger ehrenamtlicher Arbeit Anerkennung. Im Jahr 1970 nahm sie aus der Hand des damaligen rheinland-pfälzischen Ministerpräsidenten Helmut Kohl, dem sie sich politisch immer besonders verbunden fühlte, das Bundesverdienstkreuz Erster Klasse entgegen. Am 12. März 1988, kurz nachdem sie ihre regelmäßige Patientensprechstunde abgehalten hatte, verstarb Betty Impertro im Alter von 79 Jahren. Bis zuletzt war sie unermüdlich für ihre Mitmenschen im Einsatz gewesen. Mit der Benennung einer Straße nach Betty Impertro setzte der Ortsbeirat Ludwigshafen-Gartenstadt der angesehenen Kommunalpolitikerin im Jahr 1990 ein bleibendes Denkmal.

Ihre älteste Tochter Inge führt ihr Lebenswerk fort. Sie ist als aktives Mitglied der CDU, der Frauen-Union und als Patientenfürsprecherin in die Fußstapfen ihrer Mutter getreten.

„Die Politiker, die Schlagzeilen fabrizieren, stehen auf den Schultern solcher Männer und Frauen wie Betty Impertro", würdigte der frühere Bundeskanzler Helmut Kohl das Lebenswerk seiner ehemaligen Fraktionskollegin im Ludwigshafener Stadtrat. Neben ihrem engagierten Wirken im Stillen wurde auch die „Mütterlichkeit" der „Frau mit viel Herz und Verstand" gelobt. Obwohl Mütterlichkeit sicherlich ein Motiv für das sozialpolitische Handeln der Stadträtin war, erscheint es aus heutiger Sicht doch unangemessen, in einer so kompetenten und vielseitigen Kommunalpolitikerin wie Betty Impertro nur die „Mutter der Fraktion" zu sehen.

Christiane Pfanz-Sponagel

Quellen/Literatur:

Stadtarchiv Ludwigshafen, Zeitungsausschnittssammlung;
Auskünfte von Frau Inge Bieger und Herrn Dr. Anton Cadus vom 27. Juni 1999;
Karl-Heinz Jungbluth: CDU Ludwigshafen-Gartenstadt von Gründung an. Ludwigshafen 1991.

Anne Jackob (1910-2000)

Frau Anne(gret) Jackob wurde am 14. Dezember 1910 als zweite Tochter der Eheleute Georg und Anna Schilling in Mainz geboren. Die Eltern führten ein kleines Weinrestaurant. Als sie sieben Jahre alt war, starb ihre Mutter. Der Vater heiratete später eine Witwe mit drei Kindern, neben ihrer Schwester Liesel bekam sie so noch drei weitere Geschwister: Tilly, Gertrud und Jean.
Bis zu ihrem 16. Lebensjahr besuchte Anne Schilling die „Höhere Töchterschule" in Mainz. Sie verließ die Schule nach der zehnten Klasse, um im elterlichen Betrieb zu helfen.
Mit 19 Jahren, im Jahr 1930, heiratete sie den neun Jahre älteren Kaufmann Hans Jackob, der in der Fischergasse in Mainz ein Fischgeschäft führte, das 1897 von seinem Vater, Edmund Jackob, gegründet worden war. Die junge Ehefrau packte kräftig im Geschäft mit an; daneben kümmerte sie sich um den Haushalt und die Erziehung der Kinder, die sich nach und nach einstellten. 1933 und 1938 wurden die beiden Töchter, Helga und Christine, geboren. Als die zwei Söhne, Peter (1940) und Klaus (1943), zur Welt kamen, herrschte Krieg, und Anne Jackob war von Sorgen geplagt. Ihr Mann war zur Wehrmacht einberufen worden, und sie mußte das Geschäft alleine führen. 1942 wurde das Haus mit dem Laden ausgebombt. Der daraufhin zum Geschäft umfunktionierte Lagerraum am Liebfrauenplatz wurde drei Jahre später ebenfalls zerstört. Der Schicksalsschläge nicht genug, wurde Hans Jackob noch in den letzten Kriegstagen, im März 1945, in Bernkastel getötet.
Fortan mußte Frau Jackob für ihre vier Kinder und deren Lebensunterhalt alleine sorgen. Nach Kriegsende übernahm sie zunächst einen Laden in der Augustinerstraße. Dann ging sie daran, das beschädigte frühere Lager am Liebfrauenplatz zu einem Geschäft auszubauen. Nach der Ausbombung hatte die Familie eine Notwohnung am Eisgrubweg zugewiesen bekommen. Doch nach Kriegsende wurde diese von den Besatzungstruppen beschlagnahmt, und die Kriegerwitwe mußte mit ihren vier Kindern in eine andere Wohnung umziehen. Es folgten mehrere weitere Wohnungswechsel.
In den fünfziger Jahren bemühte sich Frau Jackob bei der Stadt darum, ein Grundstück in der Fischtorstraße, in der Nachbarschaft ihres früheren Geschäfts, zu bekommen. Dank ihrer Beharrlichkeit konnte sie dann endlich das Grundstück Fischtorstraße 5 erwerben. Sie stürzte sich in das finanzielle Wagnis, ein neues Geschäfts- und Wohnhaus aufzubauen. In den folgenden Jahren hat sich Anne Jackob keine Freizeit und keinen Urlaub gegönnt. Unermüdlich hat sie den Ausbau des Geschäftes betrieben und sich gleichzeitig um die Erziehung und Ausbildung ihrer heranwachsenden Kinder gekümmert. 1961 konnte schließlich das Traditionsunternehmen Fisch-Jackob in der Fischtorstraße 5 wiedereröffnet werden.
Im September 1960 war ihr Sohn Peter in das elterliche Geschäft eingetreten und übernahm 1973 die Leitung des Betriebes. 1972 hatte Familie Jackob zusätzlich die Fischhandlung Schmitt in der Mombacher Hauptstraße übernommen. Seit 1986 gehört außerdem ein Fischrestaurant in der Fischtorstraße, unmittelbar neben

Anne Jackob mit Sohn Peter und Schwiegertochter Ilse im Geschäft in der Fischtorstraße im Mai 1990

dem Laden, zum Unternehmen, in dem Anne Jackob noch bis kurz vor ihrem Tod mitarbeitete.

Mit Stolz blickte sie im Alter auf ihr nicht nur in beruflicher Hinsicht erfolgreiches Leben zurück. Dank ihrer Tatkraft wurde das Geschäft ihres Mannes nicht nur erhalten, sondern sogar noch vergrößert. Durch ihren Unternehmungsgeist und Optimismus hatte sie alle Schwierigkeiten gemeistert. Trotz all der Arbeit und der wenigen Zeit, die ihr blieb, hatte sie allen ihren Kindern einen erfolgreichen Start ins Leben ermöglicht. Eine der Töchter hat sich als Malerin und Bildhauerin einen Namen gemacht, der jüngste Sohn ist Lehrer. Peter Jackob führt die Familientradition fort. Für Anne Jackob war es eine große Freude, elf Enkel und einen Urenkel aufwachsen zu sehen. Sie verstarb im neunzigsten Lebensjahr am 13. Februar 2000.

Heike Brücher

Quellen/Literatur:

Interview mit Frau Anne Jackob, geführt von der Verfasserin im Februar 1998;
60 Jahre lang in Schwung gehalten. Mainzer Rheinzeitung vom 17.5.1990;
Sie trotzte sehr harten Schlägen. Allgemeine Zeitung, Porträt vom 15.12.1995;
Enkel halten sie fit. Anne Jackob feierte 85. Geburtstag. Mainzer Rheinzeitung v. 15.12.1995;
"Fisch-Jackob" feiert Geburtstag. Allgemeine Zeitung vom 13.9.1997;
Ein echt toller Hecht in der Mainzer Geschäftswelt. Mainzer Rheinzeitung vom 17.9.1997;
Todesanzeige, Allgemeine Zeitung vom 15.2.2000.

Anna-Maria Jacoby (1896-1990)

Anna-Maria Jacoby wurde am 7. November 1896 in Rivenich geboren. Beide Eltern, Johann Jacoby und Anna-Maria geb. Schons, stammten aus Rivenicher Familien, der Vater war Landwirt und Winzer. Anna-Maria wuchs mit sechs Geschwistern auf und wurde katholisch erzogen. Nach dem Besuch der örtlichen Volksschule mußte sie auf dem elterlichen Hof mitarbeiten. Gerne wäre sie weiter zur Schule gegangen und hätte eine Ausbildung gemacht, doch alle Familienmitglieder wurden zuhause gebraucht.

Als ihr Bruder Jakob einen größeren Hof, den Fellerhof in der Gemeinde Fell bei Schweich, pachtete, half ihm Anna-Maria bei der Bewirtschaftung. Nach Ausbruch des Ersten Weltkriegs wurde der Bruder zu den Soldaten eingezogen. Zusammen mit der Mutter kümmerte sich Anna-Maria nun weitgehend allein um den Hof; der Vater half tageweise. Der Bruder kehrte aus dem Krieg nicht zurück. Nach seinem Tod, unter den schwierigen wirtschaftlichen Bedingungen der Inflation, konnte Anna-Maria den Hof nicht halten.

Im Winter, wenn auf dem Hof etwas weniger Arbeit zu erledigen war, hatte sie die Landwirtschaftsschule in Trier besucht und sich in Ökonomie fortgebildet. Nach Aufgabe des Fellerhofs nahm sie nun eine Stelle als Wirtschaftsleiterin in der Maria-Grünewald-Kinderheilstätte bei Wittlich an. Diese Tätigkeit, die sie zehn Jahre lang ausübte, machte ihr viel Freude. Doch es reizte sie, selbständig zu sein. So ging sie in den dreißiger Jahren nach Olpe bei Kürten im Bergischen Land, wo sich die Gelegenheit bot, eine Geflügelfarm zu übernehmen. 1939 nahm sie eine Stelle als Wirtschafterin auf dem Wilmshof bei Hetzerath in der Nähe von Bonn an. Allerdings mußte sie diese Tätigkeit aus gesundheitlichen Gründen immer wieder für einige Zeit unterbrechen. 1944 mußte sie schließlich die berufliche Arbeit ganz aufgeben, ging in Frührente und kehrte nach Rivenich zurück. Sie war ledig geblieben und lebte von nun an bis kurz vor ihrem Tod im Haushalt eines ihrer Brüder. Soweit es ihre Kräfte erlaubten, half sie im Dorf, wo immer sie konnte. Sie leistete Hilfsdienste beim Roten Kreuz, kümmerte sich um Kranke und betreute Sterbende.

Als sich Anfang 1946 wieder demokratische Parteien gründeten, trat Anna-Maria Jacoby der CDU bei. Bei den zweiten Gemeinderatswahlen nach dem Krieg, im November 1948, wurde sie von ihrer Partei als Kandidatin aufgestellt und in den Gemeinderat von Rivenich gewählt. Diesem Gremium gehörte sie dann ununterbrochen bis 1960 und später nochmals eine Wahlperiode lang, von 1969 bis 1974, an. Der Schwerpunkt ihrer politischen Arbeit lag im Bereich der Sozialpolitik. Auf ihre Initiative hin wurde um 1949/50 wieder ein Kindergarten in Rivenich eingerichtet. Sie ließ von den Handwerkern des Dorfes die vorhandene alte Kindergarteneinrichtung instandsetzen und begann mit dem Betrieb. Sie wußte, welch große Hilfe eine Kinderbetreuungseinrichtung für die hart arbeitenden Bäuerinnen und Winzerinnen darstellte. Dies war einer der ersten Kindergärten im Landkreis Wittlich, der in Trägerschaft einer Ortsgemeinde entstand. 1963 wurde ein Neubau errichtet.

Anna-Maria Jacoby (rechts) in „ihrem" Kindergarten, den sie in Rivenich eingerichtet hatte (1954)

1956 wurde Frau Jacoby auch in den Kreistag des Altkreises Wittlich gewählt, dem sie bis 1964 angehörte. Hier brachte sie vor allem in den Bereichen Landwirtschaft und Weinbau ihre Erfahrung ein und kümmerte sich als Mitglied des Jugendwohlfahrtsausschusses um die Belange der Jugendlichen des Kreises.
Besonders lagen Anna-Maria Jacoby jedoch ihr Leben lang die Landfrauen am Herzen, und sie setzte sich stets für Verbesserungen in deren Arbeitsalltag ein. Dabei kamen ihr ihre praktischen Veranlagungen, ihre wirtschaftliche Erfahrung und ihr großes Organisationstalent zugute. 1953, also zu einer Zeit, als die Haushalte noch nicht mit Waschmaschinen, Trocknern und Mangeln ausgestattet waren, erreichte sie, daß im alten Gemeindehaus in Rivenich eine Wäscherei in Trägerschaft der Raiffeisen-Genossenschaft eingerichtet wurde, die bis 1968 existierte.
1959 wurde auf ihre Initiative eine Gefrieranlage errichtet, die von einer Interessengemeinschaft betrieben wurde und bis Ende der achtziger Jahre bestand. Sie umfaßte 120 Boxen mit je 360 Litern Inhalt. Hier konnten die Bäuerinnen rasch und preiswert Fleisch, Obst und Gemüse einlagern und haltbar machen.
Daneben organisierte sie Altennachmittage, eine Jugendgruppe sowie Koch- und Nähkurse in Rivenich. Bis ins hohe Alter von über achtzig Jahren war sie bei den Landfrauen aktiv und organisierte Fortbildungen in der Landvolkhochschule St. Thomas in Kyllburg. Sie engagierte sich auch in der Kirchengemeinde, reparierte und stickte Meßgewänder und Altardecken. Nach dem Krieg hatte sie mit dafür gesorgt, daß die durch Artilleriebeschuß am Dach und an den Fenstern der Rivenicher Kirche entstandenen Schäden repariert wurden.

Für ihre langjährige ehrenamtliche Arbeit wurde sie 1973 mit der Ehrenplakette des Landkreises Bernkastel-Wittlich ausgezeichnet. Im April 1986 wurde ihr die Ehrennadel des Landes Rheinland-Pfalz verliehen, die ihr in einer Feierstunde im Kreishaus in Wittlich durch den Kreisdeputierten Wolfgang Wittkowsky überreicht wurde. Anna-Maria Jacoby verstarb am 11. Januar 1990 im Alter von 93 Jahren.

Hedwig Brüchert

Quellen/Literatur:
Informationen des Kreisarchivs Bernkastel-Wittlich;
Vorschlagsbegründung für die Verleihung der Ehrennadel des Landes Rheinland-Pfalz (29.10.1985);
Zwei Persönlichkeiten erhielten Ehrennadel. Trierischer Volksfreund v. 8.4.1986;
Auskünfte von Frau Laura Leggewie-Jacoby, Rivenich.

Elisabeth Jaeger (1892-1969)

Ein langer Trauerzug bewegte sich am 3. März 1969 von der Mutterhauskirche zum Kreuznacher Friedhof. Schwestern und Mitarbeiter, Freunde und Vertreter anderer Mutterhäuser – viele Menschen waren gekommen, um einer Frau das letzte Geleit zu geben, die durch ihre Persönlichkeit und ihre Gaben prägend und richtungsweisend gelebt und gewirkt hatte. Wer war sie, diese Oberin und Vorsteherin des Kreuznacher Mutterhauses?
Elisabeth Jaeger wurde am 13. März 1892 in Bad Soden im Taunus als Tochter eines evangelischen Pfarrers geboren. Der Vater verstarb, als Elisabeth gerade in die Schule gekommen war. Die Mutter mußte nun beide Elternrollen ausfüllen. Sie nahm nicht direkt Einfluß auf die religiöse Entwicklung von Elisabeth und ihrem Bruder, sondern

Elisabeth Jaeger

ließ ihnen viel Freiheit. Durch ihr Vorbild vermittelte sie ihnen jedoch ganz selbstverständlich christliche Werte, wie gütiges Verstehen und Menschenliebe.
Da Elisabeth als Kind kränklich war, wurde sie mit vierzehn Jahren von der Schule genommen und durch Privatunterricht auf den Gymnasialabschluß vorbereitet. Nach dreijährigem Studium in Frankfurt legte sie ihre Prüfung als Musiklehrerin ab und gab in Bad Soden Geigenunterricht.
Mit dem Ausbruch des Ersten Weltkriegs kam in ihr so friedliches Leben die große Wende. In vaterländischer Begeisterung meldete sich die Zweiundzwanzigjährige zum Lazarett- und Hilfsdienst. Die Mutter verstand ihr Drängen, machte aber zur Bedingung, daß die Tochter in ein ihr bekanntes Haus ging. So führte Elisabeth der Weg zur Diakonie nach Bad Kreuznach.
Zunächst war die junge Frau als Hilfsschwester in verschiedenen Lazarettabteilungen tätig, die in den Häusern der damaligen Diakonie-Anstalten Bad Kreuznach eingerichtet worden waren. Im Sommer 1915 wurde sie ins Reservelazarett nach Saarbrücken geschickt, in dem ebenfalls Kreuznacher Diakonissen arbeiteten. Was ihr da an menschlicher Not und Elend begegnete, der Einsatz und die Gemeinschaft der Schwestern, eindringliche Predigten eines jungen Geistlichen, das alles ließ in ihr reifen, was wohl als Keim schon längst in ihr schlummerte. Sie entschloß sich, Diakonisse zu werden. Die Mutter gab schweren Herzens ihre Zustimmung. Am 12. Juli 1916 trat Elisabeth Jaeger als Probeschwester in das Mutterhaus ein.
Ihre praktische Zurüstung zum Dienst erhielt Schwester Elisabeth auf der Krankenstation, im Operationssaal und im Lazarett. Diese Zeit war nicht immer leicht für

sie. Große Freude bereitete ihr ein mehrmonatiger Einsatz auf der Asbacher Hütte unter den schwerstbehinderten Mädchen und Frauen. Deren Dankbarkeit und kindliche Liebe ließen sie aufleben, ebenso wie die schöne Natur des Hunsrücks ringsum. Die geistig behinderten Menschen wurden zu Lehrmeistern der reichbegabten Frau und gründeten eine bleibende Verbundenheit mit ihnen.

Die Erfahrungen dieser Zeit halfen ihr bei dem so ganz anderen Auftrag, den sie bald darauf bekam: die Jugendarbeit in der Gemeinde Kreuznach. Die ungefestigten und hungernden jungen Leute in der Zeit nach dem Ersten Weltkrieg brauchten einen Menschen, der ihnen Glauben und Liebe vorlebte. Beides war Schwester Elisabeth möglich durch die Vertiefung in Gottes Wort und intensives Gebet. Sie hatte die Gabe, in ihren Bibelstunden die Hörer so anzusprechen, daß sie das Gesagte annahmen und mitnehmen konnten. Ihre Musikalität, ihr Humor und ihre Naturverbundenheit kamen ihr bei der Jugendarbeit sehr zugute.

Im Frühjahr 1924 übernahm Schwester Elisabeth die Leitung des Erholungsheimes Rheinwaldheim bei Bad Hönningen, damals eine Einrichtung der Diakonie-Anstalten Bad Kreuznach. Neben der Betreuung der Gäste hatte sie die Haushaltungsschülerinnen zu führen und zu unterrichten. Sie wurde den jungen Frauen Lehrerin, Seelsorgerin und mütterliche Freundin. Vielen gab sie die Wegweisung fürs Leben mit und hielt durch Rundbriefe und regelmäßige Treffen über lange Jahre die Verbindung mit ihnen.

Am 31. Oktober 1929 wurde Schwester Elisabeth zum Diakonissenamt eingesegnet.

Im Juli 1930 ereignete sich ein furchtbares Unglück. Während der Befreiungsfeier der Rheinprovinz brach die Moselbrücke bei Koblenz, nahe dem Deutschen Eck, unter der Überlast der Menschen. Schwester Elisabeth stand mit anderen Bewohnern des Rheinwaldheims auf dieser Brücke. Eine Schwester, fünf Schülerinnen, ein Gast und der Anstaltsgärtner konnten nur noch tot aus dem Wasser geborgen werden, viele andere wurden verletzt. Schwester Elisabeth fühlte sich für den Tod ihrer Schutzbefohlenen mitverantwortlich und nannte dieses tragische Ereignis später „den Schatten, der über meinem Leben liegt".

Nachdem im August 1931 die bisherige Oberin des Mutterhauses, Diakonisse Eugenie Michels, an den Folgen eines Autounfalls gestorben war, war es für den Vorstand keine Frage, wer nach einer fast einjährigen Vakanzzeit die Nachfolge im Amt antreten könnte. Am 22. Juli 1932 erhielt Schwester Elisabeth im Rheinwaldheim folgendes Telegramm des Vorstandes: „Der Vorstand beruft Sie in vertrauensvoller Gemeinschaft mit dem Vorsteher und der ganzen Schwesternschaft einstimmig in den Dienst der vorstehenden Schwester unseres Mutterhauses."

Am 18. Oktober 1932, beim 43. Jahresfest des Mutterhauses, wurde Schwester Elisabeth Jaeger in das Vorsteherinnenamt eingeführt. Viele Gäste, die mit dem Mutterhaus verbunden waren, kamen und freuten sich mit. Pfarrer Hermann Jaeger, der Bruder Schwester Elisabeths, dem sie sehr zugetan war, hielt die Festpredigt über Lukas 12, 32: „Fürchte dich nicht, du kleine Herde, denn es ist eures Vaters Wohlgefallen, euch das Reich zu geben." Die Einführungsrede stellte der seit Mai 1932 amtierende Vorsteher, Pfarrer Johannes Hanke, unter das Wort aus Joh. 11, 28: „Der Meister ist da und ruft dich."

Schon bald nach ihrem Amtsantritt brach mit der Machtübernahme durch die Nationalsozialisten jedoch eine Zeit an, die für jeden einzelnen große Veränderungen und Belastungen mit sich bringen sollte. Den Kreuznacher Schwestern, die im Gemeindedienst und in kommunalen Krankenhäusern eingesetzt waren, wurde auf Betreiben der NSDAP und der NS-Volkswohlfahrt gekündigt. Die Arbeit der Diakonissen in konfessionellen Kindergärten wurde behindert. Schließlich wurde auf staatliches Betreiben das Kindergärtnerinnen-Seminar der Kreuznacher Diakonie-Anstalten geschlossen. Der Diakonissen-Nachwuchs ging als Folge von groß angelegten Werbeaktionen der „Braunen Schwestern" stark zurück. Aufgrund des „Gesetzes zur Verhütung erbkranken Nachwuchses" vom 14. Juli 1933 wurden auch in den Diakonie-Anstalten Bad Kreuznach geistig behinderte Bewohner aus den eigenen Heimen und aus anderen Anstalten zwangssterilisiert.

Für die neue Vorsteherin des Kreuznacher Mutterhauses ergab sich in dieser schwierigen Zeit eine besondere Verantwortung für die ihr anvertrauten Diakonissen. Schwester Elisabeth war ihnen allen Vorbild im Glauben, geistliche Leitung und Seelsorgerin. Kaum jemand ging ungetröstet oder ungestärkt aus einem Gespräch mit ihr fort.

Mit dem Zweiten Weltkrieg begann eine Zeit der verstärkten Bedrohung. Mutterhaus, Kirche und andere Gebäude der damaligen Diakonie-Anstalten wurden durch Bomben beschädigt oder zerstört, Menschen wurden getötet. Das Schlimmste aber war, daß die Schwestern ihre geistig behinderten Pflegebefohlenen bald nicht mehr vor dem beschönigend „Euthanasie" genannten staatlichen Mordprogramm schützen konnten.

Im Oktober 1939 war aufgrund eines geheimen Führererlasses das sogenannte „Euthanasieprogramm" in die Wege geleitet worden. Am 11. Juni 1940 erreichte den Leiter der Diakonie-Anstalten Bad Kreuznach, Pfarrer Hanke, ein Meldebogen „für die planwirtschaftliche Erfassung der Heil- und Pflegeanstalten". Mit Zustimmung des Vorstandes verweigerte er das Ausfüllen dieses Meldebogens.

Am 8. Februar 1941 wurden drei geistig behinderte jüdische Mädchen aus Kreuznach in die Anstalt Andernach gebracht. Von dort wurden sie zwei Tage später in angeblich für Juden vorgesehene Lager in Polen „verlegt".

Im Juli 1941 erschien in den Bad Kreuznacher Anstalten unangemeldet eine Kommission im Auftrag des Reichsinnenministeriums, die nun alle 900 behinderten Heimbewohner der Diakonie-Anstalten Bad Kreuznach, einschließlich ihrer Zweiganstalten, selbst erfaßte. Im August 1941 wurde die „Euthanasie-Aktion" zwar offiziell für beendet erklärt, verdeckt wurde sie jedoch fortgesetzt. 1943 wurden für Bad Kreuznach die ersten „Verlegungen" angeordnet. Die dortigen Anstalten mußten 347 geistig Behinderte aus der Evangelischen Bildungs- und Pflegeanstalt Hephata in Mönchengladbach aufnehmen. Um Platz zu schaffen, mußten zuvor 100 Heimbewohnerinnen in die staatlichen Anstalten „Am Steinhof" in Wien und 42 Bewohnerinnen nach Wartha im Warthegau verlegt werden. Am 16. Mai 1944 wurden weitere 98 Heimbewohnerinnen nach Meseritz-Obrawalde in Pommern gebracht. Von diesen „Verlegungen" waren die Außeneinrichtungen der Kreuznacher Diakonie: Asbacher Hütte, Niederwörresbach, Niederreidenbacher Hof und Sobernheim betroffen.

Berichte von einzelnen Diakonissen, die die Transporte begleiteten, sowie die schon bald eintreffenden Todesnachrichten ließen keinen Zweifel daran, daß das „Euthanasie-Programm" verdeckt weiter ausgeführt wurde, auch wenn das ganze Ausmaß der Morde erst nach Kriegsende bekannt wurde. Nur drei der 240 aus Kreuznach an andere Orte „verlegten" Heimbewohnerinnen hatten überlebt und kehrten nach Kriegsende in die Diakonie-Anstalten zurück. Äußerungen von Schwester Elisabeth über die „Euthanasie"-Morde sind nicht überliefert. Es läßt sich jedoch denken, wie sehr diese zutiefst christliche und menschenliebende Frau unter diesen Verbrechen an ihren Schutzbefohlenen litt.

Die Nachkriegszeit mit ihrer Neuorientierung, dem erforderlichen Wiederaufbau und der Sorge um das täglich Notwendige stellte erneut hohe Anforderungen an die Schwestern. Die größten Schwierigkeiten bereitete die Versorgung der Anstalten mit Lebensmitteln und Kohlen. Aber auch die Raumnot als Folge der Kriegszerstörungen und finanzielle Probleme, u.a. durch die Abtrennung des Saargebietes, bereiteten große Sorgen. Einen ersten Lichtblick bedeutete es, als bereits am 7. Mai 1946 das Seminar für Kindergärtnerinnen und Hortnerinnen wiedereröffnet wurde. Am 6. November 1949 konnten dann das Mutterhaus und die Kirche wieder eingeweiht werden – ein besonderer Freudentag für die Oberin. Die übrigen zerstörten Gebäude der Diakonie-Anstalten wurden in den Jahren 1949 bis 1952 wiederhergestellt.

Doch trotz des erfolgreichen Wiederaufbaus begann nun eine Zeit der Ungewißheit um die Zukunft des Mutterhauses. Die Zahl der eintretenden Schwestern wurde, wie in anderen Mutterhäusern auch, von Jahr zu Jahr geringer. Es begannen Auseinandersetzungen um das Wesen des diakonischen Amtes. Die traditionsbewußte Schwester Elisabeth sah die Veränderungen in Kirche, Diakonie und Gesellschaft sehr kritisch.

Im August 1952 teilte Kirchenrat Lic. Sachsse in einem Brief an Pfarrer Hanke mit, daß in Kürze einigen evangelischen und katholischen Ordensschwestern für ihre Verdienste auf karitativem Gebiet das Bundesverdienstkreuz verliehen werden und daß für die Kreuznacher Diakonissen-Schwesternschaft der Oberin diese Auszeichnung zuteil werden solle. Es widersprach dem Wesen Schwester Elisabeths, ihre Person hervorheben zu lassen. Aber schließlich ließ sie sich überzeugen, die Ehrung stellvertretend für alle Schwestern anzunehmen. Sie nutzte die Gelegenheit, um den Ministerpräsidenten Altmeier, der aus diesem Anlaß nach Bad Kreuznach gekommen war, mit der Arbeit der Diakonie-Anstalten vor Ort vertraut zu machen.

Während ihrer sechsunddreißigjährigen Amtszeit arbeitete Schwester Elisabeth unter drei Vorstehern. Pfarrer Johannes Hanke, der wenige Monate vor ihr seinen Dienst angetreten hatte, wurde 1957 von Pfarrer Werner Storkebaum abgelöst. Dieser wiederum gab sein Amt 1967 an Pfarrer Werner Schommer weiter, knapp ein

Jahr, bevor Schwester Elisabeth selbst in den Ruhestand ging. Eine gute Zusammenarbeit mit dem jeweiligen Vorsteher war ihr immer besonders wichtig.
Als Oberin war sie eine Autorität, ohne autoritär zu sein. Schwer wurde es ihr, Entscheidungen oder Forderungen durchzusetzen, die nicht gern befolgt wurden. Unter Spannungen litt sie sehr, und sie kam nicht eher zur Ruhe, bis ausgeräumt war, was trennend zwischen ihr und dem betreffenden Menschen stand. Großen Wert legte sie stets darauf, die Angehörigen der Schwestern kennenzulernen und auch von deren Ergehen, Freuden oder Schwierigkeiten zu erfahren.
Das letzte Jahr ihrer Zeit als Oberin war bereits geprägt von häufiger schwerer Krankheit, so daß sie des öfteren in den Alltagsgeschäften vertreten werden mußte. Am 1. Oktober 1968 übergab Schwester Elisabeth ihr Amt in die Hände von Schwester Else Wolf. Selbst konnte sie schon nicht mehr an der Feier der Verabschiedung und Einführung am 20. Oktober 1968 teilnehmen. Sie hatte ihr Grußwort schriftlich formuliert. Es wurde von Pfarrer Storkebaum der versammelten Schwesternschaft und den Gästen vorgelesen. In bewegenden Worten brachte sie unter dem Bezzel-Wort „Die größte Kraft des Lebens ist der Dank" zum Ausdruck, was ihr zu dieser Stunde wichtig war. Ihr Dank galt allen, die mit ihr auf dem Wege waren, vor allem aber dem, „der alle und alles in Händen hat."
Still und ohne Kampf durfte Schwester Elisabeth im 77. Lebensjahr am 26. Februar 1969 zu ihrem Herrn und Heiland heimgehen. Die Schwestern trauerten sehr, war ihnen Schwester Elisabeth doch über Jahrzehnte eine mütterliche Vorsteherin, Seelsorgerin und Lehrerin gewesen, hatte ihnen gerade in den schweren Kriegs- und Nachkriegsjahren Zuversicht vorgelebt und ihre Gemeinschaft geprägt.

Gertraude Feldmann

Gekürzte und überarbeitete Fassung des Beitrags in: Reinhard Witschke (Hg.), Diakonie bewegt. 150 Jahre Innere Mission und Diakonie im Rheinland. Köln 1999, S. 365-374. Kürzungen und Bearbeitung: Hedwig Brüchert. Zusätzlich verwendete Quelle: Faltblatt, hg. v. d. Diakonie-Anstalten Bad Kreuznach, „Den durch die Gewaltherrschaft des Dritten Reiches Verschleppten und Ermordeten der Diakonie-Anstalten Bad Kreuznach 1941-1945", „Zur Errichtung des Mahnmals auf dem Kirchplatz der Diakonie-Anstalten Bad Kreuznach. November 1989.

Hildegard Jähnke (geb. 1917)

Die Zeit, die Hilde Jähnke in Rheinland-Pfalz verbrachte, umfaßt nur einen kleinen Teil ihres Lebens. Doch sie gehörte nach 1945 mit zu den Frauen der ersten Stunde, die zum gewerkschaftlichen und politischen Neubeginn in diesem Bundesland beitrugen. Ihr frühes politisches Engagement in Betzdorf an der Sieg wäre allerdings wahrscheinlich vollends in Vergessenheit geraten, hätte Hilde Jähnke nicht als zweite Bundesfrauensekretärin der Gewerkschaft ÖTV einige Bekanntheit im gewerkschaftspolitischen Kontext erlangt. Insofern steht Hilde Jähnke mit dem rheinland-pfälzischen Teil ihrer Lebensgeschichte auch für viele andere Frauen, deren Leistungen heute nicht mehr erinnert werden.

Hilde Jähnke wurde am 9. März 1917 in Gelsenkirchen-Horst als sechstes Kind und erste Tochter des Ehepaares Franz und Wilhelmine Sobott in eine katholische Arbeiterfamilie geboren. Der Vater arbeitete als

Hildegard Jähnke (Kleine-Frölke) 1971

Dreher bei einer Grube und betrieb im Nebenerwerb ein Papierwarengeschäft, in dem die Mutter die Rolle der mithelfenden Familienangehörigen übernahm. Das Geschäft mußte in Folge der Inflation 1926 aufgegeben werden. 1927 siedelte die Familie nach Nordhorn bei Bentheim an der holländischen Grenze um. Die Geburt der Schwester brachte eine weitere Veränderung in das Leben der 10jährigen Hilde, denn nun wurde sie verstärkt in die Betreuung des jüngsten Kindes und in die Haushaltsarbeit eingespannt.

Mit 14 Jahren beendete Hilde 1931 die Volksschule. Ihren Wunsch, Lehrerin zu werden, konnte sie sich nicht erfüllen, da die Eltern den Besuch einer weiterführenden Schule für die Tochter ablehnten. Sie arbeitete zunächst einige Monate im Haushalt des ältesten Bruders, bis ihr Vater ihr eine Arbeit als Vorspinnerin in einer Textilfabrik besorgte. Drei Jahre arbeitete sie dort — „manchmal mit viel Wut im Bauch" — im Akkord. Getrieben von dem Wunsch, aus der Fabrik herauszukommen, ließ sie sich 1935 auf den Kompromiß ein, im Haushalt ihres Onkels in Pommern nahe des polnischen Korridors als Köchin angelernt zu werden. Der frühe Tod eines ihrer Brüder brachte sie indes schon nach einem halben Jahr zur Familie zurück. Wieder in Nordhorn, wurde sie 1936 vom Arbeitsamt in eine Tätigkeit als Haustochter bei der Familie des Arbeitsamtsdirektors vermittelt. Diese Anstellung führte sie etwa 1937 nach Wissen an der Sieg.

223

In Wissen lernte Hilde Sobott ihren ersten Mann kennen, den sie kurz vor Kriegsbeginn heiratete. Da ihr Mann bald einen Einberufungsbefehl erhielt, bestand die Ehe im wesentlichen auf dem Papier und wurde in der Nachkriegszeit auch bald geschieden. Doch unter dem durch die Heirat erworbenen Familiennamen Kleine-Frölke wurde Hilde Jähnke nach 1945 bekannt.

Ihre weitere Erwerbsbiographie zeichnete sich durch ein hohes Maß an Eigeninitiative aus. Als sie feststellte, daß viele junge Frauen zur Arbeit in Munitionsfabriken verpflichtet wurden, beschloß sie, für sich nach einer Alternative zur verhaßten Fabrikarbeit zu suchen. Diese fand sie bei der Deutschen Reichsbahn in Betzdorf, wo sie im Mai 1940 begann, als Schaffnerin zu arbeiten. Nach zweijähriger Tätigkeit wurde sie als Fahrmeisterin beim Bahnhof Münster weiterbeschäftigt und hatte nun die Arbeit von etwa vierhundert Beschäftigten im Fahrdienst zu organisieren. Während der vielen Nachtdienste, so berichtet Hilde Jähnke, hatte sie Gelegenheit zu ausgedehnter Lektüre. In dieser Zeit entwickelte sich ihr Interesse für Politik.

1945 ging sie zurück nach Betzdorf. Der Bahnhof Betzdorf war völlig zerstört, dennoch bemühte sie sich hier um eine Arbeit. Nach verschiedenen Aushilfstätigkeiten wurde sie im Sommer 1948 als Küchenpersonal beim Bahnhof Betzdorf angestellt. Der Zufall führte sie von dort zur Gewerkschaft der Eisenbahner. Als jemand mit Stenographie- und Schreibmaschinenkenntnissen für den Entnazifizierungsausschuß der Reichsbahn gesucht wurde, ergriff sie spontan die Gelegenheit beim Schopf und meldete sich. Sechs Monate war sie als Protokollführerin für den Entnazifizierungsausschuß tätig. Der Vorsitzende war gleichzeitig Gewerkschaftsvorsitzender der Eisenbahner (GdED) im Kreis und Vorsitzender der SPD in Betzdorf. Er übernahm Hilde Kleine-Frölke 1949 als „Mädchen für alles" in den Dienst der GdED. Aus dem „Kohlenpott" kommend und doch ohne gewerkschaftliche Vorprägung durch die Familie, trug sie bis 1955 maßgeblich zum Aufbau der Gewerkschaftsarbeit in Betzdorf bei. Sie bewährte sich, als sie die Geschäfte der Kreisverwaltung in Vertretung des erkrankten Vorsitzenden führte. Durch ausgedehntes Aktenstudium eignete sie sich eigenständig die notwendigen Kenntnisse an, um Klagen beim Arbeitsgericht einreichen, Widersprüche formulieren und all den übrigen anfallenden „Teufelskram" (Jähnke) bewältigen zu können.

Hilde Kleine-Frölke widmete sich besonders der Jugend- und Bildungsarbeit. Am Bahnhof Betzdorf unterhielt die Reichsbahn auch Lehrlingswerkstätten. Um die Jugendlichen zu organisieren, initiierte sie die Gründung einer Jugendgruppe und baute mit dieser gemeinsam zunächst eine Bibliothek auf. Sie unterstützte die Jugendlichen bei ihren Versammlungen, half ihnen Tagesordnungen zu erarbeiten und sorgte auf diese Weise für den gewerkschaftlichen Nachwuchs. Die in Betzdorf aufgenommene Bildungsarbeit sollte sich als der rote Faden in Hilde Kleine-Frölkes gewerkschaftlichem Karriereverlauf erweisen.

Durch die Jugend- und Bildungsarbeit erlangte sie schnell Bekanntheit über den Kreis der GdED hinaus. Bereits im Juli 1949 fand in Mittenwald/Bayern das erste internationale Jugendtreffen der Internationale des Öffentlichen Dienstes (IÖD) statt. Da der Jugendvertreter aus der GdED-Ortsverwaltung Betzdorf erkrankte, sprang Hilde Kleine-Frölke spontan ein und fuhr mit zum Jugendtreffen, wo sie u.a. mit dem GdED-Vorsitzenden Jahn und mit Oskar George, dem Jugendsekretär der ÖTV, zusammentraf. Sie erinnert sich, daß diese erste internationale Begegnung noch sehr stark durch die Erfahrung des Nationalsozialismus geprägt gewesen sei. Durch intensive Gespräche besonders mit den niederländischen Gewerkschaftern und Gewerkschafterinnen sei es ihr gelungen, zum Abbau der Spannungen und zur gegenseitigen Verständigung zwischen deutschen und anderen Teilnehmern und Teilnehmerinnen des Sommercamps beizutragen.

Darüber hinaus setzte sich Hilde Kleine-Frölke in der GdED auf Kreis-, Bezirks- und Bundesebene für die gewerkschaftliche Frauenarbeit ein, die Anfang der fünfziger Jahre allmählich eine organisatorische Form gewann. Im März 1951 forderte eine Versammlung der Eisenbahnerinnen in Frankfurt, an der auch Thea Harmuth vom DGB-Bundesvorstand teilnahm, die baldige Einrichtung eines Frauensekretariats in der GdED. Am 1. April 1952 nahm die Abteilung Frauen beim GdED-Hauptvorstand ihre Arbeit auf. Der hessische Bezirksleiter Salomon hatte Hilde Kleine-Frölke für die Funktion der Frauensekretärin vorgeschlagen. Doch ihre Berufung scheiterte vorgeblich aus formalen Gründen: Ihr fehlte ein halbes Jahr der Mindestmitgliedschaft von drei Jahren in der GdED, die Voraussetzung für eine hauptamtliche Gewerkschaftstätigkeit war. Solche Formalien konnten in den gewerkschaftlichen Aufbaujahren jedoch durchaus flexibel gehandhabt werden. Daher mutmaßte Hilde Kleine-Frölke schon damals, daß den eher konservativen GdED-Kreisen vielmehr ihre uneheliche Schwangerschaft ein Dorn im Auge gewesen sei. Als erste GdED-Frauensekretärin wurde Gretel Meier aus Nürnberg eingestellt. Im September 1952 trat erstmals der vorläufige GdED-Hauptfrauenausschuß in Frankfurt zusammen, der sich aus je einer Vertreterin der Bezirke zusammensetzte. Die Gewerkschafterinnen entwickelten hier die Richtlinien für die gewerkschaftliche Frauenarbeit, die der Hauptvorstand einen Monat später einstimmig beschloß.

Hilde Kleine-Frölke war auch auf DGB-Ebene aktiv und gründete im Januar 1950 den DGB-Kreisfrauenausschuß in Betzdorf. Im April 1950 kamen in Düsseldorf erstmals die Vertreterinnen der 16 Einzelgewerkschaften mit der DGB-Frauensekretärin Thea Harmuth zusammen. Hilde Kleine-Frölke nahm an der konstituierenden Sitzung des DGB-Bundesfrauenausschuß als ehrenamtliche Vertreterin der GdED teil. Als GdED-Gewerkschafterin besuchte sie u.a. im August 1950 eine DGB-Arbeitstagung in Kochel am See, die die Verbesserung der gewerkschaftlichen Öffentlichkeitsarbeit zum Ziel hatte. Zu diesem Zweck galt es beispielsweise, Kontakte zu den Rundfunkanstalten der Länder herzustellen. Ende 1950 lud dann der Norddeutsche Rundfunk Gewerkschafterinnen zu einem einwöchigen Rundfunk-Lehrgang in Hamburg ein. Auf der ersten DGB-Bundesfrauenkonferenz in Mainz im Mai 1952, die unter dem Motto „Frauen helfen — Frauen bauen auf" stand, nahm Hilde Kleine-Frölke als eine von sechs Delegierten der GdED teil.

Im DGB-Bundesfrauenausschuß lernte sie die Verbandsfrauensekretärin der ÖTV, Ingeborg Tönnesen, kennen, deren Nachfolgerin sie 1968 werden sollte. Doch als Hilde Kleine-Frölkes Tätigkeit für die GdED in Betzdorf 1955 endete, weil sie nicht mehr aus den Mitteln der Kreisverwaltung bezahlt werden konnte, führten die Kontakte zum Bundesfrauenausschuß sie zunächst nach Düsseldorf zum DGB-Bundesvorstand. Von 1955 bis 1958 war sie, inzwischen alleinerziehende Mutter eines Sohnes, als Mitarbeiterin von Maria Weber in der Abteilung Frauen beim DGB-Bundesvorstand tätig. Zu ihrem Arbeitsfeld gehörten Probleme des Arbeitsrechts und der Arbeitszeitordnung. Vor allem die Diskussionen um die Neuregelung des Mutterschutzgesetzes nahmen viel Raum ein.

Im Prinzip füllte Hilde Kleine-Frölke in der Abteilung Frauen die Funktion einer Sachbearbeiterin aus, doch offiziell war sie als Schreibkraft eingestellt worden. Für sie bedeutete dies einen Mangel an Anerkennung ihrer Arbeit, der sie schließlich veranlaßte, sich, einem Vorschlag von Ingeborg Tönnesen folgend, als Gewerkschaftssekretärin für Bildung und Frauen bei der ÖTV-Bezirksverwaltung Weser-Ems zu bewerben. Am 1. Februar 1958 trat Hilde Kleine-Frölke in Bremen ihre neue Stelle an. Ihrem persönlichen Weiterbildungsinteresse entsprechend, wurde die gewerkschaftliche Bildungsarbeit ihr ganz besonderes Steckenpferd. Sie gründete einen Bildungsausschuß, der ihre Arbeit im Bezirk unterstützte. Sie regte die Durchführung von Wochenseminaren im Bezirk an, die u.a. der Vorbereitung von Kandidatinnen und Kandidaten für weiterführende Bildungsangebote der gewerkschaftlichen Bundesschulen dienten. Eine umfassende Bildungsarbeit erschien nicht zuletzt Voraussetzung dafür, verstärkt Frauen für die gewerkschaftliche Arbeit gewinnen zu können.

Durch ihre bezirkliche Bildungsarbeit wurde Hilde Kleine-Frölke beim Stuttgarter ÖTV-Hauptvorstand bekannt, der sie im April 1966 im Bildungssekretariat einstellte. Diese Arbeit hätte sie gerne über das Jahr 1968 hinaus fortgeführt, doch sie war als Frauensekretärin in der Nachfolge von Ingeborg Tönnesen vorgesehen. Im geschäftsführenden Hauptvorstand der ÖTV ließ sich ihr Wunsch, auch auf Bundesebene Frauen- und Bildungsarbeit in einer Hand zusammenzuführen, nicht durchsetzen. So wurde Hilde Kleine-Frölke 1968 schließlich bis zu einem gewissen Grad Frauensekretärin wider Willen. Diese Funktion übte sie bis 1976 aus. Zwar hatte sie 1972 ihren langjährigen Lebensgefährten geheiratet, doch in der gewerkschaftlichen Öffentlichkeit blieb sie bis zu ihrem Ruhestand als Hilde Kleine-Frölke bekannt.

Heute lebt Hilde Jähnke als aktive Rentnerin, die an der gewerkschaftlichen Bildungsarbeit und allgemeinen Bildungsfragen nach wie vor regen Anteil nimmt, in Filderstadt bei Stuttgart.

Brigitte Kassel

Quellen/Literatur:

Die Kurzbiographie basiert im wesentlichen auf Gesprächen mit Hilde Jähnke, die am 5.2.1998 und 5.7.1999 in Filderstadt bei Stuttgart stattfanden. Die Gespräche wurden von Susanne Kreutzer und Brigitte Kassel gemeinsam geführt;
Der deutsche Eisenbahner, 16.3.1951;
Geschäftsbericht der Gewerkschaft der Eisenbahner Deutschlands, Hauptvorstand, 1950–1953, S. 113.

Katharina Kanja (1892-1973)

Katharina Kanja wurde am 30. Juli 1892 in Koblenz-Lützel geboren und wuchs in einem katholischen Elternhaus auf.
Nach Volksschule und Lyzeum besuchte sie das Lehrerinnenseminar. 1912 legte sie ihr Examen als Volksschullehrerin ab, wurde als Anwärterin eingestellt und erhielt ihre endgültige Anstellung an der Volksschule Vallendar am 1. Mai 1916. Im gleichen Jahr, in dem sie ihr Examen abgelegt hatte, war sie auch dem Verein katholischer deutscher Lehrerinnen beigetreten und arbeitete ehrenamtlich in verschiedenen Jugendvereinen mit. Vor allem das Frauenturnen lag ihr am Herzen.
Nach dem Ersten Weltkrieg entschloß sich die sportbegeisterte junge Pädagogin, eine Zusatzausbildung zu absolvieren. Sie begann 1922 ein Studium an der Preußischen Hochschule für Leibesübungen und legte mit Erfolg ihr Zusatzexamen als Turn- und Sportlehrerin ab. Ab 1929 unterrichtete sie an verschiedenen Koblenzer Schulen. 1930 wurde sie zur Vorsitzenden des Reichsverbandes für Frauenturnen in katholischen Vereinen gewählt. Der Verband, der dem Deutschen Reichsausschuß für Leibesübungen angegliedert war, umfaßte 4.120 Vereine mit etwa 250.000 Mitgliedern. Er hatte es sich zur Aufgabe gemacht, das Frauenturnen unter Berücksichtigung der weiblichen Eigenart in den katholischen Vereinen zu fördern. Für Katharina Kanja war es eine schwere Stunde, als der Verband im Jahr 1934 zwangsweise aufgelöst wurde.
Bereits in der Zeit der Weimarer Republik engagierte sie sich auch politisch. Als gläubige Katholikin kam für sie als Partei nur die Zentrumspartei infrage, der sie 1919 beitrat. Sie gehörte ihr bis zur Auflösung im Jahr 1933 an. Ebenso gehörte sie bis 1933 als Vertreterin der Lehrerinnen dem Vorstand der Lehrerkammer an. Auch der Verein katholischer deutscher Lehrerinnen wurde 1937 von den NS-Behörden zwangsweise aufgelöst und sein gesamtes Vermögen beschlagnahmt.
1946 wurde Katharina Kanja zur Leiterin der Schenkendorfschule berufen. Dieses Amt übte sie dann bis zu ihrer Pensionierung aus.
Als bald nach dem Krieg ehemalige Zentrumsmitglieder darangingen, die CDP als überkonfessionelle christliche Sammelpartei in Koblenz ins Leben zu rufen, gehörte Katharina Kanja zu den Mitgründerinnen. 1948, bei der zweiten Kommunalwahl nach 1945, wurde sie erstmals in den Koblenzer Stadtrat gewählt. Im Jahr 1960 wurde ihr für ihren langjährigen ehrenamtlichen Einsatz die Freiherr-vom-Stein-Plakette verliehen. Als sie an ihrem 70. Geburtstag vom Koblenzer Oberbürgermeister mit dem Bundesverdienstkreuz Erster Klasse ausgezeichnet wurde, fanden ihre kommunalpolitischen Verdienste eine ausführliche Würdigung. So hatte sie intensiv daran mitgewirkt, daß nach dem Krieg in der zerstörten Stadt wieder ausreichend Schulraum errichtet, daß Kinderspielplätze gebaut und daß eine Reihe von anderen jugendpflegerischen Einrichtungen geschaffen worden waren. Neben dem Schul- und Jugendpflegebereich hatte sie sich im Stadtrat und in den Ausschüssen auch stets für kulturelle Belange eingesetzt.

Doch auch ihrem Berufsverband blieb sie treu. Unmittelbar nach Kriegsende hatten die katholischen Lehrerinnen mit dem Wiederaufbau der Organisation begonnen. Katharina Kanja übernahm von 1948 bis 1955 den Vorsitz des rheinland-pfälzischen Landesverbandes. Unter ihrer Leitung entwickelte sich wieder eine rege Verbandsarbeit. Zu ihrer Nachfolgerin wurde 1955 ihre Kollegin Helene Rothländer bestimmt.

Im Juli 1957, im Alter von 65 Jahren, ging Katharina Kanja als Schulleiterin in den Ruhestand. Ihr Stadtratsmandat übte sie noch bis 1969 aus.

Am 26. Oktober 1973 verstarb Katharina Kanja in Koblenz-Metternich, ihrem langjährigen Wohnort.

Hedwig Brüchert

Quellen/Literatur:

Unterlagen aus dem Stadtarchiv Koblenz, Personenarchiv;
Vorschlagsbegründung zur Verleihung des Bundesverdienstkreuzes Erster Klasse 1962;
Das Bundesverdienstkreuz erster Klasse für Stadträtin Rektorin i.R. K. Kanja. Rhein-Zeitung Koblenz v. 30.7.1962;
Verein katholischer deutscher Lehrerinnen (VkdL), Pädagogisches Engagement in christlicher Verantwortung. In: Frauenverbände in Rheinland-Pfalz. Hg. v. Ministerium für Soziales und Familie Rheinland-Pfalz, zus.-gest. v. Hildegard Frieß-Reimann. Mainz 1987, S. 92-95;
Kurt Weitzel: Vom Chaos zur Demokratie. Die Entstehung der Parteien in Rheinland-Pfalz 1945-1947. Mainz 1989, insbes. S. 56-83.

Elfriede Kehrein (1906-1987)

Elfriede Kehrein wurde am 10. Oktober 1906 als fünftes von acht Kindern der Eheleute Johann und Susanne Egert in Wiesbaden geboren. Als sie neun Jahre alt war, wurde ihr Vater eingezogen. Als sie dreizehn war, starb er an den Spätfolgen einer Kriegsverletzung. Die schlimmen Hungerjahre nach dem Ersten Weltkrieg konnte die Familie nur überstehen, weil alle zusammenhielten und gemeinsam die Verantwortung für die Versorgung übernahmen. Alle vier Brüder erlernten einen Beruf, und ebenso taten das auch die vier Schwestern, obwohl das damals noch nicht selbstverständlich war. Elfriede machte eine Ausbildung in einer großen Wiesbadener Buchhandlung und wurde anschließend wegen ihres Fleißes zur Chefsekretärin befördert. Während ihrer Lehr- und Gehilfenzeit brachte ihr Herr Staadt, der Inhaber, eine Menge über die wirtschaftlichen Zusammenhänge des Betriebes bei. Er glaubte zwar nicht, sagte er, daß das für sie wichtig sei, doch es machte ihm wohl Freude, dem interessierten und wißbegierigen jungen Mädchen Dinge zu erklären. Dies war ein Glück für sie! Denn Jahre später, in der Nachkriegszeit, als sie auf sich alleine gestellt war, sollten ihr diese Kenntnisse noch sehr nützlich werden.

Elfriede Kehrein

Dort, in der Buchhandlung in Wiesbaden, traf Elfriede auch ihren späteren Mann, Willy Kehrein, und man könnte denken, das Paradies auf Erden habe für sie nun begonnen. Doch es galt noch einige Hindernisse aus dem Weg zu räumen. Ihr wichtigstes Kapital waren ihr Kopf, ihre geschickten Hände und ihre gute Ausbildung, was aber den zukünftigen Schwiegereltern, Inhaber der 1896 gegründeten, renommierten Buchhandlung Kehrein in Neuwied, alleine nicht genügte. Sie glaubten, ihrem einzigen Sohn und der Gesellschaft eine „standesgemäße" Frau präsentieren zu müssen. Erst fünf Jahre später hatte Elfriede sie überzeugt, und sie und Willy konnten heiraten.

Das Glück der jungen Familie, wer hätte dies ahnen können, dauerte jedoch nur sechs Jahre. Und diese sechs Jahre waren ausgefüllt mit viel Arbeit, aber Arbeiten hatte Elfriede ja gelernt. Probleme machte ihr zunächst die neue, noch fremde Umgebung in Neuwied. Bekanntschaften und Freundschaften mußten erst behutsam aufgebaut werden, und das brauchte eben Zeit. Das unbeschreiblich Schöne war jedoch, daß das junge Paar nun endlich zusammensein konnte und die Ungewißheiten und die Entfernung der Verlobungszeit ein Ende hatten. Zwei Kinder wurden ihr in den folgenden Jahren geboren, und die Freude darüber überstrahlte viele Schwierigkeiten. Böse Vorahnungen rissen sie aus ihren Träumen, als wenige Tage nach der

Geburt ihres zweiten Kindes nur einige Häuser entfernt schreckliche Dinge passierten. Die „Reichskristallnacht" hinterließ auch in Neuwied traurige Spuren.

Die Generalmobilmachung hatte zur Folge, daß ihr Mann schon bald eingezogen wurde und sie von einem Tag auf den anderen mit ihren zwei kleinen Kindern und dem Geschäft alleine dastand. Die Schwiegereltern waren kurz zuvor beide überraschend verstorben, so daß Elfriede nun auch die Verantwortung für die Buchhandlung übernehmen mußte. Die betriebswirtschaftlichen Kenntnisse, die sie während ihrer Wiesbadener Lehr- und Gehilfenzeit so nebenbei erworben hatte, kamen ihr nun sehr zugute.

Am 8. September 1944 erlebte Neuwied einen seiner schrecklichsten Kriegstage. Bei den Fliegerangriffen wurde auch die Buchhandlung Kehrein zum größten Teil zerstört. Elfriedes Mann wurde ein kurzer Sonderurlaub für die Aufräumarbeiten gewährt, doch das Geschäft mußte geschlossen werden. Danach hat sie ihren Mann nie wiedergesehen; es erreichte sie auch keine Nachricht. Sie mußte bis an ihr Lebensende am 5. September 1987 mit der Ungewißheit leben, absolut nichts über sein Schicksal in den letzten Kriegsmonaten und darüber hinaus zu wissen. Tod oder Gefangenschaft, beides mußte sie in Betracht ziehen, und diese Ungewißheit war das Allerschlimmste.

Die Jahre des Wiederaufbaus ließen Elfriede Kehrein nur wenig Zeit, sich ihrer Situation bewußtzuwerden. Auch jetzt mußte sie wieder weitreichende Entschei-

Die Buchhandlung Kehrein in Neuwied 1945

dungen treffen, die nicht nur im Sinne ihrer Familie, sondern auch im Sinne der Allgemeinheit waren. Mit dem Wiederaufbau und der Wiedereröffnung der Buchhandlung schuf sie Arbeitsplätze in einer Zeit, als die Wirtschaft noch am Boden lag. Und mit den Bemühungen, Verkäufliches einzukaufen, setzte sie, wie viele in dieser Zeit, den Wirtschaftsmotor wieder in Gang, der schließlich zum „Wirtschaftswunder" führte. Die noch durch Druckverbote der Alliierten daniederliegende Verlagslandschaft keimte erst spät auf, so daß Elfriede Kehrein in der Zwischenzeit versuchen mußte, an brauchbare Lagerbestände heranzukommen, um überhaupt das große Verlangen der Menschen nach Literatur einigermaßen stillen zu können.

Daß die Buchhandlung in den letzten fünfzig Jahren ihre Funktion für Stadt und Umland erfüllen konnte, ist zum größten Teil das Lebenswerk dieser Frau, die, mit Hilfe anderer fleißiger Frauen, von der Öffentlichkeit weitgehend umbeachtet, in dieser männerlosen Nachkriegszeit die richtigen Entscheidungen traf. Ihr persönliches Vorbild war für viele in ihrer Umgebung Ansporn weiterzumachen, und ihre menschlichen Qualitäten haben glücklicherweise nie darunter gelitten, daß sie in ihrem Leben so gefordert war. Viele ihrer Jugendträume blieben allerdings unerfüllt.

Peter Kehrein

Auszug aus Peter Kehrein: „Elfriede Kehrein (1906-1987), Nur ein wenig träumen", in: Von Frau zu Frau. Auf der Suche nach der verschütteten Geschichte bedeutender Frauen in und um Neuwied, Teil II, hg. vom Frauenbüro Neuwied. Neuwied 1995, S. 73-81, mit freundlicher Genehmigung des Verfassers.

Quellen:

Unveröffentlichte Briefe von Elfriede und Willy Kehrein sowie persönliche Erinnerungen des Verfassers.

Hildegard Kerner (1921-1987)

Menschlich, warmherzig, mütterlich, energisch, pragmatisch, lebensklug. So wird die Sozialdemokratin Hilde Kerner von vielen, die sie gekannt haben, charakterisiert. Hineingeboren in einfache Verhältnisse und eine „alte" sozialdemokratische Familie, lernte sie früh solidarisches und politisches Denken, das immer auch ein konkretes Tun einschloß.

Am 30. Dezember 1921 kam sie in Kindsbach in der Westpfalz zur Welt, als zweite Tochter des Eisenbahners Michel Weis und seiner Frau Elisabeth, geborene Luba. Noch zwei Schwestern kamen nach – ein Vier-Mädel-Haus. Im großen Garten wuchs, was die Familie zum Leben brauchte, etwas Vieh war auch da – überlebenswichtig, denn in der Zeit des Nationalsozialismus sah sich der Vater, ein erklärter Sozialdemokrat, den Schikanen der braunen Machthaber ausgesetzt. Er wurde nur noch als Hilfsarbeiter bezahlt. Doch er ließ sich nicht entmutigen, ging Risiken ein, brachte die illegal erscheinende Zeitung „Die Freiheit" in Umlauf – Hilde Kerner erzählte davon, daß sie die in Miniaturformat gedruckte Zeitung gelegentlich auch im Schulranzen transportiert hat. Das Vorbild des charakterstarken Vaters, der dem „Hildsche" sehr zugetan war, hat die Tochter ebenso sehr geprägt wie die resolute Mutter: Auch in schlechten Zeiten hat Elsa Weis ihre Familie satt bekommen, und das – bei aller Einschränkung – mit dem Ehrgeiz der guten Köchin, die als junges Mädchen auch bei feinen Herrschaften in „Lautre" (Kaiserslautern) gekocht hatte.

Hildegard Kerner

Eine gute Köchin ist Hilde Weis später auch geworden. Nach dem Ende der Volksschule ging sie in Kaiserslautern in die Lehre, als Metzgereiverkäuferin. Der Besuch der Handelsschule schloß sich an. Mit dem Zweiten Weltkrieg war die junge Frau ganz direkt konfrontiert – als Sekretärin in einem deutschen Lazarett in Krakau. Sie hat erlebt, wie ihr Chef, ein österreichischer Arzt und alles andere als ein Nazi, verzweifelten Soldaten und Deserteuren half, sie hat aber auch erlebt, wie deutsche Soldaten damit prahlten, daß sie bereit seien, für ein bißchen Schnaps zum Erschießungskommando anzutreten. Gewohnt hat die junge Pfälzerin bei zwei polnischen Schwestern, mit denen sie sich sehr bald gut verstand. In diesem Haushalt wie im Umgang mit ihrem sehr kultivierten Chef und dessen Ehefrau sog sie auf, was in ihrer Schulzeit zu kurz gekommen war: Bildung, ein selbstverständliches, unprätentiöses Umgehen mit Kunst und Kultur. Diese Interessen verließen sie nicht mehr – so hatten die polnischen Fräulein ihr eine Sympathie für Frankreich vermittelt, die auch später anhielt.

Bei Kriegsende kehrte Hilde Weis auf abenteuerlichen Wegen zu Fuß, in überfüllten Zügen und als Anhalterin zurück in ihre Heimat. Recht bald danach begann ihre politische Arbeit. Der Vater drückte ihr 1945 den Aufnahmeantrag für die SPD in die Hand – ausgefüllt hat sie ihn erst im Sommer darauf: eine Rede von Carlo Schmid in der Kaiserslauterer Fruchthalle gab den Ausschlag. Schmids Botschaft, die Deutschen sollten sich der Auseinandersetzung mit dem Vergangenen stellen und sich als Demokraten und gute Nachbarn bewähren, hatte ihr Eindruck gemacht. Hilde Weis trat auch beruflich in den Dienst der SPD, erst als Sekretärin beim Unterbezirk in Kaiserslautern, dann als Bezirkskassiererin in Neustadt an der Weinstraße. Nach Feierabend ging sie in diesen Zeiten des Aufbaus mit Diaprojektor und Dienstwagen auf lange Fahrten über Land, um in Vorträgen für die SPD zu werben. Durch die Arbeit bei den Jungsozialisten lernte sie den Kaiserslauterer Rudi Seise kennen, ihren ersten Ehemann. Am 5. April 1949 brachte sie ihre Tochter Judith zur Welt. Nach der Scheidung der Ehe im Jahr 1953 engagierte sie sich – trotz der Doppelbelastung im Beruf und als alleinerziehende Mutter – weiter politisch und wurde im November 1956 für die SPD in den Neustadter Stadtrat gewählt.

Zuvor, am 8. September desselben Jahres, hatte sie, inzwischen verheiratet mit dem Polizeibeamten Karl Kerner, ihre zweite Tochter Birgit zur Welt gebracht. Bei der Versorgung der jungen Familie wurde Hilde Kerner nun durch ihren Ehemann unterstützt. In der politischen Arbeit erwarb sie sich sehr rasch Achtung vor allem durch ihr Engagement auf einem Gebiet, das sonst eher den Männern vorbehalten war: im Bau- und Hauptausschuß. Mit Akribie machte sie sich kundig auf diesen entscheidenden Feldern der Kommunalpolitik. Zuhause auf dem Küchentisch breitete sie öfters Bebauungspläne aus. Den städtischen Haushaltsplan zu „lesen", fiel der gelernten Buchhalterin eher leicht, er war für sie keine trockene Lektüre. Bei all dem aber blieb sie „die Politikerin von nebenan", selbst zuhause in einer Drei-Zimmer-Wohnung im Mietswohnungsblock, mit dem Polizistengehalt als Familieneinkommen (um dieses etwas aufzubessern, arbeitete sie mit, zuerst gelegentlich als Metzgereiverkäuferin, später halbtags als Buchhalterin in einem Weinbaubetrieb). So blieb Hilde Kerner jederzeit ansprechbar, wenn es um die Nöte des Alltags ging, etwa um das Nachrechnen von Rentenansprüchen, eine zu kleine Wohnung oder die Sorgen kleiner Handwerksbetriebe. Für alle hatte sie ein offenes Ohr und praktische Vorschläge.

Sie erwarb sich die Sympathie der Menschen wie den Respekt ihrer Fraktion, die sie 1969 zur Fraktionsvorsitzenden wählte. Dieses Amt hatte sie bis ins Jahr 1974 inne. In einer Zeit des Umbruchs – beispielsweise der Innenstadtsanierung von Neustadt – war ihre politische Intention, daß die in die Opposition geratene SPD beides leisten müsse: Mitverantwortung für die Zukunft der Stadt übernehmen wie auch die Gegenposition zur regierenden CDU aufzeigen. Ein Balanceakt, wie sie selbst sah und zugab, der in der SPD umstritten war. So gab es 1974 heftigen Krach in der Partei, als Hilde Kerner – pragmatisch und kostenbewußt – dafür war, auf eine Aus-

schreibung zur Wahl des Oberbürgermeisters zu verzichten, weil damals schon feststand, daß der alte OB, Dr. Wolfgang Brix, auch der neue sein würde. Hilde Kerner gab den Fraktionsvorsitz auf, blieb aber bis Herbst 1977 in der SPD-Ratsfraktion.
Im Februar 1968 war Hilde Kerner Großmutter geworden. Ihre Tochter Judith brachte ungeplant früh, im letzten Jahr ihrer Schulzeit, Enkelsohn Jan zur Welt. Das bedeutete für Hilde Kerner, daß sie neben der politischen Arbeit auch als Großmama gefordert war: Sie hütete oft genug den Enkel, um ihrer Tochter das im Jahr darauf nachzuholende Abitur und die Berufsausbildung zur Journalistin zu erleichtern.
Neben ihrer politischen Arbeit im Neustadter Stadtrat hatte Hilde Kerner weitere Ehrenämter inne. So war sie mehrere Jahre lang im Bezirksvorstand der SPD der Pfalz aktiv, und sie fungierte 16 Jahre lang als ehrenamtliche Verwaltungsrichterin am Verwaltungsgericht Neustadt, ein Amt, das sie gerne ausübte und erst 1971, mit dem Eintritt in den Landtag, niederlegte.
Denn 1971 begann für Hilde Kerner nochmals ein neuer Abschnitt auf ihrem politischen Weg: Sie wurde in den rheinland-pfälzischen Landtag gewählt. Mit Feuereifer stürzte sie sich auf die neuen Aufgaben, beschäftigte sich mit dem Strafvollzug und mit Fragen der Wasserwirtschaft. Ihr liebstes Betätigungsfeld wurde aber bald der Weinbau. Als Pfälzerin, die selbst ein gutes Glas zu schätzen wußte, ging es ihr vor allem um die Qualitätssicherung im Weinbau, sie suchte das direkte Gespräch mit den Winzern. Ihr Einsatz und ihre gründliche Arbeit fanden bald Anerkennung – nicht nur in den eigenen Reihen, sondern auch beim politischen Gegner. So wurde die Abgeordnete der damaligen Oppositionspartei 1981 zur Vorsitzenden des Ausschusses für Landwirtschaft, Weinbau und Forsten gewählt. Was ihr fehlte bei der neuen politischen Aufgabe, war etwas die „Bodenhaftung", der Kontakt zu den Menschen in ihren Alltagsnöten. Daher war ihr die Arbeit im Petitionsausschuß ein Herzensanliegen. Menschen gerecht zu werden, die sich direkt ans Parlament wandten, war ihr wichtig. Und dabei stand für sie nicht die Parteiraison im Vordergrund. In etlichen Fällen ergab sich eine Art von großer Koalition der Frauen, denn die Sozialdemokratin Hilde Kerner und die Christdemokratin und langjährige Vorsitzende des Petitionsausschusses, Susi Hermans, hatten oft dieselbe Sicht der Dinge und verständigten sich auf Hilfe, wo sie nötig war.
Für ihren langjährigen ehrenamtlichen Einsatz für ihre Mitmenschen wurde Hilde Kerner 1977 mit dem Bundesverdienstkreuz am Bande, im Jahr 1983 dann mit dem Bundesverdienstkreuz Erster Klasse ausgezeichnet. Im Mai 1977 war ihr auch die Verdienstmedaille des Landes Rheinland-Pfalz verliehen worden.
Schon seit Beginn ihrer politischen Arbeit hatte Hilde Kerner auch an das Ende gedacht. Zu häufig hatte sie gerade bei männlichen Kollegen beobachtet, wie sehr die Politik den Menschen „auffrißt" und wie schwer ein Rückzug aus der aktiven Politik fällt. Den hielt sie aber für dringend nötig, um Platz für Junge, für neue Ideen zu machen und Verkrustungen, Erstarrungen im politischen System zu vermeiden. Und so entschloß sie sich 1983, nach 21 Jahren im Stadtrat und 12 Jahren als Landtagsabgeordnete, sich zurückzuziehen. Ein Schritt, den sie konsequent vollzog, der ihr aber auch schwerfiel. Nach so vielen Jahren im Brennpunkt des Geschehens und an der

Quelle direkter Informationen fiel ihr, wie sie sagte, nun öfter die Decke auf den Kopf. Das kleine Haus, das sich die Eheleute inzwischen im Neustadter Tal erworben hatten, war schnell versorgt, die Reiselust des Ehemanns nicht so ausgeprägt wie die ihre. Dennoch wußte sie die neugewonnene Muße zu schätzen, fand Zeit für Konzert- und Theaterbesuche. Vom schwersten Schlag ihres Lebens allerdings hat sie sich wohl nie erholt: In der Neujahrsnacht 1981/82 war ihre jüngste Tochter Birgit bei einem Verkehrsunfall ums Leben gekommen.

Am 1. Oktober 1987 starb Hilde Kerner im Alter von nur 66 Jahren; sie erlag einem Schlaganfall. Ihr Platz in der Familie ist ebenso verwaist wie der in der rheinland-pfälzischen Politik.

Judith Kauffmann

Quellen/Literatur:
Persönliche Gespräche und Familienerinnerungen;
Artikel aus „Die Rheinpfalz" und dem „Pfälzer Tageblatt";
Abgeordnete in Rheinland-Pfalz 1946-1987. Biographisches Handbuch, hg. v. Landtag Rheinland-Pfalz, bearb. v. Heidi Mehl-Lippert und Doris Maria Peckhaus. Mainz 1991. Mainz 1991, S. 219.

Elisabeth Reichsgräfin von Kesselstatt (1896-1971)

Elisabeth Reichsgräfin von Kesselstatt wurde am 1. Juni 1896 in Dodenburg, Kreis Wittlich, geboren.
1920 trat sie in Trier, wo sich das Mutterhaus der Borromäerinnen befindet, in den Orden ein. Im März 1922 legte sie am Marienkrankenhaus in Hamburg das Staatliche Krankenpflegeexamen ab. Nach Ablegung der Ewigen Profeß im Mutterhaus der Borromäerinnen im Herbst 1926 wurde sie 1927 als Schwester in das Heilig-Geist-Hospital in Bingen entsandt. Hier hatten die Trierer Borromäerinnen durch Vertrag mit der Stadt Bingen im Jahr 1854 die Aufgaben der Krankenpflege und Hausverwaltung übernommen und die zuvor sehr verwahrloste Einrichtung nach und nach zu einem funktionstüchtigen und modernen Krankenhaus ausgebaut, dem auch ein Waisenhaus angegliedert war.
Wenige Jahre nach Aufnahme ihrer Tätigkeit in Bingen wurde Schwester Elisabeth zur Oberin des Heilig-Geist-Hospitals ernannt. Damit übernahm sie ein schwieriges Amt zu einer Zeit, als es immer wieder Unerschrockenheit und persönlichen Mut erforderte, die Rechte des Hauses als selbständiger katholischer Stiftung gegenüber den Machtansprüchen des nationalsozialistischen Staates zu verteidigen. Eine Zeit lang schien das Verbleiben der Borromäerinnen in Bingen ernstlich gefährdet. Die Verbindung des Hospitals mit dem Waisenhaus verhinderte 1937 die Übergabe des Hauses an die „braunen Schwestern", da im Statut des Waisenhauses die Betreuung durch die Barmherzigen Schwestern des hl. Borromäus festgeschrieben war. 1939 gab es erneute Bestrebungen von Gauleiter Sprenger, alle Nonnen aus Hessen auszuweisen. Oberin Elisabeth von Kesselstatt reiste persönlich nach Berlin und führte zahlreiche Gespräche in Ministerien sowie mit der NS-Frauenführerin, Frau Scholtz-Klink, um wenigstens einen Aufschub für die geplante Aufhebung der Klöster und Ordensniederlassungen in Hessen zu erreichen. Dank ihrer Zähigkeit erreichte sie schließlich von dem damaligen preußischen Ministerpräsidenten Göring die Zusage, daß die karitativen Orden nicht aus den hessischen Krankenhäusern ausgewiesen wurden. Dafür mußten sich die Schwestern verpflichten, in gewissem Umfang Dienst in Wehrmachtslazaretten zu leisten. Die Binger Oberin setzte auch durch, daß die Benediktinerinnen, die durch die Gestapo aus der Hildegardis-Abtei in Eibingen vertrieben worden waren, im Konvent der Borromäerinnen aufgenommen werden durften.
Während der schweren Bombenangriffe auf den wichtigen Verkehrsknotenpunkt Bingen in den letzten Kriegsjahren bewies Schwester Elisabeth als Oberin besondere Tatkraft und Umsicht und machte der Bevölkerung durch ihr Vorbild Mut. Im November 1944 wurde das Hauptgebäude des Heilig-Geist-Hospitals samt dem Operationssaal bei einem schweren Luftangriff zerstört. Es gab zahlreiche Tote und Verletzte, darunter auch einige Schwestern. In den darauffolgenden Monaten mußten die einzelnen Krankenhausabteilungen in provisorisch eingerichteten, weit auseinanderliegenden Ausweichquartieren unter schwierigsten Bedingungen arbeiten. Als chirurgische Abteilung diente das Kinderheim beim Jägerhaus im Binger Wald.

Daß während der Besetzung durch die amerikanischen Truppen am 21. März 1945 die Stadt Bingen vor weiteren Zerstörungen bewahrt blieb, ist ebenfalls weitgehend dem besonnenen und unerschrockenen Verhalten von Schwester Elisabeth von Kesselstatt zu verdanken.

Unmittelbar nach dem Zusammenbruch des NS-Regimes ging sie daran, den Krankenhausbetrieb des zum großen Teil zerstörten Heilig-Geist-Hospitals neu zu organisieren. Sie richtete drei Ausweichstationen ein und sicherte damit die stationäre Krankenbehandlung in der Stadt und im Kreis Bingen. Darüber hinaus bemühte sie sich nach Kräften, die notleidende Bevölkerung mit Lebensmitteln zu versorgen. Eine besonders große Herausforderung, die an ihren Orden herangetragen wurde, war die Aufgabe, täglich rund 480.000 von den Franzosen internierte deutsche Kriegsgefangene zu speisen. Auch die Versorgung und Betreuung der zahlreichen Verletzten nach dem schweren Eisenbahnunglück, von dem ein Kriegsgefangenentransport im September 1945 betroffen war, wurde von den Binger Schwestern übernommen.

So hatte Schwester Elisabeth Reichsgräfin von Kesselstatt nicht nur während des Krieges, sondern ebenso in der größten Notzeit unmittelbar nach Kriegsende in Bingen und Umgebung unermeßliche Hilfe geleistet, bevor sie 1946 für einige Jahre an das Marienhospital nach Hamburg geschickt wurde, um auch dort am Wiederaufbau mitzuwirken.

Im März 1958 kehrte sie nach Rheinland-Pfalz zurück und leitete als Prokuratorin die Haushaltungs- und Frauenfachschule Marienburg in Vallendar.

Für ihr aufopferndes Wirken zum Wohl ihrer Mitmenschen wurde ihr anläßlich ihres 65. Geburtstages im Jahr 1961 das Bundesverdienstkreuz Erster Klasse verliehen.

Ihren Lebensabend verbrachte Schwester Elisabeth Reichsgräfin von Kesselstatt im Schwesternhaus in Mettlach, wo sie am 27. August 1971 im Alter von 75 Jahren verstarb.

Hedwig Brüchert

Quellen/Literatur:
Vorschlagsbegründung zur Verleihung des Verdienstordens der Bundesrepublik Deutschland v. 1961;
Verdiente Ordensschwester ausgezeichnet. Verdienstkreuz I. Klasse für Schwester Prokuratorin Elisabeth. Rhein-Zeitung Koblenz v. 22.7.1961;
Auskünfte der Kongregation der Barmherzigen Schwestern vom hl. Karl Borromäus, Trier.

Elisabeth Kirch (1884-1966)

Elisabeth Kirch, Lehrerin und Schriftstellerin, stammte aus Erfenbach bei Kaiserslautern. Dort wurde sie am 6. August 1884 als ältestes Kind von acht Geschwistern des Lampertsmühler Webermeisters Kirch und seiner Frau geboren. Nach vielen Stationen ihrer Familie in Kaiserslautern, Schernau, Ramstein, Zweibrücken und auf der Schwäbischen Alb kam sie zur Ausbildung nach Metz und schließlich nach Koblenz, wo sie nach vier Jahren Lehrerinnenseminar ihr Examen ablegte. Sie war das einzige Kind der Familie, das „lernen" durfte. Nicht nur in den Dörfern war zu jener Zeit gang und gäbe, daß Mädchen nach Beendigung der Schulzeit zu Hause mithalfen und so auf das künftige Leben als Hausfrau und Mutter vorbereitet wurden. Nach der Jahrhundertwende trat Elisabeth Kirch eine Stelle im rheinpreußischen Schuldienst an, unterrichtete später aber überwiegend im Saarland.

Elisabeth Kirch

Der Webstuhl des Vaters regte die Tochter zum Nachdenken an, er inspirierte sie zum Gestalten und zum Schreiben. Der Roman „Am Webstuhl des Lebens", der zu großen Teilen in Erfenbach spielt, wurde in den Wochenendbeilagen pfälzischer Tageszeitungen abgedruckt. In die Geschichte ließ Elisabeth Kirch einiges aus ihrer Kindheit im beginnenden Industriezeitalter einfließen. Im Mittelpunkt steht Heinrich Merk, der es vom Weber zum Fabrikdirektor bringt und alle Veränderungen, die sich in der Spinnerei während der fortschreitenden Industrialisierung ereignen, am eigenen Leibe erlebt. Unter dem Titel „Über Jahr und Tag" brachte später auch die „Pfälzische Volkszeitung" den Roman. Für die Autorin war das ein Erfolg, denn Schreiben war damals überwiegend Männersache; selbst zum Lesen brauchten Frauen häufig noch Mut. Aber Elisabeth Kirch ließ sich nicht beirren. Ferienreisen nach Italien, Frankreich und der Schweiz inspirierten sie zu Reisebeschreibungen und Stimmungsbildern, die von Tageszeitungen in der Pfalz und im Saarland gerne übernommen wurden.

Bereits mit neunzehn Jahren hatte die junge Lehrerin erste Gedichte veröffentlicht. Doch bei aller Lust zum Fabulieren und Freude an „blumigen" Versen stand ihr Beruf im Mittelpunkt ihres Interesses. Bis nach dem Zweiten Weltkrieg unterrichtete sie heranwachsende junge Menschen und blieb einigen bis weit über die Schulzeit hinaus Freundin und Beraterin. Unvergessen blieb sie ihren Schülerinnen und Schülern in den naturkundlichen und heimatgeschichtlichen Fächern, wo sie auch ihr Erzähltalent einbringen konnte.

In ihrem ersten Buch „Geschichten und Sagen für die Jugend der Westmark", das 1943 erschien, faßte die Autorin bereits veröffentliche Prosaarbeiten zusammen. Das Buch kam in einer Zehntausender-Auflage heraus und war zu jener Zeit schnell vergriffen. Die zweite Auflage wurde während eines Bombenangriffes vernichtet. Wer während des Zweiten Weltkriegs in Deutschland veröffentlichen wollte, mußte seine Texte gleichgeschalteten, von Nationalsozialisten kontrollierten Zeitungen und Zeitschriften überlassen. Die von diesen Leuten geprägte Terminologie ist oft nicht zu übersehen. Dies wird auch im Titel von Elisabeth Kirchs Buch „Geschichten und Sagen für die Jugend der Westmark" deutlich. Die Pfalz, das Saarland und Lothringen waren 1940/41 zum „Gau Westmark" zusammengeschlossen worden. Kaiserslautern war „Gauhauptstadt".

Vier Jahrzehnte lang arbeitete Elisabeth Kirch als Lehrerin. Sie war unverheiratet geblieben. Für Lehrerinnen, wie für alle Beamtinnen und weiblichen Angestellten im Staatsdienst, galt früher die diskriminierende Zölibatsklausel, d.h., wenn sie heirateten, mußten sie aus dem Staatsdienst ausscheiden. Volksschullehrerinnen wurden vorzugsweise in Mädchenklassen und meist nur in der Unterstufe eingesetzt. Häufig mußten sie sich auch mit einer geringeren Bezahlung als ihre männlichen Kollegen zufriedengeben.

Als Elisabeth Kirch nach ihrer Pensionierung mehr Zeit zum Schreiben hatte, wandte sie sich noch intensiver Sagen und Märchen zu. In sorgfältigem Studium verschaffte sie sich Zugang zu saarländischen, pfälzischen und lothringischen Quellen. „Eines Tages. Geschichten und Sagen der Saar, aus Pfalz und Lothringen", heißt denn auch der Titel eines weiteren Bandes, der 1962 im Universitäts- und Schulbuchverlag Saarbrücken erschien.

Der Saarländische Rundfunk gewann die Erzählerin für Sendungen des Kinder- und des Frauenfunks. Sie schrieb Hörspiele, wie „Der Herrgottsbrunnen" und zwei Märchenspiele, die Ende der fünfziger Jahre im Saarbrücker Funkhaus produziert und gesendet wurden.

Zehn Jahre lang und mehr habe sie sich mit Märchen aufgehalten, gestand Elisabeth Kirch in einem Interview zu ihrem achtzigsten Geburtstag. Im Vorwort ihres Buches „Eines Tages" bekennt sich die Autorin zum Grundsatz von Jakob Grimm, wonach man die einfache Erzählform, wie sie von „munteren, gesprächigen Alten" überliefert werde, etwas „zubereiten" dürfe, um aus der Einfachform etwas zu machen, was den Anspruch auf eine Einreihung in eine Kunstform erheben könne. Sie sprach auch von einem Roman „Haus der Frauen", an dem sie arbeite. Die Prosa hatte das Geschehen in einem Frauenwohnheim zum Thema, in dem die Autorin ihre letzten Jahre verbrachte. Leider konnte sie diese Arbeit nicht mehr vollenden.

Der Sammelband „Im Märchengarten, 16 Geschichten für große und kleine Leute", kam 1966 im Minerva-Verlag Thinnes & Nolte, Saarbrücken, heraus. Elisabeth Kirchs Arbeiten waren anerkannt, ihre Veröffentlichungen wurden vom Kultusministerium des Saarlandes und dem des Landes Rheinland-Pfalz gefördert. Anläßlich ihres achtzigsten Geburtstages, im August 1964, wurde ihr das Bundesverdienstkreuz am Bande verliehen.

Elisabeth Kirch starb am 20. September 1966 in St. Arnual bei Saarbrücken und wurde in Kaiserslautern begraben.

Marliese Fuhrmann

Quellen/Literatur:

Archivalien der Stadt Kaiserslautern;
Marliese Fuhrmann: „... dies höchste Gut, es heißt – Selbständigkeit." Schreibende Frauen und ihre Werke. In: Frauengeschichte – Frauengeschichten aus Kaiserslautern. Dokumentation Kaiserslauterer Bürgerinnen und Bürger, hg. v. d. Gleichstellungsstelle Kaiserslautern. Otterbach/Pfalz 1994, S. 110-120;
Maria Schmitt-Rilling: „Der Webstuhl" steht still. Ein Märchenbrunnen ist versiegt. In: Pfälzische Volkszeitung Kaiserslautern v. 23.9.1966.

Marie-Elisabeth Klee (geb. 1922)

Einen Beitrag zur „Vermenschlichung der Politik" wollte sie leisten, als Marie-Elisabeth Klee 1961 als jüngste Abgeordnete in den Deutschen Bundestag gewählt wurde. Obwohl sie ursprünglich völlig andere Berufsziele hatte, gehörte doch schon von Kindesbeinen an die Politik zu ihrem Leben. So war beispielsweise ihr Großvater vierzig Jahre lang Reichstagsabgeordneter, und ihr Vater, ein Anhänger Stresemanns, hatte bis 1933 Sitz und Stimme im hessischen Landtag. Politisches und soziales Engagement war stets eng mit der Verbundenheit zur Heimat verknüpft.

Marie-Elisabeth Klee

Am 13. Januar 1922 im Schatten des Wormser Doms geboren, wuchs Frau Klee, geborene Freiin von Heyl zu Herrnsheim, mit einer Schwester und vier Brüdern in einer Industriellenfamilie auf, deren Lederproduktionsstätten zu den größten Deutschlands zählten und prägend für die gesamte Region um Worms waren.

Ihre schulische Ausbildung begann in Worms und führte sie dann nach Heiligengrabe (Mark Brandenburg) an die Schule, die bereits ihre Mutter, eine geborene von der Marwitz, besucht hatte. Schließlich kam sie wieder zurück nach Worms, um hier am Eleonoren-Gymnasium ihr Abitur zu machen, da die Schülerin fest entschlossen war, Lehrerin zu werden. Das darauf folgende Geschichtsstudium in Frankfurt konnte sie jedoch nicht abschließen, da ihr Jahrgang zum Kriegshilfsdienst eingezogen wurde und sie von nun an bis zum Kriegsende der Archivkommission des Auswärtigen Amtes angehörte. Ihr Geschichtsprofessor hatte sie für diese Arbeit geworben, da er Mitarbeiter suchte, die dem Nationalsozialismus ablehnend gegenüberstanden. Hier lernte sie 1943 auch ihren späteren Mann, den Diplomaten Dr. Dr. Eugen Klee, kennen, der dort an einer wissenschaftlichen Arbeit schrieb. Ihre Tätigkeit führte sie in die damalige Provinz Posen, da ein Teil des Archivs dorthin ausgelagert war. Die Erfahrungen, die sie gegen Kriegsende machte, als sie mit dem Flüchtlingstreck quer durch Schlesien fliehen mußte, beeinflußten besonders ihr späteres politisches und karitatives Engagement für Flüchtlinge und Vertriebene.

Nachdem sie in Oberbayern Unterkunft bei Verwandten gefunden hatte, heiratete sie hier an Pfingsten 1945 Eugen Klee. Ihre erste Heimkehr nach Worms im Oktober 1945 war für sie schlimm. Ihre Eltern lebten in einer kleinen Dachkammer, und sie mußte erkennen, daß die Arbeit der väterlichen Familie von 200 Jahren völlig zerstört war.

Noch tieferen Einblick in die Nöte der Menschen in der Nachkriegszeit erhielt Frau Klee, als sie 1947 ihren Mann nach Alzey begleitete, wohin er als Landrat berufen worden war. Zwar war es ihr nicht mehr möglich, ihr Studium wieder aufzunehmen, doch sammelte sie in den nun folgenden fünf Jahren an der Seite ihres Mannes detaillierte Erfahrungen auf dem politischen Parkett. Diese wurden noch vertieft, als sie ihrem Mann nach Lateinamerika folgte. Dr. Klee war 1952 in den auswärtigen Dienst zurückgekehrt und wurde als erster Nachkriegsbotschafter für die sechs Republiken Zentralamerikas, von Guatemala bis Panama, nach San Salvador entsandt. Hier stand Frau Klee einem Haushalt vor, dessen Funktion es war, mit einer stets offenen Tür zur Schaffung eines neuen Vertrauensverhältnisses zwischen der jungen Bundesrepublik und den anderen Ländern beizutragen. Auch sollten die vor-, während und nach dem Krieg nach Mittelamerika ausgewanderten Deutschen wieder zusammengeführt werden. Die Herzlichkeit und Höflichkeit der dort lebenden Menschen – besonders die Indios waren ihr ans Herz gewachsen – machten ihr die Rückkehr nach Deutschland 1955 nicht leicht.

Zu einem völlig neuen Leben mußte die junge Frau finden, als im darauffolgenden Jahr ihr Mann plötzlich verstarb. Sie begann ein Sprachenstudium in München, was sie jedoch bald abbrechen mußte, um ihre schwer erkrankte Mutter zu pflegen.

Nach dem Tod der Mutter mußte sich Frau Klee abermals neue Ziele stecken, da sie nun in der Nähe des Vaters bleiben wollte. Sie trat der CDU bei, wurde 1959 Vorsitzende der Frauenvereinigung der CDU Worms und übernahm 1960 den Vorsitz des Vereins der Freundinnen junger Mädchen in Worms. Den entscheidenden Schritt in die Politik wagte sie, als ihr über Bekannte aus der Alzeyer Zeit von der CDU die Bundestagskandidatur für den Wahlkreis Worms-Alzey-Oppenheim angetragen wurde. Man suchte eine Frau, die gewillt war, sich zu engagieren. „Und das war ja, was ich wirklich wollte: mich restlos engagieren." Somit zog sie 1961 sozusagen als „Quotenfrau" in den Bundestag ein – außer ihrem „Etikett" habe sie ja schließlich nur eine „verrückte Vergangenheit" vorzuweisen gehabt.

Doch durch ihre Arbeit der folgenden Jahre unter dem Motto „Einsatz für Mitmensch, Heimat, Deutschland" rechtfertigte sie schon bald diese Entscheidung. Die Zusammenarbeit mit ihren männlichen Kollegen bereitete ihr kaum Schwierigkeiten, da sie es durch ihren familiären Hintergrund gewöhnt war, sich als gleichberechtigte Partnerin Männern gegenüber zu behaupten. Man tue letztlich am meisten für die Frauen, wenn man sie nicht als Minderheit sehe, die ständig kämpfen müsse, denn schließlich stünden ihnen die Türen offen, und sie müßten nur durchgehen und „schaffen". Doch sie empfand das Frausein in bestimmten Situationen auch als Belastung, denn als zeitweise einzige weibliche Bundestagsabgeordnete der rheinland-pfälzischen CDU fielen ihr alle Aufgaben zu, die im weitesten Sinne die Belange von Frauen betrafen, und oft begegnete ihr der Satz: „Ach, bei ihnen als Frau wollen wir uns endlich mal aussprechen."

Lateinamerika, Spanien und der Jugendarbeit galt ihr besonderes Engagement. So war sie auch während ihrer Bonner Tätigkeit stets Ansprechpartnerin für Besucher aus dem spanischsprachigen Raum. Zu den vielfältigen Aufgaben während ihrer Abgeordnetenzeit als MdB von 1961 bis 1972 zählten unter anderem ihre Tätigkeit im Ausschuß für Jugend und Familie als Berichterstatterin für das Deutsch-Französische Jugendwerk, dessen Beitrag zur Versöhnung beider Nationen sie besonders schätzt, und die Mitarbeit im Petitionsausschuß des Deutschen Bundestages. Den Kontakt zur Heimat hielt sie durch regelmäßige Sprechstunden in ihrem Wahlkreis.

Ihre Erfüllung fand sie in der Abgeordnetentätigkeit im Europarat, wo sie sich einen Namen als „Mitstreiterin um die europäische Einigung" machte und besonders dafür einsetzte, daß Spanien nach Franco den Weg nach Europa fand. Hierbei konnte Frau Klee erneut von ihren Erfahrungen mit der spanischen Mentalität profitieren. Vortragsreisen, wie zum Beispiel nach Madrid und Caracas, waren keine Seltenheit. 1970 bis 1973 bekleidete sie als erste Frau das Amt der Vizepräsidentin der Versammlung der Westeuropäischen Union und leitete anschließend für fünfeinhalb Jahre das Auslandsreferat des rheinland-pfälzischen Kultusministeriums in Mainz. Daneben war sie viele Jahre lang Präsidentin der Stresemann-Gesellschaft. Ihr Einsatz für Europa wurde unter anderem durch die Auszeichnung mit dem Offizierskreuz des nationalen französischen Verdienstordens (1976) und mit dem Orden „Al merito civil", überreicht durch den spanischen Generalkonsul in Straßburg, gewürdigt.

Nach ihrer Rückkehr nach Bonn, wo Frau Klee bis heute wohnt, begann ihre Tätigkeit für UNICEF. Hier konnte sie alles anwenden, was sie in ihrem Leben gelernt hatte. So übernahm sie 1986 für acht Jahre den Vorsitz des Deutschen Komitees und betreute den Aufbau der Organisation in den neuen Bundesländern. „Kinder helfen Kindern" machte sie zum prägenden Anliegen von UNICEF. Als Anerkennung für ihr Engagement erhielt Marie-Elisabeth Klee in der Presse den Beinamen „Kinderanwältin" und wurde 1994 mit dem Großen Bundesverdienstkreuz mit Stern ausgezeichnet. Im gleichen Jahr erhielt sie auch den Verdienstorden des Landes Rheinland-Pfalz, und es fiel ihr zu, im Namen aller Geehrten die Dankesrede zu halten.

Bei all ihren Aufgaben achtete sie immer darauf, ihrem „Hauptberuf Mensch", wie sie es formuliert, und den Zielen und Idealen ihres verstorbenen Mannes treu zu bleiben. Eine Stütze hierbei war ihr Glaube, der sie auch dazu bewog, in späteren Jahren trotz protestantischer Familientradition zum katholischen Glauben zu konvertieren.

Seitdem sie nun Zeit hat, sich ihrem Privatleben zu widmen, gilt ihre Anstrengung dem Einsatz für den Denkmalschutz und der Aufarbeitung ihres Lebens, beispielsweise in Ausarbeitungen und Vorträgen über ihre ehemalige Schule in der Mark Brandenburg oder über die Nachkriegsjahre in Alzey. Im Mittelpunkt ihres „ausgefüllten und positiven Lebens" stehen jedoch ihre große Familie und zahlreiche Freunde und Bekannte. Sie habe jetzt Zeit „auszupendeln" – wenn sie mal zu Hause ist.

Christina Streit

Quellen/Literatur:

Interview mit Frau Klee vom 13. März 1998, geführt von Christina Streit;
Rede von Marie-Elisabeth Klee am 18. Mai 1994, abgedruckt in: Der Landesorden 1994, hg. v. d. Pressestelle der Staatskanzlei Rheinland-Pfalz, S. 11-13;
„Spaß an UNICEF", Frankfurter Allgemeine Zeitung vom 27.2.1986;
„Europa, der Welt und den Kindern zuliebe", Wormser Allgemeine Zeitung vom 24.3.1986;
„Viel Herz für die Kinder der Welt", Wormser Allgemeine Zeitung vom 20.3.1992;
„Kinderanwältin' hoch dekoriert", Wormser Allgemeine Zeitung vom 8.7.1994.

Lucie Kölsch (1919-1997)

Die SPD-Politikerin Lucie Kölsch wurde am 4. Februar 1919 in Worms geboren. Zwischen 1948 und 1977 war sie lokal- und landespolitisch überaus aktiv und maßgeblich an sozialpolitischen Entscheidungsprozessen beteiligt. Ihre persönliche und politische Entwicklung war geprägt von gegensätzlichen Erfahrungen, die sie zu Toleranz und Dialogbereitschaft befähigten.

Standesamtlich als Wilhelmine Katharina registriert, wurde sie auf den Namen Lucie getauft nach einer jüdischen Patin, Lucie Löb aus Worms. Der Vater Rudolf Wulf, von Beruf Zimmermann und aus Mecklenburg zugewandert, war relativ unpolitisch. Die Mutter Hedwig Wilhelmine, geb. Bardorf, dagegen stammte aus einer aktiven sozialdemokratischen Wormser Familie, war vor ihrer Heirat als Lederarbeiterin tätig und engagierte sich sowohl im beruflichen als auch im privaten Bereich stark für die Belange der Arbeiterschaft.

Nachdem zwei jüngere Geschwister nach der Geburt gestorben waren, wuchs Lucie als Einzelkind auf, das von allen Seiten gefördert, dem aber auch nicht wenig an Leistung abverlangt wurde. Dies zeigte sich bald bei der schulischen Laufbahn, die sie zielstrebig und ausdauernd verfolgte. Von 1925 bis 1935 besuchte sie die Volksschule (Karmeliterschule) in Worms, verbrachte dort die letzten vier Jahre in den sogenannten Sprach- oder E-Klassen und schloß die Schule mit dem Zeugnis der Mittleren Reife erfolgreich ab. Diese Klassen für Hochbegabte boten Kindern, denen aus wirtschaftlichen Gründen weder der Zugang zum Gymnasium noch zu konfessionell geprägten höheren Schulen offenstand, die Chance einer weiterführenden Bildung und bestimmten Lucies späteren Einsatz für die Schulgeldfreiheit.

Der Kontakt der jüdischen Taufpatin zur Familie Wulf war aufgrund der Verpflichtung wohlhabender Juden, karitative Werke zu tun, zustandegekommen. Frau Löb unterstützte die Familie Wulf in Notlagen, lud sie auch privat ein und nahm Lucie in den jüdischen Kindergarten auf, in dem sie arbeitete. Die Hilfe, welche die Familie durch Frau Löb erfuhr, war auch oft bitter nötig. Lucies Kindheit und frühe Jugend waren geprägt von der Weltwirtschaftskrise, schlechten Wohnverhältnissen, Krankheit und Arbeitslosigkeit des Vaters sowie der Abhängigkeit von einer kleinen Wohlfahrtsunterstützung. Sie erfuhr aber auch die gegenseitige Unterstützung im weiteren Familienverband sowie das selbstverständliche Engagement in sozialdemokratischen Vereinigungen, wie etwa dem Arbeiterwassersportverein. Arbeiterfreizeitorganisationen, wie die „Freien Turner" und die „Kinderfreunde" oder die „Falken", waren das Umfeld, in das Lucie automatisch hineinwuchs.

Prägend für Lucie war 1932 die Teilnahme an einem Zeltlager der „Roten Falken" in Paris, das knapp 1000 Kinder aus Frankreich, Belgien, Deutschland und der Schweiz vereinte und sich als Nachahmung der „Kieler Kinderrepublik" von 1927 sah.

Solche Einflüsse führten zu einer selbstverständlichen Ablehnung Hitlers und nationalsozialistischer Gruppen bereits von Anfang an. Nach der Verhaftung des Onkels Ludwig Bardorf, der wegen gewerkschaftlicher Tätigkeit und Kontakten zu Wider-

standskreisen einige Zeit in den Konzentrationslagern Osthofen und Dachau verbrachte, und nach persönlichen Erfahrungen kam eine Mitgliedschaft im BDM nicht in Frage. Glücklicherweise erfuhr Lucie deswegen keine Benachteiligung durch ihre Lehrer.
Nach der Ableistung des vorgeschriebenen „Landjahres der Mädchen" in der Heimat ihres Vaters begann Lucie im April 1936 eine kaufmännische Ausbildung bei einer Wormser Firma und erhielt im Februar 1939 nach bestandener Prüfung den Kaufmannsgehilfenbrief. Da eine Weiterbeschäftigung im Betrieb nicht möglich war, erledigte sie von 1939 bis 1941 bei einem ihr bekannten Chirurgen im Wormser Hochstift Aufgaben in der Buchhaltung und als Sprechstundenhilfe.
Alle Arbeiterkulturorganisationen waren ebenso wie die Arbeiterparteien 1933 verboten worden. Etwa ab 1936 traf Lucie sich jedoch in einem privaten Singkreis mit zahlreichen früheren Mitgliedern verbotener Gruppen, vorwiegend aus Kirchenchören, zum gemeinsamen Singen, Beten und Wandern. Die nicht nur jugendlichen Teilnehmer stammten meist aus bürgerlichen Kreisen und gehörten verschiedenen Kirchen an. Lucie, selbst freireligiös erzogen, wurde hier mit religiöser und weltanschaulicher Toleranz bekannt, was ihr weiteres privates und vor allem politisches Leben stark beeinflußte.
1939 heiratete Lucie den vier Jahre älteren Wormser Arbeiter Ludwig Kölsch, der wie sie in der Arbeiterjugendbewegung großgeworden war. Er war als Marinesoldat in Swinemünde stationiert, wohin ihm Lucie 1941 folgte. 1942 und 1943 wurden die Töchter Elke und Regine geboren, im Sommer 1945, nach der Flucht nach Mecklenburg, die dritte Tochter Renate.
Bei der Rückkehr nach Worms im Jahr 1946 kam Lucie mit ihrer Familie zunächst in der Wohnung ihrer Eltern unter, bevor sie 1948 eine eigene kleine Wohnung im gleichen Haus beziehen konnte. Besuche von rat- und hilfesuchenden Personen waren schon damals bei ihr an der Tagesordnung.
Die Erfahrungen im Dritten Reich und die Überzeugung, daß das Leben nur besser wird, wenn man aus eigener Kraft etwas verändert, dürften Lucie Kölsch zu ihrem parteipolitischen Engagement gedrängt haben. Nachdem sie 1947 in die SPD eingetreten war, entschloß sie sich zu einer Kandidatur für den Wormser Stadtrat. Die Wahl der 29-Jährigen 1948 war der Anfang einer zwölfjährigen Periode aktiver Stadtratsarbeit, während der sich Lucie Kölsch vor allem auf schulpolitischem, sozialem und kulturellem Gebiet betätigte. Auch die Geburt der jüngsten Tochter Annette im Oktober 1949 und kurz danach der Tod der Mutter, auf deren Hilfe sie sich bisher völlig verlassen hatte, änderten nichts an ihrem politischen Engagement.
Fortan gab es für Lucie außerhalb der Familie fast kein Privatleben mehr. Zwar wurde erreicht, daß sie als Hausfrau Sitzungsgelder erhielt, wovon sie eine Kinderbetreuung bezahlen konnte, aber nach den Sitzungen mußte sie, im Gegensatz zu ihren männlichen Kollegen, noch einen großen Haushalt bewältigen. Ihr Mann unterstützte sie dabei, die Kinder wurden nach und nach in kleine Pflichten in Haus und Schrebergarten eingebunden. Schon früh lernten sie verstehen, daß die Eltern zwar keine verbissene Parteiarbeit betrieben, aber daß die SPD immer einen wichtigen

Lucie Kölsch als Delegierte auf dem Godesberger Parteitag der SPD 1959

Stellenwert in ihrem Leben besaß. Da private Ferienaufenthalte finanziell nicht möglich waren, nahm Lucie ihre Familie häufig mit zu Zeltlagern der Falken, für die sie ab 1955 wöchentliche Gruppenstunden abhielt. Seit den sechziger Jahren ergab sich für sie öfter die Gelegenheit zur Teilnahme an Israel-Reisen, bei denen sie zahlreiche Kontakte knüpfen und 1964 auch die Verbindung zur lange vermißten Taufpatin wiederherstellen konnte.

Im März 1957 rückte Lucie Kölsch für den ausgeschiedenen Abgeordneten Günter Markscheffel in den Mainzer Landtag nach, in dem die SPD damals über 36 Sitze verfügte. In den folgenden zwanzig Jahren arbeitete sie in verschiedenen Ausschüssen, wie dem kultur- und dem sozialpolitischen, dem Rechts- und dem Petitionsausschuß, dem Ausschuß für Fragen der Vertriebenen, zeitweise auch im Haupt- und Innenausschuß mit. Dabei wuchs sie allmählich auch in höhere Ämter in Landtag und Partei hinein. Seit 1958 gehörte sie dem Bundesfrauenausschuß beim SPD-Parteivorstand und ab 1962 dem Parteirat der SPD an. Im Landtag wurde sie 1967 zur zweiten stellvertretenden Vorsitzenden des SPD-Fraktionsvorstandes, 1973 und 1977 zur Beisitzerin im Fraktionsvorstand gewählt. Außerdem wurde sie zum stellvertretenden Mitglied im Ältestenrat bestimmt. Auch auf Bezirksebene nahm sie in ihrer Partei etliche Positionen ein. So war sie ab 1954 Mitglied des Bezirksvorstandes der SPD und von 1961 bis 1977 stellvertretende Vorsitzende bzw. Vorsitzende im SPD-Bezirk Rheinhessen. Mehrere Jahre lang war sie auch Vorsitzende der Arbeitsgemeinschaft sozialdemokratischer Frauen im Bezirk Rheinhessen.

Zentrale Punkte von Lucie Kölschs Landtagsarbeit waren neben der Erlangung von Landeszuschüssen zu großen Wormser Projekten, wie Festhaus, Hallenbad und

Krankenhaus, vor allem die Durchsetzung der Schulgeldfreiheit 1961, von Gemeinschaftsschulen als Regelschulen und der überkonfessionellen Lehrerbildung in Rheinland-Pfalz sowie eines fortschrittlichen Kindergartengesetzes. Ihre Anfragen und Reden im Landtag sowie die von ihr verfaßten Beiträge in Zeitungen waren sachlich und beherrscht, geprägt von einer einfachen, klaren Sprache mit kämpferischem Unterton.

Ihre Tätigkeit im Wormser Stadtrat und im Landtag brachte Lucie Kölsch hohe Anerkennung ein. So wurde sie im Juli 1969 in Mainz mit dem Bundesverdienstkreuz Erster Klasse, fünf Jahre später dann mit dem Großen Verdienstkreuz des Verdienstordens der Bundesrepublik Deutschland ausgezeichnet. Am 28. Juni 1978 erhielt sie als erste Frau den Ehrenring der Stadt Worms. 1984 wurde sie einstimmig zur Ehrenvorsitzenden der Wormser SPD, am 27. Februar 1989 vom Stadtrat mit allen Stimmen zur Ehrenbürgerin von Worms gewählt. Am 18. Mai 1994 wurde ihr der Verdienstorden des Landes Rheinland-Pfalz verliehen. Mehrmals stand sie im Mittelpunkt von Parteiempfängen im Landtag und in ihrer Heimatstadt. Diese Ehrungen zeigten, daß sowohl ihre Sachkenntnis und ihr langjähriges Engagement als auch ihre Bereitschaft zu Verständigung und Toleranz gegenüber politisch Andersdenkenden überall hoch geschätzt wurden. Auch ihre Vorbildfunktion für andere Politiker, z.B. für ihren Nachfolger im Landtag, Florian Gerster, ist nicht zu verleugnen. Er bescheinigte ihr leidenschaftliche Menschlichkeit, Bürgernähe, soziales Engagement und bezeichnete sie als streitbar, geistig lebendig, offen und unermüdlich sowie als Institution in der SPD, mit der sich die Partei identifiziere. Lucie habe das Bild der Nachkriegs-SPD in Worms und in Rheinland-Pfalz geprägt, ihre Politik sei nie abstrakt-theoretisch, sondern praktisch und auf Menschen bezogen gewesen.

Aber auch Politiker anderer Parteien schätzten Lucie Kölsch. Wilhelm Neuß, CDU-Politiker und Oberbürgermeister von Worms, erkannte bei ihr in allem Handeln das Ziel, Menschen zu helfen. Seine Parteigenossin Susanne Hermanns, MdL, bescheinigte ihr Aufrichtigkeit auch in landespolitischen Auseinandersetzungen, Ministerpräsident Bernhard Vogel sah einen entscheidenden Beitrag zum Aufbau des Landes durch Lucie Kölsch geleistet. 1977 war sie die dienstälteste Abgeordnete der SPD im rheinland-pfälzischen Landtag.

Als aktives Mitglied der Arbeitsgemeinschaft sozialdemokratischer Frauen beklagte Lucie Kölsch die Unterrepräsentation der Frauen in der Politik ebenso wie deren weiterhin bestehende Benachteiligung im Arbeits- und gesellschaftlichen Leben. Sie hoffte auf Verbesserungen durch Gleichstellungsgesetze und freute sich besonders über Gelegenheiten, bei denen die Frauen aller Landtagsfraktionen die Regierung „das Fürchten" gelehrt hatten. Obwohl sie Emanzipation vorlebte, konnte sie dem Feminismus im engen Sinne nichts abgewinnen. Schimpfen auf die Männer lag ihr nicht, dafür hatte sie von zu vielen Parteigenossen wie auch privat immer aktive Unterstützung in ihrer politischen Laufbahn erhalten.

Die politische Arbeit, verbunden mit starker zeitlicher Beanspruchung durch Sitzungen und Repräsentationspflichten, zehrte an ihren Kräften. Ihr Hang zur Gründlichkeit, den sie sowohl im privaten Bereich als auch in der Politik an den Tag legte, und ein von Jugend an vorhandener Herzfehler führten sie schließlich an ihre gesundheitlichen Grenzen. Nach einem Schwächeanfall, den sie während einer Sitzung erlitten hatte, legte Lucie Kölsch zum 10. September 1977 ihr Mandat nieder und zog sich im Alter von 58 Jahren aus der Landespolitik zurück.

Die Jahre nach ihrer Tätigkeit als Berufspolitikerin waren ausgefüllt mit intensiven Kontakten zu jüdischen Bekannten in Israel, mit der Mitarbeit an Publikationen über die Geschichte der Wormser Arbeiterbewegung, mit einer Dokumentation zur Machtergreifung in Worms, die sie noch gemeinsam mit ihrem Ehemann zusammenstellte (er verstarb 1984), mit Vorträgen, Interviews und der Teilnahme am ortspolitischen Geschehen sowie mit privater Fortbildung. Eine von ihr angelegte Materialsammlung dokumentiert sowohl die Geschichte der SPD in der Region als auch ihr eigenes Leben. Ein Teil dieser Sammlung, meist Zeitungsausschnitte, Fotos und Originaldokumente aus der Zeit vor 1945, wurde bereits vor ihrem Tod an das Stadtarchiv Worms übergeben und wird heute als „Sammlung Kölsch" dort verwahrt. Lucie Kölsch verstarb am 5. Dezember 1997 in ihrer Heimatstadt.

Andrea Kraft

Quellen/Literatur:

Stadtarchiv Worms, Nachlaß Lucie Kölsch, Abt. 170/72;
Stadtarchiv Worms, Sammlung Kölsch, Abt. 202/175;
Interview der Verfasserin mit Frau Elke Sauer, geb. Kölsch;
Auskunft des Hauptamtes der Stadtverwaltung Worms;
Lucie Kölsch, Wormser Sozialdemokraten unter dem Sozialistengesetz 1878-1890, in: Hugo Brandt, Die Geschichte der SPD in Rheinhessen. Mainz 1991;
Aus der Geschichte der Wormser SPD, in: 125 Jahre Sozialdemokraten in Worms. (Worms 1994), S. 13-27;
Doris Peckhaus/Robert Hess: 40 Jahre Landtag Rheinland-Pfalz, 1987, S. 170;
Handbuch des Landtages Rheinland-Pfalz, Ausgaben 1955-1977;
Nachtrag zum Amtlichen Handbuch des Landtages Rheinland-Pfalz, 3. Wahlperiode 1955-1959, bearb. Jan. 1958, S. 8/9;
Amtliches Handbuch des Landtages 1963, S. 228;
Drucksachen des Landtages Rheinland-Pfalz;
Wormser Zeitung v. 14.3.1977;
Wormser Zeitung v. 24.11.1977;
Speyerer Tagespost v. 23.6.1978;
Vorwärts, Nr. 28 v. 11.7.1987;
Wormser Zeitung v. 6.2.1989;
Wormser Wochenblatt v. 28.1.1993;
Wormser Wochenblatt v. 7.10.1993;
Wormser Zeitung v. 4.2.1998.

Prof. Dr. Hedwig Kömmerling (1896-1996)

Mathilde Auguste Hedwig Fitzler wurde am 11. Juni 1896 in Frankfurt am Main als Tochter des Ingenieurs Karl Fitzler und Mathilde, geb. Baer, geboren. Der Vater verstarb bereits 1899. Hedwig, aus einer württembergischen Gelehrtenfamilie stammend – der Nobelpreisträger Max Planck war einer ihrer Onkel – verbrachte ihre weitere Kindheit und Jugend in Pforzheim, wo sie zunächst das private Töchterinstitut besuchte. Doch offensichtlich zeigten sich schon früh ihre Begabungen und ihr Interesse für die Wissenschaft. Um das Abitur erlangen zu können, durfte sie an das humanistische Gymnasium (eine Knabenschule) wechseln. 1915 legte sie hier die Reifeprüfung ab.

Doch es herrschte Krieg, und so konnte sie nicht gleich ein Studium aufnehmen. In den Jahren 1916 und 1917 wurde sie zunächst „zum Kriegseinsatz" und zur Erlernung der Hauswirtschaft auf ein Gut bei Kaufbeuren geschickt. Im April 1918 konnte sie sich dann an der Universität München für die Fächer Geschichte und Altertumswissenschaft immatrikulieren (später kamen Portugiesisch und Indologie hinzu). Im zweiten Semester wechselte sie nach Berlin, bevor sie 1921 zu Studienzwecken ins Ausland ging. Ihr Unternehmungsgeist und der Drang in die Ferne kam nicht von ungefähr: Als junges Mädchen hatte sie von der Geschichte einer ihrer Urahninnen erfahren, die im 18. Jahrhundert die Reise über den Atlantik gewagt hatte. Dies hatte einen tiefen Eindruck bei Hedwig Fitzler hinterlassen.

Mit ihrer ersten Reise nach Südamerika begann nun eine wichtige Epoche ihres Lebens, in der sich ihre Liebe zur portugiesischen Sprache und zu Portugal entwickelte, diesem kleinen Land, das eine solch große Geschichte auf den drei Weltmeeren aufzuweisen hat. Das Thema sollte sie in den kommenden Jahrzehnten intensiv beschäftigen; sie wurde zur Historikerin der Kolonialgeschichte Portugals im indoportugiesischen Raum des 16. und 17. Jahrhunderts, und zwei ihrer wichtigsten Werke darüber erschienen in portugiesischer Sprache.

Hedwig Fitzler hielt sich in den folgenden vier Jahren überwiegend in Brasilien auf, wo sie in Archiven über die Vor- und Entdeckungsgeschichte Amerikas sowie über die Entwicklung der spanisch-portugiesischen Kolonialreiche forschte. Doch sie beschränkte sich nicht auf Archive, sondern lernte auch das Land und seine Bevölkerung kennen. Sie reiste – damals keine Selbstverständlichkeit für eine junge Europäerin – ins Innere des unwirtlichen Landes, quer durch den Urwald, wo sich ihr die Gefahren des Lebens der Menschen im Amazonas-Gebiet, der Bahnarbeiter, Gummizapfer und Goldsucher, erschlossen. Als erste weiße Frau gelangte sie zu den Indios der Serra do Norte, von den Brasilianern „Nambikwara" genannt, die in dem dünn besiedelten Gebiet von Mato Grosso völlig isoliert lebten. Diese Reise charakterisierte sie als das „größte Erlebnis ihres Südamerika-Aufenthaltes".

Auf Empfehlung von Professor Schädel, Hamburg, setzte sie ihre Forschungen von Sommer 1925 bis 1929 in Portugal fort, wo sie vor allem in den Archiven von Lissabon, Coimbra, Evora und Villa Viçosa arbeitete. Daneben hielt sie Vorträge an der Universität von Coimbra und gab erste Schriften heraus. Es folgten später Forschungsreisen in die ehemaligen portugiesischen Kolonien in Afrika und Asien.

Prof. Dr. Hedwig Kömmerling (um 1970)

Anschließend ging sie nach Deutschland zurück, um an den Universitäten Köln und Bonn ihre Doktorprüfung abzulegen. Ihre Dissertation „Die Handelsgesellschaft Felix v. Oldenburg & Co 1753-1760. Ein Beitrag zur Geschichte des Deutschtums in Portugal im Zeitalter des Absolutismus" wurde von Professor Hermann Aubin in den „Beiheften zur Vierteljahrschrift für Sozial- und Wirtschaftsgeschichte" veröffentlicht. In den folgenden Jahren setzte sie ihre Forschungen u.a. im Fugger-Archiv in Augsburg, in Wien und in Berlin fort und legte eine Reihe weiterer Veröffentlichungen vor.
1937 heiratete Hedwig Fitzler den Pirmasenser Karl Kömmerling, Mitinhaber der Chemischen Fabriken Kömmerling G.m.b.H. Pirmasens – Pfungstadt – Lauda und zog in die Pfalz. Auch als Hausfrau und Mutter, selbst unter den erschwerten Bedingungen des Krieges, versuchte sie ihre wissenschaftliche Arbeit fortzusetzen und publizierte eine Reihe von Beiträgen. Im August 1943 wurde sie dann an die Oberschule für Jungen in Pirmasens dienstverpflichtet. Hier unterrichtete sie bis zur Zerstörung der Schule kurz vor Kriegsende die Fächer Geschichte, Latein, Englisch, Deutsch und Geographie.
Nach dem Zweiten Weltkrieg war Hedwig Kömmerling weiterhin wissenschaftlich tätig, publizierte eine Reihe von Arbeiten und lehrte zeitweise an der Universität Heidelberg.

Allerdings sollte nun bald eine neue Aufgabe einen Großteil ihrer Zeit ausfüllen. Zusammen mit einigen anderen Frauen gründete sie 1950 die Ortsgruppe des Deutschen Frauenrings in Pirmasens und war für lange Jahre als Vorsitzende dessen treibende Kraft. 1951 wirkte sie auch an der Schaffung des Landesverbandes Rheinland-Pfalz des DFR mit. Sie widmete sich nun mit großer Energie den vielfältigen sozialen, staatsbürgerlichen und kulturellen Aufgaben, die sich der Verband selbst gestellt hatte. Mag es im ersten Moment überraschen, daß sich eine leidenschaftliche Wissenschaftlerin wie Hedwig Kömmerling nun so stark in einem Frauenverband engagierte, so zeigt ein genauerer Blick auf ihre Vorkriegsaktivitäten, daß sie bereits in früheren Jahren in ihren Forschungen auf Frauenthemen gestoßen war. So hatte sie über die Rolle der Frau in den Kolonien, über „Die Ärztin der Vor- und Frühzeit" sowie über „Die rein weiblichen Zünfte im Mittelalter" geschrieben und Vorträge gehalten und einen Artikel über „Kolonisation" für ein in Zürich herausgegebenes Lexikon der Frau verfaßt. Im Laufe ihres Lebens kam sie zu der Erkenntnis, daß „tatsächlich neben der Industrialisierung nichts unsere Gesellschaftsstruktur so entscheidend verändert hat, wie die neue Stellung der Frau". Bei einem Vortrag zum Thema „Frauenarbeit im Jahr 2000", den sie als 74-Jährige (!) hielt, stellte sie in diesem Zusammenhang die Frage: „Gibt dieser Wandel der Frau, diese Erweiterung ihrer Persönlichkeit, der Weltgeschichte ein neues Gesicht?"

Auf karitativem Gebiet wurde der neugegründete Frauenring Pirmasens gleich gefordert, als 1950 über 350 Flüchtlingsfamilien nach Pirmasens kamen. Hedwig Kömmerling initiierte und organisierte eine große Sammlung gemeinsam mit den anderen Frauenverbänden, dem Evangelischen Hilfswerk, der Caritas, der Arbeiterwohlfahrt und den Schulen. Als Ergebnis konnten an den 30 Ausgabestellen über 1.300 Menschen innerhalb kurzer Zeit das Nötigste an Kleidung, Wäsche, Hausrat und Möbeln in Empfang nehmen. Ähnliche Sammlungen wurden in den darauffolgenden Jahren durchgeführt. Vor allem organisierte der Frauenring viele Jahre lang Paketsendungen in die DDR, um dort Menschen in Altersheimen und in Waisenhäusern mit Sachspenden zu helfen. Ebenso sammelte der Frauenring Spenden für das SOS-Kinderdorf in Eisenberg, für das Pirmasenser Waisenhaus und für das Flüchtlingslager in Marienfelde.

Hedwig Kömmerling zählte jedoch nach dem Krieg zu jenen Frauen, die sich mit sozialem Engagement allein nicht zufriedengaben, sondern die die Vision einer neuen Gesellschaft hatten, in der die Frauen in allen Bereichen des öffentlichen Lebens, in Wirtschaft, Kultur, Rechtsprechung und Politik, mitreden und mit der gleichen Selbstverständlichkeit wie Männer führende Positionen einnehmen. Deshalb forderte und förderte sie nachdrücklich die staatsbürgerliche Bildung von Frauen und deren Übernahme von Verantwortung in der Politik. So organisierte sie vor Wahlen eine Vorstellung der Kandidatinnen, an der Schüler und Schülerinnen der Oberklassen teilnahmen, und später die „Öffentlichen Rundgespräche". Im Frauenring wurden die Novelle zum Notstandsgesetz, das Lebensmittelgesetz, Gesetzesänderungen zum Ehe- und Scheidungsrecht, zur Strafrechtsreform, zum Sozialen Wohnungsbau und andere Fragen diskutiert und Empfehlungen an den Vorstand des Bundesfrauenrings weitergeleitet. Frau Kömmerling selbst hielt zahlreiche Vorträge zu so breit gefächerten Themen, wie „Deutschland als Spielball der Mächte", „Atomare Abrüstung", „Europapolitik" oder „Islam heute".

Die vom Pirmasenser Frauenring ins Leben gerufene „Arbeitsgemeinschaft für Verbraucherinteressen" führte 1960 schließlich zur Gründung der „Verbraucherzentrale Rheinland-Pfalz" in Mainz. In einem besonderen „Ausschuß für Gesamtdeutsche Fragen" wurden die Situation der Frauen in der DDR oder das dortige Erziehungssystem erörtert. Ebenso wichtig wurden Bildungsfragen genommen. So nahm der Ortsring Pirmasens z.B. Stellung zu rheinland-pfälzischen Schulreformvorhaben.

Ein Thema, das Hedwig Kömmerling besonders am Herzen lag, war die Völkerverständigung, vor allem das Schaffen von vertrauensvollen Beziehungen zu den USA. Veränderungen in der Militärstrategie der Westmächte nach Abwurf der ersten sowjetischen Atombombe im Jahr 1949 und dem Ausbruch des Koreakrieges im folgenden Jahr hatten dazu geführt, daß amerikanische Truppen ab Herbst 1950 verstärkt westlich des Rheins, in sicherer Entfernung vom „Eisernen Vorhang", stationiert wurden. Als Standorte waren Kaiserslautern, Mainz, Worms, Bad Kreuznach, Baumholder und auch Pirmasens ausersehen.

Gerne und mit viel Humor erzählte Hedwig Kömmerling später von ihrem ersten Kontakt mit der amerikanischen Besatzungsmacht. Insgeheim nicht ohne Angst und entgegen der Warnungen ihrer Familie und von Freunden, machte sie sich eines Tages im Winter 1951 auf den Weg zum Standortkommandanten, um ihm ein Problem vorzutragen: Seit der kurz zuvor erfolgten Stationierung der Amerikaner kam es immer wieder zu sexuellen Übergriffen von Soldaten auf Frauen und Mädchen auf der Husterhöhe in Pirmasens. Die Überraschung des Wachhabenden, dann des herbeigeholten Unteroffiziers und schließlich des Oberstleutnants war groß, als diese resolute Frau den Kommandanten zu sprechen verlangte. Sie trug ihre Bitte vor, die Übergriffe zu unterbinden. Der Kommandant verließ den Raum, kam nach kurzer Zeit in Begleitung anderer Offiziere wieder; alle starrten Hedwig Kömmerling verblüfft an. Sie mußte ihre Beschwerde wiederholen, ein Dolmetscher wurde zu Hilfe geholt. Schließlich versprach Oberstleutnant Taft, für Abhilfe zu sorgen, was er dann auch tat. Außerdem ermunterte er Frau Kömmerling, Kontakt zu den amerikanischen Frauen aufzunehmen. „Ich verließ das amerikanische Hauptquartier, noch am Leben und sehr befriedigt. Und ich hatte meinen ersten amerikanischen Freund gewonnen," schloß sie ihre Erzählung.

Einige Tage später erschrak sie sehr, als ein amerikanischer Offizier in Uniform mit einer Dame plötzlich vor ihrer Haustür stand. Sie befürchtete im ersten Moment Konfiskationen, aber der Besuch war freundlich gemeint: es wurde ihr die Unterstützung der amerikanischen Frauen für ihre Flüchtlingsbetreuung angekündigt. Daraus erwuchs eine lebenslange Freundschaft mit dem amerikanischen Ehepaar. Die Mitglieder des „American Women's Club" sammelten in der Folgezeit eifrig Spenden, die der Pirmasenser Frauenring verteilte, und schon bald, nachdem das „Fraternisierungsverbot" bei den amerikanischen Truppen abgeschafft war, wurden auch regelmäßig Treffen zwischen den beiden Frauenverbänden organisiert. Ein

Höhepunkt für die Pirmasenser Frauen war der Besuch der Vorsitzenden der zwölf größten U.S.-amerikanischen Frauenverbände, die im Jahr 1953 zusammen mit Mrs. McCloy Rheinland-Pfalz besuchten und von den Mitgliedern des Frauenrings durch die Pfalz begleitet wurden.
Ansonsten lud man sich gegenseitig zu geselligen Veranstaltungen ein, aber auch zu Lichtbildvorträgen, zu gemeinsamen Fahrten nach Worms, Speyer und auf den Trifels. Rasch war das Mißtrauen auf beiden Seiten abgebaut, und es wuchs das Verständnis füreinander. Abwechselnd traf man sich in kleinen Gruppen auch in Privatwohnungen und lernte so die Lebensweise des anderen Volkes kennen. 1964 begann der Pirmasenser Frauenring mit der Durchführung von preiswerten mehrwöchigen Amerikaflügen, ein damals noch nicht selbstverständliches Erlebnis für Deutsche. Damit sollte den Pirmasensern vor allem ein Wiedersehen mit ausgewanderten Verwandten und Freunden ermöglicht werden.
Der intensive deutsch-amerikanische Austausch blieb in Pirmasens bis zum Abzug der amerikanischen Streitkräfte in jüngster Zeit erhalten, und es gibt weiterhin Briefkontakte und gegenseitige Besuche.
Für ihre Bemühungen um die Völkerverständigung wurden Hedwig Kömmerling von amerikanischer Seite verschiedene Auszeichnungen verliehen. So erhielt sie 1957 eine Anerkennungsurkunde von Generalleutnant Clark von der 7. amerikanischen Armee und 1961 eine weitere Urkunde vom Stadtkommandanten Oberst Craig. Im Jahr 1961 wurde sie auch mit dem Bundesverdienstkreuz Erster Klasse ausgezeichnet.
Bis ins hohe Alter blieb Hedwig Kömmerling aktiv. Sie verstarb am 26. Dezember 1993 im Alter von 97 Jahren. Beim Frauenring Pirmasens ist die Ehrenvorsitzende unvergessen. Ihr umfangreicher wissenschaftlicher Nachlaß ruht noch weitgehend unerschlossen in vielen Kisten und Kästen in der Stadtbücherei Pirmasens und in der Landesbibliothek Speyer. Anläßlich ihres hundertsten Geburtstages wurde eine Ausstellung über Hedwig Kömmerlings Lebenswerk in der Stadtbücherei Pirmasens gezeigt.

Hedwig Brüchert

Quellen/Literatur:

Professor Dr. Dr. phil. Hedwig Kömmerling, Kolonialhistorikerin, 1896-1996. Ausstellung der Stadtbücherei Pirmasens v. 11. Juni bis 16. August 1996;
Vorschlagsbegründung für die Verleihung des Verdienstordens der Bundesrepublik Deutschland (1961);
Deutscher Frauenring, Ortsring Pirmasens: Festschrift zum 40jährigen Jubiläum 1950-1990;
Rainer Plappert: Das Land als Militärstandort, in: Heinz-Günther Borck (Hg.), Beiträge zu 50 Jahren Geschichte des Landes Rheinland-Pfalz. Koblenz 1997 (Veröff. d. Landesarchivverwaltung Rheinland-Pfalz, Bd. 73), S. 401-452;
Deutscher Frauenring e.V., 40 Jahre Landesverband Rheinland-Pfalz. (1991);
Margot Jäger: Deutscher Frauenring e.V., DFR, Staatsbürgerliche Bildung für Frauen, in: Frauenverbände in Rheinland-Pfalz. Hg. v. Ministerium für Soziales und Familie, zus.-gest. v. Hildegard Frieß-Reimann. Mainz 1987, S. 36-39;
Grundhöfer, Pia: Britische und amerikanische Frauenpolitik in der Nachkriegszeit – „To help German women to think for themselves", in: Kurt Düwell/Herbert Uerlings (Hg.): So viel Anfang war nie? 50 Jahre Nachkriegszeit. Trier 1996 (Trierer Beiträge. Aus Forschung Lehre an der Universität Trier, XXV, Juni 1996), S. 7-20.

Anneliese Koenig (geb. 1923)

Anneliese Koenig wurde am 25. Mai 1923 in Ludwigshafen geboren. Ihr Mädchenname war Schaaff, ihre Eltern führten ein alteingesessenes Baugeschäft. Sie besuchte das Mädchengymnasium in Ludwigshafen bis zur Mittleren Reife. Sie hätte gerne Abitur gemacht, doch ihre Eltern hielten das bei einem Mädchen nicht für notwendig. Nach Abschluß der Schule arbeitete sie im elterlichen Betrieb.
Zu Hause in Ludwigshafen lernte sie auch ihren zukünftigen Mann kennen. Der Konditor Karl Koenig war ein Freund ihres älteren Bruders. Zunächst beachtete der sechs Jahre Ältere das „kleine Mädchen" kaum, doch mit der Zeit änderte sich seine Einstellung, und beide verliebten sich ineinander. Anneliese und Karl Koenig heirateten 1942, Karl war zu dieser Zeit als Soldat in Frankreich stationiert.
Der Krieg sollte das junge Glück bald zerstören. Nach einem kurzen Heimaturlaub wurde Karl Koenig 1943 nach Rußland abkommandiert, und während seine junge Frau ihn noch auf dem Weg dorthin glaubte, erhielt sie schon die Nachricht, daß er gefallen sei. Ihr Kind, Ursula, war damals drei Monate alt.
Gemeinsam mit der kleinen Tochter wurde Anneliese Koenig aus dem von vielen Fliegerangriffen heimgesuchten Ludwigshafen nach Driesdorf in Mittelfranken evakuiert. Erst nach Kriegsende im Mai 1945 kehrte sie in die Trümmerstadt Ludwigshafen zurück. Der Neuanfang war schwer, mit anderen Familien zusammen wohnte sie zunächst in primitivsten Verhältnissen.
Anneliese Koenig mußte nun die Verantwortung für sich und ihr Kind übernehmen. Sie entschloß sich zu einer Ausbildung als Wirtschaftsleiterin mit dem Gedanken, später eine Anstellung in einem Kinderheim zu übernehmen, wo sie ihr Kind bei sich haben könnte. Für die Ausbildung zur Wirtschaftsleiterin war es nötig, eine zweijährige Frauenfachschule zu besuchen. Anneliese Koenig hatte vor ihrer Heirat schon ein Jahr die Landfrauenschule besucht, da sie auch einmal eine landwirtschaftliche Ausbildung in Erwägung gezogen hatte. Dieses Jahr wurde ihr nun anerkannt, so daß sie nur noch die Oberklasse der Frauenfachschule in Mainz zu absolvieren brauchte. Zuvor mußte sie jedoch ein Praktikum in einem Großküchenbetrieb ableisten, was sie in Villingen in einem Krankenhaus tat.
An die Frauenfachschule schloß sich ein einjähriges Praktikum an, nach dem erst die staatliche Anerkennung zur Wirtschaftsleiterin erfolgte. Dieses Praktikum hatte sie gerade in einem Hotel begonnen, als sie ihr Schwiegervater eines Tages um Hilfe bat. Die Familie Koenig besaß ein seit 1884 bestehendes Konditorei-Café in Ludwigshafen, das allerdings, wie ein Großteil der Gebäude der Stadt, im Krieg zerstört worden war. Nach dem Tod ihres einzigen Sohnes hatte der Unternehmergeist der Familie nachgelassen; erst auf Drängen der alten Stammkunden begann Carl Arthur Koenig, sein Café an alter Stelle in der Bahnhofstraße wieder aufzubauen. Um die Tradition als „Familiencafé" fortzusetzen, bat er seine Schwiegertochter um Mithilfe. Anneliese Koenig brach ihr Praktikum im Hotel ab und arbeitete von nun an im schwiegerelterlichen Betrieb, was ihr auch für ihre Ausbildung zur Wirtschaftsleiterin anerkannt wurde, die sie ein Jahr später abschloß.

Anneliese König beim 100-jährigen Geschäftsjubiläum am 1. Juli 1984. Es gratulieren Obermeister Kuhn, Konditormeister Berzel, der Geschäftsführer der Kreishandwerkerschaft Braun und Oberbürgermeister Dr. Ludwig (v. l. n. r.).

Die Anfänge waren primitiv: Zwei Holzböcke mit Baudielen und darübergelegten Bettüchern waren der erste Verkaufstisch, ein einfacher Haushaltskühlschrank diente zur Aufbewahrung der Torten, die kleiner waren als normal, nur um eine größere Auswahl bieten zu können. Im Verkaufsraum standen nur drei winzige Tischchen, doch das Café war immer gut besucht, und am Abend war in der Regel alles ausverkauft. Der Mangel an geeigneten Zutaten in der Nachkriegszeit machte die Konditoren erfinderisch. Carl Arthur Koenig war ein ausgezeichneter Fachmann, und seine Schwiegertochter konnte viel von ihm lernen, während sie ihm in der Backstube zur Hand ging. Leider konnte Carl Arthur Koenig den sich langsam einstellenden Erfolg seines Cafés nicht mehr genießen. Mitten in der Arbeit erlag er plötzlich im Februar 1951 einem Herzleiden. Wie sollte es nun weitergehen mit dem Café Koenig? Die Witwe durfte das Geschäft zwar weiterführen, aber was dann?

Anneliese Koenig ergriff nun die Initiative. Nur wenige Wochen nach dem Tod ihres Schwiegervaters meldete sie sich zur Gesellenprüfung für das Konditorenhandwerk an und wurde auch zugelassen. Auch wenn sie im formalen Sinne keine eigentliche Konditorlehre absolviert hatte, hatte sie doch von ihrem Schwiegervater so viel gelernt, daß sie im Herbst 1951 mit den Noten „sehr gut" und „gut" ihren Gesellenbrief in der Tasche hatte.

Um die Meisterprüfung ablegen zu dürfen, mußte man jedoch fünf Jahre Berufspraxis haben. Anneliese Koenig arbeitete also im Café, sowohl in der Backstube, als auch im Verkauf und in der Buchhaltung. Im Jahr 1954 wurde das Café zum erstenmal erweitert, so daß nun 100 Personen dort Platz fanden. Durch die Mehrfachbelastung, welche die Führung des gesamten Geschäftsbetriebs für Anneliese Koenig mit sich brachte, fehlte ihr die praktische Fertigkeit in der Backstube, die zum Erlangen der Meisterprüfung nötig war. Daher meldete sie sich zu einem Lehrgang an der Berufsfachschule in Wolfenbüttel an. Neben 35 Männern war sie dort die einzige Frau. Der Direktor zeigte sich begeistert und versprach ihr, sie nicht ohne Meisterprüfung von der Schule zu lassen. In der wunderbaren, neidlosen Klassengemeinschaft mit ihren männlichen Kollegen fühlte Anneliese Koenig sich sehr wohl, und mit viel Übung schaffte sie ein viertel Jahr später ihre Meisterprüfung mit den Noten „sehr gut" im theoretischen und „gut" im praktischen Teil und wurde somit 1956 die erste weibliche Konditormeisterin in Rheinland-Pfalz.

Ab dem 1. Juli 1957 leitete sie als Geschäftsführerin das Café Koenig für ihre Schwiegermutter, die 1958 verstarb. Die Schwiegereltern hatten in ihrem Testament verfügt, daß Anneliese Koenig das Geschäft weiterführen sollte, um es später einmal an ihre Tochter Ursula zu übergeben, die schon in jungen Jahren Ambitionen zeigte, ebenfalls den Konditorberuf zu ergreifen. Nach Lehr- und Gesellenjahren in fremden Betrieben kehrte die Tochter in den Familienbetrieb zurück und erwarb bald darauf auch ihren Meisterbrief.

Das Café florierte, jede verdiente Mark wurde wieder investiert. Zusammen mit gut ausgebildetem und engagiertem Personal machte Anneliese Koenig das Café zum beliebten Treffpunkt für die ganze Familie. Zwei große Umbauphasen 1964 und 1980 verschönten und vergrößerten das Geschäft.

Neben der Arbeit im eigenen Café engagierte sich Anneliese Koenig als stellvertretende Obermeisterin auch in der Konditoren-Innung und in der Handwerkskammer. Mit der Zeit gab Anneliese Koenig immer mehr Verantwortung ab. Bereits seit 1978 führte ihre Tochter Ursula zusammen mit ihrem Mann das Café als Geschäftsführerin. Im Jahr 1984 wurde das hundertjährige Jubiläum des Familienbetriebs groß gefeiert. Danach, zum 1. Januar 1985, überschrieb Anneliese Koenig das Café auf ihre Tochter und zog sich auch völlig aus dem Betrieb zurück, da sie wollte, daß ihre Tochter als Chefin akzeptiert wurde.

Aus familiären und gesundheitlichen Gründen mußte ihre Tochter fünf Jahre später die Leitung des Betriebs jedoch aufgeben. Zunächst wurde das Café verpachtet, später verkauft. Heute bereut Anneliese Koenig diesen Schritt, denn die beiden ältesten Enkeltöchter sind beide in der Branche tätig. Für sie hätte sie das Café gerne in der Familie erhalten.

Nach dem Verkauf des Cafés zog die ganze Familie nach Frankenthal, wo es Anneliese Koenig, die mit Herz und Seele Ludwigshafenerin war und ist, sehr schwer fiel, heimisch zu werden. Die meisten ihrer Bekannten wohnen in Ludwigshafen, und ihre Gesundheit läßt es nicht immer zu, mit dem Auto in ihre „Heimatstadt" zu fahren. Und doch wird es Anneliese Koenig nie langweilig. Sie liest gern, sieht mit großem Interesse fern und freut sich immer über den Besuch von ihren vier Enkeln und vier Urenkeln. Am 25. Mai 1998 feierte sie ihren 75. Geburtstag.

Martina Ruppert

Quellen/Literatur:

Interview mit Anneliese Koenig am 30. Januar 1998, geführt von Martina Ruppert;
Chronik: Zum 100jährigen Geschäftsjubiläum im Café Koenig;
Zeitungsartikel: Café Koenig: Über hundert Jahre geschätzter Treffpunkt (Die Rheinpfalz, 10.8.1989); Ein echter „Pralinée-Held"; Café Koenig feierte 100jähriges Bestehen; 100 Jahre „Café Koenig"; Café Koenig wie neu nach „Verjüngungskur" (das Material wurde von Frau Koenig zur Verfügung gestellt).

Erika Köth (1925-1989)

Ein Energiebündel voller Musikalität, Charme und Humor stand mit 22 Jahren auf der Bühne des Pfalztheaters Kaiserslautern und sang die Rache-Arie der „Königin der Nacht" mit einer Leichtigkeit, als sei die schwierige Partie mit Koloraturen in höchster Lage nur eine Stimmübung. Sechs Jahre später brillierte sie an der Staatsoper in München und gastierte an den großen Bühnen der Welt: Erika Köth war ein Opernstar geworden.

Am 15. September 1925 hatte sie in Darmstadt das Licht der Welt erblickt. „Ich bin ein Darmstädter Mädchen", sagte Erika Köth gern in echtem hessischen Dialekt und verleugnete auch ihre bescheidene Herkunft nicht. Ihr Vater war Elektromonteur und arbeitete viel im Ausland. Doch starb er, als Erika noch sehr klein war. Die Mutter war dadurch gezwungen, als Verkäuferin in einem Warenhaus für den Unterhalt zu sorgen. So wurde Erika tagsüber von den Großeltern umsorgt, an denen sie sehr hing. Die Stunden mit der Mutter waren aber doch die schönsten.

Der Großvater, der ihr Vertrauter war, prägte sie nachhaltig. Er zeigte ihr die Natur, lehrte sie, die Vogelstimmen zu erkennen und die Namen der Blumen zu nennen. Er schickte die kleine Eri mit der Großmutter in Theatervorstellungen für Kinder und veranstaltete zu Hause Musikabende. Das kleine Mädchen sang selbst wie eine Nachtigall und lernte rasch neue Melodien. Sie tanzte aber auch mit Begeisterung wie ein Wirbelwind und wollte später einmal Tänzerin werden.

Doch dann kam die Katastrophe: Erika erkrankte mit acht Jahren an Kinderlähmung. Sechs Monate waren die Beine völlig gelähmt. Sie wurde im Leiterwagen zum Arzt und mit dem Rollstuhl in die Schule gefahren. Die energische Großmutter aber sagte: „Wer zwei Beine vom lieben Gott geschenkt bekommen hat, muß sie auch gebrauchen können." Sie hängte Erika in eine Art Lederkorsett und zwang sie, im langen Flur auf und ab zu gehen, was sie dann auch weinend und jammernd tat. Als sich nach einiger Zeit eine leichte Besserung einstellte, erwachte in Erika ein eiserner Wille. Sie übte auch an Reck und Barren in der Schule, in die sie sich bald auch ohne Rollstuhl – rechts und links unterstützt von zwei Schulkameradinnen – schleppte. So schafften ärztliche Kunst und starker Wille, daß Erika wieder das Laufen lernte.

Der Traum vom Tanzen war jedoch ausgeträumt. Aber das junge Mädchen hatte ja noch eine andere Begabung: ihre schöne, klare Stimme. Ihr „Debüt" als jugendlicher Sopran hatte sie bereits mit sechs Jahren im Kinderchor des Darmstädter Landestheaters gegeben und jubelte dort auch ihr erstes kleines Solo. „Ich werde Sängerin", beschloß Erika, und wenn es wegen der Beine auch nicht auf der Theaterbühne, sondern nur im Konzertsaal oder dem Rundfunkstudio sein sollte.

„Im Märchen tauchen im entscheidenden Augenblick wohlgesinnte Feen auf", sagte Erika Köth einmal. Auch in ihrem Leben gab es diese Feen – männliche waren auch darunter -, die ihr den Weg erleichterten, ihre Begabung förderten und ihr nach bestandener Aufnahmeprüfung den Gesangsunterricht an der Hessischen Landesmusikschule finanzierten. Das war neben der ungeliebten kaufmännischen Lehre in ei-

Erika Köth als Zerlina in „Don Giovanni" von Mozart

ner Kohlenhandlung für sie das größte Glück. Als 1944 Theater, Opernhäuser und Musikhochschulen geschlossen wurden, mußte sie in einer Munitionsfabrik „zum Endsieg" beitragen, was ihr höchst zuwider war. Nach dem Einzug der Amerikaner schrubbte sie – Lieder trällernd – Küchenböden in einer Kaserne und sortierte später im Arbeitsamt Karteikarten.

Doch den Traum, Sängerin zu werden, träumte sie weiter. Und wieder tauchte eine Fee in Gestalt eines Künstlers mit kühn geschwungenem Schal und großem Schlapphut auf, der beim Arbeitsamt eine Sängerin für einen amerikanischen Club suchte. Keck und charmant bot sich Erika selbst an und wurde nach einem Probesingen sofort engagiert. In Baden-Baden war ihr erster Auftritt, und dafür brauchte sie natürlich ein Abendkleid. Aus einem alten Stück Vorhang wurde es genäht, und die schwarzen Straßenschuhe polierte Erika Köth mit Silberbronze auf. „Bezahlt wurden die Auftritte in Naturalien, etwa für drei hohe C eine Büchse Corned beef", erzählte die Kammersängerin später lachend.
Ihre Reise in die Welt der Oper begann im August 1948, kurz nach der Währungsreform. Bei einem Wettbewerb von Radio Frankfurt hatte Erika Köth unter 300 Teilnehmern den ersten Preis mit der Arie der „Königin der Nacht" ersungen und als Folge ein Engagement an der Städtischen Bühne Kaiserslautern bekommen. Ausstaffiert mit zusammengestoppelter Garderobe in einem Margarinekarton, ratterte sie im Bummelzug los, landete durchgeregnet im provisorischen Theater, sang sich auf der Toilette kurz ein und brachte – quasi ohne Atempause – in der gerade laufenden Probe der Oper „Mignon" von Ambroise Thomas ihre Partie als Philine. Einen Monat später heimste sie erste Erfolge als Zigeunerin Manja in Kalmans „Gräfin Mariza" und als Christel von der Post in Zellers „Vogelhändler" ein. Ihre einmalig schöne Stimme, die mühelos bis zum hohen F hinauf kam, ihre ganze Ausstrahlung und Wandlungsfähigkeit brachten sie rasch nach oben. So sang sie die Adele in der „Fledermaus" und feierte mit der Partie der „Königin der Nacht" wahre Triumphe. „Ich mußte alles singen und spielen, Oper, Operette und Schauspiel", erzählte sie.
Meist kam die Koloratursopranistin auf acht Vorstellungen in der Woche – rein physisch eine enorme Leistung. Für Staralluren war sie viel zu natürlich, den Menschen zu unbefangen zugewandt und in ihren Ansichten zu offen und ehrlich. Die Gage war winzig klein, aber die Begeisterungsfähigkeit groß, und vor allem half ihr ein nie versiegender Humor über manche Entbehrung hinweg. Das Magenknurren übertrug sich zum Glück nicht auf die Stimme. Und – sie hatte sich verliebt: in den Schauspieler-Kollegen Ernst Dorn. 1951 war Hochzeit, und bald danach stand er ihr auf allen Reisen rund um die Welt als Manager, Organisator, Kritiker, Berater und Beistand in allen Dingen zur Seite.
1950 stand die Koloratursängerin in Karlsruhe auf der Bühne. Ihr Ruf verbreitete sich rasch über die Landesgrenzen hinweg, und so kam sie schon drei Jahre später an die Bayerische Staatsoper in München. Sie wurde der unumstrittene Liebling des Publikums. Die Kritiker überschlugen sich mit Superlativen, wenn sie die Leistung der Künstlerin beschreiben wollten, und das Publikum bereitete ihr überwältigende Ovationen. Sie war bald in Berlin genauso zu Hause wie in Wien, Salzburg oder an der Mailänder Scala, ihre Bühne blieb aber München.
Erika Köth sang alle großen Partien mit den bedeutendsten Sängern unter den genialsten Dirigenten, wie Böhm, Furtwängler, Knappertsbusch, Keilberth und Karajan. Der Dirigent Ferenc Friscay, von ihrer biegsamen hohen Stimme entzückt, studierte die Oper „Lucia di Lammermoor" von Donizetti, die über neunzig Jahre nicht mehr

auf deutschen Bühnen gespielt worden war, neu ein. Erika Köth zählte zu den wenigen Sopranistinnen der Welt, die diese extrem hohe Titelrolle der „Lucia" so mühelos und eindringlich singen konnten. 56 mal ging nach der Premiere der Vorhang auf – auch für die Künstlerin ein unvergeßliches Erlebnis.
Die Sopranistin repräsentierte einen virtuosen Stimmtyp, der in der Nachkriegszeit nicht nur in Deutschland einer Neuentdeckung glich. Durch ihre gesangliche und schauspielerische Wandlungsfähigkeit beglückte und erschütterte sie die Menschen gleichermaßen. Ob sie die kokette Adele sang, die zu Tränen rührende Gilda, die tief gekränkte Donna Elvira oder die seelenvolle Konstanze – sie stellte sie nicht dar, sie wurde selbst zu jeder dieser Figuren. Den Titel „Kammersängerin" bekam sie schon mit knapp dreißig Jahren verliehen, und unzählige hohe Auszeichnungen – darunter der Verdienstorden von Rheinland-Pfalz, den ihr Ministerpräsident Dr. Bernhard Vogel übergab, der Bayerische Verdienstorden und die Bundesverdienstkreuze Zweiter und Erster Klasse – säumten ihren künstlerischen Weg.
Auf der Höhe ihres Ruhms trat Erika Köth 1978 nach genau dreißig Jahren von der Bühne ab – sie wollte nicht zu den Künstlerinnen gehören, über die man tuschelt: „Ach, singt die immer noch?"
„Die Zeit in Kaiserslautern war die schönste Zeit meines Lebens", sagte die weltberühmte Sopranistin nach ihrem Abschied von München und Berlin. Der Pfalz, in der sie ihre steile Karriere begonnen hatte und aus der ihr Ehemann stammte, blieb sie treu. Zwischen Wald und Reben hatte sich das Ehepaar Köth-Dorn in Neustadt an der Weinstraße ein Haus gebaut. Schon 1963 gab es vom eigenen Weinberg den ersten Jahrgang „Königsbacher Ölberg Riesling, gelesen am 28. Oktober 1963 mit 73 Grad Öchsle und 10 alten Weibern, Wachstum Erika Köth", wie auf dem handgeschriebenen Etikett steht. Die Fotos mit der Kammersängerin bei der Weinlese oder bei einem Weinfest gingen durch die Presse und zeigten sie als fröhliche Winzerin, das funkelnde Glas in der Hand. 1978 zogen Erika Köth und Ernst Dorn endgültig von ihrem Domizil in Baldham bei München nach Neustadt-Königsbach. „Man soll nicht in der Stadt alt werden, in der man berühmt geworden ist", hatte der Ehemann ihr klugerweise geraten, und beide fühlten sich rasch heimisch. Immer wieder ging sie auf Konzertreisen, denn auch dem Liedgut – von Schubert bis Richard Strauss – hatte sie sich schon während ihrer Bühnenzeit intensiv gewidmet. Sie war sich aber auch nicht zu schade, heitere Pfälzer Lieder zu singen, und so entstand neben den über hundert Schallplatten von Opernarien und Liedern auch eine Aufnahme mit Pfälzer Melodien. Ein Vergnügen war es, wenn die Künstlerin lustige Erlebnisse und Anekdoten aus ihrer Bühnenlaufbahn erzählte und der Schalk ihr dabei aus den Augen sprang. Die Straße, in der sie wohnte, wurde nach ihr benannt.
Ihr Können gab „die Köth" weiter als Dozentin an der Mannheimer und der Kölner Musikhochschule und in Privatunterricht, den sie in Erinnerung an ihre entbehrungsreichen Anfangsjahre oft sogar kostenlos gab. In ihrer Wahlheimat Neustadt begründete die Künstlerin 1984 die bis heute fest etablierten „Internationalen Meistersingerkurse". Die Kurse enden jeweils mit einem großen Konzert mit der Staatsphilharmonie Rheinland-Pfalz, in dem die besten Sängerinnen und Sänger von einer

Jury und vom Publikum ausgewählt werden. Die Preisträger treten dann noch einmal im „Neujahrskonzert" mit den Philharmonikern in Neustadt auf.

Viele ihrer „Kinder", wie Erika Köth die jungen Sänger und Sängerinnen nannte, starteten von Neustadt aus direkt den Weg in die Opernhäuser. Sie hatte ihnen mit konsequenter, unermüdlich freundlich-strenger Schulung der Stimme, aber auch des äußeren Auftretens, des Fleißes, der Selbstdisziplin und Menschlichkeit ein gutes Lebensfundament mitgegeben. „Als Pädagogin war Erika mindestens so gut wie als Sängerin", sagt Ernst Dorn rückschauend.

Am 20. Februar 1989 trat die in ihrem Fach einzigartige, bis zuletzt lebensbejahende Koloratursopranistin Erika Köth von der großen Lebensbühne ab.

Gisela Foltz

Quellen/Literatur:

Gespräche mit Erika Köth und Ernst Dorn von 1981 bis 1999;
Günter Werner: Erika Köth – Ihr Herz ist voll Musik. Landau/Pfalz 1984.

Elisabeth Konrad (1896-1972)

Elisabeth Konrad wurde am 21. November 1896 als Tochter des Kommerzienrats Carl Schill und seiner Ehefrau Lenchen, geb. Clauß, im rheinhessischen Osthofen geboren. Sie besuchte die kurz zuvor eingerichtete „Höhere Töchterschule" in Osthofen. Der Vater war jedoch der Meinung, ein Mädchen brauche nicht zu studieren, da es ja doch heirate. So besuchte Elisabeth, die künstlerisch begabt war, lediglich einige Zeit eine Kunstschule. Ihr Leben lang blieb das Malen eine ihrer Lieblingsbeschäftigungen, und es existieren zahlreiche Aquarelle und Zeichnungen, meist Landschaften, Burgen, Tore, aber auch andere Motive, von ihrer Hand.
1919 heiratete sie den Landwirt Fritz Konrad aus Osthofen und war in den folgenden Jahren als Bäuerin im eigenen Betrieb tätig.

Elisabeth Konrad

Ihr Schwager, Jakob Konrad, der im März 1918 in Frankreich gefallen war, hatte ein Baugeschäft hinterlassen, das bis 1936 von seiner Witwe, nach deren Tod von den beiden Töchtern, weitergeführt wurde, die es verkaufen wollten. Fritz und Elisabeth Konrad erwarben die Firma 1938, um ihrem Sohn Georg Walter eine spätere Existenz zu schaffen.
Sie stellten zwei gute Poliere ein, und das Geschäft nahm einen raschen Aufschwung. Da begann der Krieg, und fast alle Beschäftigten mußten zum Bau des Westwalls abgestellt werden. Fritz Konrad selbst wurde als Reserveoffizier im April 1940 zur Wehrmacht eingezogen, der Sohn Georg Walter wenige Tage später, am 1. Mai 1940. Elisabeth Konrad hatte von Anfang an die kaufmännische Leitung des Betriebs übernommen; nun lag die gesamte Verantwortung auf ihr. Fritz Konrad wurde 1944 als Reserveoffizier entlassen, dann jedoch als Kompanieführer mit dem Volkssturm erneut an die Ostfront geschickt. Er fiel in den letzten Kriegstagen, am 13. April 1945, bei Leipzig. Ihr Sohn war bereits seit Juli 1944 in Rußland als vermißt gemeldet.
Elisabeth Konrad führte das Bauunternehmen nun ganz allein mit zwei Polieren weiter. Als nach der Währungsreform der Wiederaufbau der zur Landeshauptstadt bestimmten Stadt Mainz in Gang kam, war die Firma Konrad mit fast allen Mitarbeitern an den Arbeiten beteiligt und nahm einen raschen Aufschwung. Bei den notwendigen Verhandlungen mit französischen Besatzungsbehörden kamen Frau Konrad dabei ihre guten Französischkenntnisse sehr zustatten. 1946 war ein erstes Lebenszeichen des Sohnes aus der russischen Gefangenschaft gekommen, wodurch

seine Mutter besonders beflügelt wurde, sich mit allen Kräften für den Erhalt des Betriebs einzusetzen. An der Ausstellung „Aufstrebende Wirtschaft im Raum Worms" des Jahres 1949 konnte Elisabeth Konrad ihre Baufirma bereits als erfolgreiches Unternehmen präsentieren.

Neben ihrer Aufgabe als Chefin engagierte sich Elisabeth Konrad auch in der Politik. Sie war schon bald nach dem Krieg der CDU beigetreten und wurde als eine der ersten Frauen im Oktober 1946 in den Kreistag des Landkreises Worms gewählt. Diesem Gremium gehörte sie zwei Wahlperioden lang an und nahm sich vor allem der Sorgen und Nöte des heimischen Handwerks an.

Darüber hinaus fand sie Zeit, über zehn Jahre lang ehrenamtlich als Organistin in der evangelischen Kirche von Osthofen tätig zu sein. Auch bei der Wiedergründung der Turngemeinde 1848 Osthofen im Jahr 1949 spielte Elisabeth Konrad eine wichtige Rolle. Da sie keiner NSDAP-Organisation angehört hatte, durfte sie bei den französischen Behörden den Antrag auf Wiederzulassung des Vereins stellen und wurde in den Vorstand gewählt. Im Jahr 1965 wurde sie zum Ehrenmitglied der Turngemeinde 1848 ernannt.

Einer der freudigsten Tage in ihrem Leben war sicher jener Tag im Januar 1950, als ihr Sohn Georg Walter endlich aus der russischen Gefangenschaft heimkehrte. 1952 bestand er seine Meisterprüfung im Maurerhandwerk und übernahm die technische Leitung des Betriebs. Elisabeth Konrad konnte nun daran denken, sich allmählich aus der aktiven Arbeit zurückzuziehen. Im Jahr 1954 zog sie nach Darmstadt, um dort ihren Ruhestand zu verbringen. Hier hatte sie einen großen Bekanntenkreis und konnte sich ihrem Hobby, der Kunst, widmen. Doch natürlich nahm sie auch von ihrem Altersruhesitz aus weiterhin lebhaft Anteil an der Entwicklung des Osthofener Betriebes.

Sie verstarb am 7. Juni 1972 in Darmstadt.

Hedwig Brüchert

Quellen/Literatur:

Mitteilungen der Handwerkskammer Rheinhessen vom 24.10.1994;
Mündliche Auskünfte von Herrn Georg Walter Konrad, Osthofen, vom August 1999.

Karoline Kriechbaum (1899-1973)

Karoline Kriechbaum wurde am 9. Juni 1899 als Karoline Flatter in Nürnberg geboren. Ihre Eltern stammten aus der Westpfalz; ein Großvater war der Zweibrücker Maler Karl Lehmann. So kam Karoline als Zehnjährige nach Kaiserslautern. Ihre Jugend fiel in die Zeit des Ersten Weltkriegs und der darauffolgenden Hungersnot. Um zu überleben, nahm die junge Frau Arbeiten aller Art an.

1924 heiratete Karoline den aus Österreich stammenden Schlosser Leopold Kriechbaum und ging mit ihm nach Lothringen, wo beide Arbeit fanden. Aber auch in Frankreich machte das Ehepaar schlechte Erfahrungen und wollte wieder nach Deutschland zurück. Karoline Kriechbaum hatte vergessen, den Sichtvermerk in ihrem Paß rechtzeitig erneuern zu lassen, und mußte die traurige Erfahrung machen, was es heißt, Ausländerin zu sein.

Karoline Kriechbaum

Nach der Rückkehr im Jahr 1925 nahm das Ehepaar wieder Wohnung in Kaiserslautern. Zu Beginn der dreißiger Jahre suchte die Kammgarnspinnerei Arbeitskräfte, und Karoline Kriechbaum bekam einen Platz an einer der großen Spinnmaschinen. In ihrer freien Zeit begann sie in Pfälzer Mundart und in Hochdeutsch zu schreiben. Sie hatte eine gute Beobachtungsgabe, erfaßte eine Situation schnell und verfügte über eine wortreiche Sprache. In ihren Gedichten verarbeitete die Autorin den Alltag, die Welt in der Fabrik, in der sie sich jeden Tag bewegte. Zunehmend fand sie damit Anerkennung, auch wenn das Schreiben nie zum Hauptberuf wurde, sondern sie weiter in der Kammgarnspinnerei arbeitete.

Sie freute sich, als die „NSZ Rheinfront" (Nationalsozialistische Zeitung) im Juni 1937 eines ihrer Mundartgedichte abdruckte. 1939 wurde sie den Lesern des Blattes als „Arbeiterdichterin" vorgestellt: „Karoline Kriechbaum steht an der Maschine, von der sie sich nicht trennen will, und wer sie kennt, weiß, daß nur die Welt der harten Arbeit in den Hallen der Fabrik ihr die Kraft zum dichterischen Schaffen gibt." Anlaß zu diesem Bericht war der Abdruck von fünf weiteren, in Hochdeutsch geschriebenen Gedichten.

Durch diese Veröffentlichungen aufmerksam geworden, bot ihr die Firmenleitung eine etwas leichtere Tätigkeit an. Aus Angst, ihren Arbeitsplatz zu verlieren, beharrte die Autorin zunächst darauf, den schweren Akkord an der Spinnmaschine zu leisten, und gewann damit das Vertrauen ihrer Kolleginnen, die an den gleichen Maschinen standen, den gleichen Lärm ertragen und den gleichen Staub schlucken mußten. Bald kamen sie mit ihren Sorgen zu ihr, und Karoline Kriechbaum avancierte zur „Sozialbetreuerin" der Kammgarnspinnerei. Sie stellte sich den Fragen und Nöten der vielen Frauen, die in der großen Fabrik arbeiteten, und sie mag sich zum ersten Mal in ihrem Leben anerkannt und geehrt gefühlt haben.

Auch während des Krieges schrieb sie weiter Gedichte und veröffentlichte sie. 1941 gab die Autorin „Familie Hemmer – Die Geschichte einer Arbeiterfamilie" mit einem Vorwort von Paul Münch heraus. Der Inhalt dieses kleinen Buches, gleichsam ein Stück pfälzischer Arbeiterdichtung, ist nicht identisch mit dem 1955 unter dem gleichen Titel von Gert Friderich herausgegebenen Buch der Autorin, das bei Rohr-Druck, Kaiserslautern, verlegt wurde.

Den Schrecken des Krieges erlebte Karoline Kriechbaum am eigenen Leib. Kaiserslautern war Garnison und wurde ab Januar 1944 auch tagsüber bombardiert. Gerade das Wohnviertel „Auf dem Kotten", wo die meisten Arbeiterinnen und Arbeiter der Kammgarnspinnerei wohnten, wurde in der Nacht vom 28. September 1944 in Schutt und Asche gelegt. Viele Menschen kamen dabei zu Tode. Spätestens zu diesem Zeitpunkt änderte sich Karoline Kriechbaums Einstellung zum NS-Regime. In einem ihrer Werke mit dem Titel „Unnergang" beschreibt sie das Leid der Frauen und Kinder im Krieg:

... Die Bombe falle schun – un grell
Schießt's Feier hoch! – „Eraus! Eraus!
Du, Annelißche, werscht net wach?
Kumm zu dr, Kind, un guck enaus,
Kannscht nimmi laafe, bischt ze schwach?
Schun klafft die Wand – die Hemmern packt
Ehr Jingschtes in e wollni Deck:
Sa' Welt, es des die letscher Akt,
Brennt net die Stadt an jedem Eck?
Un immer noch wird druf geschmiß,
Vertrimmert un ewegg gerafft – ...

Ob dieses und andere Gedichte kritischen Inhalts schon während des Krieges oder erst danach entstanden sind, ist nicht eindeutig belegt. Sie sind veröffentlicht in der zweiten Auflage ihres Büchleins „Familie Hemmer" (1955), in dem sie das schwere Schicksal einer Arbeiterfamilie mit sieben Kindern in der Zeit vor, während und nach dem Zweiten Weltkrieg in eindringlicher Sprache schildert.

Von 1949 bis 1960 schrieb sie Dialoge für „Hannewackel und Jakobine", ein streitbares Paar, das in der Pfälzischen Volkszeitung, Kaiserslautern, einen festen Platz hatte. Aus der Feder der Autorin stammen auch Mundartstücke, wie beispielsweise „Die üwerrumpelt Schwiegermutter", Schwank in einem Akt, der ebenfalls bei der Druckerei Rohr, Kaiserslautern, 1953 erschien, und sie veröffentlichte Glossen und Mundartgedichte in regionalen Blättern.

„Dazwischen sind fremde Hände. Zwei Menschen in einer großen Fabrik", lautet der Titel einer der besten Erzählungen von Karoline Kriechbaum, die nach dem

Zweiten Weltkrieg im „Pälzer Feierowend", einer Wochenendbeilage der Pfälzischen Volkszeitung, Kaiserslautern, erschienen ist. Darin heißt es:

„Man müßte mehr verdienen, denkt Michael. Unlust überkommt ihn, er empfindet die bis in das Unscheinbarste geordnete und errechnete Welt als unübersteigbares Mauerwerk, hinter dem er irrt und keinen Ausweg weiß. Immer den gleichen Weg vom Wolf zum Lager und zurück. Unter ihm stampfen die Kolben, hämmern Motore, kreisen Spulen und Spindeln, das Getöse überschreit den menschlichen Laut, überfällt die blauen Gestalten, die fast verloren zwischen Ungetümen wirken. Das Leben ist schwer, denkt Michael, und „schwer, schwer", echot der Pulsschlag der Fabrik. „Schwer", sagt auch Karl und wirft dem Freund zwei volle Arme in den Wagen: „Wär Arwet for zwä Mann." Michael nickt: „Is e Hatz. Müßt e Kipper han, motorisiert. Dann hätt ich leichter schaffe und die Maschin könnt schneller laafe. Wär a mei Zahldag besser." Karl stößt ihn an: „Un morje, Kamerad? Morje laaft es Werk vun selbscht und braucht uns nimmi. Helf dezu, daß mers noch erlewe derfe."

Seit 1964 war Karoline Kriechbaum verwitwet. Sie zog bald darauf in ein Alten- und Pflegeheim in Lambrecht in der Pfalz, wo sie, von der Öffentlichkeit unbeachtet, am 6. Juni 1973 starb.

Marliese Fuhrmann

Quellen/Literatur:

Stadtarchiv Kaiserslautern;
Auskünfte der Stadtverwaltung Kaiserslautern;
Marliese Fuhrmann: „... dies höchste Gut, es heißt – Selbständigkeit." Schreibende Frauen und ihre Werke. In: Frauengeschichte – Frauengeschichten aus Kaiserslautern. Dokumentation Kaiserslauterer Bürgerinnen und Bürger, hg. v. d. Gleichstellungsstelle Kaiserslautern. Otterbach/Pfalz 1994, S. 110-120;
Rudolf Post, Pfälzisch. Einführung in eine Sprachlandschaft, Landau 1991, S. 270.

Walburga Kroiss = Schwester Luthardis (geb. 1919)

Am 27. September 1919 wurde Schwester Luthardis als Walburga Kroiss als älteste von vier Geschwistern geboren. Der Vater war Schuhmacher in Pfeffenhausen und betrieb ein Schuhgeschäft, das später von einem seiner Söhne weitergeführt wurde. Der zweite Sohn wurde von den Eltern ins Gymnasium des Klosters Metten in Niederbayern geschickt und wurde Arzt. Auch die älteste Tochter sollte eine christliche Schule besuchen. Sie trat nach der Volksschule 1932 in die Mädchenmittelschule des Klosters Mallersdorf ein. Der Schwerpunkt der schulischen Ausbildung lag auf den kaufmännischen Fächern Buchführung, Maschinenschreiben, Stenografie usw., was der jungen Schülerin besonders lag. 1935 bis 1937 absolvierte sie eine kaufmännische Lehre in der Verwaltung der Riffler-Klinik in München.
1938 entschied sich die junge Frau zum Eintritt in das Klosterleben im Kloster Mallersdorf und wurde Postulantin. Ein Jahr später wurde sie von der Ordensleitung schon einmal in das Ordenskrankenhaus nach Zweibrücken geschickt, mußte die Stadt aber nach kurzer Zeit wegen der Evakuierung wieder verlassen.
Ab 1940 war die Postulantin Walburga zusammen mit einem Sanitätsfeldwebel im Reservelazarett des Klosters Mallersdorf tätig. Jedesmal, wenn der Kreisleiter ihres Heimatkreises, der ihren Vater wegen regimekritischer Äußerungen überwachte, ins Lazarett zur Besichtigung kam, mußte sie sich verstecken.
Am 15. August 1941 wurde Walburga Kroiss mit der Ablegung der feierlichen Gelübde in die Ordensgemeinschaft der Armen Franziskanerinnen der Hl. Familie zu Mallersdorf aufgenommen und erhielt den Namen Sr. Maria Luthardis.
Im Juli 1946 schickte die Ordensleitung die kaufmännisch vorgebildete Schwester Luthardis als Verwaltungsschwester in das Elisabethkrankenhaus nach Zweibrücken. Von diesem Zeitpunkt an bis zu ihrem Eintritt in den Ruhestand lag nun die Verwaltung des Hauses über mehrere Jahrzehnte hinweg weitgehend in ihrer Verantwortung. Hauptaufgabe war zunächst der Wiederaufbau. Das 1906/07 von den Mallersdorfer Schwestern gegründete Krankenhaus war am 14. März 1945, fünf Tage vor dem Einmarsch der Amerikaner, bei einem Bombenangriff völlig zerstört worden. Sofort nach Kriegsende hatten die etwa dreißig verbliebenen Schwestern mit den Aufräumungsarbeiten begonnen.
Der Konvent bestand damals aus etwa 35 Ordensfrauen, die sich selbstlos für den Wiederaufbau einsetzten. Unterstützungsersuchen bei der Landesregierung und bei der Stadtverwaltung Zweibrücken waren abschlägig beschieden worden. So mußten die Mallersdorfer Schwestern die Finanzierung ebenso wie die Beschaffung von Baumaterialien, wie Ziegel und Dachbalken, selbst in die Hand nehmen. Drei Jahre nach Kriegsende war das Krankenhaus St. Elisabeth soweit wieder aufgebaut, daß 120 Patienten versorgt werden konnten. Diese mußten aber nicht nur gepflegt, sondern auch verpflegt werden. Neben der Beschaffung von medizinischen Geräten für den Operationssaal und die Röntgenabteilung war die Beschaffung von Lebensmitteln vorrangig. 1948, noch vor der Währungsreform, fuhr Schwester Luthardis mit

*Schwester Luthardis
(Walburga Kroiss)*

Oberin M. Basia Schiel und Mitschwester Badmora auf abenteuerlichen Wegen nach Biberach und Schussenried, um Kartoffeln zu erbetteln. Zum Eierbetteln und Kirschenpflücken zogen sie mit dem Leiterwagen in den benachbarten Bliesgau. Mehrere Male wurden sie dabei von den französischen Kontrollposten aufgehalten und mußten ihre Waren abliefern, bekamen sie aber nach Interventionen wieder zurück.
Schon bald ließ Schwester Luthardis im Auftrag des Ordens einen Zielplan für die Krankenhausweiterentwicklung aufstellen. So gelang es ihr unter großen Schwierigkeiten, 1956 eine Abteilung für Innere Medizin zu etablieren. 1957 wurde ein Anbau des Bettentraktes erforderlich, 1962 und 1965-1967 folgten weitere Neubauten. Es gelang Schwester Luthardis durch ihren Einsatz, ihre Weitsicht und ihr Organisationstalent, das Elisabeth-Krankenhaus ständig auf den neuesten Stand der medizinischen und pflegerischen Versorgung zu bringen. Daß dies nicht ohne größere Hindernisse und Schwierigkeiten zu erreichen war,

ist verständlich. Die meisten Probleme bereiteten Schwester Luthardis die Verhandlungen mit der Landesregierung in Mainz, um die nötigen Zuschüsse zu erlangen. Viele Fahrten dorthin waren nötig. Auch die Verhandlungen mit der Stadtverwaltung Zweibrücken über Standort- und Grundstücksfragen gestalteten sich nicht einfach. 1972 wurde Schwester Luthardis schließlich offiziell zur Verwaltungsleiterin des Krankenhauses ernannt, ab 1983 lautete ihre Dienstbezeichnung „Verwaltungsdirektorin".

Neben ihrem Einsatz für das Krankenhaus müssen die seit 1981 laufenden Hilfsaktionen für Rumänien erwähnt werden. Schwester Luthardis organisierte ganze Lastwagenladungen voller Spenden für Kindergärten und Kinderheime sowie für Krankenstationen. Die Transporte begleitete sie persönlich, um sich an Ort und Stelle um die Verteilung zu kümmern. Dabei reiste sie in Zivilkleidung, da Ordensgewänder zur damaligen Zeit in Rumänien verboten waren. Die Hilfsaktion wird bis heute weitergeführt.

1977 wurde Schwester Luthardis von Ministerpräsident Bernhard Vogel mit der Staatsmedaille des Landes für besondere soziale Verdienste ausgezeichnet. Im Dezember 1985 verlieh ihr Bundespräsident v. Weizsäcker das Bundesverdienstkreuz am Bande.

Ihren Ruhestand verbringt Schwester Luthardis seit Januar 1993 im Altenwohnheim für Mallersdorfer Schwestern in Bad Wörishofen. Außer einem fortschreitenden Augenleiden erfreut sie sich noch guter Gesundheit, nimmt rege am Leben teil und besitzt ein erstaunliches Gedächtnis.

Christoph Legner

Quellen/Literatur:

Gespräch mit Schwester Luthardis am 15. September 1998;
Festschrift zur Jahrhundertfeier der Schwesternstation St. Elisabeth, Zweibrücken/Pfalz;
Zeitungsberichte aus: „Rheinpfalz" und „Pfälzischer Merkur" vom 5.12.1985;
Archiv des St.-Elisabeth-Krankenhauses, Zweibrücken.

Charlotte Krumbach (1919-1981)

Charlotte Franziska Emilie Meta Schäfer wurde am 13. September 1919 in Grabsleben, Kreis Gotha, Thüringen geboren. Ihr Vater, Otto Schäfer, war Architekt und Steinmetz; die Mutter Afra, geb. Wittmann, Hausfrau.
Um 1920 zog die Familie aus geschäftlichen Gründen nach Zweibrücken, das Otto Schäfer bereits kennengelernt hatte, als er an der grundlegenden Renovierung der Alexanderskirche (1903-11) als Steinmetz mitgearbeitet hatte. Charlotte wuchs hier mit fünf Geschwistern in einem demokratisch geprägten Elternhaus auf (der Vater war bis 1933 Mitglied der Wirtschaftspartei). Sie ging in Zweibrücken zur Schule, besuchte einige Jahre das Lyzeum und absolvierte dann bei dem Seifensieder Lorsch eine kaufmännische Lehre. Später arbeitete

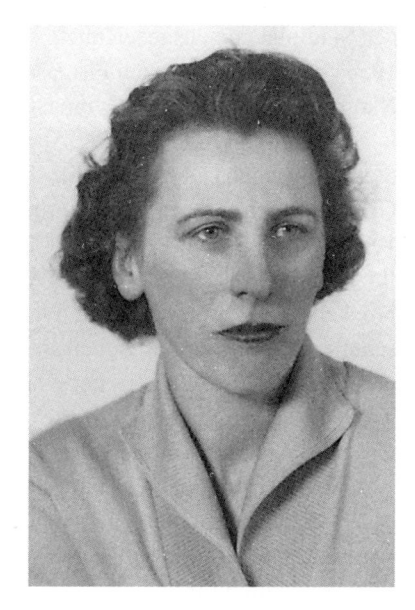

Charlotte Krumbach (1955)

sie bei dem Gerichtsvollzieher Marx in Pirmasens, bevor sie als Angestellte ans Oberlandesgericht Zweibrücken wechselte. Die Zeit der Evakuierung, als die Stadt Zweibrücken bei Kriegsausbruch 1939 mit der gesamten „Roten Zone", dem Grenzstreifen zu Frankreich, bis zur Rückführung ungefähr ein Jahr lang vollständig geräumt wurde, verbrachte Charlotte in Ludwigshafen am Rhein.
Am 6. Februar 1943 heiratete sie den fünf Jahre älteren Helmut Krumbach, der aus dem Nachbarort Einöd, Landkreis Homburg, stammte. Er war bei der Heirat Abiturient und als Feldwebel im Kriegsdienst, so daß die Eheleute keine gemeinsame Wohnung bezogen und Charlotte Krumbach ihre Berufstätigkeit nicht aufgab. 1943 kam der Ehemann schwerkriegsbeschädigt nach Speyer ins Lazarett und konnte im Sommersemester 1944 in Heidelberg ein Lehramtsstudium beginnen, das er 1949 in Mainz mit dem Examen abschloß.
Bei der zweiten Räumung von Zweibrücken Ende 1944 wurde Charlotte Krumbach nach Kirchheimbolanden evakuiert, wo sie das Kriegsende und den Einmarsch der Amerikaner erlebte. 1945 kehrte sie, wie viele ihrer Mitbürger, trotz des Verbotes durch die Amerikaner in die fast völlig zerstörte Stadt Zweibrücken zurück. Hier durchlebte sie die schwere „Trümmerzeit", die erst nach der Währungsreform langsam in die Zeit des Wiederaufbaus überging. 1946 wurde ihr einziges Kind, Max, geboren.
Im Herbst 1948, bei der zweiten Kommunalwahl nach dem Zweiten Weltkrieg, kandidierte Charlotte Krumbach für die SPD. Sie wurde auf Anhieb als eine von drei Frauen in den Zweibrücker Stadtrat gewählt.

Für ihre Verdienste um die Stadt während der schwierigen Nachkriegsjahre wurde sie 1952 anläßlich der 600-Jahr-Feier der Verleihung der Stadtrechte mit der bronzenen Stadtplakette ausgezeichnet.

1954 zog die Familie nach Pirmasens, da Helmut Krumbach, der dort seit 1951 am Naturwissenschaftlichen Gymnasium unterrichtete, endlich eine Neubauwohnung in Schulnähe gefunden hatte. Auch hier wurde Charlotte Krumbach bald in den Stadtrat gewählt. Doch schon im Jahr 1958 kehrten die Krumbachs aus familiären Gründen nach Zweibrücken zurück. Charlotte Krumbach war vom 23. Oktober 1960 bis zum 9. Juni 1979 erneut Mitglied des Zweibrücker Stadtrates.

Ihr Hauptinteresse galt, wie bei vielen anderen, die unter der Zerstörung Zweibrückens gelitten hatten, dem Wiederaufbau der Stadt. Sie gehörte dem Bauausschuß und dem Kulturausschuß an. Daneben widmete sie sich sozialpolitischen Fragen. Zeit ihres Lebens erinnerte sie sich an das wirtschaftliche und soziale Elend während der Weltwirtschaftskrise und setzte sich nun im Stadtrat, aber auch als Mitglied der Arbeiterwohlfahrt, tatkräftig für bedürftige und ältere Menschen ein. So verteidigte sie gegen viele Widerstände den Bau des Altersheims am Rosengarten. Manch einer befürchtete, der Anblick alter Menschen könne die Besucher des Rosengartens stören. Sie sah dagegen die Notwendigkeit, zusätzliche Heime und Begegnungsstätten für Senioren einzurichten. Das Städtische Freibad und der Bau des Hallenbades fanden ebenfalls ihre besondere Unterstützung. Außerdem nahm sie an Berlinbegegnungen teil und kümmerte sich um Berliner Kinder.

Sie hatte immer ein offenes Ohr, nahm sich Zeit, wenn es um die kleinen und großen Sorgen ihrer Mitbürgerinnen und Mitbürger ging, und versuchte diesen das Gefühl zu vermitteln, daß sie keine lästigen Bittsteller waren, sondern daß sie für sie und ihre Nöte da war.

Für ihre langjährige kommunalpolitische Tätigkeit wurde sie 1969 mit der silbernen Stadtplakette geehrt; im Oktober 1970 wurde ihr durch den Minister des Innern und für Sport die Freiherr-vom-Stein-Plakette verliehen.

Doch Charlotte Krumbachs Aktivitäten beschränkten sich nicht auf die Stadtratsarbeit. Über lange Jahre arbeitete sie in Arbeitsgruppen und Gremien der pfälzischen SPD mit. Sie knüpfte viele Kontakte und schloß Freundschaften, die ihr im kommunalpolitischen Alltag halfen. Während zweier Wahlperioden, von Oktober 1964 bis März 1974, gehörte sie auch dem pfälzischen Bezirkstag an.

Bis an ihr Lebensende arbeitete sie im Frauenring mit und nahm regen Anteil an den Auseinandersetzungen um die rechtliche Gleichstellung der Frauen. Ebenso lagen ihr die Völkerfreundschaft und die Aussöhnung mit dem französischen Nachbarn am Herzen. Seit sich während ihrer Pirmasenser Zeit Kontakte zu Frauen der amerikanischen Streitkräfte angebahnt hatten, setzte sie sich für Begegnungen mit Angehörigen der alliierten Streitkräfte ein. Später unterstützte sie außerdem die Städtepartnerschaften von Zweibrücken mit Boulogne-sur-Mer in Frankreich und mit Yorktown in den U.S.A. Sie nahm regen Anteil am internationalen Jugendaustausch und hieß viele ausländische Gäste in ihrer Familie willkommen.

Seit 1966 gehörte sie dem Presbyterium der protestantischen Kirchengemeinde

Zweibrücken-Mitte an. Außerdem war sie viele Jahre lang Schöffin beim Landgericht Zweibrücken.

Am 20. April 1981 verstarb Charlotte Krumbach im Alter von nur 61 Jahren in Zweibrücken.

Charlotte Glück-Christmann

Quellen/Literatur:

Zeitungsberichte (Stadtarchiv Zweibrücken);
Erinnerungen des Sohnes Max Krumbach.

Annemarie Lange (1897-1964)

Annemarie Lange wurde am 16. März 1897 in Rothau im Elsaß geboren. Nach dem Besuch der Volksschule und des Lyzeums wurde sie am 1. Januar 1919 bei der Bezirksregierung in Trier als Bibliothekarin eingestellt. Hatte der Erste Weltkrieg eine fachliche Ausbildung zunächst verhindert, so konnte sie in den Jahren 1921/22 an der damaligen Trierer Kunst- und Gewerbeschule eine gründliche technische Bibliotheksausbildung nachholen. Über 37 Jahre lang blieb sie in den Diensten der Bezirksregierung und betreute deren Bibliothek.

Ab 1930 erweiterte sie ihre Kenntnisse durch die regelmäßige Mitarbeit im Bischöflichen Bistumsarchiv Trier, wo sie meist ihre freie Zeit sowie den größten Teil ihres Urlaubs verbrachte, um ehrenamtlich am Auf- und Ausbau und an der wissenschaftlichen Erschließung des Archivs mitzuwirken. Im Jahr 1935 ordnete und katalogisierte sie außerdem die Dombibliothek und begann, die im Generalvikariat lagernden Archivbestände zu sichten und ein vorläufiges Register anzulegen. Als im Jahr 1936 der erste hauptamtliche Bistumsarchivar und –konservator Dr. Alois Thomas beauftragt wurde, zu den Urkunden und Akten des Generalvikariates auch die Archivalien des Domes, des Priesterseminars, der Konvikte und der Trierer Stadtpfarreien zu übernehmen und sie zu einem selbständigen Archiv zusammenzufassen, wurde ihm Annemarie Lange eine unentbehrliche Hilfe. Abends nach ihrem Dienst in der Bibliothek der Bezirksregierung half sie regelmäßig bei der Aufstellung der umfangreichen neu hinzukommenden Aktenbestände. Sie ordnete sie, machte Regesten von den Urkunden und Akten und legte Repertorien an, so von den Archivalien des Musikarchivs, der Archidiakonatsarchive, der Delegatur Ehrenbreitstein und der Trierer Pfarrarchive. Außerdem erledigte sie alle schriftlichen Arbeiten.

Schwierig wurde es für sie, als es in der Zeit der nationalsozialistischen Herrschaft nicht mehr gerne gesehen wurde, daß sie als Angestellte der Regierung ehrenamtlich bei der bischöflichen Behörde mitarbeitete. Sie ließ sich jedoch nicht einschüchtern, sondern arbeitete unbeirrt nach Feierabend weiter im Bistumsarchiv. Während des Krieges, als Trier geräumt wurde, hatte sie großen Anteil daran, die Archivgüter gegen Bomben, Brandschäden und Diebstahl zu sichern, so daß das Bistumsarchiv keine Verluste zu beklagen hatte.

Daneben arbeitete Annemarie Lange auch an wissenschaftlichen Publikationen mit, schrieb die druckfertigen Manuskripte, las Korrekturen und legte die Inhaltsverzeichnisse an. Hierbei sind besonders das Handbuch des Bistums Trier 1938 und das umfangreiche Werk über den Weltklerus der Diözese Trier seit 1800 zu nennen. Erwähnenswertswert ist auch der von ihr aufgebaute Zettelkatalog im Bistumsarchiv, in dem in tausenden von Stichworten die wichtigsten Fakten und Persönlichkeiten der Trierer Profan- und Bistumsgeschichte aus Büchern, Zeitschriften und Archivalien zusammengetragen sind.

Die Bibliothek der Bezirksregierung betreute Annemarie Lange mehr als 37 Jahre lang mit ebensolchem Eifer und großem fachlichen Können. Auch hier bewahrte sie in den letzten Monaten des Zweiten Weltkriegs durch ihren persönlichen Einsatz die nahezu 20.000 Bände, darunter zahlreiche historisch wertvolle Exemplare, vor der Zerstörung. Bei dem schweren Artilleriebeschuß und den Bombenangriffen auf Trier Ende 1944 wurde auch das damalige Dienstgebäude der Regierung am Trierer Domfreihof zum großen Teil zerstört. Während die meisten Bewohner nur an die Rettung ihrer persönlichen Habe dachten, leitete Annemarie Lange mit Hilfe einiger Verwaltungsarbeiter der Bezirksregierung die Bergung der Bibliotheksbestände aus den Trümmern, ließ sie säubern, sortieren und in einem unzerstörten Teil des Gebäudes unterbringen. Als die zeitweise nach Bernkastel-Kues evakuierte Regierung nach dem Krieg wieder in Trier zu arbeiten begann, konnte Annemarie Lange den zum Teil noch unerfahrenen Mitarbeitern das notwendige Handwerkszeug liefern: Gesetzestexte, Kommentare, Quellenwerke und Fachzeitschriften, zurückgehend bis in die Anfänge der Regierung im Jahr 1816, die sie fast alle hatte retten können. Um diese alten Bestände wird die Bezirksregierung Trier heute oft beneidet. In den folgenden Jahren hatte Frau Lange entscheidenden Anteil am Wiederaufbau einer gut funktionierenden Bibliothek und an der ständigen Verbesserung der Organisation.

Für ihre Verdienste wurde sie im Jahr 1957 anläßlich ihres 60. Geburtstages mit dem Bundesverdienstkreuz am Bande ausgezeichnet. Annemarie Lange verstarb am 6. September 1964.

Hedwig Brüchert

Quellen/Literatur:

Schreiben der Bezirksregierung Trier an die Staatskanzlei Rheinland-Pfalz v. 24.11.1956; Vorschlagsbegründung für die Verleihung des Verdienstkreuzes am Bande von 1957; Bundesverdienstorden für Annemarie Lange, in: Trierische Landeszeitung v. 16.3.1957.

Elisabeth Langgässer (1899-1950)

Elisabeth Langgässer wurde am 23. Februar 1899 in Alzey als Tochter eines zum Katholizismus konvertierten Juden und einer strenggläubigen Katholikin geboren. Der Vater stirbt bereits 1909. Nach seinem Tode zieht die Familie nach Darmstadt. Elisabeth Langgässer besucht die Viktoria-Schule und beginnt nach dem Abitur 1918 eine einjährige Ausbildung zur Volksschullehrerin. Sic unterrichtet an verschiedenen Orten, unter anderem in Griesheim. Schon in dieser Zeit erkennt man deutlich, was in den späteren Werken zum Diskussionspunkt eskalieren wird: Elisabeth Langgässer sprengt die Vorstellungen des traditionellen Christentums und seiner Moral. Sie macht sich aber auch sonst das Leben in dem kleinen Ort schwer: Schmuck und Kleidung sind extravagant, ihre Ansprüche (Reisen,

Elisabeth Langgässer

Bücher, Reiten) kostspielig, so daß sie sich ständig in finanziellen Nöten sieht.
In dem 1925 verfaßten Manuskript „Lateinisches Land" zeigt sich die leidenschaftliche Verbundenheit der Katholikin mit Antike und Mystik, mit Natur und Landschaft, insbesondere mit der rhein-hessischen:

„(...) *Dich verlockt Versuchung regelloser Liebe, die mystisch denkt und sinnlich sich berauscht (...) An beiden Ufern (des Rheines, d.Verf.) treten die Dämonen der Völker, groß und schwankend wie in Träumen, die aufgeschreckten, voreinander hin, den Thyrsus tragend und das erzne Becken, die klare Flöte und den Kranz des Lichts, denn hier ist Mithras, ist der Kern der Sonne, vereinigt mit Dionysos, dem Trüben."*

1926 beginnt Elisabeth Langgässers Mitarbeit bei der „Rhein-Mainischen Volkszeitung" in Frankfurt. Sie verfaßt Theaterkritiken und Feuilletons und bekommt Kontakt zum „Frankfurter Kreis", einer Elite linkskatholischer Intellektueller.
Eduard Berlet zeichnet in einer biographischen Skizze 1977 ein treffendes Bild der jungen Dichterin: „Mit der kompromißlosen Hingegebenheit einer Närrin stürzt sie sich mit diesen Männern auf die Fragen einer neuen Zeit: Kirche und Staat, Religion und Theologie, Recht und Moral, Autorität und Gewissen, Gehorsam und Freiheit, politische Partei und persönliche Entscheidung."
1928 wird Elisabeth Langgässer von dem jüdischen Professor Hermann Heller schwanger. Als ledige werdende Mutter hat sie aus dem Schuldienst auszuscheiden. Heller ist verheiratet und hat zwei Kinder. Am 1. Januar 1929 wird in München die Tochter Cordelia geboren. Elisabeth Langgässer zieht mit dem Kind nach Berlin zu

Mutter und Bruder Heinrich. Sie erhält eine Anstellung als Pädagogikdozentin an der Sozialen Frauenschule „Anna von Gierke".
Bereits 1930 gibt sie diese Stelle wieder auf und arbeitet als freie Schriftstellerin. 1931 wird sie für das noch unveröffentlichte Manuskript „Proserpina" mit dem Literaturpreis des deutschen Staatsbürgerinnen-Verbandes ausgezeichnet.
1933/34 verfaßt sie Hörspielmanuskripte, die zum Teil vom Sender Berlin ausgestrahlt werden. Sie lernt den Religionsphilosophen und Rundfunkproduzenten Wilhelm Hoffmann kennen, den sie am 26. Juli 1935 heiratet. Durch diese sogenannte „Mischehe" ist dem „Arier" Hoffmann die berufliche Laufbahn verbaut. Am 20. Mai 1936 wird Elisabeth Langgässer aus der Reichsschrifttumskammer ausgeschlossen. Das bedeutet Publikationsverbot. In den nun folgenden Jahren arbeitet sie an dem Manuskript „Das unauslöschliche Siegel", kurz vor dem Ausschluß aus der Kammer erscheinen noch im Verlag Hegner in Leipzig der Roman „Gang durch das Ried" und die „Tierkreisgedichte".
In den Jahren 1938 bis 1942 werden drei weitere Töchter geboren. Vor der Gefahr, die ihrer ältesten Tochter droht, verschließt Elisabeth Langgässer lange die Augen. Zwar wird Cordelia von ihrem Stiefvater adoptiert und trägt nun den Namen Hoffmann, doch die Hoffnung, sie dadurch schützen zu können, erweist sich als trügerisch. Wegen ihrer drei jüdischen Großelternteile wird Cordelia 1940 nach den nationalsozialistischen Rassegesetzen als „Volljüdin" eingestuft. Sie lebt seit 1941 in wechselnden Unterkünften und Verstecken. Als die Familie nach Wegen sucht, Cordelia im Ausland in Sicherheit zu bringen, ist es dafür schon zu spät, die Auswanderung deutscher Juden ist inzwischen verboten. Anfang 1943 gelingt zwar mit Hilfe eines spanisch-belgischen Ehepaars noch der Abschluß einer Scheinadoption, und Cordelia erhält einen spanischen Paß. Doch bevor sie ausreisen kann, wird sie zur Gestapo vorgeladen und aufgefordert, ein Papier zu unterschreiben, mit dem sie praktisch ihren Verzicht auf die Auswanderung erklärt und einem eventuellen Abtransport in den Osten zustimmt. Falls sie sich weigere, so wird ihr angedroht, würde ihre Mutter angeklagt. Derart unter psychischen Druck gesetzt, unterschreibt die Tochter. Wie sehr Elisabeth Langgässer in den folgenden Jahren unter Schuldgefühlen gelitten haben mag, läßt sich nur erahnen. Cordelia wird 1944 über Theresienstadt nach Auschwitz deportiert.
Bereits 1942 haben sich bei Elisabeth Langgässer die ersten Symptome der Krankheit gezeigt, an der sie sterben wird: Multiple Sklerose. Dennoch wird sie zur Arbeit in einer Kabelfabrik zwangsverpflichtet. Wilhelm Hoffmann verliert seine Arbeit als Lehrlingsausbilder bei Siemens, weil er sich weigert, sich von seiner halbjüdischen Frau scheiden zu lassen.
1946 erhält Elisabeth Langgässer die Nachricht, daß Cordelia in Auschwitz überlebt hat und sich in einem schwedischen Sanatorium befindet. Es entsteht das bewegende Gedicht „Frühling 1946". In diesem Jahr erscheint bei Claassen Govert in Hamburg der Roman „Das unauslöschliche Siegel".
Der Alltag im zerbombten Berlin ist ein Kampf ums Überleben, der sich in ländlichen Gegenden weniger unbarmherzig gestaltet. Elisabeth Langgässer sehnt sich

zurück in die Landschaft ihres Ursprunges. In einem Brief vom 5. Mai 1947 an Dr. Milch heißt es: „Ich weiß genau, daß irgendwo bei der Wurzel irgend eines zähen, krummen Rebstocks meine eigene liegt..."

Als Wilhelm Hoffmann 1948 eine Dozentenstelle am Dolmetscherinstitut in Germersheim erhält, zieht die Familie in das nahe gelegene Rheinzabern, dessen Landschaft an das heimatliche Ried erinnert. Hier leidet die Schriftstellerin unter dem Mangel an kulturellem Kontakt und an ihrem Außenseitertum in dieser engen Dorfgemeinschaft, in der für das Fremde und Andersartige wenig Verständnis herrscht.

Isoliert ist Elisabeth Langgässer allerdings nicht. Sie führt Briefwechsel, unter anderem mit Hermann Broch, diskutiert in der Zeitschrift „Ost und West" mit Walter Kolbenhoff über literarische Auffassungen, hält Vorträge und reist. Sie wird Mitglied des PEN, der Darmstädter Akademie für Sprache und Dichtung und ist an der Gründung der Akademie der Wissenschaften und Literatur in Mainz beteiligt.

Am 25. Juli 1950 stirbt Elisabeth Langgässer an der Krankheit, von der sie schon lange gezeichnet war. Im gleichen Jahr wird ihr posthum der Georg-Büchner-Preis verliehen, und der Roman „Märkische Argonautenfahrt" erscheint bei Claassen in Hamburg.

Monika Beckerle

Quellen/Literatur:

Monika Beckerle: „Erglühend saugt mich ein des Lebens Grund...". Elisabeth Langgässer 1899-1950. In: Monika Beckerle (Hg.), Dachkammer und Literarischer Salon. Schriftstellerinnen in der Pfalz. Werkauswahl und Porträts. Landau 1991, S. 59-94;
Cordelia Edvardson: Gebranntes Kind sucht das Feuer. München 1998;
Frederik Hetmann: Schlafe, meine Rose. Die Lebensgeschichte der Elisabeth Langgässer. Weinheim 1999;
Elisabeth Hoffmann: Jüdin – Deutsche – Katholikin. Fragen nach der Identität am Beispiel von Elisabeth Langgässer und Cordelia Edvardson, in: Jutta Dick/Barbara Hahn (Hg.): Von einer Welt in die andere. Jüdinnen im 19. und 20. Jahrhundert. Wien 1993, S. 286-296;
Karlheinz Müller: Elisabeth Langgässer. Eine biographische Skizze. Darmstadt 1990.

Maria Leist (1910-1990)

Maria Leist wurde am 10. Dezember 1910 in Zweibrücken als zweite Tochter des Volksschullehrers Franz Leist und seiner Frau Magdalena, geb. Faust, geboren. Sie wuchs mit ihren drei Geschwistern in einem katholisch geprägten Lehrerhaushalt auf. Der Vater, ein äußerst engagierter Pädagoge (seit 1928 Schulrat), ließ auch seinen Töchtern eine fundierte Schul- und Berufsausbildung zukommen. Maria besuchte nach vier Jahren Volksschule die höhere Mädchenschule der Stadt Zweibrücken und schloß das Mädchenlyzeum 1927 mit ausgezeichneten Leistungen ab. Nach der damals üblichen Ausbildung im Haushalt entschied sie sich für ein Praktikum beim Wohlfahrts- und Jugendamt ihrer Heimatstadt (1930-31), um sich so auf die Zulassung zur Ausbildung an der katholischen Sozialen Frauenschule in Heidelberg vorzubereiten. 1933

Maria Leist (um 1940)

schloß sie dort ihr Studium mit dem Hauptfach Jugendwohlfahrtspflege sowie die Sonderkurse für Seelsorgehelferinnen mit sehr guten Ergebnissen ab. Der damaligen Arbeitsmarktsituation entsprechend, ließ die staatliche Anerkennung als Wohlfahrtspflegerin trotz der Ableistung verschiedener Anerkennungs-Praktika noch bis 1937 auf sich warten.
Maria Leist war von 1935 bis Ende 1945 beim Arbeitsamt Pirmasens beschäftigt. Sie übernahm anfangs Aufgaben in der Berufsberatung, ab 1943 dann die Leitung des weiblichen Arbeitseinsatzes. Ihr häufiger Außendienst zwang sie zu ausgedehnten, gegen Kriegsende oft abenteuerlichen Fahrten in ihrem großen Arbeitsamtsbezirk. Je nach Situation war sie mit dem Fahrrad, mit öffentlichen Verkehrsmitteln, zu Fuß oder als Anhalterin unterwegs. Ihre überlieferten Briefe aus der Kriegszeit sind daher hervorragende Quellen für die damalige Lebenssituation im Raum Pirmasens/Zweibrücken. Die fleißige Briefeschreiberin berichtete Familienmitgliedern und Verwandten über die Situation in der Heimat und hielt so den Kontakt in der verstreut lebenden Familie aufrecht. Die Briefe sind beredte Zeugnisse für die Zeit der Rückführung (1940) nach der Evakuierung der „roten Zone" zu Kriegsbeginn sowie für die Ereignisse der letzten Kriegsmonate, die mehrmaligen Bombardierungen der Städte Pirmasens und Zweibrücken, deren schrecklichen Abschluß die fast vollständige Zerstörung Zweibrückens am 14. März 1945 bildete.
Ende des Jahres 1945 verließ Maria Leist ihre Arbeitsstelle in Pirmasens und siedelte in das zerstörte Zweibrücken über, da sie dort in der schwierigen Nachkriegszeit im

Elternhaus trotz der vorhandenen Kriegsschäden einen wirtschaftlichen Rückhalt besaß. Die Eltern hatten den Krieg überlebt und waren ebenfalls nach Zweibrücken zurückgekehrt; ihr jüngerer Bruder war zum großen Leid der Familie gefallen.

Am 1. Januar 1946 übernahm sie die Stelle der Caritas-Sekretärin bei der Pfarrei Heilig Kreuz in Zweibrücken, eine Position, die sie bis zum Eintritt in den Ruhestand 1975 voll ausfüllte und in der sie Hervorragendes auf dem Gebiet der Wohlfahrtspflege leistete. Besonders die ersten Jahre ihrer Tätigkeit in der von Not und Elend beherrschten Trümmerstadt Zweibrücken stellten hohe Anforderungen an Maria Leist, denen sie aufgrund ihres sozialen Engagements voll gerecht wurde.

Der Wiederaufbau der Caritas in Zweibrücken begann im November 1945 durch die Gründung eines Caritas-Ausschusses. Maria Leist war eines der fünf Ausschußmitglieder. Sie war aufgrund ihrer Ausbildung und ihrer Ortskenntnis als hauptamtliche Caritassekretärin vorgesehen und erhielt den Auftrag, die Caritasarbeit in der fast völlig zerstörten Stadt aufzubauen. Vorrangige Aufgabe war die Verteilung von Lebensmittel-, Kleider-, Brand- und Hausratssammlungen an die notleidende Bevölkerung. Die ersten für Zweibrücken bestimmten Sammlungen der Diözese stammten aus 13 Pfarreien der Vorderpfalz; aufgrund der Verkehrssituation konnten sie nur unter großen Mühen in die Westpfalz transportiert werden. Später kamen die Spenden vor allem von internationalen Hilfsorganisationen, aus Amerika, der Schweiz, aus Holland und dem Vatikan. Einmal hier angekommen, war es die Lagerung der Spenden, die ein großes Problem bereitete, da Kirche und Pfarrhaus ebenso wie die übrige Innenstadt in Trümmern lagen. Dem Caritas-Ausschuß und seiner hauptamtlichen Mitarbeiterin Maria Leist gelang es vor allem durch die Gewinnung zahlreicher Helfer und Helferinnen, die häufig auftretenden Schwierigkeiten zu meistern. Ohne die begeisterte Unterstützung der Pfarrjugend wäre die tägliche Speisung von 300 Kindern und Jugendlichen in der Zeit vom 19. Mai bis 16. August 1947 ebenso unmöglich gewesen wie die in der Zeit vom 21. Juni bis 31. Juli 1948 jeden zweiten Tag stattfindende Speisung von 190 Alten, Kranken, Alleinstehenden, Witwen und Waisen.

Erst als dann Anfang der fünfziger Jahre die drängendste Not beseitigt war, konnte Maria Leist ihre Aufmerksamkeit weiteren Projekten zuwenden, z.B. der Stadtranderholung für ältere Menschen und Kinder, den Mütter- und Kind-Kuren, der Mitarbeit bei den Krankentagen der Pfarrei Heilig Kreuz sowie der Hilfe für Berlin und die Ostgebiete.

Auf die Initiative von Maria Leist geht die Einrichtung einer Altenbegegnungsstätte in der Villa Schwinn in Zweibrücken zurück. Ziel der am 8. September 1963 eingeweihten und bis 1979 von Maria Leist betreuten Altenstube war es, den älteren Bürgern Hilfe zur Selbsthilfe zu leisten und ihnen damit eine möglichst lange Eigenständigkeit zu ermöglichen. Es wurde ein Näh- und Kleiderdienst für ältere Menschen eingerichtet und ein vielschichtiges Programm für die Besucher der Altenstube entwickelt. An drei Nachmittagen in der Woche wurden einem schon bald festen Besucherkreis (über 3000 Besucher pro Jahr) Beschäftigung (Handarbeiten, Basteln, Werken), Unterhaltung (Spielen, Singen, Feiern), Bildung (Lesungen, Vorträ-

ge, Besichtigungen), Erbauung und Erholung (Ausflüge und Freizeiten) geboten. Durch die jährlich stattfindenden Wohltätigkeitsbasare konnten Missionsprojekte unterstützt sowie Entwicklungs- und Katastrophenhilfe geleistet werden.
Neben der Altenarbeit lag Maria Leist besonders die Förderung von geistig und körperlich behinderten Kindern am Herzen. Da in den sechziger Jahren noch keine Schulpflicht für Kinder bestand, die aufgrund ihrer Behinderungen keine Volksschule besuchen konnten, verlief das Leben der Behinderten fast ausschließlich innerhalb der Familien. Diese waren dadurch zwangsläufig stark belastet. Der Caritas-Verband richtete deshalb 1965 eine Halbtagesstätte für behinderte Kinder und Jugendliche in den Räumen der Altenstube in der Villa Schwinn ein. Aus der zunächst provisorischen Einrichtung wurde 1966 durch den Umzug in die „Kindertagesstätte Haus Sonne" eine der ersten Einrichtungen dieser Art im Bistum Speyer. Durch die Eröffnung der Sonderschule für geistig behinderte Kinder 1974 in Wattweiler konnte das „Haus Sonne" von einem Teil seiner umfangreichen Funktionen entlastet und in einen Sonderkindergarten umgewandelt werden.
Maria Leist, die im Ruhestand unter den Spätschäden einer Karzinomerkrankung litt, wurde für ihre Lebensarbeit mit der Verdienstmedaille des Bundes und der Länder sowie mit dem Goldenen Caritasabzeichen geehrt. Sie verstarb am 5. Mai 1990 in Zweibrücken.

Charlotte Glück-Christmann

Quellen/Literatur:
Mündliche Berichte von Elisabeth Leist (der Schwester von Maria Leist);
Zeitungsausschnitte;
Tagebücher der Altenstube in der Villa Schwinn, Zweibrücken.

Elisabeth Mahla (1889-1974)

Geboren wurde Elisabeth Mahla am 25. Mai 1889 in Landau. Sie entstammte einer alteingesessenen, angesehenen Familie; der Vater, der Großvater und der Urgroßvater waren Bürgermeister dieser Stadt. Elisabeth besuchte hier die Höhere Töchterschule und ging danach in das nicht weit entfernte Straßburg, um Kunstgeschichte zu studieren.

Während des Ersten Weltkrieges leistete sie in Landaus Lazaretten freiwilligen Hilfsdienst als Röntgenassistentin. Und zu dieser Zeit, 1915, begann sie auch, beeindruckt von den großen Persönlichkeiten der bürgerlichen Frauenbewegung jener Zeit, wie Helene Lange, Gertrud Bäumer und Agnes von Zahn-Harnack, in der Frauenverbandsarbeit aktiv zu werden. Bereits ein Jahr später wurde sie zur Schriftführerin des Verbandes Pfälzischer

Elisabeth Mahla

Frauenvereine gewählt. Dieses soziale und staatsbürgerliche Engagement sollte ein Leben lang andauern. 1918 übernahm sie ehrenamtlich die Organisationsleitung der Kinderspeisung und der Volksküche in Landau. Doch sie beschränkte sich nicht auf den traditionell den Frauen zugewiesenen Bereich der sozialen Arbeit. Ihr lagen die Anerkennung des Wirkens der Frau im öffentlichen Leben, die Reform der rechtlichen Stellung der Frau, das Wecken ihres staatsbürgerlichen Bewußtseins sowie die Verbesserung der Bildungs- und Erwerbsmöglichkeiten für Frauen am Herzen. Elisabeth Mahlas zielstrebigem Eintreten für die Mädchenbildung war die Einrichtung der Frauenarbeits- und Handelsschule für Mädchen in Landau zu verdanken, die nach dem Ersten Weltkrieg vom Verein für Fraueninteressen gegründet wurde und deren ehrenamtliche Leitung dann bis 1944 in ihren Händen lag. Die demokratischen Frauenverbände waren allerdings unter der nationalsozialistischen Herrschaft alle aufgelöst worden.

Nach dem Ende des Zweiten Weltkrieges gehörte Elisabeth Mahla wieder zu jenen Frauen, die sofort versuchten, Hunger und Elend der Bevölkerung zu lindern. Zunächst half sie bei der Verteilung von Spenden der ausländischen Mennoniten- und Quäkergemeinden. Bald gründeten sich auch wieder die ersten überparteilichen Frauenverbände; in der französischen Zone wurden sie allerdings erst später genehmigt als in den beiden anderen Westzonen.

Am 10. Februar 1949 konnte Elisabeth Mahla schließlich gemeinsam mit 37 gleichgesinnten Frauen, die zur Gründungsversammlung erschienen waren, den Frauenring Landau gründen; sie selbst wurde zur Ersten Vorsitzenden gewählt. Bereits im Oktober des gleichen Jahres wurde in Bad Pyrmont in der britischen Zone auch der Deutsche Frauenring, die Nachfolgeorganisation des vor 1933 bestehenden „Bundes Deutscher Frauenvereine", als Dachverband für die einzelnen Ortsringe aus der Taufe gehoben. Elisabeth Mahla wurde dort zur Schatzmeisterin gewählt und verwaltete die Finanzen des Bundesverbandes bis 1962.

Nachdem in Rheinland-Pfalz in den folgenden Jahren weitere Ortsringe des Frauenrings entstanden waren, gründeten die Frauen, vor allem auf Initiative von Elisabeth Mahla aus Landau und von Hedwig Kömmerling aus Pirmasens, 1951 einen Landesverband. Zur Vorsitzenden wurde Elisabeth Mahla gewählt. Als sie dieses Amt, das sie vierzehn Jahre lang ununterbrochen ausübte, im Jahr 1965 in jüngere Hände legte, wurde sie zur Ehrenvorsitzenden ernannt. Den Vorsitz des Ortsrings Landau hatte sie noch bis 1970 inne. Im Mittelpunkt der Arbeit der Frauenringe stand in der Nachkriegszeit neben der sozialen Arbeit vor allem die staatsbürgerliche Bildung der Frauen. In Seminaren, Versammlungen, bei Vorträgen und Tagungen wurden die politischen, kulturellen, sozialen und wirtschaftlichen Probleme der Zeit erörtert, und es wurde versucht, das soziale Verantwortungsgefühl und die politische Urteilskraft der Frauen zu stärken. Daneben wurden sie ermutigt, selbst aktiv zu werden. In den fünfziger Jahren wurden vier Ausschüsse auf Landesebene gebildet, und zwar für staatsbürgerliche Arbeit, für Verbraucherfragen, für Erziehungs-, Berufsfragen und Erwachsenenbildung sowie ein Rechtsausschuß.

Neben den praktischen Tagesthemen wurde im Frauenring schon früh die Frage des Zusammenschlusses von Europa diskutiert. Elisabeth Mahla lag die Völkerverständigung, vor allem die Aussöhnung mit dem französischen Nachbarland, auch persönlich am Herzen. Als Landau schließlich Anfang der sechziger Jahre mit den elsässischen Städten Rappoltsweiler und Hagenau eine Städtepartnerschaft einging, griff sie die Gelegenheit sofort auf, auch freundschaftliche Kontakte zwischen den Frauenorganisationen dieser Städte herzustellen. Diese Beziehungen haben sich bis heute erhalten und weiterentwickelt.

Elisabeth Mahla war in ihrer Heimatstadt Landau, in der sie ihr ganzes Leben verbrachte, eine hochgeachtete Persönlichkeit. Zu ihrem 70. Geburtstag im Jahr 1959 wurde ihr die Ehrenbürgerwürde verliehen. Sie verstarb am 8. September 1974. Testamentarisch vermachte sie ihr Elternhaus, das Bürgermeisterhaus am Marienring, der Stadt Landau mit der Auflage, es für gemeinnützige Zwecke zu nutzen. Heute befinden sich im „Mahla-Haus" das Archiv und das Museum der Stadt Landau.

Mildred Michel-Haas/Hedwig Brüchert

Quellen/Literatur:

Viktor Carl: Lexikon der Pfälzer Persönlichkeiten. 1. Aufl. Edenkoben 1995;
Deutscher Frauenring e.V., 40 Jahre Landesverband Rheinland-Pfalz. (1991);
Pia Grundhöfer: Britische und amerikanische Frauenpolitik in der Nachkriegszeit – „To help German women to think for themselves", in: Kurt Düwell/Herbert Uerlings (Hg.): So viel Anfang war nie? 50 Jahre Nachkriegszeit. Trier 1996 (Trierer Beiträge. Aus Forschung Lehre an der Universität Trier, XXV, Juni 1996), S. 7-20;
Margot Jäger: Deutscher Frauenring e.V., DFR, Staatsbürgerliche Bildung für Frauen, in: Frauenverbände in Rheinland-Pfalz. Hg. v. Ministerium für Soziales und Familie, zus.-gest. v. Hildegard Frieß-Reimann. Mainz 1987, S. 36-39;
Mündl. Auskünfte von Frau Liesel Becker, Frauenring e.V., Neustadt.

Anna Maus (1905-1984)

Anna Maus blieb ihrer Geburtsstadt Frankenthal ein Leben lang treu. Hier wurde sie am 2. April 1905 als Tochter eines Bahnbeamten geboren, und hier verstarb sie am 27. April 1984. In den fast achtzig Jahren ihres Lebens, besonders in den Nachkriegsjahrzehnten, prägte sie das politische, soziale, kirchliche und kulturelle Leben der Stadt entscheidend mit.

Nach ihrer Schulzeit absolvierte sie an Fachschulen eine Ausbildung zur Sozialarbeiterin und begann, nach erfolgreich abgelegten Prüfungen, im Jahr 1926 in diesem Beruf zu arbeiten. Acht Jahre später wurde Anna Maus – sie war gläubige Katholikin und stand dem nationalsozialistischen Regime kritisch gegenüber – für „politisch unzuverlässig" erklärt, und es wurde ihr von den Behörden die Befähigung zur Ausübung des Sozialberufs aberkannt. Während der Zeit des Berufsverbots nahm sie ein theologisches Studium auf und legte die Prüfung als Pfarrhelferin und Religionslehrerin ab. So konnte sie sich in den Jahren bis 1945 in kirchlichen Diensten nützlich machen.

Anna Maus

Nach dem Zweiten Weltkrieg wurde sie bei der Stadt Frankenthal wieder eingestellt und arbeitete ab 1947 beim Wohlfahrts- und Jugendamt als Jugendfürsorgerin. Diese Tätigkeit übte sie bis zum Erreichen der Altersgrenze im Jahr 1970 mit großem Engagement aus.

Doch sie beschränkte sich nicht darauf, ihre in den von Not geprägten Nachkriegsjahren sicherlich nicht einfachen beruflichen Aufgaben zu erfüllen, sondern setzte sich auch in verschiedenen Ehrenämtern für ihre Mitmenschen ein.

1946, gleich nach Gründung der Parteien, trat sie der CDU bei. 1951 rückte sie in den Frankenthaler Stadtrat nach, dem sie bis zum Ende der Wahlperiode 1952 angehörte. Sie war Mitglied im Schulausschuß, in der Wohnungskommission und im Jugendamtsausschuß. Von 1952 bis 1956 war sie dann Mitglied des Bezirkstages der Pfalz. Außerdem war sie Vertreterin der Versicherten in der Vertreterversammlung der Allgemeinen Ortskrankenkasse Frankenthal, Beiratsmitglied des Versicherungsamtes und übte mehrere Jahre lang das Ehrenamt einer Sozialrichterin und einer Jugendschöffin aus. Besonders intensiv setzte sie sich für den Wiederaufbau der 1943 völlig zerstörten Gehörlosenschule Frankenthal ein.

Innerhalb ihrer Partei mischte sie sich ebenfalls ein. Fünfzehn Jahre lang gehörte Anna Maus dem Bezirks- und dem Landesvorstand der CDU an. Besonders am

Herzen lag ihr die Frauenarbeit. Von 1955 bis 1959 übernahm sie als Nachfolgerin von Maria Dietz aus Mainz, die 1955 in den Bundestag eingezogen war, den Vorsitz der CDU-Frauenvereinigung von Rheinland-Pfalz.

Auch bei der Wiedergründung des „Deutschen Berufsverbandes der Sozialarbeiter und Sozialpädagogen e.V. (DBS)", im „Dritten Reich" zwangsaufgelöst, engagierte sie sich, gemeinsam mit bewährten Berufskolleginnen, wie Auguste Ehrgott aus Speyer, Gertrud Sauerborn aus Neuwied und Lilly Bischoff aus Speyer, die ebenfalls alle schon in den Jahren der Weimarer Republik aktiv gewesen waren. Anna Maus übernahm auf der Gründungsversammlung vom 30. Oktober 1949 in Mainz das Amt der Kassiererin, zur Vorsitzenden wurde Auguste Ehrgott gewählt.

Ihr vielfältiges ehrenamtliches Wirken wurde durch die Verleihung verschiedener Auszeichnungen öffentlich gewürdigt. So erhielt Anna Maus die Ehrenurkunde des Ministerpräsidenten von Rheinland-Pfalz für Männer und Frauen der „ersten Stunde", außerdem die Konrad-Adenauer-Plakette (1956), das Bundesverdienstkreuz am Bande (1975) und die Bürgerplakette der Stadt Frankenthal (1977).

Neben der Sozialarbeit und der Kommunalpolitik gab es ein weiteres Interessensgebiet im Leben von Anna Maus, dem ihre ganze Leidenschaft galt: die Geschichte ihrer Heimatstadt.

Schon bald nach dem Krieg hatte sie sich mit für die Wiederbelebung des Frankenthaler Altertumsvereins eingesetzt, war über Jahrzehnte hinweg dessen aktives Mitglied und übernahm von 1879 bis 1984 dessen Vorsitz. Sie widmete sich intensiv der Forschung, verbrachte viel Zeit in Archiven und schrieb zwischen 1959 und 1984 rund achtzig Beiträge zu unterschiedlichsten Themen für die Heimatzeitschrift „Frankenthal einst und jetzt", zu deren Redaktionskollegium sie gehörte. Eine ihrer umfangreicheren Arbeiten, die 1970 erschienene Buchveröffentlichung „Die Geschichte der Stadt Frankenthal und ihrer Vororte", erfuhr eine solch große Nachfrage, daß sie rasch vergriffen war.

Besondere Kenntnisse hatte sich Anna Maus auf dem Gebiet des Frankenthaler Porzellans angeeignet. Ihr Buch „Die Porzellaner der Manufaktur Frankenthal" (1963) fand im In- und Ausland große Anerkennung, und sie wurde oft als Expertin zu Rate gezogen. Durch Schenkungen und Stiftungen hat sie außerdem die Sammlungen ihrer Heimatstadt an Frankenthaler Porzellan und wertvollen historischen Schriften vervollständigt sowie die Restaurierung von verschiedenen Frankenthaler Kirchen unterstützt.

Ihre Sorge galt auch dem Erhalt und Ausbau des Erkenbert-Museums. Sie selbst stellte sich oft für Schulklassen und andere Gruppen als Führerin durch das Museum zur Verfügung und konnte mit ihrem reichen Wissen und ihren lebendigen Beschreibungen das Interesse vieler Besucher für die Geschichte ihrer Heimat wecken. Bis zuletzt war Anna Maus in Sachen Heimatgeschichte aktiv. Noch zwei Wochen vor ihrem Tod war sie an den Vorbereitungen des 25jährigen Jubiläums der Zeitschrift „Frankenthal einst und jetzt" beteiligt und plante außerdem eine Neuauflage ihres erfolgreichen Buches „Die Geschichte der Stadt Frankenthal"

Hedwig Brüchert

Quellen/Literatur:

Auskünfte des Stadtarchivs Frankenthal;
Rudi Spitz: Nachruf auf Frau Anna Maus. In: Frankenthal einst und jetzt, Heft 2/1984, S. 72-73;
Chronik der Frauen-Union. Masch. schr., zus.-gest. 1997 v. Rotraut Hock, Geschäftsführerin der Frauen-Union Rheinland-Pfalz;
Frauenverbände in Rheinland-Pfalz. Hg. v. Ministerium für Soziales und Familie Rheinland-Pfalz, zus.-gest. v. Hildegard Frieß-Reimann. Mainz 1987, darin: CDU-Frauenvereinigung, S. 13-16, und Deutscher Berufsverband der Sozialarbeiter und Sozialpädagogen e.V., DBS, S. 29;
Vorschlagsbegründung für die Verleihung des Verdienstkreuzes am Bande von 1975.

Maria Mechelen (1903-1991)

Als Tochter des Rechtsanwaltes und Notars Clemens Mechelen und seiner Frau Helene geb. Buchartz am 25. Februar 1903 in Neuwied geboren, wuchs Maria Mechelen mit ihren drei Geschwistern in einem tief religiös geprägten Elternhaus auf, was dazu beitrug, daß sie später 53 Jahre lang Benediktiner-Oblatin von Maria Laach war. Nach dem plötzlichen Tod des Vaters im Jahre 1923 sorgte die Mutter dafür, daß die Kinder trotz Inflation und schwieriger wirtschaftlicher Verhältnisse ihre Ausbildung beenden konnten.
Maria Mechelen ließ sich an der Sozialen Frauen-Schule in Aachen als Jugendfürsorgerin ausbilden und schloß Ostern 1926 mit dem Examen ab. Nach einem Jahrespraktikum beim Katholischen Fürsorge-Verein in Düsseldorf wurde sie von dem damaligen Dechanten Albert Fuchs nach Neuwied berufen. Bereits am 1. Dezember 1927 übernahm sie dort die Leitung des von Fuchs selbst gegründeten Caritasverbandes (Dechant Fuchs wurde damals ins Trierer Domkapitel berufen).

Maria Mechelen

Der Caritasverband, der sich aus dem Agnesverein, der Marianischen Jungfrauenkongregation und den Katholischen Fürsorgevereinen zusammensetzte, hatte die Hauptaufgabe, den Notleidenden in Neuwied zu helfen. Neben der materiellen Unterstützung für Arme, Arbeitslose, Behinderte und elternlose Jugendliche baute Maria Mechelen auch den Bereich der Gesundheitsfürsorge für Kinder aus, was sich z.B. in der Gründung von Tageserholungsheimen in Heimbach, Rheinbrohl und Linz niederschlug. Auch in den dreißiger Jahren, als die Nationalsozialisten jede nichtstaatliche sozial-karitative Arbeit untersagten, konnte Maria Mechelen erfolgreich weiterarbeiten, obgleich sie 1935 wegen „widerrechtlicher Durchführung von Kindererholungen" angezeigt wurde.
In den Jahren nach dem Zweiten Weltkrieg bestand ein besonderes Bedürfnis nach Gefangenen- und Flüchtlingshilfe, und im Zusammenhang damit kam es, unter tatkräftiger Mitwirkung von Maria Mechelen, zur Gründung der Bahnhofsmission in Neuwied. 1947 wurde die Arbeit auf die Betreuung der Inhaftierten im Neuwieder Frauengefängnis ausgeweitet. Ebenso zählten die Altenarbeit und das Kindergartenwesen zu den Arbeitsschwerpunkten des Caritasverbandes. In den siebziger Jahren, als es dann nicht mehr nur darum ging, wirtschaftliche Not zu lindern, steckte man viel Energie in den Aufbau von psycho-sozialen Beratungs- und Therapieangeboten.

Am 21. Juli 1964 wurde die Katholische Mütterschule (heutige Familienbildungsstätte) in Neuwied gegründet, deren Initiatorin und Geschäftsführerin bis 1977 Maria Mechelen war. Der Verein, der sich aus den Vertreterinnen der drei katholischen Frauen- und Müttergemeinschaften Neuwieds, der Dekanatsfrauenseelsorge und dem Caritasverband zusammensetzte, bezweckte „die Vorbereitung der weiblichen Jugend auf den Beruf der Hausfrau und Mutter und die Weiterbildung der Frauen und Mütter für ihre besonderen Aufgaben im Dienste der Familie".

Nach ihrer Pensionierung im Sommer 1972 setzte Maria Mechelen ihre Kraft weiterhin ehrenamtlich für die von ihr mitaufgebauten Einrichtungen zur Hilfe am Menschen ein. Daneben war sie auch kommunalpolitisch tätig; auch hier lagen ihr die sozialen Belange der Menschen im Kreisgebiet am nächsten. Von 1959 bis 1964 war sie Mitglied des Stadtrats von Neuwied und von 1964 bis 1969 Mitglied des Kreistages.

Ihr großer Einsatz wurde durch zahlreiche Ehrungen gewürdigt. Neben dem Goldenen Ehrenzeichen des Deutschen Caritasverbandes und dem durch Papst Paul VI. verliehenen Orden „Pro ecclesia et pontifice" erhielt sie 1968 das Bundesverdienstkreuz am Bande und bei ihrer Pensionierung die Staatsmedaille des Landes Rheinland-Pfalz für besondere soziale Verdienste.

Maria Mechelen verstarb am 30. April 1991 in Neuwied.

Susanne Brötz

In leicht geänderter Form übernommen aus: Von Frau zu Frau. Auf der Suche nach der verschütteten Geschichte bedeutender Frauen in und um Neuwied, Teil II, hg. vom Frauenbüro Neuwied. Neuwied 1995, S. 140f., mit freundlicher Genehmigung der Verfasserin.

Quellen/Literatur:

Karl-Josef Heinrichs: Entstehung und Entwicklung der Katholischen Familienbildungsstätte, in Heimat-Jahrbuch des Landkreises Neuwied 1990, S. 129f.;
Rhein-Zeitung Neuwied vom 18.11.1994;
Auskünfte von Edith Müngersdorf, Neuwied, vom 10.1.1995.

Mina Merz (1895-1978)

Mina (Anna Wilhelmina) Geiger wurde am 14. April 1895 in Hoof geboren und wuchs in einem protestantischen Elternhaus auf. Nach ihrer Heirat mit Emil Merz im Jahr 1918 wurde ihr Frankenthal zur zweiten Heimat. Schon früh trieb sie ihre Überzeugung dazu, sich politisch zu engagieren. Im Jahr 1925 wurde sie Mitglied der Sozialdemokratischen Partei, der sie – unterbrochen durch die Jahre des Verbotes im „Dritten Reich" – bis zu ihrem Tode angehörte.
Nach 1945 diente sie ihrer Partei und der Stadt Frankenthal in vielfältiger Weise. Sie gehörte dem Vorstand des Ortsvereins an, war lange Zeit zuständig für die Frauenarbeit und gehörte als Mitglied der SPD-Fraktion von 1946 bis 1964 dem Stadtrat von

Mina Merz

Frankenthal an. Ihrer sozialen Einstellung getreu, arbeitete sie vor allem im Krankenhaus-, Schul-, Sozial-, Jugendwohlfahrts-, Ausgleichs- und Personalausschuß mit. Als Mitglied der Wohnungskommission verhalf sie in den Nachkriegsjahren besonders den kinderreichen und sozial schwachen Familien zu einer menschenwürdigen Wohnung. In den Jahren des Hungers machte sie sich um die Organisation der Schulspeisung verdient. Das Schullandheim in Hertlingshausen, das Kinderferienlager im Strandbad, das sie viele Jahre selbst leitete, gehen auf ihre Initiative zurück.
Als Vorsitzende der Frankenthaler Arbeiterwohlfahrt, die sie aufbaute und bis zu ihrer Erkrankung führte, linderte sie in Zusammenarbeit mit der Stadtverwaltung und teilweise in deren Auftrag ehrenamtlich viel Not in Frankenthal und half uneigennützig, ohne nach Konfession oder politischer Einstellung der Hilfesuchenden zu fragen. Ob es um die Betreuung alter Leute oder um die Erholung abgearbeiteter Mütter, ob es um Erholungskuren für unterernährte Kinder, um Geschenkpakete für Bedürftige oder um die Einrichtung einer Nähstube ging, Mina Merz hat allen ihre helfende Hand gereicht. Für unzählige Kinder wurde sie zur geliebten „Tante Mina", für die Frankenthaler war sie „Mina Merz, die Frau mit Herz". Eine Frau, der eigene Kinder versagt geblieben waren, verströmte ihre Mütterlichkeit an alle, die ihrer bedurften.
Mina Merz, die 1962 für ihren Einsatz beim Wiederaufbau der demokratischen Selbstverwaltung nach dem Zweiten Weltkrieg sowie für ihre Verdienste um die sozial schwachen Menschen in ihrer Stadt durch die Verleihung der Freiherr-vom-Stein-Plakette geehrt worden war, verstarb nach langer Krankheit am 29. April 1978. Sie hat ihren festen Platz in der Geschichte Frankenthals. *Gertrud Wetzel*

Leicht veränderte Fassung des in: „Frankenthal. Einst und jetzt", Heft 2/1978, S. 57, veröffentlichten Nachrufs.

Agnes Meyer (1896-1990)

Sie steht für das Deutschland, das in einer mörderischen Diktatur Moral und Anstand wahrte, Menschlichkeit gegen die Unmenschlichkeit des Nazi-Systems setzte: diese kleine bescheidene Frau, die als Nichtjüdin zum Mittelpunkt einer jüdischen Familie wurde, als sogenannte „Arierin" zum Rettungsanker auch für andere Verfolgte.

Die Rede ist von Agnes Meyer geb. Klauer, die 1920 in die angesehene jüdische Familie Meyer in Neuwied eingeheiratet hatte und als „Karussellagnes" in die deutsche Literaturgeschichte eingegangen ist.

Als am 3. Oktober 1896 in Geistingen bei Köln Agnes Klauer als achtzehntes und jüngstes Kind einer katholischen Kölner Schaustellerfamilie geboren wurde, konnte keiner ahnen, daß ihr langer Lebensweg durch zwei Weltkriege und vier unterschiedliche Staatsformen in Deutschland führen würde, daß sie unter den Nazis Zeiten unvorstellbaren Leidens würde durchmachen müssen, daß aber am Ende ihres ebenso schweren wie reichen Lebens eine hohe staatliche Ehrung stehen würde. Dabei hatten die Mädchen- und Jugendjahre der Agnes Klauer keineswegs schon auf ihr später so besonderes Leben voller Dramatik hingedeutet.

Agnes Meyer

Bei Schaustellern packt die ganze Familie mit an, und so war Agnes von klein auf an Arbeit gewöhnt. Der persönliche Wendepunkt in ihrem Leben kam im Kriegsjahr 1915, als die 19jährige in Siegburg in einer Feuerwerks- und Geschoßfabrik arbeiten mußte und dabei den gleichaltrigen Julius Meyer aus Neuwied kennen und lieben lernte – Rheinländer wie sie, zudem ebenfalls aus dem Schaustellergewerbe stammend.

Da Julius Meyer noch zum Kriegsdienst eingezogen wurde, aber auch weil es anfänglich Kämpfe mit den Eltern wegen der unterschiedlichen Konfession gegeben hatte, heirateten die beiden erst im Dezember 1920. Wie wichtig es für die Meyers noch werden würde, daß Agnes katholisch war, konnte 1920 allerdings noch keiner ahnen. 1921 wurde der Sohn Herbert geboren und das Ehepaar machte sich selbständig, so daß es jetzt zwei Unternehmen der Karussell-Meyers gab: das Geschäft des Vaters Wolf Meyer und das des Sohnes Julius Meyer.

In den Folgejahren bereiste die Schaustellerfamilie Meyer junior alle größeren Städte Deutschlands und Hollands. Das Unternehmen lief gut und expandierte, so daß Agnes und Julius Meyer zu relativem Wohlstand kamen, sich ein Grundstück kaufen und ein eigenes Haus bauen konnten. Feinde hatte man keine im Gewerbe – aber Neider.

Die jähe Wende kam 1933 mit der Machtübernahme Hitlers. Für die Meyers setzte der Sturz aus ihrer gesicherten Existenz mit der von der Naziführung im ganzen Reich organisierten Aktion zum Boykott jüdischer Geschäfte vom 1. April 1933 ein. Julius Meyer berichtet über diese Zeit:

„Die Konkurrenz sorgte schon dafür, daß mich die SA nicht vergaß. Diese erschien am Abend, besetzte die Raupenbahn und jagte die Fahrgäste hinunter. Diese Zeremonie dauerte einige Stunden (...). (Das Schauspiel) wiederholte sich (...) am nächsten Tag, bis meine Frau von der Kasse den Hauptträdelsführer anrief, ihm erklärte, daß sie ja der Besitzer sei, sie sei katholisch. Dann bewegte sie ihn mit einer Hand voll Freikarten, die Aktion zu beenden. Dieselbe Zeremonie ereignete sich 14 Tage später in Wuppertal-Barmen (...)."

Agnes Meyer wurde immer mehr zum Mittelpunkt der Familie, gab inneren Halt und Schutz nach außen im Kampf gegen die wachsende Ausgrenzung. Nach dem Kriege hat ihr Mann die Rolle, die sie in Neuwied bei den Meyers in den schlimmen Jahren 1933 bis 1945 übernehmen mußte, so gekennzeichnet: „Die Hauptfigur unserer Familientragödie bildete meine nichtjüdische Ehefrau, die sich in all den Jahren schützend und sich selbst verzehrend vor die ganze Familie stellte."

In diese Rolle mußte die Karussellagnes schon 1933/34 hineinwachsen. Während Meyer senior bereits einem totalen Berufsverbot unterlag, konnte sich Julius Meyer „noch immer hinter dem Rücken (seiner) nichtjüdischen Frau verstecken und mit Toleranz der Behörde immer noch von Fall zu Fall einen Platz erhalten." Gleichzeitig beggegnete das Ehepaar der drohenden Enteignung ihres Besitzes – der sogenannten „Arisierung" jüdischen Vermögens – mit der Behauptung, daß doch alle Betriebe des Schaustellerunternehmens seit langen Jahren im Eigentum von Agnes Meyer seien. Die Karussellagnes selbst sagte dazu: „Ein Beamter, der uns wohlgesonnen war, schrieb den Besitz der jüdischen Familie Meyer 1933 oder 1934 rückwirkend beim Finanzamt Köln-Ost auf meinen Namen um. Einer sogenannten ‚Arierin' nahm man den Besitz nicht weg. So fühlten wir uns sicher."

Diese Sicherheit war – gelinde gesagt – sehr relativ. Und ebenso wie sie den Grad ihrer eigenen Gefährdung herunterspielte, mochte Agnes Meyer nicht reden über die enormen Belastungen, die sie damals mit der Versorgung eines zehnköpfigen Haushalts, der Sorge um den regelmäßigen Schulbesuchs des Sohnes und durch die Leitung des Betriebes zu tragen hatte. Auch schwieg sie zu den Erniedrigungen, denen sie schon Mitte der dreißiger Jahre ausgesetzt war. Wie Julius Meyer später berichtete, wurde seine Frau „schon damals von den Berufsgenossen in der erbärmlichsten Art boykottiert und ignoriert." So wurde sie in Cranenburg bei Elberfeld ohne jeden Anlaß mit „Judensau" und ähnlichen Ausdrücken bedacht und sogar angespuckt.

1935 verschlimmerte sich die Situation empfindlich, denn dieses Jahr brachte die „Nürnberger Gesetze". Die Auswirkungen bekam Agnes Meyer sofort zu spüren. Sie mußte ihren Ehemann Julius, der nach kritischen Äußerungen über die „Rassengesetze" von einem Berufskollegen denunziert und von der Gestapo festgenommen worden war, dort mit viel Gewitztheit wieder freibekommen. Sie mußte ihre Hausangestellten entlassen. Und sie mußte sich jetzt noch mehr um die Schwiegereltern kümmern, denn diese konnten wegen des wachsenden Terrors gegen Juden nicht mehr reisen. In der Nacht vom 9. zum 10. November 1938 wurde die Wohnung der Familie Meyer senior demoliert, und der Schwiegervater wurde vorübergehend in „Schutzhaft" genommen. Die Schwiegermutter erlitt vor Aufregung einen Schlaganfall, von dem sie sich nie mehr ganz erholte. Über die darauffolgende Zeit schrieb Julius Meyer später:

„So kam das Jahr 1939. (...) Die Schwierigkeiten wuchsen und wuchsen. (...) Beschlagnahme von Decken und Betten für die ‚armen Soldaten', dauernde Schikanen der Behörden, nur im Dunkeln gaben die Bäcker Brot, meine Frau und mein Sohn holten damals die Lebensmittel ein, damit wir nicht zuviel in die Öffentlichkeit zu gehen brauchten. Die Gänge zu den Behörden übernahm meine Frau, schon um der Öffentlichkeit zu demonstrieren, daß meine Angehörigen und ich nicht alleine standen. (...) Es fingen Gerüchte an, die von Deportierung sprachen, und die sich immer mehr verdichteten. Die Juden müßten heraus und zusammen in zugewiesene Wohnungen ziehen. (...) Pfingsten 1942 war die Neuwieder Kirmes. (...) Nach Pfingsten schon sahen die auf dem Platze stehenden Schausteller, wie die Eltern mit einem Handwagen ihre letzten Habseligkeiten von ihrem Hause, am Kirmesplatz vorbei, nach der Engerser Straße in das Haus der Geschwister Dahl brachten, wo ein großer Teil der Juden zusammengepfercht wurde. (...) Es war den Eltern bekannt geworden, daß sie nach Theresienstadt kämen. Ich werde nie den Tag vergessen (den 27. Juli 1942), da ich die Nachricht erhielt, daß die Eltern deportiert wurden, während ich mitansehen mußte, wie sich Nazi-Deutschland auf dem Karussell amüsierte."

Bei der Karussellagnes und ihrem Mann reifte ein aus heutiger Sicht wahnwitzig anmutender Plan: den Deportationszügen der Juden aus Neuwied nach Theresienstadt zu folgen und bis an die Zäune des Konzentrationslagers vorzudringen. Vor Ort wollten sie dann erkunden, wie sie den Eltern helfen könnten. Agnes Meyer erinnerte sich später:

„Da wir zu der Zeit in Patschkau in Schlesien waren, machten wir uns auf den Weg nach Theresienstadt. Wir wollten versuchen, etwas über den Verbleib der Eltern zu erfahren. Um die Jahreswende herum erreichten wir das Konzentrationslager. Wir bestachen die Posten, um von unseren Leuten, die jeden Tag zur Arbeit geführt wurden, zu erfahren, wie es dem Vater geht. Die Mutter war schon gestorben. Wir schickten Pakete ins KZ und bestellten dem Vater Grüße, damit er den Mut aufbringen konnte weiterzuleben. Wir steckten den Häftlingen Brot zu und versuchten zu helfen, so gut wir konnten. Wir hatten ständig Angst, erkannt zu werden. Einmal habe ich am Zaun den Vater meines Mannes gesehen: wir haben uns nur durch einen kurzen Blick verständigen können. Wenn man mich erkannt hätte, wäre ich sicher auch ins KZ gekommen."

Den Schwiegervater konnte Agnes Meyer allerdings nicht mehr retten. Im Oktober 1944 wurde der mittlerweile fast 75jährige Wolf Meyer mit anderen Juden aus Neuwied mit einem Transport in die Gaskammern von Auschwitz geschickt.

Agnes Meyer hat bis zum Ende des braunen Terrorsystems Verfolgten und Hungernden zu helfen versucht. Als Anfang 1945 die Rote Armee vorrückte und die Nazis die Todesmärsche aus Auschwitz und Blechhammer befahlen, stand sie in Patschkau am Rande der Landstraße, auf der die Hungerkolonnen mit den ausgemergelten KZ-Häftlingen von der SS entlanggetrieben wurden. Sie machte ihre Handtasche auf und gab, was sie hatte.

Gegen Kriegsende brach Agnes Meyer mehrmals zusammen. Sie war mit ihrer bis dahin schier unerschöpflichen Kraft am Ende. Und sie war jetzt ganz auf sich allein gestellt: Ihr Mann Julius, den sie im Juli 1944 ein letztesmal vor Gestapo-Haft hatte retten können, war doch noch in ein Arbeitslager nach Censtochau in Polen deportiert worden, wo er als angeblicher „Nichtjude" zwischen den Ostarbeitern untertauchte. Ihr Sohn Herbert war schon seit Anfang 1944 zum Arbeitsdienst eingezogen.

Wie durch ein Wunder überlebten beide, und kurz nach Kriegsende fanden sich alle drei in Patschkau in Schlesien wieder zusammen. Sie waren überglücklich. Der Weg zurück an den Rhein war lang und beschwerlich. Viele Versuche der Familie Meyer, mit Karussell und Wohnwagen nach Neuwied repatriiert zu werden, scheiterten. Es dauerte Monate, bis zerstörte Brücken wieder aufgebaut waren, die Eisenbahnen wieder fuhren – und bis man die nötigen persönlichen Papiere und die behördlichen Stempel zum Transport des Wohnwagens zusammenhatte. Agnes Meyer berichtete über diese Zeit von Mai 1945 bis zu jenem Tag Mitte November 1945, als sie mit Mann und Sohn in Neuwied eintraf:

„Das Gebiet um Patschkau ist von den Russen befreit worden. Ich bekam ein Papier aus Prag mit einem Stempel der russischen Militärbehörde, daß ich von den Nazis verfolgt war. Jetzt durfte mich keiner mehr anfassen und mich belästigen. Nach ein paar Wochen wurde uns die Rückreise nach Köln genehmigt. Wir haben mit ein paar Russen den Wagen aus dem Dreck gehoben und ihn verladen – und dann sind wir los."

Eine lange Reise schien doch noch ein glückliches Ende gefunden zu haben. Stattdessen gab es große Enttäuschungen und Anlaß für Trauer. Kaum in Neuwied angekommen, mußte Julius Meyer erfahren, daß sein Vater, seine Schwestern, seine Onkel und Tanten von den Nazis vergast worden waren. Außer ihm selbst, Agnes und Sohn Herbert sowie einem Schwager und dessen Sohn hatte von der Familie Wolf Meyer in Neuwied keiner überlebt. Nicht besser war es den anderen jüdischen Familien in der Stadt und im Kreis Neuwied ergangen. 600 Mitglieder hatten die jüdischen Gemeinden des Kreises Neuwied vor 1933 umfaßt. Nur 18 Überlebende zählte man, als die Jüdische Kultusgemeinde im September 1947 einen Gedenkstein für die ermordeten Glaubensbrüder auf dem Jüdischen Friedhof Niederbieber einweihte. Redner bei diesem Anlaß war der neue Vorsitzende der Jüdischen Kultusgemeinde Neuwied, Julius Meyer.

Schon bald nach ihrer Heimkehr nach Neuwied hatten er und seine Frau Agnes erleben müssen, daß sie bei Teilen der Bevölkerung nicht willkommen waren. Den Meyers schlug Ablehnung entgegen.

Zum zweitenmal mußte die Karussellagnes jetzt in die Rolle der „Patronin" des Familienunternehmens hineinwachsen. Sie kümmerte sich vor allem um den Wiederaufbau des Karussellbetriebs, während Julius Meyer in einer Art familiärer Arbeitsteilung den politischen Part übernahm. Und er „erlebte im Kampf gegen die Schuldigen, daß (er) erneut zum Verfolgten wurde." Antisemitische Pöbeleien wie „Dich Jud haben sie auch vergessen zu erschießen!" belasteten die Familie. Die Zeichen der Zeit hat Agnes Meyer damals trotz ihrer vielen Arbeit ganz aufmerksam registriert:

„Die Leute waren innerlich ganz schön gerüttelt. Aber dies ,Wir haben von allem nichts gewußt', das ist eine Lüge. Alle haben's gewußt. Und die Ehrlichen waren ganz dünn gesät. Für mich war die Zeit nach dem Zusammenbruch sehr schwierig. Wir haben sehr unter der moralischen und materiellen Ignorierung gelitten, die uns überall begleitete. Es hat sich keiner geschämt. Alle um uns herum fühlten sich unschuldig. Sie hatten aber auch Angst. Und einige haben uns geholfen."

Bis zu ihrem Tod hat Agnes Meyer all ihren Willen und all ihre Kraft zum Auf- und Ausbau des Schaustellergeschäfts eingesetzt: „Aus einem kleinen Rundfahrgeschäft wurde ein moderner Betrieb mit zwei Autoscootern und zwei Imbißständen, der weit über die Grenzen der Stadt Neuwied hinaus zu einem Begriff wurde. (...) Nicht unerwähnt sollte bleiben, daß durch die Initiative des Unternehmens Meyer der Weihnachtsmarkt in Neuwied wieder auflebte", wurde ihr geschäftlicher Erfolg viele Jahre später, bei der Verleihung der Verdienstmedaille des Verdienstordens der Bundesrepublik Deutschland, gewürdigt. An diesem Tag, dem 24. November 1989, wurde sie jedoch vor allem auch dafür geehrt, daß sie sich während der NS-Zeit unerschrocken vor die gesamte Familie ihres Mannes gestellt und auch anderen Verfolgten geholfen hat. Oberbürgermeister Karl-Heinz Schmelzer würdigte sie als „kleines Symbol für Neuwied", als „mutige Frau, die mit ihrem Einsatz beispielhaft für eine demokratische Gesellschaft" sei.

Agnes Meyer verstarb am 9. März 1990 im Alter von 93 Jahren in Neuwied.

Henning Müller

Auszug aus dem Beitrag von Henning Müller: „Agnes Meyer ("Karussellagnes") (1896-1990). Die Mutter Courage vom Rhein. In: Von Frau zu Frau. Auf der Suche nach der verschütteten Geschichte bedeutender Frauen in und um Neuwied, hg. v. Frauenbüro Neuwied. (Bd. I) Neuwied 1993, S. 39-57, mit freundlicher Genehmigung des Verfassers (dort alle Quellennachweise).

Elisabeth Meyer-Bothling (1916-1996)

Elisabeth Meyer-Bothling wurde am 1. August 1916 in Simmern im Hunsrück geboren. Sie war das einzige Kind des Reg.-Landmessers Wilhelm Günther und seiner Ehefrau Johanna geb. Kiltz. Nach dem Ersten Weltkrieg zog die Familie nach Koblenz-Metternich. Im Februar 1936 legte Elisabeth Günther an der Koblenzer Hilda-Schule das Abitur ab. Nach dem Abschluß einer kaufmännischen Schule im folgenden Jahr absolvierte sie die zweijährige Ausbildung als Sozialarbeiterin an der Fachschule des Vereins für öffentliche und private Fürsorge in Frankfurt am Main.

Zeit für die praktische Berufsausübung blieb ihr zunächst kaum: Im Winter 1939/40 lernte sie den Leutnant Hans Helmut Meyer-Bothling kennen, der in Metternich im Quartier lag. Im April 1941 erfolgte die Eheschließung, bald darauf wurden die beiden Töchter Frauke (1942) und Heidrun (1944) geboren. Nach den verheerenden Bombenangriffen auf Koblenz fand die junge Mutter Zuflucht bei den Schwiegereltern in Mecklenburg. Erst im Oktober 1945 nach glücklicher Flucht über die grüne Grenze fand die Familie in Koblenz wieder zusammen.

Elisabeth Meyer-Bothling (1972)

Der Ehemann hatte den Krieg als Major beendet, und zumal als Berufsoffizier hatte er es nicht leicht, beruflich wieder Fuß zu fassen. Erst nach mehrjähriger Arbeit im Bauhandwerk gelang es ihm, eine Anstellung beim Raiffeisenverband Mittelrhein zu erlangen, wo er später als Verbandssekretär tätig war. In der unmittelbaren Nachkriegszeit lag daher die Verantwortung, die wirtschaftliche Existenz der Familie zu sichern, vor allem bei Elisabeth Meyer-Bothling. Als entscheidende Weichenstellung erwies sich dabei der Kontakt mit Pfarrer Otto Ohl, dem langjährigen Direktor des Rheinischen Provinzialausschusses für Innere Mission in Langenberg. Im Januar 1947 vermittelte er ihr eine Anstellung bei der Koblenzer Dienststelle der Inneren Mission. Dienstgebäude war der Sitz des früheren Konsistoriums in der Mainzer Straße Nr. 81. Bereits 1950 übernahm sie die Leitung der Geschäftsstelle, die 1963 in die Verbindungsstelle Rheinland-Pfalz des Diakonischen Werks der Evangelischen Kirche im Rheinland umgewandelt wurde.

An dieser Schnittstelle zwischen Mainz (dem Sitz der Landesregierung) und Düsseldorf (Sitz der Evangelischen Landeskirche) oblag ihr zum einen die Vertretung der Inneren Mission – bzw. später des Diakonischen Werkes – als Spitzenverband der freien Wohlfahrtspflege gegenüber der Landesregierung in Grundsatzfragen der

Sozial- und Jugendhilfe. Für eine erfolgreiche Arbeit mußten enge Kontakte zu den staatlichen und kirchlichen Entscheidungsgremien hergestellt werden. Hoher Sachverstand, aber auch persönlicher Charme und Verhandlungsgeschick halfen Frau Meyer-Bothling, den Widerstand einzelner Synoden oder auch politischer Gremien zugunsten ihrer Initiativen zu überwinden. Ferner hatte sie die Interessenvertretung einzelner sozialer Einrichtungen wahrzunehmen und diese in Fach- und Finanzierungsfragen zu beraten.

Zum Brennpunkt entwickelte sich schon gleich 1947 die Kinder- und Jugendhilfe. Nicht-seßhafte Jugendliche aus der sowjetisch besetzten Zone mußten ebenso betreut werden wie die jungen Männer, die zu tausenden der Annahmestelle der französischen Fremdenlegion in Landau zustrebten. Persönlich engagierte sich Frau Meyer-Bothling stark in der Betreuung elternloser Kinder vor allem aus Ostpreußen. Hier übernahm sie selbst über 90 Vormundschaften, die sie zum größten Teil bis zur Volljährigkeit führte. Wichtige Kontakte erwuchsen in diesen Jahren mit Gesundheitsminister Junglas, Prälat Fechler und Frau Hermans-Hillesheim, der späteren Vizepräsidentin des Landtages.

Aus der Zusammenarbeit der freien Wohlfahrtspflege mit dem Landesjugendamt und dem Sozialministerium konstituierte sich schließlich 1956 der Landesjugendwohlfahrtsausschuß, dem Elisabeth Meyer-Bothling von Beginn an angehörte und in dem sie von 1971 bis 1979 den Vorsitz innehatte. In weiteren rheinland-pfälzischen Gremien war sie langjähriges Mitglied, so im Landessozialbeirat, dem Landesausschuß für Rehabilitation, dem Landesbeirat für Vertriebenen- und Flüchtlingsfragen, dem Landesausschuß für hauswirtschaftliche Berufsausbildung und der Arbeitsgemeinschaft für Heimerziehung. Der Liga der Spitzenverbände der freien Wohlfahrtspflege im Land Rheinland-Pfalz gehörte sie seit Bestehen an und war zweimal Vorsitzende dieses Verbandes.

Zahlreiche Kindergärten, Altersheime, Kinder- und Jugendheime entstanden so im nördlichen Rheinland-Pfalz durch ihre Initiative. Im Zeitraum 1950 bis 1971 stieg z.B. die Zahl der Kindergärten im Arbeitsgebiet der Verbindungsstelle von 55 auf 122, die Zahl der Altenheime von 10 auf 23. Es galt aber nicht nur auf den quantitativen Ausbau zu achten, sondern auch durch umfangreiche Investitionen den gestiegenen personellen und baulichen Standards in der diakonischen Arbeit gerecht zu werden. Besonders stolz war Frau Meyer-Bothling im Rückblick auf die Einführung der Sozialstationen und ihre maßgebliche Mitarbeit am Kindergartengesetz des Landes Rheinland-Pfalz. Sie wirkte im Vorstand mehrerer diakonischer Einrichtungen mit, wie dem Schmiedel in Simmern oder dem Evangelischen Kinder- und Jugendheim Oberbieber. Als Vorsitzende der Stiftung Bethesda-St. Martin in Boppard leitete sie die Umstrukturierung von der Erziehungsarbeit zur Behindertenhilfe als neue diakonische Aufgabe ein. Ein sicher auch persönliches Anliegen war ihr die Mitarbeit in der Evangelischen Frauenarbeit im Rheinland.

Für ihr vielfältiges Engagement erfuhr sie hohe Auszeichnungen, u. a. erhielt sie das Bundesverdienstkreuz erster Klasse, die Staatsmedaille des Landes Rheinland-Pfalz für besondere soziale Verdienste sowie das Kronenkreuz in Gold des Diakonischen Werkes. 1976 trat sie beim Diakonischen Werk in den Ruhestand. In anderen Gremien war sie noch mehrere Jahre tätig. Überwiegend widmete sie sich aber jetzt der Familie, vor allem auch ihren vier Enkelkindern. Mit ihrem 1980 pensionierten Ehemann unternahm sie mehrere Reisen. Sie hatte jetzt die Zeit, die ihr in den oft hektischen Berufsjahren gefehlt hatte. Kurz vor ihrem 80. Geburtstag verstarb Elisabeth Meyer-Bothling am 27. Juni 1996.

Stefan Flesch

Quellen/Literatur:

Unterlagen der Familie (u. a. Presseausschnitte, Redemanuskripte).

Dr. Else Missong (1893-1958)

Else Missong wurde am 13. Oktober 1893 in Brauna in Sachsen als Tochter des Forstmeisters Johann Alexander Peerenboom geboren. Ihre Mutter Maria, geb. Dillmann, stammte aus Linz am Rhein. Als Else fünf Jahre alt war, verstarb der Vater, und die Mutter kehrte mit ihrem Kind in das Elternhaus in Linz zurück. So kam es, daß Else hier ihre Kindheit und Jugend verbrachte. Nach dem Besuch des Lyzeums der Franziskanerinnen wurde sie, wie bei Töchtern aus gutbürgerlichem Haus üblich, in ein vornehmes Mädchenpensionat geschickt, und zwar zu den Schwestern vom Sacre Cœur in Vaals in Holland. Danach unternahm sie Reisen nach Frankreich und England und bereitete sich in Kursen auf ein Fremdsprachenexamen vor, das sie 1912 ablegte. Von 1912 bis 1915 unterrichtete sie Englisch und Französisch an ihrer alten Schule in Linz.

Dr. Else Missong-Peerenboom in jungen Jahren

Wichtige Anregungen für ihre Entwicklung erhielt sie durch ihren Onkel, Anton Dillmann, der ihr weitgehend den Vater ersetzte und der ihr Interesse für Politik weckte. Nach dem Besuch des Katholikentages in Metz im Jahr 1913, zu dem sie der Onkel mitgenommen und auf dem der Zentrumspolitiker und spätere Reichskanzler Wilhelm Marx den großen Mangel an katholischen Akademikern als Folge des Kulturkampfes beklagt hatte, entschloß sich Else Peerenboom, unterstützt durch den Onkel, zu studieren. Sie bereitete sich privat auf das Abitur vor, das sie 1917 als Externe in Münster ablegte. Im Sommersemester 1917 nahm sie in Bonn ein Studium der neuen Sprachen auf. Da sie damals jedoch bereits mehr an sozialen und politischen Themen interessiert war, wechselte sie schon bald zu den Fächern Staatswissenschaften und Volkswirtschaft. Ihr Studium führte sie nach München, Bonn und Freiburg i.Br., wo sie mit der Promotion abschloß. Ihre Dissertation befaßte sich mit dem französischen Sozialisten, Politiker und Philosophen Jean Jaques Jaurès.

Ab November 1921 arbeitete Else Peerenboom in der Zentrale des Deutschen Caritasverbandes, wo sie das Referat für Statistik übernahm. In dieser Funktion gab sie u.a. zwei umfangreiche Publikationen über die katholischen karitativen Einrichtungen heraus. Daneben unterrichtete sie an der Sozialen Frauenschule des Caritasverbandes, deren Leitung sie 1926 und 1927 kommissarisch übernahm. Da ihr Führungsstil, der die Schülerinnen zur Mündigkeit und Entscheidungsfähigkeit erziehen wollte, innerhalb des Verbandes und des Kollegiums auf wenig Gegenliebe stieß, verließ sie Ende 1927 den Deutschen Caritasverband.

1928 wurde Else Peerenboom vertretungsweise die Leitung des Dezernats für Jugendfürsorge und Jugendpflege bei der Regierung in Münster übertragen. 1929 wechselte sie zum „Zentralverband katholischer Frauen- und Müttervereine Deutschlands" nach Düsseldorf, wo sie das Referat Politische Bildung übernahm.

In dieser Zeit trat sie der Zentrumspartei bei und vertrat von 1932 bis 1933 den Wahlkreis Koblenz-Trier im Deutschen Reichstag. Ihre entschiedene katholische Glaubensüberzeugung ließ sie offenbar schon früh in Opposition zu den erstarkenden Nationalsozialisten geraten. Im Rahmen des Entnazifizierungsverfahrens nach 1945 gab sie gegenüber den französischen Behörden an, „sie habe schon von 1930 an in zahlreichen öffentlichen Auftritten und durch eine rege publizistische Tätigkeit in allen Teilen des Deutschen Reiches gegen die braune Bewegung agitiert." Else Peerenboom zählte zu den wenigen Abgeordneten des Zentrums, die am 23. März innerhalb der Zentrumsfraktion dagegen votierten, dem „Ermächtigungsgesetz" der Hitler-Regierung zuzustimmen.

Nach eigenen Angaben informierte sie im November 1933 anläßlich einer Italien-Reise den Kardinalssekretär Pacelli (den späteren Papst Pius XII.) über die politische Entwicklung in Deutschland und die stetige Brüskierung des Konkordates und erstattete in den darauffolgenden Jahren noch mehrmals in Rom Bericht. Ihre Haltung brachte ihr die Überwachung durch die Gestapo und eine Anklage wegen Meineides ein.

Einen Großteil der Jahre zwischen 1933 und dem Beginn des Zweiten Weltkriegs verbrachte Else Peerenboom im Ausland. Im Jahr 1934 unternahm sie zusammen mit einer Gruppe junger Katholiken eine erste Reise nach Brasilien, um dort die Siedlungsmöglichkeiten im Urwald für deutsche Auswanderer zu erkunden. Während ihres Aufenthaltes kam sie zu der Erkenntnis, daß professionelle kirchliche Sozialarbeit in Südamerika ein dringendes Bedürfnis sei. Bei einem weiteren Aufenthalt auf dem Kontinent im Jahr 1936 bereitete sie die Gründung sozialer Frauenschulen in Uruguay und in Venezuela vor. In der Anlaufphase, von 1937 bis 1939, leitete sie dann die Soziale Frauenschule in Montevideo persönlich. Als sie 1939 nach Deutschland zurückkehrte, erhielt sie aufgrund ihrer ablehnenden Haltung gegenüber dem nationalsozialistischen Staat keine Stelle. Aber auch eine erneute Ausreise nach Südamerika wurde ihr von den deutschen Behörden verweigert. Sie nutzte die Zeit, einen Leitfaden der Wohlfahrtspflege für die südamerikanischen Sozialen Frauenschulen in spanischer Sprache abzufassen.

1941 schloß Else Peerenboom die Ehe mit Anton Missong, Landesarbeitspräsident a.D., der noch bis 1944 als Korvettenkapitän in der Kriegsmarine diente. Nach der Entlassung ihres Mannes aus dem Militärdienst wohnte das Ehepaar in Linz. Im Zusammenhang mit der Verschwörung des 20. Juli 1944 wurde Else Missong für zwei Tage in Haft genommen.

Nach Kriegsende hatte sie maßgeblichen Anteil am Wiederaufbau des politischen Lebens über die Grenzen ihrer Heimatstadt Linz hinaus. Sie wurde in den Linzer

Stadtrat und in den Kreistag Neuwied gewählt. Im Sommer 1946 wurde sie von Wilhelm Boden zur Leiterin des Landesjugendamtes bei der Präsidialregierung in Koblenz ernannt. Sie gehörte auch, als eine von ganz wenigen Frauen (7 von insgesamt 127 Abgeordneten!), der Beratenden Landesversammlung an und war für kurze Zeit als Ministerkandidatin für das Wohlfahrtsministerium im Gespräch. Doch ihre politische Karriere endete wenig später mit einem Eklat: Mit einer Rede in der ersten Sitzung der Beratenden Landesversammlung am 22. November 1946 zog sie sich den Unmut nicht nur der französischen Besatzungsbehörden, sondern auch ihrer eigenen Parteifreunde zu. Als auf Antrag des SPD-Abgeordneten Steffan eine Aussprache über Sofortmaßnahmen wegen der Ernährungs- und Versorgungslage stattfand, sprach Dr. Else Missong für die Christlich-Demokratische Fraktion. Sie schilderte den schlechten Gesundheitszustand der Bevölkerung als Folge der völlig unzureichenden Ernährung, warnte vor einer physischen und moralischen Verelendung, forderte vehement einen Ausschuß zur Behebung der Hungersnot und rief schließ-lich aus:

„Unser Volk will arbeiten, es will wiedergutmachen, aber es will nicht zum Bettler werden, es will leben, es darf nicht verhungern. Wir sind zusammengetreten als eine verfassunggebende Landesversammlung. Für Gräber brauchen wir keine Verfassung, darum muß zuerst das Leben unserer Menschen wieder gesichert sein, wenn unsere Arbeit von heute überhaupt noch Sinn und Zukunft haben soll."

Gouverneur Hettier de Boislambert, der dies als einen Angriff auf die französische Politik empfand, war höchst empört und zitierte Altmeier, den Vorsitzenden der CDP/CDU-Fraktion, zu sich. Es bedurfte offenbar einiger Bemühungen, um Else Missong vor dem Gefängnis zu bewahren. Ende Dezember 1946 legte sie auf Druck aus der eigenen Partei ihr Mandat nieder. Sie trat aus der CDU aus, da sie sich von ihren Parteikolleginnen und -kollegen im Stich gelassen fühlte. Der Konflikt scheint sich insbesondere zwischen ihr und den Koblenzer Abgeordneten Altmeier, Rothländer und Hermans abgespielt zu haben. Hierbei spielten vermutlich auch persönliche Abneigungen eine Rolle. Else Missong hatte von dem „Regierungspräsidenten aus der Lebensmittelbranche", wie sie Altmeier einmal nannte, jedenfalls keine allzu hohe Meinung.

Nach dieser enttäuschenden Erfahrung in der deutschen Nachkriegspolitik ging Else Missong erneut ins Ausland. 1947 übernahm sie die Leitung der Katholischen Sozialen Frauenschule in Caracas (Venezuela); anschließend war sie als Sozialreferentin bei der Deutschen Botschaft in Rio de Janeiro tätig. 1949 kehrte sie aus gesundheitlichen Gründen nach Deutschland zurück; sie litt an schwerer Diabetes. 1951 übernahm sie nochmals für kurze Zeit das Amt einer Referentin für Südamerika und Australien in der Landesstelle für das Auswanderungswesen in Bremen. Ihre letzten Lebensjahre, in denen sie zahlreiche Vorträge zu sozialpädagogischen Themen hielt, verbrachte sie in Linz. Sie verstarb am 31. August 1958 in Köln nach einem Herzinfarkt und wurde auf dem alten Friedhof in Linz begraben.

Hedwig Brüchert

Quellen/Literatur:

Anne Martin: Die Entstehung der CDU in Rheinland-Pfalz. Mainz 1995 (Veröff. d. Kommission des Landtages für die Geschichte des Landes Rheinland-Pfalz, Bd. 19);
Abgeordnete in Rheinland-Pfalz 1946-1987. Biographisches Handbuch, hg. v. Landtag Rheinland-Pfalz, bearb. v. Heidi Mehl-Lippert u. Doris Maria Peckhaus. Mainz 1991, S. 247;
W. Podlech/P. Kämpchen: Else Missong. In: Landeskundliche Vierteljahresblätter, Sonderheft 1972, Trier, S. 342f.;
Manfred Berger: Else Missong-Peerenboom – ein Leben im Dienst der Politik, der Caritas, Sozialarbeit und für die Frau. In: Jahrbuch des deutschen Caritasverbandes ‚97, S. 397-404;
Von Frau zu Frau. Auf der Suche nach der verschütteten Geschichte bedeutender Frauen in und um Neuwied, Teil II, hg. vom Frauenbüro Neuwied. Neuwied 1995, S. 147;
Arbeitsgemeinschaft für Landesgeschichte und Volkskunde im Regierungsbezirk Koblenz, Arbeitsgemeinschaft für Landesgeschichte und Volkskunde des Trierer Raumes, Arbeitsgemeinschaft für Heimatgeschichte des Nahe-Hunsrück-Raumes (Hg.): Kurzbiographien vom Mittelrhein und Moselland, o.J., S. 342f.;
Beratende Landesversammlung Rheinland-Pfalz, Drucksache Nr. 1, Protokoll über die 1. Sitzung am 22. November 1946, S. 6f., und Protokoll über die 4. Sitzung am 19. Februar 1947, S. 25.

Dr. Gertraud Nellessen-Schumacher (geb. 1921)

Gertraud Nellessen-Schumacher wurde am 30. August 1921 in Breslau geboren. Ihr Vater war Kaufmann, ihre Mutter, früh verwaist, bis zur Heirat Abteilungsleiterin in einem Kaufhaus. Der Bruder ist im Krieg gefallen. Den Eltern war an einer guten Berufsausbildung ihrer Tochter gelegen, die Mutter vertrat die Auffassung, dass auch eine Frau die Möglichkeit haben sollte, sich durch den Beruf eine eigene Existenzgrundlage zu schaffen und ihre Fähigkeiten nicht ausschließlich auf Haushalt und Familie zu konzentrieren. Dem Nationalsozialismus stand das protestantisch geprägte, politisch mit Stresemanns DVP sympathisierende Elternhaus distanziert gegenüber. In den BDM trat Gertraud Schumacher gemeinsam mit ihren Schulkameradinnen ein, als der in kirchlicher

Dr. Gertraud Nellessen-Schumacher

Trägerschaft stehenden Schule mit Schließung gedroht wurde, weil die Schülerschaft bisher zu wenig Interesse an einem Engagement im BDM gezeigt hatte.
1940 begann Gertraud Schumacher ihr Studium der Volkswirtschaft an der Friedrich-Wilhelms-Universität Berlin, das sie kriegsbedingt in Breslau fortsetzte und 1944 mit der Promotion abschloss. Im Rahmen eines Forschungsauftrags kam sie noch vor Kriegsende in die Pfalz.
Nach dem Krieg richtete die französische Besatzung im Gebiet des heutigen Rheinland-Pfalz zwei Provinzialregierungen in Koblenz und in Neustadt an der Weinstraße ein, die jeweils ein statistisches Amt erhielten. Gertraud Schumacher bewarb sich erfolgreich bei der Provinzialregierung Mittelrhein-Saar und nahm im August 1945 als 24-jährige Berufsanfängerin ihre Tätigkeit als Abteilungsleiterin für Wirtschafts- und Finanzstatistik im Statistischen Amt in Neustadt auf. Als einzige akademische Mitarbeiterin wurde sie rasch Stellvertreterin der Amtsleiterin. Als diese im Vorfeld der Volkszählung von 1946 in Konflikt mit den französischen Dienststellen geriet und ihres Amtes enthoben wurde, übernahm Gertraud Schumacher die kommissarische Amtsleitung.
Damit stand die recht junge Frau an der Spitze einer wichtigen Behörde. Als erstes war die Organisation der Volkszählung von 1946 zu bewältigen, die Planung der Arbeitsabläufe, Schulung der Mitarbeiter und Anweisung an die Gemeinden. Die Arbeit der jungen Amtsleiterin war nicht nur durch die gerade in den Aufbaujahren besonders wichtigen fachlichen Aufgaben ihrer Behörde geprägt, sondern auch durch die schwierigen Bedingungen der Besatzungsverwaltung. In den Verwaltungen war

jedem Ressort ein französischer Überwachungsoffizier zugeordnet. Im Statistischen Landesamt hatte er sein Dienstzimmer neben dem der Amtsleitung. Mit einschlägigen Erhebungen lieferte das Amt u. a. die Grundlage für die Zuteilung von Lebensmitteln. Da auch die Besatzungssoldaten und ihre Familien aus dem Land versorgt wurden, minderte das Ablieferungssoll an die Truppe die Zuteilungsmengen, die für die Bevölkerung zur Verfügung standen. Kam es bei den Ergebnissen der amtlichen Erntestatistik zu Abweichungen gegenüber den Ermittlungen der Militärregierung – zu diesem Zweck führte sie vor Ort Proberodungen durch – so war der Konflikt vorgegeben. Ihn zu lösen bedurfte es eines hohen Maßes an Verhandlungsgeschick und Einfühlungsvermögen. Die Vorgängerin war an solchen Konflikten gescheitert.

Im Hinblick auf die besonderen Verhältnisse der ersten Nachkriegszeit hatte die Arbeit des Statistischen Landesamtes eine sehr unmittelbare Bedeutung für den Lebensalltag der Menschen. Die genaue Ermittlung des Finanzbedarfs der Kommunen zum Beispiel war wichtig für den Wiederaufbau der Infrastruktur, die wiederum eine zentrale Voraussetzung für die Versorgung der Bevölkerung und die Belebung der Wirtschaft darstellte. Von geradezu existenzieller Bedeutung war die Landwirtschaftsstatistik mit ihrer Erfassung der Anbauflächen und der Ernteerträge. So wirkte Gertraud Schumacher an verantwortlicher Stelle in einer für die Aufbauarbeit der Nachkriegszeit wichtigen Behörde.

Im Zuge der Gründung des Landes Rheinland-Pfalz wurden die beiden statistischen Ämter Neustadt und Koblenz vereinigt. Gertraud Schumacher hatte am Aufbau des neuen gemeinsamen Amtes maßgeblichen Anteil, musste sich hier aber auch als junge Frau beruflich gegenüber den in der Regel wesentlich älteren männlichen Mitarbeitern behaupten. Da das neue Amt in der damaligen Landeshauptstadt Koblenz keine geeigneten Räume fand, erhielt es seinen Sitz in der nahen, von Kriegszerstörungen weitgehend verschonten Kurstadt Bad Ems. Anfang 1948 bezogen die bisherigen Dienststellen Koblenz und Neustadt ihren neuen Sitz in Bad Ems. Gertraud Schumacher leitete hier die Abteilung für Finanzen und Steuern.

In Bad Ems lernte sie Dr. Walter Nellessen kennen, den sie 1951 heiratete. Drei Kinder stammen aus dieser Ehe. Die Berufstätigkeit unterbrach sie, um sich ganz ihrer Familie zu widmen. Nie gab sie jedoch den Anspruch einer Mutter auf Berufstätigkeit auf. Da es keine Halbtagsstellen und flexible Arbeitszeiten gab, blieb nur die Möglichkeit einer selbständigen Tätigkeit, die allerdings nur sporadisch ausgeübt werden konnte. Dazu gehörte die Auswertung statistischer Zählungen und die Erstellung von Gutachten.

Vom Zentralkomitee der Deutschen Katholiken erhielt die Protestantin den Auftrag, die Daten der Volkszählung von 1961 unter konfessionellen Gesichtspunkten auszuwerten. Trotz der schmalen Datenbasis, die der Zensus 1961 bot, hatte die Studie, die 1969 unter dem Titel „Sozialstruktur und Ausbildungsstand der deutschen Katholiken" veröffentlicht wurde, einen deutlichen Rückstand der Katholiken in der Ausbildung und der Besetzung wichtiger wirtschaftlicher und sozialer Positionen zum Ergebnis. Vor dem Hintergrund der damals intensiv betriebenen Bildungswerbung trug sie dazu bei, dass nun auch die Kirche und Bildungspolitiker dieser Problematik große Beachtung schenkten. Es wuchs das Bedürfnis, das Thema umfassender und zielgerichteter anzugehen. Aufgrund eines detaillierten Anforderungskatalogs an das Statistische Bundesamt trug die Aufbereitung der Volkszählung 1970 diesem Bedürfnis Rechnung und ermöglichte so eine profunde Analyse. Mit ihrer Untersuchung „Sozialprofil der deutschen Katholiken" legte Gertraud Nellessen-Schumacher diese Analyse 1978 vor und erzielte in der Öffentlichkeit, in der Fachpresse und den Medien große Resonanz. Sie referierte ihre Ergebnisse u. a. vor der Vollversammlung des Zentralkomitees der Deutschen Katholiken und vor der Deutschen Bischofskonferenz.

Relativ spät erst, in den sechziger Jahren, wandte sich Gertraud Nellessen-Schumacher der Politik zu. Hier galt ihr Interesse von vornherein der Frauenpolitik. Sie engagierte sich in der Frauen-Vereinigung der CDU (heute: Frauen-Union), gründete die Frauen-Union im Rhein-Lahn-Kreis und in der Verbandsgemeinde Bad Ems und wurde Mitglied der Wirtschaftskommission der Europäischen Frauen-Union. 1974 bis 1994 gehörte sie dem Kreistag des Rhein-Lahn-Kreises an, zuletzt als Kreisdeputierte. Geprägt von ihrer Erfahrung, im beruflichen wie im politischen Wirkungskreis oft die einzige Frau gewesen zu sein, setzte sie sich engagiert für eine stärkere Präsenz von Frauen in Politik, Beruf und Gesellschaft ein.

Am 10. April 1987 wurde Gertraud Nellessen-Schumacher mit dem Bundesverdienstkreuz am Bande ausgezeichnet. Aus der Politik zog sie sich Anfang der 1990er Jahre zurück, um Jüngeren eine Chance zu geben.

Hans-Jürgen Sarholz

Quellen/Literatur:

Traute Nellessen-Schumacher: Sozialstruktur und Ausbildungsstand der deutschen Katholiken. Weinheim, Berlin, Basel 1969;
Traute Nellessen-Schumacher: Sozialprofil der deutschen Katholiken. Eine konfessionsstatistische Analyse. Mainz 1978;
Zeitzeugen der ersten Jahre. In: 50 Jahre Zahlen aus Bad Ems. Bürgerorientierte Informationen für Rheinland-Pfalz. Hg.: Statistisches Landesamt Rheinland-Pfalz. Koblenz 1998, S. 152-156;
Interview mit Frau Dr. Gertraud Nellessen-Schumacher vom 7.12.1998, geführt vom Verfasser;
Helmut Herles: Großer Nachholbedarf der deutschen Katholiken. FAZ v. 23.9.1969;
Katholiken im Hintertreffen. Der Spiegel Nr. 44 v. 27.10.1969;
Die Katholiken und die Bildung. FAZ v. 29.8.1978;
Claus Voland: Sind Katholiken dümmer? Die Zeit Nr. 36 v. 1.9.1978;
Wenig Bildung – wenig Geld. Die Zeit Nr. 36 v. 1.9.1978;
Um Sozialstaat verdient gemacht. Rhein-Lahn-Zeitung v. 15.4.1995;
Für Frauenpolitik stark gemacht. Rhein-Lahn-Zeitung v. 31.9.1996.

Hilde Osterspey (1905-1964)

Hilde Osterspey wurde am 17. März 1905 als jüngste von fünf Töchtern der Eheleute Henriette Alexi Antoni Dieckmann, geb. Endepols, und Johann Wilhelm Dieckmann in Gelsenkirchen geboren. Der Vater war Lehrer und Konrektor an einem Gelsenkirchener Gymnasium.
Sie wuchs mit ihren vier Schwestern in einem gutbürgerlichen Elternhaus auf. Das Zentrum der Familie war die Mutter, während der Einfluß des Vaters, der ein eher ängstlicher, schwacher Mann war, sich vor allem in der Berufswahl seiner Töchter bemerkbar machte: Hilde und zwei ihrer Schwestern wurden Lehrerinnen.
Nach dem Besuch des Lehrerinnenseminars in Gelsenkirchen und verschiedenen Anstellungen als Referendarin an der Ostsee und im Schwarzwald kam Hilde in die Pfalz und unterrichtete bis 1943 am Karolinenlyzeum in Frankenthal neben anderen

Hilde Osterspey

Fächern vor allem Sport und Hauswirtschaft. 1941 lernte sie den Dramatiker und Komponisten Walter Osterspey kennen und erwartete ein Kind von ihm. Da sich der Vater, er war als Flak-Soldat in der Umgebung von Frankenthal eingesetzt, nicht zu dem Kind bekannte, begann für Hilde Dieckmann eine schwierige und harte Zeit. Sie wechselte vom Lyzeum in Frankenthal an die Wirtschaftsoberschule in Ludwigshafen und zog auch in diese Stadt. Im Januar 1942 wurde ihr Sohn geboren. Die Probleme einer alleinerziehenden Mutter, die auch in Ludwigshafen nicht geringer waren als in Frankenthal, und der Tod ihrer eigenen Mutter im Juli 1942 hatten ihre Kräfte so ausgehöhlt, daß sie bei der Rückkehr vom Sterbebett der Mutter zusammenbrach. Neun Wochen lag sie mit einer Lungenentzündung danieder und schwebte zwischen Leben und Tod. Nur mühsam konnte sie sich wieder erholen.
Während der schweren Luftangriffe auf Ludwigshafen im Jahr 1943 gab sie ihr Kind in die Obhut von Pflegeeltern in Weidenthal im Pfälzer Wald. Sie selbst bewarb sich auf Stellen in verschiedenen Städten in Deutschland, bekam aber wegen ihres unehelichen Kindes nur Absagen. Im Frühjahr 1944 erhielt sie schließlich eine Zusage aus Deggendorf in Niederbayern und zog im Juli mit ihrem Kind dorthin. Noch vor ihrer Abreise nach Deggendorf kam es zwischen ihr und dem Vater ihres Kindes zu einer Klärung ihres Verhältnisses. Während Walter Osterspey zum Volkssturm eingezogen und an die Front nach Würzburg geschickt wurde, erlebte

Hilde Dieckmann das Kriegsende in Deggendorf, das glücklicherweise von schweren Kampfhandlungen verschont blieb.

Bereits in den letzten beiden Kriegsjahren hatte sie begonnen, ihre künstlerische Begabung zu nutzen. Sie bemalte Holzteller, die ein aus Böhmen stammender Drechsler produzierte, mit Blumen- und Pflanzenmotiven. Besonders in den ersten Nachkriegsjahren kam ihr diese Nebenbeschäftigung nun sehr zugute. Die Teller dienten als Tauschware für Lebensmittel in den umliegenden Bauernhöfen.

Da Hilde Dieckmann außer der Zwangsangehörigkeit im NS Lehrerbund keiner weiteren NS-Organisation angehört hatte, wurde sie 1946 wieder in den Schuldienst übernommen. Doch bereits Mitte des Jahres 1946 erkrankte sie an Tuberkulose. Die Krankheit heilte aus, hatte aber zur Folge, daß Hilde Dieckmann nicht mehr unterrichten durfte und pensioniert wurde.

In der Zeit ihrer Rekonvaleszenz begann sie sich sehr intensiv mit dem Zeichnen und der Malerei zu beschäftigen und besuchte eine Abendakademie in Deggendorf, die von einem aus dem Osten geflohenen Maler eingerichtet worden war. Im Zentrum des Unterrichts standen die menschliche Figur und das Porträt.

Als 1947 die Zuzugsbeschränkungen zwischen den Besatzungszonen gelockert wurden, übersiedelte sie nach Frankenthal in die französische Zone und zog zum Vater ihres Kindes. Zum ersten Mal war die Familie vereint.

Die folgenden Jahre waren wirtschaftlich äußerst schwierig, da die zur damaligen Zeit schmale Lehrerpension die einzige Existenzgrundlage der Familie war. Walter Osterspey gelang es nicht, an seine ersten Bühnenerfolge aus der Vorkriegszeit anzuknüpfen. Er hatte sich immer mehr der Musik zugewandt, hatte damit aber ebenfalls nur geringen Erfolg, da eine der Tonalität verpflichtete Musik im Nachkriegsdeutschland chancenlos war.

Im Jahr 1949 gründeten Hilde Dieckmann und Walter Osterspey die „Pfälzische Puppenbühne". Walter Osterspey schrieb die Stücke auf der Basis von Märchen wie „Frau Holle" und „Das tapfere Schneiderlein". Hilde Dieckmann malte die Kulissen, formte die Köpfe und Charaktere der Puppen und nähte die Kleider.

Das Theater, aus einem Aluminium-Röhrensystem und Leinwand gefertigt, ließ sich so zusammenlegen, daß es auf dem Fahrrad transportiert werden konnte. Ein Freund der Familie gesellte sich zu der kleinen Truppe, und so bespielte man zu dritt bis in das Jahr 1953 die nähere und weitere Umgebung von Frankenthal. Wirtschaftlich war das Unternehmen kein Erfolg. Das Interesse an Vorführungen von Puppentheatern schwand zu Beginn der fünfziger Jahre mit der Zunahme von Filmvorführungen auf dem flachen Land.

Am 14. Februar 1953 heirateten Hilde Dieckmann und Walter Osterspey.

Um diese Zeit wurde die Malerei für Hilde Osterspey immer mehr zum Lebensmittelpunkt. Ihre Farbpalette, die in ihren frühen Schaffensjahren noch sehr erdgebunden war, hellte sich zunehmend auf. Einen nicht geringen Anteil daran hatte ihr Schwager Erich Colm-Bialla, ein dem Spätimpressionismus nahestehender Maler, der zu Beginn der fünfziger Jahre aus Israel, wohin er 1928 mit seiner Familie emigriert war, nach Deutschland zurückkehrte.

Er brachte die Farbigkeit und das Licht der Landschaft um Haifa mit. Wenn auch das über Monate währende Zusammenleben zweier Familien auf dem sehr engen Raum einer Zweieinhalb-Zimmer-Wohnung nicht einfach war, hatte doch die Zusammenarbeit mit ihrem Schwager, der ein ausgezeichneter Lehrer war und eine hervorragende Maltechnik besaß, sehr positive Seiten für Hilde Osterspeys Schaffen. Zwischen 1950 und 1960 entstand eine Reihe farblich sehr klarer Blumenstilleben – duftige Aquarelle und kräftige Ölbilder. Zu Beginn der sechziger Jahre waren es vor allem die Landschaft von Altleiningen, wo sie sich längere Zeit eingemietet hatte, die Seen um Roxheim und die Landschaften der Vorderpfalz und des Elsaß, die zu bevorzugten Themen ihrer Malerei wurden. Hilde Osterspey hatte in diesen Jahren ihre ersten Erfolge durch Ankäufe in Ausstellungen in Frankenthal und Mannheim. 1960 begann sie mit der Arbeit an ihrem Roman „Vaganten", der 1962 in der Beilage der Rheinpfalz als Fortsetzungsroman veröffentlicht wurde. In diesem sehr autobiographisch geprägten Werk erzählt sie von den Wirren der Nachkriegszeit, von den durch den Krieg Entwurzelten und Versprengten, die eine neue Heimat suchen. Eine Wanderschaft von Niederbayern bis in die Pfalz, in der alle Stationen ihres Lebens bis zur „Pfälzischen Puppenbühne" eine Rolle spielen.

Hilde Osterspey starb, erst 58 Jahre alt, am 6. Januar 1964 in Frankenthal.

Jörg Osterspey

Quellen/Literatur:
Persönliche Erinnerungen und private Unterlagen.

Liesel Ott (1900-1983)

1964 lernte ich sie in Bockenheim anläßlich des Pfälzer Mundartdichter-Wettstreites, wo sie zu den Preisträgern gehörte, persönlich kennen, doch ihr Gedichtbändchen „Die Knoppschachtel" war mir bereits viele Jahre bekannt. Meine Schüler an der Hauptschule, zumeist aus kinderreichen Familien, die Mühe mit dem Hochdeutschen hatten, lernten mit Begeisterung Liesl-Ott-Gedichte auswendig.

Ihre Geburtstage konnte sie stets „mit dem Jahrhundert" feiern. Im Jahre 1900 wurde sie am 25. November in Zweibrücken als Tochter des Hauptlehrers und Bundes-Chormeisters Christian Ott, nach dem in Zweibrücken eine Straße benannt ist, geboren. In ihrem Gedichtbändchen „Sunneblume" sagt sie über ihre Eltern:

Liesel Ott

Die pälzisch Rass

Mei Mudder, die stammt aus de Palz.
Mei Vadder kummt aus Franke,
un an der Mischung, mään ich als,
müßt ich mei Lebdag kranke.

Die Franke sin e ernschti Rass
un duhn sich redlich quele,
derweil die Pälzer an ehrm Fass
gern pitsche un verzehle.

Doch mit de Johre hat sich jetzt
beim Saft vun unsre Rewe
die pälzisch Rass ganz durchgesetzt
un loßt mich glicklich lewe.

Als junges Mädchen hatte sie davon geträumt, Schauspielerin zu werden, doch die Zeitläufte ließen es nicht dazu kommen. Zehn Jahre war sie mit einem Musiker namens Sauer verheiratet. Dann ließ sie sich scheiden. Ihr Kommentar: „Ich loß mer doch net mei ganz Lewe versauere." Nach einer Tätigkeit als Erzieherin in einem Kinderheim widmete sie sich schließlich zusammen mit ihrer verwitweten Schwester der Erziehung ihrer beiden durch den Krieg verwaisten Neffen.

Liesel Ott kam erst spät ans Reimen, mit 50, nachdem sie anläßlich der 90-Jahr-Feier ihrer Zweibrücker Oberschule mit einem Mundartgedicht überwältigenden Erfolg gehabt hatte. 1953 meldete sie sich erstmals beim alljährlich stattfindenden Bockenheimer Mundartdichter-Wettstreit. Zwölfmal holte sie sich in den folgenden Jahren einen Preis, darunter zweimal den ersten.

Auch für ihre Heimatzeitung schrieb sie. 1958 brachte sie ihr erstes, 1969 ihr zweites Gedichtbändchen heraus. Beide Bände sind von ihrem Bruder Hans Ott, der Kunsterzieher und Maler war, illustriert. In ihren Gedichten hat sie mit Humor und Weisheit kleinste und allerkleinste Alltäglichkeiten zu poetischen Kostbarkeiten verarbeitet.

Das einzige größere Werk, das sie hinterließ, ist ein Theaterstück, betitelt: „Die Tante aus Amerika". Eine Kopie davon liegt im Archiv des Gondrom-Verlages Kaiserslautern. Das Stück wurde 1959 vom Saarländischen Rundfunk als Hörspiel gesendet. 1970 wurde es in Zweibrücken mit großem Erfolg in der ausverkauften Festhalle aufgeführt. Daß sie keine größeren Prosa-Werke hinterließ, begründete sie mit ihrem Gedicht:

De Strick-Strump

Ich fang als heit noch an se schwitze,
wann ich vun wollne Strickstrümp hör,
un sieh mei Mudder bei mer sitze,
dann's Stricke fallt mer gar zu schwer.

Ich soll em Vadder Socke stricke.
zwee rechts, zwee links, sag ich mer vor,
doch leeder will's net immer glicke,
un manchi Masch han ich verlor.

Was könnt mei Vadder dann noch brauche?
For Socke is die Woll aa knapp.
Ich glaab, ich strick em liewer Stauche*
un kett mei Strickzeich dabber ab.

Schun domols hat ma's könne ahne:
Uff Arwet leg ich kee Gewicht.
Drum schreib ich heit noch kee Romane
und bin meh for a korz Gedicht.

* Pulswärmer

Viele Jahre hindurch traten wir gemeinsam auf bei „Liesl-Ott-Abenden", wobei ich 15 Lieder sang, die ich nach ihren Texten vertont hatte. Dabei lag der Akzent auf Nostalgie: Beide trugen wir schwarze bodenlange Röcke und weiße Rüschenblusen, brachten eine Perserbrücke, einen kleinen Tisch mit Tischtuch und eine Stehlampe mit. Der Veranstalter mußte zwei Sessel auf die Bühne stellen. Diese Szenerie sah für das Publikum schön aus, und für Liesl hatte sie den Vorteil, daß ich während ihrer Rezitationen neben ihr saß und ihr soufflierte, denn ihr Augenlicht war durch eine sog. Zentral-Erblindung so stark geschwächt, daß sie nur mit Hilfe einer Lupe lesen konnte.

Ihre Freunde kannten sie als Lebenskünstlerin, die stets aus allem das Beste machte und niemals andere mit ihren Sorgen belastete. Davon zeugt das folgende Gedicht, das sie kurz vor ihrer Übersiedlung ins Altersheim „Am Rosengarten" in Zweibrücken schrieb:

Am Rosegaarde steht e Haus,
– ich guck mer's öfters an –
sie bauen ziemlich hoch enaus
un bossle als noch dran.
Stück hunnert Stübcher gebt's gewiss,
un rings erum Balkone,
un wann ball alles fertig is,
därf ich in eem drin wohne.
Ich nemm mei schönschter Teppich mit,
mei Bilder un mei Uhr ...

In einem solchen kleinen Appartement mit Balkon brachte sie dann auch die letzten Jahre ihres Lebens zu. Obwohl fast erblindet, fand sie sich in ihren vier Wänden bestens zurecht. „Ich sehe mit meiner Phantasie", pflegte sie zu sagen.
1981 fand man sie tot, doch wurde sie um ihrer Popularität willen wiederbelebt, leider, denn jetzt war sie nicht mehr „die" Liesel Ott. Selbst ihre alten Freunde kannte sie nicht mehr, und als sie 1983 noch einmal starb, gab es keinen Leichenzug.
In der Bockenheimer Dokumentation „Ich bin gern do" finden wir ihre Preise aufgezählt, die sie mit den folgenden Gedichten errang: 1953 „Widder dehääm", 1954 „Mei Mudder", 1956 „Abschied vum alde Johr", 1957 „Dorchenanner", 1958 „Die Spottdrossel", 1960 „Mei Vechelcher", 1962 „Viel Freinde", 1963 „Zwiespalt", 1964 „Die Zeit geht rund", 1965 „Stauche", 1966 „s'Lißje un sei Peter".

Anni Becker

Marlott Persijn-Vautz (geb. 1917)

Marlott Persijn-Vautz spielt Klavier und schreibt über Musik. Was dabei zunächst wenig aufregend erscheint, wird bei näherer Betrachtung zum außergewöhnlichen Event für ihre Heimatstadt Kaiserslautern und über die Grenzen der Pfalz hinaus. Als beeindruckende Frauenpersönlichkeit steht Marlott Persijn-Vautz seit nunmehr fast sechzig Jahren mitten im pulsierenden Musikleben einer fruchtbaren Kulturregion und avancierte zum Synonym für ein wichtiges Kapitel lebendiger Musikgeschichte zwischen Saar und Rhein. Ihr Klavierspiel ist begehrt, ihr Pressewort hat Gewicht.

Die Begabung der waschechten „Lauterin" kommt nicht von ungefähr: Vater und Mutter, Volksschullehrer mit Ausbildung in verschiedenen Musikinstrumenten und aktive Mitglieder verschiedener Chöre, haben der am 2. Oktober 1917 in Kaiserslautern geborenen Tochter die Musik in die Wiege gelegt. Angeregt durch die gute alte Hausmusik im Hause Vautz soll Marlott im zarten Alter von vier Jahren gesagt haben: „Ich will auch spielen." Daß es sich dabei nicht um Puppen gehandelt hat, versteht sich von selbst.

Von da an begann der kontinuierliche Weg zur Konzertpianistin und Rezensentin mit Fingerspitzengefühl und Sachverstand. Ihren ersten Klavierunterricht bekam Marlott Vautz bei ihrem Vater, wechselte zur ersten Klavieradresse der Stadt und besuchte bis zum 1936 abgelegten Abitur monatlich zweimal hochqualifizierten Unterricht in Frankfurt am Main. Am Arbeitsdienst kam das Ausnahmetalent nicht vorbei. Als „Abiturientin mit Studienabsichten" wurde sie von April bis September 1936 „eingezogen", bis sie schließlich 1937 ein ordentliches Musikstudium an der Staatlichen Akademie der Tonkunst in München beginnen konnte und mit Diplom erfolgreich abschloß. Zur selben Zeit erwarb sich die Studentin mit Hauptfach Klavier und Cembalo als Gasthörerin an der Münchener Universität ein umfassendes musikwissenschaftliches Wissen, das ihr in der Einschätzung und Beurteilung bei ihren späteren Musikkritiken zu authentischem Profil verhalf.

Frisch vermählt mit Dr. med. Gerhard Schirrmacher, bekam sie 1940 ein Engagement am Reichssender Königsberg und an den dortigen Städtischen Bühnen. Ihre pianistische Versiertheit und routinierte Korrepetition führte sie im Rahmen der kulturellen Truppenbetreuung von 1942 bis Kriegsende auf „Wehrmachtstournee" durch Deutschland, Dänemark, Holland und Spanien. Die Ehe mit Dr. Schirrmacher wurde 1944 geschieden. Kurz darauf ging sie eine feste Verpflichtung als Studienleiterin am Pfalztheater Kaiserslautern ein und wurde daneben freiberufliche Hauspianistin beim Rundfunkorchester des neu gegründeten Südwestfunks unter Emmerich Smola.

Ein geradezu schicksalhaftes Ereignis im Leben von Marlott Persijn-Vautz sollte die Begegnung mit Erika Köth werden. Als Erika Köth 1948 ihre Karriere am Pfalztheater begann, entwickelte sich eine fruchtbare Künstlerfreundschaft zwischen den beiden Frauen, die bis zum Tod der weltberühmten Koloratursopranistin anhielt. Als ihre bevorzugte Liedbegleiterin und Mitarbeiterin bei Meisterkursen galt Marlott Persijn-Vautz auch als kompetente Jurorin bei Musikwettbewerben, und nicht weniger als 13 Sommer lang stellte sie ihre reiche Erfahrung als „Coach" für deutschsprachige Arien und Lieder dem „American Institute of Musical Studies" in Graz zur Verfügung.

Marlott Persijn-Vautz

Die Vielseitigkeit der Künstlerin ist beeindruckend: Unzählige Aufzeichnungen von Rundfunksendungen, Platten-, CD- und Fernsehaufnahmen liegen in den Archiven des heutigen SWR, und bei namhaften Kammermusikensembles des Südwestens war sie die gefragte Person an Cembalo und Klavier, was nicht heißen soll, daß Marlott Persijn-Vautz nicht auch heute noch „auf Abruf" im Funkstudio auftaucht und ihr Name auf Konzertplakaten zu finden ist. Ihr Doppelname ist das Resultat einer zweiten Ehe mit Dr. phil. Alexander Persijn. Mit diesem „Markenzeichen" – Kürzel mpv – hat sie sich als Musikkritikerin den Respekt der Fachwelt verschafft. Ungeniert und dennoch mit viel Feingefühl schreibt sie seit 1958 in Sachen Konzerte und Musiktheater für „Die Rheinpfalz", für Fachzeitschriften und liefert seit 1970 den Moderatoren des SWF/SWR die Dokumentationen für die beliebten Musiksendungen des Rundfunkorchesters. Musik ist für Marlott Persijn-Vautz keine stilistische Einbahnstraße und Können kein Grund, abgehoben zu sein. Vom Schlager bis zur chromatischen Fuge beherrscht sie alle Spielarten der Temperamente, und vom Klavierkonzert bis zur musikalischen Begleitung heimischer Laienchöre ist sie sich für jede Aufgabe gleichermaßen ernsthaft gut. Was die Künstlerin, Pädagogin und Journalistin so sympathisch macht, sind ihre Integrität und ihr ungebremster Fleiß bis ins hohe Alter.

Ihr hoher Rang wurde mit der Verleihung der Peter-Cornelius-Plakette (1979), der Stadtplakette Kaiserslautern (1987) und mit dem Verdienstorden des Landes Rheinland-Pfalz gewürdigt. Auf die Frage, wie sie ihr Alter gestalten wolle, antwortet Marlott Persijn-Vautz spontan: „Leben und Arbeiten wie bisher".

Walter Mottl

Maria Peters (1892-1973)

Maria Peters, Lehrerin und Heimatschriftstellerin, wurde am 21. Februar 1892 in Kasel bei Trier in eine Familie von Müllern und Lehrern hineingeboren und wuchs mit einer Schwester in der Kaseler Mühle im Ruwertal auf. Nach dem Besuch der Kaseler Volksschule ging sie in Trier auf das heutige Auguste-Viktoria-Gymnasium, wo sie 1912 ihr Abitur machte. Nach bestandener Prüfung am Lehrerinnenseminar (1913) unterrichtete sie an den Volksschulen in Kasel, Wadgassen/Saar (1914-1916), Dasburg (Kreis Prüm), Dahnen und Erdorf (Kreis Bitburg, 1922-1937). Nach der krankheitsbedingten Frühpensionierung 1937 lebte sie bei ihrer Schwester in Badem (Kreis Bitburg), nahm aber in den Notzeiten 1942-1945 und 1945-1947 den Schuldienst wieder auf. 1954 verließ sie die Eifel (Thema ihres Gedichts „Mir ziehe fort") und kehrte

Maria Peters

nach Kasel zurück („Mir kommen häam"), wo sie bis zu ihrem Tode im Jahr 1973 lebte.

Nach dem Zweiten Weltkrieg beschäftigte sie sich mit landeskundlichen Themen; die Darstellungen nutzen dabei teilweise das Dialektregister. Früchte dieser Beschäftigung sind z.B. „Am Herdfeuer im einsamen Eifeldorf" (Trierische Landeszeitung vom 17.11.1949), „'Datt woar gett Schunges'. Von der Kirche eines Eifeldorfes" (Trierische Landeszeitung vom 23.11.1949) und „'Näist fier ongut, on glöcklich Faohrt'. Erinnerung an einen Rundflug über Trier vor 23 Jahren" (Die Porta. Beilage zur Trierischen Landeszeitung vom 8./9.8.1953).

In der Mundart des Ruwertals hat sie auch eine Reihe von Gedichten geschrieben, das bekannteste ist „Dahäam" (Trierisches Jahrbuch 1954, nachgedruckt in „Wir bergen die Ernte". Trier 1959, und in „Literatur in Rheinland-Pfalz. Anthologie III: Mundart". Mainz 1986):

So gut wie hei haohs dou't bei käam.
Nou bleif dahäam!

Weitere Einzelveröffentlichungen sind z. B. „Öt Pömpelchen an der Gaaß" (Neues Trierisches Jahrbuch, 1961), „Ön Wasserfaohrt" (Neues Trierisches Jahrbuch, 1971), „Häambleifcheskäarchen" und „Dö Schömmel". Die Sammlung „Wir bergen die Ernte" enthält neben „Dahäam" auch noch „Viejelcher an oosem Gaort",

313

"'Schnickerikik' und 'Fid-teck-teck'!", „Dö Kieschbaomäastcher" und „Der Fohlenhandel". Die Anthologie „Mir sein och noch dao" von Cläre Prem (Trier 1976) druckte „Haosebrot" ab.

Obwohl Maria Peters' Mundarttexte in Zeitungen, Zeitschriften, Kalendern und Anthologien veröffentlicht wurden, ist ein eigener Band mit 117 ihrer Texte erst posthum erschienen: „Bei us dahääm. Gedichte und Erzählungen von Maria Peters".

Ihre eindrucksvolle Geschichte „Die Fliege" (ein von den Nationalsozialisten in Einzelhaft gehaltener Gefangener widmet seine sinnentleerte Zeit der Beobachtung und Pflege einer Fliege, um dem Wahnsinn zu entgehen) scheint nicht einem größeren Publikum zugänglich gemacht worden zu sein.

Maria Peters starb am 20. Mai 1973 in Kasel.

Hans-Joachim Kann

Quellen/Literatur:

Autobiographische Notiz in: Wir bergen die Ernte: Ein Autorenbuch der Heimatdichter des Trierer Landes. Trier 1959, S. 330;
Hermann Jakobs/Herbert Pies/Bernhard Simon (Hg.): Bei us dahääm. Gedichte und Erzählungen von Maria Peters. Kasel 1992;
Günther Molz: Maria Peters 80 Jahre. In: Neues Trierisches Jahrbuch 1972, S. 135;
Biographische Notiz „Peters, Maria" in: Susanne Faschon u.a. (Hg.): Literatur in Rheinland-Pfalz. Anthologie III: Mundart. Mainz 1986, S. 397;
Bernhard Simon: „Das Leben der Maria Peters". In: Hermann Jakobs/Herbert Pies/Bernhard Simon (Hg.): Bei us dahääm. Gedichte und Erzählungen von Maria Peters. Kasel 1992, S. 14-21;
Artikel „Peters, Maria" in: Josef Zierden: Die Eifel in der Literatur. Prüm 1994, S. 189.

Cläre Prem (1899-1988)

Cläre Prem, Journalistin, kaufmännische Angestellte und Schriftstellerin, wurde am 30. August 1899 in Duisburg in eine moselländische Familie hineingeboren, die bald darauf nach Trier zog, wo die Tochter gemeinsam mit fünf Geschwistern im mundartfesten Vorort Alt-St. Barbeln, einer Fischer- und Schiffersiedlung an der Mosel südlich der antiken Barbara-Thermen, aufwuchs. Mit zwölf Jahren fing sie an zu schreiben, und schon 1914 veröffentlichte das „Katholische Sonntagsblatt" ihre Geschichte „Fern im Süd das schöne Spanien". Nach Abschluss einer kaufmännischen Lehre begann sie als kaufmännische Angestellte zu arbeiten, wurde dann Journalistin bei der „Trierischen Landeszeitung" und Redakteurin beim „Saarbrücker Wochenprogramm" (1924/25). In diese Zeit fallen

Cläre Prem

auch erste lokalhistorisch-volkskundliche Arbeiten. Diese Themen hat sie, zusammen mit Beiträgen zum Moselfränkischen, ihr Leben lang weiterverfolgt; diese Arbeiten führten später etwa zu dem Aufsatz „Das Tier in der Trierer Mundart" (Neues Trierisches Jahrbuch 1979) oder zu Buchveröffentlichungen wie dem Kochbuch „Görscht on Hämmelspänzjer. Trierer Originalrezepte und allerlei Gemütliches" (Trier 1974) oder „Trierer Schimpfwörter und Redensarten" (1984). Ihr breitangelegtes Wissen nutzte sie auch in ihrer jahrzehntelangen Arbeit als Mitglied des Redaktionsausschusses des „Neuen Trierischen Jahrbuchs" ebenso wie bei der Herausgabe der Anthologie „Mir sein och noch dao" (1976).

Ganz besonders tätig war sie aber auf dem Gebiet der Literatur, vor allem der Mundartliteratur. Nach 1925 arbeitete sie einige Jahre als freie Schriftstellerin, bevor sie wieder in ihren erlernten Beruf zurückkehrte und bis zu ihrer Pensionierung als Angestellte am Trierer Arbeitsamt wirkte. Die Freizeit gehörte der Literatur. 1933 erschien in Berlin im Kulturpolitischen Verlag ihr Gedichtbändchen „Vater unser ... der Du im Anfang erschufst den Himmel und die Erde!". 1956 folgte die Gedichtsammlung „Dä goldene Mörbel. Trierer Mundart" (Düsseldorf 1956). Das „Trierische Jahrbuch" und später das „Neue Trierische Jahrbuch" brachten jedes Jahr mehrere neue Gedichte in Trierer Mundart, Gedichte, die auf der schmalen Schneide zwischen schonungsloser Wirklichkeitsnähe und befreiendem Lachen balancieren, etwa in ihrem Winzergedicht „Härenwein", in dem der Winzer im Sterben liegt und als letzten Wunsch äußert, er, der sein Leben lang Apfelviez und minderen Wein getrunken hat, möchte doch etwas von dem „Herrenwein", dem Messwein, trinken.

Die verweinte Frau, so leid es ihr tut, holt eine Flasche
vom Allerbesten aus'm Keller
on denkt: „Vleicht störwt'n daovo schneller",
nur um mitansehen zu müssen, wie „de Pitt" mit jedem Glas munterer wird, bis sie ausbricht:
„Su öß mir noch kään Dude komm,
dän Uwerraasch öß ons ganz verdorwen,
get hei gesoff – oder gestorwen?"
Es wird verständlich, dass die berühmtesten Figuren des Trierer Karneval-Vereins „Heuschreck", Koorscht und Kneisjen, von Cläre Prem entwickelt und viele Jahre mit Texten beliefert wurden.
1974 überraschte Cläre Prem ihre Leser wieder, aber diesmal mit dem Band „Lautlose Schreie" (1974) mit hochdeutschen Gedichten, vor allem zu Umweltthemen.
Die Verbindung von Lyrik, Lesung und Lied war bei Cläre Prem ausgeprägt. Neben der Schallplatte „Bilder aus Alt-Barbeln" brachte sie das „Trierer Mundart-Liederbuch" heraus (1984; Musik: Magda Rumpff) und übersetzte 1981 den Text von Carl Orffs „Weihnachtsoratorium" in Trierer Mundart.
In der gleichen Zeit veröffentlichte sie das Bühnenstück „Et Glögg hädd müsse friejer kommen" (1982).
Für die große Bandbreite ihrer Leistungen erhielt sie vielfältige Ehrungen. 1958 wurde sie Ehrenmitglied des Vereins Trierisch. 1960 erhielt sie das Ehrensiegel der Stadt Trier, 1961 den Ersten Preis beim SWF Baden-Baden, 1965 den „Orden wider den Trierischen Ernst" und 1983 den Elsbeth-und-Otto-Schwab-Preis. Am Palais Walderdorff am Trierer Hauptmarkt hat der Verein Trierisch eine Bronzeplakette zu Ehren von Cläre Prem angebracht.
Neben den zahlreichen Buchveröffentlichungen stehen Einzelarbeiten im Rundfunk, im Trierer Kulturtelephon, in Kalendern, im „Neuen Trierischen Jahrbuch", in Anthologien, der „Trierer Landeszeitung" und im „Trierischen Volksfreund".
Cläre Prem starb am 25. März 1988 in Trier.

Hans-Joachim Kann

Quellen/Literatur:

Autobiographische Notiz in: Wir bergen die Ernte. Trier 1959, S. 332;
Claus Zander: Ein Vivat für Cläre Prem. In: Neues Trierisches Jahrbuch 1975, S. 59-60;
Addi Merten: Dat mer noch lang beienanner bleiwen! In: Neues Trierisches Jahrbuch 1979, S. 98-100;
Artikel „Prem, Cläre" (Hans-Joachim Kann). In: „In Sachen Literatur: Beiträge aus Rheinland-Pfalz". Mainz 1979, S. 124;
Addi Merten: Cläre Prem 85 Jahre. In: Neues Trierisches Jahrbuch 1984, S. 149-151;
Artikel „Cläre Prem". In: Georg Pfarrer (Hg.), Autoren im Trierer Kulturtelephon. Trier 1988, S. 135;
Artikel „Cläre Prem" (Gisela Brach). In: Goldmann, Bernd u. a. (Hg.), Literarisches Rheinland-Pfalz heute. Ein Autorenlexikon. Mainz 1988, S. 199.

Luise Radler (1911-1988)

Luise Radler war mir schon lange, bevor ich sie persönlich kennenlernte, ein Begriff, da sie eine der wenigen aktiv in der Politik tätigen Sozialdemokratinnen unserer Heimat war. Schon während meiner Schulzeit an der „Göttenbach" las ich ihren Namen, denn sie war damals die einzige und erste Frau im Kreistag, einem sonst reinen Männergremium. Ich erfuhr jedoch erst nach ihrem Tod, aus dem Nachruf des Pfarrers während des Trauergottesdienstes auf dem wunderschön oberhalb Nahbollenbach gelegenen Waldfriedhof, daß Luise Radler anerkannte NS-Verfolgte gewesen ist.

Luise Radler wurde am 14. August 1911 in Mittelbollenbach (heute Stadtteil von Idar-Oberstein) als jüngstes von vier Geschwistern geboren. Der Vater, Karl Forster, gelernter Goldschmied, mit sieben Jahren schon Vollwaise, hatte früh auf eigenen Beinen stehen und sich durchkämpfen müssen. Er hatte sich in jungen Jahren der Gewerkschaftsbewegung und der sozialdemokratischen Partei angeschlossen, wurde Parteisekretär und später Redakteur des „Nahetal-Boten" in Oberstein. Von diesem willensstarken Vater wurden die Kinder stark geprägt. Luises Mutter entstammte einer Hunsrücker Familie, die direkt mit Johannes Bückler, genannt „Schinderhannes", verwandt war.

Luise Radler

Luise besuchte die Volksschule in Mittelbollenbach und anschließend die zweijährige Handelsschule in Oberstein. 1929 begann sie, bei der Kreissparkasse in Baumholder als Kassengehilfin und Kontoristin zu arbeiten. Dem Vorbild des Vaters folgend, war sie ein Jahr zuvor in die SPD eingetreten.

Im Mai 1933 verlor sie wegen ihrer Zugehörigkeit zur Sozialdemokratischen Partei ihre Stelle bei der Sparkasse, nachdem Hilfspolizisten sie vorher überwacht und zwei SS-Leute sie spektakulär von der Dienststelle abgeholt hatten, um ihre Wohnung zu durchsuchen. Dasselbe Schicksal ereilte ihren Vater, der sein Mandat im damaligen Restkreis St. Wendel-Baumholder als Mitglied des Kreistages und des Kreisausschusses verlor und dessen Ersparnisse beschlagnahmt wurden.

Arbeitslos, mittellos, folgten schwierige Jahre. Zunächst schlug sich Luise Forster als Hilfsarbeiterin in einer Fabrik in Oberstein durch. 1935 heiratete sie den aus Nahbollenbach bei Idar-Oberstein stammenden Paul Radler, den sie bereits mehrere Jahre kannte. Nach Kaufmannslehre und anschließender Gesellen- und Meisterprüfung im Schumacherhandwerk hatte er sich in Neunkirchen selbständig gemacht, entgegen dem elterlichen Plan, nach dem er den väterlichen Schuhmacherbetrieb in Nahbollenbach übernehmen sollte. So folgte ihm Luise ins Saargebiet. Dort nahm sie jede Arbeit an: Hausierhandel, Serviererin und anderes mehr, denn sie versorgte auch die Eltern. Schließlich gelangte sie als Bedienung in jenes Café, das den Emigranten als Treffpunkt diente. Hier traf sie auf Gleichgesinnte aus der Heimat, darunter die Reichstagsabgeordneten Emil Kirschmann und Marie Juchacz, für die sie auch Botengänge nach Idar-Oberstein übernahm, um geheime Nachrichten zu überbringen.

„Durch Luise kam alles anders", erzählte Paul Radler später, rückblickend auf ihre über fünfzig gemeinsam verbrachten Jahre. „Sie war in Freiheit erzogen, ich in Abhängigkeit." Durch seine Frau kam er auf die Idee, sich in Berlin zum Gewerbelehrer ausbilden zu lassen, wozu er 1937 die Aufnahmeprüfung bestand und 1939 die Weiterbildung abschloß. Während dieser Zeit war sie es, die das Geld verdiente. In Berlin hatte sie endlich wieder eine Stelle in ihrem erlernten Beruf, in einer Bank, gefunden. Kaum hatte ihr Mann seine erste Gewerbelehrerstelle in Hanau angetreten und war mit der Familie dorthin umgezogen, brach der Krieg aus. Erst im Sommer 1948 kehrte er aus der Gefangenschaft zurück. Wieder mußte Luise Radler alleine den Lebenskampf aufnehmen, nicht nur für sich, sondern jetzt auch für die 1940 geborene Tochter Henriette („Henni").

Erst Anfang 1946 kehrte Luise Radler in die Heimat zurück. Noch in Hanau war sie im Dezember 1945 wieder der SPD beigetreten. In Idar-Oberstein, wo im Frühjahr 1946 die Arbeiterwohlfahrt nach zwölfjährigem Verbot wiedergegründet wurde, begann sie dann, sich intensiv sozial zu engagieren. Halbtags arbeitete sie als Sekretärin, um sich und ihre Tochter zu ernähren. Die restliche Zeit kümmerte sie sich gemeinsam mit August Kirschmann um die Organisation der Hilfsmaßnahmen der Arbeiterwohlfahrt für die notleidende Bevölkerung. Die Spenden, die von Otto Decke aus Schweden eintrafen, und die CARE-Pakete aus den USA wurden an Bedürftige verteilt. Eine Suppenküche für Schulkinder wurde eingerichtet.

Ein Jahr später gründete Luise Radler eine eigene Ortsgruppe der Arbeiterwohlfahrt in Nahbollenbach, wobei der größte Teil der Arbeit auf ihr lastete. Im Sommer fanden örtliche Erholungsaufenthalte für Kinder in der Umgebung von Nahbollenbach statt, wobei alle Wegstrecken zu Fuß zurückgelegt werden mußten und das Essen in einem großen Topf im Freien gekocht wurde. Mehrere Jahre lang organisierte Luise Radler die Verschickung von unterernährten Kindern, darunter auch viele Flüchtlingskinder, in Erholungsheime an die Nordsee. Als „Büro" für die AW-Ortsgruppe diente meist ihre eigene Küche.

Auch nachdem die Jahre der größten Not vorbei waren, engagierte sie sich weiter für die Schwachen der Gesellschaft. Ab 1952 war sie Vertreterin der SPD im Kreis-Jugendwohlfahrtsausschuß, von 1956 bis 1969 gehörte sie dem Kreistag an. Von 1960 bis 1969 war sie außerdem Mitglied des Kreisausschusses. Lange Jahre wirkte Luise Radler auch als Jugendschöffin am Landgericht Bad Kreuznach.

Sie war es auch, die das damals noch stark tabuisierte Thema der Behinderten aufgriff und im Kreistag mit Nachdruck für die Schaffung von Einrichtungen der „Lebenshilfe" eintrat. In Idar-Oberstein wurden schließlich ein betreutes Wohnheim, eine Sonderschule und ein Kindergarten der Lebenshilfe sowie eine Werkstätte für Behinderte errichtet.

Für ihren jahrzehntelangen Einsatz für die Allgemeinheit wurde Luise Radler am 7. November 1977 mit der Staatsmedaille des Landes Rheinland-Pfalz für besondere soziale Verdienste ausgezeichnet.

Als sie am 21. Juni 1988 im Alter von 76 Jahren überraschend verstarb, wurde sie von vielen Menschen in Idar-Oberstein und Umgebung betrauert.

Das politische und soziale Engagement zieht sich wie ein roter Faden durch ihre Familiengeschichte: angefangen von ihrem Vater Karl Forster über sie selbst und ihren Mann Paul Radler, der von 1959 bis 1966 Ortsbürgermeister von Nahbollenbach war, bis zu ihrer Tochter Henni Rick, von 1979 bis 1999 Mitglied des Stadtrats von Idar-Oberstein für die SPD und von 1984 bis 1989 Ortsvorsteherin in dem seit 1969 eingemeindeten Stadtbezirk Nahbollenbach.

Elisabeth Jost

Ergänzte Fassung des Beitrags: Luise Radler 14.8.1911-21.6.1988, In Freiheit erzogen – ein Leben im Dienste der Mitmenschen, in: Heimatkalender des Landkreises Birkenfeld 1989, S. 157-158. Zusätzliche Informationen von Frau Henni Rick geb. Radler, Idar-Oberstein.

Marie Raether (1907-1995)

Marie Raether wurde am 29. Januar 1907 in Großzimmern bei Darmstadt geboren. Als drittes Kind der Eheleute Heinrich und Katharina Dressel wuchs sie mit drei Geschwistern auf dem elterlichen Hof auf. Nach dem Besuch der Volksschule in Groß-Zimmern trat sie in die Eleonorenschule in Darmstadt ein, die sie mit dem „Einjährigen", der heutigen Mittleren Reife, abschloß.
Danach ging sie in den elterlichen Betrieb zurück. Offen für Neues, versuchte sie, mit dem Vertrieb von Vorzugsmilch in Flaschen neue Märkte zu erschließen.
Einen nachhaltigen Eindruck bei der jungen Frau hatte Elisabet Boehm, die Gründerin des Reichsverbands Landwirtschaftlicher Hausfrauen-Vereine (1916), hinterlassen. Marie war ihr in Darmstadt begegnet. Elisabet Boehm, der die Ausbildung der weiblichen Landjugend besonders am Herzen lag, hatte auch die erste Landfrauenschule errichtet.

Marie Raether (1950)

Durch ihre Heirat mit Karl Biegler, einem Landwirt aus Dorn-Dürkheim, kam Marie Dressel im Jahr 1931 nach Rheinhessen. Dort wurde sie schon bald zur Vorsitzenden des damals neu gegründeten Hausfrauenvereins gewählt. Nach der nationalsozialistischen Machtübernahme und der „Gleichschaltung" konnten die unabhängigen Hausfrauenvereine allerdings nicht weiterarbeiten.
1944 wurde Marie Bieglers Mann zum Kriegsdienst eingezogen, von dem er nicht zurückkehrte. Die Führung des landwirtschaftlichen Betriebes und die Erziehung der beiden Kinder lagen nun allein in ihren Händen.
1948 entstanden zunächst in verschiedenen Dörfern in Rheinhessen wieder Frauengruppen, die sich 1949 zum Rheinhessischen Landfrauenverband zusammenschlossen. Marie Biegler hatte den Mut, sich an die Spitze dieses neugegründeten Dachverbandes zu stellen. Sie tat das in einer Zeit, in der fast alle aufgrund der schlechten Erfahrungen der jüngsten Vergangenheit eine Zugehörigkeit zu einer Organisation scheuten. Marie Biegler hatte jedoch erkannt, daß die Frauen sich selbst helfen mußten. Die Zeit brachte große Veränderungen für die Betriebe. Durch die maschinelle Arbeit wandelten sich die Höfe rasch von Gesindebetrieben zu „Ein-Mann"- bzw. „Ein-Frau-Betrieben". Um mit der Entwicklung Schritt zu halten, wurden vom Landfrauenverband Kurse, Fachvorträge und Lehrfahrten durchgeführt.
Marie Bieglers Tätigkeiten beschränkten sich nicht nur auf diesen Bereich. Von ih-

rem Können, Wissen und Durchsetzungsvermögen profitierte auch die Jugend im ländlichen Raum. Als eine der ersten Frauen legte sie damals die neu eingeführte Meisterprüfung der ländlichen Hauswirtschaft ab und bildete zahlreiche Lehrlinge aus.

Viele Jahre lang war sie Mitglied der Vollversammlung und des Vorstandes der Landwirtschaftskammer Rheinland-Pfalz und saß als einzige Frau im Hauptausschuß und verschiedenen Nebenausschüssen der Landwirtschaftskammer Rheinhessen. Als Vorsitzende des Landfrauenausschusses vertrat sie in der Kammer die Interessen der Landfrauen. Nachhaltig bemühte sie sich um die soziale Sicherung der Bäuerinnen, die Regelung der Hofübergabe, die Gestaltung der Altersrente und Möglichkeiten der Krankenversicherung.

Weitere zahlreiche Ehrenämter gesellten sich zu ihren Aufgaben. So zählte sie auch zu den Gründerinnen der Verbraucherzentrale Rheinland-Pfalz. Diese Tätigkeiten nahmen viel Zeit in Anspruch, da ein Auto in jenen Jahren nicht selbstverständlich war. Zu vielen Zusammenkünften gelangte sie nur mit dem Fahrrad oder über umständliche, zeitraubende Bahnverbindungen.

Seit 1951 fand sie in ihrem Betrieb Unterstützung durch ihren zweiten Ehemann, den Diplom-Landwirt Fritz Raether. Er ermöglichte es ihr, ihre ehrenamtlichen Funktionen bis 1974 auszuüben. In diesem Jahr legte sie dann aus Altersgründen alle Ämter in jüngere Hände. Mit großem Interesse verfolgte sie jedoch auch weiterhin die Geschehnisse in der Verbandsarbeit.

In Anerkennung ihrer langjährigen vielfältigen ehrenamtlichen Tätigkeit wurde Marie Raether 1979 zur ersten Ökonomierätin Deutschlands ernannt. 1982 zeichnete sie der Ministerpräsident auf dem Hambacher Schloß mit dem Verdienstorden des Landes Rheinland-Pfalz aus, der damals zum ersten Mal verliehen wurde.

Im Kreise ihrer Familie verstarb sie am 9. Juli 1995.

Gisela Biegler

Quellen/Literatur:

Private Unterlagen der Familien Biegler/Raether.

Hedwig Reichensperger (1888-1975)

Hedwig Scheuffgen wurde am 15. Juni 1888 in Busendorf im Elsaß geboren. Ihr Vater war Landgerichtsdirektor und wurde mehrmals versetzt. In Düsseldorf besuchte Hedwig das Mädchenlyzeum. Nach einer weiteren Versetzung des Vaters zur Regierung nach Koblenz zog auch die Familie dorthin. Diese Stadt sollte Hedwig Scheuffgen fortan zur Heimat und zur Wirkungsstätte werden.

Schon früh nahm sie sich sozialer Probleme an. Im Ersten Weltkrieg engagierte sie sich vor allem in der Kriegsgefangenenbetreuung und in der Vermißtenfürsorge. Für ihre Leistungen in dieser Zeit erhielt sie das Frauenverdienstkreuz und die Medaille des Roten Kreuzes.

Hedwig Reichensperger nimmt im Januar 1958 aus der Hand von Domkapitular Plein den Orden „Pro ecclesia et pontifice" entgegen.

Im Jahr 1920 heiratete sie den aus Köln stammenden Kunsthistoriker Peter Reichensperger, Enkel des Politikers August Reichensperger, der im 19. Jahrhundert im Rheinland das Zentrum mitbegründet hatte.

Kurz nach ihrer Verheiratung trat Hedwig Reichensperger dem Katholischen Deutschen Frauenbund bei, dessen Vorstand sie von 1921 an bis in die späten fünfziger Jahre angehörte. Über mehrere Jahrzehnte, von 1932 bis 1968, lenkte sie die Geschicke des Koblenzer Zweigvereins dann als Vorsitzende.

Im Jahr 1928 errichtete der Verein in der Friedrichstraße in Koblenz das „Frauenbundhaus" als Heim für alleinstehende berufstätige Mädchen und Frauen. Dies war besonders wichtig für Mädchen, die aus den Dörfern alleine in die Stadt zum Arbeiten kamen, wenig Geld hatten und im Wohnheim Geborgenheit suchten und fanden. Das Heim diente auch als Begegnungsstätte, und es wurden hier Näh-, Flick- und Kochkurse, Kurse in Säuglings- und Krankenpflege abgehalten sowie Vorträge über Erziehungs- und über allgemeine Bildungsfragen angeboten. Frau Reichensperger kümmerte sich stets besonders um Mütter aus sozial schwachen Kreisen, um entwurzelte Jugendliche und um „verschämte Arme", die den Weg zum Wohlfahrtsamt scheuten. Schon in den zwanziger Jahren setzte sie sich intensiv für die Einrichtung von Kinderhorten ein.

Auch während der Zeit der nationalsozialistischen Herrschaft ließ sie sich in ihren Überzeugungen nicht beirren. Trotz Repressalien setzte sie ihre Arbeit für den Katholischen Frauenbund, solange dies möglich war, fort. 1944 wurde das „Frauenbundhaus" bei einem Bombenangriff zerstört.

Schon bald nach dem Krieg nahm der Koblenzer Zweigverein des Katholischen Deutschen Frauenbundes die Arbeit wieder auf. Hedwig Reichensperger war maßgeblich an der Schaffung verschiedener Einrichtungen der Müttererholung beteiligt.

Als Elly Heuss-Knapp im Jahr 1950 das Müttergenesungswerk ins Leben rief, erklärte sich Hedwig Reichensperger sofort bereit, in dieser überkonfessionellen Organisation mitzuwirken. Bis 1955 war sie selbst die Landesvorsitzende der Elly-Heuß-Knapp-Stiftung in Rheinland-Pfalz. Auf dem Gebiet der Mütterfürsorge arbeitete sie eng mit den evangelischen Frauenverbänden zusammen, eine fruchtbare Kooperation, die bereits in den zwanziger Jahren begonnen hatte. Auch im Kuratorium des Hedwig-Dransfeld-Hauses in Bendorf, das vor allem der Müttererholung dient, waren Frau Reichenspergers Mitarbeit und ihr Rat stets geschätzt.

Einer der schönsten Tage in ihrem Leben war sicherlich der 7. Oktober 1957. An diesem Tag konnte der Katholische Deutsche Frauenbund Koblenz sein Haus in der Friedrichstraße, das unter schwierigen Bedingungen wiederaufgebaut worden war, neu einweihen. Frau Reichensperger war bei der Planung, Finanzierung und Durchführung des Neubaus die treibende Kraft gewesen. Zu der Feierstunde kamen neben vielen anderen Ehrengästen auch Ministerpräsident Altmeier und der Koblenzer Oberbürgermeister Schnorbach. Das Haus erhielt den Namen „Hildegardis-Haus" und diente, wie schon der Vorgängerbau in den zwanziger Jahren, als Wohnheim für erwerbstätige Frauen sowie als Domizil für die Katholische Mütterschule. Hier richtete Hedwig Reichensperger 1957 auch die erste Koblenzer Eheberatungsstelle ein. 1987 wurde die Katholische Mütterschule dem Bistum Trier übereignet und trägt heute den Namen „Katholische Familienbildungsstätte".

Die Einweihung des Hildegardis-Hauses im Jahr 1957 wurde zum Anlaß genommen, um Hedwig Reichensperger für ihre langjährige ehrenamtliche Arbeit zu danken und sie mit dem Bundesverdienstkreuz Erster Klasse auszuzeichnen. 1958 wurde ihr von Papst Pius XII. auch der Orden „Pro ecclesia et pontifice" verliehen.

Seit 1963 verwitwet, lebte sie bis zu ihrem Tod weiter in der Wohnung in der Südallee 64, die sie kurz nach Kriegsende mit ihrem Mann bezogen hatte, und blieb bis ins hohe Alter aktiv. Selbst kinderlos geblieben, hatte Hedwig Reichensperger praktisch ihre ganzes Leben der Arbeit für den Katholischen Frauenbund, vor allem der Mütterfürsorge, gewidmet. Wenn auch schon von schwerer Krankheit gezeichnet, hatte sie wenige Wochen vor ihrem Tod noch die große Freude, die Feier zum siebzigjährigen Bestehen „ihres" Zweigvereins des Katholischen Deutschen Frauenbundes am 22. Mai 1975 mitzuerleben. Sie verstarb am 21. Juni 1975 im Alter von 87 Jahren in Koblenz.

Hedwig Brüchert

Quellen/Literatur:

Auskünfte von Frau Anne Arenz, Vorsitzende des Katholischen Deutschen Frauenbundes, Zweigverein Koblenz e.V.;
Auskünfte und Unterlagen des Landeshauptarchivs Koblenz;
Auskünfte des Stadtarchivs Koblenz;
Auskünfte von Frau Trude Schlüter, Karlsruhe;
Vorschlagsbegründung für die Verleihung des Bundesverdienstkreuzes Erster Klasse (1957);
Ein Wohngebäude für berufstätige Frauen. Rhein-Zeitung Koblenz vom 8.10.1957;
Paulinus vom 26.1.1958;
Birgit Sack: Zwischen religiöser Bindung und moderner Gesellschaft. Katholische Frauenbewegung und politische Kultur in der Weimarer Republik (1918/19-1933). Münster 1998.

Liesel Ritz-Münch (1919-1994)

Elisabeth Ritz-Münch, ihr Leben lang nur Liesel genannt, wurde am 24. Oktober 1919 in Kaiserslautern geboren. Ihr einziger Bruder war acht Jahre jünger. Von Kindheit an war Liesel von den Eltern dazu ausersehen, einmal in deren Fußstapfen zu treten. Sie besaßen in Kaiserslautern eine renommierte Schneiderwerkstätte mit 25 Angestellten.

Eigentlich zeigte Liesel in der Schule großes Interesse an den Naturwissenschaften und wäre gerne Nahrungsmittelchemikerin geworden. Aber sie beugte sich dem Wunsch der Eltern, absolvierte eine Schneiderlehre und war bereits bei Abschluß der Ausbildung „mit Leib und Seele" Schneiderin. Einen schöneren Beruf hätte sie sich nun nicht mehr vorstellen können. Bald darauf war sie auch glücklich verheiratet, und vor ihr schien eine sorgenfreie Zukunft zu liegen.

Doch dann begann der Krieg, der auch für ihr Leben einen schmerzhaften Einschnitt bedeutete. Ihr Ehemann wurde an der Front getötet, und 1944 wurde das elterliche Geschäft bei einem Bombenangriff auf Kaiserslautern zerstört.

1945 begann Liesel, die Werkstätte mit den Eltern aus den Trümmern wieder aufzubauen. Sie heiratete in zweiter Ehe Willy Ritz. 1946 und 1951 wurden ihre beiden Töchter Uta und Eva geboren. Neben der Arbeit in der Schneiderei und der Kindererziehung schaffte sie es, Anfang der fünfziger Jahre mit Erfolg ihre Meisterprüfung abzulegen. Als 1953 die Mutter starb, übernahm Liesel Ritz-Münch das Schneideratelier ganz in eigene Regie.

Die Führung des Betriebs erforderte viel Kraft, Zeit und Managerqualitäten. Als Chefin mußte Frau Ritz-Münch nicht nur ständig über die neuesten Modeentwicklungen informiert sein, sondern sie investierte auch viel Mühe in die Lehrlingsausbildung. Im gleichen Jahr, in dem sie das Atelier übernommen hatte, wurde sie als noch recht junge Frau zur Obermeisterin der Damenschneiderinnung Westpfalz gewählt, die damals noch 287 Mitglieder zählte. Seit dieser Zeit hatte sie ununterbrochen verschiedene Ehrenämter inne und vertrat über mehrere Jahrzehnte engagiert die Interessen ihres Berufsstandes in der Öffentlichkeit. 1954 wurde sie erstmals in den Vorstand der Kreishandwerkerschaft Kaiserslautern gewählt, dem sie bis 1984 angehörte. Von 1966 bis zu ihrem Tode stand sie dem Verband des Pfälzischen Damenschneiderhandwerks als Landesinnungsmeisterin vor. Von 1969 bis 1989 war sie außerdem Mitglied der Vollversammlung der Handwerkskammer der Pfalz, davon fünf Jahre lang, von 1974 bis 1979, als Vorstandsmitglied. Auch auf Bundesebene vertrat sie ihren Verband.

Im Rahmen ihrer ehrenamtlichen berufsständischen Arbeit bemühte sie sich vor allem um die Schaffung von verbindlichen, qualitätssichernden Standards für die Ausbildung des Nachwuchses. So wirkte sie an der Erarbeitung von Rahmenlehrplänen für die berufliche Grundausbildung ebenso mit wie an der Maßschneiderausbildungsverordnung und der Organisation der überbetrieblichen Ausbildung. Mit großem Engagement förderte sie das modische Schaffen im Bezirk der Pfalz. Unter anderem rief sie eine jährliche Modenschau ins Leben und hat damit eine

Liesel Ritz-Münch (Mitte, mit Hut) bei einer Modenschau in Paris 1986. Im Vordergrund links: Madame Mitterand

Plattform geschaffen, auf der sich das pfälzische Damenschneiderhandwerk auch heute noch wirkungsvoll präsentieren kann.

Doch Frau Ritz-Münch engagierte sich nicht nur in berufsständischen Organisationen. Als überzeugte Christin arbeitete sie auch in der Evangelischen Kirche in verschiedenen Gremien mit. Seit 1956 war sie in der Aktionsgemeinschaft Familienfragen der Evangelischen Kirche Deutschlands und in der Evangelischen Handwerkerarbeit aktiv. 1974 wurde sie in die Landessynode der Evangelischen Kirche der Pfalz gewählt.

Ihr jahrzehntelanger ehrenamtlicher Einsatz für ihren Berufsstand und für die Allgemeinheit wurde bei verschiedenen Gelegenheiten öffentlich gewürdigt. So wurde Liesel Ritz-Münch im Februar 1978 mit der Ehrennadel des Landes Rheinland-Pfalz ausgezeichnet. 1983 erhielt sie das Bundesverdienstkreuz am Bande. Von der Handwerkskammer wurde ihr die Große Ehrennadel und vom Bundesinnungsverband des Deutschen Damenschneiderhandwerks die Goldene Ehrennadel verliehen.

Ihr Mann war bereits 1967 verstorben, und die zwei Töchter schlugen beruflich andere Richtungen ein. So beschloß Liesel Ritz-Münch im Jahr 1982, ihr Atelier zu verkleinern und nach Bad Dürkheim zu verlegen, um in der Nähe einer ihrer Töchter und ihrer geliebten einzigen Enkelin zu sein. Da ihre Stammkundinnen aus der ganzen Pfalz kamen, hielten sie ihr auch nach dem Umzug weiterhin die Treue.

Einer der größten Erfolge und der schönsten Momente ihrer Berufslaufbahn war sicherlich jener Tag im Jahr 1986, als Frau Ritz-Münch bei einer deutsch-französischen Modenschau im Pariser Nobelhotel George V. das deutsche modeschaffende Handwerk mit eigenen Modellen vertreten durfte. Es handelte sich um eine Veranstaltung, die eine Partnerschaft zwischen den Innungsverbänden des Damenschneidereihandwerks beider Länder begründen sollte und die auf Initiative von Madame Mitterand stattfand.

Liesel Ritz-Münch verstarb am 6. Februar 1994 in Bad Dürkheim; die Beisetzung fand in Kaiserslautern statt. Die große Zahl der Trauergäste und die Nachrufe machten noch einmal deutlich, welche Wertschätzung man ihr weit über ihren eigenen Berufsstand hinaus in der ganzen Pfalz entgegengebracht hatte.

Hedwig Brüchert

Quellen/Literatur:

Vorschlagsbegründung für die Verleihung des Bundesverdienstkreuzes (1983);
Liesel Ritz-Münch 74jährig gestorben. Die Rheinpfalz Kaiserslautern vom 8.2.1994;
Liesel Ritz-Münch 74jährig gestorben. HZ Deutsches Wirtschaftsblatt vom 24.2.1994;
Auskünfte von Frau Eva Klag-Ritz, Friedelsheim.

Emy Roeder (1890-1971)

Emy Roeder wurde am 30. Januar 1890 in Würzburg als Tochter einer alteingesessenen Kaufmannsfamilie geboren. In den Jahren 1908-1910 besuchte sie die Zeichen- und Bildhauerklasse des „Polytechnischen Zentralvereins" in Würzburg und lernte in der Werkstatt des Würzburger Bildhauers Arthur Schlegelmünig die Bearbeitung von Holz und Stein. Mit der Entscheidung zur Bildhauerei wagte sich Emy Roeder in eine traditionell als „männlich" angesehene künstlerische Gattung vor, für die Frauen aus körperlichen und psychischen Gründen als nicht geeignet galten.

Als Emy Roeder sich 1911 nach München begab, war es ihr nicht möglich, die Staatliche Akademie zu besuchen, da Frauen bis auf einige Ausnahmen bis 1919 vom Studium an staatlichen Kunstakademien in Deutschland ausgeschlossen waren.

1912 bis 1914 war Roeder Schülerin von Bernhard Hoetger in Darmstadt, der in der Künstlerkolonie des Großherzogs von Hessen arbeitete. Zu Emy Roeders frühesten erhaltenen Werken gehören einige Bildnisse aus Gips oder Sandstein, daneben entwickelte sie eine Reihe von Frauendarstellungen, die in der Terrakottaplastik „Schwangere" (1919) ihren vorläufigen Abschluß fand. Insgesamt bilden Figuren- und Tierdarstellungen neben Bildnissen die Schwerpunkte in Roeders Oeuvre. 1918 zog Emy Roeder in die Kulturmetropole Berlin, wo sie – abgesehen von einem erneuten Aufenthalt bei Hoetger in Fischerhude bei Bremen – bis 1933 lebte. Emy Roeder zählte (neben Renée Sintenis und Milly Steger) zu den bekanntesten der rund dreißig im Kunstbetrieb präsenten Berliner Bildhauerinnen und zu den führenden Vertretern expressionistischer Skulptur. Sie war Mitglied der „Freien Sezession", der „Novembergruppe" sowie im „Verein der Berliner Künstlerinnen". 1920 heiratete sie den Bildhauer Herbert Garbe, mit dem sie ein gemeinsames Atelier hatte. Im gleichen Jahr wurde sie Meisterschülerin von Hugo Lederer an der Preußischen Akademie der Künste zu Berlin. 1923 reiste Emy Roeder nach Paris; in dieser Zeit der künstlerischen Neuorientierung entdeckte sie für sich die Möglichkeit der Zeichnung als selbständige Form der Aussage.

1936 bot die Verleihung des Villa-Romana-Preises für Emy Roeder die Möglichkeit, dem repressiven kulturellen Klima unter den Nationalsozialisten nach Florenz auszuweichen. Ein Jahr später wurde ihre Terrakottaplastik „Schwangere" in der Staatlichen Kunsthalle Karlsruhe beschlagnahmt und in der Ausstellung „Entartete Kunst" in München gezeigt. Die Künstlerin erhielt in Deutschland Ausstellungsverbot.

Während ihr Mann Herbert Garbe sich mit der neuen politischen Situation arrangiert hatte, entschloß sich Emy Roeder, zunächst nicht nach Deutschland zurückzukehren. Sie lebte ab 1937 die meiste Zeit in Florenz im Künstlerkreis um Hans Purrmann (seit 1935 Leiter der „Villa Romana"), im Sommer meist in Ronchi Poveromo in den Bergen, wo sie sich zurückgezogen dem Zeichnen von Tieren widmete.

Nach der Besetzung von Florenz durch die Alliierten (1944) wurde die Bildhauerin in ein Internierungslager nach Padula (Provinz Salerno) gebracht. Emy Roeder versuchte sich weiter künstlerisch zu betätigen, indem sie während ihrer Arbeit als Ba-

Emy Roeder (um 1956) in ihrem Mainzer Atelier

deaufseherin duschende Frauen zeichnete. Aus diesen Skizzen entwickelte sie nach ihrer Entlassung 1945 ein für sie neues künstlerisches Medium: das flache Bronzerelief.

1949 kehrte Emy Roeder nach Deutschland zurück, seit Januar 1950 lebte sie in Mainz, wo sie bis 1953 einen Lehrauftrag für Bildhauerei und Grafik an der Landeskunstschule innehatte.

In Hofheim am Taunus kam es im „Blauen Haus" der Malerin und Mäzenin Hanna Bekker vom Rath zu einem Wiedersehen mit den Berliner Freunden Karl Schmidt-Rottluff und Erich Heckel. Emy Roeder schuf Bildnisse von diesen beiden Künstlerfreunden und von Hans Purrmann (1950/51) sowie zwei Selbstbildnisse (1958, 1964). Sie unternahm zahlreiche Studienreisen nach Italien, Jugoslawien, Tripolis (1959) und Kairo (1960). Dort fertigte sie eine große Zahl von Zeichnungen an, die sie 1960/61 in ihren Ateliers in Aibling und Mainz in Bronze umsetzte. In diesem Zusammenhang entstanden Roeders einzige überlebensgroße Frauendarstellungen „Tripoli III" (1963) und „Stehende Tripolitanerin" (1967), letztere wurde am 30. Januar 1970 am Stresemannufer in Mainz aufgestellt. Für den Neubau des Kunstgeschichtlichen Instituts der Johannes Gutenberg-Universität Mainz entwarf Emy Roeder das Bronzerelief „Phönix. Sed de suo resurgit rogo" (1959/60).

Die Bildhauerin erhielt eine Reihe von öffentlichen Anerkennungen und Ehrungen. Dem Kunstpreis der Stadt Berlin (1953) folgten der Kunstpreis des Landes Rheinland-Pfalz (1956), der Cornelius-Preis der Stadt Düsseldorf (1956), die Auszeichnung als Ehrengast der deutschen Akademie der „Villa Massimo" in Rom (1958), die Kunstpreise des Landes Nordrhein-Westfalen und der Stadt Mainz (1962 und 1963), zahlreiche Ehrungen ihrer Heimatstadt Würzburg sowie das Große Bundesverdienstkreuz (1960). Zum 80. Geburtstag der Künstlerin am 30. Januar 1970 veranstalteten die Pfalzgalerie Kaiserslautern sowie die Städtische Galerie Würzburg Ausstellungen über ihr Lebenswerk.

Emy Roeder arbeitete bis ins hohe Alter. Sie starb im zweiundachtzigsten Lebensjahr am 7. Februar 1971 in Mainz.

Anja Cherdron

Quellen/Literatur:

Brunnen Denkmäler und Plastiken in Mainz. Versuch einer Bestandsaufnahme. Hg. von Michael Lipp mit Ausführungen zum Thema von Hans-Jürgen Imiela. Mainz 1991;
Magdalena Bushart: Der Formsinn des Weibes. Bildhauerinnen in den zwanziger und dreißiger Jahren. In: Tradition ohne Profession. 125 Jahre Verein der Berliner Künstlerinnen (Hg. Berlinische Galerie, Museum für Moderne Kunst, Photographie und Architektur). Ausstellungskatalog Berlinische Galerie (11.9.-24.10.1992), S.135-150;
Anja Cherdron: „Prometheus war nicht ihr Ahne". Berliner Bildhauerinnen der Weimarer Republik. Phil. Diss. Universität Oldenburg 1999;
Emy Roeder 1890-1971 Akzente. Ausstellungskatalog, Städt. Galerie Würzburg (17.12.1989-11.2.1990);
Friedrich Gerke: Emy Roeder. Eine Werkmonographie. Wiesbaden 1963;
Gespräch, geführt von Beate Wachtel mit Emy Roeder, in: Mainzer Allgemeine Zeitung, Nr. 24, 115. Jg., 29. Januar 1965, S.21;
Hans-Jürgen Imiela: Emy Roeder. Hg. Landesbildstelle Rheinland-Pfalz im Auftrag des Ministeriums für Unterricht und Kultus. Mainz o.J. (1971);
Hanswernfried Muth: Emy Roeder 1890-1971. Eine Bildhauerin aus Würzburg. Würzburg 1978.

Heny Roos (1905-1986)

Heny Roos wurde am 10. November 1905 in Ludwigshafen geboren. Sehr früh entwickelte sie eine enge Beziehung zur Politik. Schon als kleines Mädchen lauschte sie interessiert den Gesprächen der politischen Stammtischrunde im „Kulmbacher Hof", von wo sie ihren Vater jeden Sonntag abholte. Einer der führenden Köpfe dieser Zusammenkünfte war der Ludwigshafener Prälat Martin Walzer, der stets geduldig ihre Fragen beantwortete und, wie sie rückblickend urteilte, bei ihr den Hang zum politischen Denken weckte.

Nach dem Schulabschluß machte sie eine Ausbildung zur Versicherungskauffrau. 1927 trat sie in die Gewerkschaft ein, in der sie sich bald auch aktiv betätigte. Deshalb war sie den Nationalsozialisten, die im Januar 1933 die Macht übernahmen und wenige Monate später die Gewerkschaften zer-

Heny Roos

schlugen, verdächtig. Dennoch hatte sie den Mut, an Treffen eines informellen Gesprächskreises um Prälat Walzer teilzunehmen, der in diesen Jahren der Bespitzelung und staatlichen Überwachung nur im Geheimen zusammenkommen konnte. Prälat Walzer selbst wurde wegen seiner bekannten anti-nationalsozialistischen Einstellung von der Gestapo überwacht, mußte mehrere Haussuchungen, Festnahmen und Verhöre über sich ergehen lassen und wurde 1942 von der Gestapo verwarnt. Für Heny Roos war er ein Vorbild.

Nach dem Ende der Nazi-Herrschaft war Heny Roos fest entschlossen, am Aufbau eines neuen, demokratischen Staates mitzuarbeiten. Auf Vorschlag von Prälat Walzer wurde sie in den von der französischen Besatzungsmacht eingesetzten Bürgerbeirat ihrer Heimatstadt berufen. Als sich die politischen Parteien neu konstituierten, gehörte sie zu den Gründungsmitgliedern der CDU und zog schließlich am 15. September 1946 auf Listenplatz 4 ihrer Partei in den ersten Ludwigshafener Stadtrat ein. Ihr vorrangiges Interesse galt zunächst dem Wiederaufbau der völlig zerstörten Stadt. Sie setzte sich im Wohnungsausschuß für die rasche Versorgung der ausgebombten Bevölkerung mit Wohnraum ein, war aber auch im Krankenhaus-, Personal- sowie im Haupt- und Finanzausschuß tätig. Als gelernte Versicherungskauffrau hatte sie keine Angst vor Zahlen und Haushaltsplänen. In einem Zeitungsinterview bekannte sie einmal:

„Ich bin in Zahlen verliebt! Normalerweise ist es so, daß einer Frau das Sozialgebiet besser liegt. Aber für mich sind Zahlen interessant. Sie sind nicht tot! Sie leben!

Und wenn es gar um unser Geld geht, bin ich immer dabei. Deshalb sehe ich meine größte Aufgabe im Haupt- und Finanzausschuß. Auch eine Frau kann hier ein entscheidendes Wörtchen mitsprechen, wenn sie mit der Materie vertraut ist, wenngleich viele Herren der Schöpfung noch glauben, es sei ausschließlich Männersache, über Finanzen zu entscheiden!"

Am 23. August 1950 verließ sie – nach eigenen Worten „in gutem Einvernehmen" – die CDU und trat der SPD bei, da sie glaubte, dort eine zu ihrer Einstellung und zu ihrem sozialen Engagement besser passende politische Basis zu finden. Für die SPD saß die rührige Politikerin, die mit fünf bis sechs Stunden Schlaf auskam, noch bis 1979 im Stadtrat von Ludwigshafen.

Neben ihrer kommunalpolitischen Tätigkeit engagierte sich Heny Roos schon bald nach dem Krieg auch wieder in der Gewerkschaft. 1949 wurde sie die erste weibliche hauptamtliche Geschäftsführerin der Gewerkschaft Handel, Banken, Versicherungen (HBV) Ludwigshafen. Von 1956 bis 1966 übernahm sie dann die Funktion einer hauptamtlichen Frauensekretärin des Landesbezirks Rheinland-Pfalz bei der Gewerkschaft Öffentliche Dienste, Transport und Verkehr (ÖTV). Sie war Mitglied im ÖTV-Bezirksfrauenausschuß, im ÖTV-Bezirksvorstand und im ÖTV-Bundesfrauenausschuß, war zeitweise Vorsitzende des DGB-Kreisfrauenausschusses, Mitglied des DGB-Kreisvorstandes Ludwigshafen und des DGB-Bezirksvorstandes Rheinland-Pfalz. 1967 wurde sie zur ehrenamtlichen Vorsitzenden der ÖTV-Kreisverwaltung Ludwigshafen-Speyer gewählt. Als sie dieses Amt in ihrem 70. Lebensjahr abgab, wurde sie als Anerkennung für ihre jahrzehntelange Arbeit und ihre Verdienste um die Gewerkschaft zur Ehrenvorsitzenden der ÖTV Ludwigshafen gewählt.

Für ihr Engagement in den verschiedensten Bereichen erhielt Heny Roos zahlreiche Auszeichnungen: die Freiherr-vom-Stein-Plakette (1968), das Bundesverdienstkreuz am Bande (1969), die Dr. Johann-Christian-Eberle-Medaille (1974), das Bundesverdienstkreuz Erster Klasse (1976), die Hans-Böckler-Medaille (1978) und den Ehrenring der Stadt Ludwigshafen (1980). 1982 wurde sie zum Ehrenmitglied der Ludwigshafener SPD ernannt. Heny Roos wurde über Parteigrenzen hinweg immer geschätzt und verehrt. Auch ihre politischen Gegner sprachen sie nur mit „verehrte gnädige Frau" an.

Als Heny Roos 1979 aus dem Stadtrat ausgeschieden war und ihre aktive Gewerkschaftsarbeit beendet hatte, fand sie endlich mehr Zeit für ihre Hobbys: Theater- und Konzertbesuche und die Gartenarbeit. Doch ganz ließ die Politik sie nicht los. Sie vertrat immer noch die Interessen der Bürger im Ortsbeirat der südlichen Innenstadt und war noch im Verwaltungsrat der Stadtsparkasse tätig.

Nach langer, schwerer Krankheit verstarb Heny Roos am 5. Januar 1986 in einem Ludwigshafener Altersheim. Sogar über den Tod hinaus bekundete sie soziales Engagement und die Liebe zu ihrer Heimatstadt Ludwigshafen: Sie vermachte testamentarisch ihr gesamtes Vermögen der Stadt Ludwigshafen für unschuldig in Not geratene Menschen.

Martina Ruppert

Quellen/Literatur:

„Gute Sieben" im Stadtrat. General-Anzeiger Ludwigshafen am Rhein v. 9.3.1957;
Bundesverdienstkreuz für Heny Roos. Mannheimer Morgen v. 16.3.1976;
Arbeit von Heny Roos fand Anerkennung. Die Rheinpfalz v. 16.3.1976;
„First Lady" Heny Roos trat nach 33 Jahren Stadtratstätigkeit ab. Die Rheinpfalz v. 30.6.1979;
Schon den Aufbau erlebt. Die Rheinpfalz v. 11.8.1979;
Vier Ehrenringträger. Neue Ludwigshafener Zeitschrift für alle Bürger, 10. Jg., Dezember 1979, S. 36;
Heny Roos wurde Ehrenmitglied. Mannheimer Morgen v. 7.4.1982;
Heny Roos gestorben. Die Rheinpfalz v. 7.1.1986;
Engagiert in vielen Funktionen. Mannheimer Morgen v. 7.1.1986;
Heny Roos setzt ihr Lebenswerk über Tod hinaus fort. Die Rheinpfalz v. 11.1.1986;
Soziale Verdienste gewürdigt. Mannheimer Morgen v. 11./12.1.1986;
Heny Roos (. Neue Ludwigshafener Zeitschrift für alle Bürger und Besucher der Stadt, 17. Jg., Februar 1986, S. 13;
Kurze Biographie in: Anja Hoffmann, Frauen in der Kommunalpolitik von 1920 bis 1989 (Schülerfacharbeit, Stadtarchiv Ludwigshafen);
Auskünfte des Stadtarchivs Ludwigshafen;
Eva Wetzler: Die Katholische Kirche und der Nationalsozialismus in Ludwigshafen 1933-1945. Bd. 1: Die Geistlichen. 2., verb. Aufl. Speyer 1994; Bd. 2: Die Laien. Speyer 1995.

Helene Rothländer (1890-1976)

Wenn an die Gründer der Christlich-Demokratischen Partei in Koblenz nach 1945 erinnert wird, darf der Name der Lehrerin Helene Rothländer nicht fehlen. Sie gehörte innerhalb der Koblenzer CDU zusammen mit Hubert Hermans und Johannes Junglas zum engsten Kreis um Peter Altmeier. Helene Rothländer hat jedoch nicht erst nach dem Ende der nationalsozialistischen Herrschaft in die Politik gefunden; sie engagierte sich bereits in der Weimarer Republik in der Zentrumspartei und warnte 1933 öffentlich vor Hitler und der NSDAP.
Helene Rothländer wurde am 23. Dezember 1890 in Köln als ältestes von elf Kindern geboren. Nach ihrer Ausbildung zur Lehrerin in Herdorf/Sieg und Koblenz wirkte sie von 1910 bis 1933 als Volksschullehrerin in Koblenz. Sie war Mitglied im Verband Katholischer Deutscher Lehrerinnen und übernahm 1924 den Vorsitz der Sektion Koblenz dieser Organisation.

Helene Rothländer (1947)

1918 trat sie dem Zentrum bei und engagierte sich zunächst kommunalpolitisch: 1924 wurde sie auf Platz 13 der Zentrumsliste erstmals in die Koblenzer Stadtverordnetenversammlung gewählt, und 1929 zog sie auf dem Listenplatz 3 erneut in die Ratsversammlung ein. Schließlich wurde sie 1932 als Kandidatin des Zentrums in den Preußischen Landtag gewählt.
Während des Reichstagswahlkampfs 1933 setzte sich Helene Rothländer kämpferisch mit den Nationalsozialisten auseinander. Am 24. Februar 1933 fand in der Koblenzer Stadthalle eine katholische Volksversammlung statt, in der Helene Rothländer die Zuhörer aufforderte, sich bei der bevorstehenden Wahl nicht vom Bolschewismus einerseits und der Diktatur des Herrenmenschen andererseits verwirren zu lassen. Die katholische Jugend solle mißtrauisch sein gegen einen allmächtigen Staat, den sie als „preußisches Erbe" bezeichnete. In ihrer Gegnerschaft gegen die NSDAP war sie erheblich deutlicher als ihr Parteivorsitzender Prälat Ludwig Kaas, der am 3. März in Koblenz zur „Sammlung des Volkes" aufrief. Bei der Reichstagswahl vom 5. März 1933 konnte sich das Zentrum als zweitstärkste Partei behaupten. Am 12. März 1933 wurde Helene Rothländer auf dem Listenplatz 3 der Zentrumspartei in die Koblenzer Stadtverordnetenversammlung wiedergewählt. Sie wurde am 15. Mai in den Wohlfahrtsausschuß delegiert, schied jedoch mit der Auflösung des Zentrums am 5. Juli 1933 aus dem Koblenzer Stadtparlament aus.
Nicht nur ihre politische, auch ihre berufliche Tätigkeit endete 1933 durch verord-

neten Zwang. Ihre Rede vom 24. Februar hatte im „Koblenzer Generalanzeiger" eine lebhafte Leserbriefdiskussion ausgelöst. Evangelische Pfarrer warfen ihr vor, sie beleidige zugleich die Protestanten und die Preußen, wenn sie den preußischen und protestantischen Geist in Zusammenhang mit Maßlosigkeit und Staatsvergottung bringe. Durch die angebliche Verunglimpfung Preußens fühlte sich ein Koblenzer Bürger in seinem nationalen Empfinden verletzt und denunzierte sie bei der Bezirksregierung. Helene Rothländer verteidigte sich mit einer ausführlichen Rechtfertigungsschrift auf hohem staatstheoretischem Niveau, in der sie wiederholt ihre nationale Gesinnung betonte. Doch weder ihre Verteidigung noch die Fürsprache eines Vorgesetzten konnten ihre Entlassung wegen politischer Unzuverlässigkeit zum 30. November 1933 verhindern. Auch ihr Bittgesuch um Wiedereinstellung beim Preußischen Ministerium für Wissenschaft, Kunst und Volksbildung blieb erfolglos: Die Entlassung wurde bestätigt.

Ihren Lebensunterhalt versuchte sie nun mit schriftstellerischer Arbeit zu verdienen. Da sie die Mitgliedschaft in der Reichsschrifttumskammer ablehnte, wurde sie mit einem Publikationsverbot belegt. 1938/39 leitete Helene Rothländer das Kurheim des Katholischen Lehrerinnenverbands in Bad Pyrmont. Weil sie sich weigerte, das Heim dem Nationalsozialistischen Lehrerbund zu überschreiben, wurde sie entlassen. Wieder in Koblenz, beschäftigte sie sich ehrenamtlich mit der Weiterbildung katholischer Frauen. Als die Gestapo ihr öffentliche Auftritte untersagte, verlegte sie ihre Vortragsveranstaltungen in die Kirche. Nach dem 20. Juli 1944 wurde sie verhaftet und erst am 3. Oktober 1944 aus dem Koblenzer Gestapo-Gefängnis entlassen. Über diese Leidenszeit berichtete sie in ihrer Schrift: „In Deinen Händen ruhet mein Geschick. Erinnerungen aus schwerer Zeit".

Nach Kriegsende wurde Helene Rothländer als Verfolgte des Naziregimes rehabilitiert. Sie wurde am 1. Juli 1945 in Koblenz als Volksschullehrerin wiedereingestellt und übernahm am 2. November desselben Jahres die Leitung der Schenkendorfschule. Am 20. März 1946 wechselte sie als Regierungsrätin in die Kultusabteilung des Oberpräsidiums der Provinz Rheinland-Hessen-Nassau und wurde am 30. April 1947 zur Oberregierungsrätin befördert. Von 1951 bis zu ihrer Pensionierung im Jahre 1955 war sie, seit dem 1. November 1952 als Regierungsdirektorin, im Kultusministerium für die Volksschulen zuständig. Hier hat sich Helene Rothländer insbesondere um den Aufbau der Lehrerbildung verdient gemacht.

Neben ihrer beruflichen Tätigkeit engagierte sich Helene Rothländer 1945 sofort wieder in der Kommunalpolitik. Sie war Mitglied des im Juli 1945 von der französischen Besatzungsmacht eingesetzten Bürgerrats, von 1946 bis 1948 Mitglied der Koblenzer Stadtverordnetenversammlung, und von 1948 bis 1952 gehörte sie dem Koblenzer Stadtrat an.

In Koblenz war bereits im Mai 1945, noch unter amerikanischer Besatzung, ein Kreis von früheren Zentrumsmitgliedern zusammengekommen, um über die Wiedergründung des Zentrums oder die Neugründung einer christlichen, interkonfessionellen Partei zu beraten. Zu diesem Kreis um Franz Henrich, Rudolf Verhülsdonk, Hubert Hermans und Johannes Junglas kamen bald die ehemaligen Stadtverordneten Peter Altmeier und Helene Rothländer hinzu. Im Oktober 1945 nahm sie an einem Treffen teil, bei dem die Gründung einer „Christlich-Demokratischen Partei" beschlossen und der Antrag an die französische Militärregierung formuliert wurde. Die Militärregierung lehnte diesen Antrag vom 20. Oktober 1945, der auch Helene Rothländers Unterschrift trug, zunächst ab. Erst am 16. Januar 1946 wurde der Aufbau einer Christlich-Demokratischen Partei in der Provinz Rheinland-Hessen-Nassau genehmigt. In der nichtöffentlichen Gründungsversammlung der CDP am 31. Januar 1946 im Koblenzer Rathaus wurde Helene Rothländer als einzige Frau in den Vorstand gewählt. Sie nahm auch an der Konferenz in Bingen-Büdesheim am 26. Oktober 1946 teil, auf der die Vereinigung der CDP mit der CDU von Hessen-Pfalz zu einem einheitlichen Landesverband für das im Entstehen begriffene Land Rheinland-Pfalz strittig diskutiert wurde. Bei der schließlichen Gründung des rheinland-pfälzischen Landesverbandes unter dem Namen CDU im Februar 1947 wurde Helene Rothländer Mitglied des erweiterten Vorstands.

Politisch opponierten die Koblenzer Christdemokraten gegen den Anspruch des Vorsitzenden der Ostzonen-CDU Jakob Kaiser, der die Führung der CDU in ganz Deutschland beanspruchte. Damit konnte Helene Rothländer an ihre antipreußische Haltung von 1933 anknüpfen, denn der Kreis um Peter Altmeier distanzierte sich von den protestantisch-preußischen Traditionen in der deutschen Geschichte und trat für den Aufbau einer neuen Ordnung ein, die auf dem Subsidiaritätsprinzip der katholischen Soziallehre beruhen sollte. Aus dieser Haltung heraus bekämpfte sie den Zuzug von protestantischen Flüchtlingen und Vertriebenen nach Rheinland-Pfalz.

Obwohl Helene Rothländer in den Jahren der nationalsozialistischen Herrschaft drangsaliert worden war, kritisierte sie die Entnazifizierung und forderte im Dezember 1946 ein Ende der Verfahren.

Engagiert setzte sie sich dafür ein, die Frauen für eine Mitarbeit in der CDU zu gewinnen, wobei sie in öffentlichen Vorträgen und Zeitungsartikeln immer wieder die spezifisch weiblichen Werte hervorhob. Schon deshalb kann sie nicht zu den Vorläuferinnen der modernen Frauenbewegung gezählt werden.

Als Mitglied der Beratenden Landesversammlung hat Helene Rothländer im Verfassungsausschuß an der Formulierung der Landesverfassung aktiv mitgearbeitet. Sie gehörte dann auch dem ersten Landtag von 1947 bis 1951 an und vertrat ihre Fraktion im Kulturausschuß. Im Gegensatz zu Ministerpräsident Altmeier war sie gegen die Verlegung des Regierungssitzes von Koblenz nach Mainz.

Gemeinsam mit Peter Altmeier und Adolf Süsterhenn war sie eine glühende Verfechterin der Konfessionsschule; die Abschaffung dieser Schulform in Rheinland-Pfalz im Jahre 1969 mußte sie als Pensionärin noch miterleben.

Anläßlich der 75-Jahr-Feier des Verbandes Katholischer Deutscher Lehrerinnen, deren Landessprecherin sie war, wurde Helene Rothländer am 19. September 1960 mit dem Großen Bundesverdienstkreuz ausgezeichnet. Sie war bereits vorher mit dem päpstlichen Orden „Pro Ecclesia et Pontifice" geehrt worden.

Helene Rothländer starb am 1. Juli 1976 in Koblenz.

Barbara Koops

Quellen/Literatur:

Barbara Koops: Frauen in der Koblenzer Kommunalpolitik 1918-1933. In: Koblenzer Beiträge zur Geschichte und Kultur 4. Koblenz 1995, S. 79-95;
Anne Martin: Die Entstehung der CDU in Rheinland-Pfalz. Mainz 1995;
Hans Josef Schmidt: Formierung der Parteien in Koblenz. In: Franz-Josef Heyen (Hg.): Rheinland-Pfalz entsteht. Beiträge zu den Anfängen des Landes Rheinland-Pfalz in Koblenz 1945-1951. Boppard 1984, S. 105-125;
Kurt Weitzel: Vom Chaos zur Demokratie. Die Entstehung der Parteien in Rheinland-Pfalz 1945-1947. Mainz 1989, insbes. S. 56-83.

Aenne Rumetsch (1908-1982)

Bereits ihre Schulzeit verbrachte die am 15. Juni 1908 in Annweiler geborene Aenne (Anna Maria) Reinhard in Ludwigshafen, das ihre Wirkungsstätte werden sollte. Da sie unter einer schwächlichen Gesundheit litt und schon mit elf Jahren ihre Mutter verlor, dürfte ihre Kindheit nicht immer einfach gewesen sein. Mitte der zwanziger Jahre begann die aus einer Arbeiterfamilie stammende Jugendliche, sich – genau wie der Vater und die Schwestern – in der Arbeiterbewegung zu engagieren. Bis zum Verbot der Organisationen durch die Nationalsozialisten war sie Mitglied in der Sozialistischen Arbeiterjugend, dem Arbeitersängerbund, der SPD und dem Arbeiter-Samariterbund. Besonders aktiv war sie bereits damals in der Arbeiterwohlfahrt (AWO). Von 1930 bis 1933 leitete sie die Oggersheimer Ortsgruppe dieser Hilfsorganisation der Arbeiterschaft. Nach ihrem Kirchenaustritt im Jahr 1930 hatte sie sich außerdem der freireligiösen Gemeinde angeschlossen.

Aenne Rumetsch

In den ersten Jahren der nationalsozialistischen Herrschaft war Aenne Reinhard trotz des Verbots der SPD heimlich weiter für die Arbeiterbewegung tätig. Erst als ihr späterer Mann, der Fabrikarbeiter Friedrich Wilhelm Rumetsch, der bis 1933 dem Reichsbanner angehört hatte, im Jahr 1936 verhaftet wurde, zog sie sich resigniert ins Privatleben zurück. Die beiden heirateten, und 1937 wurde der Sohn Fritz geboren. Im Zweiten Weltkrieg mußte Aenne Rumetsch in der von alliierten Fliegerangriffen bedrohten Industriestadt hart um das Überleben ihrer Familie kämpfen. 1943 wurde für sie zum Schicksalsjahr. Ihr Mann fiel im Rußlandfeldzug, ihr Vater Adam Reinhard starb, und ihre Wohnung wurde ausgebombt. Von nun an war die nur eine kleine Rente beziehende Witwe gezwungen, allein für ihren Sohn zu sorgen.

Nach Kriegsende galt Aenne Rumetschs Fürsorge den Kriegsopfern, und sie setzte sich für den Wiederaufbau ein.

Bei der im Februar 1946 stattfindenden Wiedergründungsversammlung des SPD-Ortsvereins Ludwigshafen wurde sie als einzige Frau in den Vorstand gewählt. Als eines von vier weiblichen Mitgliedern zog sie bei den im gleichen Jahr erstmals nach dem Krieg wieder stattfindenden Kommunalwahlen in den Stadtrat von Ludwigshafen ein. Sechs Wahlperioden lang, bis 1969, gehörte die Sozialdemokratin dann ununterbrochen diesem Gremium an. Ihre sozialpolitische Erfahrung brachte sie vor allem im Sozial- und im Jugendwohlfahrtsausschuß ein. Außerdem war sie Mitglied im Partnerschaftsausschuß. Von besonderer Wichtigkeit für die Kinder aus den zerstörten Innenstädten war in den ersten Nachkriegsjahren die Stadtranderholung, an deren Aufbau sich Aenne Rumetsch maßgeblich beteiligte.

Darüber hinaus arbeitete sie im Verband der Kriegsopfer und Hinterbliebenen (VdK) mit. Der Wiederaufbau der Arbeiterwohlfahrt wurde jedoch zu ihrer eigentlichen Lebensaufgabe. Von 1946 bis 1950 übernahm Aenne Rumetsch den Vorsitz des Ludwigshafener Ortsvereins dieser Organisation, und in den Jahren 1950 bis 1967 wirkte sie als Geschäftsführerin. Sie vertrat die Arbeiterwohlfahrt in den städtischen Ausschüssen, war Mitglied des Bezirksvorstandes und Vorsitzende des Kreisverbandes sowie der Ortsgruppe der Arbeiterwohlfahrt ihres Wohnortes, Ludwigshafen-Maudach.

In Anerkennung ihres Lebenswerkes, das vom Einsatz für ihre Mitmenschen geprägt war, erhielt Aenne Rumetsch 1966 die Freiherr-vom-Stein-Plakette und 1969 den Ehrenring der Stadt Ludwigshafen. Anläßlich ihres 70. Geburtstages wurden der verdienten Sozialpolitikerin auch die Pfalzsäule der Stadt Ludwigshafen und die Marie-Juchacz-Plakette der Arbeiterwohlfahrt verliehen. Mit der Goldenen Ehrennadel der SPD und der Ehrennadel des VdK zollte man ihrer langjährigen treuen und aufopfernden Arbeit für diese beiden Organisationen Tribut. Nach ihrem Tod, 1997, wurde die Seniorenresidenz in Ludwigshafen-Maudach nach der ehemaligen SPD-Stadträtin benannt.

Aenne Rumetsch kannte auch im Alter, das sie bei ihrem Sohn und seiner Familie verbrachte, keine Ruhe, sondern leistete weiter ihren Dienst am Nächsten. Mit 74 Jahren verstarb die engagierte Sozialdemokratin am 14. Dezember 1982 in Ludwigshafen.

Christiane Pfanz-Sponagel

Quellen/Literatur:

Stadtarchiv Ludwigshafen, Meldedatei;
Stadtarchiv Ludwigshafen, Zeitungsausschnittssammlung;
Interview mit Fritz Rumetsch am 7. Juni 1998.

Dr. Josefine Runte (geb. 1916)

Dr. Josefine Runte, Oberstudiendirektorin, wurde am 6. März 1916 zusammen mit ihrem Zwillingsbruder Heinrich Runte (heute Altbürgermeister in Limburg) als letztes von vier Kindern in Volkmarsen/Nordhessen, also im westfälischen Sprachbereich, geboren. Die Eltern Viktor Runte (1880-1963) und Theresia Maria Runte, geb. Lühmann (1886-1959), stammten aus Familien mit einer Reihe von Buchdruckern, Philologen und Theologen und besaßen eine Druckerei, so dass die Kinder in einer Welt von Büchern aufwuchsen.

Nach einer achtjährigen Volksschule besuchte die Tochter für fünf Jahre das Private Katholische Oberlyceum der Englischen Fräulein zu Fulda, wo die begabte Sportlerin (Hochsprung!) im Februar 1937 Abitur machte. Nachdem die aus einer Zentrumsfamilie stammende Abiturientin schon das erzwungene Jahr Reichsarbeitsdienst missbilligt hatte, wich sie der vormilitärischen Ausbildung 1938 durch ein Auslandsstudium in Lima/Peru aus, wo sie bei einer Reihe emigrierter deutscher Professoren Deutsch und Geschichte studierte und den Magister-Grad der Universidad San Marco in Lima erwarb.

Dr. Josefine Runte

Im Februar 1945 gelangte sie im Zuge eines Diplomatenaustauschs über Marseille und Montreux zurück nach Volkmarsen. 1946 setzte sie ihr Studium (Deutsch und Französisch mit Nebenfach Spanisch) an den Universitäten Freiburg und Marburg fort. In Marburg promovierte sie 1949 in der Altgermanistik über „Das St. Trudperter Hohe Lied und die mystische Lehre von Bernhard von Clairvaux".

Nach einer wegen ihrer Unterrichtserfahrung in Peru verkürzten Referendarszeit in Koblenz (1949-1950) begann sie als Studienassessorin in Wittlich an dem heutigen Peter-Wust-Gymnasium zu unterrichten. 1963 wurde sie zur Oberstudiendirektorin an das Trierer Auguste-Viktoria-Gymnasium befördert und leitete dieses Gymnasium bis 1981. Naturgemäß brachte diese Zeit große Herausforderungen und Erfolgserlebnisse.

Unter ihrer Leitung erfuhr die Schule, die de jure eine gemischte Schule war, aber in der Nachbarschaft zum weitgehend von Jungen besuchten Max-Planck-Gymnasium de facto eine Mädchenschule war, einschneidende Veränderungen: Planung und Ausführung des Neubaus, Umarbeitung des alten Klosterbaus, Umformung der integrierten Frauenoberschule in einen Zweig mit Sozialkundlichem Abitur, die Einführung spezieller Klassen als Aufbauzug für Realschulabsolventen am Gymnasium und damit die Einführung des koedukativen Unterrichts. Die Stichwörter „Schülerberg" und „Lehrermangel" kennzeichnen die damalige Schulsituation, wobei 1975 neun Abiturklassen und 302 Sextaneranmeldungen bei einer Schülerzahl von rund 1600 und einer Kollegenzahl von rund 100 zu verzeichnen waren. 1975 wurde mit der Gründung des Gymnasiums Ehrang-Pfalzel und der Einführung der Mainzer Studienstufe die Schule noch einmal qualitativ und quantitativ umgestaltet. Zu Frau Dr. Runtes Zeit entstanden die Partnerschaften mit Gloucester in England, Edinburgh in Schottland und Harlem in den Niederlanden, Partnerschule wurde das Metzer Lycée George de la Tours. Unter den von ihr ermutigten Arbeitsgemeinschaften profilierten sich vor allem der Schulchor (Bechtel) und die Arbeitsgemeinschaft für neue Musik (Risch) Rheinland-Pfalz-weit.

1979 brachte das Doppeljubiläum „100 Jahre Königlich-Preußische Mädchenschule und 325 Jahre Welschnonnenschule".

In dieser Zeit wurde Dr. Runte auch als Kandidatin der CDU für vier Jahre in den Rat der Stadt Trier gewählt (1975-1979) und wirkte dort vor allem im kulturpolitischen Ausschuss. Nach ihrer Pensionierung engagierte sie sich drei Jahre lang in der Aktion „Bürger schaffen Wohnraum für Studenten", die in der jungen Universitätsstadt langfristig bewusstseinsbildend nachwirkt. In ihrem Trierer Stadtteil Mariahof ist sie so etwas wie eine Ombudsfrau geworden, die ihre sprachwissenschaftlichen Spezialkenntnisse in Vorträgen, etwa im Rahmen der Trierer Seniorenakademie, ganz im Sinne Goethes durch

weite Welt und breites Leben,
langer Jahre redlich Streben

mit der Öffentlichkeit teilt.

Hans-Joachim Kann

Quellen/Literatur:

Interview mit Frau Dr. Josefine Runte vom 5.4.1999, geführt von H.-J. Kann.

Martha Saalfeld (1898-1976)

Die heute fast vergessene, aber wohl bedeutendste Schriftstellerin der Pfalz, Martha Saalfeld, wurde am 15. Januar 1898 in Landau geboren. Über ihre Kindheit und das Elternhaus hat sie wenig preisgegeben. Bekannt ist aus ihren späteren Aufzeichnungen nur, daß sie von ihrem 7. Lebensjahr an im Haushalt der Großmutter in Landau aufwuchs. Ihre Geburtsstadt hat sie einmal als die schönste Stadt des Landes bezeichnet.
1918 geht sie nach Heidelberg, um Kunstgeschichte und Philosophie, zeitweise auch Pharmazie, zu studieren. In Heidelberg lernt sie Werner vom Scheidt kennen, damals Student der Nationalökonomie, den es zur Kunst zieht und der später ein bekannter Graphiker und Holzschneider wird. Die beiden heiraten 1928.
Noch während des Studiums beginnt Martha Saalfeld zu schreiben. Es entstehen die ersten Gedichte, und 1924 werden einige ihrer Sonette in „Heimaterde", der Zeitschrift des Literarischen Vereins der Pfalz, veröffentlicht. 1925 erscheinen weitere Gedichte in der „Neuen Rundschau". Ihr Name findet bald Erwähnung in den Feuilletons der „Frankfurter Zeitung" und des „Berliner Tageblatts". Literarische Größen der Zeit, wie Hermann Hesse, Stefan Zweig und Oskar Loerke, werden auf die junge Pfälzerin aufmerksam, die sich zunächst ganz in der Lyrik zuhause fühlt. Ihre Sprache ist expressiv und metaphernreich. 1925 erscheint ein erster Gedichtband „Der unendliche Weg", der einen Zyklus von 21 Sonetten enthält.
1927 erhält Martha Saalfeld den Lyrikpreis des S. Fischer-Verlages. 1930 veröffentlicht sie erstmals eine Erzählung: „Das Unwetter", die in der Zeitschrift „Die Literarische Pfalz" (Jg. 7, Heft 3) abgedruckt wird. Von nun an nutzt sie, je nach Thema, abwechselnd die Möglichkeiten der Lyrik und der Prosa als Ausdrucksform.
1931 erscheint im Karl-Rauch Verlag, Berlin, ihr Buch „Gedichte". Ein Jahr später folgt das Schauspiel „Staub aus der Sahara". Die Tragikomödie in drei Akten: „Beweis für Kleber" wird 1932 vom Schauspiel-Studio des Mannheimer Nationaltheaters uraufgeführt und bekommt hervorragende Kritiken. In diesem Stück, wie auch in ihrer späteren Prosa, schreibt sie gegen Kleinbürgermoral und Vorurteile in der Gesellschaft an. Doch nur wenige Wochen später erfährt sie solche Vorurteile am eigenen Leib und muß erkennen, daß für ihre Stücke auf deutschen Bühnen kein Platz mehr ist. Wie viele andere Schriftsteller erhält Martha Saalfeld ab 1933 Veröffentlichungsverbot.
Die nächsten Jahre führen Martha Saalfeld und Werner vom Scheidt ein Wanderleben. Marthas früheres Pharmaziestudium kommt ihr nun zugute. Sie arbeitet als Assistentin in verschiedenen Apotheken. Das Ehepaar zieht zuerst nach Worms, dann nach Düsseldorf; von dort zieht es sie für einige Zeit in eine Kleinstadt, nach Babenhausen im Kreis Dieburg in Hessen. Das Leben dort, das sie später literarisch verarbeitet, empfindet sie als trügerische Idylle.
Das Kriegsende erlebt Martha Saalfeld in Wasserburg am Inn, wohin das Ehepaar, in Düsseldorf ausgebombt, evakuiert worden ist. Dieses Kriegsende muß für sie ein Gefühl der Befreiung gewesen sein; endlich darf sie wieder veröffentlichen! Sie be-

Martha Saalfeld

ginnt umgehend mit der Arbeit. Bereits 1946 gibt sie einen Band mit Gedichten unter dem Titel „Deutsche Landschaft" heraus; 1947 erscheint eine Sammlung von Kurzgeschichten unter dem Titel „Das süße Gras", die in der Alpenlandschaft spielen. Im gleichen Jahr veröffentlicht sie auch den Band mit Erzählungen: „Idyll in Babensham", der ihre Zeit in Babenhausen behandelt.

1948 kehrt sie schließlich mit ihrem Mann in die pfälzische Heimat zurück und läßt sich in Bad Bergzabern nieder. Sie wird Mitglied in der SPD und ist eine der ersten, die sich gegen das Atomwettrüsten aussprechen. In kurzer Abfolge erscheinen nun weitere Veröffentlichungen, abwechselnd Gedichtbände, Erzählungen und Romane. Zu den wichtigsten Arbeiten der Nachkriegszeit zählen sicherlich die beiden in den fünfziger Jahren entstandenen Romane: „Pan ging vorüber" und „Anna Morgana". Ihr Werk wird überregional anerkannt; ihre Bedeutung geht weit über die Pfalz hinaus, auch wenn die pfälzische Landschaft häufig als Motiv vorkommt. Sie ist jedoch alles andere als eine „Heimatdichterin". Wolfgang Diehl schreibt in den „Landauer Monatsheften" über Martha Saalfeld: „Nie hat die pfälzische Landschaft wieder eine ähnliche Verdichtung ihres weiten, vielgestaltigen Erscheinungsbildes und ihrer Ausstrahlung in der Dichtung erfahren. Selten wurde Natur als Fülle der Erscheinungen exemplarischer verstanden, das Leitmotiv des Herbstes als Erfüllung und Niedergang zugleich wahrhaftiger dargestellt als existentielles Problem menschlichen Selbstverständnisses von Sein und Vergängnis, die sichtbar wurden."

Martha Saalfeld ist mit vielen der wichtigsten Schriftsteller und Maler ihrer Zeit bekannt oder befreundet, darunter Thomas Mann, Kasimir Edschmid, Ina Seidel, Elisabeth Langgässer, Marie Luise Kaschnitz, Karl Krolow, Otto Pankok und Rudolf G. Binding. Sie ist Mitglied des PEN-Clubs und der Deutschen Akademie für Sprache und Dichtung. 1955 erhält sie zusammen mit Gerd Gaiser den Literaturpreis der „Bayerischen Akademie der Schönen Künste". 1963 wird ihr dann auch der Kunstpreis des Landes Rheinland-Pfalz verliehen.

Eines von Martha Saalfelds bekanntesten Werken ist wohl der Roman „Die Judengasse" (1965). Er ist ein gesellschaftskritisches Buch, in dem die Autorin – in der „ungewöhnlichen Verkleidung poetischer Prosa" (Ernst Johann) – mutig das konfliktreiche Zusammenleben zwischen Juden und Christen, die andauernden kleinen Demütigungen und Diskriminierungen der jüdischen Bevölkerung in der Zeit vor 1933 thematisiert und Spießertum und Intoleranz anprangert. 1970 setzt sie dieses Thema engagiert fort mit dem Roman: „Isi oder Die Gerechtigkeit". Schauplatz ist dieselbe Judengasse im Landau der fünfziger Jahre; die Autorin kämpft gegen das Vergessen, gegen das Verdrängen der Schuld.

Als Martha Saalfeld am 14. März 1976 in Landau stirbt, ist fast keines ihrer Werke mehr im Buchhandel erhältlich. Rechtzeitig zu ihrem 100. Geburtstag, im Jahr 1998, ist nun endlich der erste Band einer auf fünf Bände angelegten Werkausgabe erschienen. Er enthält das dichterische Werk; die weiteren vier geplanten Bände sollen den Romanen, den Theaterstücken, den Erzählungen sowie ihrem Briefwechsel mit bedeutenden Persönlichkeiten gewidmet sein. Damit wird ein großer Wunsch der Schrifstellerin erfüllt und ihr Werk vor dem endgültigen Vergessen bewahrt. Seit 1994 wird außerdem jährlich an sie erinnert, wenn der Martha Saalfeld-Förderpreis des Landes Rheinland-Pfalz an Nachwuchsautoren verliehen wird.

Mildred Michel-Haas

Quellen/Literatur:

Monika Beckerle (Hg.): Dachkammer und literarischer Salon. Landau 1991, S. 95-127;
Wolfgang Diehl: „Und alles spielst du, alles spielt mit dir." Zum siebzigsten Geburtstag der Pfälzischen Schriftstellerin Martha Saalfeld/Gedanken über ihre Lyrik – mit einigen Abschweifungen ins Grundsätzliche, in: Landauer Monatshefte, 16. Jg., Nr. 2/1968;
Wolfgang Diehl (Hg.): Martha Saalfeld 1898-1976. Dokumente und Materialien. Landau i. d. Pfalz 1986 (Jahresgabe des Literarischen Vereins der Pfalz, 1986);
Ernst Johann: Zum Tode von Martha Saalfeld. Politik in Poesie verpackt. Frankfurter Allgemeine Zeitung v. 17.3.1976;
Heinz Schöffler: Zum 75. Geburtstag der Dichterin. Die Rheinpfalz v. 13.1.1973;
Martha Saalfeld: Werkausgabe, hg. v. Berthold Roland. Bd. 1: Die Gedichte. Blieskastel 1998.

Clara Sahlberg (1890-1977)

Clara Sahlberg war eine der Frauen, die nach 1945 wesentlich zum Wiederaufbau der Gewerkschaften und einem politischen Neuanfang beitrugen. Als Berlinerin engagierte sie sich zunächst im Freien Deutschen Gewerkschaftsbund (FDGB) und leistete darüber hinaus ihren Beitrag zum Aufbau der CDU in Berlin. Im Alter von 58 Jahren verließ Clara Sahlberg ihre Heimatstadt und verlagerte im Herbst 1948 ihren gewerkschaftspolitischen Wirkungskreis nach Rheinland-Pfalz. Sie arbeitete knapp vier Jahre als Gewerkschaftssekretärin in der ÖTV-Kreisverwaltung Trier, bevor sie im Frühjahr 1952 zur ÖTV-Bezirksverwaltung nach Mainz wechselte. Wie wertvoll Clara Sahlbergs Beitrag zum Wiederaufbau der gewerkschaftlichen Arbeit in Rheinland-Pfalz war, läßt sich nicht zuletzt daran ermessen, wie schwierig bei ihrem altersbedingten Ausscheiden 1955/56 die Nachfolgefrage zu regeln war.

Clara Sahlberg (ca. 1955)

Clara Sahlberg wurde am 3. Juli 1890 in Rixdorf bei Berlin (heute Berlin-Neukölln) als zweites von neun Kindern in eine christliche Arbeiterfamilie geboren. Sie wuchs im christlichen Milieu der Herrnhuter Brüdergemeine auf. Der Vater starb, als Clara etwa fünfzehn Jahre alt war. Da die materiellen Mittel fehlten, konnte sie nach Abschluß der Volksschule keine weiterführende Schule besuchen. Die Umstände verlangten, daß sie frühzeitig ihren Beitrag zum Familienunterhalt leistete. Immerhin war es Clara Sahlberg möglich, in den Fußstapfen ihrer Mutter, die als Heimarbeiterin in der Berliner Konfektionsindustrie tätig war, eine Lehre als Schneiderin zu absolvieren. Eine berufliche Ausbildung war für junge Frauen zu Beginn des 20. Jahrhunderts keineswegs eine Selbstverständlichkeit.

Die familiären Erfahrungen mit Heimarbeit führten schon die Jugendliche zum christlichen „Gewerkverein der Heimarbeiterinnen". Im Gegensatz zum freigewerkschaftlichen „Verband der Schneider, Schneiderinnen und verwandter Berufe", der in den heimarbeitenden Frauen in erster Linie eine lohndrückende „Schmutzkonkurrenz" sah, nahm der von bürgerlichen Frauen christlich-konservativer Prägung geführte Gewerkverein die Belange der Heimarbeiterinnen ernst.

1909 wurde Clara Sahlberg mit nur 19 Jahren als Hilfskraft und ab Mai 1912 als Gewerkschaftssekretärin in der Hauptverwaltung des Gewerkvereins der Heimarbeiterinnen in Berlin angestellt. Im April 1914 wurde sie als Beisitzerin in den Hauptvorstand gewählt. Clara Sahlberg kann damit als Pionierin gelten, denn die praktische Verbandsarbeit im Gewerkverein wurde lange Zeit von bürgerlichen Frauen geleistet. Zwar gehörte die Aufhebung der bürgerlichen Protektion von Beginn an zum Programm des Vereins, doch erst um 1909 gelangten allmählich Heimarbeiterinnen als Vertrauensfrauen in leitende Funktionen.

15 Jahre lang wirkte Clara Sahlberg für den Gewerkverein der Heimarbeiterinnen. Wie viele andere Gewerkschaftsfunktionäre und -funktionärinnen ihrer Zeit qualifizierte sie sich für diese Tätigkeit als Autodidaktin. Sie besuchte die Handelsschule, erwarb die für die Gewerkschaftsarbeit notwendigen Kenntnisse in Stenographie und Schreibmaschine und bildete sich in Abendvorlesungen an der Berliner Friedrich-Wilhelms-Universität in volkswirtschaftlichen Fragen fort.

Clara Sahlbergs Hauptarbeitsgebiet waren sozialpolitische Fragestellungen. Sie wirkte mit an der Ausgestaltung der Heimarbeitsgesetzgebung wie auch der Ausdehnung der Sozialversicherung auf die Heimarbeiterinnen. Beteiligt war sie auch an den vorbereitenden Beratungen des Mutterschutzgesetzes, das 1927 verabschiedet wurde. Erste tarifpolitische Kompetenz hatte sie bereits erworben, als im Zuge des Hilfsdienstgesetzes von 1916 Schlichtungskommissionen zur Regelung von Lohnauseinandersetzungen eingesetzt wurden.

1928 wechselte Clara Sahlberg als Gewerkschaftssekretärin in die Hauptverwaltung des „Zentralverbandes christlicher Fabrik- und Transportarbeiter" in Berlin. Dieser Verbandswechsel war gleichbedeutend mit dem Wechsel von einer Frauen- zu einer Quasi-Männerorganisation, in der eine Frau als Funktionärin eine Ausnahme darstellte. Nicht überraschend ist demnach, daß Clara Sahlbergs Aufgaben im Bereich der Frauen- und Jugendarbeit lagen. Mit der Anstellung einer hauptamtlichen Sekretärin für dieses Arbeitsgebiet war der Zentralverband allerdings vielen anderen, auch freigewerkschaftlichen Organisationen, weit voraus.

1933 setzte die Machtübernahme der Nationalsozialisten mit der Zerschlagung der Gewerkschaften auch Clara Sahlbergs gewerkschaftspolitischer Arbeit ein vorläufiges Ende. Doch trug sie in den folgenden Jahren mit dazu bei, daß gewerkschaftliche Verbindungen über die Diktatur hinweg in der Illegalität aufrechterhalten werden konnten. Die Tätigkeit beim Berliner Landesarbeitsamt während des Zweiten Weltkrieges gab ihr darüber hinaus die Möglichkeit, gefährdeten Personen falsche Papiere zu verschaffen. Zu Clara Sahlbergs „Schützlingen" zählte u.a. Jakob Kaiser, den sie als christlichen Gewerkschafter kannte. Sie half ihm, nach dem 20. Juli 1944 unterzutauchen.

1945 gehörte Clara Sahlberg zu denjenigen, die sich sofort für den Wiederaufbau und politischen Neuanfang zur Verfügung stellten. Sie engagierte sich beim Aufbau der Christlich-Demokratischen Union Deutschlands (CDUD), der Ost-CDU, und des Freien Deutschen Gewerkschaftsbundes (FDGB). Im FDGB Groß-Berlin war Clara Sahlberg vor allem auf der Bezirksebene tätig. In Berlin-Schöneberg, wo sie während des Krieges überwiegend gewohnt hatte, fungierte sie als Leiterin der Frauenabteilung. Vermutlich aufgrund ihrer parteipolitischen Bindung übte sie dieses Amt allerdings nur etwa ein Jahr aus; der Schöneberger Bezirksausschuß wurde 1946 von KPD-Mitgliedern dominiert. Clara Sahlbergs Beteiligung an der „Unabhängigen Gewerkschaftsorganisation" (UGO), die sich im Februar 1948 als Reaktion auf die starke Einflußnahme der SED im FDGB Groß-Berlin konstituierte, war daher naheliegend.

Innerhalb der UGO erhielt die Frauenpolitik wie schon zuvor im FDGB einen organisatorischen Rahmen. Die erste UGO-Frauenkonferenz wählte im Juli 1948 einen Frauenausschuß, der wiederum einen engeren Arbeitskreis bildete, dem u.a. Clara Sahlberg angehörte. Daneben arbeitete sie im Sozialreferat der UGO-Zentrale mit. Dennoch blieb politisch-gewerkschaftliche Arbeit jenseits der SED-Linie in Berlin problematisch. Hier mag ein Grund für Clara Sahlbergs Wechsel nach Rheinland-Pfalz im Herbst 1948 gelegen haben.

Als Angehörige einer älteren Generation von Frauen, die gewerkschaftliche Erfahrungen bereits vor 1933 gesammelt hatten, stand Clara Sahlberg in Berlin nicht allein. Anders sah dies in den südlichen und westlichen Regionen Deutschlands nach 1945 aus, wo es nur einen kleinen Kreis erfahrener älterer Gewerkschafterinnen gab. Entsprechend groß war hier der Personalbedarf der sich im Aufbau befindenden Gewerkschaften. Nicht zuletzt die Herkunft aus der christlichen Gewerkschaftsbewegung und die daraus resultierenden Kontakte mögen Clara Sahlberg nach Trier ins Zentrum der ehemaligen christlichen Gewerkschaftsbewegung geführt haben. Erleichtert wurde ihr dieser Umzug sicher auch durch ihre persönliche Unabhängigkeit. Sie blieb zeitlebens unverheiratet und hatte keine Kinder.

Mit ihren im christlichen Transportarbeiterverband gesammelten Erfahrungen übernahm Clara Sahlberg zunächst eine Tätigkeit als Gewerkschaftssekretärin der ÖTV in der Kreisverwaltung Trier, die unter der Leitung des CDU-Mannes und späteren Landtagspräsidenten und rheinland-pfälzischen Innenministers Wolters stand. Das politisch-gewerkschaftliche Umfeld kam somit den persönlichen Voraussetzungen Clara Sahlbergs in höherem Maße entgegen als die Berliner Verhältnisse. In Trier gehörte Sahlberg als der CDU angehörende Gewerkschafterin der „Mehrheitsfraktion" an. Aus dieser Position heraus setzte sie sich nachdrücklich für die Einheitsgewerkschaft ein.

In Trier fand die Berlinerin kein abgegrenztes Aufgabenfeld vor; es galt vielmehr, gewerkschaftliche Aufbauarbeit zu leisten und Versorgungsprobleme zu bewältigen. Schwerpunkte der Arbeit waren für Clara Sahlberg jedoch soziale Fragen und Probleme der Frauenarbeit. Ihr Wirkungskreis reichte schnell über die Grenzen der Kreisverwaltung hinaus. Als Vorsitzende des ÖTV-Kreisfrauenausschusses war sie auch Mitglied im Bezirksfrauenausschuß Rheinland-Pfalz, in dem sie ebenfalls den Vorsitz übernahm.

Nach dem Vereinigungsverbandstag der Gewerkschaft ÖTV für die drei Westzonen im Januar 1949 trafen sich im September 1949 die hauptamtlichen Frauensekretärinnen und Vorsitzenden der Bezirksfrauenausschüsse der ÖTV zur Vorbereitung der ersten Verbandsfrauenkonferenz, die einen Monat später in Stuttgart-Hohenheim stattfand. Clara Sahlberg war als Vertreterin des Bezirks Rheinland-Pfalz, wo es zu diesem Zeitpunkt noch keine hauptamtliche ÖTV-Frauensekretärin gab, an diesem Vorbereitungstreffen beteiligt. Sie wurde neben der ersten ÖTV-Frauensekretärin beim Verbandsvorstand, Ingeborg Tönnesen, und drei weiteren Kolleginnen als Mitglied der Geschäftsleitung der Verbandsfrauenkonferenz vorgesehen. Dort hob sie u.a. hervor, wie wichtig eine enge Zusammenarbeit von Arbeitsverwaltung und Gewerkschaft für die weitere Entwicklung der Frauenarbeit sei. Clara Sahlberg selbst vertrat die Fraueninteressen als Arbeitnehmervertreterin im Vorstand der Landesversicherungsanstalt Rheinland-Pfalz und im Verwaltungsausschuß des Landesarbeitsamtes.

Im Herbst 1951 war schließlich auch die ÖTV-Bezirksverwaltung in Mainz bereit, eine hauptamtliche Frauensekretärin einzustellen. Diese Funktion sollte Clara Sahlberg übernehmen. Zum endgültigen Wechsel in die Bezirksverwaltung kam es erst einige Monate später, da Clara Sahlberg im September 1951 zunächst zu einer dreimonatigen, vom DGB-Vorstand organisierten Studienreise in die USA aufbrach. Für Edwin Will, den Leiter der Bezirksverwaltung, wurde Clara Sahlberg ab Frühjahr 1952 eine nahezu unersetzliche Mitarbeiterin. Als Aufgabengebiete waren ihr das Frauensekretariat, die Fachabteilung Gesundheit und der Bereich Schulung und Bildung zugewiesen. Für die Gewerkschaftssekretärin bedeutete die Vielfalt dieser Arbeitsbereiche eine enorme Belastung; der Bezirksvorstand betrachtete die Betreuung der drei Gebiete durch Clara Sahlberg jedoch als einen „idealen Zustand". Als Bezirksfrauensekretärin war Clara Sahlberg qua Amt Mitglied im Bundesfrauenausschuß der ÖTV und nahm als solches an den ÖTV-Verbandsfrauenkonferenzen 1952 in Hamburg und 1955 in Düsseldorf teil.

Clara Sahlberg beteiligte sich darüber hinaus am Aufbau der DGB-Frauenarbeit in Rheinland-Pfalz, die unter den erschwerten Bedingungen in der französischen Zone erst ab 1950 in Gang kam. Nach dem DGB-Gründungskongreß in München im Oktober 1949 wurden im Landesbezirk Rheinland-Pfalz unter der Leitung von Clara Sahlberg Vorbereitungen für die Wahl eines Landesbezirksfrauenausschusses und für den Aufbau der Kreisausschüsse getroffen. Im Juli 1950 fand die erste Landesbezirksfrauenkonferenz in Bad Münster a. St. statt, die auch die Mitglieder des Landesbezirksfrauenausschusses wählte. In diesem Gremium übernahm Clara Sahlberg ehrenamtlich den Vorsitz und gehörte damit auch dem DGB-Landesbezirksvorstand und -ausschuß an.

Die große Achtung, die Clara Sahlberg überall aufgrund ihrer „Ruhe und Ausgewogenheit, gepaart mit zäher Beharrlichkeit und Mut zur Unpopularität", genoß, dokumentiert sich beispielsweise darin, daß sie 1952 und 1955 sowohl auf den ÖTV-Verbandsfrauenkonferenzen als auch auf den Frauenkonferenzen des DGB in die Antragskommissionen delegiert wurde. Als Berichterstatterin der Antragskommission bewies sie ihr großes Talent, verschiedene Auffassungen konstruktiv zusammenzuführen und Ausgleich zu bewirken. Nicht zuletzt die Eigenschaft, still und beharrlich zu wirken und Menschen verschiedenster Couleur an einen Tisch bringen zu können, brachte Clara Sahlberg eine Wertschätzung, die weit über den Rahmen der gewerkschaftlichen Frauenarbeit hinausreichte. Auf dem Gewerkschaftstag der ÖTV im Februar 1952 war sie als Mitglied für den neu zu wählenden geschäftsführenden Hauptvorstand im Gespräch. Der amtierende Hauptvorstand hatte für diese

Funktion allerdings die Verbandsfrauensekretärin Ingeborg Tönnesen vorgesehen. Es hätte dem Wesen Clara Sahlbergs widersprochen, gegen die vom Hauptvorstand nominierte Verbandsfrauensekretärin zu kandidieren. Die Loyalität gegenüber Ingeborg Tönnesen, die sie aus dem Verbandsfrauenausschuß gut kannte, dürfte hierbei ebenso eine große Rolle gespielt haben wie ihr Pflichtgefühl, das sie an Rheinland-Pfalz band.

1955 wurde Clara Sahlberg 65 Jahre alt, ihr Ausscheiden aus der hauptamtlichen Gewerkschaftsarbeit stand bevor. Aufgrund ihres breiten Wirkungsfeldes hatte der ÖTV-Bezirksvorstand erhebliche Schwierigkeiten, die Nachfolge zu regeln. Clara Sahlberg blieb daher zunächst bis zum 1. März 1956 im Amt und führte selbst darüber hinaus die Arbeit trotz angeschlagener Gesundheit kommissarisch weiter – dies war ihr „eine innere Verpflichtung", wie sie gegenüber Karl Oesterle, dem Zweiten Vorsitzenden der ÖTV, äußerte. Zum 1. Juli 1956 trat Heny Roos aus Ludwigshafen, die aus der Gewerkschaft Handel, Banken und Versicherungen zur ÖTV wechselte, die Nachfolge als Bezirksfrauensekretärin an. Erst im Dezember 1957 wurde Clara Sahlberg vom DGB-Landesfrauenausschuß verabschiedet.

Das Ausscheiden aus der hauptamtlichen Gewerkschaftsarbeit bedeutete für Clara Sahlberg indes nicht, sich zur Ruhe zu setzen. 1957 kehrte sie in ihre Heimatstadt Berlin zurück, von wo aus sie bis zum Mauerbau intensivere Kontakte zu ihrer Familie in der DDR pflegen konnte. Den Schwerpunkt ihres Engagements als Pensionärin bildete nun der Dialog zwischen Kirche und Gewerkschaften. Von 1950 bis zu ihrem Tode gehörte Clara Sahlberg dem Kuratorium der Evangelischen Sozialakademie in Friedewald (Westerwald) als Zweite Vorsitzende an. Sie begleitete kritisch die evangelisch-soziale Bildungsarbeit, war eine der stellvertretenden Vorsitzenden der Evangelischen Arbeitsgemeinschaft für Arbeitnehmerfragen in Deutschland und beteiligte sich aktiv an Evangelischen Kirchentagen. Ab 1961 fungierte sie darüber hinaus in der Kammer für soziale Ordnung der EKD als Mittlerin zwischen Kirche und Arbeitswelt.

Für ihre lebenslange Arbeit fand Clara Sahlberg nicht nur Anerkennung bei ihren Weggefährten. Indes machte sie ihrer bescheidenen Persönlichkeit gemäß von den offiziellen Ehrungen, die sie erfuhr, kein Aufhebens. Anläßlich ihres 80. Geburtstages wurde sie 1970 „in Anerkennung ihres Wirkens im Heimarbeiterinnenverband und ihres sozialen Einsatzes" mit der Wichern-Plakette des Diakonischen Werks ausgezeichnet. Daß sie aber bereits im Mai 1961 für ihren „wesentlichen Beitrag zum Wiederaufbau der gewerkschaftlichen Arbeit" auch das Bundesverdienstkreuz Erster Klasse erhalten hatte, blieb sogar innerhalb ihrer Familie ein Geheimnis.

Die beiden letzten Jahre ihres Lebens verbrachte Clara Sahlberg in Sinn-Fleisbach bei Herborn, wo sie den Freunden bei der Sozialakademie näher war. Am 13. April 1977 verstarb sie trotz ihres hohen Alters unerwartet und wurde am 17. April 1977 unter großer Anteilnahme ihrer Freunde und Weggefährten auf dem Friedhof von Fleisbach beigesetzt.

Brigitte Kassel

Quellen/Literatur:

Die Kurzbiographie ist eine Zusammenfassung des von Brigitte Kassel verfaßten Portraits über Clara Sahlberg: „Beharrlich und zäh, aber nie laut". Clara Sahlberg 1890-1977. Gewerkschafterin aus Überzeugung, hg. von der Gewerkschaft Öffentliche Dienste, Transport und Verkehr, Stuttgart 1997; hier auch genauere Quellenhinweise.
Personalakte Sahlberg, ÖTV-Archiv, Stuttgart;
Protokoll der 1. Sitzung des neu gewählten geschäftsführenden Hauptvorstands der Gewerkschaft ÖTV am 10.3.1952 in Stuttgart-Wielandshöhe; ÖTV-Archiv Stuttgart, 1/0150 (Protokolle gHV, 1.8.1951-31.12.1952);
Rosmarie Beier: Frauenarbeit und Frauenalltag im Deutschen Kaiserreich: Heimarbeiterinnen in der Berliner Bekleidungsindustrie 1880-1914, Frankfurt a.M./New York 1983;
Renate Genth: Die Frauenpolitik in den Gewerkschaften Berlins, 1945 bis 1949. Projektbericht für die Hans-Böckler-Stiftung, Düsseldorf 1992;
Renate Genth u.a.: Frauenpolitik und politisches Wirken von Frauen im Berlin der Nachkriegszeit 1935-1949, hg. von der Senatorin für Arbeit, Berufliche Bildung und Frauen, Berlin 1996;
Die Innere Mission. Zeitschrift des Diakonischen Werks, Innere Mission und Hilfswerk der Evangelischen Kirche in Deutschland, 60. Jg., 1970, S. 410;
Brigitte Kerchner, Beruf und Geschlecht. Frauenberufsverbände in Deutschland, 1848 bis 1908, Göttingen 1992, S. 255;
Elfriede Nebgen: Jakob Kaiser. Der Widerstandskämpfer, Stuttgart/Berlin/Köln/Mainz 1967;
Dieter Schneider: Clara Sahlberg, 1890 bis 1977. Ganz im Dienst für andere aufgegangen. In: Sie waren die ersten. Frauen in der Arbeiterbewegung, hg. von Dieter Schneider, Frankfurt a.M. 1988, S. 285-294.

Gertrud Sauerborn (1898-1982)

Gertrud Sauerborn wurde am 29. Oktober 1898 in Gladbach bei Neuwied geboren und war das erste von acht Kindern des Landwirtes Wilhelm Sauerborn und seiner Frau Maria. Beide erkannten schon früh die hohe und vielseitige Begabung ihrer Tochter und ermöglichten ihr ein Studium. 1918 legte sie ihr Lehrerinnen-Examen in Koblenz ab. Als junge Lehrerin war sie dann an der Volksschule ihres Heimatortes Gladbach tätig, wo sie zeitweise auch ihre jüngeren Geschwister unterrichtete.

1920 begann sie eine Ausbildung zur Fürsorgerin an der Sozialen Frauenschule und Hochschule für Leibesübungen in Trier. Weitere Studien in Dogmatik, Psychologie, Pädagogik und Sozialen Wissenschaften folgten, immer mit dem Ziel, vor allem jungen Menschen und Minderheiten zu helfen. Nach bestandenem Examen und der Anerkennung als Volkspflegerin war sie bei der Stadtverwaltung Trier als Fürsorgerin im Jugend- und Sittenbereich tätig. Daneben arbeitete sie ehrenamtlich stundenweise in einem Obdachlosenheim und erteilte in einem Frauengefängnis sonntags zwei Stunden Lebenskunde. Am 1. Juli 1924 übernahm Gertrud Sauerborn die Leitung der Kreis-Caritasgeschäftsstelle in Neuwied und wurde Mitglied des Kreisjugendamtsausschusses Neuwied.

Gertrud Sauerborn

Im Jahre 1928 fand in Trier die Gründung des Diözesanverbandes der Katholischen Frauen- und Müttervereine und die Gründung des Diözesanverbandes der Katholischen Jungfrauenvereinigung statt. Bei den Katholischen Frauen- und Müttervereinen handelte es sich um eine Bewegung, die im 19. Jahrhundert in Frankreich entstanden war und die, im Zusammenhang mit dem Suchen nach Antworten auf die „Soziale Frage", unter dem Einfluß von Bischof Ketteler auch in Deutschland Fuß gefaßt hatte und nun, in den zwanziger Jahren, einen neuen Auftrieb erfuhr. Die Leitung der beiden Verbände in der Diözese Trier wurde dem zuvor ebenfalls in Neuwied tätigen Pfarrer Albert Fuchs und Gertrud Sauerborn übertragen.

Gertrud Sauerborn, die von Zeitzeuginnen als eine mit unermüdlichem Eifer ausgestattete und beispielhafte Persönlichkeit beschrieben wird und deren ganzes Tun von einem tiefen christlichen Glauben geprägt war, fand hier nun als Diözesansekretärin von 1928 bis 1943 eine vielseitiges Aufgabenfeld. Auch in der Zeit der nationalsozialistischen Herrschaft ließ sie sich in ihrem segensreichen Wirken in der Frauenseelsorge nicht beirren und setzte trotz Bespitzelungen durch die Gestapo ihr Werk fort. Während des Zweiten Weltkrieges unternahm sie selbst bei katastrophalen Verkehrsbedingungen mehrere Reisen nach Thüringen, um junge Frauen aus der Diözese Trier zu betreuen, die im Rahmen des Reichsarbeitsdienstes dorthin verschickt worden waren. Nach wiederholten Hausdurchsuchungen durch die Gestapo erhielt Gertrud Sauerborn 1943 schließlich die Einberufung als Stabshelferin bei der Standortverwaltung Trier und mußte ihre Verbandstätigkeit im Frauen- und Mütterverein sowie der Katholischen Jungfrauenvereinigung aufgeben.

Nach Ende des Zweiten Weltkrieges arbeitete Gertrud Sauerborn zunächst im elterlichen bäuerlichen Betrieb. Und sie mischte sich schon bald wieder in frauenpolitische Fragen ein. Aus ihrer christlichen Überzeugung heraus wurde sie Mitglied der neugegründeten CDU und unterstützte auf dem ersten Landesparteitag im Oktober 1947 die Gründung eines „Frauenbeirats" der rheinland-pfälzischen CDU-Frauen, wie sich die Vorläuferorganisation der CDU-Frauenvereinigung nannte. Neben Maria Dietz aus Mainz und Erika Becker aus Montabaur wurde sie zu einer der drei Sprecherinnen des Vorbereitungsausschusses gewählt. Die Gründung erfolgte gegen den Widerstand des Landesvorsitzenden Peter Altmeier, der gegen die Forderungen von „Koblenzer Frauenrechtlerinnen" wetterte. Er hatte den Frauen nur einen Arbeitsausschuß innerhalb der Partei, aber keine eigene Organisation zugestehen wollen.

Bereits einige Monate zuvor, am 5. Februar 1947, war Gertrud Sauerborn als Abteilungsleiterin in das Landeswohlfahrts- und Landesjugendamt in Koblenz berufen worden. Sie engagierte sich auch beim Wiederaufbau der Standesorganisationen. Auf der Gründungsversammlung des „Deutschen Berufsverbands der Sozialarbeiter und Sozialpädagogen e.V. (DBS)", der Nachfolgeorganisation des 1916 gegründeten „Deutschen Verbandes der Sozialbeamtinnen", die am 30. Oktober 1949 in Mainz stattfand, wurde Gertrud Sauerborn zur zweiten Vorsitzenden gewählt.

Aufgrund ihrer reichen Erfahrung auf dem Gebiet der Jugendfürsorge und der damit verwandten Aufgabengebiete (Jugendpflege, Jugendschutz, Jugend- und Familienhilfe, Beratung der Jugendämter, Vermittlung von Erfahrungen etc.) wurde ihr im Jahre 1956 die Leitung des neugebildeten Landesjugendamtes Rheinland-Pfalz übertragen; gleichzeitig wurde sie zur Regierungsrätin ernannt. Mit der neuen Aufgabe war auch der Umzug nach Mainz verbunden.

Durch ihr Engagement, ihre Initiative und ihre genauen Fachkenntnisse erwarb sich Gertrud Sauerborn in dieser Funktion in den folgenden Jahren großes Ansehen in der gesamten Bundesrepublik. Im Rahmen ihrer Tätigkeit galt ihre Hauptsorge der Modernisierung der Heimerziehung nach zeitgemäßen pädagogischen und rechtsstaatlichen Geboten; als eine der ersten trat sie entschieden für eine geregelte Berufsausbildung, gerechte Arbeitsentlohnung sowie eine gesetzliche Sozialversicherung der ihr anvertrauten Fürsorgezöglinge ein.

1970 wurde ihr vom Bundespräsidenten in Anerkennung ihres Lebenswerkes das Bundesverdienstkreuz am Bande verliehen, das ihr der damalige rheinland-pfälzische Sozialminister Dr. Heiner Geißler in einer Feierstunde überreichte.

Auch nach ihrem Eintritt in den verdienten Ruhestand im Jahr 1963 widmete sich

Gertrud Sauerborn weiterhin der Jugend, besonders der Landjugend; außerdem arbeitete sie ehrenamtlich als Referentin für Frauenbildung in zwei Diözesen. Ebenso galt ihre Fürsorge ausländischen Studenten der Universität Mainz, die sie in ihrer Wohnung in deutscher Sprache unterrichtete und die sie oft auch materiell unterstützte.

Gertrud Sauerborn starb am 19. Mai 1982 in Mainz. Ihre letzte Ruhestätte fand sie in ihrem Heimatort Neuwied-Gladbach.

Gertrud Rams, Susanne Brötz

Überarbeitete und ergänzte Fassung des Textes aus: Von Frau zu Frau. Auf der Suche nach der verschütteten Geschichte bedeutender Frauen in und um Neuwied, Teil II. Hg. v. Frauenbüro Neuwied 1995, S. 23-28, mit freundlicher Genehmigung der Verfasserinnen.

Quellen/Literatur:

Alfred Kall: Katholische Frauenbewegung in Deutschland. In: Von den Müttervereinen und Jungfrauenkongregationen zur Katholischen Frauengemeinschaft Deutschlands (kfd) im Bistum Trier. Kontinuität und Wandel 1928-1993. Trier 1993;
Vereinsbeilage zum kirchlichen Amtsanzeiger für die Diözese Trier, 8. Jg., 30. März 1929;
Allgemeine Zeitung Mainz v. 19./20.12.1970;
40 Jahre für Rheinland-Pfalz. Frauenvereinigung der CDU 1947-1987 (Mainz 1987);
Chronik der Frauen-Union (unveröff. Manuskript, Mainz 1987);
Frauenverbände in Rheinland-Pfalz. Hg. v. Ministerium für Soziales und Familie Rheinland-Pfalz, zus.-gest. v. Hildegard Frieß-Reimann. Mainz 1987, S 29.

Hedwig Schardt (geb. 1924)

Hedwig Schardt wurde am 2. Februar 1924 in Höfles bei Kronach in Oberfranken, nahe der Thüringischen Grenze, als ältestes Kind von Ferdinand und Luise Schardt geboren. Es gab viel Armut in der Bevölkerung. Die meisten Leute verdienten ihren Lebensunterhalt mühsam in den zwei Porzellanfabriken der Region. Hedwigs Vater, Lehrer an einer zweiklassigen Volksschule in Tettau, war SPD-Mitglied und überzeugter „religiöser Sozialist". In dieser Bewegung sammelten sich seit Anfang der zwanziger Jahre an verschiedenen Orten evangelische Christen, die sich für soziale Gerechtigkeit und für Frieden einsetzten und mit der Arbeiterbewegung zusammenarbeiteten. 1926 schlossen sie sich zum „Bund religiöser Sozialisten Deutschlands" zusammen. Auf Initiative von Ferdinand Schardt wurde 1928 ein neues Schulhaus gebaut, in dessen Kellergeschoss auch ein Volksbad eingerichtet wurde, damals eine wichtige Einrichtung für die Arbeiterfamilien, die in ihren engen kleinen Wohnungen keine Badezimmer hatten.

Hedwig Schardt (1963)

Auf Betreiben des evangelischen Pfarrers von Tettau, der mit dem politisch-sozialen Engagement des Lehrers überhaupt nicht einverstanden war, wurde Ferdinand Schardt 1931 in die Pfalz strafversetzt. So kam es, daß Hedwig mit ihren Eltern und den zwei jüngeren Geschwistern nach Kirchheimbolanden umziehen mußte. Nach dem rauhen Klima Oberfrankens empfand die Siebenjährige ihre neue Heimat, wo viel mildere Temperaturen herrschten und wunderbares Obst wuchs, als Paradies.

Dann kam das Jahr 1933. Alle sozialistischen und pazifistischen Organisationen wurden verboten. Hedwigs Vater, ein sehr beliebter Lehrer, hatte das Glück, nicht aus dem Schuldienst entlassen zu werden, obwohl er keiner NS-Organisation beitrat.

Hedwig Schardt besuchte nach der Volksschule das Progymnasium in Kirchheimbolanden, wo sie die Mittlere Reife erwarb. Danach absolvierte sie eine Kurzausbildung zur Volksschullehrerin an den Lehrerbildungsanstalten in Würzburg und Speyer. Während des Krieges unterrichtete sie in verschiedenen Dörfern im Umkreis von Kirchheimbolanden, wo sie mit dem Fahrrad hinfahren mußte. Kurz vor Kriegsende konnte sie noch die erste Lehrerprüfung ablegen.

Als die Amerikaner im März 1945 in der Pfalz einmarschierten, setzten sie Ferdinand Schardt als Bürgermeister von Kirchheimbolanden ein. Nach der ersten Kreistagswahl im Oktober 1946 wurde er dann zum Landrat gewählt. Er verstarb im Jahr 1953.

Hedwig Schardt wurde im Herbst 1946 an der Volksschule in Kirchheimbolanden eingestellt. Hier sollte sie dann vierzig Jahre lang als Pädagogin wirken. In der ersten Zeit fehlte es in der Schule an allem. Frau Schardt erinnert sich, wie sie an die hungernden Kinder die Schulspeisung austeilte, die von den amerikanischen Quäkern zur Verfügung gestellt wurde. Und wie sie einmal mit einem Fahrzeug mit Holzvergaser bis nach Höfles in Oberfranken fuhr, um bei ihrem Onkel, der zu einem Schieferwerk Beziehungen hatte, Schieferplatten zu holen. Diese dienten dann den Kindern ihrer Klasse als Schreibtafeln, denn es gab vor der Währungsreform weder Schiefertafeln noch Schulhefte zu kaufen. In einer Klasse saßen damals noch fast fünfzig Kinder. Außerdem mußte „Schichtbetrieb" eingeführt werden. Wegen der Raumknappheit wurden vormittags und nachmittags verschiedene Klassen im gleichen Saal unterrichtet. Im Jahr 1949 legte Hedwig Schardt ihre zweite Lehrerprüfung ab.

Schon 1946 war sie, dem Vorbild des Vaters folgend, in die SPD eingetreten. 1952 wurde sie erstmals in den Stadtrat von Kirchheimbolanden gewählt. Nach ihrer Wahl war sie übrigens für einige Zeit das einzige weibliche Ratsmitglied. Erst 1998 schied sie aus diesem Gremium aus. Von 1956 bis 1985 gehörte sie außerdem dem Kreistag des Landkreises Kirchheimbolanden bzw. später des Donnersbergkreises an.

Von 1963 bis 1967 vertrat Hedwig Schardt ihren Wahlkreis auch im rheinland-pfälzischen Landtag. Neben der Arbeit im Petitionsausschuß zählten hier vor allem die Schulpolitik zu ihren Schwerpunkten. Es war die Zeit von wichtigen Bildungsreformen, vor allem der Verbesserung der Bildungsmöglichkeiten auf dem Land, die im Landtag diskutiert und beschlossen wurden. In Kirchheimbolanden wurde eine Mittelpunktschule als Modellprojekt eingerichtet. Die Oberklassen der umliegenden Dorfschulen wurden nun hier jahrgangsweise in Klassenverbänden und nicht mehr in Zwergschulen unterrichtet. Etwas später kam mit der Einrichtung einer zehnten Klasse die Möglichkeit des Erwerbs der Mittleren Reife und damit die Möglichkeit des Übergangs zum Gymnasium für die Kinder der Region hinzu.

Nicht nur beruflich nahm sich Hedwig Schardt ihr Leben lang der Jugend an. Schon als junge Lehrerin, kurz nach ihrem Dienstantritt in Kirchheimbolanden, begann sie auch damit, in ihrer Freizeit die örtliche Gruppe der sozialdemokratischen Jugend „Die Falken" zu betreuen. Sie war beseelt von der Idee, der Jugend „die Welt" zu zeigen. In einer Zeit, in der das Reisen noch etwas Besonderes war, organisierte sie für wenig Geld schon „Falkenlager" im In- und Ausland. Die Jugendlichen verbrachten mit ihr Freizeiten in Österreich und der engeren Heimat, aber auch in Norwegen und Frankreich. Die Reisen ins Ausland dienten auch dazu, nach den Jahren des Hitler-Regimes mit jungen Menschen aus Ländern, die während des Zweiten Weltkrieges unter der deutschen Besatzung gelitten hatten, Kontakte zu knüpfen und einen Beitrag zur Völkerverständigung und zur Aussöhnung zwischen den ehemaligen Feindesländern zu leisten.

In ihrer politischen Arbeit setzte sich Hedwig Schardt auch stets für die Verbesserung der Rahmenbedingungen für junge Familien sowie für bessere Möglichkeiten für Frauen, Beruf und Familie miteinander zu vereinbaren, ein, zum Beispiel durch Bereitstellung von Ganztagskindergartenplätzen. Angesichts der Mehrfachbelastung von Müttern wunderte sie sich nicht, daß sie selbst meist als einzige Frau unter lauter Männern in politischen Gremien saß. Sie selbst blieb unverheiratet.

Seit vielen Jahren engagiert sich Hedwig Schardt auch für die älteren Menschen ihrer Stadt. Sie organisierte in den vergangenen dreißig Jahren regelmäßige Zusammenkünfte und Ausflüge für Senioren. Bei Gründung des „Vereins zu Bau und Unterhaltung eines Wohn- und Pflegeheims in Kirchheimbolanden" übernahm sie 1981 den Vorsitz. Ziel war der Ausbau der Gebäude des „Wolff-Stiftes" zu einem Altenwohn- und Pflegeheim. Er wurde vom Verein zusammen mit der Stadt, der Verbandsgemeinde, dem Landkreis und der Evangelischen Diakonissen-Anstalt Speyer finanziert. Hedwig Schardt ist noch heute Vorsitzende des Vereins, der sich um den Ausbau des „Wolff-Stiftes" gekümmert hat.

Für ihr großes Engagement für andere Menschen hat Hedwig Schardt verschiedene Auszeichnungen erfahren. So wurde ihr im Jahr 1981 das Bundesverdienstkreuz am Bande verliehen. Im Jahr 1982 erhielt sie als erste Frau die Wilhelm-Dröscher-Medaille, worauf sie besonders stolz ist.

Hedwig Brüchert

Quellen/Literatur:

Auskünfte des Landkreistages Rheinland-Pfalz v. 13.10.1994;
Auskünfte des Nordpfälzischen Geschichtsvereins e.V. v. 9.1.1995;
Auskünfte von Frau Hedwig Schardt;
Amtliches Handbuch des Landtages Rheinland-Pfalz, V. Wahlperiode, Beginn: 18. Mai 1963, hg. v. Büro des Landtags Rheinland-Pfalz, Mainz 1963, S. 242;
Abgeordnete in Rheinland-Pfalz 1946-1987. Biographisches Handbuch, hg. v. Landtag Rheinland-Pfalz, bearb. v. Heidi Mehl-Lippert u. Doris Maria Peckhaus. Mainz 1991, S. 272;
Vorschlagsbegründung für die Verleihung des Bundesverdienstkreuzes am Bande (1981);
Karl Ritter: Im Kreis verbunden... Hedwig Schardt zum 70. Geburtstag. In: Donnersberger Jahrbuch 1994;
Sigrid Karck-Schröder: „Nicht klatschen, um nach vorne zu kommen". Im Gespräch mit SPD-Politikerin Hedwig Schardt – Erste Frau im Kreistag des Donnersbergkreises. In: Die Rheinpfalz, Januar 1994.

Susanne Scheuer (1878-1957)

Aufgrund des Ergebnisses der Gemeinderatswahl vom 15. September 1946, die der Oberkommandierende der französischen Besatzungszone, General Pierre Koenig, angeordnet hatte, wurde Frau Susanne Scheuer, geb. Rock, in dem kleinen Ort Köllig, damals Landkreis Saarburg, zur Ortsbürgermeisterin gewählt. Von den zehn Gemeinderatsmitgliedern erhielt sie sieben Ja-Stimmen.

Die kleine Gemeinde Köllig, heute als Ortsteil in die große Weinbaugemeinde Nittel an der Obermosel eingemeindet, liegt am westlichen Rand des Saargaus, der Landschaft zwischen Obermosel und Saar. Hier an der Obermosel wird die älteste deutsche Weinrebe angebaut, der Elbling, der schon zur Römerzeit bekannt war und auch am Hang des Dorfes Köllig zur Mosel hin angebaut wird. Die Menschen hier lebten alle, wie die Familie Scheuer, von Landwirtschaft und Weinbau. Heute gibt es noch ganze drei Haupterwerbsbauern; Nebenerwerbsbauern gibt es einige mehr.

Susanne Scheuer

Die Menschen im Trier-Saarburger Land, in der Eifel und auf dem Hochwald im Hunsrück lebten in alt eingefahrenen Bahnen. In ihrer gesamten Lebenshaltung hatte sich in hundert Jahren kaum etwas geändert. Da gab es noch die Symbiose von Glauben, Kirche, Leben, Alltag, auch von Kirche, Schule und Elternhaus. Wie überall war die Politik eine Domäne der Männer. Da war es schon erstaunlich, daß eine Frau zur Ortsbürgermeisterin gewählt wurde. Wahrscheinlich war Susanne Scheuer die einzige Bürgermeisterin im etwas später, im Jahre 1946/47, entstandenen Land Rheinland-Pfalz und im Saargebiet, dem der Altkreis Saarburg vom 18. Juli 1946 bis zum 8. Juli 1947 aufgrund der französischen Saarpolitik angegliedert war.

Susanne Rock stammte aus Kreuzweiler, einem kleinen Dorf des Saargaus, nicht allzuweit von Köllig entfernt. Hier wurde sie am 27. Januar 1878 geboren, an Kaisers Geburtstag, wie sie zu sagen pflegte. Die Eltern verzogen mit ihren sieben Kindern bald darauf nach Onsdorf, einem Dorf ebenfalls auf dem Saargau gelegen, wo sie eine Landwirtschaft mit Weinbau betrieben. Hier besuchte Susanne Rock die Schule und mußte schon als Kind, wie damals üblich, mit ihren Geschwistern im Betrieb der Eltern mithelfen.

Im Jahre 1902 heiratete Susanne Rock den Landwirt und Winzer Johann Scheuer aus Köllig. Aus der Ehe gingen neun Kinder hervor. Die Familie besaß einen für damalige Verhältnisse über dem Durchschnitt liegenden Betrieb, der 60 Morgen Land und 2 Hektar Weinberge umfaßte. Die Arbeit der Bauersleute und Winzer war schwer. Noch gab es keine Maschinen, weder für die Arbeit auf den Feldern, Wiesen und in den Weinbergen, noch für die Frauen im Haus.

Bereits vor dem Ersten Weltkrieg wurde Johann Scheuer in jungen Jahren Gemeindevorsteher von Köllig. Nach der Gemeindeordnung vom 23. Juli 1845 für die Rheinprovinz und einer Novellierung vom 15. Mai 1856 wurde der ehrenamtliche Gemeindevorsteher (Ortsbürgermeister) nicht von dem nach dem Dreiklassenwahlrecht gewählten Gemeinderat gewählt, sondern jeweils auf sechs Jahre vom Landrat ernannt. So wurde Johann Scheuer auf Vorschlag des Bürgermeisters der Landbürgermeisterei Tawern, zu der Köllig damals gehörte (seit der Verwaltungsreform von 1970 gehört Köllig zur Verbandsgemeinde Konz), vom Landrat des Kreises Saarburg zum Gemeindevorsteher von Köllig ernannt.

Anderthalb Jahre war Johann Scheuer als Soldat Teilnehmer des Ersten Weltkriegs. Nach dem Krieg wurde in der jungen Demokratie das Dreiklassenwahlrecht abgeschafft. Zum Ortsbürgermeister von Köllig wurde, nunmehr vom demokratisch gewählten Gemeinderat, erneut Johann Scheuer bestimmt. Er hatte diese Funktion ununterbrochen inne, bis er 1934 als Mitglied der Zentrumspartei von den Nationalsozialisten seines Amtes enthoben wurde. Johann Scheuer hatte in seinem Haus eine Weinstube und Gastwirtschaft eingerichtet, in der bis dahin auch die Gemeinderatssitzungen stattgefunden hatten. So hatte Susanne Scheuer während der dreißigjährigen Amtszeit ihres Mannes Anteil an der Dorfpolitik und an der politischen Arbeit ihres Mannes genommen.

Als 1939 der Zweite Weltkrieg begann, wurden die Menschen von Obermosel und Saar evakuiert. Drei Söhne von Susanne Scheuer wurden Soldat, ein Sohn war verstorben. Johann Scheuer blieb gegen den Befehl der Partei in Köllig zurück. Susanne Scheuer kam mit Familienmitgliedern in der Nähe von Koblenz bei Bekannten unter und konnte so vermeiden, nach Innerdeutschland evakuiert zu werden. Im Jahre 1940 konnte sie mit ihren Kindern nach dem Vormarsch der deutschen Truppen in Frankreich wieder zurückkehren. Die Familie erlebte durch die zuständige NSDAP-Dienststelle 1943 geradezu eine Erpressung, die hier erwähnt sein soll, weil nach dem Krieg für sie Folgen daraus entstanden. Der älteste Sohn von Susanne Scheuer war als Landwirt bis dahin vom Militärdienst befreit gewesen. Der Ortsgruppenleiter der NSDAP gab Johann Scheuer nun zu verstehen, es sei nicht möglich, die Kriegsdienstbefreiung des Sohnes aufrechtzuerhalten, wenn der Vater nicht Parteimitglied sei. Johann Scheuer entschloß sich daraufhin, der NSDAP beizutreten; dennoch wurde sein Sohn eingezogen. Die Empörung in der Familie war groß. Johann Scheuer bezahlte keinen Beitrag, nahm an keiner Parteiaktion teil.

Als der Krieg beendet war, kam das Trier-Saarburger Land nach kurzer Besetzung durch die Amerikaner am 15. Juli 1945 zur französischen Besatzungszone, der Kreis Saarburg mit dem zum Kreis Trier-Land gehörenden Amt Konz als neuer Landkreis Saarburg am 18. Juli 1946 zum Saargebiet. Auf die politischen Auseinandersetzungen im Landkreis Saarburg um die Zugehörigkeit zum Saargebiet und späteren Saarland kann hier nicht eingegangen werden, aber sie hatten im Kreis

Saarburg Auswirkungen bis in die Kommunalpolitik hinein. Festgehalten sei, daß die Besatzungsbehörden die Landkreise und Ämter (die Landbürgermeistereien hatten 1927 die Bezeichnung Ämter erhalten) ebenso wie die Gemeinden in ihrem bisherigen Zuschnitt bestehen ließen. Von den Militärbehörden wurden Bürgermeister ernannt, wobei sie solche Männer auswählten, von denen sie annahmen, daß sie dem Nationalsozialismus feindlich gegenübergestanden hatten.

Im Januar 1946 wurden im Saargebiet aufgrund von Zulassungsanträgen die CVP (Christliche Volkspartei), die SPS (Sozial-Demokratische Partei Bezirk Saar) und die KPD (Kommunistische Partei Deutschlands, Bezirk Saar-Nahe) gegründet; die Gründung einer liberalen Partei erfolgte später. Am 15. September 1946 fanden die eingangs erwähnten Gemeinderatswahlen statt. Einen Wahlkampf im heutigen Sinn gab es damals nicht. Zeitungen kamen kaum in die Dörfer des Landkreises Saarburg, zumal die Eisenbahnen nur teilweise und mangelhaft wiederaufgebaut waren. In den Dörfern gab es meist nur freie Listen, auf denen auch die damals noch sehr wenigen Mitglieder der politischen Parteien kandidierten. Die Kommunalpolitiker hatten es bei dieser ersten demokratischen Wahl seit der Weimarer Zeit schwer, die Menschen zur Mitarbeit zu motivieren. Der „Ohne-mich-Standpunkt" war weit verbreitet; die Bevölkerung wollte von Politik nichts mehr wissen.

Johann Scheuer, der bis 1934 dreißig Jahre lang Ortsvorsteher und Ortsbürgermeister in Köllig gewesen war, kandidierte wieder für den Gemeinderat und galt im Ort – für den größten Teil der Bevölkerung ganz selbstverständlich – auch als Ortsbürgermeisterkandidat. Der französische Kreisdelegierte der Militärregierung für den Kreis Saarburg, Capitain Guy Lachmann, dem die Listen vorgelegt werden mußten, lehnte die Kandidatur Johann Scheuers jedoch ab. Er war ihm politisch suspekt durch seinen Eintritt in die NSDAP im Jahre 1943 (die Umstände wurden weiter oben beschrieben). Daraufhin fragte man im Dorf und in der CVP, ob man nicht die mittlerweile 68jährige Susanne Scheuer vorschlagen sollte, die daraufhin bereit war zu kandidieren und die auch gewählt wurde. Als sich die neu gewählten Ortsbürgermeister bei dem französischen Kreiskommandanten in Saarburg versammeln mußten und Lachmann Susanne Scheuer fragte, ob sie sich denn überhaupt dieses Amt zutraue, erwiderte sie, sie habe neun Kinder großgezogen, dann werde sie wohl auch ein kleines Dorf kommandieren können. Und dann versetzte sie dem Kreiskommandanten noch einen Seitenhieb, indem sie bemerkte, sie sei bei ihrem Mann dreißig Jahre lang in eine gute kommunalpolitische Schule gegangen, und auf seine Erfahrung wolle man ja verzichten, worauf Lachmann meinte, „auf die müssen wir aufpassen".

Die Arbeit von Susanne Scheuer erschöpfte sich zunächst in der Ausführung der Befehle der Besatzungsmacht, und sie mußte sich in dieser Notzeit, in der es buchstäblich an allem mangelte, mit dem Gemeinderat auf die allerdringlichsten Maßnahmen beschränken, die infolge der Kriegseinwirkungen notwendig geworden waren. Straßen, Wege, gemeindliche Einrichtungen mußten in Ordnung gebracht werden. Immer noch mußten die durch Gräben und Granatlöcher aufgerissenen Felder und Wiesen zugeworfen werden. Die Landwirte wurden zum Beispiel verpflichtet, das in den Kiesgruben zerkleinerte Kiesgeröll mit ihren Fuhrwerken zu den beschädigten Straßen und Wegen zu transportieren. Das Geld – immer noch war die Reichsmark gültig – hatte nur noch geringen Wert. Auf normalem Weg bekam man dafür nur, was es auf Lebensmittelkarten oder Bezugsscheine gab. Nebenher gab es nur etwas im Tauschverfahren. Auch die Gemeinden konnten wichtige Arbeiten nur durchführen, indem sie die Unternehmer in Naturalien bezahlten.

Als besonders schwierig erwiesen sich die Ablieferungen, die an die Besatzungsmacht geleistet werden mußten. Die Ortsbürgermeister wußten oft nicht mehr das von den Besatzungstruppen geforderte Quantum an landwirtschaftlichen Produkten zusammenzubringen. Zur Viehabgabe kam der Amtsbürgermeister mit einem Angestellten von der Amtsverwaltung ins Dorf und beriet mit dem Ortsbürgermeister, wer in der Lage war, noch ein Stück Vieh abzugeben. Danach gab es häufig Anfragen im Gemeinderat, warum dieser ein Stück Vieh abgeben mußte und jener nicht. Oft fühlten die Leute sich ungerecht behandelt. Die Besatzungsmacht drohte den Ortsbürgermeistern mit Verhaftung, wenn das geforderte Abgabequantum nicht sofort erfüllt wurde.

Diese Beispiele mögen genügen für die Probleme, mit denen Susanne Scheuer konfrontiert wurde. Anzumerken ist noch, daß am 8. Juni 1947 auf Verordnung Nr. 93 des Generals Koenig, da die Amerikaner und Briten die im Alleingang unternommene Gebietserweiterung des Saargebiets nicht anerkannten, 62 Gemeinden des Kreises Saarburg, darunter elf Gemeinden des Amtes Konz (früher Trier-Land), als neuer Kreis Saarburg an den Regierungsbezirk Trier im neuen Land Rheinland-Pfalz zurückgegliedert wurden. Am 27. September 1948 trat ein neues Selbstverwaltungsgesetz in Kraft; anschließend fanden Kommunalwahlen statt. Danach löste Gregor Scheuer, einer der Söhne von Susanne Scheuer, seine Mutter in ihrem Amt ab. Der heute 81jährige war dann 17 Jahre lang Ortsbürgermeister von Köllig und danach 15 Jahre lang Ortsvorsteher, nachdem Köllig in den Ort Nittel eingemeindet worden war.

Susanne Scheuer verstarb im Jahr 1957, drei Monate vor der Vollendung ihres 80. Lebensjahres und sechs Jahre nach dem Tod ihres Mannes.

Edgar Christoffel

Quellen/Literatur:

Interview mit Gregor und Susanne Scheuer (Tochter) am 8. September 1998;
Angaben von der Staatskanzlei Saarbrücken und der Kreisverwaltung Trier-Saarburg;
Edgar Christoffel: Die Geschichte des Landkreises Trier-Saarburg von den Anfängen bis zur Gegenwart, Trier 1993;
Edgar Christoffel: Die ersten gewählten Bürgermeister im Altkreis Saarburg nach dem Zweiten Weltkrieg im Jahre 1946, in: Jahrbuch des Kreises Trier-Saarburg 1993, S. 135-145.

Annelore Schlösser (geb. 1926)

„Jetzt ging alles los! Wir wollten was erleben!" So beschreibt Frau Annelore Schlösser die enthusiastische Stimmung der Studentinnen und Studenten, die sich mit ihr im Mai 1946 an der neu eröffneten Mainzer Johannes Gutenberg-Universität einschrieben. Hier sollte sie in den darauffolgenden Jahren nicht nur ihr Staatsexamen für das höhere Lehramt ablegen und jene wissenschaftlichen Fertigkeiten erlangen, die sie im Laufe ihres Lebens unter Beweis stellte, sondern Frau Schlösser, damals Fräulein Renneberg, lernte hier auch den Mann kennen, mit dem sie fortan alles gemeinsam machen sollte.

Ihre Kindheit verbrachte Annelore Renneberg in Oppenheim am Rhein, nachdem ihr Vater dort die Apotheke seiner Schwiegereltern übernommen hatte und die Familie aus diesem Grund von Berlin in die Kleinstadt hatte umziehen müssen. Mit ihrer zwei Jahre jüngeren Schwester besuchte sie die Oberschule für Jungen in Oppenheim, wo sie nach einem speziellen Mädchenlehrplan unterrichtet wurden, und machte 1944 an der Höheren Mädchenschule in Mainz ihr Abitur. Ihren Reichsarbeitsdienst leistete sie bei Bauern in Oberhessen ab, und nach einem halben Jahr folgte der Kriegshilfsdienst bei der Flak. Einem Spießrutenlauf zwischen den näherrückenden Fronten gleich, immer dem Marschbefehl folgend, um den Einsatzort zu finden, landete sie schließlich in einem Stück „heile Welt", in Fügen im Zillertal, wo sie bis zum 8. Mai 1945 Unterkunft in einem RAD-Lager und Arbeit in einer Strickerei fand. Als es dann plötzlich hieß: „Reichsdeutsche raus!", machte sich die 19jährige mit vier anderen Mädchen aus der Gegend um Oppenheim zu Fuß auf den Weg in die Heimat.

Zuhause folgte eine kurze Episode als Praktikantin in der väterlichen Apotheke, wobei sie jedoch rasch erkannte, daß dies nicht ihrem Berufswunsch entsprach. Sie wollte lieber etwas mit Literatur zu tun haben.

Da kam die Nachricht von der Eröffnung der Mainzer Universität genau richtig. Zwar war der Schuldienst das Betätigungsfeld, an das sie am wenigsten dachte, doch stand sie am 22. Mai mit etlichen anderen in einer langen Schlange vor dem Universitätssekretariat, um sich für die Lehramtsfächer Deutsch, Geschichte und Philosophie einzuschreiben. Letzteres tauschte sie nach einiger Zeit gegen Romanistik ein. Die Studienbedingungen waren „recht gut". Das Unigebäude war schon weitgehend instandgesetzt, es gab verhältnismäßig viele Professoren, und die Semi-

Annelore Schlösser

nare waren nicht überfüllt. Bis die Mainzer Studierenden die „Navette", den vergleichsweise komfortablen Pendelzug der an der Rheinfront untergebrachten französischen Soldaten, nutzen durften, mußte Frau Schlösser ihren Weg zur Uni mit Zügen zurücklegen, die nur unregelmäßig fuhren und deren 3. Klasse-Abteile ungeheizt waren. Die Seminarräume waren schlecht ausgestattet und ebenfalls nicht geheizt, Bücher gab es kaum und in der Mensa stand nur ein Bottich mit heißem Wasser, in dem man sein mitgebrachtes Essen wärmen konnte. Die „Aufbauhilfe", so die entsprechende Rubrik im Studienbuch, die eigentlich von jedem Studierenden geleistet werden mußte, blieb Frau Schlösser bis auf einen „Pflanzeinsatz" im Botanischen Garten erspart. Doch all diese Widrigkeiten konnten die Studenten auch in dem harten Winter 1946/47 nicht davon abhalten, in den Seminarräumen auszuharren, denn die Stimmung war „toll".

In der Mensa war es übrigens, wo Annelore Renneberg erkannte, daß sie mit dem durch eine Kriegsverletzung erblindeten Romanistikstudenten Karl Schlösser, der ihr beim Übersetzen französischer Texte half, mehr verband als bloße Sympathie: Bei einem gemeinsamen Mittagessen – Karl Schlösser durfte als Schwerbehinderter an der Mennonitenspeisung teilnehmen – schenkte er ihr als ersten Sympathiebeweis sein Rosinenbrötchen, was zu dieser Zeit eine Kostbarkeit darstellte.

Kurz vor ihrer Hochzeit waren Annelore Renneberg und Karl Schlösser unter den ersten deutschen Studenten, die an einem Ferienkurs für ausländische Studierende in Frankreich teilnehmen konnten, und es gelang ihnen, durch Offenheit herrschendes Mißtrauen abzubauen und Vertrauen zu schaffen. Die Aussöhnung mit den französischen Nachbarn blieb ihnen auch weiterhin ein wichtiges Anliegen.

Im August 1951 heirateten sie. Bereits schwanger, machte Frau Schlösser im Wintersemester 1951/52 ihr Staatsexamen und zog mit ihrem Mann in dessen Elternhaus nach Worms, wo 1952 Friederike, ihr erstes Kind, geboren wurde. Bereits ein Jahr später erblickte Hermann, ihr ältester Sohn, das Licht der Welt. Das konnte jedoch die nun zweifache Mutter nicht davon abhalten, die Literaturrecherche für die Doktorarbeit ihres Mannes zu übernehmen.

Einen schweren Rückschlag erlitt das junge Familienglück, als 1955 die Tochter starb. Doch schon 1956 kamen die Zwillinge Susanne und Werner zur Welt. Obwohl sie mit der Versorgung der nun fünfköpfigen Familie rund um die Uhr beschäftigt war, gelang es Frau Schlösser, Verbindungen zum Leiter der Kulturinstitute von Worms zu knüpfen, der schließlich Dr. Karl Schlösser mit dem Aufbau und der Leitung der Wormser Volkshochschule betraute.

Über zwanzig Jahre hinweg, die ihr Mann dieses Amt inne hatte, war Frau Schlösser ständige Mitarbeiterin ihres Mannes. So unter anderem bei diversen Reisevorbereitungen, -leitungen und Reisebegleitungen: „Das haben wir eben zusammen gemacht."

Nur selten kam es ihr in den Sinn, wie es wohl gewesen wäre, selbst Karriere gemacht zu haben. So half sie auch der Stadt Worms maßgeblich bei der Schaffung und Aufrechterhaltung enger partnerschaftlicher Beziehungen zu Frankreich, Rußland, England und Israel. Gerade der Kontakt zu Israel und die damit zusammenhängende Aufarbeitung der jüdischen Vergangenheit von Worms ist ein Verdienst der Schlössers.

Seinen Anfang nahm dieses Engagement 1958, anläßlich des Wiederaufbaus der Wormser Synagoge, doch zu eigenständigen Recherchen fand Annelore Schlösser erstmals nach der Pensionierung ihres Mannes Zeit. Sie durchforstete eineinhalb Jahre lang das Archiv des Wormser Polizeipräsidiums. Die daraus entstandene Dokumentation „Die Wormser Juden 1933-1945" konnte das Ehepaar Schlösser im Frühjahr 1984 vorstellen und 1987 als Buch herausgeben.

Als Würdigung dieses Engagements und der jahrelangen Arbeit an der Seite ihres Mannes erhielt Annelore Schlösser im Herbst 1984 das Bundesverdienstkreuz.

Die Dinge, die sie neben der Archivarbeit und Korrespondenz mit jüdischen Opfern und Hinterbliebenen alleine auf die Beine gestellt hat, wie zum Beispiel 1990 eine Postkartenausstellung und Vorträge über „Das Schicksal jüdischer Frauen in Worms" oder „Was deutsche Frauen im Krieg erlebten", haben ihr zwar viel Freude gemacht, doch ihr größter Erfolg seien ihre Kinder: „Das ist alles sehr schön, aber ich glaub', die Familie ist das wichtigste."

Christina Streit

Quellen/Literatur:

Interview mit Frau Annelore Schlösser vom 6. März 1998, geführt von Christina Streit;
Annelore und Karl Schlösser: Keiner blieb verschont. Die Judenverfolgung 1933-45 in Worms. Worms 1987 (Der Wormsgau. Wissenschaftliche Zeitschrift der Stadt Worms und des Altertumsvereins Worms, Beiheft 31);
„Annelore Schlösser ausgezeichnet für beispielhaftes Werk", Wormser Allgemeine Zeitung v. 27.9.1984.

Ella Schmahl (1915-1995)

Frau Ella Schmahl, geb. Boos, eine sehr engagierte Bäuerin und Gutsfrau, wurde am 25. Mai 1915 als zweites von drei Kindern in Mauchenheim bei Kirchheimbolanden geboren. Ihre Eltern, Albert Boos, ein passionierter Jäger, und Johanna, geb. Herr, bewirtschafteten einen landwirtschaftlichen Weinbaubetrieb mit Gastwirtschaft. Dort und in der Metzgerei ihres Onkels in Mörstadt und auf dem Geilweilerhof erlernte Frau Schmahl, von der Pike auf, die ländliche Hauswirtschaft.

Ihre Tatkraft, ihr Weitblick ließen sie auf dem Truppacherhof bei Contwig an der Seite ihres Mannes Richard Schmahl, mit dem sie sich im Sommer 1939, kurz vor dem Ausbruch des Zweiten Weltkriegs, vermählte, ein verantwortungsvolles Betätigungsfeld finden. Zwei gesunde Kinder, eine Tochter und ein Sohn, wurden ihnen geschenkt. Sie wuchsen in der Großfamilie, umsorgt von Großeltern und Großtante, unter vielen guten Geistern, „Fräuleins", Lehrlingen und Praktikanten, auf. Bei all der vielseitigen Arbeit fand auch die Muse ihren Platz. Frau Schmahl spielte Klavier, beim Stricken und Häkeln wurde abends erzählt, gesungen oder vorgelesen. Theater, Konzerte und Tanzveranstaltungen sowie Vorträge gehörten ebenfalls zur Unterhaltung und Weiterbildung.

Ella Schmahl

Die Eheleute Schmahl führten einen mustergültigen 200 ha großen landwirtschaftlichen Betrieb mit Pferde-, Rinder-, Schweine-, Schaf- und Saatzucht sowie eine Verschlußbrennerei. Als Lehrfrau bildete Frau Schmahl über 60 weibliche Lehrlinge in der ländlichen Hauswirtschaft aus. Sie war eine tüchtige Hoffrau, die in den Kriegs- und Nachkriegsjahren die Außen- wie die Innenwirtschaft sicher führte, als ihr Mann im Krieg und danach in Gefangenschaft war.

Außerdem muß unbedingt erwähnt werden, wievielen Menschen sie in den Hungerjahren über die Not hinweghalf und wie sie es verstand, bei Lebensmittelrationierungen tagein und tagaus ca. 60 Personen zu beköstigen. Es waren noch vier verwandte Familien, die aus dem Osten vertrieben worden waren, hinzugekommen. Sie alle fanden Zuflucht auf dem Hof. Es wurde in der Gutsküche mit großem Fleiß alles Eßbare verwertet, aus Feld, Garten und Stall, nichts ging verloren.

Ende der vierziger, Anfang der fünfziger Jahre war es Frau Schmahl, die die Bäuerinnen im Landkreis Zweibrücken mobilisierte und mit Hilfe der Lehrerinnen der Landwirtschaftsschulen die ersten Landfrauenvereine nach dem Krieg gründete.

Die Wurzeln dieser Vereinigungen sind in der Westpfalz schon um 1930 zu finden. Der damalige landwirtschaftliche Hausfrauenverein, LHV, wurde von Frau Dr. Ehrensberger geleitet. Als Zweite Vorsitzende wirkten Frau Katharina Hauter, Großsteinhausermühle, und Frau Klara Lang, Hofgut Monbijou, wobei letztere schon vor dem Ersten Weltkrieg zu den Vorkämpferinnen für Frauenrechte gehörte. Von 1933 bis 1948 konnte dieser Verein nicht weiterarbeiten.

Um das Jahr 1948 durfte sich dann der Landfrauenkreisverband Zweibrücken neu gründen. Frau Schmahl, die von Anfang an bis 1961 das Amt der Ersten Kreisvorsitzenden innehatte (gleichzeitig war sie auch stellvertretende. Vorsitzende des Ortsvereins Zweibrücken), investierte viel Zeit und Kraft zum Wohle der Landfrauen und der pfälzischen Landwirtschaft insgesamt. Ihr Rat war bei Meisterinnen- und Lehrlingsprüfungen stets gefragt. Ob Berufswettkampf oder sonstige landwirtschaftliche Veranstaltungen, auf dem Truppacherhof fanden die Verantwortlichen immer eine offene Tür.

Frau Schmahl war stets um die Weiterbildung der Landfrauen bemüht. Zunächst gehörten den Vereinen nur Bäuerinnen an. Der Satzungsauftrag war, wie auch heute noch, die Lebens- und Arbeitsbedingungen der Frauen auf dem Lande zu verbessern. Das Angebot der Vereine bestand aus Vorträgen, Kursen und Fahrten und hatte ein hohes Niveau, sodaß auch „Nichtbäuerinnen" Interesse daran fanden. Somit war ein großer Schritt zur Verständigung zwischen Stadt und Land, zwischen Dorf und Hof, getan.

Nach der Hofübergabe an ihren Sohn und dem Tod ihres Mannes zog Frau Schmahl zu ihrer Tochter nach Flörsheim-Dalsheim. Sie hielt jedoch dem Zweibrücker Landfrauenverein die Treue bis zu ihrem Tod am 15. Februar 1995.

Liesel Schörry

Quellen/Literatur:
Persönliche Unterlagen und Erinnerungen.

Gisela Schmidt-Reuther (geb. 1915)

Gisela Reuther wurde am 22. Oktober 1915 geboren. Der Vater, Heinrich Reuther, war Volksschullehrer und stammte aus Steinbach im Hunsrück; die Mutter, Paula geb. Söhn, aus Neuwied. Die Tochter kam in Sobernheim an der Nahe zur Welt, wo der Vater zu dieser Zeit eine Lehrerstelle hatte. Nach seiner Versetzung in die Heimat seiner Frau, wo er Rektor der evangelischen Volksschule von Heddesdorf bei Neuwied wurde, besuchte Gisela das Neuwieder Oberlyzeum. Hier legte sie im Frühjahr 1934 das Abitur ab.

Anschließend studierte sie von 1934 bis 1936 das Fach Keramik an der Staatlichen Werkschule für Keramik in Höhr-Grenzhausen. Während dieser Zeit hatte sie bei Paul Drossé Unterricht in Malerei, Modellieren bei Prof. Kamp und Glasuren bei Dr. Bollenbach. 1936/37 schloß sich ein Studium der Bildhauerei an der Hochschule für Bildende Künste in Frankfurt am Main an, wo sie Schülerin von Richard Scheibe und Paul Egon Schiffers war.

Praktische Erfahrungen sammelte sie anschließend von 1937 bis 1940 in verschiedenen keramischen Industriebetrieben, so in der Staatlichen Majolika Manufaktur in Karlsruhe. Daneben besuchte sie als Gaststudentin die Bildhauerklasse von Prof. Schliessler an der Akademie der Bildenden Künste in Karlsruhe.

Ein Staatsstipendium ermöglichte ihr von 1940 bis 1944 ein weiterführendes Studium an der Hochschule für Bildende Künste in Berlin, wo sie ebenfalls die Bildhauerklasse besuchte. Hier waren die Professoren Scheibe, Kranz, Platschek und Hitzberger ihre Lehrer. Ein Semester in Steinbildhauerei bei Prof. Paul Siegert an der Werkkunstschule Trier schloß sich an.

Parallel dazu übernahm Gisela Schmidt-Reuther 1944 einen Lehrauftrag an der Staatlichen Werkschule für Keramik in Höhr-Grenzhausen, wo sie Architekturkeramik, Modellieren und Freihandzeichnen unterrichtete. Die Lehrtätigkeit in Höhr-Grenzhausen sollte in den folgenden 26 Jahren einen wichtigen Teil ihrer Arbeit ausmachen. Sie gab ihr fachliches Wissen hier an mehrere Generationen von Studierenden weiter und vermittelte ihnen nicht nur handwerkliches Können, sondern inspirierte sie auch zu künstlerischem Gestalten.

Daneben drängte es sie jedoch stets, sich selbst künstlerisch fortzuentwickeln, und sie nutzte die Gelegenheit, als nach dem Zweiten Weltkrieg Reisen ins Ausland endlich wieder möglich waren. Die frühen fünfziger Jahre sieht sie, nach der Berliner Zeit, rückblickend als für sie sehr entscheidende Jahre an. Sie lernte Emy Roeder, Prof. Ludwig Thormaehlen und Dr. Mathilde Gantenberg, im Kultusministerium für die Kunstförderung zuständig, kennen. Mit Prof. Thormaehlen fuhr sie in ihrem alten DKW durch die französische Zone, um die Aufenthaltsorte der bildenden Künstler herauszufinden und sie in ihren Ateliers aufzusuchen. Sie fanden sich dann in der „Arbeitsgemeinschaft Bildender Künstler am Mittelrhein" zusammen und stellten ab 1949 gemeinsam aus.

1952 erhielt Gisela Schmidt-Reuther ein erstes Reisestipendium des Kultusministeriums Rheinland-Pfalz, das sie nach England führte. Ebenso war sie Austauschsti-

Gisela Schmidt-Reuther in ihrem Rengsdorfer Atelier (1989)

pendiatin in Paris (Grand Chaumière). Die Metropole an der Seine wirkte auf die deutschen Künstler und Künstlerinnen, die so lange vom Ausland und der dortigen Entwicklung in der Malerei und Bildhauerei abgeschnitten gewesen waren, nach dem Zweiten Weltkrieg als besonders starker Magnet; ein Paris-Stipendium bedeutete das höchste Glück. Weitere Studienaufenthalte in England, Dänemark, Holland, Südfrankreich, Griechenland, Italien, die Türkei und Spanien folgten.

Auf den Reisen wurde Gisela Schmidt-Reuther meist von ihrem Mann, dem Dipl.-Volkswirt Hans Georg Schmidt, begleitet, mit dem sie seit 1947 verheiratet war. Diesem Gefährten, mit dem sie fünfzig Jahre ihres Lebens gemeinsam verbrachte, verdankt sie sehr viel. Er unterstützte sie dabei, die Doppelbelastung durch die Lehrtätigkeit und die Arbeit in der eigenen Werkstatt durchzuhalten, und ermöglichte ihr die Entfaltung ihrer mehrfachen schöpferischen Begabung, die neben der Bildhauerei auch die Musik und Poetik einschloß.

1957 richtete sie sich ein Atelier in Rengsdorf im Westerwald ein, in dem sie seither ihre unverwechselbaren keramischen Plastiken geschaffen hat. In den Arbeiten der letzten Jahrzehnte hat sie immer häufiger menschliche Figuren, vor allem Menschengruppen, zu ihrem Thema gemacht. In ihren persönlichen Aufzeichnungen hielt sie einmal fest:

„Ich kam nicht von der Töpferscheibe sondern von der freien bildhauerischen Plastik zur keramischen Plastik. Ich suchte in meinen Objekten der Synthese zwischen Farbe und Form Ausdruck zu verleihen. Figurativ oder nonfigurativ, diese Probleme waren nicht vorrangig. Scheinbar reine Formerfindungen haben dennoch Assoziationen zu organischen Keimformen: Metamorphosen pflanzlicher Urbilder, Inbilder aus verborgenen Tiefen, obgleich all diese Objekte erst durch bewußt gelenkte Formprinzipien eine objektive Existenz erhalten ... Aber

die Form muß für die Glasur geradezu erfunden werden. Die Farbe ist nie plakativ. Erst Sonnenlicht vermag die faszinierende Haut der Plastiken in ihrer vollen Farbigkeit und Strahlkraft zu entfalten. Schöpferische Tätigkeit ist eine Funktion der Phantasie. Alle schöpferischen Prozesse der Menschen gleichen ähnlichen Prozessen im Universum."

Mit ihrem künstlerischen Werk fand Gisela Schmidt-Reuther rasch Anerkennung. Seit 1947 zeigte sie eine Reihe von Einzelausstellungen im In- und Ausland, so in Koblenz, Düsseldorf, München, Nürnberg und Darmstadt, in Prag, Buenos Aires, Ostende, Nizza, Washington, Istanbul, La Plata, Belgrad und Danzig. Ebenso war sie an zahlreichen Gruppenausstellungen beteiligt. 1969 wurde sie als Mitglied in die internationale Akademie für Keramik in Genf berufen. 1986 zeigte das Keramikmuseum Westerwald in Höhr-Grenzhausen eine Einzelausstellung der Künstlerin. Im Jahr 1995 wurde sie anläßlich einer Einzelausstellung mit dem Kunstpreis der Stadt Neuwied für ihr Gesamtwerk geehrt.

Auch heute, in ihrem 85. Lebensjahr, arbeitet Gisela Schmidt-Reuther noch regelmäßig in ihrem Rengsdorfer Atelier und stellt häufig aus. Dem Keramik-Museum in Höhr-Grenzhausen hat sie 185 ihrer Plastiken geschenkt, die leider nur selten gezeigt werden. Das Germanische Nationalmuseum in Nürnberg will ihren gesamten künstlerischen Nachlaß übernehmen.

Viel ist über Gisela Schmidt-Reuther und ihr Werk geschrieben worden. Hier sollen abschließend Worte des Bildhauers Georg von Kovàts stehen, die er 1986 über die Künstlerin schrieb, der er erstmals während der vierziger Jahre in Berlin (er war ebenfalls Meisterschüler von Professor Scheibe) begegnet war:

„Die Begegnung mit Gisela Schmidt-Reuther an der Kunstakademie in Berlin war im Schatten des Krieges von eigentümlicher Prägekraft bestimmt. Dominierend in der Vorstellungswelt dieser Künstlerin waren zwei polare Bereiche: Die Vision des Todes als ständig sichtbares Grenzmaß, und die Vision des Lebens als schöpferischer Urgrund. Sichtbarer Ausdruck ihrer keramischen Arbeiten ist ein stetiger Kampf gegen jede Erstarrung. Es ist ihre künstlerische Energie, die ihr neue Zonen der Gestaltung erschließt. Diese kreative Unruhe bestimmt nach Jahrzehnten ihres Schaffens immer noch Arbeit, Werk und Leben dieser Bildhauerin. Bildhauerin, weil jede noch so bedeutende Arbeit als Keramikerin nur einen Teilaspekt ihrer Aussagemöglichkeiten darstellt. Gisela Schmidt-Reuther gelang, was so wenigen glückte: eine vollkommene Synthese zwischen keramischem Handwerk und großer plastischer Kunst. Man denke an Ergebnisse sumerischer, aztekischer, kretischer Kunst, oder an della Robbia, wo gleichermaßen die Gefäßform mit menschlicher Figur identisch wurde. Dies ist ein existentielles Thema ihrer künsterischen Anstrengungen geworden. In ihren Formungen bleiben Gerüste, Abstützungen, Verspannungen, Glasuren niemals Selbstzweck, sondern bieten oft magische Formgleichnisse an.

Bewegt erlebt man vor den Arbeiten dieser Künstlerin, wie sich ihre Figurenwelt als Projektion ihres Selbst gleichsam in den Raum eingräbt."

Hedwig Brüchert

Quellen/Literatur:

Katalog: Ausstellung der Arbeitsgemeinschaft Bildender Künstler am Mittelrhein, Alte Burg Koblenz, Oktober/November 1949;
Katalog: Gisela Schmidt-Reuther, Keramische Plastik. Keramikmuseum Westerwald, Deutsche Sammlung für historische und zeitgenössische Keramik, Höhr-Grenzhausen. Ausstellung vom 15. Juni bis 10. August 1986. Montabaur 1986 (darin auch: Zitat von Georg von Kovàts);
Katalog: Einblicke. Werkschau 1936-95 Gisela Schmidt-Reuther. Studienzeichnungen, Plastiken. 25.6.-30.7.1995, Städtische Galerie Mennonitenkirche Neuwied. Neuwied 1995;
Gisela Schmidt-Reuther. Berufsverband Bildender Künstler Rheinland-Pfalz, Dokumentation (Loseblatt-Ausg.), o.J.;
Auskünfte von Frau Niedermeier, Keramikmusum Westerwald, Höhr-Grenzhausen;
Auskünfte von Gisela Schmidt-Reuther, Rengsdorf.

Margarete Schneider = Schwester Edelgard (geb. 1906)

„Wir werden ein gutes Stück ärmer sein, wenn uns die Schwestern nach 100jähriger Wirksamkeit in Engers verlassen." So kommentierte die Rhein-Zeitung Neuwied am 18. November 1978 den Abzug der Waldbreitbacher Franziskanerinnen aus Engers und die Schließung der von ihnen geführten Institutionen.
Im Jahr 1868 waren die ersten drei Ordensschwestern der Waldbreitbacher Franziskanerinnen nach Engers gekommen, um dort die Krankenpflege auszuüben und eine Bewahrschule sowie eine Nähschule zu eröffnen. Vier Jahre später begannen sie bereits mit dem Bau des „Krankenhauses St. Augustin", von der Bevölkerung das „Klösterchen" genannt, welches vorrangig Arbeiter der Concordia- und Sayner Hütte aufnehmen sollte. 1909 erwarben die Schwestern zur Unterbringung der Handarbeitsschule die „Villa Frank", 1916 eröffneten sie in der „Villa Bella" das Waisenhaus St. Michael, in dem damals vor allem zahlreiche Kriegswaisenkinder betreut wurden. Das Krankenhaus St. Augustin wurde während des Ersten und Zweiten Weltkrieges als Lazarett genutzt.

Schwester Edelgard (Margarete Schneider) 1993

1969 wurde das Krankenhaus geschlossen und in ein Altenheim umgewandelt, im ehemaligen Waisenhaus St. Michael richtete man eine Sonderschule für behinderte Kinder ein. 1976 ging der Kindergarten aus der Trägerschaft der Franziskanerinnen an die Pfarrei über. Nach „110 Jahren des Dienens voller Hingabe" endete im Jahr 1978 das segensreiche Wirken der Schwestern von Waldbreitbach in Engers.
Unter den im St. Augustin-Krankenhaus stationierten Ordensschwestern befand sich auch die Ambulanzschwester Edelgard, die fast vierzig Jahre lang in Engers tätig war und von der Bevölkerung für ihr großes soziales Engagement liebevoll „Engel von Engers", oder auch, weil sie mit dem Fahrrad, später mit dem Moped zu ihren Kranken fuhr, „fliegender Engel" genannt wurde.
Schwester Edelgard, mit bürgerlichem Namen Margarete Schneider, wurde 1906 in Allenz (Kreis Mayen) als Tochter eines Landwirts geboren. Sie hatte einen Bruder. Durch Besuche bei einer Tante, Ordensfrau bei den Waldbreitbacher Franziskanerinnen, kam sie schon als Kind mit dem Ordensleben in Berührung und trat im Jahr 1929 mit 23 Jahren in die Gemeinschaft ein. Nach ihrem Noviziat folgte eine zweijährige Ausbildung zur Krankenschwester. 1935 legte sie das staatliche Krankenpflegeexamen ab. Nach verschiedenen Stationen, u.a. im saarländischen St. Wendel

und in Gerolstein, kam sie als junge Krankenschwester nach Engers zum Einsatz in der sogenannten „Landkrankenpflegestation".

Die Bedeutung des Einsatzes von Schwester Edelgard in der Gemeinde Engers muß vor dem Hintergrund der sozialen Realitäten der vierziger und fünfziger Jahre gesehen werden. Damals gab es für sozial Schwache, vor allem für alte und kranke Menschen, noch nicht so viele Hilfsorganisationen wie heute. „Die Schwester" kam in der Regel auf ihren Pflegegängen in alle Haushalte und war so (mehr als jeder Hausarzt) eine der besten Kennerinnen der örtlichen Sozialstruktur und der sozialen Probleme. Auch fungierte sie oft als „moralische Instanz" in allen Ehe und Familie betreffenden Fragen und diente als Mittlerin zwischen Behörden und „Bedürftigen". Nach ihren Erinnerungen an die erste Zeit nach dem Zweiten Weltkrieg befragt, erzählte Schwester Edelgard:

„In der Nachkriegszeit gab es in Engers noch viele Bauern und Arbeiter in der Bimsindustrie. Damals war die Bimsausbeute ja noch wesentlich größer. Auch viele Bahnbeamte gehörten zu den Patienten, viele haben auch in der Concordia-Hütte gearbeitet. Ich bin 1938 nach Engers gekommen und mußte zuerst alle Wege mit dem Fahrrad erledigen. 1954 habe ich zum Silberfest von den Engerser Frauen ein Mofa geschenkt bekommen, ein weißes Mofa. Das Geld dafür hatten sie für mich zusammengesammelt, um mir die Pflege zu erleichtern. Das war eine große Erleichterung, wenn ich dann bis nach Mülhofen mußte bis in die äußerste Ecke, das war schon ziemlich weit, eine gute halbe Stunde. Ich bin gern und gut gefahren und habe so im Lauf der Jahre einiges an Kilometern zurückgelegt."

Eine Ordensschwester auf einem Moped – das war anfangs für die Engerser Bevölkerung natürlich ein ziemlich ungewohnter Anblick! Gut erinnert sie sich noch: „Aus den Häusern kamen die Kinder rausgelaufen: ‚Mama, Mama, hier ist eine Schwester auf dem Moped!'"

Ihre Hauptaufgabe bestand in der Krankenpflege. Daneben erledigte sie auch den Haushalt, wenn in einer Familie die Mutter krank war. Oft bereitete sie Schwerkranke aufs Sterben vor, sprach ihnen Mut zu und betete mit ihnen. Dabei fragte sie nicht danach, ob jemand katholisch oder evangelisch war. Auch eine Art „Essen auf Rädern" aus der Krankenhausküche wurde bereits damals von den Schwestern zu Bedürftigen gebracht, natürlich mit Fahrrad oder Moped. Auf ihre Touren nahm Schwester Edelgard fast immer Gemüse und Obst aus dem Klostergarten mit, um es an Engerser Familien zu verteilen.

In der Krankenpflege mußten die Schwestern damals sehr selbständig arbeiten. Meist wurde in Krankheitsfällen zuerst die Schwester gerufen, nicht der Arzt, und viel seltener als heute wurden Patienten ins Krankenhaus eingewiesen. Auch fertige Medikamente gab es noch nicht allzuviele zu kaufen. Oft behalf sich Schwester Edelgard mit Hausmitteln, wie Kartoffelwickeln, Schmalzumschlägen oder Tees.

Häufig hielt sie am Bett von Schwerkranken Nachtwachen, oft bis an den Rand ihrer Kraft. „Freizeit" war für sie ein Fremdwort, ihr blieb in all den Jahren, bedingt durch die viele Arbeit „draußen", wenig Muße. Dazu kamen noch die Pflichten, die das religiöse Leben den Schwestern auferlegte. Der Tag im Konvent begann um 5 Uhr morgens. Eine halbe Stunde später Morgengebet, Matutin und Laudes, 6.30 Uhr Heilige Messe, 7 Uhr Frühstück, 7.30 Uhr Arbeitsbeginn. Mittags und abends waren ebenfalls Gebetspflichten zu erfüllen. Dieser Tagesablauf wurde auch von Schwester Edelgard eingehalten, unabhängig davon, wie lange sie am Abend vorher ihre Kranken versorgt hatte.

Im Jahr 1957 wurde Schwester Edelgard zur (ersten weiblichen!) Ehrenbürgerin von Engers ernannt. Am 4. März 1971 erhielt sie für ihren jahrzehntelangen aufopferungsvollen Einsatz in der Gemeinde Engers das Bundesverdienstkreuz. Gleichzeitig mit ihr wurde Aenne Krall aus Engers diese Auszeichnung zuteil. Mit ihr, einer ehrenamtlichen Caritashelferin, hatte Sr. Edelgard häufig zusammengearbeitet. Als im Jahr 1978 die Filiale Engers geschlossen wurde, war der Abschied für Schwester Edelgard, die Engers als „ihre zweite Heimat" bezeichnet, sehr schwer. Ihren Lebensabend verbringt sie im Konvent des ebenfalls von den Waldbreitbacher Franziskanerinnen geführten St. Elisabeth-Krankenhauses in Neuwied.

Die dankbaren Engerser haben „ihre" Schwester nicht vergessen, und die Verbundenheit mit der Bevölkerung ist immer noch sehr groß. Das beweisen die häufigen Besuche, die sie von ihren ehemaligen Pfleglingen erhält. Auf die Frage nach der Motivation für ihr überaus großes soziales Engagement über Jahrzehnte hinweg antwortete diese tatkräftige Frau: „Ich bin froh, daß ich ein Leben lang dienen durfte."

Angela von Rennenberg

Gekürzte Fassung des Beitrags der Autorin: „Schwester Edelgard Schneider, Der ‚fliegende Engel': Den Menschen dienen – ein Leben lang", in: Von Frau zu Frau. Auf der Suche nach der verschütteten Geschichte bedeutender Frauen in und um Neuwied, hg. v. Frauenbüro Neuwied. Neuwied 1993, S. 10-22.

Quellen/Literatur:

Gespräch mit Schwester Edelgard im Neuwieder St. Elisabeth-Krankenhaus vom 5. April 1994;
Chronik der Waldbreitbacher Franziskanerinnen, Filiale St. Augustin-Krankenhaus Engers, Jg. 1963, Zentralordensarchiv Waldbreitbach;
Rhein-Zeitung Neuwied v. 18.11.1979;
Pfarrblatt St. Martin/Engers, Nr. 28/79 v. 2. Sept. 1979.

Karoline Schott (geb. 1922)

Frau Schott gehört zu den wenigen Menschen, die die Vernichtungs- und Konzentrationslager Auschwitz, Ravensbrück und Buchenwald überlebt haben. Sie war als Angehörige der Volksgruppe der Sinti fünf Jahre lang inhaftiert.

Ihre Familie war seit Generationen im Rheinland beheimatet. Als zweites Kind der Arbeiterfamilie Steinbach wurde sie am 8. November 1922 in Gau-Köngernheim bei Alzey geboren. Die Familie lebte in Worms. Der Tochter Karoline folgten sieben weitere Geschwister, fünf Schwestern und zwei Brüder. Nach Beendigung der Schulzeit unterstützte Karoline die Mutter im Haushalt und bei der Versorgung der kleineren Geschwister. Die jüngste Schwester war 1939 geboren worden. Im Alter von 16 Jahren bekam Karoline eine Stelle bei der Stadtgärtnerei, wo auch ihr Vater arbeitete.

Karoline Schott

An die Veränderungen der Lebenssituation, die mit Beginn der Herrschaft der Nationalsozialisten 1933 eintraten, kann sie sich noch gut erinnern. In der Familie wurde oft über eine mögliche Bedrohung gesprochen, zumal der Vater bereits 1933 für einige Monate im nahegelegenen Konzentrationslager Osthofen inhaftiert gewesen war. Auch die Zerstörung der Synagoge im Jahr 1938 beschäftigte die Familie. In diesem Jahr begannen auch die nächtlichen Kontrollen der Polizei, die sicherstellen wollte, daß alle Familienmitglieder anwesend waren. Es war verboten, die Stadt zu verlassen, und man mußte sich regelmäßig bei der Polizei melden, wo Fingerabdrücke genommen wurden. Ein Besuch bei auswärtigen Verwandten war unmöglich, weil man die Inhaftierung im Konzentrationslager riskiert hätte. Dies alles waren Gesprächsthemen beim abendlichen Beisammensein. Eine Alternative bot sich der Familie freilich nicht: Sie waren deutsche Bürger und ließen sich nichts zuschulden kommen – das sagten sie sich immer wieder, um sich zu beruhigen.

Im Mai 1940 jedoch wurden die Wormser Sinti-Familien über das Sammellager Hohenasperg in das besetzte Polen deportiert. Von dieser ersten großen Deportation ganzer Familien, die als „Modellversuch" für die geplante Verschleppung aller Sinti und Roma sowie der Juden galt, blieben die Steinbachs ausgespart. Bereits einen Monat später aber, am 26. Juni, wurden auch sie von der Polizei abgeholt und in das Frankfurter Lager in der Dieselstraße deportiert. „Es war mit einem Stacheldraht umgeben und zur Straßenseite hin mit einem Bretterzaun gegen Passanten abgeschirmt, außerdem wurde das Lager rund um die Uhr bewacht. (...) Das Leben im Lager war streng reglementiert, es gab eine bis ins Detail ausgearbeitete Lagerordnung; insbesondere war jeder Kontakt mit der Stadtbevölkerung verboten. Morgens fand ein Appell statt und bei Anbruch der Dunkelheit Zapfenstreich, bei dem jedes Mal eine Zählung der Lagerinsassen vorgenommen wurde. (...) Infolge der schlechten Lebensverhältnisse, der mangelhaften Ernährung und medizinischen Versorgung erkrankten viele der Inhaftierten. Das Lager wurde 1942 in die Kruppstraße verlegt. Gleichzeitig wurde die Lagerordnung verschärft. So durften Kinder und Jugendliche nicht mehr in die Schule gehen; sie mußten nun, wie bereits die Erwachsenen, Zwangsarbeit leisten."

Frau Schott, bei der Inhaftierung noch keine 18 Jahre alt, befand sich gemeinsam mit ihrer Familie in einer hoffnungslosen Situation. Die Familienmitglieder stützten sich gegenseitig, so gut es ging. Ihre Mutter beschrieb 1959 die Zustände im Lager folgendermaßen: „Als Wohnstätte wurde uns ein alter verwahrloster und defekter Wohnwagen zugewiesen. Dieser war drei Meter lang und 1,80 breit. In dem Wagen befand sich kein Bett, kein Stuhl, kein Schrank, sondern nur ein alter Zimmerofen. Die innere Wand war vollständig herausgerissen. Die Fenster waren mit Pappe und Dachpappe zugenagelt. Das Wagendach war sehr beschädigt und infolgedessen undicht. Wir mußten monatelang ohne Unterlage auf dem blanken Boden schlafen. Bei Regen floß das Wasser vom Dach und den Seitenwänden in den Wagen, so daß wir morgens durchnäßt aufstanden. Später erhielten wir zwei Papierstrohsäcke mit Holzwolle gefüllt. (...) Dazu mußten wir täglich zwei oft stundenlange Appelle ertragen, und dies mit sämtlichen Kindern, ob krank oder gesund, ganz gleich, welche Jahreszeit und welches Wetter es war. (...) Strafarbeiten, wie Graben ausheben und wieder zuwerfen, waren an der Tagesordnung. Wenn die Wachmannschaft tagsüber durch das Lager ging, schlugen sie oft mit Reitpeitsche und Rohrstock zwischen die spielenden Kinder."

Frau Schott mußte in Frankfurt ohne Entlohnung und unter Bewachung Zwangsarbeit in Frankfurter Fabriken und einem Weinbaubetrieb leisten. Am 25. August 1942 kam ihr Sohn Karl-Heinz zur Welt. Ihr Mann, Karl-Heinz Mebach, stammte aus einer Frankfurter Sinti-Familie.

Zu den menschenunwürdigen Lebensumständen im Frankfurter Lager kam die Angst hinzu, durch die Willkür der Wachmannschaften von der Familie getrennt und in ein Konzentrationslager im Osten deportiert zu werden. Im März 1943 wurde diese Angst Wirklichkeit: Als Frau Schott abends von der Arbeitsstelle in das Lager in der Kruppstrasse kam, standen Lastwagen für den Abtransport bereit. Sie sollte mit ihrem Sohn deportiert werden. Da ihre Mutter große Befürchtungen hatte, versuchte sie, den kleinen Karl-Heinz zu retten, indem sie ihn versteckte und ihrer Tochter ein in eine Decke gewickeltes Kissen gab, das sie wie ein Kind auf dem Arm trug. Die Wachmannschaften entdeckten das Fehlen des Kindes, und nachdem sie es bei den Großeltern gefunden hatten, mußte Frau Schott ihr Kind mitnehmen. Obwohl ihr Mann für diesen Transport nicht vorgesehen war, begleitete er Frau und Kind. Sie wurden mit Lastwagen zum Bahnhof gefahren, wo sie in Güterwaggons steigen mußten und nach Auschwitz-Birkenau verbracht wurden.

„Der Gesundheitszustand der ins ‚Zigeunerlager' verschleppten Menschen verschlechterte sich seit Mai 1943 infolge der Überbelegung in den einzelnen Blocks und der katastrophalen Lebensbedingungen sowie der schlechten ärztlichen Versorgung aufs äußerste; viele starben an Hunger und an den Folgen von Seuchen und Epidemien, an Bauch- und Flecktyphus, an Noma (einer krebsähnlichen Kinderseuche) sowie an den Mißhandlungen durch die Wachmannschaften." Karl-Heinz Mebach, der Frau und Kind nicht hatte alleine lassen wollen, verstarb ebenso wie sein Sohn noch im selben Jahr.

Frau Schott wurde in Auschwitz von dem SS-Arzt Dr. Mengele zu medizinischen Versuchen mißbraucht. Ihr wurden Fleckfieberbazillen injiziert. Die herbeigeführte Krankheit hatte zur Folge, daß sie wochenlang im Koma lag. Während dieser Zeit gebar sie eine Tochter. Sie war im siebten Monat niedergekommen und konnte sich kaum an die Entbindung erinnern. Ihre Tochter wurde ihr sofort weggenommen. Manchmal hofft Frau Schott heute noch, daß sie vielleicht doch überlebt haben könnte.

Im Dezember 1943 traf sie ihren ältesten Bruder Jakob in Auschwitz-Birkenau, der ebenfalls von dem Frankfurter Lager abtransportiert worden war. Mit 18 Jahren war er zum Militär eingezogen worden und war mit seiner Einheit in Lodz stationiert, als er von der Deportation seiner Familie erfuhr. Daraufhin meldete er sich und fuhr zu seiner Familie in das Frankfurter Lager. Von Auschwitz wurde er als Arbeitsfähiger nach Bergen-Belsen verbracht, wo er verstarb.

Frau Schott hatte inzwischen über ein Jahr in „der Hölle von Auschwitz" überlebt und wurde kurz nach dem Abtransport ihres Bruders in das Konzentrationslager Ravensbrück, später nach Buchenwald und in dessen Außenlager Altenburg, wo sie in einem Rüstungsbetrieb Zwangsarbeit leistete, verbracht. Sie hatte jeglichen Kontakt zu ihren Familienangehörigen verloren und zweifelte jeden Morgen, ob sie die Kraft für den anstehenden Tag aufbringen und überleben könne.

Im April 1945 wurde das Lager Altenburg befreit. Die Hoffnung, nach Worms zurückzukehren und die Angehörigen wiederzusehen, erhielt Frau Schott in diesen Tagen am Leben. Die Eltern und Geschwister waren im Frankfurter Lager geblieben und hatten überlebt. Die Sorge um Familienangehörige und befreundete Menschen, die Frage, wer von ihnen diese grausamen Jahre überstanden hatte und zurückkehren würde, und die existentiellen Nöte, als aus dem Nichts eine Zukunft aufgebaut werden mußte, bestimmten die ersten Jahre nach der Befreiung vom Nationalsozialismus.

In den fünfziger Jahren beantragte Frau Schott eine Entschädigung für ihre fünf Jahre dauernde Inhaftierung. Die Entschädigungsbehörden erkannten die Verfolgung aus rassischen Gründen nicht an und rechtfertigten so die Rassenpolitik der Nationalsozialisten. Frau Schott mußte die Zwangsarbeit im Frankfurter Lager nachweisen, obwohl diese dreijährige Inhaftierung von der Entschädigungsbehörde nicht anerkannt wurde. Die Wormser Polizei bestätigte, daß Frau Schott mit ihrer Familie in Worms gemeldet gewesen war und im Juli 1940 nach Frankfurt „evakuiert" wurde. Erst 15 Jahre nach der Verfolgung wurde Frau Schott eine Entschädigung für das an ihr begangene Unrecht zugesprochen. Die Inhaftierung in dem Frankfurter Lager wurde erst nach 20 Jahren anerkannt.

Frau Schott baute sich in Worms eine neue Existenz auf. Sie heiratete und kümmerte sich um den Haushalt und die Erziehung ihrer vier Kinder. Die fünfjährige Inhaftierung in Konzentrationslagern, die Zwangsarbeit und die medizinischen Experimente waren folgenschwer für ihren Gesundheitszustand: Allein durch die Fleckfiebererkrankung war sie bereits als junge Frau körperlich krank. Die seelischen Verletzungen durch die Ermordung ihrer beiden Kinder und ihres Mannes in Auschwitz und die Traumatisierung durch die rassische Verfolgung rufen mit zunehmendem Alter immer mehr Angstgefühle, Schwindelgefühle, Durchschlafstörungen und Alpträume hervor.

Aktuelle Nachrichten und Zeitungsartikel über rechtsextreme Ausschreitungen in Deutschland beunruhigen sie aufs Äußerste: „Um mich selbst mache ich mir keine Sorgen mehr! Aber was geschieht mit meinen Kindern und Enkelkindern?"

Jacques Delfeld

Quellen/Literatur:

Romani Rose (Hg.): Der nationalsozialistische Völkermord an den Sinti und Roma, Heidelberg 1995, Seite 46 u. 136;
Schreiben der Mutter, Susanne Steinbach, an das Entschädigungsamt, 6.11.1959.

Dr. Maria Schröder-Schiffhauer (1911-1997)

Maria Elisabeth Schröder-Schiffhauer, Journalistin und Schriftstellerin, wurde am 7. April 1911 in Konz-Karthaus bei Trier als einziges Kind einer Eisenbahnerfamilie geboren, wuchs aber in Trier auf. Als ihr Vater Karl Schiffhauer im Zusammenhang mit dem Ruhrkampf aus der Französischen Zone, zu der Trier gehörte, mit der Familie am 7. April 1923 ausgewiesen wurde, musste die Tochter die Schullaufbahn an der Ursulinenschule unterbrechen und mit nach Bad Harzburg ziehen, wo ihr im Alter von 12 Jahren ihre erste Gedichtveröffentlichung in der Lokalzeitung gelang.

Im November 1924 konnte die Familie nach Trier zurückkehren. Drei Jahre später verließ die Tochter die Ursulinenschule mit dem Einjährigen und begann eine Buchhändlerlehre. Nach einem Englandaufenthalt setzte sie ihre Schulausbildung bei den Ursulinen fort. Im April 1932 veröffentlichte sie ein Hindenburg-Gedicht in der „Trierischen Landeszeitung". Das brachte ihr nicht nur ein Dankesschreiben des Reichskanzlers ein, sondern auch einen Verweis von der Schulleiterin wegen politischer Betätigung. Im Februar 1935 machte sie ihr Abitur und begann am 15. Juli 1935 den Reichsarbeitsdienst. Die Familie litt unter Denunziationen von Nationalsozialisten, der Vater wurde von der Gestapo verhört und misshandelt. Immerhin konnte die Tochter im Winter 1935/36 ein Studium in Münster bei dem Trierer Philosophen Peter Wust aufnehmen; später wechselte sie zum Studium der Zeitungswissenschaften nach München. Im Sommer 1938 musste sie sich aus Geldmangel exmatrikulieren, nahm jedoch ein Thema für eine Doktorarbeit mit nach Hause, und am 4. März 1940 promovierte sie als erste Doktorandin in Zeitungswissenschaften in Münster über „Die Zeitungsanzeige als kulturhistorische Quelle".

Nach der Arbeit als Journalistin an der „Schwerter Zeitung" erhielt sie am 30. September 1940 die Stelle als Pressereferentin beim „Reichsverband der deutschen Zeitungsverleger" in Berlin. Im September 1944 verließ sie die Hauptstadt und übernahm die Schriftleitung der „Tübinger Chronik". Nach traumatischen Erlebnissen in der Endzeit des Krieges heiratete sie noch 1945 ihren Mann Dr. Josef Schröder, den sie in München kennengelernt hatte.

Beide bauten sich in Trier eine neue Existenz auf, er als Arzt und sie als Redakteurin beim „Trierischen Volksfreund". Diese Arbeit regte sie an, wieder selbst zu schreiben, und 1959 erschien ihr erstes Büchlein mit Kurzprosa, „Trier. Das Erlebnis einer Stadt". Neben Einzelveröffentlichungen („Harzburger Bote", „Schwerter Zeitung",

„Berlin am Mittag", „Neue Berliner Illustrierte", „Tübinger Chronik", „Trierischer Volksfreund", „Trierische Landeszeitung") verzeichnete sie noch zwei weitere Bände mit Kurzprosa: „Hört die Flöte des Pan. Erinnerungen an griechische Sommer" (1975) und „Das Eckhaus. Erzählungen" (1977).

Eine weitere Kurzform, mit der sie sich ausführlich beschäftigte, war die Lyrik. Viele ihrer Gedichte sind zusammengefasst in „Seit gestern blüht die Koralle" (1966), „Gesicht im Wind" (1980) und „Trierische Erde. Impressionen einer Landschaft" (1974):

Vom Flugzeug aus
dieses karierte Stück
Erde –
rot braun grün
und der grauen Linie Strom
...

Ein zeitgeschichtliches Dokument bildet ihre Autobiographie (mit leicht veränderten, abgekürzten oder ausgelassenen Namen) zu der Zeit von 1911 bis 1945, „Die Heimkehr. Geschichte einer Familie" (1983).

Sie veröffentlichte vier Romane: „Die gläserne Brücke" (1978), die nacherzählende Übersetzung „Der König der Meere" nach Paul Georges (1986), vor allem aber die beiden Bände „Der vergessene Lorbeer" (I, 1980; II, 1981). Letztere Arbeit wurde zu einem Lebenswerk, dem sie nicht nur eine Reihe von Jahren, sondern auch ihre Gesundheit opferte. Aus einer kleinen Bemerkung über die Autorenschaft des „Moselliedes" ergab sich eine Beschäftigung mit dem Komponisten des Liedes, dem Trierer Domorganisten Georg Schmitt (1821-1900), der nach Frankreich auswanderte und Organist in Saint Sulpice/Paris wurde. Durch umfangreiche Recherchen vor Ort, gewaltige Materialsammlungen, die sie der Stadt Trier vermachte, und hohe finanzielle Opfer stellte sie sicher, dass dieser bemerkenswerte Komponist heute wieder stärker gespielt und gesungen wird.

Einer weiteren Figur der Trierer Geschichte, diesmal einer Wohltäterin vom Beginn des sechzehnten Jahrhunderts, widmete sie sich in dem historischen Drama „Die Rosen der Alheit von Besselich" (1984). Ferner gab sie die Festschrift „150 Jahre Trierische Liedertafel 1835 e.V. Ein Festbuch" (1985) heraus.

Für ihre Arbeiten erhielt sie mehrere Auszeichnungen: den SWF-Anerkennungspreis für Prosa 1962, den IGDA-Preis 1968, den Preis des Econ Verlags 1974 und den Ehrenbrief der Stadt Trier 1986.

Sie starb am 19. August 1997 in Aach bei Trier. *Hans-Joachim Kann*

Quellen/Literatur:

Artikel „Schröder-Schiffhauer, Maria". In: Hajo Knebel (Hg.) neue texte aus Rheinland-Pfalz. Simmern, 1975, S. 46;

Artikel „Schröder-Schiffhauer, Dr. Maria" (Hans-Joachim Kann). In: In Sachen Literatur. Beiträge aus Rheinland-Pfalz. Mainz 1979, S. 125;

Gisela Brach: Die Literarisch-Musische Gesellschaft Trier: Profil einer Gruppe. Trier 1988, S. 3-4;

Artikel „Maria Schröder-Schiffhauer". In: Literarisches Rheinland-Pfalz heute. Mainz 1988, S. 240;

Günther Molz: Nachruf auf Maria Elisabeth Schröder-Schiffhauer. In: Neues Trierisches Jahrbuch 38, 1998, S. 277-278.

Anne-Marie Schuler (1899-1999)

Frau Anne-Marie Schuler wurde am 8. September 1899 in Germersheim geboren. Ihre Eltern waren der Berufsoffizier Joseph Schwarzmann und die Industriellen-Tochter Pauline Schindler. Ihre ersten Lebensjahre waren geprägt vom ständigen berufsbedingten Wohnort-Wechsel. Nach dem Tod ihres Vaters 1910 zog die Mutter mit ihren insgesamt fünf Kindern – Anne-Marie war das zweite – nach Zweibrücken. Dort besuchte Anne-Marie das Mädchen-Lyzeum, das sog. Doflein'sche Institut. 1914 wurde Anne-Marie in der Alexanderskirche konfirmiert.

Mit Ausbruch des Ersten Weltkrieges begann für die Fünfzehnjährige der Kriegseinsatz in der Pflege des erst Wochen zuvor eröffneten Zweibrücker Rosengartens. Ihr älterer Bruder Otto wurde schon sehr früh Soldat. Anne-Marie und ihre Klassenkameradinnen gründeten in der Heimat ein Kränzchen „Feldgrau". Auch in der Jugendgruppe des Vereins für Fraueninteressen war sie aktiv. An die Schule schloß sich eine Ausbildung zur „Hausbeamtin", wie es damals hieß, an, die auswärtige Praktika, so im letzten Kriegsjahr auf dem Hofgut Weilbach bei Flörsheim, 1919 in Nassau und 1920 auf der Domäne Rettmer in der Lüneburger Heide, einschloss.

Anne-Marie Schuler (um 1960)

Nach ihrer Rückkehr nach Zweibrücken lernte Anne-Marie Schwarzmann den Rechtsreferendar Max Schuler kennen, der nach Kriegsteilnahme und Abschluß seines Studiums in München ebenfalls in seine Vaterstadt zurückgekommen war. 1922 verlobten sie sich. Am 10. Mai 1923 fand die vorgezogene Hochzeit statt, weil der Vater des Bräutigams von der französischen Besatzung aus der Pfalz ausgewiesen worden war und dem ledigen Sohn innerhalb kurzer Zeit das gleiche Schicksal gedroht hätte. Noch 1923 konnte Max Schuler nach Ablegen des zweiten juristischen Staatsexamens die Anwaltskanzlei seines Vaters übernehmen.

Es folgten zunächst ruhige familiengeprägte Jahre. Nach vier Söhnen (1924, 1925, 1928 und 1931) wurde endlich 1938 die ersehnte Tochter geboren. Es folgten aber auch die bedrängten, sorgenvollen Jahre der Weltwirtschaftskrise. Max Schuler hatte sich den Zorn der Nationalsozialisten zugezogen, die ihm seine Kandidatur als Oberbürgermeister von Zweibrücken zunichtemachten und ihn öffentlich als Lügner bezeichneten. Er hatte 1932 als Redner der Deutschen Volkspartei Hitlers Rolle bei dem sog. Marsch auf die Feldherrnhalle 1923 geschildert. Nach 1933 wirkte sich dies zusätzlich negativ auf sein Einkommen als Rechtsanwalt aus.

Anne-Marie Schuler verstand es allerdings, allen NS-Organisationen fernzubleiben.

Da Max Schuler bereits vor Ausbruch des Zweiten Weltkrieges zur Wehrmacht eingezogen worden war, oblag die Erziehung der vier Kinder – ein Sohn war früh verstorben – allein seiner Frau. Der Krieg begann für die Bevölkerung der sog. Roten Zone (ein Streifen von 20 km Tiefe entlang der französischen Grenze), also auch für die Zweibrücker, mit der vollständigen Evakuierung; mit Sonderzügen ging es ins Reichsinnere. Der Versuch Anne-Marie Schulers, bei Familien-Angehörigen in Nürnberg unterzukommen, scheiterte an den behördlich vorgeschriebenen Bergungsgebieten; das war für sie Sonneberg im südlichen Thüringen. Dort wohnte die Restfamilie von September 1939 an, bei zwei fremden Familien einquartiert. Wegen des Schulbesuchs der beiden älteren Söhne fand 1940 ein Umzug nach Coburg statt. Anne-Marie Schuler gelang es, unmittelbar vor Beginn des Frankreich-Feldzuges im Mai 1940 aus der evakuierten Heimatstadt einen Teil ihrer Möbel zu holen, um in Coburg wieder eine eigene Wohnung zu beziehen. Im Sommer 1940 wieder nach Zweibrücken zurückgekehrt, konnte sie das Haus der Familie mit viel Aufwand renovieren lassen. Im Herbst 1944 erlitt es erhebliche Beschädigungen durch die Explosion einer V-Waffe in Zweibrücken. Mit Hilfe von Zweibrücker Handwerkern und ihres jüngsten Sohnes – die beiden älteren waren im Feld bzw. bereits in Kriegsgefangenschaft – konnten die Schäden noch einmal notdürftig behoben werden. Ab Dezember 1944 erfolgte die zweite Evakuierung Zweibrückens, die Anne-Marie Schuler und ihre beiden jüngeren Kinder zunächst nach Mannheim, dann nach Adelsheim/Baden führte.

Nach der Kapitulation erlebte Anne-Marie Schuler schon recht bald die Freude, daß ihr Mann und ihr ältester Sohn, die sich in der amerikanischen Gefangenschaft getroffen hatten, heimkehrten, der Mann allerdings zu 100% kriegsversehrt, der Sohn mit einer Beinverwundung. Im September 1945 erfolgte die Rückkehr von Adelsheim nach Zweibrücken, das in Trümmern lag. Auch das Haus Schuler war im März völlig zerstört worden. Eine Schwägerin, deren Wohnung unbeschädigt geblieben war, bot erste Unterkunft. Max Schuler übernahm die Praxis eines kurz vorher verstorbenen Kollegen und etwas später auch dessen Wohnung. Um seine Wiederzulassung als Rechtsanwalt mußte er allerdings lange kämpfen, wodurch die Familie in wirtschaftliche Bedrängnis geriet. Hinzu kam die allgemeine Lebensmittelknappheit. Die Versorgung der Familie oblag überwiegend der Ehefrau und Mutter. Die Bestellung des familieneigenen Gartens, die Anne-Marie Schuler während ihrer hauswirtschaftlichen Ausbildung gründlich gelernt hatte, mit Hilfe der jüngeren Kinder und später auch des aus der Gefangenschaft in den U.S.A. heimgekehrten zweiten Sohnes hielt die Familie einigermaßen über Wasser.

Nach der Währungsreform ging es wieder aufwärts. Das zerstörte Haus konnte aufgebaut und 1956 bezogen werden. Max Schuler war der CDU beigetreten und errang für sie 1951 ein Abgeordneten-Mandat im Mainzer Landtag.

Bei Anne-Marie Schuler erwachte ebenfalls das politische Interesse. Auch sie wurde Mitglied der CDU und rückte am 11. November 1956 als Nachfolgerin von Frau

Jeanne Friderich in den Zweibrücker Stadtrat nach. Dieses Mandat übte sie bis zum 8. Juni 1969 aus, also fast 13 Jahre lang. Mit großem Eifer widmete sie sich der Kommunalpolitik und gehörte mehreren Stadtrats-Ausschüssen an, nicht nur den frauentypischen für Soziales und Kultur, sondern u.a. auch dem Bauausschuß. Einer der Schwerpunkte ihrer Interessen war schon bald nach Beginn ihrer Stadtratstätigkeit die Standortfrage für einen städtischen Busbahnhof. Die durch eine neue Bundesstraße erforderliche Verkleinerung des Zweibrücker Hauptfriedhofs und die dadurch bedingte Aufgabe einiger stadtgeschichtlich wertvoller Gräber bereiteten ihr Sorge und führten 1964 zu einer Anfrage an die Verwaltungsspitze. Daneben beschäftigten sie natürlich auch immer wieder sozialpolitische Angelegenheiten; die Ferienerholung Zweibrücker Kinder inspizierte sie an Ort und Stelle. Auch die Aussöhnung mit den französischen Nachbarn lag ihr am Herzen. Bereits 1957 hatte sie der ersten Besucher-Delegation Zweibrückens in der späteren französischen Partnerstadt Boulogne sur Mer angehört; die offizielle Bestätigung der Partnerschaft folgte im Jahr 1959.

Neben der praktischen Stadtratstätigkeit widmete sich Frau Schuler auch allgemeinen Fragen des Gemeinwohls. Ein erhalten gebliebener Briefentwurf von ihrer Hand an den damaligen Bundestagsabgeordneten Becker, Pirmasens, zeugt von ihrem Interesse für Frauenpolitik; der Brief enthält unter Berufung auf eigenes Erleben bald nach Einführung des Frauenwahlrechts den Vorschlag, das neu zu bildende Familienministerium in Bonn mit einer Frau zu besetzen. Sie betätigte sich im Städtischen Frauenring sowie in der örtlichen Frauenvereinigung ihrer Partei, von 1968 bis 1971 als Vorsitzende, danach als Ehrenvorsitzende. Den Europagedanken unterstützte sie durch Beitritt zur Europa-Union. Sie übte das Amt einer Schöffin aus und war im Verband der Ehemaligen ihrer Schule, heute Hofenfels-Gymnasium, aktiv. Als sich im Jahr 1971 die Oskar-Scheerer-Stiftung konstituierte, die sich in der „Rosenstadt Zweibrücken" den Rosen widmet, wurde Anne-Marie Schuler sogleich Mitglied des Kuratoriums, eingedenk ihrer Kriegstätigkeit als junges Mädchen im Rosengarten.

Die Stadt Zweibrücken hat ihr 1969 gemeinsam mit der langjährigen SPD-Stadträtin Charlotte Krumbach, der sie freundschaftlich verbunden war, für ihre Verdienste die Große Stadtplakette in Silber verliehen. Im November 1996 feierte die CDU anläßlich ihres eigenen 50-jährigen Bestehens in Zweibrücken die 40-jährige Mitgliedschaft von Frau Schuler durch Verleihung einer Ehrennadel. Seit 1967 verwitwet, zog sie sich zunehmend aus dem öffentlichen Leben zurück. Doch ihre politischen, sozialen und kulturellen Interessen bestanden bis ins hohe Alter fort. Sie verstarb im 100. Lebensjahr am 28. Mai 1999 im Altenheim am Rosengarten in Zweibrücken, wo sie ihre letzten Lebensjahre verbrachte.

Karl-Heinz Schuler

Quellen/Literatur:

Familienarchiv Schuler, Zweibrücken/Mainz;
mündliche Auskünfte von Anne-Marie Schuler.

Elisabeth Schwamb (1897-1964)

Wenn Erinnerung das Geheimnis der Erlösung ist, so der große Rabbiner Bal Shem Tov, dann hat Elisabeth Schwamb nach den Schreckensjahren der Nazi-Diktatur, die für ihren Mann Ludwig Schwamb und sie selbst im Zeichen des sozialdemokratischen Widerstandes, seiner geheimen Organisationen und seiner Kulmination im Zusammenfinden mit dem militärischen Widerstand zum Attentatsversuch vom 20. Juli 1944 standen, eine wichtige Lebensaufgabe erfüllt. Es war weniger die vielberufene Trauerarbeit nach der Verurteilung und Hinrichtung ihres Mannes, des 1933 von den Nazis aus dem Amt gejagten hessischen Staatsrates Ludwig Schwamb, als vielmehr das Verdienst, bemüht zu sein um die gerechte Bewertung und Erforschung der sozialdemokratischen und gewerkschaftlichen Widerstandsbewegung gegen Hitler zum einen, zum anderen die Mahnung, das Vermächtnis der von Hitlers Henkern ermordeten Streiter nicht zu verdrängen, sondern konstitutiv in das Selbstverständnis der neuen Demokratie einzubringen.

Die am 21. Mai 1897 in Marburg an der Lahn geborene Elisabeth Fritz heiratete am 9. Mai 1923 in Wiesbaden den sieben Jahre älteren, im rheinhessischen Undenheim geborenen Juristen Ludwig Schwamb, der damals nach seiner zweiten Staatsprüfung, nach Studium in Gießen und Berlin, am Alzeyer Finanzamt tätig war. Der junge Jurist war – außergewöhnlich in der Mainzer Juristerei – der SPD beigetreten, hatte sich – der Kriegsdienst hatte ihn geprägt – 1925 „aufgrund meiner politischen Einstellung" von zwei konservativen Burschenschaften seiner Studentenzeit bewußt getrennt und war in den hessischen Staatsdienst eingetreten, wo er sich unter anderem um die neue Hessische Gemeindeordnung große Verdienste erwarb. Hitlers Machtübernahme und die „Gleichschaltung" des Volksstaates Hessen bedeuteten das Ende seiner politischen Karriere.

In Berlin trat er in den Kreis des früheren hessischen Innenministers Wilhelm Leuschner und war seitdem ein führender Kopf der Widerstandsbewegung, gerade in der regionalen Verbindung mit Hessen und dem Rhein-Neckar-Raum. Immer noch verdiente dieser Teil des sozialdemokratischen Anti-Hitler-Widerstandes mehr wissenschaftliche Beachtung und Darstellung. Als Hitler seinen Weltkrieg anzettelte und England und Frankreich am 3. September 1939 in ihre Bündnispflichten gegenüber dem überfallenen Polen eintraten, hatten die Eheleute Schwamb gerade ein Treffen in Colmar bei der Mutter von Julius Leber beendet. Leber, ein prominenter Sozialdemokrat und Freund Schwambs, sollte gleichfalls sein Leben durch Hitlers Henker verlieren. Aus brieflichen Notizen ist erkennbar, daß das Familientreffen im Elsaß ganz vom Ernst der Lage geprägt war. Elisabeth und Ludwig Schwamb fertigten an diesem Tag ihr gemeinsames Testament.

Der darin formulierte Wunsch einer gemeinsamen Beisetzung im rheinhessischen Undenheim bewies die Verbundenheit mit der Heimatlandschaft. Die Bücher und Bilder des kinderlosen Ehepaares sollen an Berliner Freunde, vor allem an Dr. Julius Leber, gehen. „Das in unserem Besitz befindliche Bild des früheren hessischen Staatspräsidenten Dr. h. c. Bernhard Adelung soll an dessen Sohn, Dr. Hans Ade-

Elisabeth und Ludwig Schwamb (um 1940)

lung (...) fallen. Das gleiche gilt für die den Mainzer Dom darstellende Radierung von Hans Kohl, die ein Geschenk des Vaters Adelung ist." Der Maler Hans Kohl, 1897 in Mainz geboren, 1990 in Heppenheim gestorben, gehörte zu dem Freundeskreis der Darmstädter Sozialdemokraten, wie auch Professor Dr. Ludwig Bergsträßer.
Der – zensierte – Briefwechsel, den Elisabeth Schwamb nach der Verhaftung ihres Mannes nach dem 20. Juli 1944 mit ihm führte, ist ein, wenn auch verschlüsseltes, Zeugnis tiefer Menschlichkeit und Religiosität. Schwamb will für seine Frau seine Kindheits- und Jugenderinnerungen aufschreiben.
Trotz des Schmerzes über seine Hinrichtung durch die nationalsozialistischen Henker, vielleicht auch aus dem Wunsch heraus, seine Arbeit fortzuführen, erklärte sich Elisabeth Schwamb, als sie darum gebeten wurde, nach Kriegsende dazu bereit, am Wiederaufbau eines demokratischen Staates mitzuwirken. Sie kandidierte im Oktober 1946 mit Erfolg für die SPD bei den ersten Wahlen zur Kreisversammlung des Stadt- und Landkreises Mainz. Bei deren erster Sitzung in Oppenheim wurde sie in den Kreisversammlungsausschuß gewählt. Außerdem delegierte man sie in den fünfköpfigen Ausschuß für Ernährung und Brennstoffversorgung, der alle Möglichkeiten ausschöpfen sollte, die große Not der Bevölkerung auf diesen Gebieten zu lindern.

Wiederholt trat Elisabeth Schwamb in dieser Zeit als Diskussionsrednerin auf. So setzte sie sich als SPD-Vertreterin bei einer von Josef Rudolf, dem Leiter der wiedergegründeten Volkshochschule Mainz, organisierten Aussprache zum Thema „Die Frau in der Zeitkrise" dafür ein, die Frauenarbeitsschutzgesetze den Erfordernissen der Zeit anzupassen und die Stellung von Müttern unehelicher Kinder zu verbessern. Als „christliche Sozialistin", wie sie sich selbst bezeichnete, forderte sie außerdem, unter dem Eindruck „des übergroßen Elends und der Not kinderreicher Familien", dringend eine Milderung des § 218. Auch innerhalb ihrer Partei übernahm sie in den ersten Jahren eine Reihe von Funktionen. So wurde sie 1950 in den Bezirksvorstand der rheinhessischen SPD gewählt.

Ihre wichtigste Aufgabe sah sie jedoch in der Wachhaltung der Erinnerung an den nach 1945 so rasch verdrängten Widerstand gegen die Hitler-Diktatur. Elisabeth Schwamb hat wichtige Teile des Nachlasses ihres Mannes über das Kriegsende gerettet, einen Teil dem Parteiarchiv übergeben, sehr persönliche Dokumente gelangten ins Mainzer Stadtarchiv. Aus ihnen geht hervor, daß sie unermüdlich mit deutschen Historikern (Gerhard Ritter), Publizisten (Paul Sethe), mit der großen Autorin Ricarda Huch korrespondiert hat. Die alljährlichen Gedenkfeiern zum 20. Juli in Berlin nahm sie gerne zum Anlaß, in streitbaren Interviews die aufreizende Frechheit der Gestrigen zu geißeln. 1955 ermöglichte sie mit ihren freundschaftlichen Verbindungen zu Überlebenden des deutschen Widerstandes, zum Beispiel im Umkreis des Heidelbergers Emil Henk, eine vielbeachtete Südwestfunk-Dokumentation, die so in der Lage war, persönliche Aussagen, Zeitzeugenschaften zu sichern. In den letzten Lebensjahren lebte sie zurückgezogen in der Mainzer Kaiserstraße. Noch kurz vor ihrem Tod mahnte sie in ihren Briefen, zwei Gedenktage des nächsten Jahres nicht zu vergessen. Aus der Stille wollte sie sich nicht mit dem Verdrängen und Vergessen abfinden.

Sie starb am 20. September 1964. In Undenheim, wie sie am 3. September 1939 mit ihrem Mann testamentarisch festgelegt hatte, wurde sie bestattet. Ihr Mann, der am 23. Januar 1945 in Berlin hingerichtet wurde, hat kein Grab. Aber Straßen und Schulen, unter anderem in Undenheim und Mainz, tragen seinen Namen.

Anton Maria Keim

Quellen/Literatur:

Persönlicher Nachlaß Elisabeth Schwamb (Stadtarchiv Mainz);
Erste Sitzung der Kreisversammlung. Neuer Mainzer Anzeiger v. 2.11.1946;
Die Frau in der Zeitkrise. Die Freiheit v. 26.9.1947;
Hedwig Brüchert-Schunk: Frauen in der Nachkriegszeit, in: Anton M. Keim/Alexander Link (Hg.), Leben in den Trümmern. Mainz 1945 bis 1948. Mainz 1985, S. 105-122;
Katrin Kusch: Die Wiedergründung der SPD in Rheinland-Pfalz nach dem Zweiten Weltkrieg (1945-1951). Mainz 1989 (Veröffentlichungen der Kommission des Landtages für die Geschichte des Landes Rheinland-Pfalz, Bd. 12).

Sofie Schwarzkopf (1895-1979)

Sofie Groos wurde am 30. September 1895 als neuntes von zwölf Kindern eines Bäckermeisters in Mülheim bei Koblenz geboren. Vielleicht war es die Erfahrung des Aufwachsens in einer so großen Familie, die bewirkte, daß sich Sofie ihr Leben lang für das Wohl anderer Menschen einsetzte.
Nach dem Besuch der Volksschule absolvierte sie eine kaufmännische Lehre und arbeitete zunächst als kaufmännische Angestellte. Danach war sie sechs Jahre lang bei der Stadtverwaltung Koblenz in der Verwaltung tätig. Nach ihrer Verheiratung mit Hans Schwarzkopf im Jahr 1921 schied sie, wie damals für Frauen üblich, aus den städtischen Diensten aus. Ihr Mann arbeitete beim Versicherungsamt der Stadt Koblenz. Als er bald darauf zum stellvertretenden Leiter der AOK des Landkreises Köln ernannt wurde, zog die Familie – inzwischen war Tochter Brunhild geboren – nach Brühl bei Köln um.

Sofie Schwarzkopf (1965)

Hans Schwarzkopf war seit 1919 Mitglied der SPD und auch in der Arbeiterwohlfahrt aktiv. In seiner Wohnung fanden viele Besprechungen statt, und so ergab es sich fast von selbst, daß auch Sofie Schwarzkopf zur Politik fand. 1924 trat sie der SPD bei und widmete sich vor allem der Frauenarbeit. Als ab Ende der zwanziger Jahre mit der einsetzenden Weltwirtschaftskrise die Arbeitslosigkeit rasch zunahm, engagierte sich Sofie Schwarzkopf auch zunehmend bei der Arbeiterwohlfahrt, um die Not der Bevölkerung lindern zu helfen.
1933 wurde diese Arbeit jäh unterbrochen. Wie überall in Deutschland, wurden auch in Köln alle Arbeiterorganisationen verboten, ihre Einrichtungen geschlossen und das Vermögen beschlagnahmt. Mit den bisherigen politischen Weggefährten konnte man sich nur noch heimlich treffen. Hans Schwarzkopf wurde 1933 vorübergehend in „Schutzhaft" genommen und verlor als Sozialdemokrat aufgrund des „Gesetzes zur Wiederherstellung des Berufsbeamtentums" vom 7. April 1933 seine Stelle. Zugleich wurde ein Aufenthaltsverbot für Köln und den gesamten Landkreis verfügt. Darauf zog er mit der Familie nach Koblenz zurück. Im Jahr 1942 verstarb Hans Schwarzkopf.
Als der Zweite Weltkrieg zu Ende, Deutschland von dem nationalsozialistischen Gewaltregime befreit war und sich mitten in den Trümmern Menschen zusammenfanden, um wieder Parteien zu gründen und ein demokratisches politisches Leben neu in Gang zu bringen, gehörte Sofie Schwarzkopf mit zu den ersten, die sich für den Wiederaufbau zur Verfügung stellten. Bei der zweiten Kommunalwahl nach dem Krieg im Jahr 1948

wurde sie für die SPD in den Koblenzer Stadtrat gewählt, dem sie, mit einer Unterbrechung von 1952 bis 1956, bis 1969 angehörte.

Als Ratsmitglied arbeitete sie in mehreren Ausschüssen mit, u.a. im Haupt- und Finanzausschuß, im Personalausschuß und im Krankenhausausschuß. Außerdem war sie lange Jahre Mitglied im Verwaltungsrat der Stadtsparkasse Koblenz sowie Laienrichterin beim II. Senat des Oberverwaltungsgerichts Koblenz.

Auch in der Arbeiterwohlfahrt wurde Sofie Schwarzkopf gleich nach dem Krieg wieder aktiv. Hier leistete sie mehrere Jahrzehnte lang ehrenamtlich wichtige Arbeit im sozialen Bereich für die Koblenzer Bevölkerung.

Ging es in der unmittelbaren Nachkriegszeit vor allem darum, Not und Hunger zu lindern, Schulspeisungen und Kindererholungen durchzuführen und Bedürftige mit Kleidung zu versorgen, so wandelten sich im Lauf der folgenden Jahrzehnte die Arbeitsschwerpunkte der Wohlfahrtsorganisationen. Aufgrund der wirtschaftlichen und demographischen Veränderungen innerhalb der Bevölkerung gewann zunehmend die Altenarbeit sowie die Arbeit mit sozial benachteiligten Gruppen an Bedeutung. Sofie Schwarzkopf setzte sich als Vorsitzende der Arbeiterwohlfahrt Koblenz für die Übernahme von Verantwortung auch auf diesen Gebieten der Sozialarbeit ein, und es entstand eine Reihe von neuen Einrichtungen in Trägerschaft der Arbeiterwohlfahrt.

Bis 1960 war sie Vorsitzende des Kreisverbandes Koblenz-Stadt. Nach ihrem Ausscheiden aus diesem Amt wurde sie zur Ehrenvorsitzenden ernannt. Außerdem war sie stellvertretende Vorsitzende des Bezirksverbandes Rheinland-Hessen-Nassau der Arbeiterwohlfahrt. Wie sehr Sofie Schwarzkopfs Wirken anerkannt war, läßt sich daraus ersehen, daß nach ihrem Tod, im Jahr 1990, die Resozialisierungswerkstatt in der Laubach mit dem dazugehörigen Wohnheim in der Römerstraße nach ihr benannt wurde.

Doch auch bereits zu Lebzeiten wurde Sofie Schwarzkopfs Einsatz für die Allgemeinheit gewürdigt. 1960 wurde ihr für ihre Verdienste um die kommunale Selbstverwaltung die Freiherr-vom-Stein-Plakette verliehen. Am 30. September 1965, ihrem 70. Geburtstag, wurde sie in einer Stadtratssitzung mit dem Bundesverdienstkreuz Erster Klasse ausgezeichnet. Bei einem vom SPD-Kreisverband Koblenz ausgerichteten Empfang wurde ihr am gleichen Tag auch die Große Ehrenurkunde der SPD, unterschrieben von Willy Brandt, überreicht, und von der Arbeiterwohlfahrt wurde ihr für besondere Verdienste ebenfalls im Jahr 1965 die Goldene Ehrennadel verliehen. 1977 erhielt sie dann die Maria-Juchacz-Plakette, die höchste Auszeichnung der Arbeiterwohlfahrt.

Sofie Schwarzkopf, die im Alter im Haus ihrer Tochter lebte, verstarb am 23. März 1979 in Koblenz.

Hedwig Brüchert

Quellen/Literatur:

Auskünfte des Stadtarchivs Koblenz;
Auskünfte von Frau Brunhild Gauls geb. Schwarzkopf, Koblenz;
Vorschlagsbegründung für die Verleihung des Bundesverdienstkreuzes Erster Klasse (1965);
„Unsere Heimatstadt mit aufgebaut". Rhein-Zeitung vom 2./3.10.1965;
Große Ehrenurkunde der SPD. Die Freiheit, Ausg. Koblenz, vom 4.10.1965;
Koblenz privat: Sofie Schwarzkopf. Schängel vom 25.9.1975;
S. Schwarzkopf gestorben. Schängel vom 29.3.1979;
Benannt nach S. Schwarzkopf. Schängel vom 11.10.1990.

Ilse von Senfft (1916-1998)

„Was, Sie können einen Rundfunksender reparieren?" Eine oft gestellte Frage, die in den fünfziger Jahren durchaus verständlich war. Das nicht ausgesprochene „als Frau" klang darin immer mit ...

Ilse von Senfft war von 1949 bis 1976 Senderwartin und als solche ein echtes „Unikat" beim Südwestfunk. Die Regionalpresse berichtete häufig und gerne über sie und machte sie über die Landesgrenzen hinaus bekannt. Inzwischen hat „der Fortschritt" auch vor dem technischen Senderdienst des SWF nicht Halt gemacht – im Klartext: Er beschäftigt heute keine Frau an Senderstandorten mehr.

Was brachte Ilse von Senfft zu diesem für eine Frau ausgefallenen Beruf?

Silvester 1916 kam sie auf dem elterlichen Gut in Pommern zur Welt. Die Baronesse zeigte schon sehr früh einen Hang zum Praktischen und interessierte sich besonders für elektrische Reparaturen. Damals wurden solche Aufträge von über Land fahrenden Elektrikern gegen Naturalien ausgeführt. Widerstände, Schaltungen, Kondensatoren, das war ihre Welt. Nachdem sie in Potsdam ihr Abitur abgelegt hatte, brach der Zweite Weltkrieg aus. Ihr Verlobter fiel im Krieg, die Familie wurde aus Pommern nach Westen vertrieben. Nach 1945 war Ilse völlig mittellos und auf sich gestellt.

Die Familie ihres Verlobten bot ihr die Finanzierung eines Studiums an. Ilse von Senfft wählte lieber „etwas Praktisches" und machte eine Lehre. Zum einen konnte sie sich damit schnell selbst über Wasser halten, zum anderen war sie nach Kriegsende bereits dreißig Jahre alt. Ihre Neigung zur Elektrotechnik war ungebrochen, und so trat sie 1947 eine Lehre als Elektrikerin bei „Westfalia" in Lünen an. Dort wurden u.a. große Elektromotoren für den Bergbau hergestellt. An die schwere körperliche Arbeit gewöhnte sich Ilse von Senfft rasch. Obwohl Frauen in der Regel bei feinmechanischen Arbeiten geschickter sind als Männer, wäre selbst heute eine Ausbildung unter derart harten und schwierigen Bedingungen für eine Frau sehr ungewöhnlich. Aber der Krieg hatte große Lücken gerissen, und so bekamen damals viele Frauen Lehrstellen und Beschäftigung in technischen Bereichen, in denen Spezialisten fehlten, bevor dann gegen Ende der fünfziger Jahre die schleichende Restauration begann und Frauen aus vielen Tätigkeitsbereichen wieder verdrängt wurden. Ilse von Senfft gab die geliebte Arbeit nicht auf, doch sie zahlte, wie viele andere Frauen auch, einen hohen Preis für ihr erfolgreiches Berufsleben und ihre Unabhängigkeit: Sie blieb unverheiratet.

1949 trat sie mit dem Gesellenbrief in der Tasche beim Südwestfunk am Sender Wolfsheim bei Mainz (Rheinsender) ihre erste Stelle an. Der SWF verfügte damals gerade einmal über fünf, allerdings unzureichende, Mittelwellensender. 1948 wurden auf der Kopenhagener Wellenkonferenz die Frequenzen neu geordnet. Und so konnte 1950 der neue Rheinsender Wolfsheim den Betrieb aufnehmen. Ilse von Senfft war von Anfang an mit dabei und vertrat bereits in dieser Zeit Beschäftigteninteressen als Mitglied des Betriebsrates.

Nach wie vor hatte der Südwestfunk Probleme mit der flächendeckenden Rundfunkversorgung per Mittelwelle. Mitte der fünfziger Jahre wurde deshalb das UKW-

Ilse von Senfft auf dem 40 m hohen Sendeturm des Südwestfunk-Senders Linz am Rhein

Sendernetz ausgebaut. Der Sender Linz am Rhein ging in Betrieb, damit war Ilse von Senfft für zwei große UKW-Sendeanlagen allein verantwortlich. Und das bei einem täglichen Sendebetrieb von zwanzig Stunden, der möglichst lückenlos überwacht werden mußte! Reparaturen waren in den sendefreien Nachtstunden zu erledigen. Selbst in ihrer Privatwohnung hatte sie deshalb Überwachungsgeräte zum Erkennen von Störungen des Sendebetriebes stehen.

Trotzdem waren die Sender vor gelegentlichen Ausfällen nicht gefeit. Immer wieder mußte Ilse von Senfft für Reparaturarbeiten den vierzig Meter hohen Stahlgitterturm besteigen. Allein, mit Geräten und Ersatzteilen. Damals waren Teile der Senderanlagen groß und entsprechend schwer zu heben. Heute, im Zeitalter der Mikroelektronik, sind dazu laut Schutzvorschriften mindestens drei Personen erforderlich ...

Senderstandorte sind in der Regel einsam gelegen und in kalten Monaten nicht gerade wohnlich. Doch zum Glück gab es „Fips", ihren Dackel, und für Dienst am Heiligabend gab es vom Sender eine Flasche Wein und ein Päckchen Zigaretten. 1955 ging die Ladung auf dem Transport zu Bruch. Die Ersatz-Weinflasche und zwölf(!) Zigaretten wurden prompt von der Abteilung Unterkunft/Reisen Anfang 1956 wieder auf den Weg gebracht.

Peinlich genau führte Ilse von Senfft ihr Kassenbuch. Auch alle Telefonate wurden genau festgehalten. Bei ihren männlichen Kollegen eckte sie des öfteren dadurch an, daß sie als Frau viele Probleme erfolgreich von einer völlig anderen Seite anging. Damit haben Männer in technischen Berufen bis heute ihre Schwierigkeiten ...

Nach einigen Jahren in Linz wechselte Ilse von Senfft an den größeren Standort Koblenz-Waldesch. Mit sechzig Jahren ging sie dort am 1. Januar 1977 in Pension. Während des Ruhestandes lebte sie in Niederfell an der Mosel. Eine Nichte ihres im Krieg gefallenen Verlobten betreute sie bis zu ihrem Tode am 19. Februar 1998.

Elisabeth Thullner

Quellen/Literatur:

Auskünfte von Hilda Tilmann, Werne (Nichte des gefallenen Verlobten von Ilse v. Senfft);
Auskünfte von Dipl.-Ing. Wolfgang Weinlein, Baden-Baden (SWF-Kollege, seit 1995 in Ruhestand);
Historisches Archiv, Südwestrundfunk Baden-Baden.

Elfriede Seppi (1910-1976)

Elfriede Seppi wurde am 6. Februar 1910 als Elfriede Heering in Düsseldorf geboren. Als uneheliches Kind wuchs sie bei ihren Großeltern in Heddesdorf bei Neuwied auf. Drei weitere Geschwister lebten bei den Eltern in Düsseldorf. Nach der Volksschule, die sie bis zur achten Klasse besuchte, absolvierte sie eine dreijährige Lehre (1925-1928) in einem Herrenmodengeschäft. Nach einer Zeit als Verkäuferin konnte sie sich zur Filialleiterin bei der Heddesdorfer Einkaufs- und Verkaufsgenossenschaft emporarbeiten. Nach ihrer Heirat mit Ernst Seppi im Jahr 1939 gründeten beide Eheleute eine Dampfwäscherei in der Schloßstraße 78 in Neuwied und wohnten von da ab auch dort. Als ihr Mann noch im gleichen Jahr zur Wehrmacht eingezogen wurde, übernahm sie die Leitung des Betriebs. Ernst Seppi kehrte nicht aus dem Krieg zurück; er starb am 12. Juni 1945 in einem Kriegsgefangenenlazarett. Elfriede erhielt jedoch erst 1951 Gewißheit über seinen Tod; bis dahin galt er als vermißt.

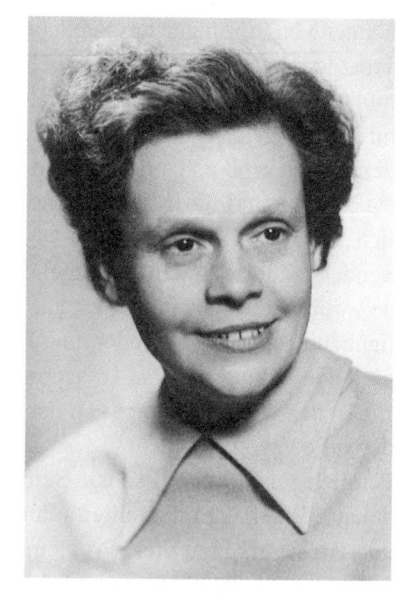

Elfriede Seppi (1955)

Bereits seit dem 15. Lebensjahr hatte sich Elfriede Seppi in der Arbeiterbewegung engagiert. Nach aktiver Jugendarbeit in der Gewerkschaft (Zentralverband der Angestellten) und in der Sozialistischen Arbeiterjugend sowie als Mitglied des Arbeiter-Samariter-Bundes, des Arbeiter-Wassersportvereins, des Volkschors „Lyra" und der SPD blieb sie ihrer Überzeugung auch unter den Repressionen des nationalsozialistischen Regimes treu, das sie von 1933 bis 1945 unter Polizeiaufsicht stellte.

Nach Kriegsende war sie in der ersten Reihe jener Bürgerinnen und Bürger zu finden, „die eine vorrangige Verpflichtung darin sahen, ihre Stadt in freiheitlich demokratischer Ordnung aufzubauen und weiterzuentwickeln", wie es in einer Rede anläßlich der Verleihung der Ehrenbürgerschaft der Stadt Neuwied an Elfriede Seppi hieß. Sie zählte zu den Wiedergründerinnen der SPD Neuwied und wurde am 15. September 1946, bei der ersten Gemeinderatswahl nach dem Zweiten Weltkrieg, in den Rat gewählt. In diesen schweren Nachkriegsjahren war Elfriede Seppi vor allem in der Wohlfahrts- und Wohnungskommission sowie in der Wirtschafts- und Ernährungskommission tätig. Diese Ausschüsse hatten zusammenfassend ein einziges Ziel, nämlich die große materielle Not der Bevölkerung zu lindern und die Stadt auf schnellstem Wege mit dem Lebensnotwendigen zu versorgen. „Mutter der Wohnungssuchenden" wurde Elfriede Seppi nicht nur von ihren Parteifreunden genannt. Unzähligen Neuwiedern verschaffte sie mit großem Engagement ein Dach über dem Kopf.

Bis zu ihrem Tod im Jahr 1976 gehörte Elfriede Seppi, neben all ihren anderen Funktionen, mit Unterbrechungen dem Stadtrat an und bewies mit dieser Tätigkeit immer wieder ihre Verbundenheit mit ihrer Heimatstadt Neuwied. Sie war zeitweise im Haupt-, Personal- und Kulturausschuß, dann im Sozial-, Jugendwohlfahrts- und im Volksschulausschuß tätig, gehörte dem Krankenhausbeirat an und war die erste Patientenfürsprecherin des Neuwieder Stadtkrankenhauses.

1947 wurde Elfriede Seppi auch in den Landtag von Rheinland-Pfalz gewählt, dem sie drei Wahlperioden, bis 1959, angehörte und in dessen Präsidium sie zeitweise als Beisitzerin fungierte. Hier – ebenso wie später als Bundestagsabgeordnete – gab sie wieder jenen Ausschüssen den Vorzug, die im direkten Dienste am hilfesuchenden Mitmenschen standen, so wie sie es aus ihrer heimatlichen politischen Arbeit gewohnt war. Sozialpolitik, Familie, Jugend, Gesundheit waren ihre Arbeitsbereiche, und schließlich der Petitionsausschuß, in dem sie sich um die vielen individuellen Sorgen und Probleme aller Schichten der Bevölkerung kümmern konnte. Diese Tätigkeit im Deutschen Bundestag in den Jahren von 1959 bis 1972 stellte den Höhepunkt ihrer politischen Laufbahn dar.

Daneben übte Elfriede Seppi auch eine Reihe von Funktionen in ihrer Partei aus. So war sie seit 1953 Zweite Kreisvorsitzende und Mitglied des Bezirksvorstandes der SPD. Außerdem war sie lange Jahre Vorsitzende des Frauenausschusses im SPD-Bezirk Rheinland-Hessen-Nassau und Mitglied im Bundesvorstand sozialdemokratischer Frauen.

Elfriede Seppi galt als eine unauffällige und bescheidene Politikerin, die sich mit äußerster Hingabe für die Sache einsetzte. Auch in den schwersten Stunden stach sie durch Besonnenheit hervor. Größte Anstrengungen ertrug sie mit Ruhe und Gelassenheit. Ihre Persönlichkeit zeichnete sich durch ein frauliches, schon fast mütterliches Wesen aus, das sie sich auch im harten politischen Alltagsleben bewahrte.

Am selben Tag, an dem Elfriede Seppi als Bundestagsabgeordnete des Wahlkreises Neuwied/Altenkirchen im Heimathaus Neuwied ihren 60. Geburtstag feierte, erhielt sie das Bundesverdienstkreuz Erster Klasse. In Ansprachen und Danksagungen würdigten Vertreter von SPD, CDU und FDP diese bedeutende Politikerin, die zu jener Zeit an Dienstjahren zu einer der ältesten Parlamentarierinnen zählte. Gleichzeitig wurde die Jubilarin mit der Ehrenmedaille in Gold der Stadt Neuwied für langjährige Arbeit im Stadtrat ausgezeichnet.

Am 26. Januar 1976 faßte der Neuwieder Stadtrat den Beschluß, Frau Seppi die Ehrenbürgerwürde zu verleihen. Zu diesem Zeitpunkt war sie bereits von einer schweren Krankheit gezeichnet; sie konnte nicht mehr an einer Feierstunde teilnehmen. Die Urkunde wurde ihr daher Anfang Februar in ihrer Wohnung überreicht.

Wenig später verstarb Elfriede Seppi nach zweieinhalbjährigem Leiden am 14. Juni 1976 im Alter von 66 Jahren im Stadtkrankenhaus Neuwied. Sie wurde am 19. Juni auf dem Friedhof Sohler Weg beigesetzt. Die große Anteilnahme weiter Bevölkerungskreise und der hohen Politik, u.a. vertreten durch Bundestagspräsidentin An-

nemarie Renger, Staatssekretär Karl Haehser, das Mitglied des Bundestags Elfriede Eilers und den Landtagsvizepräsidenten Gert Steen, zeigten, welch große Wertschätzung Elfriede Seppi genossen hatte. Die Rhein-Zeitung schrieb: „Neuwied ist um eine bedeutende Persönlichkeit ärmer geworden."
1990 wurde eine Straße in Neuwied nach Elfriede Seppi benannt, und die Stadt brachte an der Außenwand des dortigen Parkhauses eine Gedenktafel an. Dadurch soll auch den nachfolgenden Generationen das Leben dieser beeindruckenden Politikerin in Erinnerung gebracht werden.

Susanne Brötz

Quellen/Literatur:

Susanne Klein: Elfriede Seppi (1910-1976). Der Weg einer leidenschaftlichen SPD-Politikerin, in: Von Frau zu Frau. Auf der Suche nach der verschütteten Geschichte bedeutender Frauen in und um Neuwied, hg. v. Frauenbüro Neuwied. Neuwied 1993, S. 30-38;
Amtliches Handbuch des Landtages Rheinland-Pfalz, III. Wahlperiode 1955, hg. v. Landtag Rheinland-Pfalz, S. 223;
Rhein-Zeitung: „Großer Bahnhof für Frau Seppi", 7./8. Februar 1970;
Rhein-Zeitung: „Elfriede Seppi seit 25 Jahren in der Politik mitgestaltend", 18. Oktober 1971;
Rhein-Zeitung: „Leben in Neuwied", Februar 1976;
Laudatio zur Verleihung der Ehrenbürgerschaft an Frau Elfriede Seppi (1976);
Rhein-Zeitung: „Neuwied trauert um seine Ehrenbürgerin Frau Seppi", 15. Juni 1976;
Abgeordnete in Rheinland-Pfalz 1946-1987. Biographisches Handbuch, hg. v. Landtag Rheinland-Pfalz, bearb. v. Heidi Mehl-Lippert und Doris Maria Peckhaus. Mainz 1991, S. 289.

Katharina Stalter (1896-1950)

In der Neustadter kommunalpolitischen Landschaft nach 1945 gab es weit mehr Männer als Frauen. Die Suche war deshalb schwierig. In Katharina Stalter, geb. Schönig, geboren am 23. Dezember 1896, finden wir aber eine Frau, die zu den herausragenden Persönlichkeiten dieser Zeit zählt.
Sie, eine waschechte Neustadterin, wuchs in einer Arbeiterfamilie auf. Ihr Vater, von Beruf Schlosser, war schon als junger Mensch SPD-Mitglied. Aufgrund des guten Verhältnisses zwischen Vater und Tochter ist es nicht verwunderlich, daß die noch jugendliche Katharina ihm in politischer Hinsicht nacheiferte. Auch war ihr Interesse an der Arbeiterwohlfahrt geweckt, der sie sich zuwandte. Nach ihrer Eheschließung am 20. September 1920 erfuhren diese Bindungen noch eine Stärkung, denn ihr Ehemann Heinrich Stalter hatte die gleiche politische

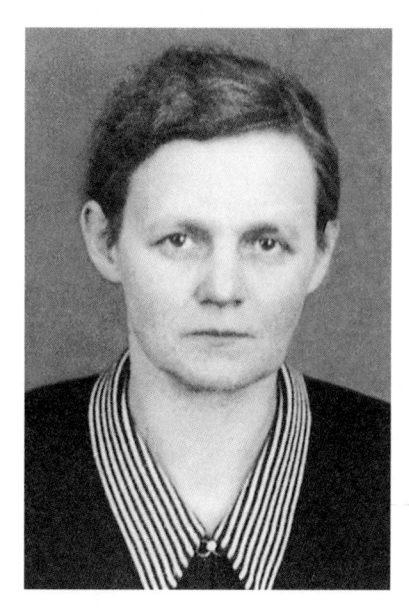

Katharina Stalter

Richtung und gehörte ebenfalls seit seiner Jugend der SPD an. Die Familie pflegte gute Beziehungen zu den Naturfreunden, wie einige Fotos aus den zwanziger Jahren belegen. Das Naturfreundehaus mit seiner Umgebung bot ihr einen willkommenen Freizeitort. Insbesondere konnten sich dort die älteren ihrer fünf Kinder – das jüngste wurde erst 1934 geboren – nach Belieben austoben.
Im Jahr 1933 veränderte sich die familiäre Situation völlig. Nachdem die Nationalsozialisten an die Macht gekommen waren, verlor der Ehemann seiner politischen Haltung wegen seine Arbeit. Die wirtschaftliche Not war plötzlich groß, und es bedurfte aller Anstrengungen, um die Familie durchzubringen. So holte der Vater das nötige Holz aus dem Wald. Katharina Stalter nähte und übernahm verschiedene Arbeiten, um das knappe Wirtschaftsgeld aufzubessern. Die seit 1917 verwitwete Großmutter half aus, wo sie nur konnte. Die Eheleute Stalter hielten indes an ihrer Überzeugung fest, auch wenn sich ihre Lage lange Zeit nicht besserte. Erst 1938 konnte Heinrich Stalter wieder eine Arbeitsstelle antreten.
Am 21./22. März 1945 wurde Neustadt an der Weinstraße von den Amerikanern besetzt. Vorerst blieben die Parteien und Gewerkschaften noch verboten. Für Katharina Stalter war jedoch der Augenblick einer politischen Betätigung gekommen. Einige beherzte Parteimitglieder nahmen untereinander sehr rasch Verbindung auf. Allerdings sahen sie keinen anderen Weg, als sich „geheim" zu treffen. Auf Initiative von Katharina Stalter war einer der SPD-Treffpunkte die Wohnung ihrer Mutter

Margarete Schönig, die sich im Vorderhaus Mandelgasse 4 befand. Familie Stalter wohnte damals im Hinterhaus des gleichen Anwesens.

Die Lage „Mandelgasse" war gut gewählt. Etwas abseits vom Stadtkern, in der Vorstadt, konnte man sich durchaus sicher fühlen. Im Haushalt der Großmutter, wie Frau Schönig genannt wurde, spielte sich mangels eines Wohnzimmers alles in der Küche ab. Dies war aber ohne Belang. Wichtig war nur, daß man sich ungestört beraten konnte, wenn die Enge auch oft erdrückend war. In der kleinen Küche mußte man eben zusammenrücken und jede Sitzmöglichkeit ausnützen. Mitunter mußten auch einige stehen.

Natürlich erhebt sich die Frage, wer dem Teilnehmerkreis angehörte. Waren diese Besprechungen wichtig genug, um ihnen einen höheren Rang einzuräumen? Unter den Besprechungsteilnehmern waren beispielsweise: Johannes Gröning (besonders nach dem Zweiten Weltkrieg auch auf überörtlicher SPD-Ebene von Bedeutung), Dr. Karl Bäßler, Ulrich Schoen und Philipp Sauerheber. Sie alle spielten im kommunalpolitischen Leben der Stadt nach dem Zweiten Weltkrieg eine wichtige Rolle. Damit ist klargestellt, daß sich damals in der Mandelgasse 4 eine Keimzelle neuen demokratischen Lebens gebildet hatte.

Am 13. Dezember 1945 wurde die Verordnung Nr. 23 des Commandement en Chef français en Allemagne bezüglich der Gründung politischer Parteien demokratischer und anti-nationalsozialistischer Richtung im französischen Besetzungsgebiet erlassen. Damit war es den in Frage kommenden Parteien möglich, ihre Tätigkeit nach besonderer Genehmigung durch die Militärregierung auszuüben. Das veränderte die Situation: Die SPD wurde im Februar 1946 zugelassen. Die „Geheimtreffen" der ersten Nachkriegsmonate gehörten nun der Vergangenheit an.

Katharina Stalter hatte für die Treffen aber nicht nur einen Raum organisiert. Sie war vielmehr von Anfang an ein volles Mitglied des Teilnehmerkreises. So ist es auch zu verstehen, daß sie als Kandidatin der SPD zur ersten Stadtratswahl nach dem Zweiten Weltkrieg am 22. September 1946 nominiert wurde. Der neu gewählte Stadtrat trat am 25. Oktober 1946 zu seiner ersten Sitzung zusammen. Ausweislich des Protokolls zog Katharina Stalter an diesem Tag in den Stadtrat der Stadt Neustadt (damals wieder „an der Haardt") ein. Damit ist noch eine Besonderheit verbunden, denn Katharina Stalter war die erste Stadträtin der SPD in diesem Gremium.

Zur Stadtratswahl am 14. November 1948 wurde Frau Stalter von ihrer Partei wieder aufgestellt und erneut gewählt. Die konstituierende Sitzung fand am 1. Dezember 1948 statt. Nach Bildung der Ausschüsse wurde sie in den Fürsorge-, den Jugendamts- und Kindergartenausschuß berufen. Dies entsprach ihrem sozialen Engagement. Die Not jener Zeit war groß, und Neustadt hatte zudem ab 1950 viele Flüchtlinge und Vertriebene aufzunehmen. Katharina Stalter setzte sich unvermüdlich für hilfsbedürftige Menschen ein. In ihrer Partei gründete sie außerdem eine Frauengruppe, die sie bis zuletzt leitete.

Am Samstag, dem 28. Oktober 1950, veranstaltete die SPD in Neustadt ein Öffentliches Forum, so die Tageszeitung „Die Rheinpfalz" vom gleichen Tag. In der Einladung hieß es: „Es spricht heute abend im Gasthaus ‚Zum Rathaus' Oberbürgermeister Hartmann zu dem kommunalpolitischen Thema ‚Wer entzieht sich der Verantwortung?'" Es ging um die Unterbringung von Flüchtlingen und Heimatvertriebenen, die der Stadt zugewiesen wurden. Während der Diskussion trat auch Katharina Stalter ans Rednerpult. Inmitten ihrer Ausführungen stürzte sie plötzlich zu Boden und verlor das Bewußtsein. Obwohl sofort ärztliche Hilfe geleistet wurde, verstarb sie zwei Tage später, am 30. Oktober 1950, in ihrer Wohnung in der Mandelgasse. Der Nachruf der Stadt (Rheinpfalz vom 2.11.1950) lautete:

„Der Stadtrat der Stadt Neustadt an der Weinstraße betrauert den Tod von Frau Stadtrat Katharina Stalter, die am 30.10.1950 überraschend verstorben ist. Die allzufrüh Verlebte hat sich im Stadtratskollegium und in den städtischen Ausschüssen stets in uneigennütziger und selbstloser Weise besonders für die sozialen Belange unserer Bevölkerung erfolgreich eingesetzt und ihren wertvollen Rat als Hausfrau und Mutter der Stadt zur Verfügung gestellt. Ein ehrendes Andenken ist ihr gewiß!
Namens des Stadtrates: Hartmann, Oberbürgermeister"

Der Ortsverein der SPD brachte in seinem Nachruf zum Ausdruck, daß sich Frau Stalter bis zur letzten Stunde für das Wohl ihrer Mitmenschen aufgeopfert hat: „Ihre Hingabe soll uns Vorbild sein!"
Frau Stalter hatte in den Jahren 1933 bis 1945 aus politischen Gründen viel zu ertragen. Ihr Kampf ums Dasein und die Sorge um die Familie lasteten schwer auf ihr. Unabhängig davon setzte sie sich stets für den Nächsten ein. Zum demokratischen Aufbau unseres Staates hat sie einen wertvollen Beitrag geleistet. Dies gilt insbesondere für den Neuanfang 1945/46.
Der Frauenausschuß der Stadt Neustadt an der Weinstraße hat auf Grund ihres beispielhaften Einsatzes in seiner Sitzung vom 22. Mai 1996 die Empfehlung ausgesprochen, nach ihr eine Straße zu benennen.

Gerhard Berzel

Quellen/Literatur:
Auskünfte von Frau Gretel Rothfuchs, geb. Stalter, Neustadt an der Weinstraße;
Gerhard Berzel: Neustadter Frauen im Zeichen ihrer Zeit. Landau 1990;
Gerhard Wunder: Die Sozialdemokratie in Neustadt an der Weinstraße seit 1832. Zum hundertzehnjährigen Bestehen des Ortsvereins 1875 bis 1985. Neustadt 1985, S. 92f.

Hilda von Stedman (1888-1984)

Hilda von Stedman entstammt der alten adeligen schottischen Familie Barton, die bis in die zweite Hälfte des zwölften Jahrhunderts belegt ist. Die Namensvereinigung Barton Stedman fand 1545 statt, als Charles Barton die Susanna Stedman heiratete. 1729 trat Robert Stedman in die schottische Brigade Stuart ein, die seit der Regentschaft Wilhelms III von Oranien in den Niederlanden stationiert war. Der Enkel John Andreas nahm die niederländische Staatsbürgerschaft an, und sein Sohn Carl von Barton gen. von Stedman verlegte seinen Wohnsitz in die preußische Rheinprovinz, wo er 1834 das Gut Besselich, ein ehemaliges Kloster in Urbar bei Koblenz, erwarb.

Hier, auf Haus Besselich, wurde Hilda von Stedman am 11. März 1888 als Tochter von Franz Andreas von Barton gen. von Stedman und Elisabeth Kraul geboren. Sie hatte

Hilda von Stedman (ca. 1930)

zwei jüngere Brüder sowie vier ältere Halbgeschwister aus der ersten Ehe der Mutter mit Robert von Stedman, einem Bruder von Hildas Vater. Nach dem frühen Tod Robert von Stedmans im Jahr 1884 hatte die Witwe den jüngeren Bruder ihres ersten Mannes geheiratet. Franz Andreas von Stedman hatte zunächst eine militärische Karriere eingeschlagen. Bei seiner Heirat 1887 war er aus dem Heeresdienst ausgeschieden. Er war Kreisdeputierter, 1888 wurde er Landrat des Kreises Koblenz. 1910 erfolgte die Ernennung zum Geheimen Regierungsrat.

Hilda wuchs auf Haus Besselich auf. Kurz nach Ausbruch des Ersten Weltkriegs, im September 1914, meldete sie sich zur Freiwilligen Krankenpflege für die Rheinprovinz. Am 20. Oktober 1915 wurde ihr die staatliche Anerkennung als Krankenpflegerin erteilt. Während der gesamten Dauer des Ersten Weltkriegs war sie dann in verschiedenen Garnisonslazaretten und Lazarettzügen eingesetzt.

Offenbar war Hilda von Stedman jedoch eine vielseitig interessierte und wohl auch eigenwillige junge Frau, die sich nicht auf die traditionelle weibliche Rolle der Helfenden festlegen ließ. Sie wollte ein Handwerk erlernen. Nach Kriegsende ging sie nach Bremen und absolvierte dort in der Martin-Lehmann-Großbuchbinderei eine Buchbinderlehre. Am 25. April 1922 erhielt sie ihr Lehr- und Prüfungszeugnis. Anschließend kehrte sie nach Hause zurück und übernahm ehrenamtliche Aufgaben in der Landkrankenpflege in den Gemeinden Urbar und Vallendar. 1924 wurde ihr die Stelle einer Landkrankenpflegerin in Urbar übertragen. Ab 1929 stellte sie sich außerdem dem Kreiswohlfahrtsamt Koblenz ehrenamtlich als Hilfskraft zur Verfügung und unterstützte die Kreisfürsorgerinnen bei den Hausbesuchen. Ihren erlernten Beruf gab sie jedoch nicht auf, sondern bildete sich neben ihrer fürsorgerischen Tätigkeit zur Buchbindemeisterin fort. Am 16. Juni 1931 händigte ihr die Handwerkskammer Koblenz den Meisterbrief aus.

Nach jahrelanger ehrenamtlicher Arbeit wurde sie im Jahr 1937 vom Landratsamt Koblenz als Hilfsfürsorgerin angestellt, und es wurde ihr der Fürsorgedienst in den rechtsrheinischen Gebietsteilen des Landkreises Koblenz und im Amtsbezirk Rhens übertragen. Am 1. April 1941 wurde sie als Kreisfürsorgerin in das Beamtenverhältnis übernommen.

Nach dem Ende des Zweiten Weltkrieges, als unzählige Menschen vermißt, vertrieben oder geflohen waren und von ihren Angehörigen gesucht wurden, richteten die einzelnen Länder Suchdienste ein. Ab 15. August 1947 wurde Hilda von Stedman dazu abgeordnet, den Amtlichen Suchdienst Rheinland-Pfalz mit aufzubauen. Sie leitete diese Einrichtung mit großem Engagement bis März 1953. Einige Monate zuvor, am 1. Juni 1952, war der Amtliche Suchdienst auf das Deutsche Rote Kreuz übertragen worden. In ihrer Funktion als Leiterin des Suchdienstes verhalf Hilda von Stedman in den Nachkriegsjahren zahllosen Menschen, die infolge der Kriegsereignisse voneinander getrennt worden waren, dazu, wieder miteinander in Verbindung zu kommen. Diese Tätigkeit erforderte viel Zeit und Kraft. Die Mitarbeiterinnen des Suchdienstes erlebten nicht nur Glück und Dankbarkeit, sondern auch viel Leid und Verzweiflung. Oft mußten sie Trost spenden, denn längst nicht alle Vermißten konnten gefunden werden, und viele waren nicht mehr am Leben. Doch insgesamt erwies sich der Suchdienst als sehr erfolgreich.

Am 31. März 1953, kurz nach ihrem 65. Geburtstag, wurde Hilda von Stedman in den Ruhestand versetzt. Doch sie blieb weiterhin in vielen Bereichen aktiv. Sie betätigte sich noch jahrelang ehrenamtlich im Deutschen Roten Kreuz und im Volksbund Deutscher Kriegsgräberfürsorge, der ihr im Juni 1959 die Goldene Ehrennadel verlieh. Vom DRK-Kreisverband Mayen-Koblenz wurde sie im August 1975 zum Ehrenmitglied ernannt.

Sie beschäftigte sich auch mit der Geschichte ihrer Heimat, insbesondere ihres Familiensitzes. 1960 wurde sie in den Beirat des Vereins für Geschichte und Kunst des Mittelrheins berufen. Im Jahr 1975 veröffentlichte sie im Eigenverlag die 56-seitige Schrift „Aus der Geschichte des Klosters Besselich im Mittelalter und Neuzeit". Außerdem kümmerte sie sich um den Erhalt des umfangreichen Familienarchivs, das im Jahr ihres Todes dem Landeshauptarchiv Koblenz durch Vertrag vom 16. Juli 1984 als Depositum übergeben wurde.

Bis ins hohe Alter war sie eine sehr aktive und resolute Person, wie eine Begebenheit aus ihrem 90. Lebensjahr zeigt. Eine ihrer Leidenschaften war offenbar das Autofahren, das sie bereits in den zwanziger Jahren erlernt hatte. Als man ihr 1978 den Führerschein entzog, nachdem sie einen Unfall verursacht hatte, kämpfte sie energisch darum, dieses Papier wiederzubekommen.

Hilda von Stedman verstarb am 11. April 1984 im Alter von 96 Jahren.

Hedwig Brüchert

Quellen/Literatur:

Verzeichnis des Archivs und der Sammlungen der Familienstiftung von Barton gen. von Stedman, bearb. v. Joachim Dollwet, Teil 1: Archiv. Koblenz 1986 (Veröffentlichungen aus rheinland-pfälzischen und saarländischen Archiven, Kleine Reihe, Heft 42);
Vorschlagsbegründung für die Verleihung des Bundesverdienstkreuzes Erster Klasse (1961);
Sie führte Tausende Kriegsvermißte wieder zusammen. Hohe Auszeichnung für die Leiterin des Suchdienstes. Rhein-Zeitung Koblenz v. 14.4.1961;
Auskünfte des Landeshauptarchivs Koblenz;
Auskünfte von Herrn Karl-Gustav v. Stedman.

Dr. Elisabeth Steil-Beuerle (1908-1985)

Als ich im Frühjahr 1948 nach meiner Entlassung aus französischer Kriegsgefangenschaft nach Mainz kam, um dort im Verlag der SPD-Zeitung „Die Freiheit" in der Neubrunnenstraße meine Ausbildung als Journalist zu absolvieren, lernte ich auch bald eine engagierte Journalistin kennen: Dr. Elisabeth Steil-Beuerle. Sie war eine hochgebildete Frau, die sich im Rahmen ihrer journalistischen Tätigkeit – freiberuflich – außerordentlich stark für das politische Geschehen außerhalb und innerhalb Europas interessierte. Und irgendwann hatte es ihr China angetan.

Sie wurde als Elisabeth Waldmann am 24. Juni 1908 in Berlin als Tochter einer angesehenen Kaufmannsfamilie geboren. Der Vater betrieb eine Sekt- und Weinhandlung. Elisabeth hatte einen Bruder. Beide Kinder erhielten eine gute Schulausbildung. Elisabeth besuchte das Lyzeum, wurde für einige Zeit nach Lausanne ins Internat geschickt, um hauswirtschaftliche und Sprachkenntnisse zu erwerben, und erwarb anschließend nach Besuch des Oberlyzeums Berlin-Westend das Abitur.

Anschließend studierte sie die Fächer Germanistik, Romanistik, Philosophie und Geschichte in Innsbruck, Berlin und zuletzt in Heidelberg, wo sie 1933 mit einer Arbeit über Hugo von Hofmannsthal promovierte. Ihr Prüfer in Philosophie war Karl Jaspers.

Während des Studiums in Innsbruck hatte sie ihren späteren Mann, Ludwig Gerner-Beuerle, kennengelernt. Er war Ingenieur und stammte ebenfalls aus Berlin. Die beiden heirateten 1934 und lebten in Berlin. Der Sohn Alexander wurde 1935 geboren. Gleich nach der Promotion hatte Elisabeth begonnen, als Journalistin zu arbeiten. Das Schreiben war ihre Leidenschaft. Die Presse in Deutschland war inzwischen von den Nationalsozialisten „gleichgeschaltet". Dr. Elisabeth Gerner-Beuerle schrieb für das Feuilleton des „Völkischen Beobachters", vor allem Theaterkritiken. Im Zweiten Weltkrieg wurde ihr Mann als technischer Offizier zur Luftwaffe eingezogen. Als die Bombenangriffe auf Berlin immer mehr zunahmen, wurde Sohn Alexander in ein Internat in Hindelang im Schwarzwald evakuiert. 1944 verließ schließlich auch Elisabeth Gerner-Beuerle ihre Heimatstadt und zog mit ihrem Kind an den Bodensee, wo sie das Kriegsende erlebte.

Nachdem die Franzosen in Baden-Baden 1947 innerhalb der Verwaltung für ihre Besatzungszone eine eigene Abteilung für Öffentliche Bildung („Direction de l'Education Publique") eingerichtet hatten, wurde Elisabeth, die gut Französisch sprach, von Raymond Schmittlein, dem Direktor der Abteilung, als Mitarbeiterin eingestellt. Wegen ihrer Mitarbeit beim „Völkischen Beobacher" wurde sie im Entnazifizierungsverfahren als „Mitläuferin" eingestuft. Schmittlein nahm sie dennoch. Sie zog nach Baden-Baden. Nebenbei schrieb sie auch für den Burda-Verlag.

Als im Jahr 1949 nach einer Umstrukturierung der französischen Militärverwaltung die Bildungsabteilung nach Mainz verlegt wurde, zog auch Elisabeth mit in diese Stadt um, wo sie ihren Dienstsitz in der Zitadelle hatte. Anfang der fünfziger Jahre wurde ihre Ehe geschieden, und sie heiratete in zweiter Ehe Karl Steil. Sie führte nun den Namen Steil-Beuerle.

Dr. Elisabeth Steil-Beuerle (Mitte, m. weißem Schal und Mütze) mit Bundeskanzler Helmut Schmidt und dessen Frau Loki während des Staatsbesuchs im Herbst 1975 auf der Chinesischen Mauer

Mit der zunehmenden Übertragung von Aufgaben der Militärverwaltung auf deutsche Behörden endete schließlich Elisabeths Arbeit für die Franzosen, und sie betätigte sich wieder ausschließlich journalistisch. Sie wurde freie Mitarbeiterin bei der Allgemeinen Zeitung Mainz, bald auch beim Südwestfunk, berichtete über Politik aus dem Landtag und über Kulturthemen.

Die Aussöhnung Deutschlands mit den französischen Nachbarn blieb ihr ein Herzensanliegen. So war Dr. Elisabeth Steil-Beuerle in den fünfziger Jahren maßgeblich an der Gründung des Freundschaftskreises Rheinland-Pfalz/Burgund beteiligt, dessen Zustandekommen vor allem der Initiative von Journalisten beider Länder zu verdanken war. Auch für die Städtepartnerschaft zwischen Mainz und Dijon setzte sie sich intensiv ein. Für ihre Verdienste um die Verbesserung der deutsch-französischen Beziehungen wurde ihr vom französischen Staat 1979 die hohe Auszeichnung „Palmes académiques" verliehen.

Nach Gründung des Zweiten Deutschen Fernsehens (ZDF) mit Sitz in Mainz im Jahr 1962 übernahm Dr. Elisabeth Steil-Beuerle die Leitung der Abend- und Zuschauerredaktion. Daneben führte sie immer wieder ausgedehnte Informationsreisen rund um den Globus durch, über die sie interessant berichten konnte. Im Jahr 1966, auf dem Höhepunkt der Kulturrevolution in Rotchina, erhielt sie als erste westliche Journalistin die Erlaubnis, durch China zu reisen und offen darüber in den westlichen Medien zu berichten.

Einige Jahre später, Anfang Mai 1973, sprach mich Elisabeth an und meinte sichtlich aufgeregt, ich bekäme bald eine Einladung, gemeinsam mit ihr den chinesischen Geschäftsträger in Bonn, Wang Shu, aufzusuchen. Natürlich war ich gespannt, um was es da gehen sollte, vielleicht wollte Wang Shu Kontakte zum ZDF. Am 22. Mai 1973 waren wir dann in Bonn zum Gespräch in der chinesischen Botschaft. Nach ungefähr einer Stunde offenbarte mir Wang Shu: „Herr Fuchs, Sie können mit einer Mainzer Delegation – ungefähr 25 Teilnehmern – nach China reisen!" Das war damals eine kleine Sensation: Die Mainzer durften als erste Stadt des Westens eine Delegation nach China schicken! Und zu verdanken hatten wir das Frau Dr. Steil-Beuerle. Die Reise war ein großes Erlebnis, wir wurden empfangen wie Menschen von einem anderen Stern.

Das faszinierende „Reich der Mitte" ließ die Journalistin nicht mehr los. Im Jahr 1979, im Alter von 71 Jahren, in dem sich andere längst zur Ruhe gesetzt haben, erlebte sie beruflich noch eine höchst ungewöhnliche Herausforderung. Sie wurde von der chinesischen Botschaft eingeladen, mindestens zwei Jahre lang in die Volksrepublik China zu kommen. Dort sollte sie in der Redaktion von „China im Aufbau", der deutschen Redaktion von „China im Bild" und bei „Radio Peking" mitarbeiten und den kulturpolitischen Informationsfluß aus China in die westliche Welt fördern. Elisabeth Steil-Beuerle sagte ja. Begleitet von ihrem Mann, wohnte und arbeitete sie während der folgenden drei Jahre in Shanghai – wohl die spannendste Zeit in ihrem Journalistinnenleben.

Für ihre publizistische Aufbauarbeit und ihre Verdienste um die internationale Verständigung war sie bereits 1968 mit dem Bundesverdienstkreuz am Bande und 1978 mit dem Bundesverdienstkreuz Erster Klasse ausgezeichnet worden. Neben ihrem Engagement für die deutsch-französische Freundschaft hatte sie sich beispielsweise auch intensiv für einen kulturellen Austausch mit der Volksrepublik Polen eingesetzt. Nach ihrer Rückkehr aus China wurde ihr dann im Jahr 1983 das Große Bundesverdienstkreuz verliehen, das ihr in einer Feierstunde in der rheinland-pfälzischen Staatskanzlei Ministerpräsident Vogel überreichte.

Wenn sie sich selbst bei diesem Anlaß in ihren Dankesworten als „preußische Hambacherin" bezeichnete, so war dies eine sicherlich sehr treffende Beschreibung. Elisabeth war ihr Leben lang unkonventionell. Zu ihren Schwächen gehörte vielleicht ihre große Ungeduld mit anderen Menschen. Sie war hier am Rhein heimisch geworden, aber in ihrem Herzen blieb sie eine Berlinerin. Ihr Leben lang betonte sie voller Stolz ihre Herkunft aus dieser Weltstadt.

Am 22. April 1985 ging das Leben dieser ungewöhnlichen Frau zu Ende. Elisabeth Steil-Beuerle starb an ihrem Schreibtisch, während der Arbeit.

Jockel Fuchs

Quellen/Literatur:

Eigene Erinnerungen und Unterlagen des Verfassers.
Ergänzend wurden verwendet:
Auskünfte von Herrn Alexander Gerner-Beuerle;
Auskünfte von Frau Claudia Gerner-Beuerle;
Auskünfte von Herrn Karl Steil;
Vorschlagsbegründung für die Verleihung des Großen Bundesverdienstkreuzes im Jahr 1985;
Elisabeth Steil-Beuerle: In Maos Peking-Oper schwingt das Ballett blutrote Fahnen. Die chinesische Kulturrevolution aus der Nähe gesehen. Wiesbadener Kurier v. 4.2.1957;
Elisabeth Steil-Beuerle: Götterdämmerung am Dach der Welt. Allgemeine Zeitung Mainz v. 27.4.1974;
Reise nach China. Mainzer Notizen, hg. v. Bürgerforum Mainz e.V. Mainz o.J.

Ina Stein-Wiese (1910-1966)

Ich erinnere mich noch gut an meine Besuche in der Dieblicher Heesenburg: In der Diele hing Ina Stein-Wieses Lieblingsbild: eine Schwälmer Bäuerin – das größte Bild, das ich von ihr kannte. Wie schätzte ich den Umgang mit dieser kultivierten Frau, die in ihrem Wesen die gleiche Heiterkeit besaß, die mich an ihren Bildern vom ersten Augenblick an gefesselt hatte. Als ein jäher Tod sie aus dem Leben gerissen hatte – es war ein trauriger Gang, den ihr Mann und ich wenige Tage nach dem Begräbnis durch die Räume machten, in denen noch ihre Bilder hingen. Wir standen im Atelier – auf der Staffelei das letzte noch unvollendete Gemälde: ein Porträt. Auf dem Stuhl lag noch die Palette.

Ina Stein-Wiese

Ina Wiese wurde am 16. Februar 1910 in Duisburg geboren. Von 1936 bis 1942 studierte sie an der Staatlichen Kunstakademie Düsseldorf, zuletzt als Meisterschülerin von Professor Julius P. Junghans. Nach Abschluß ihres Studiums richtete sie sich ein Atelier in Röllshausen in der Schwalm ein und arbeitete als freischaffende Künstlerin. Sie war Mitglied des Oberhessischen Künstlerbundes. Aus dieser Zeit stammt die Mappe „Aus meinem Skizzenbuch" von 1947.

Im Jahr 1948 zog sie mit ihrem Mann, einem Architekten, mit dem sie seit 1941 verheiratet war, nach Koblenz um, da er dort bei einer Behörde als Oberbaurat eingestellt worden war. Er hatte die Heesenburg bei Dieblich an der Mosel, eine mittelalterlich-barocke Anlage, erworben und in ein intimes Schlößchen umgewandelt. Hier war von nun an ihr Heim und ihr Atelier. Auch Ina Stein-Wiese fand in der Region Koblenz bessere Arbeitsmöglichkeiten vor. Sie kam rasch in Kontakt zu anderen Kunstschaffenden und gehörte 1949 zu den Mitgründern der Arbeitsgemeinschaft bildender Künstler Rheinland-Pfalz. In den folgenden Jahren beteiligte sie sich an zahlreichen Ausstellungen, u.a. in Koblenz, Düsseldorf, Marburg, Gießen, Lauterbach in Hessen und München.

Ina Stein-Wiese war künstlerisch sehr vielseitig. Kaum ein Thema, kaum eine Technik, mit denen sie sich nicht auseinandergesetzt hätte. An zahlreichen öffentlichen Gebäuden hat sie gearbeitet: sie schuf Wandbilder, Mosaiken und Glasfenster, auch Sgraffiti. Viele Schulen im Umkreis von Koblenz verdanken ihr den künstlerischen Schmuck. Ihre Mosaiken sind im Schwurgerichtssaal des Justizgebäudes in Koblenz, in der Hildaschule in Koblenz und in der Evangelischen Kirche in Mülheim zu sehen. Auch das Christophorus-Mosaik an der Burg Cochem ist ein Werk von Ina Stein-Wiese. Glasfenster entwarf sie für die Friedhofskapelle Mülheim.

Dennoch: für mich bleibt Ina Stein-Wiese vor allem die Malerin der Porträts und Stilleben. Gewiß: sie malte auch Stilleben und Porträts „con fuoco". Noch im Jahr vor ihrem Tod porträtierte sie eine Inderin mit allem Reiz gebrochener Farben, prismatischer Spiegelungen und kubistischer Schichtungen. „Bravouröse" Stilleben stammen von ihrer Hand, mit aller Kunst des Arrangements. Bilder von überschäumender Freude finden sich in ihrem Oeuvre. Doch zuletzt werden ihre Bilder immer stiller. Mit immer weniger Farben kommt sie aus. Farben, die immer mehr leuchten. Von innen her leuchten – wie auch ihre Menschen es tun. Ich glaube, ihre Menschen und die Menschen der Paula Modersohn-Becker wären gut Freund geworden.

Es war spannend, Ina Stein-Wieses Mappen zu durchblättern (wie wir es oft in ihrer „Kemenate" auf der Heesenburg getan haben). Es war spannend, ihre Laufbahn zu verfolgen. Die Stationen ihrer Entwicklung von der „Akkuratesse", dem „Durchexerzieren" der Stile und Farben, von den technisch-malerischen Experimenten der Akademiezeit über den „Leibl'schen Naturalismus" der Schwälmer Periode – die Bauersfrauen mit ihren Trachtenröcken, die Jungen und Mädchen mit ihren nackten Füßen sind mir richtig ans Herz gewachsen! – bis hin zu den Stilleben und Porträts ihrer letzten Jahre. Ihrem Schaffen fehlt es nicht an Farbausbrüchen, die ein fernes Wetterleuchten des Expressionismus sind, ihr Werk nährt sich wie das wohl aller modernen Malerei von den großen Umbrüchen der ersten Jahrhunderthälfte. Aber zugleich geht Ina Stein-Wiese ihren ganz persönlichen Weg. Am Ende dieses Weges steht die Heiterkeit der Stilleben. Das Schaffen mündet in die faszinierende Schlichtheit ihres Menschenbildes. Durch ihre Porträts und Stilleben – vor allem durch sie! – hat Ina Stein-Wiese an der rheinland-pfälzischen Kunstgeschichte mitgeschrieben.

Den Kindern der Ochtendunger Schule malte Ina Stein-Wiese ein Wandbild. In diesem Fresko erschließt sich ihr Wesen in besonders liebenswerter Weise: ein kleines Paradies zauberte sie an die Wand. Durchflattert von einer Vielzahl Vögel. Das Gefieder dieser Vögel funkelt in allen Farben des Regenbogens.

Ina Stein-Wiese wurde nur 55 Jahre alt. Sie kam am 3. Februar 1966, am Tag ihrer silbernen Hochzeit, durch einen Verkehrsunfall in Koblenz ums Leben. Die letzte Ausstellung mit den Werken der Künstlerin war 1975 im Koblenzer Mittelrhein-Museum zu sehen. Nach dem Tod ihres Mannes wurden ihre Bilder, die der Witwer als Gesamtnachlaß einem Kloster vermacht hatte, versteigert und in alle Winde zerstreut.

Kurt Eitelbach

Quellen/Literatur:

Persönliche Gespräche des Verfassers mit Ina Stein-Wiese;
Katalog „Ausstellung Ina Stein-Wiese 1910-1966, Ölbilder – Aquarelle – Zeichnungen, 15. Januar – 28. Februar 1975 im Schöffenhaus des Mittelrhein-Museums Koblenz.

Lieselotte Steingötter (geb. 1910)

Lieselotte Steingötters helle und beschwingte Stimme am Telefon hörte sich an wie die einer jungen Frau. Sie sei, so sagte sie, soeben von ihrer wöchentlichen Übungsstunde im Gemeinschaftsraum der Kaiserslauterer Christuskirche zurückgekommen. Dort biete sie jeden Montagnachmittag Frauen und Männern von 60 Jahren an aufwärts eine Art Ganzheitsgymnastik für Arme, Beine und Rumpf. Einen Termin für ein Interview in ihrem Terminkalender zu finden, glich der Verhandlung mit einer vielbeschäftigten Managerin. War da wirklich eine 88jährige Frau am Apparat?

Lieselotte Steingötter wurde als Lieselotte Sinning am 22. Juni 1910 in Greußen/Thüringen als Apothekerstochter geboren. Als sie zwei Jahre alt war, übernahmen ihre Eltern eine Drogerie gegenüber der Stiftskirche mitten in Kaiserslautern. Lieselottes Familie, die Großeltern in Kassel, Onkel und Tanten in Hofgeismar sprachen nur Hochdeutsch. Kein Wunder, daß sich die Schülerin Lieselotte unter lauter Pfälzisch sprechenden Kindern schwer tat. Sie war eine „Zugezogene" und stand ein bißchen außerhalb. Trotzdem ging sie gerne zur Schule und entwickelte schon früh den Wunsch, Sportlehrerin zu werden. Da sie aber noch drei jüngere Schwestern hatte, war es den Eltern nicht möglich, der ältesten Tochter eine solche Ausbildung zu finanzieren. Lieselotte arbeitete in der Drogerie und unterstützte tatkräftig ihre Familie. Vater Sinning wurde Vorsitzender des Schwimmklubs „Poseidon" Kaiserslautern; er nahm sein Töchterchen beizeiten mit in die „Waschmühle", das erste Freibad der Stadt, und bildete sie zur Wettschwimmerin aus. Als sie achtzehn Jahre alt war, trat sie in den „Turnverein von 1861", (heute TSG Kaiserslautern) ein, dessen Schwerpunkt die Förderung des Breitensports war, und übernahm die Übungsstunden für Kinder, eine Abteilung, die sie bis Mitte des Zweiten Weltkriegs leitete. 1930 absolvierte sie die Ausbildung als Vorturnerin an der deutschen Turnschule in Berlin.

Beim Turnen lernte Lieselotte Sinning ihren späteren Mann kennen. Johann Steingötter war 1906 geboren und kam 1926 von Mainz-Bischofsheim nach Kaiserslautern. Turnen war die große Gemeinsamkeit des sportlichen Paares. Sie heirateten im Februar 1935, nachdem der Ehemann seine Ausbildung als Tiefbauingenieur beendet und eine Anstellung beim Wasserwerk der Stadt Kaiserlautern gefunden hatte. 1936 bauten sie sich ein Haus in der Ebertstraße, das sie für die sich bald vergrö-

Lieselotte Steingötter (1998)

ßernde Familie auch brauchten: 1938 wurde der erste Sohn geboren, 1940 folgten Zwillinge und 1944 kam der jüngste Sohn zur Welt.

Im Sommer 1940 hatte Johann Steingötter seine Einberufung zur Wehrmacht erhalten; er wurde im Osten eingesetzt. Kaum ein Jahr dabei, erlitt er durch eine von Partisanen ausgelegte Mine schwerste Verletzungen und war auf beiden Augen blind. Jahrelange Behandlungen in den Lazaretten Königsberg und Kolberg, in der Uniklinik Heidelberg, vor allem aber seine sportliche Disziplin, brachten ihm auf einem Auge fast die Hälfte seiner Sehkraft wieder zurück. Sein Kriegsdienst war im Herbst 1942 beendet. Als er einigermaßen gesund war, forderte ihn das Städtische Wasserwerk an und setzte ihn wieder ein. Als ab Januar 1944 die Stadt immer wieder bombardiert wurde, Leitungen barsten, Fabriken, Keller und Straßen überflutet wurden, mußte Johann Steingötter jedesmal noch während des Angriffs mit dem Motorrad ausrücken, um das Wasser an den entsprechenden Hydranten abzustellen. Selbst die Amerikaner holten 1945 „Little Waterman", wie sie ihn nannten, zu Hilfe, wenn sie sich im Wasserleitungssystem nicht mehr zurechtfanden. Johann Steingötter arbeitete bis zu seiner Versetzung in den Ruhestand, Ende der sechziger Jahre, als Leiter des Städtischen Wasserwerks Kaiserslautern.

Nach dem Zweiten Weltkrieg beeinflußten Johann und Lieselotte Steingötter entscheidend die Reorganisation des Turnens in der Region. Auf Fahrrädern machten sie sich auf den Weg, um den im Umkreis von Kaiserslautern daniederliegenden Sportvereinen wieder auf die Beine zu helfen. Gemeinsam räumten sie in Tanzsälen und ehemaligen Turnhallen Tische, Stühle und anderes zur Seite, damit sich die Menschen wieder sportlich betätigen konnten.

Von der Frauenturnwartin Els Schröder, die das Frauenturnen in der Pfalz populär gemacht hatte, übernahm Lieselotte Steingötter im Oktober 1948 diese Aufgabe im damaligen Barbarossa-Veldens-Kreis – dem heutigen Turngau Sickingen. Dieser Kreis beauftragte sie, im Bereich der Westpfalz das Frauenturnen weiter auszubauen. Sie wurde Frauenwartin und Gaufrauenturnwartin des Pfälzer Turnerbundes und gab dem Mädchen- und Frauenturnen wichtige Impulse.

Gemeinsam gründeten die Steingötters 1951 den Turn- und Fechtclub – TFC Kaiserslautern, dem Lieselotte Steingötter als Übungsleiterin im Frauenturnen ihre ganze Kraft widmete. Als in den fünfziger Jahren die neu errichtete Pädagogische Hochschule in Kaiserslautern den Lehrbetrieb aufnahm, berief die ehemalige Olympiateilnehmerin und Sportlehrerin Emilie Schowalter die allseits bekannte Lieselotte Steingötter als Sportlehrerin an diese Einrichtung, eine Arbeit, die sie zwei Jahre stark beanspruchte.

Im Mai 1975 nahm Lieselotte Steingötter auf Anraten des Sportbundes Pfalz an einem achttägigen Lehrgang des Deutschen Sportbundes in München teil. Dort kam sie zum erstenmal mit Leuten zusammen, die es mit den „Bewegungsmöglichkeiten für ältere Menschen" ernst meinten. 1976, als karitative Organisationen und Sportverbände die Bedeutung des Sports für ältere Menschen noch nicht recht erkannt hatten, startete das Ehepaar Steingötter ein bundesweit beachtetes Pilotprojekt: Der TFC übernahm die Patenschaft für das Käthe-Luther-Heim, das St. Hedwigstift und das Alex-Müller-Heim, drei Seniorenheime in Kaiserslautern, und entsandte mit Lieselotte und Johann Steingötter zwei versierte Übungsleiter, um den Heimbewohnern in vertrauter Umgebung Freude am Sport und an Bewegung zu vermitteln. Immer wurden dem jeweiligen Alter der Teilnehmer angemessene Übungen gewählt; stand kein Gymnastikraum zur Verfügung, wurde auf Stuhlgymnastik mit Handgeräten ausgewichen; kamen die Senioren in einer Turnhalle zusammen, waren mit den vorhandenen Geräten, Matten und Bänken die besten Voraussetzungen für eine gute Gymnastik gegeben. Die Steingötters betraten damit Neuland. Ihre Arbeit fand so viel Beachtung, daß Lieselotte Steingötter vom Sportbund Pfalz und vom Landessportbund Rheinland-Pfalz immer wieder als Referentin für Lehr- und Ausbildungsmaßnahmen im Seniorensport berufen wurde.

Nach Lieselotte Steingötters Überzeugung ist Gymnastik besonders geeignet, um die geistige Flexibilität älterer Menschen, ihre Kondition, die Koordination ihrer Bewegungen und ihre Reaktionen zu stabilisieren.

Bei so viel Aktivitäten blieben die Ehrungen nicht aus: Neben der Goldenen Ehrennadel und der Ehrenmitgliedschaft „ihres" TFC Kaiserslautern wurde ihr die Ehrenmitgliedschaft des Turngaues Sickingen verliehen, während sie der Pfälzer Turnerbund und der Deutsche Turnerbund mit Ehrenbrief und Ehrenurkunde auszeichnete. Sportbund Pfalz und Landessportbund Rheinland-Pfalz verliehen Lieselotte Steingötter die Silberne Ehrennadel. Das Land Rheinland-Pfalz würdigte ihre Arbeit 1982 mit der Verleihung des Verdienstordens des Landes.

Johann Steingötter starb am 16. Januar 1992. Er kann nun nicht mehr dabei sein, wenn seine Frau die Senioren-Tanzstunde in der Volkshochschule Kaiserslautern besucht oder wenn sie jede Woche 40 Seniorinnen und Senioren mit ihrer Gymnastik Abwechslung und Freude bereitet – Stunden die sie in reiner Privatinitiative und unentgeltlich hält. Mit ihren Söhnen, Schwiegertöchtern und sieben Enkeln hat Lieselotte Steingötter guten Kontakt. Sie freut sich, wenn sie sie in ihrer gemütlichen Wohnung mit herrlichem Blick in die hohen Bäume des Volksparks besuchen.

Marliese Fuhrmann

Quellen/Literatur:
Persönliches Gespräch der Autorin mit Lieselotte Steingötter am 21.11.1998;
Archivalien der Stadt Kaiserslautern;
Aerobic-Welle bringt dem TFC neue Mitglieder. Lotte Steingötter bei Jahresversammlung verabschiedet. In: Die Rheinpfalz v. 16.4.1984;
Tina Schüler: Im Gespräch mit Lieselotte Steingötter. Gymnastik statt Kaffeeklatsch. In: Die Rheinpfalz v. 27.7.1989;
Ein Leben lang dem Sport zugetan. Lieselotte Steingötter 80. In: Die Rheinpfalz v. 22.6.1990.

Hildegard Storr-Britz (1915-1982)

Hildegard Britz wurde am 9. Oktober 1915 in Löllbach, Kreis Kreuznach, als Tochter eines Lehrers geboren. Sie hatte zwei ältere Schwestern. Nach dem Abitur, das sie 1935 an der Theodor-Fliedner-Schule in Düsseldorf ablegte, machte sie eine Ausbildung an der Staatlichen Fachschule für Keramik in Höhr-Grenzhausen im Westerwald. Paul Drossé, Alfred Kamp und Dr. Hermann Bollenbach waren ihre Lehrer. Nach einem Studienaufenthalt an der Staatlichen Porzellanmanufaktur in Berlin und einer praktischen Tätigkeit in der Engobe-Werkstatt Rhaue in Görlitz im Jahr 1938 kehrte sie nach Höhr-Grenzhausen zurück und übernahm hier an der Fachschule nach einer Assistententätigkeit bei ihrem Lehrer Paul Drossé die Leitung der Klasse für Flächen- und Dekorgestaltung, die sie bis 1971 innehatte.
Unmittelbar nach Kriegsende, 1945, gründete sie ihre eigene Werkstatt in Höhr-Grenzhausen und legte 1948 die Meisterprüfung im Töpferhandwerk ab. 1952 und 1954 ließ sie sich zeitweise beurlauben, um sich an der Universität Bonn und der Staatlichen Kunstakademie in Düsseldorf im Zeichnen und Malen fortzubilden.
Hervorstechend in ihrem Schaffen ist die Vielseitigkeit. Während ihrer langjährigen künstlerischen Tätigkeit hat sie mit den verschiedensten keramischen Materialien gearbeitet; sie stellte freigedrehte oder aufgebaute Fayence-, Porzellan- und Steinzeuggefäße her, verzierte sie mit selbst entwickelten Lehm-, Aschen-, Feldspat-, Salz- oder Kristallglasuren, vor allem aber mit Reduktionsglasuren. Dem traditionellen Westerwälder Steinzeug verlieh sie durch ihre abstrakten Dekore, die sie mit dem Pinsel oder mit dem Malhorn auftrug oder in Reliefform zufügte, immer wieder neue Anregungen und variierte geschickt die heimischen Techniken, Kerb-, Ritz- und Stempelverzierungen.
Hildegard Storr-Britz beschränkte sich nicht auf die Herstellung von Gebrauchsgefäßen. Daneben gestaltete sie mit Vorliebe keramische Bildplatten. Hierbei handelte es sich meist um ungegenständliche Kompositionen oder abstrahierte Darstellungen. In Zusammenarbeit mit Architekten schuf sie Wandgestaltungen für öffentliche Gebäude, wie Kindergärten, Schulen und Schwimmbäder.
Auch für die Industrie entwarf sie immer wieder Wandplatten, so für die Wessel-Werke, die Servais-Werke oder die Mosbacher Ofenfabrik. Der Praxisbezug war ihr bei ihrer Tätigkeit sehr wichtig. Bereits in den fünfziger Jahren war es zu einer ersten fruchtbaren Zusammenarbeit mit der Porzellanfabrik Arzberg und Schönwald und der Staatlichen Porzellanmanufaktur in Berlin, gekommen, die lange andauern sollte. Für ihre Dekors erhielt sie 1969 gemeinsam mit ihren Schülern den Rosenthal-Studio-Preis.
In ihrer Lehrtätigkeit sah es Hildegard Storr-Britz als ihre Aufgabe an, nicht auf eine Spezialisierung hinzuwirken, sondern den Schülern alle technischen Möglichkeiten des Faches zu vermitteln. Wenn sie die Technik beherrschten und ein Gefühl für die Materie entwickelt hatten, konnten sie dann ihre eigene künstlerische Richtung ausbilden.
Die Liste ihrer Ausstellungsbeteiligungen ist umfangreich; sie beginnt 1954 mit Mailand und umfaßt neben zahlreichen europäischen Ausstellungsorten auch Neu-

Hildegard Storr-Britz

seeland und Venezuela. Die erste Einzelausstellung konnte sie 1967 im Rathaus von Andernach zeigen; es folgten in kurzen Abständen eine Reihe weiterer Einzelausstellungen in Mainz, München, Telgte, Bonn, Leeuwarden in Holland, Koblenz, Bergisch-Gladbach u.a. Lang ist auch die Liste der Auszeichnungen, die sie für ihre Arbeiten erhielt, angefangen von Silbermedaillen bei der X. Triennale 1954 in Mailand, 1962 in Prag, 1965 in Genf und 1970 in Vallauris über den Staatspreis für Kunsthandwerk in Rheinland-Pfalz (1972) bis zur Ernennung zum Mitglied der Académie Internationale de la Céramique in Genf (1968). Für ihre Verdienste um die deutsche Keramik der Gegenwart wurde sie nach Abschluß ihrer Lehrtätigkeit 1975 mit dem Bundesverdienstkreuz am Bande ausgezeichnet.

Geheiratet hatte Hildegard Britz erst spät, im Jahr 1963. Ihr Mann, der Engländer James Storr, war pensionierter Major bei den Royal Engineers und stammte aus Plymouth. Er lebte mit ihr in Höhr-Grenzhausen und unterstützte sie in praktischen und technischen Dingen bei ihrer Arbeit. So fertigte er die Fotografien für die Ausstellungskataloge an und baute einen Brennofen in ihrer Werkstatt. Gemeinsam gingen sie viel auf Reisen.

Nach ihrer Pensionierung als Dozentin an der Fachschule für Keramik setzte sich Hildegard Storr-Britz nicht zur Ruhe, sondern gab ihre umfassenden Kenntnisse über die Keramik der Gegenwart, die sie auf vielen Studienreisen erweitert hatte, in zahlreichen Vorträgen in Akademien weiter, nicht nur in Deutschland, sondern auch in Kanada, Mexiko, den USA und Holland. Außerdem fand sie nun die Zeit, ihr in lebenslanger praktischer Erfahrung gesammeltes Wissen auch schriftlich in dem Buch „Ornamente und Oberflächen in der Keramik" zusammenzufassen, das 1977 erschien. Eine weitere Veröffentlichung widmete sich dem Thema „Internationale Keramik der Gegenwart – Contemporary International Ceramics", das 1980 als zweisprachige Ausgabe herauskam. 1982 folgte das Werk „Keramik dekorieren. Neue und alte Techniken".

Die letzten Lebensjahre der inzwischen verwitweten Künstlerin waren von einer schweren Krankheit überschattet. Vor ihrem Tod sorgte Hildegard Storr-Britz dafür, daß verschiedene Spezialmuseen der Region einen großen Teil ihrer wichtigsten Arbeiten in Form von Stiftungen erhielten. So bedachte sie u.a. das Keramikmuseum in Höhr-Grenzhausen und das Museum für Kunsthandwerk in Frankfurt am Main, das ihre Privatsammlung zeitgenössischer Keramik sowie eine Auswahl ihrer Steinzeuggefäße, die zwischen 1972 und 1976 entstanden waren, erhielt.

Hildegard Storr-Britz verstarb am 17. Oktober 1982 in Höhr-Grenzhausen.

Hedwig Brüchert

Quellen/Literatur:

Katalog: Museum für Kunsthandwerk Frankfurt am Main, Kleine Hefte 9: Keramik Hildegard Storr-Britz. Ausstellung vom 20. September bis 22. Oktober 1978;
Katalog: Hildegard Storr-Britz. Sonderausstellung im Hetjens-Museum Düsseldorf, Deutsches Keramikmuseum, Oktober 1980;
Katalog: Hildegard Storr-Britz. Malerei mit Keramischen Glasuren. Ausstellung im Mittelrhein-Museum Koblenz vom 2.7. bis 18.8.1974;
Katalog: Stiftung Storr-Britz im Landtag Mainz. Lehrbeispiele 1945-1971, 29. Oktober – 23. November 1975;
Vorschlagsbegründung für die Verleihung des Bundesverdienstkreuzes am Bande;
Auskünfte von Frau Niedermeier, Keramikmuseum Westerwald, Höhr-Grenzhausen;
Auskünfte von Herrn und Frau Gerards, Bad Kreuznach.

Marie Strieffler (1917-1987)

Marie, eigentlich Anna Maria, Strieffler, wurde am 8. Mai 1917 in Landau geboren. Ihre Eltern waren die aus Lothringen stammende Ida Strieffler, geb. Salm (1885-1959) und der in Neustadt/Haardt geborene Heinrich Strieffler (1872-1949), der bekannte Maler und „Graphiker des pfälzischen Werktags", der als Begründer der neueren Pfälzer Heimat- und Weinmalerei gilt. Die Familie lebte zu diesem Zeitpunkt noch am Ostring 13. 1925 bezog sie ein neu errichtetes Haus in der Löhlstraße 3 (das heutige „Strieffler-Haus"), in dem der Vater sich ein Maleratelier, eine Steindruckerei und Kupferdruckwerkstätte einrichtete. In der anregenden Atmosphäre dieses Hauses wuchs Marie auf.

Ihr temperamentvolles, lebensbejahendes, fröhliches, gutmütiges, aber auch selbstbewußtes Wesen zeigte sich schon sehr früh, ebenso ihre vom Vater ererbte künstlerische Begabung. Durch ihn gefördert, begann sie bereits im Alter von vier Jahren zu zeichnen.

Von 1924 bis 1928 besuchte sie die Vorschule an der Städtischen Höheren Töchterschule, trat von dort 1928 an das humanistische Gymnasium Landau über und legte 1936 das Abitur ab.

Ebenso wie ihr Vater fast fünfzig Jahre zuvor, begann sie anschließend eine Ausbildung an der Akademie für Angewandte Kunst in München. Das technische Zeichnen lag ihr jedoch nicht sehr; ihr eigentliches Ziel war das freie Zeichnen. So bewarb sie sich an der Akademie der Bildenden Künste in München, wo sie im April 1940 die Aufnahmeprüfung für die Radierklasse von Professor Adolf Schinnerer bestand. Ihre Lehrer für Malerei waren Hermann Kaspar, Julius Diez und der Tiermaler Franz Xaver Stahl.

In den Sommern der Kriegsjahre 1940, 1941 und 1942 wurde sie gemeinsam mit vielen anderen Studenten als Erntehelferin nach Polen und Westgalizien geschickt. In ihrer Freizeit fertigte sie eine Fülle von Radierungen und Zeichnungen an, die ihr, nach Deutschland zurückgekehrt, verschiedene Preise einbrachten. So erhielt sie 1940 beim Weihnachtswettbewerb der Akademie der Bildenden Künste den Ersten Preis für ihre Radierung „Flüchtlinge", die zur Gesamtfolge der Radierungen ihres „Polenzyklus" gehört. Dieser Zyklus wurde 1941 mit einem Preis der „Jubiläumsstiftung" der Stadt München ausgezeichnet.

Im Sommer 1943 nahm sie an einer „Künstlerfahrt durch deutsche Siedlungsgebiete im Generalgouvernement" zusammen mit pfälzischen Malern teil. Hier lernte sie alte, auf Maria Theresia zurückgehende, pfälzische Siedlungen kennen, und besonders die „stille, weite Landschaft mit ihren von Menschenhand noch unberührten Flüssen" beeindruckte sie.

Im Spätjahr 1943 wurde das Atelier in der Münchner Akademie zerstört, das ihr seit Ende des Jahres 1939 zur Verfügung gestanden hatte. Sie kehrte nach Landau ins Elternhaus zurück. Hier arbeitete sie im väterlichen Atelier und orientierte sich zunächst auch künstlerisch stark am Vater. Dessen bevorzugte Themen rankten sich um die pfälzische Heimat und das Brauchtum, er hatte einen ganz eigenen Stil entwickelt.

Marie Strieffler mit dem Plakat zu ihrer Ausstellung „Pfälzer in der neuen Welt" (1964)

In dieser Zeit entstand beispielsweise das bekannte Ölgemälde: „Lohmühle in Landau", wie sich Marie Strieffler damals überhaupt ihre Motive in der Landschaft rund um Landau und im Alltagsleben der pfälzischen Bauern, z.B. beim Einbringen der Korn-, Heu- und Hopfenernte, suchte.

Die ersten Nachkriegsjahre waren für Marie Strieffler außerordentlich schwer. Öffentliche Aufträge fehlten noch völlig, und nur selten konnte sie Bilder an Privatpersonen verkaufen. So war sie gezwungen, sich und ihre Mutter – der Vater war im Dezember 1949 verstorben – mit Illustrationsarbeiten für Zeitungen, Bücher und Broschüren durchzubringen.

Ab 1954 unternahm sie, häufig begleitet von ihrem Kollegen Ludwig Dörfler, den sie aus der gemeinsamen Münchener Studienzeit kannte, zahlreiche Bildungsreisen. Ihre bevorzugten Ziele waren dabei Italien (Rom) und Frankreich (Paris), aber sie besuchte auch Spanien und Salzburg. In dieser Zeit erhielt sie auch eine Reihe von größeren Aufträgen zur Schaffung von Kunstwerken für öffentliche Gebäude in der Pfalz. So stammen von ihr das Wandbild in der Grundschule Wollmesheimer Höhe bei Landau/Pfalz (1955) und ein Fresko in derselben Schule (1956), eine Drahtplastik am Schulhaus in Rohrbach (1956) und an der Horstring-Grundschule in Landau (1959) sowie die Steinmosaiken in der Schule in Niederhochstadt (1963). Nach dem Tod ihrer Mutter im Jahr 1959 packte sie das Fernweh. Sie brach am 28. April 1960 von Landau aus zu einer Reise nach Amerika und Kanada auf, von der sie erst am 12. Oktober 1961 zurückkehrte. Ihre Aufmerksamkeit und ihr Hauptinteresse galten auch auf dieser Reise den ausgewanderten Pfälzern. Die Städte und Landschaften, die sie sah, Lebensweise und Volkstum der Pennsylvanienpfälzer, der Amischen und der Mennoniten – alles wurde festgehalten und in ca. 150 Aquarelle, 26 Ölbilder und zahllose Federzeichnungen umgesetzt. Marie Strieffler scheint diese Fahrt von Anfang an als „schriftstellernde Zeichnerin" (Blinn) getan zu haben, was nicht zuletzt ihre an „Die Rheinpfalz" gesandten ausführlichen Reiseberichte bezeugen. Hier in der Neuen Welt gelang es ihr, sich vom starken Vorbild des Vaters vollends künstlerisch zu lösen und den längst gefundenen eigenen Weg in der Malerei zu gehen.

Voll von Eindrücken kehrte sie in die Heimat zurück, wo sie das einmal gesteckte Ziel, das Haus der Eltern als Künstlerhaus der Öffentlichkeit zugänglich zu machen, verwirklichte. 1964 erschien ihr Buch: „Auf den Völkerstraßen von Nordamerika", in dem sie ihre Reise nach Amerika und Kanada zeichnerisch aufarbeitete. 1966 lernte sie bei einer deutsch-französischen Ausstellung in Straßburg den gebürtigen Landauer Maler Philippe Steinmetz aus Bischwiller kennen, mit dem sie Reisen nach Flandern, in die Normandie und nach Dünkirchen unternahm. Sie wandte sich nun wieder verstärkt der Ölmalerei zu.

Ab 1983 litt Marie Strieffler an einer schweren Krankheit, doch blieb die Malerin bis zuletzt ihrem lebensbejahenden und optimistischen Wesen treu. Sie starb am 20. Januar 1987 in Landau.

In ihrem Testament vermachte sie das Künstlerhaus der Stadt. Ihr letzter Wunsch, die Verwirklichung eines Strieffler-Museums, wurde durch die Schaffung der Strieffler-Stiftung durch die Stadt Landau in die Tat umgesetzt, was nicht zuletzt einem langjährigen Freund der Malerin, Helmo Ludowici, zu verdanken ist.

Zu ihrem 75. Geburtstag erschien das Buch: „Marie Strieffler in der Neuen Welt", das weitere „Reise-Mosaiksteine" zutagegefördert hat. Die enge Verbundenheit der Künstlerin mit der Pfalz wird in der Widmung „Allen Pfälzern fern der Heimat!" zum Ausdruck gebracht.

Mildred Michel-Haas

Quellen/Literatur:

Hans Blinn (Hg.): Die Malerin Marie Strieffler in der Neuen Welt. Mit Feder und Palette bei den Pfälzern in Amerika. Landau 1992;
Viktor Carl: Lexikon Pfälzer Persönlichkeiten. 1. Aufl. Edenkoben 1995;
Helmo Ludowici/Wolfgang Merkel: Marie Strieffler, in: Heimatkalender 1988. Hg. von Kreis- und Stadtsparkasse Landau. Landau 1988.

Dr. Erika Sulzmann (1911-1989)

Die Geschichte des Instituts für Ethnologie und Afrika-Studien an der Universität Mainz ist untrennbar mit dem Namen Erika Sulzmann verbunden. Bald nach der Neugründung der Mainzer Universität kam Sulzmann im Sommer 1948 als Assistentin an das damalige Institut für Völkerkunde, in dem sie bis kurz vor ihrem Tod im Juni 1989 wirkte, noch lange nachdem sie 1976 als Akademische Direktorin aus dem Hochschuldienst ausgeschieden war. Über die Hälfte ihres Lebens widmete sie ihre wissenschaftliche Arbeit, ihre Schaffenskraft und ihre Fähigkeiten als Fotografin und Bibliothekarin dem Aufbau und der Organisation des Instituts und seinen Studierenden.

Doch Erika Sulzmann war nicht nur eine begeisterte Lehrerin und umsichtige Organisatorin, sondern auch eine leidenschaftliche Forscherin. Von ihrem Schreibtisch in Mainz zog es sie immer wieder in den Kongo (ehemals Zaire). Ihre wiederholten Aufenthalte führten zu einem sich über drei Jahrzehnte entwickelnden engen Kontakt und Vertrauensverhältnis zu den Menschen, bei denen sie lebte und forschte.

Als Erika Sulzmann am 7. Januar 1911 in Mainz geboren wurde, war es keineswegs voraussehbar, daß sie ihr Leben zwischen Schreibtisch und Äquator verbringen und sich mit größter Leidenschaft und Kraft der Forschung über und in Afrika widmen würde. Ihre Kindheit und Jugend verbrachte sie in der Mainzer Neustadt. Wie es sich für eine Tochter aus einer gutbürgerlichen Familie damals gehörte, besuchte sie das Lyzeum der Englischen Fräulein und die Studienanstalt Mainz und legte 1930 die Reifeprüfung ab. Aus finanziellen Gründen war ihr zunächst ein Universitätsstudium versperrt. So trat sie bald nach dem Abitur ins Berufsleben ein und wurde technische Angestellte am Institut für Kulturmorphologie in Frankfurt, dem heutigen Frobenius-Institut. Ihr Arbeitsfeld reichte von bibliographischen über photographische und graphische bis zu dokumentarischen Tätigkeiten. Dabei kamen ihr die Kenntnisse in Gebrauchsgrafik und Zeichnen zugute, die sie während ihrer Schulzeit an der Mainzer Kunst- und Gewerbeschule erworben hatte. 1934 wurde ihr der Aufbau der großen Bibliothek des Instituts übertragen, heute eine der größten und renommiertesten ethnologischen Bibliotheken in Deutschland.

Die Arbeit am Frankfurter Institut hatte ihr Interesse für die Ethnologie und besonders für Afrika geweckt. Nebenher besuchte sie daher Vorlesungen und Seminare und begann schließlich 1940 mit dem Studium der Völkerkunde bei Hermann Baumann in Wien. Ihre graphischen Fähigkeiten waren ihr auch hier bald von Nutzen. Sie wurde zunächst technische Hilfskraft und später Assistentin von Baumann. Während des Krieges wurde sie bald zur unersetzlichen Stütze des Instituts. Sie unterrichtete und betreute die Studierenden, sie kümmerte sich um die Verwaltung des Instituts und der Bibliothek sowie um Bergung und Luftschutz und nahm sich der von Baumann herausgegebenen Zeitschrift „Koloniale Studien" an. Angesichts dieser Aufgaben verwundert es nicht, daß die Arbeit an der Dissertation darunter litt. Baumann hatte ihr als Thema gestellt, eine Monographie der Mongo-Gesellschaften im Kongo zu schreiben. Als sie dann 1945 nach Kriegsende ihre Stelle ver-

Dr. Erika Sulzmann während ihrer zweiten Kongo-Reise im Jahr 1956

lor sowie ihren Doktorvater, dem die Lehrberechtigung wegen seiner Mitgliedschaft in der NSDAP entzogen worden war, reiste sie mit dem halbfertigen Manuskript der Dissertation nach Mainz zurück.

Kurze Zeit später kehrte sie, quer über die Grenzen verschiedener Besatzungszonen, nach Wien zurück. Die anfänglichen Vorbehalte von Wilhelm Koppers, dem Nachfolger von Baumann am Wiener Institut, ihr gegenüber, der sie als Schülerin und Assistentin von Baumann für eine Nationalsozialistin hielt, konnte sie schnell ausräumen, und er fand sich bereit, sie als Doktorandin zu betreuen. Unter prekären finanziellen Umständen schloß sie ihr Studium 1947 durch eine Promotion mit der Note „summa cum laude" ab. In ihrer Studie „Die Mongo. Studien zu einer regionalen Monographie" hat sie das gesamte damalige schriftlich verfügbare Wissen über die Mongo-Gesellschaften aufgearbeitet. Mit ihrer Suche nach der „Ur-Heimat" und den Migrationen der Mongo und ihren Typologien zur materiellen Kultur ist die Arbeit deutlich dem Paradigma der kulturhistorischen Schule verpflichtet. In späteren Jahren bezog Erika Sulzmann dazu eine kritisch distanzierte Position.

Nach der Promotion kehrte sie nach Mainz zurück, um zusammen mit ihren Schwestern das im Krieg zerstörte Elternhaus wiederaufzubauen. Bereits im Sommer 1948 wurde sie wissenschaftliche Mitarbeiterin am neu gegründeten Institut für Völkerkunde der Universität Mainz. Ihre mannigfaltigen Erfahrungen in Organisation und Lehre, die sie in Frankfurt und Wien erworben hatte, halfen ihr nun beim Aufbau der Bibliothek, der Betreuung der Studierenden und bei allen anfallenden Verwaltungsarbeiten im neuen Institut, dem anfangs nur sie und Adolf Friedrich als Leiter angehörten.

Trotz dieser enormen Arbeitsbelastung fand sie die Zeit, ein Forschungsprojekt zu entwickeln, um den lange gehegten Wunsch einer Reise in den Kongo zu realisieren. Erfolgreich bemühte sie sich bei der Kulturabteilung der französischen Besatzungsbehörden und der Deutschen Forschungsgemeinschaft um eine Finanzierung. Allerdings knüpfte die Forschungsgemeinschaft ihre Zusage an die Bedingung, einen männlichen Begleiter mitzunehmen. Zu ungewöhnlich erschien damals die Idee, daß Frauen selbständig und alleine nach Afrika reisen und forschen. Sie entschied sich für den Studenten Ernst Wilhelm Müller, der 1955 mit den Ergebnissen aus der gemeinsamen Feldforschung promovierte und 1969 Leiter des Instituts wurde.

Nach mehr als zwei Jahren kehrten Sulzmann und Müller im Februar 1954 von einer erfolgreichen Forschungsreise aus dem Kongo nach Mainz zurück. Unter anderem hatten sie eine umfangreiche Sammlung von Objekten von den Ekonda und Nachbargruppen angelegt. Diese Gegenstände bildeten den Grundstock der Ethnographischen Studiensammlung in Mainz, an deren Auf- und Ausbau Erika Sulzmann maßgeblich beteiligt war und zu deren Kustodin (Akademische Rätin) sie 1960 ernannt wurde.

Während der Kongo-Expedition hatten Sulzmann und Müller die Bekanntschaft des belgischen Missionars und Forschers Gustaaf Hulstaert gemacht, einem der besten Kenner von Sprache und Kultur der Mongo-Gesellschaften. Daraus entwickelte sich eine tiefe Freundschaft und ein enger wissenschaftlicher Austausch, die Sulzmann und Hulstaert ein Leben lang verbanden. Sie unterstützte die Zeitschrift

Aequatoria, deren Herausgeber er war, sowie das 1981 im Kongo gegründete Centre Aequatoria, ein kleines Zentrum mit Bibliothek zur Erforschung von Sprache, Geschichte und Kultur der Mongo.

Der ersten Reise folgten zwischen 1956 und 1980 noch acht weitere Reisen in den Kongo, die sie meist zu den Bolia, den Nachbarn der Ekonda, führten, mit deren König sie persönlich befreundet war. Erst als ihr gesundheitlicher Zustand Reisen nach Afrika nicht mehr zuließ, wurde sie „seßhaft". Sie zog sich an ihren Schreibtisch in den Räumen der Ethnographischen Studiensammlung zurück, umgeben von Gegenständen aus Afrika, die sie in vielen Jahren zusammengetragen hatte, und begann, sich mit aller Kraft der Aufarbeitung ihrer Materialien zu widmen. Die vielen Verpflichtungen im Institut hatten ihr dazu bislang wenig Zeit gelassen. Ihre besondere Sorge galt der großen Monographie über Geschichte und Herrschaft bei den Bolia. Doch die Fülle der Daten schien unermeßlich, und ihr Gesundheitszustand verschlechterte sich zusehends. Sie verstarb am 17. Juni 1989, ohne ihr Lebenswerk beendet zu haben.

Erika Sulzmann hat mit ihren wissenschaftlichen Untersuchungen dazu beigetragen, unsere Kenntnisse über Kultur, Sprache und Geschichte der Bevölkerungen im nördlichen Kongo zu verbessern. Das belegen ihre Veröffentlichungen, drei Dokumentarfilme, die sie bei der ersten Kongo-Expedition gedreht hat, und ein dokumentarischer Spielfilm, der unter Mitarbeit des Südwestfunks entstand. Als „Afrikaforscherin aus Leidenschaft" begeisterte sie in ihren Seminaren auch Studierende und junge Wissenschaftler und Wissenschaftlerinnen und regte sie zu Forschungen im Kongo an. Diesem Ziel dient auch die 1984 von ihr eingerichtete Sulzmann-Stiftung an der Universität Mainz.

Anna-Maria Brandstetter

Quellen/Literatur:

Anna-Maria Brandstetter/Ernst Wilhelm Müller: Vorwort. In: Forschungen in Zaire. In memoriam Erika Sulzmann (7.1.1911-17.6.1989). Hg. von E. W. Müller u. A.-M. Brandstetter. Münster, Hamburg 1992, S. vii-x;
Susanne Schröter: Die Sammlerin der Dinge. Erika Sulzmann, Forscherin in Afrika. In: Das exotische Ding. Geschichten einer Sammlung. Hg. von Karl-Heinz Kohl. Institut für Ethnologie und Afrika-Studien, Mainz 1996, S. 23-34;
Susanne Schröter: Noch ein Fahrrad im Kongo. Erika Sulzmann, Forscherin in Afrika. Videofilm (VHS) 1999, ca. 60 min. Kontaktadresse: PD Dr. Susanne Schröter, Institut für Ethnologie und Afrika-Studien, Universität Mainz, Forum 6, 55099 Mainz.

Inge Thomé (geb. 1925)

Maria Pauline Ingeborg Völker, verheiratete Thomé, wurde am 7. Februar 1925 in Koblenz geboren. Die Tochter eines Finanzbeamten und einer Hausfrau machte ihr Abitur 1943; im Abgangszeugnis stand: „Inge Völker will Schriftleiterin werden."
Daß der Nationalsozialismus etwas Gefährliches ist, hatte das Jungmädel, das auch Scharführerin geworden war, schon gespürt; die Vorbehalte der Erwachsenen wahrgenommen. Sie sieht die älteren Jungen in den Krieg verschwinden und nicht mehr wiederkommen. Ab 1943 Reichsarbeitsdienst auf einem Flugplatz am Niederrhein. Die Befreiung erlebt sie als Flucht zu Fuß nach Hamburg, von wo sie in ein englisches Lager nach Rendsburg eingeliefert wird, dort eine schwere Diphterie überlebt und die in Koblenz ausgebombten Eltern erst Ende 1945 wiedersieht.

Inge Thomé

Wovon sich durchbringen? Inge Völker arbeitet, mit mageren Schulfranzösischkenntnissen, in der Telefonzentrale der Militärregierung in Koblenz. 1946 eröffnet die Universität in Mainz. Sie ist sofort entschlossen zu studieren: Gymnasiallehrerin will sie werden für Deutsch, Geschichte, Englisch; auch Theaterwissenschaft gehört zu ihren Studienfächern.
Über eine persönliche Bekanntschaft erfährt Inge Völker: „Der Südwestfunk sucht eine Frau für den Zeitfunk." Sie bewirbt sich, beginnt 1952 in Baden-Baden ein Volontariat, kommt nach einem halben Jahr in die Zeitfunk-Redaktion nach Mainz. „Randbemerkungen mit Musik" heißt der Sendeplatz, den Inge Völker zusammen mit drei Männern betreut. Hier wird alles verhandelt und kommentiert: von der Landespolitik über die Kultur bis zur Sozialpolitik.
Inge Völker, eine der ganz wenigen Journalistinnen im SWF, macht alles, „was die Männer nicht machen wollten": die Mainzer Fassenacht, Universitätsthemen und den ganzen „Sozialklimbim" – sie wird die anerkannte „Sozial-Emma" und bearbeitet Alltagsthemen, die für die Hörerinnen und Hörer dieser Zeit existentiell wichtig waren. Kinderbetreuungsfragen, die Löhne und die Preise, und sie wirbt für den verstehenden Blick in die Arbeitswelt der kleinen Leute. „Es kam was zurück": die Hörer brachten wichtige Themen selbst ein, wenn das SWF-Team zu mehrtägigen Reportagen über Land fuhr. Es wird ihr Vertrauen entgegengebracht, auch wenn die Journalistenzunft immer noch ein Ansehen hatte wie die fahrenden Komödianten.
1957 lernt Inge Völker ihren zukünftigen Mann kennen; Ludwig Thomé, ebenfalls

freier Journalist. Nach Heirat, Umzug nach Heidelberg und Geburt der Tochter 1960 hat Inge Thomé „ein bißchen aufgehört" zu arbeiten. Aber das Reportagegerät ist aus Mainz mitgekommen, und in Arbeitsphasen von je einer Woche am Stück, die Tochter betreut von den Großeltern, ist sie immer wieder für den SWF unterwegs.

Dann kommt ein Angebot von Professor Holzamer, dem Intendanten des neuen ZDF. Dort fängt Inge Thomé Anfang 1963 als Redakteurin und mit einem ihr als Traumgehalt erscheinenden Salär von 1.800 DM im Monat an: sie garantiert das feste Einkommen der Familie. Der Weggang vom SWF kommt ihr dabei fast wie ein Treuebruch vor.

Im ZDF arbeitet sie bald im sozialen Bereich, baut die „Aktion Sorgenkind" mit auf und ab 1968 die Sendereihe „Mosaik", die sich an die ältere Generation wendet. Sehr bald wird die Sendung zu einer Beratungsinstitution: die Menschen wenden sich mit Eheproblemen, psychosozialen Fragen, ganz persönlichen Themen an die Redaktion, und Inge Thomé ist, auch auf dem Bildschirm, die „Frontwoman". Sie erinnert sich: „Briefe beantworten war die Hauptsache. Die Leute haben einem geglaubt – das war schön und schlimm zugleich." Die Sendung wird von zwanzig Minuten auf eine Stunde erweitert. Die Auskünfte mußten exakt recherchiert sein, manchmal waren Ämter und Institutionen anzustoßen. „Es hat mich besessen gemacht." Als Frau, glaubt sie, habe sie weniger Scheu gehabt, ihre meist männlichen und wichtigen Gesprächspartner aus Wissenschaft und Politik bis zum Punkt des tatsächlichen Verstehens auszufragen: „Ich habe einfach naiv weitergefragt im Interesse der Zuschauer."

Achtzehn Jahre lang, von 1968 bis zu ihrer Pensionierung 1990, hat Inge Thomé „Mosaik" moderiert. Ohne sie wurde die Sendung nur noch bis zum Jahresende 1990 weitergeführt.

Ob sie je daran gedacht hat, Karriere in der ZDF-Hierarchie zu machen? „Ich habe nie was anderes gewollt als Mosaik weiterzumachen."

Noch heute ist sie gelegentlich journalistisch tätig und engagiert sich in kommunalpolitischen Fragen in ihrem Wohnort Heidesheim.

Hedi Klee

Quellen/Literatur:

Interview der Verfasserin mit Frau Inge Thomé;
Hedi Klee: Inge Thomé. Ich habe den Hörfunk heiß geliebt... In: Frauen im SDR und SWF 1946 bis 1956. Eine Ausstellung zum Internationalen Frauentag 1998, hg. v. d. Medienfrauen von SDR und SWF (o.O., 1998), S. 71-72.

Ellen Thress (1895-1990)

Politik gewann für sie erst durch Taten Gewicht. Eigeninitiative und Einsatzwille zeichneten sie aus. Sowohl ihre Partei, die F.D.P., als auch die Gesellschaft in ihrem örtlichen Umfeld verdanken ihr Ansehen, Erfolg und tatkräftige Hilfe: Gemeint ist Ellen Thress, geborene Baum, aus dem Kurstädtchen Bad Kreuznach an der Nahe, die zu den politisch engagiertesten Frauen der Nachkriegszeit in Rheinland-Pfalz gehört.

Ellen Baum wurde am 25. Juni 1895 in Bad Kreuznach geboren. Ihr Vater, Heinrich Ludwig Baum, war Inhaber der Weinkellerei Philipp und Heinrich Baum in der Kreuznacher Baumgartenstraße. Die meiste Zeit ihrer Kindheit verbrachte Ellen Baum jedoch nicht in der Kurstadt an der Nahe, sondern in der Schweiz. Dort wuchs sie in der Atmosphäre eines freien demokratischen Landes auf. Diese Erfahrungen ihrer Jugendjahre dürften viel zu ihrem späteren politischen Engagement beigetragen haben.

Nach ihrer Rückkehr in die Heimat heiratete sie den Kreuznacher Mühlenbesitzer Ferdinand Thress. Ihre politische Arbeit begann nach dem Ersten Weltkrieg. Sie trat in die Deutsche Demokratische Partei ein und wurde in den Vorstand gewählt. Während dieser Zeit pflegte sie Kontakt mit dem späteren Bundespräsidenten Theodor Heuss. Nebenbei arbeitete sie für den Vaterländischen Frauenverein. Mit der Machtübernahme Hitlers 1933 beendete sie ihr politisches Engagement, da sie eine Gegnerin jeglicher Form der Diktatur war. Allerdings ließ sie die Verbindung zu ihren politischen Freunden nicht abreißen.

Mit dem Untergang des nationalsozialistischen Regimes begann die große politische Zeit der Ellen Thress. Gemeinsam mit den beiden Trierern Kommerzienrat Wilhelm Rautenstrauch (vor 1933 DDP-Abgeordneter) und Dr. Josef Dohr gründete sie, anknüpfend an das Gedankengut der DDP in der Zeit der Weimarer Republik, die „Liberale Partei Rheinland-Pfalz".

Allerdings verlief der organisatorische Aufbau der Liberalen in Rheinland-Pfalz nicht ohne Schwierigkeiten. Die französische Militärregierung, bei der die Genehmigung für die Zulassung jeder Partei beantragt werden mußte, favorisierte den Aufbau eines Dreiparteiensystems aus SPD, CDU und KPD, um eine politische Zersplitterung wie in der Weimarer Republik zu verhindern. Außerdem waren die Franzosen allen Versuchen gegenüber mißtrauisch, zonenübergreifende Parteien ins Leben zu rufen. So kam es, daß der Antrag aus Trier auf Zulassung einer „Liberal-Demokratischen Partei" (LDP), wie sie in Berlin bereits existierte, abgelehnt wurde. Der Name mußte schließlich in „Liberale Partei Rheinland-Pfalz" geändert werden. Diese Partei wurde erst am 21. bzw. 29. September 1946 zugelassen, also einige Tage nach den ersten Kommunalwahlen. Ein weiteres Problem stellten die unterschiedlichen historischen Wurzeln und Traditionen in den einzelnen Teilen des neu gebildeten Landes Rheinland-Pfalz dar. Zunächst entstanden zwei liberale Parteien. Während im nördlichen Rheinland-Pfalz die „Demokratische Partei" gegründet wurde, bildete sich in der Pfalz und in Rheinhessen der „Soziale Volksbund",

Ellen Thress beim Landesparteitag der F.D.P. Rheinland-Pfalz in Bad Neuenahr 1962

wobei sich beide teilweise in ihrer Haltung zur Landesverfassung unterschieden. Im April 1947 wurde in Bad Kreuznach ein erster gemeinsamer Delegiertentag abgehalten, auf dem sich dann beide Parteien trotz der bestehenden Meinungsunterschiede zur „Demokratischen Partei Rheinland-Pfalz" zusammenschlossen. Ellen Thress war eine der acht Personen, die das Vereinigungsdokument unterzeichneten. Zum Landesvorsitzenden wurde der 83-jährige Kommerzienrat Rautenstrauch gewählt, der jedoch wenige Tage später verstarb. Als geschäftsführendes Vorstandsmitglied übernahm deshalb Frau Thress für ein halbes Jahr die Leitung der Partei, und ein Großteil der Verantwortung für den landesweiten organisatorischen Aufbau lastete damit auf ihren Schultern. Sie richtete in Bad Kreuznach die erste Landesgeschäftsstelle ein. Auch den Kreisverband Bad Kreuznach der Liberalen rief sie ins Leben, dem sie jahrelang als Vorsitzende seine politische Richtung gab. Mehrere Jahre lang hatte sie außerdem das Amt der Vorsitzenden im Bezirksverband Koblenz-Süd inne. Ihre politische Arbeit war von einigem Erfolg begleitet. 1949 wurde die F.D.P. die stärkste Partei in Bad Kreuznach, 1952 war sie die zweitstärkste im gesamten Wahlkreis. Außerdem fanden während ihrer Amtszeit mehrere Landesparteitage und Tagungen der Friedrich-Naumann-Stiftung von internationaler Bedeutung in ihrer Heimatstadt Bad Kreuznach statt. Auch der politischen Presse widmete Ellen Thress ihr Interesse. Sie setzte sich für die Herausgabe des liberalen Landesblattes „Rheinisch-Pfälzische Rundschau" ein, das allerdings nur zwei Jahre lang erschien.

„Bei meiner Mitarbeit in der F.D.P. habe ich erkannt, daß es unerläßlich ist, am Aufbau unseres Hauses (dem Staat, d. A.) mitzuwirken, damit alle in diesem Haus gut und sicher leben können", beschrieb sie an ihrem 85. Geburtstag ihre Motivation für die Übernahme umfangreicher politischer Aufgaben. Trotz allen Engagements strebte Ellen Thress allerdings nie selbst ein Mandat an, sondern übernahm immer nur ehrenamtliche Aufgaben innerhalb der Partei. Gewürdigt wurden ihre „große(n) Verdienste um den demokratischen Aufbau nach dem Zusammenbruch, ihr von Jugend auf bewiesener Sinn für freiheitliche Politik (...) und ihre Verdienste um die Wiederbelebung des demokratischen Lebens" dennoch. Als erster Frau in Rheinland-Pfalz wurde Ellen Thress vom Bundespräsidenten Dr. Theodor Heuss das „Große Verdienstkreuz der Bundesrepublik Deutschland" verliehen, das ihr Ministerpräsident Peter Altmeier am 18. Mai 1955 in Mainz überreichte.

An ihrem 80. Geburtstag wurde sie von ihrer Partei mit der Theodor-Heuss-Plakette ausgezeichnet. Zu diesem Ehrentag gratulierte Bundeswirtschaftsminister Dr. Hans Friderichs mit den Worten: „Sie haben in ihrem Leben nichts halb gemacht, sondern selbst zugepackt, als es um den demokratischen Aufbau ging und wenn soziale Probleme zu lösen waren." Fünf Jahre später, zu ihrem 85. Geburtstag, telegraphierte der damalige Vizekanzler Hans-Dietrich Genscher: „Ihr unermüdliches Engagement und Ihr erfolgreicher Einsatz für die F.D.P. in über drei Jahrzehnten verpflichten uns zu großem Dank."

Neben ihrem politischem Engagement zeigte Ellen Thress großes Interesse an der Arbeit des Deutschen Roten Kreuzes. Auch dieser Organisation verhalf sie nach dem Ende des Zweiten Weltkrieges zur Wiedergeburt, indem sie, gemeinsam mit Frau Kirsch, den Bad Kreuznacher DRK-Ortsverein gründete. Ihr Hauptaugenmerk galt der von Lina Aschoff gegründeten Kindertagesstätte. 1978 wurde sie zum Ehrenmitglied des DRK-Ortsvereins ernannt, dessen Zweite Vorsitzende sie einige Jahre lang war. Zudem erhielt sie an ihrem 70. Geburtstag das goldene Ehrenabzeichen, die höchste Auszeichnung, die das Rote Kreuz zu vergeben hat.

Wie sie auf ihre Parteifreunde und in der Öffentlichkeit wirkte, beschrieb ihr politischer Zögling Dr. Hans Friderichs: „(Sie ist eine) unverwechselbare Persönlichkeit mit eigener Meinung, absolutem Engagement, vorbildlicher Toleranz, unbeugsamem Willen und größter Zurückhaltung, wenn es um ihre Person geht."

Ellen Thress verstarb am 12. Juni 1990 in ihrer Heimatstadt Bad Kreuznach.

Alexandra Gerhardy

Quellen/Literatur:

Mitteilungen der Landesregierung, Jahrgang IX, Nr. 106, 20. Mai 1955;
Archiv der Rhein-Zeitung Bad Kreuznach;
40 Jahre F.D.P. Rheinland-Pfalz, 1947-1987. Eine Dokumentation von Helga Lerch und Michael Lerch. Mainz 1989;
Vorschlagsbegründung für die Verleihung des Bundesverdienstkreuzes (1955);
Kurt Weitzel: Vom Chaos zur Demokratie. Die Entstehung der Parteien in Rheinland-Pfalz 1945-1947; Hg. v. d. Landeszentrale für politische Bildung Rheinland-Pfalz. Mainz 1989.

Gretl Tonndorff (1919-1991)

Die Bühnenkarriere der neunundzwanzigjährigen Gretl Tonndorff begann in Koblenz in einer kritischen Phase des deutschen Nachkriegstheaters. Nach dem kulturellen Aufbruch der ersten Jahre nach dem Zweiten Weltkrieg – so viel Anfang war nie! –, der großen geistigen Neugier, die die von der Nazi-Diktatur verhängte Ghetto-Enge sprengen und den Anschluß an die freie künstlerische Welt herstellen wollte, setzten die sogenannte Währungsreform im Juni 1948 und die Etablierung der westdeutschen Bundesrepublik 1949 eine Zäsur. Die neue Lust, Theater zu spielen – selbst bis in kleine Städte war eine facettenreiche Bühnenszene entstanden –, verging im jungen „Wirtschaftswunder". War das kleine Glück der Sättigung, der Kleidung, der Reise wichtiger, Theater überflüssig?

Noch war die Legende vom Mainzer Pulverturm-Schauspiel keine bloße Erinnerung. Aber allenthalben wurden Engagements auf kurze Zeit und stets im Blick auf überraschende Spartenschließungen unter Vorbehalt gestellt. Die Bretter, die angeblich die Welt bedeuten sollten, waren brüchig und morsch geworden. Das Koblenzer Städtische Theater bildete in dieser Situation keine Ausnahme. Dabei hatte das Haus gerade eine historische Sternstunde rheinischer Geschichte erlebt: Am 22. November 1946 war hier die „Premiere" der Verfassungsberatenden Versammlung, also einer Constituante für das von der französischen Militärregierung verordnete neue Land Rheinland-Pfalz.

Noch trugen die „Trümmerfrauen" die größere Last des Wiederaufbaus, der zunächst immer noch im Räumen der Ruinen bestand. Schauspielerinnen an den wieder eröffneten Theatern trugen daher doppelte Last: die materielle Not der Zeit zu bewältigen und den dramatischen Auftrag einer „schönen Kunst" zu erfüllen.

In dieser Zeit, kurz nach der Währungsreform, kam die am 5. April 1919 in Stuttgart geborene Sängerin und Schauspielerin Gretl Tonndorff nach Koblenz. Mit vierzehn hatte sie bereits – Kind einer Theaterfamilie – auf der Bühne gestanden und ihre Reise durch vielfältige Engagements begonnen. In ihrer ersten Koblenzer Premierenrolle – Lehárs „Zarewitsch", inszeniert von dem langjährigen Chefdramaturgen Fritz Bockius, riß sie das Koblenzer Publikum, wie die rheinland-pfälzische Landeszeitung am 4. Juli 1949 zu dieser „glanzvollen Aufführung" vermerkte, „bei offener Szene zu Beifallsstürmen" hin. Und als späterer Chronist und Historiker des Koblenzer Theaterlebens schrieb Bockius über die Anfänge des Dreispartentheaters im Nachkriegs-Koblenz: „In der Operette spielte und tanzte sich die neue Soubrette Gretl Tonndorff rasch in die Herzen des Publikums." Sechs Spielzeiten blieb sie in Koblenz.

Man mag über die „leichte Muse" der Operette lächeln – im sprichwörtlichen Land dieses Lächelns von Strauß und Lincke, Künnecke, Jessel, Lehár, Kalman war sie ein Star in der oft verlästerten, aber als Grundboden der deutschen Theaterlandschaft wichtigen „Provinz".

Neun Mainzer Jahre folgten, wieder als Soubrette, aber auch wieder, wie in den jüngsten Theaterjahren, erfolgreich zum Schauspiel wechselnd. Es war die Zeit des noblen und tüchtigen Intendanten und Regisseurs Siegfried Nürnberger, dem es noch einmal gelang, an den überregionalen Glanz der „Pulverturm-Ära" anzuknüpfen. Mit Charme

Gretl Tonndorff am Koblenzer Stadttheater in „Manina" von Dostal (1955)

und Vitalität, „sprühend, alle Register ziehend, mit einer Frische, die auch bei der zehnten Aufführung nichts eingebüßt hatte", sang, tanzte, spielte sie. „Unverwüstlich" nannte sie eine Rezensentin, die auch an den Mut und die Energie erinnerte, mit der die sechs-

jährige Gretl Tonndorff in den Notjahren nach dem Ersten Weltkrieg eine Kinderlähmung überwunden hatte. Mainz hatte für sie, als sie 1957 hier ihr Engagement abschloß, einen kulturellen Stellenwert.
In Willi Schaeffers Berliner Kabarett hatte sie in der „Gutenberg-Revue" mitgespielt – lange vor Koblenz und Mainz. Daneben hatte sie das übliche turbulente Schauspielerleben zwischen Rundfunk und Gastspiel erlebt. Das Mainzer Publikum flog ihr zu, verwöhnte sie ebenso wie die lokale Kritik. Aus der Salondame, der Soubrette wurde die ernste Schauspielerin: Wilders „Heiratsvermittlerin" spielte sie, die Haushälterin in „Boeing, Boeing", die Mutter Wiesner im „Fenster zum Flur" – „mit einer Rolle mit Herz und mit Schnauze am rechten Fleck" nahm sie 1966 Abschied von Mainz – und, wie sie es nach dreißig Theaterjahren vorhatte, von der Bühne selbst. Abschiedsworte: sie habe die Mainzer geliebt, – im Jahrzehnt der wieder auflebenden Lust am Theater.
Sie nahm, mit ihrem Mainzer Ehepartner, viele Erinnerungen an die Stadt mit, die sie in fast einem ganzen Jahrzehnt kulturell mit aufgebaut hatte: an „Ingeborg", den „Liebestrank", aber auch an die Fastnachtsposse „Konfetti", auch in diese besondere lokale Theater-Nische aus Tradition hatte sie sich mit ihrer Kunst eingebracht.
Sie wollte ins Private, „endlich ein Privatleben führen" – sie hatte ein Haus im oberbayrischen Marquardtstein geerbt – Abschied von der Bühne für immer?
Doch die Theatermenschen ins Blut gegebene Unruhe kehrte bald zurück. Sie nahm Engagements in Esslingen und Saarbrücken an, fand übers Gastieren erneut Geschmack an Koblenz. 1981 gewann sie der Intendant Hannes Houska mehr und mehr fürs Schauspiel. Begeisternd spielte sie die Kurfürstin in Kleists „Prinz Friedrich von Homburg", sie spielte in Dürrenmatts „Physiker", in des Euripides „Troerinnen", in Hacks „Schwejk", in Schnitzlers „Liebelei", in Hauptmanns „Biberpelz" die Frau Wolffen, in Borcherts „Draußen vor der Tür", in Zuckmayers „Teufels General" (Olivia), in Molières „Tartuffe" und die Titelrolle in Bert Brechts „Mutter Courage".
Die Energie der Trümmerfrauen-Generation hat sie nie verlassen. Nach Krankheit und Operationen kehrte sie, von Ovationen empfangen, im Rollstuhl auf die Bühne zurück und war zuletzt erfolgreich als Madame Desmermortes in Jean Anouilhs Komödie „Einladung ins Schloß" in der Spielzeit 1990/91.
Aus der vielgerühmten „Quirligen" in der Operette, im Charakterfach der „jugendlichen Munteren" war eine ernste Darstellerin großer Bühnenliteratur geworden.
In der Nacht zum 2. November 1991 starb sie in Koblenz. In drei ganz unterschiedlichen Jahrzehnten hatte sie rheinland-pfälzisches Theater mit gestaltet – kurz bevor die Landesregierung sich auch institutionell der Theater des Landes anzunehmen begann – sie hatte, wie der Nekrolog betonte, „durch Menschlichkeit und hohes künstlerisches Niveau Kollegen und Publikum für sich gewonnen".

Anton Maria Keim

Quellen/Literatur:

Theaterarchiv des Stadttheaters Koblenz. Zahlreiche persönliche Auskünfte verdankt der Verfasser dessen Leiter, dem langjährigen Chefdramaturgen Fritz Bockius, der eine Fülle von Rezensionen zur Verfügung stellte.

Elisabeth Trimborn (geb. 1914)

Am 26. Juni 1914 wurde Elisabeth Trimborn als ältestes von acht Kindern der Familie Schnippenkoetter in Recklinghausen geboren. Aufgewachsen und zur Schule gegangen ist sie in Essen. Viele Mitglieder ihrer großen Familie waren in der Politik engagiert. Am bekanntesten war ihr Bruder Swidbert Schnippenkoetter, der als Diplomat und Abrüstungsbotschafter unter Bundeskanzler Willy Brandt tätig war.

Die Liebe zog Elisabeth Trimborn 1939 nach Ludwigshafen, ihr Mann war Chemiker in der BASF. Nur fünf Jahre später, im Jahr 1944, wurde sie Witwe, ihr Mann fiel bei Stalingrad. Sie war nun allein mit zwei Söhnen und einer Tochter.

Sie blieb in Ludwigshafen, das ihr in den Jahren ihrer Ehe zur Heimat geworden war, und engagierte sich nach Ende des Krieges beim Quäker-Hilfswerk, das Lebensmittel

Elisabeth Trimborn

und Kleidung aus Amerika an die hungernde Bevölkerung verteilte. Außerdem arbeitete sie bei der BASF und leistete 1948 bei der großen Explosionskatastrophe spontane Hilfe im Operationssaal des städtischen Krankenhauses.

Neben ihrer Arbeit und der Sorge für ihre drei Kinder holte sie das Studium nach, das ihr von den Nationalsozialisten verweigert worden war, machte eine Ausbildung zur Lehrerin und unterrichtete dann fünfzehn Jahre lang an einer Schule in Mannheim.

Ganz der Tradition ihrer Familie folgend, griff sie auch in das politische Geschehen ein. Für die CDU war sie von 1956 bis 1969 und von 1979 bis 1984 im Ludwigshafener Stadtrat, wo sie es zu Anfang als Nicht-Ludwigshafenerin nicht immer leicht hatte. Aber Kompetenz, Verständigungsbereitschaft, Toleranz und fester Wille brachten ihr bald Wertschätzung über die eigene Fraktion und Partei hinaus ein. Sie war eine Weggefährtin und persönliche Freundin von Bundeskanzler Helmut Kohl, dessen politische Karriere in Ludwigshafen begann. Ihr Hauptinteresse in der Kommunalpolitik galt Schul- und Krankenhausfragen. Als Mitglied der Kunstkommission und des Kulturausschusses war sie beteiligt an den Konzeptionen für das Wilhelm-Hack-Museum und die Scharpf-Galerie, die in der Kunstszene weit über Ludwigshafen hinaus bekannt sind.

Auch die Kommunikation und Aussöhnung mit anderen Völkern und Nationen lag Elisabeth Trimborn sehr am Herzen. So war sie Mitbegründerin der Städtepartnerschaft zwischen Ludwigshafen und Pasadena, Vorsitzende der Europa-Union Ludwigshafen und Vorstandsmitglied der Gesellschaft für christlich-jüdische Zusammenarbeit Mannheim-Ludwigshafen.

Für ihr vielfältiges Engagement erhielt Elisabeth Trimborn 1976 das Bundesverdienstkreuz und 1978 die Freiherr-vom-Stein-Plakette für langjährigen Einsatz im Dienst der kommunalen Selbstverwaltung.

Nach ihrem Rückzug aus der Politik 1984 widmete sie sich ihrer Familie, vor allem den Enkelkindern. Elisabeth Trimborn lebt heute in einem Altersheim in Ludwigshafen.

Martina Ruppert

Quellen/Literatur:

Zeitungsartikel:
Sechsmal Bundesverdienstkreuz (Lu. Zeitschrift für alle Bürger. 7. Jg., Mai 1976, S. 33);
Ordenssegen für verdiente Bürger (Mannheimer Morgen 26.3.1976);
Die „Großmutter" der Fraktion nimmt Abschied vom Stadtrat (Mannheimer Morgen 15.5.1984);
70 Jahre alt (neue Lu. Zeitschrift für alle Bürger und Besucher der Stadt. 15. Jg., Juni 1984, S. 26);
Elisabeth Trimborn feiert 70. Geburtstag (Mannheimer Morgen 23.6.1984);
Wir sind Ihnen zu Dank verpflichtet (neue Lu. Zeitschrift für alle Bürger und Besucher der Stadt. 15. Jg., November 1984, S. 8/9);
Immer für Stadt und ihre Bürger engagiert (Die Rheinpfalz 23.6.1989);
Ein vielseitiges Engagement (Mannheimer Morgen 23.6.1994);
Weggefährtin von Helmut Kohl (Die Rheinpfalz 23.6.1994);
Kurze Biographie in: Anja Hoffmann: Frauen in der Kommunalpolitik von 1920 bis 1989 (Facharbeit, Stadtarchiv Ludwigshafen).

Gretel Wacht (geb. 1924)

Gretel Wacht geb. Weyer stammt von einer Mühle, im Tal des auf der Höhe sich erstreckenden Ortes Fellerich gelegen, einem kleinen Dorf im Altkreis Saarburg, heute Kreis Trier-Saarburg. Die Mühle im Albachtal gehört wegen ihrer baulichen Organisation im klassizistischen Stil zu Gebäuden von besonderem Rang im Kreisgebiet. Hier wurde Gretel am 17. Mai 1924 geboren. Ihr Vater, Matthias Weyer, betrieb neben der Mühle ein Sägewerk und eine Landwirtschaft. Mit ihren Geschwistern – Gretel war das älteste der fünf Kinder – besuchte sie die einklassige Volksschule in Fellerich, etwa eine halbe Stunde entfernt. Der steile Weg hinauf zur Dorfschule war sehr beschwerlich, besonders im Winter. An den Besuch einer höheren Schule in der Stadt war für sie nicht zu denken, zumal die Mühle abseits der Verkehrslinien lag. Der größte Teil der ländlich-bäuerlichen Bevölkerung im westlichen Grenzland konnte sich den Besuch einer höheren Schule materiell nicht leisten; aber auch die meisten der gut gestellten Bauern sahen wenig Sinn darin, ihre Kinder zu einer höheren Schule zu schicken, bei den Mädchen schon gar nicht. Alle Familienmitglieder wurden für die Arbeit auf den Feldern gebraucht.

Gretel Wacht in den fünfziger Jahren

Während der Zeit des Nationalsozialismus änderte sich an der schlechten wirtschaftlichen Lage in den Landkreisen des westlichen Grenzlandes zunächst nichts. Bei den kriegsvorbereitenden Maßnahmen, wie dem Bau des Westwalls und dem Bau von Kasernen in Saarburg und Trier 1937/38, erhielten dann allerdings viele Erwerbslose Arbeit, auch die Bauern, die zudem ihre Gespanne zu Transportzwekken zur Verfügung stellen konnten, so daß die allgemeine wirtschaftliche Situation sich in den Grenzkreisen für alle Schichten verbesserte. Dauerarbeitsplätze wurden durch diese Maßnahmen jedoch nicht geschaffen. Gretel Wacht berichtet: „Meine Eltern, christlich-konservativ geprägt, hatten von Anfang an kein Vertrauen in die nationalsozialistischen Machthaber und machten auch bei uns Kindern keinen Hehl daraus. Aber in der Schule und bei den Jungmädeln und im BDM suchte man auch die Mädchen ganz auf Hitler und die NS-Ideologie einzustimmen."

Dann begann der Krieg. Die Menschen in der Westwallzone des Trierer und Saarburger Landes wurden evakuiert. Mit Mutter und Geschwistern fand sich Gretel Weyer in Crivitz, nahe Schwerin, in Mecklenburg wieder. Der Vater war als Müller eines versorgungspflichtigen Betriebs zurückgeblieben. Noch bevor die Bevölkerung zurückkehren durfte, holte er seine Familie wieder nach Hause. Damit Gretel

Weyer später einen Beruf ausüben konnte, besuchte sie nun die Landfrauenschule in Trier-Olewig.

Als sich im Frühherbst 1944 die amerikanischen Divisionen den Reichsgrenzen näherten, wurden die Menschen in der Westwallzone des Trier-Saarburger Landes abermals evakuiert. Gretel fand eine Unterkunft bei einer Schulfreundin in Wintrich an der Mosel, ihre Mutter mit den anderen Geschwistern in einem Kloster in Limburg. Ihr Vater blieb, wie einige andere Landwirte, gegen die Befehle der Partei in der geräumten Zone zurück. Gretel kam nach Beendigung der Kampfhandlungen von Wintrich an der Mittelmosel zu Fuß als erste in die Mühle zu ihrem Vater zurück. Ihre Ausbildung hatte sie infolge des Krieges nicht abschließen können. So arbeitete sie wieder in der Landwirtschaft und im Mühlenbetrieb ihrer Eltern.

Auch an der Mühle war der Krieg nicht spurlos vorüber gegangen. Es gab Beschädigungen am Mühlenhaus und am Sägewerk, die wegen des allgemeinen Materialmangels zunächst nur notdürftig repariert werden konnten. Auch in der Umgebung mußten Trümmer beseitigt und Instandsetzungsarbeiten vorgenommen werden. Das Vieh war wie bei den anderen Bauern der geräumten Zone am Westwall weggetrieben worden, Felder und Wiesen waren durch vom Militär angelegte Verteidigungsanlagen, wie Gräben und Deckungslöcher, sowie durch Granatbeschuß oder auch Bombentrichter zerstört.

Neben dem Vater und dem Bruder hatte die älteste Tochter Gretel einen großen Teil der Last des Wiederaufbaus zu tragen. Die Bauern warteten darauf, daß die Mühle und das Sägewerk wieder den Betrieb aufnahmen. Sie benötigten Bauholz, um ihre zerstörten oder beschädigten Häuser und Wirtschaftsgebäude wenigstens provisorisch wieder herzurichten, und das Getreide mußte dringend gemahlen werden.

Unter großen Mühen wurde, meist im Tauschverfahren, Material zur Instandsetzung der Mühle und des Sägewerks organisiert. Gretel Weyer und ihrem Bruder gelang es dann, bei der Militärverwaltung in Saarburg bei dem Kreiskommandanten Capitain Guy Lachmann eine Genehmigung zur Wiedereröffnung des Betriebs zu erhalten, den Gretel gemeinsam mit ihrem Vater und ihrem Bruder nun leitete. Die besonderen Schwierigkeiten bestanden in den strengen Auflagen, die die französische Militärregierung anordnete. Über jedes Stück Holz im Sägewerk und über jedes Gramm Mehl, das in der Weyerschen Mühle gemahlen wurde, mußte aufgrund der strengen Rationierung Rechenschaft abgelegt werden. Gretel Weyer leistete Schwerarbeit nicht nur im Betrieb, sondern auch in den Weinbergen der Familie, die wieder hergerichtet werden mußten. Daneben hatte sie die umfangreichen schriftlichen Arbeiten für das Sägewerk und die Mühle zu erledigen, die von den Franzosen verlangt wurden. In ihrer knappen Freizeit engagierte sie sich in der Jugendarbeit der Pfarrei.

Ende der vierziger Jahre lernte sie ihren Mann, Johann Wacht aus Könen bei Konz, kennen, der gerade aus russischer Kriegsgefangenschaft heimgekehrt war. Das junge Paar beschloß, gemeinsam einen Betrieb zur Herstellung von Baumaterial aufzubauen, ein schwieriges Unterfangen, da die französische Militärverwaltung nach wie vor eine strenge Kontrolle ausübte. Die Wachts erwarben in Fellerich einen Steinbruch sowie im nicht weit entfernten Könen eine Kiesgrube. Steinmaterial und

Kies wurden dringend gebraucht. Es galt, Straßen in Ordnung zu bringen, Brücken wiederherzustellen, öffentliche und private Gebäude wiederaufzubauen. Allerdings war die wirtschaftliche Situation in der von starken Zerstörungen betroffenen „Roten Zone", dem Notstandsgebiet im Westen, wozu der damalige Kreis Saarburg fast ganz gehörte, noch Ende der vierziger Jahre sehr schwierig, und es herrschte hohe Arbeitslosigkeit. Die Region forderte Hilfe von dem neu gegründeten Land Rheinland-Pfalz.

Die ersten größeren Aufträge, die die neue Firma Wacht erhielt, betrafen die Lieferung von Steinmaterial zum Aufbau der zerstörten Moselbrücke im Weinort Wiltingen. Außerdem mußten für die Ausbesserung der Straßen im Landkreis größere Mengen an Kies geliefert werden. Die öffentlichen Aufträge brachten auch Arbeit für viele arbeitslose Menschen im Kreisgebiet. In den folgenden Jahren gelang es Gretel und Johann Wacht, die mit zehn Arbeitskräften begonnen hatten, ihren Betrieb zu einem gesunden mittelständischen Unternehmen auszuweiten. Mitte der siebziger Jahre wurden rund 300 Mitarbeiter beschäftigt. Auch die Familie hatte sich erheblich vergrößert: aus der Ehe waren fünf Kinder hervorgegangen.

Anfang der sechziger Jahre begann Gretel Wacht, sich neben ihrer Arbeit in der Firma auch politisch zu betätigen. 1964 trat sie der CDU bei. 18 Jahre lang war Gretel Wacht dann Kreisvorsitzende der Frauen-Union im Kreis Trier-Saarburg und viele Jahre auch Mitglied im Landesvorstand der Frauen-Union. Ihre Wahl in den Landesvorstand der CDU-Mittelstandsvereinigung gab ihr die Chance, in diesem Gremium die täglichen Erfahrungen eines mittelständischen Betriebes darzustellen. Im Jahr 1969 wurde Gretel Wacht in den Kreistag Trier-Saarburg gewählt, dem sie bis 1989 angehörte. Hier engagierte sie sich besonders in der Sozialpolitik. Sie war auch Mitglied im Krankenhausausschuß. Auch heute ist Gretel Wacht noch politisch tätig, im Kreis-, Bezirks- und Landesvorstand der Senioren-Union. Ihr sozialpolitisches Engagement führte sie auch zur „Lebenshilfe" für geistig behinderte Menschen. Seit vielen Jahren gehört sie dem Vorstand der Kreisvereinigung der „Lebenshilfe" Trier-Saarburg an.

Im Jahr 1982 verstarb Johann Wacht. Die erwachsenen Söhne übernahmen nun die Verantwortung im Betrieb, doch Gretel Wacht ließ es sich nicht nehmen, weiterhin regelmäßig im Familienunternehmen mitzuarbeiten.

Für ihre Verdienste wurde Gretel Wacht mit dem Bundesverdienstkreuz und der Silbernen Ehrennadel des Landesverbandes der „Lebenshilfe" ausgezeichnet.

Edgar Christoffel

Quellen/Literatur:

Interview des Verfassers mit Gretel Wacht am 27. August 1998;
Edgar Christoffel: Die Geschichte des Landkreises Trier-Saarburg, Trier 1993;
Edgar Christoffel: Krieg am Westwall 1944/45. Das Grenzland im Westen zwischen Aachen und Saarbrücken in den letzten Kriegsmonaten, Trier 1989;
Ewald Wegner: Kulturdenkmäler in Rheinland-Pfalz. Band 12.1: Kreis Trier-Saarburg, Worms 1994.

Louise Wandel (1892-1981)

Louise Wandel wurde am 9. Juli 1892 in Wien geboren, wo sie ab dem 10. Lebensjahr die öffentliche Mädchen-Bürgerschule besuchte.

Schon in Kinderjahren erhielt sie eine musikalische Erziehung und wurde bereits mit acht Jahren am Klavier ausgebildet. Mit zehn Jahren trat sie zum erstenmal öffentlich auf.

Neben Klavier studierte Louise auch Gesang. Sie wußte lange Zeit nicht, welchem Fach sie den Vorzug geben sollte; schließlich entschied sie sich für ihren „singenden Klavierton". Für ihr weiteres Leben blieb sie dem Klavier treu.

Sie wurde Schülerin des Klaviervirtuosen Theodor Leschetitzky (1830-1915), seinerseits ein Schüler von Carl Czerny, der Beethoven nahegestanden hatte, und von Simon Sechter, dem Lehrmeister Bruckners, der seit 1878 als gesuchter Privatlehrer in Wien lebte.

Louise Wandel

Als Louise Wandel im Alter von 38 Jahren nach Mainz kam, hatte sie viel von der Wiener Atmosphäre in sich aufgenommen. Ihr Musikstil sei stark wienerisch geprägt gewesen, weiß der bis 1997 am Konservatorium tätige Direktor Wolfgang Schmidt-Köngernheim zu berichten, der die Künstlerin noch gut kannte.

Seit Hans Gál sie 1930 nach Mainz berufen hatte, lehrte Louise Wandel an der Musikhochschule und deren Nachfolgeinstitut, dem Peter-Cornelius-Konservatorium, jahrzehntelang unter den Direktoren Hans Gál, Karl Fischer, Lothar Windsperger, Heinz Berthold, Günther Kehr, Otto Schmidtgen und Volker Hoffmann. Daneben unterrichtete sie von 1946 bis 1963 am Staatlichen Hochschulinstitut für Musik in Mainz. Das Institut (der heutige Fachbereich Musik) war als Musikabteilung der nach dem Kriege wiedererrichteten Universität Mainz von Professor Dr. Ernst Laaff gegründet worden. Louise Wandel machte sich im Laufe ihres Berufslebens einen Namen als Solistin, Dozentin, Künstlerin und Pädagogin und war ein fester Begriff in der Musikwelt – weit über die Grenzen von Mainz hinaus. Mit Günter Kehr, dem langjährigen Leiter des Mainzer Kammerorchesters, wirkte sie in vielen Konzerten.

Es war nicht nur die Künstlerin Louise Wandel, der man Anerkennung zollte, es war auch der Mensch Louise. Sie wird als eine markante Persönlichkeit charakterisiert, charmant, offen, vornehm und liebenswert.

Sie habe sich nie mit Halbheiten zufrieden gegeben, dazu sei ihr Verantwortungsgefühl zu groß gewesen – gegenüber dem Werk und gegenüber denjenigen, die es interpretieren sollten. Vielen begabten Schülerinnen und Schülern ebnete sie den Weg. Für alle hat sie sich mit ganzer Kraft eingesetzt. So war Louise Wandel, der man mütterliche Eigenschaften zuschrieb und die selbst keine Kinder hatte, soziale und geistige Mutter vieler Schülerinnen und Schüler. Viele namhafte Musikerinnen und Musiker sind aus ihren Klassen hervorgegangen, wie der gebürtige Mainzer Pianist und Dirigent Hans Hilsdorf, der auch bei Karajan arbeitete, und Martha Schuster, die hauptsächlich als Cembalistin und Kantorin berühmt wurde.

Wie sehr ihr ihre Schülerinnen und Schüler am Herzen lagen, drückte sie so aus: „Das Haupterlebnis meines Alters sind die Erfolge meiner Schüler."

Wie sehr sie auch Mainz liebte, sagen ihre Worte: „Ich habe selbst nie bereut, Mainz gegen Wien eingetauscht zu haben. Die Mainzer Atmosphäre hat mich gänzlich eingefangen."

So, wie Louise Wandel ihre Wahlheimat wertschätzte, wurde auch sie von den Mainzerinnen und Mainzern geschätzt. Sie erhielt viele Ehrungen und Auszeichnungen.

Zu ihrem sechzigsten Geburtstag wurde sie mit der Peter-Cornelius-Plakette des Landes Rheinland-Pfalz ausgezeichnet. Zu ihrem achtzigsten Geburtstag erhielt sie den Wappenteller der Stadt Mainz. Und schließlich wurde sie mit dem „Mainzer Pfennig" geehrt, den ihr Kulturdezernent Dr. Keim zum fünfundachtzigsten Geburtstag überreichte.

Louise Wandel verbrachte ihren Lebensabend im Aliceheim in Mainz-Gonsenheim, wo sie immer wieder für Bewohnerinnen und Bewohner kleine Konzerte gab. Sie starb am 30. Juli 1981 mit neunundachtzig Jahren. Ihre Grabstätte findet sich auf dem Hauptfriedhof (Urnenhain) in Mainz.

Anne Knauf

Quellen/Literatur:

Wolfgang Balzer: Mainz. Persönlichkeiten der Stadtgeschichte, Bd. 2. Ingelheim 1989;
Hans Gál zum 100. Geburtstag. Katalog zur Ausstellung im Mainzer Rathaus 1990;
Persönliche Unterlagen aus dem Freundes- und Verwandtenkreis;
Presseberichte zu Ehrungen und zum Tode von Louise Wandel;
Interviews mit Wolfgang Schmidt-Köngernheim (ehemaliger Direktor des Peter Cornelius Konservatoriums) und mit Frau Carpi (Klavierlehrerin am Peter Cornelius Konservatorium).

Dr. Ella Weiß (1910-1995)

Ella Weiß wurde am 2. Januar 1910 in Frankenthal geboren. Der Vater, ein Sozialdemokrat, war beim Frankenthaler Arbeitsamt beschäftigt.

Ella, ein begabtes Mädchen, durfte nach der Volksschule das Gymnasium besuchen. Nach Ablegung des Abiturs absolvierte sie ab 1929 ein Studium an den Universitäten Heidelberg, München, Freiburg und Würzburg, das sie 1938 mit der Promotion abschloß. Sie wollte Lehrerin werden.

Ihren Vorbereitungsdienst für das Lehramt an höheren Schulen schloß sie 1939 in München ab. Nach Ablegung der zweiten Staatsprüfung ging sie zurück in die Pfalz und wurde als Studienassessorin in Ludwigshafen eingestellt. 1941 wurde sie zur Studienrätin ernannt.

Dr. Ella Weiß (1947)

Dr. Ella Weiß, die einer alten Frankenthaler SPD-Familie entstammte, war selbst vor 1933 nicht politisch aktiv gewesen. 1945/46 spielte sie dann jedoch eine wichtige Rolle bei der Wiedergründung der SPD in ihrem Heimatort und gehörte auch dem ersten Bezirksvorstand der pfälzischen SPD an. In einem Beobachtungsbericht des französischen Kreisdelegierten Daumas an seine vorgesetzte Behörde vom 3. Juni 1947 heißt es, sie stehe an der Spitze der Frankenthaler SPD und sei „als militante und überzeugte Sozialistin" bekannt.

Im Herbst 1946 wurde sie von den Pfälzer Sozialdemokraten in die Beratende Landesversammlung entsandt, der insgesamt nur sieben Frauen (neben 120 Männern) angehörten. Als die Landesversammlung in ihrer feierlichen konstituierenden Sitzung am 22. November 1946 einen Verfassungsausschuß bildete, wurden Dr. Ella Weiß von der SPD sowie Helene Rothländer von der CDP als einzige Frauen in dieses wichtige Gremium delegiert. In acht Arbeitstagungen und zwei Lesungen wurde in den darauffolgenden Monaten bis April 1947 in diesem Ausschuß der Verfassungsentwurf beraten. Gemeinsam mit ihrer Fraktion lehnte Ella Weiß in der namentlichen Schlußabstimmung der Beratenden Landesversammlung am 25. April 1947 den Verfassungsentwurf wegen der unüberbrückbaren Meinungsunterschiede zwischen CDP/CDU und SPD in zentralen Fragen ab.

Im Mai 1947 wurde Dr. Ella Weiß in den ersten rheinland-pfälzischen Landtag gewählt. Am 27. Januar 1951 erklärte sie ohne Begründung ihren Austritt aus der SPD, behielt jedoch zum Ärger der Partei ihr Landtagsmandat bis zum Ablauf der Wahlperiode im Mai 1951. Die Ursachen für ihren Schritt waren offenbar in Meinungsverschiedenheiten innerhalb der pfälzischen SPD zu suchen, lassen sich jedoch nicht mehr genau ergründen. Danach scheint sie sich aus der Politik zurückgezogen zu haben.

In den folgenden Jahren unterrichtete sie weiter am Gymnasium in Frankenthal. 1965 erfolgte die Ernennung zur Oberstudienrätin. 1968 ließ sie sich nach Ludwigshafen-Mundenheim an die Geschwister-Scholl-Schule versetzen, da sie sich in Ludwigshafen-Gartenstadt ein Haus gebaut hatte, das sie gemeinsam mit ihrem Vater bewohnte. 1972 ging sie in den Ruhestand. Ihren hochbetagten Vater pflegte sie bis zu seinem Tod. Ihre einzige Schwester Hilde war nach dem Zweiten Weltkrieg in die USA ausgewandert und hatte dort eine große Familie.

Dr. Ella Weiß verstarb am 23. Januar 1995 in Ludwigshafen und wurde in ihrer Heimatstadt Frankenthal beigesetzt.

Hedwig Brüchert

Quellen/Literatur:

Archiv des Landtags Rheinland-Pfalz;
Stadtarchiv Frankenthal, personengeschichtliche Sammlung;
Abgeordnete in Rheinland-Pfalz 1946-1987. Biographisches Handbuch, hg. v. Landtag Rheinland-Pfalz, bearb. v. Heidi Mehl-Lippert u. Doris Maria Peckhaus. Mainz 1991, S. 308;
Helmut Klaas (Bearb.), Die Entstehung der Verfassung für Rheinland-Pfalz. Eine Dokumentation. Boppard am Rhein 1978 (Veröff. d. Kommission des Landtages für die Geschichte des Landes Rheinland-Pfalz, Bd. 1);
Katrin Kusch, Die Wiedergründung der SPD in Rheinland-Pfalz nach dem Zweiten Weltkrieg (1945-1951). Mainz 1989 (Veröff. d. Kommission des Landtages für die Geschichte des Landes Rheinland-Pfalz, Bd. 12);
Auskünfte von Herrn Weißmann, Ludwigshafen.

Mathilde Werbelow (1910-1960)

Mathilde Werbelow wurde am 27. April 1910, vier Jahre vor Ausbruch des Ersten Weltkrieges, im saarländischen Neunkirchen geboren. Sie war das fünfte Kind des Schneidermeisters Christian Ritter und seiner Frau Luise und kam gut eineinhalb Jahrzehnte nach ihren Geschwistern zur Welt. Seine späte Vaterschaft brachte den dreiundfünfzigjährigen Schneidermeister, dem es wichtig war, ein angesehener Bürger seiner Heimatstadt zu sein, schon in einige Verlegenheit. Die Mutter nahm die Geburt ihrer jüngsten Tochter gelassener. War sie doch selbst die Älteste von neun Bergmannskindern.

Mathilde Ritter wuchs in einer für die damalige Zeit typischen Handwerkergroßfamilie auf. Neben ihren zwei Schwestern und den beiden Brüdern saßen immer einige Gesellen und Lehrmädchen aus der

Mathilde Werbelow

Schneiderwerkstatt mit am Tisch der Eltern. Der „alte Herr", so die Anrede für den Meister und Vater, stand der Schneiderei vor, das Regiment im Haus führte mit Umsicht, Strenge und einer guten Portion Humor die Mutter Luise. Die kleine Mathilde wurde von allen verwöhnt und von den meisten herumgeschubst. Viel Zeit hatte niemand für sie, und um Kinder kümmerte sich in der damaligen Zeit keiner allzuviel.

Mathilde wurde in ihrem Elternhaus geprägt von den saarländisch-preußischen Tugenden: Sie wurde dazu angehalten, fleißig und arbeitsam zu sein, offen zu ihrer Meinung zu stehen, und sich vor niemandem zu fürchten. Sie lernte auch, mit Witz und Einfallsreichtum schwierige Situationen zu bestehen und mit Charme zu erreichen, was sie anders nicht bekommen konnte.

Auf Drängen ihrer Brüder, die den Beruf des Vaters hatten erlernen müssen, durfte die kleine Schwester die höhere Schule besuchen. Doch leider zwang die wirtschaftliche Not der Eltern sie 1929, ohne Abitur abzugehen. Während eines zweijährigen Aufenthaltes als Haustochter auf dem Gut einer verwitweten Hofdame im Schwarzwald erhielt sie eine sie sehr prägende Ausbildung als Kindergärtnerin und „Höhere Tochter".

1936 heiratete Mathilde Ritter den jungen Journalisten und Schriftsteller Rolf Werbelow. Durch ihn kam sie zum ersten Mal in die Pfalz.

Ihr Mann hatte in Neustadt seine erste Anstellung gefunden, als Redakteur der „NSZ-Rheinfront" und als „Gauschrifttumswart des Gaues Saar-Pfalz". Ihre glückliche Ehe und die gläubige politische Aufbruchsstimmung ihres Mannes und seiner jungen Künstlerfreunde hatten zur Folge, daß auch Mathilde Werbelow von der nationalen Begeisterung der damaligen Zeit erfüllt war.

Kritik und Zweifel am Nationalsozialismus beschränkten sich für Mathilde Werbelow auf einzelne Personen, die sie als unangenehme Nazis erlebte. Der Auseinandersetzung mit der NS-Ideologie verschloß sie sich weitgehend. Es war nicht ihre Art, Politik als gesellschaftlich wirkendes Geschehen zu sehen oder gar zu bewerten. Und das Glück ihrer jungen Ehe überstrahlte Zweifel und Skepsis. In die Neustadter Zeit fiel auch die Geburt ihres Sohnes im Jahre 1938.

Doch schon ein Jahr später brachte der Zweite Weltkrieg einen schmerzlichen Einschnitt in ihr Leben. Ihr Mann wurde eingezogen und fiel 1940 „für Führer, Volk und Vaterland." Tief erschüttert verließ Mathilde Werbelow Neustadt, vertraute ihren kleinen Sohn der Schwägerin an und ging nach Köln, um dort Bibliothekswissenschaft zu studieren.

Als Diplom-Bibliothekarin kehrte sie in ihre Heimat zurück. In Saarbrücken leitete sie bis zum Kriegsende die Zweigstelle Burbach der Stadtbücherei, deren Ausbombung sie sehr schmerzlich erlebte.

1947, nach dem Zusammenbruch innerer wie äußerer Hoffnungen, bot sich für Mathilde Werbelow die Chance, in ihre geliebte Pfalz, an den Ort, an dem sie so glücklich gewesen war, zurückzukehren. In Neustadt wurde für die deutsch-französische Kultureinrichtung „Die Brücke" eine Leiterin gesucht.

Jede Mitgliedstadt, so steht es in einem Brief des Städteverbandes Rheinland-Pfalz vom 27. Februar 1950, mußte auf Anordnung der Besatzungsbehörde (Gouvernement Militaire de la Zone française d'occupation, Délégation pour la province du Palatinat) ein Kulturhaus eröffnen. Die Stadtverwaltung mußte eine Leiterin des Kulturhauses besolden sowie sämtliche Räume einschließlich Beleuchtung, Heizung usw. unentgeltlich zur Verfügung stellen.

Mathilde Werbelow bewarb sich um diese Stelle. Ihre fachliche Kompetenz als Bibliothekarin sprach für sie. Es half ihr auch die Fürsprache des damaligen Arbeits- und Sozialministers von Rheinland-Pfalz, Wilhelm Bökenkrüger, der nicht vergessen hatte, wie menschlich fair ihm, dem verfemten Sozialdemokraten, das Ehepaar Werbelow während der Nazizeit begegnet war. Sie wurde Leiterin der „Brücke" und stürzte sich mit ihrer ganzen Begeisterungsfähigkeit auf die neue Aufgabe, die der Oberbürgermeister der Stadt offiziell so beschrieben hat:

„Schaffung eines kulturellen Informationszentrums, das sich befruchtend auf die geistig-kulturelle Haltung der Bevölkerung auswirkt, beiträgt zur Entwicklung des demokratischen Bewußtseins der Bevölkerung und des gegenseitigen Verständnisses unter den Völkern (...). Diese Maßnahme wurde bewußt getroffen, um uns gegenseitig besser kennen und besser schätzen zu lernen. Die Eigenart der einzelnen Völker soll ruhig weiterbestehen, die Völker sollen sich lediglich zusammenfinden in aller Freiheit, ohne auf die Dauer irgend einem Volke eine untergeordnete Rolle anzuweisen. Zur Erfüllung dieser Aufgabe unterhält das Informationszentrum eine Leihbücherei deutscher und ausländischer Werke, Lesezimmer und Ausstellungsräume."

Der Lesesaal der Neustadter „Brücke" enthielt 1949 insgesamt 2160 Bücher, davon deutsche: 1025, französische: 786, englische: 350. Mathilde Werbelow organisierte in den Räumen der „Brücke" Vorträge deutscher und französischer Gastredner über Kunst und Literatur beider Länder und Kulturen. Sie veranstaltete Musikabende mit Pianisten, Sängern und anderen Musikschaffenden aus Neustadt und der Pfalz. Viele junge Malerinnen und Maler konnten nach dem Krieg zum ersten Mal wieder hier ihre Bilder und Skulpturen ausstellen.

Mathilde Werbelow schlug in diesen ersten Nachkriegsjahren im wahrsten Sinne des Wortes eine Brücke für Kunst und Kultur zwischen Besatzungsbehörden, Stadtverwaltung, Öffentlichkeit, Künstlern und Bevölkerung. Ihr kleiner Lesesaal wurde ein Ort für viele neue Anfänge. Das war die Art, wie sie Politik verstand: Sie wollte bei allem, was sie öffentlich tat, mit Menschen zusammen etwas für Menschen tun und dabei immer möglichst vielen Menschen nahe sein.

1950 wurde „Die Brücke", nach einem kurzen Eigenleben als eingetragener Verein, aus Geldmangel, wie könnte es anders sein, aufgelöst und der Lesesaal der Stadtbücherei eingegliedert. Mathilde Werbelow behielt jedoch ihre Aufgaben, jetzt als Leiterin des städtischen Kulturamtes.

„Ihr oblag", so hieß es amtlich, „die Förderung der pfälzischen Künstler, die Koordinierung der gesamten kulturellen Veranstaltungen in Neustadt an der Weinstraße, die Herausgabe eines monatlich erscheinenden Veranstaltungskalenders, sowie die Organisation aller kulturellen Veranstaltungen wie Konzerte, Kunstausstellungen, Vorträge usw., soweit sie von der Stadt durchgeführt wurden."

Georg Vorhauer, Günter Zeuner, Hans-Rolf Peter, Martin Ritter, Marcella Woitschach, Eugen Weyerstall, Eugen Croissant, Marie Strieffler, Hans Fay sen., Hans Fay jun., Ludwig Waldschmidt, Rolf Müller-Landau, Otto Dill – viele ihrer Ausstellungen, oft ihre ersten, hat Mathilde Werbelow „gehängt".

Sie organisierte Kammermusikabende, Vorträge und Lesungen zusammen mit der Volkshochschule. In enger Zusammenarbeit mit dem Bezirksverband und dem Pfalzorchester unter Karl Rucht sowie dem Kurpfälzischen Kammerorchester unter Eugen Bodart baute sie das Abonnement der Städtischen Konzerte in Neustadt auf.

Mathilde Werbelow schuf Anlässe und Gelegenheiten für viele kreative und schöpferische Begegnungen. Mit großem persönlichen Einsatz, der oft zeit- und kräftemäßig weit über ihre Dienstpflichten hinausging, schuf sie in und für Neustadt die Anfänge eines bemerkenswerten Kulturlebens. Obwohl Mitglied der SPD, war Parteipolitik nie ihre Sache. Ihr ganzes Engagement galt der Kunst und der Kultur. Ihnen im öffentlichen Leben Geltung und Gewicht zu verschaffen, das war ihr Verständnis von Politik.

Eine Umstrukturierung in der Verwaltung – das Kulturamt, ihr Kulturamt, wurde dem Verkehrsamt (!) unterstellt –, persönliche Krisen und eine nicht erkannte Krankheit zehrten jedoch an ihren Kräften, sodaß sie in den letzen Jahren mehr und mehr resignierte. In ihrer alten Heimat, im Saarland, suchte sie neue Hoffnung und einen neuen Anfang. 1958 kehrte sie zurück an die Stadtbücherei Saarbrücken.

Doch eine damals noch unheilbare Nierenerkrankung war schon zu weit fortgeschritten. Mathilde Werbelow starb am 12. Juni 1960, sechs Wochen nach ihrem fünfzigsten Geburtstag.

Wulf Werbelow

Quellen/Literatur:

Stadtarchiv Neustadt an der Weinstraße, PAT 76/7 R;
Persönliche Erinnerungen und Unterlagen des Verfassers.

Gertrud Wetzel (1914-1994)

Gertrud Wetzel, in den fünfziger und sechziger Jahren eine der einflußreichsten Frauen in der rheinland-pfälzischen SPD, wurde am 22. Mai 1914 im heute saarländischen, damals noch zur Pfalz gehörenden Dorf Einöd bei Homburg geboren. Ihr Vater, Christian Daniel Jungmann, war Bahnhofsvorsteher in Einöd, ihre Mutter stammte aus Zweibrücken. 1917, Gertrud war drei Jahre alt, wurde ihr Vater nach Mutterstadt versetzt, und die Familie fand in Limburgerhof ein neues Zuhause.
Von 1921 bis 1925 besuchte Gertrud die Volksschule in Limburgerhof und wechselte danach an das Humanistische Gymnasium Ludwigshafen, weil sie sich geweigert hatte, in eine reine Mädchenschule zu gehen. „Wir Mädchen", so schrieb sie in ihren Erinnerungen, „waren nur ein kleines Häuflein, und der Direktor brüllte uns manchmal

Gertrud Wetzel

an: ‚Ihr wißt ja, daß Ihr hier nur geduldet seid!'" 1934, ein Jahr nach der Machtübertragung an die Nationalsozialisten, bestand sie das Abitur – als Beste von siebzig Schülerinnen und Schülern. Studieren durfte sie freilich nicht, da die neuen Machthaber ihr wegen „politischer Unzuverlässigkeit" den Besuch der Universität verweigerten.
Mit Politik hatte sich Gertrud Jungmann schon sehr früh beschäftigt. Sie stammte aus einer traditionsreichen sozialdemokratischen Familie, in der fast täglich über politische Ereignisse gesprochen und diskutiert wurde. Einer ihrer beiden Großväter gehörte in Zweibrücken zu den Gründungsmitgliedern der SPD und ihr Vater, ebenfalls überzeugter Sozialdemokrat, wurde im April 1933 wegen seiner politischen Gesinnung aus dem Staatsdienst entlassen. Ein paar Wochen vorher hatte die Tochter erleben müssen, wie die SA das Haus ihrer Eltern nach politischen Schriften durchsuchte. Sie selbst war bereits als 16jährige in den Sozialistischen Schülerbund, die Naturfreundejugend und die Sozialistische Arbeiterjugend eingetreten – für die Schülerin eines Gymnasiums „eine große Ausnahme", wie sie später einmal notierte.
Im Oktober 1934 begann Gertrud Jungmann eine Ausbildung zur Fremdsprachenkorrespondentin für Englisch und Französisch. Das Schulgeld – 30 Reichsmark pro Monat – verdiente sie sich als Kindermädchen bei einer Ärztin und einem Musikpädagogen in Mannheim. Nach dem Examen im Herbst 1935 zog sie nach Frankenthal, wo sie eine Arbeitsstelle als Chefsekretärin in der Pumpenfabrik Klein,

Schanzlin & Becker (KSB) fand. Beim Vorstellungsgespräch war auch der Vorstandsvorsitzende der Firma, Wolfgang Klein-Kühborth, anwesend. „Als er mein Abiturzeugnis sah", so erinnerte sie sich später, „fragte er mich, warum ich nicht studierte. Nachdem ich ihm gesagt hatte, daß ich wegen politischer Unzuverlässigkeit vom Besuch der Hochschulen ausgeschlossen sei, erwiderte er: ‚Dann werden Sie meine Sekretärin!' Das habe ich nie vergessen."
Bei KSB lernte Gertrud Jungmann auch ihren zukünftigen Mann, Wilhelm Robert Wetzel, kennen. Als der Krieg ausbrach, wurde er zur Wehrmacht eingezogen, konnte 1940 nach einer schweren Verletzung aber nach Frankenthal zurückkehren und seine Arbeit bei KSB wieder aufnehmen. Am 8. Februar 1941 heirateten die beiden. Ihr erstes Kind wurde im November 1941, das zweite im April 1944 geboren. Einige Monate vorher war sie nach Limburgerhof zurückgekehrt, um ihrer Mutter bei der Pflege ihres schwerkranken Vaters zu helfen. Sie blieb dort auch, nachdem ihr Vater im September 1943 verstorben war.
Nach dem Ende des Krieges und dem Zusammenbruch der nationalsozialistischen Diktatur machte Gertrud Wetzel rasch politische Karriere. Sie trat 1946 in die wiedergegründete SPD ein – letzter Auslöser war eine Rede des pfälzischen Parteivorsitzenden Franz Bögler in Limburgerhof –, war 1947 bereits stellvertretende Vorsitzende ihres Ortsvereins und wurde 1948 auch in den Gemeinderat von Limburgerhof gewählt, dem sie bis zu ihrem erneuten Umzug nach Frankenthal im Jahr 1956 angehörte. Die politische Arbeit in Limburgerhof hat sie später einmal als ihre „Lehrzeit" bezeichnet.
Von 1951 bis 1960 war Gertrud Wetzel Mitglied des Bezirkstages der Pfalz, von 1959 bis 1971 Mitglied des Landtages Rheinland-Pfalz und von 1964 bis 1974 Mitglied des Stadtrates in Frankenthal. Im Landtag gehörte sie dem Kultur- und dem Rechtsausschuß an und kämpfte engagiert für die Auflösung der Konfessionsschulen und die Einführung der Simultanschulen in Rheinland-Pfalz. 1965 wurde sie in den Vorstand ihrer Fraktion gewählt, und von 1967 bis 1971 war sie schließlich Stellvertreterin des Fraktionsvorsitzenden Jockel Fuchs.
Auch in ihrer Partei übernahm Gertrud Wetzel zahlreiche Funktionen und Ämter. Sie war Mitglied des Bezirksvorstandes der pfälzischen SPD und des Parteirates in Bonn, Vorsitzende des Jugendpolitischen Ausschusses, stellvertretende Vorsitzende des Frauenausschusses der SPD Pfalz, Vorsitzende der sozialdemokratischen Frauengruppe in Frankenthal und Mitglied im Vorstand des Ortsvereins der Frankenthaler SPD. Im Bund Freireligiöser Gemeinden Deutschlands leitete sie von 1979 bis 1982 das Frauenreferat, und von 1975 bis 1987 war sie als erste Frau ordentliches Mitglied des Verfassungsgerichtshofes von Rheinland-Pfalz.
Gertrud Wetzel hat sich nie gescheut, Verantwortung zu übernehmen. Grundlage und Kraftquell ihrer politischen Arbeit waren dabei stets die großen Ideale der sozialdemokratischen Arbeiterbewegung: Frieden, Freiheit und soziale Gerechtigkeit. Vor allem die Erfahrungen, die sie während der NS-Diktatur machen mußte, hatten ihr deutlich gezeigt, daß nur konsequentes politisches Engagement Demokratie und Rechtsstaatlichkeit gegen totalitäre Anfeindungen sichern können.

Im Frühjahr 1994, anläßlich ihres 80. Geburtstages, sollte ihr für ihre Leistungen beim Aufbau eines demokratischen Gemeinwesens nach dem Zweiten Weltkrieg das Bundesverdienstkreuz Erster Klasse verliehen werden. Sie erlebte die feierliche Überreichung jedoch nicht mehr. Kurz vorher, am 11. März 1994, verstarb sie in Frankenthal, betrauert von ihrer Familie und von zahlreichen politischen Weggefährten aus Rheinland-Pfalz.

Gertrud Wetzel war beliebt und populär. Sie fand stets den richtigen Ton. Deutlich und pfälzisch, wenn es not tat, argumentierend und abwägend, wenn die leiseren Töne gefragt waren. „Eine Frau hat es sehr schwer, sich in der Politik durchzusetzen", so hat sie 1971 einmal gesagt. Sie selbst hat ein Stück dazu beigetragen, daß dies heute nicht mehr so absolut gilt wie noch vor zwanzig oder dreißig Jahren.

Gerhard Nestler

Quellen/Literatur:

Nachlaß Gertrud Wetzel in Stadtarchiv Frankenthal (Best. XI/7), darin unveröffentlichte autobiographische Aufzeichnungen;
Abgeordnete in Rheinland-Pfalz 1946-1987. Biographisches Handbuch, hg. v. Landtag Rheinland-Pfalz, bearb. v. Heidi Mehl-Lippert und Doris Maria Peckhaus. Mainz 1991.

Elizabeth Wiebe (1899-1980)

Geboren wurde Elizabeth Catherine Wiebe vor 100 Jahren, am 26. März 1899 in Hillsboro in Kansas. Sie wuchs gemeinsam mit zehn Geschwistern in einer mennonitischen Familie auf. Ihr Vater war Lehrer. Mit 17 Jahren wurde sie ebenfalls als Mitglied in die Mennonite Brethren Church of Hillsboro aufgenommen.

Elizabeth absolvierte die Garden City High School und machte dann eine Ausbildung zur Lehrerin am Southwestern State Teacher's College in Weatherford, Oklahoma. Ihr Studium schloß sie mit dem Grad eines „Bachelor of Arts" ab. Sie unterrichtete dann zwanzig Jahre lang an verschiedenen Schulen in Kansas und Oklahoma und war auch in der Lehrerausbildung tätig.

1948 entschloß sie sich, nach Europa zu gehen, um den Menschen im kriegsgeschädigten Deutschland im Rahmen des Hilfsprogramms der amerikanischen Mennoniten zu helfen. Dabei folgte sie, wie sie selbst später schrieb, einer inneren Berufung: „Because there was a call to another service, by a voice inside of me, the working of which was noticed and felt by a change of ideas in my mind." Als Mitglied des „Mennonite Central Committee (MCC)" verließ sie am 8. Februar 1948 die Heimat. Nach einem kurzen Aufenthalt in Frankfurt am Main, wo sich die Zentrale des mennonitischen Hilfswerks für Deutschland befand, wurde sie nach Neustadt in der Pfalz geschickt, wo sie ihre Arbeit aufnahm.

Elizabeth Wiebe

Sie organisierte eine Bibelschule für Kinder – ‚All are welcome, Protestant, Catholic, Communist, Baptist and Mennonite', war ihr Wahlspruch. Das Wichtigste jedoch für die hungernden Kinder im Nachkriegsdeutschland waren die Schulspeisungen, die die Mennoniten und andere amerikanische Organisationen durchführten. Die mennonitische Hilfswerksarbeit und Elizabeth Wiebe selbst waren bald stadtbekannt.

Als das Hauptquartier des MCC in Neustadt, die Villa Luchterhand (heute: Hotel Kurfürst), das ihr seit ihrer Ankunft als Unterkunft gedient hatte, im Herbst 1950 schließlich aufgelöst wurde, fuhr sie im Februar 1951 nach Hause. Doch schon drei Jahre später, 1954, kehrte sie auf eigene Initiative nach Neustadt zurück.

Sie wurde nun von Familie Luther in der Rittergartenstraße 13 familiär aufgenommen. Ihre Hauptaufgabe sah sie jetzt vor allem in der Mission und in der Seelsorgearbeit und baute zwischen 1954 und 1960 eine aktive Mennoniten-Brüder-Gemeinde in Neustadt auf. Täglich besuchte sie Menschen, die des Trosts und des Zu-

spruchs bedurften. Einige Jahre lang verteilte sie auch die noch ankommenden Kleiderspenden des MCC an Arme. Von 1960 an leitete sie zunächst die Kinderstunde, später dann bis zu ihrem Tod die Frauenstunde der Mennonitengemeinde.
„Miss Wiebe" galt in Neustadt überall als Respektsperson und Autorität. Ihre Resolutheit und konsequente christliche Mitmenschlichkeit läßt sich vielleicht am besten an einem Beispiel illustrieren: Es war Elizabeth Wiebe, die einmal in Neustadt eine Beerdigung organisierte für einen Verstorbenen, den niemand beerdigen wollte.
Nach einem leichten Schlaganfall, dessen Behandlung sie strikt ablehnte, um niemandem „zur Last" zu fallen, starb sie am 17. September 1980 in Neustadt.

Mildred Michel-Haas

Quellen/Literatur:

Gudrun Schäfer (Hg.): Die Speisung der Hunderttausend. Die Hilfe der Mennoniten nach dem Zweiten Weltkrieg. Landau 1997;
Elizabeth Wiebe: The Voice, The Fireside Anthology, Vol. 1, Greenwich Book, Publishers, New York, o. J.;
Interview mit Herrn und Frau Luther, Neustadt, vom 28.1.1998.

Ilse Wild-Kussler (geb. 1924)

Ilse Kussler wurde am 7. April 1924 in Oberstein an der Nahe geboren. Sie war ein Einzelkind. Der Vater, ein Jurist, hatte vor dem Ersten Weltkrieg in München studiert und war sehr an Malerei und Musik interessiert. So war es für ihn selbstverständlich, die musische Begabung seiner Tochter zu fördern.
Ilse verließ die Schule mit der Mittleren Reife und begann 1940 eine künstlerische Ausbildung in München. Zunächst erhielt sie Unterricht bei dem Porträtmaler Conrad Pfau, anschließend ging sie ins Atelier Maxon, wo auch Aktzeichnen und Kompositionslehre auf dem Stundenplan standen. Hier wurden ihr die Grundlagen von Malerei und Graphik vermittelt. Von 1943 bis 1945 studierte sie dann an der Akademie für angewandte Kunst in München. Hier besuchte sie die Klasse von Professor Dombrowski für Buchillustration, Druckgraphik und Plakatentwurf. Als die Bombenangriffe auf München immer mehr zunahmen und schließlich die Akademie zerstört war, so daß kein Unterricht mehr stattfinden konnte, schlug sich Ilse Kussler nach Hause durch.
Dann waren der Krieg und die Herrschaft der Nationalsozialisten endlich zu Ende, und die Künstler in Deutschland konnten aufatmen. Sie waren keiner Dikatur durch eine „Reichskulturkammer" mehr unterworfen und mußten nicht mehr befürchten, daß ihre Werke als „entartet" gebrandmarkt wurden. Doch das Kunst- und Kulturleben lag danieder, viele Kunstschaffende waren in die Emigration gegangen oder im Krieg ums Leben gekommen. Die übrigen mußten sich nun neu orientieren und mußten versuchen, den Anschluß an die internationalen Entwicklungen in der Bildenden Kunst, von der sie so lange abgeschnitten gewesen waren, zu finden.
Ilse Kussler genoß die neue Freiheit und nutzte die Gelegenheit, sich nun der freien Malerei zuzuwenden. Sie blieb erst einmal im heimatlichen Oberstein, wo es in den Hungerjahren nach dem Krieg etwas leichter war, sich durchzubringen als in einer fremden Großstadt. Auch der 1908 geborene Maler Max Rupp kehrte 1946 aus der Kriegsgefangenschaft in die elterliche Bäckerei nach Oberstein zurück. Er hatte seinen künstlerischen Weg schon vor 1933 begonnen und in München, Kassel, Paris, Düsseldorf und Berlin studiert. Während der Zeit des „Dritten Reichs" hatte er insgeheim weitergemalt, bevor er zur Wehrmacht eingezogen wurde.
Zufällig ergab es sich, daß er auf die Arbeiten von Ilse Kussler aufmerksam wurde. Sie brachte ihm ihre Bilder ins Atelier, er beriet und korrigierte. Sie profitierte viel von diesem Maler, der sich selbst zu jener Zeit mit der Abstraktion auseinanderzusetzen begann. Es waren Jahre des intensiven Austauschs auch mit anderen Künstlern der Region. Sie besuchten sich gegenseitig in ihren Ateliers, diskutierten neue Stilrichtungen, lernten voneinander. Wichtige Anregungen gingen in dieser Zeit neben Max Rupp von Professor Ludwig Thormaehlen in Bad Kreuznach und von Edvard Frank, damals in Birkenfeld, aus. Ilse Wild-Kussler erinnert sich auch daran, einmal bei einer Versammlung Emy Roeder begegnet zu sein.
Wichtig war für alle Künstler und Künstlerinnen, Möglichkeiten zu schaffen, ihre

Ilse Wild-Kussler (1946)

Werke wieder öffentlich zu zeigen. In den ersten Nachkriegsjahren, als die Städte noch in Trümmern lagen, scheiterte dies häufig an fehlenden Räumlichkeiten. Max Rupp gehörte 1948 zu den Mitbegründern der „Arbeitsgemeinschaft bildender Künstler am Mittelrhein", die ab 1949 jährlich in Koblenz ausstellte.

Die erste Ausstellung, an der Ilse Kussler beteiligt war, wurde 1950 in Bad Kreuznach gezeigt. In den folgenden Jahren stellte sie mit der „Arbeitsgemeinschaft bildender Künstler am Mittelrhein" in wechselnden Gebäuden in Koblenz aus, bevor die Gruppe schließlich im Künstlerhaus Metternich ab 1964 ein Zuhause fand. Ein herausragendes Ereignis ist ihr besonders im Gedächtnis haften geblieben: die Ausstellungen der französischen Woche in Koblenz im Jahr 1955. „Im Kurfürstlichen Schloß in Koblenz fand eine große Ausstellung statt, bei der wir Malerinnen und Maler aus Rheinland-Pfalz unsere Bilder neben den Bildern von Cézanne, Braque, Picasso und Matisse sehen konnten, was sehr aufregend war", erinnert sie sich noch heute.

1952 konnte Ilse Kussler bei einer Ausstellung im Mainzer Landtag ihr erstes Ölbild verkaufen, 1954 dann ein weiteres bei der Ausstellung „Form und Farbe" in Koblenz. Es war mühsam, mit der Kunst sein Brot zu verdienen. Doch in den darauf folgenden Jahren wurden regelmäßig Bilder von ihr angekauft, und sie beteiligte sich an zahlreichen Ausstellungen im In- und Ausland.

Sie hatte in den frühen fünfziger Jahren begonnen, sich über eine impressionistische Malweise langsam den Zugang zum Kubismus und zur Abstraktion zu erarbeiten. Paul Klee beeindruckte sie sehr, doch Vorbilder waren ihr eher die kubistischen Arbeiten von Picasso, Braque und Gris. Während sie anfangs vor allem Gouachen, Pastelle und Aquarelle malte, Techniken, in denen sie in München ausgebildet worden war, ging sie zunehmend zur Ölmalerei über – auch heute noch ihre liebste Technik. Dazwischen zeichnete sie auch einmal mit Kohle, so die Serie „Frauenbilder".

Ilse Wild-Kussler gehört seit vielen Jahren dem 1948 gegründeten Berufsverband Bildender Künstler Rheinland-Pfalz, der Künstlergruppe Nahe, Bad Kreuznach, dem Reichensteiner Kreis und dem Kunstverein Obere Nahe, Idar-Oberstein, an. Am wichtigsten blieb für sie jedoch stets die Arbeitsgemeinschaft bildender Künstler am Mittelrhein.

Seit 1955 ist sie mit Helmut Wild verheiratet. Das Ehepaar hat einen Sohn. Im Jahr 1989 bezogen sie ein eigenes Haus in Birkenfeld an der Nahe. Dort fand ein großes, helles Atelier Platz, in dem die Künstlerin bis heute regelmäßig arbeitet.

1984 erhielt Ilse Wild-Kussler die Kaiser-Lothar-Medaille, 1986 den Hanns-Sprung-Preis, 1989 die Medaille des Kunstpreises Toto-Lotto Rheinland-Pfalz. Ein Stipendium des Landes Rheinland-Pfalz im Jahr 1987 ermöglichte ihr einen vierwöchigen Arbeitsaufenthalt in Burgund. Von ihrer Heimatstadt Idar-Oberstein wurde sie 1979 mit der Goldenen Ehrennadel ausgezeichnet.

Hedwig Brüchert

Quellen/Literatur:

Die Mainzer Kunstszene nach der Stunde Null 1945-1954. Malerei – Grafik – Plastik. Eine Retrospektive im Rathaus-Foyer Mainz vom 8.10.-31.10.1982;

Margarete Sorg/Margarete Sorg-Rose (Hg.): Kontrapunkt, GEDOK gestern – heute. Dokumentation der GEDOK Rhein-Main-Taunus zum 50. Todesjahr der GEDOK-Gründerin Ida Dehmel. Mainz/Wiesbaden 1992, S. 71 u. 396-397;

Wilhelm Weber, Reduktion und Abstraktion. Neue Wege in der bildenden Kunst. In: Franz-Josef Heyen/Anton M. Keim (Hg.), Auf der Suche nach neuer Identität. Kultur in Rheinland-Pfalz im Nachkriegsjahrzehnt. Mainz 1996 (Veröff. der Kommission des Landtages zur Geschichte des Landes Rheinland-Pfalz, Bd. 20), S. 339-416;

Auskünfte von Ilse Wild-Kussler.

Maria Wolf (1900-1980)

Maria Wolf wurde als Maria Harmanns am 7. Juli 1900 in Krefeld geboren. Nach der Volksschule besuchte sie die Handelsschule und arbeitete als kaufmännische Angestellte. Kurz nach dem Ende des Ersten Weltkriegs trat sie der Sozialistischen Arbeiterjugend in Krefeld bei. Ihr weiteres Leben war sowohl beruflich als auch in der Freizeit durch eine enge Verbundenheit mit der Arbeiterbewegung geprägt. 1921 wurde sie Mitglied der SPD. Bereits ein Jahr zuvor hatte sie eine Stelle als Sekretärin im Bezirksbüro der Krefelder SPD angetreten, wo sie bis 1927 tätig war. Daneben engagierte sie sich weiterhin ehrenamtlich in der Arbeiterjugend, gehörte zu den Mitbegründerinnen des Verbandes der SAJ am Niederrhein und wurde in den Bezirksvorstand gewählt. Sie fuhr zu Schulungen in die Heimvolkshochschule Tinz in Thüringen, leitete

Maria Wolf (1955)

einige Zeit die SPD-Frauengruppe Krefeld und war in der Arbeiterwohlfahrt aktiv. Durch die SPD lernte Maria Harmanns auch ihren späteren Ehemann, Waldemar Wolf, kennen. Er stammte aus Leipzig, war Journalist und kam 1926 nach Krefeld, wo er als Volontär bei der sozialdemokratischen „Niederrheinischen Volkstribüne" arbeitete. Es muß wohl Liebe auf den ersten Blick gewesen sein, denn noch im gleichen Jahr heirateten die beiden. Im Herbst 1927 erhielt Waldemar Wolf eine Redakteursstelle bei der Trierer „Volkswacht". 1928, als sie eine Wohnung gefunden hatten, folgte ihm Maria nach Trier. Bald wurde ihr Sohn, Hilmar, geboren; Maria war nun Hausfrau.

Daneben fand sie jedoch auch in ihrer neuen Heimat Gelegenheit, sich wieder in der Arbeiterbewegung zu engagieren. Von 1928 bis 1933 leitete Maria Wolf die Sozialistische Frauengruppe Trier und war in der Arbeiterwohlfahrt aktiv. Als während der Weltwirtschaftskrise die Arbeitslosigkeit besonders unter jungen Menschen immer bedrohlicher wurde, bildete sich in Trier eine „Bezirksarbeitsgemeinschaft Sozialer Dienst", eine Unterorganisation des reichsweiten „Sozialen Hilfswerks der Arbeiterschaft für die erwerbslose Jugend". Auch hier stellte sich Maria Wolf für Vorstandsaufgaben zur Verfügung, bis schließlich 1933 alle Organisationen der Arbeiterbewegung durch die Nationalsozialisten zerschlagen wurden.

Zwölf lange Jahre mußte Maria Wolf ihre politischen Überzeugungen verschweigen und in Angst vor Verfolgung leben. Ihr Mann, nicht nur SPD-Mitglied, sondern inzwischen auch Geschäftsführer der „Gemeinnützigen Baugenossenschaft der freien

Gewerkschafter e.G.m.b.H. Trier" und Funktionär im Zentralverband der Angestellten, wurde 1933 vorübergehend in „Schutzhaft" genommen und war dann lange arbeitslos. Später fand er Beschäftigung bei einem Bauunternehmen.

Als die braune Diktatur vorüber war, fanden sich schon bald ehemalige Sozialdemokraten zusammen, um die SPD in Trier wiederzugründen. Maria Wolf war mit dabei. Bei den ersten Kommunalwahlen nach dem Krieg im September 1946 wurde sie erstmals in den Trier Stadtrat gewählt, dem sie bis 1952 angehörte. Während dieser Jahre arbeitete sie im Schul-, im Wohlfahrts-, im Gesundheits- und im Jugendamtsausschuß mit.

1951 wurde Maria Wolf in den Landtag von Rheinland-Pfalz gewählt, dem sie zwei Wahlperioden lang, bis 1959, angehörte. Sie war ordentliches Mitglied des Petitionsausschusses, außerdem stellvertretendes Mitglied im Grenzlandausschuß, im Kulturpolitischen Ausschuß sowie im Ausschuß für Sozialpolitik und Fragen für Vertriebene. Große Verdienste erwarb sie sich um die Förderung des sozialen Wohnungsbaus in Trier. Die Arbeit im Landtag machte ihr Freude, und sie hätte sie gerne noch eine dritte Wahlperiode fortgesetzt. Doch inzwischen drängte eine Generation von jüngeren Männern in den Parteien nach vorne, die Karriere machen wollten. Maria Wolf unterlag bei der Kandidatenaufstellung für den sicheren zweiten Listenplatz des Unterbezirks Trier dem dreißigjährigen Karl Haehser, Parteisekretär der Trierer SPD. Maria Wolf wurde vorgeworfen, sie sei in ihrem Wahlkreis und im Landtag nicht öffentlichkeitswirksam genug aufgetreten. Die „laute" Politik war wohl nicht ihre Sache.

Als Bewohnerin der Grenzregion war es Maria Wolf schon bald nach Kriegsende ein besonderes Anliegen gewesen, sich für eine Aussöhnung mit den Nachbarvölkern einzusetzen, vor allem mit Luxemburg, das so sehr unter der deutschen Okkupation gelitten hatte. Sie war entscheidend daran beteiligt, daß bereits 1946 die ersten Kontakte zwischen den sozialistischen Frauenbewegungen Luxemburgs und des damals entstehenden Landes Rheinland-Pfalz zustandekamen, und hatte damit unter noch äußerst schwierigen politischen Umständen dazu beigetragen, daß Vorurteile zwischen beiden Völkern abgebaut wurden und ein gut nachbarschaftliches Verhältnis entstehen konnte. Es war übrigens kein Zufall, daß es gerade Maria Wolf gelang, schon so früh wieder Kontakte zu Luxemburg herzustellen. Aus Trierer SPD-Sitzungsprotokollen aus der Zeit der Weimarer Republik geht hervor, daß bereits damals ein intensiver Austausch zwischen den Trierer und den Luxemburger sozialistischen Frauenorganisationen stattfand, so anläßlich des Internationalen Frauentags der Trierer SPD am 19. April 1931, als Maria Wolf eine Delegation von 50 Gästen aus Luxemburg begrüßte. Im Mai 1932 erfolgte der Gegenbesuch der Trierer SPD-Frauen unter Leitung von Maria Wolf in der Stadt Luxemburg, wo sie festlich empfangen wurden. Bei den Gesprächen spielte die internationale Friedenspolitik eine wichtige Rolle. Als 1931 der Film „Im Westen nichts Neues", nach Erich Maria Remarques Anti-Kriegs-Roman, in Deutschland verboten wurde, ermunterte Maria Wolf in einer Versammlung die Trierer SPD-Frauen, sich den Film im nahegelegenen luxemburgischen Grevenmacher oder Echternach anzusehen, wo

er ungehindert gezeigt werden durfte. Sie konnte also nach 1945 an alte grenzüberschreitende Verbindungen und Freundschaften anknüpfen, auch wenn diese unter der NS-Herrschaft schweren Belastungen ausgesetzt gewesen waren.
Als Maria Wolf am 6. Juli 1970 mit dem Bundesverdienstkreuz Erster Klasse ausgezeichnet wurde, spielte in der Würdigung ihrer Verdienste ihr Einsatz für die Aussöhnung mit Luxemburg eine wichtige Rolle.
Maria Wolf verstarb am 29. Dezember 1980 in Trier.

Hedwig Brüchert

Quellen/Literatur:
Archiv des Landtags Rheinland-Pfalz;
Amtliches Handbuch des Landtages Rheinland-Pfalz, III. Wahlperiode, hg. v. Landtag Rheinland-Pfalz 1955, S. 232;
Abgeordnete in Rheinland-Pfalz 1946-1987. Biographisches Handbuch, hg. v. Landtag Rheinland-Pfalz, bearb. v. Heidi Mehl-Lippert und Doris Maria Peckhaus. Mainz 1991, S. 314f.;
Unterlagen der Regionalgeschäftsstelle Trier der Sozialdemokratischen Partei Deutschlands;
Eberhard Klopp (Zusammenstell.): Die Trierer Arbeiterbewegung in der Weimarer Republik. Chronik und Materialien. Teil III: 1930-1933. (Trier, o.J.);
Eberhard Klopp (Hg.): Kurzbiographien 1836-1933, mit Dokumentar- u. Fotoanhang. Trier 1979 (Geschichte der Trierer Arbeiterbewegung, Bd. 3), S. 139;
Vorschlagsbegründung für die Verleihung des Verdienstordens der Bundesrepublik Deutschland, Verdienstkreuz Erster Klasse (1970);
Katrin Kusch: Die Wiedergründung der SPD in Rheinland-Pfalz nach dem Zweiten Weltkrieg (1945-1951). Mainz 1989 (Veröff. d. Komm. d. Landtags für die Geschichte des Landes Rheinland-Pfalz, Bd. 12), S. 79;
Auskünfte von Herrn August Hertmanni, Trierweiler.

Cäcilie Ziegler (geb. 1921)

Cäcilie Ziegler wurde als siebtes von neun Kindern am 19. April 1921 in Sankt Martin geboren. Ihre Eltern, Ägidius Seeber und Josephine Seeber, geb. Cleuren, stammten aus alten Winzerfamilien.

Cäcilie besuchte zunächst die Volksschule in Sankt Martin und das Gymnasium in Speyer. Nach dem Abitur studierte sie von 1942 an auf der Lehrerhochschule in Hirschberg/Schlesien, wo sie 1944 ihr Examen ablegte. Während dieser Studienzeit im entlegenen Hirschberg war nur wenig vom Krieg zu spüren. Nach ihrem Examen wurde Cäcilie Seeber noch 1944 in Ensheim/Saar als Lehrerin eingesetzt, wo sie auch eine Luftschutzausbildung erhielt und verpflichtet wurde, den Bürgern von Ensheim und Umgebung Vorträge über den Schutz im Angriffsfall zu halten.

Cäcilie Ziegler (1998)

1945, nach Kriegsende, wurde sie nach Göcklingen bei Landau versetzt, wo sie, die Junglehrerin, mit der Leitung der Schule betraut wurde. Dies war dem Umstand zu verdanken, daß aufgrund der Entnazifizierungsvorschriften viele der politisch vorbelasteten männlichen Kollegen für dieses Amt vorläufig nicht infrage kamen.

Hier in Göcklingen sah sich Cäcilie Seeber mit den üblichen Schwierigkeiten der unmittelbaren Nachkriegszeit konfrontiert. Sie unterrichtete alle acht Klassen (148 Kinder). Es standen keine Bänke zur Verfügung; sie waren während des Krieges verheizt worden. Als Lehrerpult diente ihr ein Gartentisch, den man ihr überlassen hatte. Lehrmaterial fehlte völlig, und die Räume waren unbeheizt. Als sie 1946 nach Sankt Martin versetzt wurde, fand Cäcilie Seeber in ihrer Heimatgemeinde etwas bessere Verhältnisse vor. Am 31. März 1948 heiratete sie Franz Ziegler. Die beiden Söhne, Bernhard und Franz-Josef, wurden 1951 und 1958 geboren.

Von 1961 bis 1969 unterrichtete sie dann in Edenkoben. Von 1969 bis zu ihrer Pensionierung im Jahr 1983 war sie wieder an der Grundschule in Sankt Martin eingesetzt, davon die letzten neun Jahre als Schulleiterin.

Als Lehrerin förderte sie von Anfang an das Lernen mit allen Sinnen. Schon lange, bevor entsprechende pädagogische Prinzipien in der Lehrerausbildung und an den Schulen ihren heutigen hohen Stellenwert erhielten, praktizierte sie wie selbstverständlich eine Pädagogik „vom Kinde aus". Auch heute, nach ihrer Pensionierung, beurteilt sie es im Rückblick als ihre persönliche Lebensaufgabe, den Kindern kindgemäß und gerecht Wissen vermittelt zu haben.

Neben ihrer Arbeit als Lehrerin engagierte sich Cäcilie Ziegler auch in der Lokalpolitik. Dabei ging es ihr hauptsächlich um einen vernünftigen Umgang mit der Natur und ihren Ressourcen. Als sie in den siebziger Jahren Mitglied der Freien Wählergruppe wurde, setzte sie sich immer wieder mit Mut zugunsten ihres Heimatortes Sankt Martin ein, der ihr sehr am Herzen lag. Zehn Jahre lang (zwei Amtsperioden) war sie im Verbandsgemeinderat vertreten.

Als sie 1976 vom amtierenden Bürgermeister gebeten wurde, eine Ortsgeschichte zu verfassen, begann etwas, was weit über ihre berufliche Arbeit als Lehrerin hinausging und sie bis heute nicht losgelassen hat: die intensive Beschäftigung mit der Geschichte ihres Heimatdorfes. Das Büchlein: „Sankt Martin. Geschichte eines Dorfes" erschien 1984. Bis zu seiner Fertigstellung mußte Frau Ziegler auf zahlreichen alten Speichern des Dorfes nach „verwertbarem" Material stöbern, wo sie dann auch oft fündig wurde. Der riesige Materialüberschuß führte nach und nach zu zahlreichen weiteren Veröffentlichungen in Zeitschriften und Zeitungen und vielen heimatkundlichen Arbeiten. So verfaßte sie unter anderem ein Büchlein über die Entstehung der Schulen von Sankt Martin und den Kirchenführer „Altarweihe". 1989 erschien das Buch: „Spuren von gestern", eine Sozialgeschichte ihres Dorfes. Neben der schriftstellerischen Tätigkeit organisierte Cäcilie Ziegler zwei Photoausstellungen (darunter: „Sankt Martin 1848 bis heute"), eine Wandschmuckausstellung; Ausstellungen über sakrale Gegenstände des Ortes (zurückgehend bis ins Jahr 1500); über Kleider in früheren Zeiten, über Hochzeitsgut und zur politischen Geschichte von Sankt Martin (Fahnen, Stiche, Abzeichen). In den Vordergrund ihrer Arbeiten stellt Frau Ziegler immer wieder die Geschichte der pfälzischen Frauen, ihr Leid und ihre Unterdrückung.

Bis heute sammelt Cäcilie Ziegler alte Photos und erforscht die Mundart ihres Dorfes. Auch sind noch mehrere Ausstellungen und das Buch: „Rheinbayern in der Mühle der Zeit" in Vorbereitung. Daneben hat man ihr die Aufgabe übertragen, einen neuen Museumsraum zur Geschichte von Sankt Martin einzurichten.

1988 erhielt die unermüdliche Lokalhistorikerin den „Goldenen Ehrenring" ihrer Heimatgemeinde. Vier Jahre später wurde ihr die Ehrennadel des Landes Rheinland-Pfalz verliehen.

Mildred Michel-Haas

Quellen/Literatur:

Interview mit Frau Cäcilie Ziegler vom 23.2.1998;
Viktor Carl: Lexikon Pfälzer Persönlichkeiten. 1. Aufl. Edenkoben 1995.

Literatur

Hier wurden nur Titel aufgenommen, die in der Einführung zitiert sind, sowie weitere allgemein interessierende Titel zur Geschichte von Frauen in der Nachkriegszeit, zur Geschichte von Frauen in Rheinland-Pfalz sowie zur rheinland-pfälzischen Landesgeschichte allgemein. Titel, die nur im Zusammenhang mit einer Einzelbiographie interessieren, sind, zusammen mit den jeweiligen Quellen, direkt am Ende jeder Biographie vermerkt.

Frauen in der Nachkriegszeit

Bachmann, Jutta/Susanne Tatje: Frauen in der Politik – mehr Gefühl als Verstand? In: Susanne Tatje (Red.), „Wir haben uns so durchgeschlagen ..." Frauen im Bielefelder Nachkriegsalltag 1945-1950, hg. v. d. Volkshochschule Stadt Bielefeld. Bielefeld 1992, S. 147-161

Bandauer-Schöffmann, Irene/Ela Hornung: Trümmerfrauen – ein kurzes Heldinnenleben. Nachkriegsgesellschaft als Frauengesellschaft. In: Andrea Graf (Hg.), Zur Politik des Weiblichen: Frauenmacht und –ohnmacht. Beiträge zur Innenwelt und Außenwelt. Wien 1990, S. 93-120

Berthold, Günther: Freda Wuesthoff. Eine Faszination. Freiburg i.Br. 1982

Beyer, Jutta/Everhard Holtmann: „Auch die Frau soll politisch denken" – oder: „Die Bildung des Herzens". Frauen und Frauenbild in der Kommunalpolitik der frühen Nachkriegszeit 1945-1950. In: Archiv für Sozialgeschichte 25 (1985), S. 385-419

Boettger, Barbara: Recht auf Gleichheit und Differenz. Elisabeth Selbert und der Kampf der Frauen um Art. 3.2 des Grundgesetzes. Münster 1990

Bolognese-Leuchtenmüller, Birgit u.a. (Hg.): Frauen der ersten Stunde 1945-1955. Wien u.a. 1985

Delille, Angela u.a. (Hg.): Perlonzeit. Wie die Frauen ihr Wirtschaftswunder erlebten. Berlin 1985

Delille, Angela/Andrea Grohn: Blick zurück aufs Glück. Frauenleben und Familienpolitik in den 50er Jahren. Berlin 1985

Dertinger, Antje: Elisabeth Selbert. Eine Kurzbiographie. Wiesbaden 1989

Dertinger, Antje: Frauen der ersten Stunde. Aus den Gründerjahren der Bundesrepublik. Bonn 1989

Freier, Anna-Elisabeth/Annette Kuhn (Hg.): „Das Schicksal Deutschlands liegt in der Hand seiner Frauen" – Frauen in der deutschen Nachkriegsgeschichte. Düsseldorf 1984 (Frauen in der Geschichte, V)

Frevert, Ute: Frauen auf dem Weg zur Gleichberechtigung – Hindernisse, Umleitungen, Einbahnstraßen. In: Martin Broszat (Hg.), Zäsuren nach 1945. Essays zur Periodisierung der deutschen Nachkriegsgeschichte. München 1990, S. 113-130

Fuchs, Susanne: Frauen bewältigen den Neuaufbau: eine lokalgeschichtliche Analyse der unmittelbaren Nachkriegszeit am Beispiel Bonn. Pfaffenweiler 1993 (Bonner Studien zur Frauengeschichte, 1)

Graf, Ursula: Leben auf Karte. Frauen in der Nachkriegszeit. In: Irene Franken/Christiane Kling-Mathey (Hg.), Köln der Frauen. Ein Stadtwanderungs- und Lesebuch. Köln 1992, S. 193-206

Grundhöfer, Pia: „Ausländerinnen reichen die Hand". Britische und amerikanische Frauenpolitik in Deutschland im Rahmen der demokratischen re-education nach 1945. Egelsbach u.a. 1999, Mikrofiche-Ausg. (Deutsche Hochschulschriften, 2595). Zugl. Diss. Univ. Trier 1995

Grundhöfer, Pia: Britische und amerikanische Frauenpolitik in der Nachkriegszeit – „To help German women to think for themselves". In: Kurt Düwell/Herbert Uerlings (Hg.): So viel Anfang war nie? 50 Jahre Nachkriegszeit. Öffentliche Ringvorlesung, Wintersemester 1994/95, Trier 1996 (Trierer Beiträge. Aus Forschung Lehre an der Universität Trier, XXV, Juni 1996), S. 7-20

Helwig, Gisela/Hildegard Maria Nickel (Hg.): Frauen in Deutschland 1945-1992. Berlin 1993

Hervé, Florence/Nödinger, Ingeborg: Aus der Vergangenheit lernen? 1945-1949. In: Florence Hervé (Hg.), Geschichte der deutschen Frauenbewegung. Köln, 4. überarb. Aufl. 1990, S. 187-205

Heuvelmann, Magdalene/Barbara Hüppe: „Ein Zurück zum alten Zustand ist unmöglich." Frauen in der Nachkriegszeit in Münster. In: Arbeitskreis Frauengeschichte (Hg.), FrauenLeben in Münster. Ein historisches Lesebuch. Münster 1991, S. 89-108

Hoecker, Beate/Renate Meyer-Braun: Bremerinnen bewältigen die Nachkriegszeit. Frauen, Alltag, Politik. Bremen 1988

Hoerner, Ina: Frauen nach 1945 – Die vergessene Mehrheit. Projekte und Materialien für die Bildungsarbeit. Mühlheim 1986

Horbelt, Rainer/Sonja Spindler: Wie wir hamsterten, hungerten und überlebten. Zehn Frauen erzählen. Erlebnisse und Dokumente. Frankfurt a.M. 1983

Jung, Martina/Martina Scheitenberger: ...den Kopf noch fest auf dem Hals. Frauen in Hannover 1945-48. Ausstellungskatalog, Hannover (1991)

Jurczyk, Karin: Frauenarbeit und Frauenrolle. Zum Zusammenhang von Familienpolitik und Frauenerwerbstätigkeit in Deutschland 1918-1975. Frankfurt a.M. 1978

Kolbe, Nieves u.a.: Chancen und Grenzen der Emanzipation von Frauen in der Nachkriegszeit. In: Frauenforschung. Informationsdienst des Forschungsinstituts Frau und Gesellschaft 6 (1988), H. 3, S. 13ff.

Kolossa, Jan: Neubeginn oder Restauration? Frauenalltag und Frauenbewegung Hamburgs in den Gründungsjahren der Bundesrepublik Deutschland. In: Karen Hagemann/Jan Kalossa, „Gleiche Rechte – Gleiche Pflichten?" Der Frauenkampf für „staatsbürgerliche" Gleichberechtigung. Ein Bilder-Lese-Buch zu Frauenalltag und Frauenbewegung in Hamburg, hg. v. d. Landeszentrale für politische Bildung, Hamburg. Hamburg 1990, S. 179-243

Krauss, Marita: „... es geschahen Dinge, die Wunder ersetzten." Die Frau im Münchner Trümmeralltag. In: Friedrich Prinz (Hg.), Trümmerzeit in München. Kultur und Gesellschaft einer deutschen Großstadt im Aufbruch 1945-1949. München 1984, S. 283-302

Kuhn, Annette (Hg.): Frauenpolitik 1945-1949. Quellen und Materialien. Düsseldorf 1986 (Frauen in der deutschen Nachkriegszeit, Bd. 2)

Kuhn, Annette: Frauengeschichte der deutschen Nachkriegszeit in Schule und Forschung – Erfahrungen und offene Fragen. In: Zeitgeschichte 15 (1988), S. 426-435

Langer, Ingrid: Die Mohrinnen hatten ihre Schuldigkeit getan. Staatlich-moralische Aufrüstung der Familie. In: Dieter Bäusch (Hg.), Die fünfziger Jahre. Beiträge zu Politik und Kultur. Tübingen 1985, S. 108-130

Langer, Ingrid (Hg.)/Ulrike Ley/Susanne Sander: Alibi-Frauen? Hessische Politikerinnen I in den Vorparlamenten 1946-1950. Frankfurt a.M. 1994

Langer, Ingrid (Hg.)/Ulrike Ley/Susanne Sander: Alibi-Frauen? Hessische Politikerinnen II im 1. und 2. Hessischen Landtag 1946-1954. Frankfurt a.M. 1995

Langer, Ingrid (Hg.)/Ulrike Ley/Susanne Sander: Alibi-Frauen? Hessische Politikerinnen III im 2. und 3. Hessischen Landtag 1950-1958. Frankfurt a.M. 1996

Lemke, Johanna: Dokumentation der Nachkriegsgeschichte des Deutschen Staatsbürgerinnen-Verbandes 1947-1980. o.O. 1990

Lepsius, Juliane: Zusammenbruch und Neubeginn. Krefelder Frauen zwischen Krieg und Wirtschaftswunder. Willich-Anrath 1988

Meyer, Sibylle/Eva Schulze: Wie wir das alles geschafft haben. Alleinstehende Frauen berichten über ihr Leben nach 1945. München 1984

Möding, Nori: Die Stunde der Frauen? Frauen und Frauenorganisationen des bürgerlichen Lagers. In: Martin Broszat u.a. (Hg.), Von Stalingrad zur Währungsreform. Zur Sozialgeschichte des Umbruchs in Deutschland. München 1988, S. 619-647

Nyssen, Elke u.a.: Frauenbild, Frauenrealität und Frauenerfahrung in den 50er Jahren. Bericht über ein historisches Frauenforschungsprojekt. In: Jutta Dalhoff u.a. (Hg.), Frauenmacht in der Geschichte. Beiträge des Historikerinnentreffens 1985 zur Frauengeschichtsforschung. Düsseldorf 1986, S. 134-147

Parlamentarierinnen in deutschen Parlamenten 1919-1983. Bonn 1983 (Deutscher Bundestag, Verwaltung, Hauptabteilung Wissenschaftliche Dienste, Materialien, Nr. 82)

Ralfs, Ulla: „Gleicher Lohn für gleiche Leistungen". Gewerkschaftsfrauen in den fünfziger Jahren. In: Hart und Zart. Frauenleben 1920-1970. Berlin 1990, S. 287-296

Richter, Ulrike (Bearb.): Alltag im Nachkriegsdeutschland: Frauenleben und -schicksal nach dem Zweiten Weltkrieg in Hannover, hg. v. d. Landeshauptstadt Hannover, der Oberstadtdirektor, Freizeitheim Lister Turm. Hannover 1985

Die Rolle der Frau in der Gesellschaft: Forderungen der Parteien und Gewerkschaften in den Programmen seit 1949. Synoptische Übersicht. Bonn 1982 (Deutscher Bundestag, Verwaltung, Hauptabteilung Wissenschaftliche Dienste, Materialien, Nr. 74)

Ruhl, Klaus-Jörg (Hg.): Frauen in der Nachkriegszeit 1945-1963. München 1988

Ruhl, Klaus-Jörg (Hg.): Unsere verlorenen Jahre. Frauenalltag in Kriegs- und Nachkriegszeit 1939-1949 in Berichten, Dokumenten und Bildern. Darmstadt u. Neuwied 1985

Ruhl, Klaus-Jörg: Verordnete Unterordnung. Berufstätige Frauen zwischen Wirtschaftswachstum und konservativer Ideologie in der Nachkriegszeit (1945-1963). München 1994

Rupieper, Hermann-Josef: Bringing Democracy to the Frauleins. Frauen als Zielgruppe der amerikanischen Demokratisierungspolitik in Deutschland 1945-1952. In: Geschichte und Gesellschaft 17 (1991), S. 61-91

Sachs, Anne: Aspekte der beruflichen und sozialen Situation von Frauen in den Jahren 1945 bis 1948. In: Frauenforschung. Informationsdienst des Forschungsinstituts Frau und Gesellschaft 1 (1983), H. 3/4, S. 103-109

Schäfer, Christine/Regina Leppert (Bearb.): 40 Jahre Bundesrepublik – Gründungsmütter und Frauenleben in der Aufbauzeit der 50er Jahre. Eine Ausstellung im Frauenkulturhaus v. 12.5.-31.7.1989, hg. v. Frauenkulturhaus München. München 1989

Schöll, Ingrid: Frauenprotest gegen die Wiederbewaffnung. In: Hart und Zart. Frauenleben 1920-1970. Berlin 1990, S. 270-279

Schröder, Christiane/Monika Sonneck (Hg.): Außer Haus. Frauengeschichte in Hannover. Hannover 1995

Schroeder, Michael (Hg.): Auf gehts! Rama dama! Frauen und Männer aus der Arbeiterbewegung berichten über Wiederaufbau und Neubeginn 1945-1949. Köln 1984

Schubert, Doris: Frauenarbeit 1945-1949. Quellen und Materialien. Düsseldorf 1984 (Frauen in der deutschen Nachkriegszeit, Bd. 1)

Schüller, Elke: „Neue, andere Menschen, andere Frauen"? Kommunalpolitikerinnen in Hessen 1945-1956. Ein biographisches Handbuch. I: Kreisfreie Städte. Frankfurt a.M. 1995

Schüller, Elke: „Neue, andere Menschen, andere Frauen"? Kommunalpolitikerinnen in Hessen 1945-1956. Ein biographisches Handbuch. II: Kreise, Städte und Gemeinden. Frankfurt a.M. 1996

Stolten, Inge (Hg.): Der Hunger nach Erfahrung. Frauen nach '45. Berlin, Bonn 1981

Strecker, Gabriele: Gesellschaftspolitische Frauenarbeit in Deutschland. 20 Jahre Deutscher Frauenring. Opladen 1970

Strecker, Gabriele: Überleben ist nicht genug. Frauen 1945-1950. Freiburg 1981

Stüber, Gabriele: „Wir haben durchgehalten, was blieb uns anderes übrig?" Frauen im Nachkriegsalltag. In: Wir sind das Bauvolk: Kiel 1945 bis 1950, hg. v. Arbeitskreis „Demokratische Geschichte". Kiel 1985, S. 201-223

Stüber, Gabriele: Zwischen Trümmern und Wiederaufbau 1945-1950. Nachkriegsalltag aus Frauenperspektive. In: Heide Gieseke/Hans-Jürgen Wünschel (Hg.), Frau und Geschichte. Ein Reader. Landau 1995, S. 229-249

Swidersky, Gaby: Die westdeutsche Frauenfriedensbewegung in den 50er Jahren. Hamburg 1983

Tatje, Susanne (Red.): „Wir haben uns so durchgeschlagen ..." Frauen im Bielefelder Nachkriegsalltag 1945-1950, hg. v. d. Volkshochschule Stadt Bielefeld. Bielefeld 1992

Thurner, Erika: „Dann haben wir wieder unsere Arbeit gemacht." Frauenarbeit und Frauenleben nach dem Zweiten Weltkrieg. In: Zeitgeschichte 15 (1988), H. 9/10, S. 403-425

Vom Trümmerfeld zum Wirtschaftswunder? Nevigeser Frauen erzählen. Begleitheft zur gleichnamigen Ausstellung in der Stadtbücherei Velbert-Neviges vom 17.5.1990-7.6.1990, hg. v. d. Stadt Velbert. Velbert 1990

Vom Trümmerfeld zum Wirtschaftswunder? Velberter Frauen erzählen. Begleitheft zur gleichnamigen Ausstellung in der Stadtbücherei Velbert-Mitte vom 1.9.1992-19.9.1992, hg. v. d. Stadt Velbert. Velbert 1992

Vossen, Johannes: Frauenarbeit als Austauschprodukt. Die allgemeine Entwicklung der Frauenerwerbsarbeit in der Nachkriegszeit. In: Susanne Tatje (Red.), „Wir haben uns so durchgeschlagen ..." Frauen im Bielefelder Nachkriegsalltag 1945-1949, hg. v. d. Volkshochschule Stadt Bielefeld. Bielefeld 1992, S. 98-109

Weyrather, Irmgard: „Erfreuliche Bilder deutschen Neuaufbaus" – Frauenarbeit in „Männerberufen" nach 1945. In: Helmut König u.a. (Hg.), Sozialphilosophie der industriellen Arbeit. Opladen 1990, S. 133-148

Wiggershaus, Renate: Geschichte der Frauen und der Frauenbewegung in der Bundesrepublik Deutschland und in der Deutschen Demokratischen Republik nach 1945. Wuppertal 1979

Wischermann, Ulla/Elke Schüller/Ute Gerhard (Hg.): Staatsbürgerinnen zwischen Partei und Bewegung. Frauenpolitik in Hessen 1945-1955. Frankfurt a.M. 1993

Frauen in Rheinland-Pfalz

Beckerle, Monika (Hg.): Dachkammer und Literarischer Salon. Schriftstellerinnen in der Pfalz. Werkauswahl und Porträts. Landau 1991

Berzel, Gerhard: Neustadter Frauen im Zeichen ihrer Zeit. Landau 1990

Brüchert-Schunk, Hedwig: Frauen in der Nachkriegszeit. In: Leben in den Trümmern. Mainz 1945 bis 1948. Hg. im Auftrag der Stadt Mainz von Anton M. Keim und Alexander Link. Mainz 1985 (Mainz-Edition, Bd. II), S. 105-122

Ebli, Friederike: Frauen in Speyer. Leben und Wirken in zwei Jahrtausenden; ein Beitrag von Speyerer Frauen zum Jubiläumsjahr. Hg. v. d. Stadt Speyer. Speyer 1990

Frauen im Donnersbergkreis früher und heute, hg. v. d. Kreisverwaltung Donnersbergkreis, Die Frauenbeauftragte Ingrid Schlabach. Kirchheimbolanden 1989

Frauen im SDR und SWF 1946 bis 1956. Eine Ausstellung zum Internationalen Frauentag 1998. Hg.: Die Medienfrauen von SDR und SWF. o.O. 1998

Frauengeschichte – Frauengeschichten aus Kaiserslautern. Dokumentation Kaiserslauterer Bürgerinnen und Bürger. Hg. v. d. Gleichstellungsstelle Kaiserslautern, Otterbach/Pfalz 1994

Frauenverbände in Rheinland-Pfalz. Hg. vom Ministerium für Soziales und Familie Rheinland-Pfalz, zus.-gest. v. Hildegard Frieß-Reimann. Mainz 1987

Kampmann, Helmut: Frauen in Koblenz machten Geschichte. Bonn 1999

Klein, Susanne (Bearb.): Von Frau zu Frau. Auf der Suche nach der verschütteten Geschichte bedeutender Frauen in und um Neuwied, hg. v. Frauenbüro Neuwied. (Teil I) Neuwied 1993

Klein, Susanne (Bearb.): Von Frau zu Frau. Auf der Suche nach der verschütteten Geschichte bedeutender Frauen in und um Neuwied, hg. v. Frauenbüro Neuwied. Teil II, Neuwied 1995

Koops, Barbara: Frauen in der Koblenzer Kommunalpolitik 1918-1933. In: Koblenzer Beitr. z. Geschichte u. Kultur, N.F. 4. Koblenz 1994, S. 79-95

... politisch auf eigenen Füßen stehen. 75 Jahre Frauenwahlrecht. Frauen in der Ludwigshafener Kommunalpolitik, hg. v. d. Stadtverwaltung Ludwigshafen, Text: Christiane Pfanz-Sponagel, Peter Ruf, Julika Vatter. Ludwigshafen 1993

Sachs, Birgit: Mainzer Erinnerungen. Frauen und Kinder in der Nachkriegszeit (Mainzer kleine Schriften zur Volkskultur, Bd. 6). Mainz 1994

Sorg, Margarete u. Margarete Sorg-Rose (Hg.): Kontrapunkt. GEDOK gestern – heute. Dokumentation der GEDOK Rhein-Main-Taunus zum 50. Todesjahr der GEDOK-Gründerin Ida Dehmel (1870-1942). Mainz 1992

Stüber, Gabriele: Zwischen Trümmern und Wiederaufbau 1945-1950. Nachkriegsalltag aus Frauenperspektive. In: Heide Gieseke/Hans-Jürgen Wünschel (Hg.), Frau und Geschichte. Ein Reader. Landau 1995, S. 229-249

Geschichte von Rheinland-Pfalz

Abgeordnete in Rheinland-Pfalz 1946-1987. Biographisches Handbuch, hg. v. Landtag Rheinland-Pfalz, bearb. v. Heidi Mehl-Lippert und Doris Maria Peckhaus. Mainz 1991

Borck, Heinz-Günther (Hg.), unt. Mitarb. v. Dieter Kerber: Beiträge zu 50 Jahren Geschichte des Landes Rheinland-Pfalz. Koblenz 1997 (Veröff. d. Landesarchivverwaltung Rheinl.-Pfalz, Bd. 73)

Brommer, Peter (Bearb.): Quellen zur Geschichte von Rheinland-Pfalz während der französischen Besatzung März 1945 bis August 1949. Mainz 1985 (Veröff. d. Kommission des Landtags für die Geschichte des Landes Rheinl.-Pfalz, Bd. 6)

Bucher, Peter (Hg.): Adolf Süsterhenn. Schriften zum Natur-, Staats- und Verfassungsrecht. Mainz 1991 (Veröff. d. Kommission des Landtags für die Geschichte des Landes Rheinl.-Pfalz, Bd. 16)

Defrance, Corine: La politique culturelle de la France sur la rive gauche du Rhin 1945-1955. Strasbourg 1994

Düwell, Kurt/Michael Matheus (Hg.): Kriegsende und Neubeginn. Westdeutschland und Luxemburg zwischen 1944 und 1947. Stuttgart 1997 (Geschichtliche Landeskunde, Bd. 46)

Düwell, Kurt/Herbert Uerlings (Hg.): So viel Anfang war nie? 50 Jahre Nachkriegszeit. Öffentliche Ringvorlesung, Wintersemester 1994/95, Trier 1996 (Trierer Beiträge. Aus Forschung Lehre an der Universität Trier, XXV, Juni 1996)

Goldmann, Bernd/Henner Grube/Joachim Hempel (Hg.): Literarisches Rheinland-Pfalz heute. Ein Autorenlexikon. Mainz 1988

Graß, Karl Martin/Franz-Josef Heyen (Hg.): Peter Altmeier, Reden 1946-1951. Boppard 1979 (Veröff. d. Kommission des Landtags für die Geschichte des Landes Rheinl.-Pfalz, Bd. 2)

Haungs, Peter (Hg.): 40 Jahre Rheinland-Pfalz. Eine politische Landeskunde. Mainz 1986

Heil, Peter: „Gemeinden sind wichtiger als Staaten". Idee und Wirklichkeit des kommunalen Neuanfangs in Rheinland-Pfalz 1945-1957. Mainz 1997 (Veröff. d. Kommission des Landtags für die Geschichte des Landes Rheinl.-Pfalz, Bd. 21)

Heinemann, Manfred (Hg.): Hochschuloffiziere und Wiederaufbau des Hochschulwesens in Westdeutschland 1945-1952. Teil 3: Die Französische Zone. Bearb. v. Jürgen Fischer unt. Mitarb. v. Peter Hanske, Klaus-Dieter Müller und Anne Peters. Hildesheim 1991

Heinen, Jörg-Otto: Die wirtschafts- und sozialpolitische Auseinandersetzung in der Beratenden Landesversammlung von Rheinland-Pfalz 1946-1947. Neuwied o.J.

Heyen, Franz-Josef/Anton Maria Keim (Hg.): Auf der Suche nach neuer Identität. Kultur in Rheinland-Pfalz im Nachkriegsjahrzehnt. Mainz 1996 (Veröff. d. Kommission des Landtags für die Geschichte des Landes Rheinl.-Pfalz, Bd. 20)

Heyen, Franz-Josef: Rheinland-Pfalz entsteht. Beiträge zu den Anfängen des Landes Rheinland-Pfalz in Koblenz 1945-1951. Boppard 1984 (Veröff. d. Kommission des Landtags für die Geschichte des Landes Rheinl.-Pfalz, Bd. 5)

Hudemann, Rainer: Kulturpolitik in der französischen Besatzungszone – Sicherheitspolitik oder Völkerverständigung? Notizen zu einer wissenschaftlichen Diskussion. In: Gabriele Clemens (Hg.), Kulturpolitik im besetzten Deutschland 1945-1949. Stuttgart 1994, S. 185-199

Hudemann, Rainer: Sozialpolitik im deutschen Südwesten zwischen Tradition und Neuordnung 1945-1953. Sozialversicherung und Kriegsopferversorgung im Rahmen französischer Besatzungspolitik. Mainz 1988 (Veröff. d. Kommission des Landtags für die Geschichte des Landes Rheinl.-Pfalz, Bd. 10)

Jung, Horst-W.: Rheinland-Pfalz zwischen Antifaschismus und Antikommunismus. Zur Geschichte des Landesparlaments 1946 bis 1948. Meisenheim 1976 (Marburger Abhandlungen zur politischen Wissenschaft, Bd. 32)

Klaas, Helmut (Bearb.): Die Entstehung der Verfassung für Rheinland-Pfalz. Eine Dokumentation. Boppard 1978 (Veröff. d. Kommission des Landtags für die Geschichte des Landes Rheinl.-Pfalz, Bd. 1)

Knipping, Franz/Jacques Le Rider (Hg.): Frankreichs Kulturpolitik in Deutschland 1945-1950: ein Tübinger Symposium. Tübingen 1987

Das Kriegsende 1945 in „Rheinland-Pfalz". Kurzdokumentation anläßlich der Gedenkveranstaltung „8. Mai 1945 – Ende des Krieges – Beginn der Normalität?" in Koblenz, Rathaus, am 25. April 1995. Hg. v. d. Landeszentrale für politische Bildung Rheinland-Pfalz. (Mainz 1995)

Das Künstlerhaus auf dem Asterstein zu Koblenz: Dokumentation und Ausstellung. Konzept und Realisation: Franz-Josef Heyen. Koblenz 1987

Küppers, Heinrich: Staatsaufbau zwischen Bruch und Tradition. Geschichte des Landes Rheinland-Pfalz 1946-1955. Mainz 1990 (Veröff. d. Kommission des Landtags für die Geschichte des Landes Rheinl.-Pfalz, Bd. 14)

Kusch, Katrin: Die Wiedergründung der SPD in Rheinland-Pfalz nach dem Zweiten Weltkrieg (1945-1951). Mainz 1989 (Veröff. d. Kommission des Landtags für die Geschichte des Landes Rheinl.-Pfalz, Bd. 12)

Landessportbund Rheinland-Pfalz (Hg.): 1946-1986: 40 Jahre Sport in Rheinland-Pfalz. Redaktion: Hans-Peter Schössler und Bernhard Schwank. Mainz 1987

Lattard, Alain: Gewerkschaften und Arbeitgeber in Rheinland-Pfalz unter französischer Besatzung 1945-1949. Mainz 1988 (Veröff. d. Kommission des Landtags für die Geschichte des Landes Rheinl.-Pfalz, Bd. 11)

Lerch, Helga/Michael Lerch: 40 Jahre F.D.P. Rheinland-Pfalz 1947-1987. Eine Dokumentation. Hg. v. d. Gesellschaft für Liberale Politik in Rheinland-Pfalz, Mainz 1989

Link, Alexander: „Schrottelzeit". Nachkriegsalltag in Mainz. Mainz 1990 (Studien zur Volkskultur in Rheinland-Pfalz, Bd. 8)

Literatur aus Rheinland-Pfalz. Eine Anthologie (I). Hg. v. Oskar Bischoff, Sigfried Gauch, Werner Hanfgarn, Werner Helmes, Hajo Knebel und Berthold Roland. Mainz 1976

Literatur aus Rheinland-Pfalz. Anthologie II, Sachliteratur. Hg. v. Susanne Faschon, Werner Hanfgarn, Hajo Knebel und Berthold Roland. Mainz 1981

Literatur aus Rheinland-Pfalz. Anthologie III, Mundart. Hg. v. Susanne Faschon, Werner Hanfgarn, Hajo Knebel und Berthold Roland. Mainz 1981

Löhr, Hermann-Joseph: Die kulturpolitische Diskussion in der Beratenden Landesversammlung von Rheinland-Pfalz Dezember 1946-Mai 1947. Neuwied, o.J.

Ludmann-Obier, Marie-France: Die Kontrolle der chemischen Industrie in der französischen Besatzungszone 1945-1949. Mainz 1989 (Veröff. d. Kommission des Landtags für die Geschichte des Landes Rheinl.-Pfalz, Bd. 13)

Die Mainzer Kunstszene nach der Stunde Null 1945-1954. Malerei, Grafik, Plastik. Eine Retrospektive im Rathaus-Foyer Mainz vom 8.10.-31.10.1982 (Ausstellungskatalog)

Manz, Mathias: Stagnation und Aufschwung in der französischen Besatzungszone von 1945 bis 1948. Rer. pol. Diss. Univ. Mannheim 1968

Martin, Anne: Die Entstehung der CDU in Rheinland-Pfalz. Mainz 1995 (Veröff. d. Kommission des Landtags für die Geschichte des Landes Rheinl.-Pfalz, Bd. 19)

Mathy, Helmut (Bearb.): Die Wiedereröffnung der Mainzer Universität 1945/46. Dokumente, Berichte, Aufzeichnungen, Erinnerungen. Mainz 1966

Möhler, Rainer: Entnazifizierung in Rheinland-Pfalz und im Saarland unter französischer Besatzung von 1945-1952. Mainz 1992 (Veröff. d. Kommission des Landtags für die Geschichte des Landes Rheinl.-Pfalz, Bd. 17)

Möhler, Rainer: Politische Säuberung im Südwesten unter französischer Besatzung. In: Kurt Düwell/Michael Matheus (Hg.), Kriegsende und Neubeginn. Westdeutschland und Luxemburg zwischen 1944 und 1947. Stuttgart 1997, S. 175-191

Monz, Heinz: Aufbaujahre. Ereignisse und Entwicklungen in der Stadt Trier nach dem Ende des Zweiten Weltkrieges bis zum Jahre 1975. Trier 1987

Pfälzer Profile. Biochronik von Personen, Familien, Unternehmen, Vereinen, Verbänden, Verwaltungen und öffentlichen Einrichtungen (bearb. v. Kurt Kölsch). Bd. 1. Neustadt a.d.W. 1965

Pieroth, Stephan: Parteien und Presse in Rheinland-Pfalz 1945-1971. Ein Beitrag zur Mediengeschichte unter besonderer Berücksichtigung der Mainzer SPD-Zeitung „Die Freiheit". Mainz 1994 (Veröff. d. Kommission des Landtags für die Geschichte des Landes Rheinl.-Pfalz, Bd. 18)

Rothenberger, Karl-Heinz: Die Hungerjahre nach dem Zweiten Weltkrieg. Ernährung und Landwirtschaft in Rheinland-Pfalz 1945-1950. Boppard 1980 (Veröff. d. Kommission des Landtags für die Geschichte des Landes Rheinl.-Pfalz, Bd. 3)

Rothenberger, Karl-Heinz: Die Hungerjahre nach dem Zweiten Weltkrieg am Beispiel von Rheinland-Pfalz. In: Kurt Düwell/Michael Matheus (Hg.), Kriegsende und Neubeginn. Westdeutschland und Luxemburg zwischen 1947 und 1949. Stuttgart 1997 (Geschichtl. Landeskunde, Bd. 46), S. 159-173

Ruge-Schatz, Angelika: Umerziehung und Schulpolitik in der französischen Besatzungszone 1945 bis 1949. Frankfurt am Main 1977 (Sozialwiss. Studien, Bd. 1)

Scharf, Claus/Hans-Jürgen Schröder (Hg.): Die Deutschlandpolitik Frankreichs und die Französische Zone 1945-1949. Wiesbaden 1983

Schölzel, Stephan: Die Pressepolitik in der französischen Besatzungszone 1945-1949. Mainz 1986 (Veröff. d. Kommission des Landtags für die Geschichte des Landes Rheinl.-Pfalz, Bd. 8)

Sommer, Michael: Flüchtlinge und Vertriebene in Rheinland-Pfalz. Aufnahme, Unterbringung und Eingliederung. Mainz 1990 (Veröff. d. Kommission des Landtags für die Geschichte des Landes Rheinl.-Pfalz, Bd. 15)

Springorum, Ulrich: Entstehung und Aufbau der Verwaltung in Rheinland-Pfalz nach dem Zweiten Weltkrieg (1945-1947). Berlin 1982 (Schriftenreihe der Hochschule Speyer, Bd. 88)

Vaillant, Jérôme (Hg.): Französische Kulturpolitik in Deutschland 1945-1949. Berichte und Dokumente. Konstanz 1984

Weitzel, Kurt: Vom Chaos zur Demokratie. Die Entstehung der Parteien in Rheinland-Pfalz 1945-1947. Hg. v. d. Landeszentrale für politische Bildung Rheinland-Pfalz. Mainz 1989

Wünschel, Hans-Jürgen (Bearb.): Quellen zum Neubeginn der Verwaltung im rheinisch-pfälzischen Raum unter der Kontrolle der amerikanischen Militärregierung April bis Juli 1945. Mainz 1985 (Veröff. d. Kommission des Landtags für die Geschichte des Landes Rheinl.-Pfalz, Bd. 7)

Wünschel, Hans-Jürgen (Hg.): Rheinland-Pfalz. Beiträge zur Geschichte eines neuen Landes. Landau 1997

Zauner, Stefan: Erziehung und Kulturmission. Frankreichs Bildungspolitik in Deutschland 1945-1949. München 1994

Zwischen Trümmern und Aufbruch 1945-1947. Zur Entstehung von Rheinland-Pfalz, hg. v. d. Landeszentrale f. polit. Bildung Rheinl.-Pfalz. Mainz 1987 (Kleine Schriftenreihe zur Landeskunde, Landesgeschichte u. Landespolitik, Bd. 1)

Frauen in der Beratenden Landesversammlung (1946/47) und in den ersten fünf Landtagen von Rheinland-Pfalz (1947-1967)

Name	Ort	Mitglied in der Berat. Landesversammlung	Mitglied im Landtag Wahlperiode 1-5	Fraktion
Aretz, Gertrud	Montabaur		4 (Mai 1963 – Mai 1967)	CDU
Berghammer, Ulla	Landau	MdBLV		CDP/CDU
Brach, Martha	Trier		4 (Mai 1963 – Mai 1967)	CDU
Dauber, Carola	Kaiserslautern		2 (Nachr.), 3, 4 (5.10.1951 – Mai 1963)	SPD
Detzel, Maria	Koblenz	MdBLV		SPD
Doerner, Josefine	Altenkirchen	MdBLV	1 (Mai 1947 – Mai 1951)	CDP/CDU
Fuehrer, Dr. Ruth	Neustadt a.d.W.		1 (Mai 1947 – Mai 1951)	CDU
Gantenberg, Dr. Mathilde	Trier	MdBLV	1, 2, 3 (Mai 1947 – 1.10.1957)	CDP/CDU
Goebel, Amely	Trier		3 (Nachr.) (11.10.1957 – Mai 1959)	CDU
Halein, Josefine	Mainz		1 (Nachr.) (1.2.1948 – Mai 1951)	KPD
Hennig, Dora	Mainz		2 (Mai 1951 – Mai 1955)	SPD
Herklotz, Luise	Speyer		1 (Nachr.), 2, 3 (2.10.1949 – 5.10.1957)	SPD

Name	Ort	Mitglied in der Berat. Landesversammlung	Mitglied im Landtag Wahlperiode 1-5	Fraktion
Hermans, Susanne (bis 1953: Hillesheim, Susanne)	Koblenz		2, 3, 4, 5, 6, 7, 8 9 (Mai 1951 – Mai 1983)	CDU
Kölsch, Lucie	Worms		3, 4, 5, 6, 7, 8 (14.3.1957 – 10.9.1977)	SPD
Missong, Dr. Else	Linz, Kr. Neuwied	MdBLV (bis Febr. 1947)		CDP/CDU
Rothländer, Helene	Koblenz	MdBLV	1 (Mai 1947 – Mai 1951)	CDP/CDU
Schardt, Hedwig	Kirchheimbolanden		5 (Mai 1963 – Mai 1967)	SPD
Seppi, Elfriede	Neuwied		1, 2, 3, 4 (Mai 1947 – 31.10.1959)	SPD
Weiß, Dr. Ella	Frankenthal	MdBLV	1 (Mai 1947 – Mai 1951)	SPD (ab 27.1.1951 fraktionslos)
Wetzel, Gertrud	Frankenthal		4, 5, 6 (Mai 1959 – Mai 1971)	SPD
Wolf, Maria	Trier		2, 3 (Mai 1951 – Mai 1959)	SPD

Frauen aus Rheinland-Pfalz im Deutschen Bundestag 1949-1967

Name	Ort	MdB von-bis	Fraktion
Dietz, Maria	Mainz	1949-1957	CDU
Gantenberg, Dr. Mathilde	Trier	1956-1961	CDU
Herklotz, Luise	Speyer	1956-1972	SPD
Klee, Marie-Elisabeth	Worms	1961-1972	CDU
Seppi, Elfriede	Neuwied	1959-1972	SPD

Personenregister

Abs, Maria 85
Adelung, Dr. h. c. Bernhard 69, 150, 382, 383
Adelung, Dr. Hans 382, 383
Adenauer, Gussi 86
Adenauer, Konrad 16, 17, 86, 97, 111, 285
Alschner, Elisabeth 21, 22, 23
Altmeier, Dr. Peter 16, 86, 97, 108, 109, 197, 221, 300. 323, 333, 335, 352, 423
Ammann, Ellen 107
Aretz, Gertrud 24, 25
Aretz, Gertrud geb. Knorr 24
Aretz, Peter 24
Artelt, Walter 186
Aschoff, Lina 423
Aubin, Prof. Hermann 250
Auer, Hildegard 26, 27, 28, 29
Auer, Paul 27, 28
Aufseeser, Prof. Ernst 59, 166
Bach, Fred 81
Bader, Auguste geb. Braun 13, 30, 31
Bader, Carl 30
Badmora, Schwester 269
Bähnisch, Dr. Theanolte 12
Bard, Arthur 102
Bardorf, Ludwig 244
Baron, Ruth 32, 33, 34, 35
Barton, Carl von, gen. von Stedman 396
Barton, Charles 396
Barton, Franz Andreas von, gen. von Stedman 396
Bäßler, Dr. Karl 394
Baudelaire, Charles 64
Baum, Ellen 421
Baum, Heinrich Ludwig 421
Baumann, Hermann 415, 417
Baumann, Paul 177
Bäumer, Gertrud 282
Bechtel 340
Beck, Kurt 194
Becker (MdB) 381
Becker, Erika 97, 352
Beethoven, Ludwig van 432
Bekker vom Rath, Hanna 328
Bereths, Barbara geb. Neises 36
Bereths, Franziska 36
Bereths, Michael Peter 36
Berghammer, Konrad 37

Berghammer, Ulla 37, 38
Bergsträßer, Prof. Dr. Ludwig 383
Berlet, Eduard 276
Berlin, Fritz 41
Berthold, Heinz 432
Besell, Hedwig 138
Beutel, Jens 116
Biegler, Karl 320
Biegler, Marie 320
Bienko, Gertrud 39, 40, 41
Bienko, Walter 39
Biernath, Irmgard 42, 43, 44, 45
Binding, Rudolf G. 343
Bischoff, Lilly 9, 46, 47, 111, 285
Blank-Sommer, Liselotte 48, 49
Bloch, Ernst 124
Blum, Inge 50, 51, 52
Bockius, Fritz 424
Böckler, Hans 22, 177, 331
Bodart, Eugen 438
Boden, Wilhelm 300
Boehm, Elisabet 320
Boehringer, Dr. Ernst 187
Bögler, Franz 53, 54, 55, 441
Bögler, Lene 53, 54, 55, 110
Böhm, Karl 260
Bökenkrüger, Wilhelm 437
Bollenbach, Dr. Hermann 366, 408
Boos, Albert 364
Boos, Johanna geb. Herr 364
Borchert, Wolfgang 426
Brach, Joachim 56, 57
Brach, Martha 56, 57, 58
Brandt, Willy 386, 427
Braque, Georges 446, 447
Brecht, Bert 426
Breuer, Josef 59, 60, 143
Breuer-Weber, Berti 59, 60, 61, 143
Breusing, Irma 179
Brittken, Robert 24
Brittnacher 73
Brittnacher, Maria 73, 74
Britz, Hildegard 408, 410
Brix, Dr. Wolfgang 234
Broch, Hermann 278
Bruckner, Anton 432
Bruns, Johnny 62
Bruns, Karin 62, 63, 64

Buber, Martin 87
Buck, Anna 38
Bund, Karl 67, 68, 69
Bund, Maria 66, 67, 68, 69
Caire, Prälat 104
Capitant, René 157, 160
Carrez, Geneviève 15, 70, 71, 72, 159
Carrez, Jean 70
Cézanne, Paul 446
Chagall, Marc 64
Clark, Generalleutnant 253
Cochet, General 157
Colm-Bialla, Erich 306
Conrad, Marie 135
Craemer, Annette 76
Craig, Oberst 253
Cramm, Willibald 64
Croissant, Eugen 438
Croon, Maria 73, 74, 75, 76, 77
Croon, Nikolaus 74, 75
Crusius 81
Czerny, Carl 432
Dabelow, Adolf 187
Dahl 292
Dahmen, Franz 39
Dahmen, Gertrud 39
Dali, Salvador 64
Darapsky, Anna geb. Müller 78
Darapsky, Anton 78
Darapsky, Dr. Elisabeth 78, 79, 80
Darapsky, Emil 79
Dauber, Carola 81, 82, 83, 84
Dauber, Walter 81, 83
Daumas 434
Debray, Anneliese 9, 85, 86, 87, 88
Densborn 171
Dertsch, Richard 79
Detzel, Maria 11, 38, 89, 90, 91
Detzel, Peter 89
Deutsch, Wilhelm 92
Deutsch-Einöder, Erni 92, 93, 94
Dieckmann, Henriette Alexi Antoni geb. Endepols 305
Dieckmann, Hilde 305, 306
Dieckmann, Johann Wilhelm 305
Diehl, Lorenz 97
Diehl, Wolfgang 93
Diepgen, Paul 186, 187
Dietz, Heinrich 95, 96, 97
Dietz, Maria 95, 96, 97, 98, 99, 285, 352
Diez, Julius 411

Dill, Otto 438
Dillinger, Michael 93
Dillmann, Anton 298
Dörfler, Ludwig 413
Doerner, Josefine 38, 100, 101
Doetsch, Johann 90
Dohr, Dr. Josef 421
Doll, Hans 104
Doll, Hedwig 9, 102, 105, 106
Dombrowski, Prof. 445
Donizetti, Gaetano 260
Dorn, Ernst 260, 261, 262
Dovifat, Emil 186
Dransfeld, Hedwig 85, 86, 87, 88, 107, 323
Dressel, Heinrich 320
Dressel, Katharina 320
Dressel, Marie 320
Drossé, Paul 366, 408
Dürrenmatt, Friedrich 426
Dunant, Henri 150
Dünner, Dr. Julia 11, 107, 108, 109, 197
Edschmid, Kasimir 343
Egert, Johann 229
Egert, Susanne 229
Ehrensberger, Dr. 365
Ehrgott, Auguste 47, 110, 111, 285
Ehrgott, Jakob 110
Eich, Anna Maria 161
Eilers, Elfriede 392
Eisenhower, Dwight D. 28, 157
Eisler 112
Eisler-Lehmann, Annie 112, 113, 114, 115, 116
Enseleit, Adolf 118
Enseleit, Ursula 118, 119
Euripides 426
Falke, Margarete 120, 121
Falke, Otto 120
Faschon, Rudolf 123
Faschon, Susanne 122, 123, 124
Faulstich, Marga 9, 126, 127, 128
Fay, Hans jun. 438
Fay, Hans sen. 438
Fechler, Prälat 296
Ferring, Dr. Leopold 76
Fiederling, Franz 130
Fiederling, Therese 129, 130, 131
Fischer, Georg 59
Fischer, Hans 63
Fischer, Karl 432
Fitzler, Karl 249

465

Fitzler, (Mathilde Auguste) Hedwig 249, 250
Fitzler, Mathilde geb. Baer 249
Flad, Dr. Helene 132, 133, 134
Flad, Helena geb. Mayer 132
Flad, Johannes 132
Flatter, Karoline 265
Forster, Georg 45
Forster, Karl 317, 319
Forster, Luise 317
Fraga Iribarne, José 194
Franco 243
François-Poncet, André 60, 158
Frank, Anne 45
Frank, Edvard 445
Frank, Dr. Rudolf 45
Friderich, Gert 266
Friderich, Jeanne 381
Friderichs, Dr. Hans 423
Friedrich, Adolf 417
Friedrich, Maria 66
Friedrich, Theodor 82
Friscay, Ferenc 260
Fritschen, von 182
Fritz, Elisabeth 382
Froitzheim, Wilhelm 208, 209
Fuchs, Albert 287, 351
Fuchs, Emmy 145
Fuchs, Jockel 190, 401, 441
Fuchs, Lina geb. Denzler 145
Fuchs, Michael 145
Fuehrer, Dr. Ruth 135, 136, 137, 138
Fuehrer, Karl 135
Fuehrer, Margarete geb. Barkowski 135
Fuhrmann, Franz Karl 139
Fuhrmann-Stone, Erneste 139, 140
Furtwängler 260
Fuß, Toni 38
Gaab, Hannes 42
Gaiser, Gerd 343
Gál, Hans 432
Galmbacher, Anna 69
Gantenberg, Dr. Mathilde 11, 59, 60, 141, 142, 143, 144, 163, 197, 366
Garbe, Herbert 327
Gärtner, Adolf 129
Gärtner, Katharina geb. Weßler 129
Gaulle, Charles de 157
Gehrlein, Otto 145, 146
Gehrlein-Fuchs, Emmy 145, 146
Geiger, Mina (Anna Wilhelmina) 289

Geißler, Dr. Heiner 351
Genscher, Hans-Dietrich 423
George, Heinrich 103
George, Oskar 225
Georges, Paul 378
Gerber, Karl 149
Gerber, Otti 9, 147, 149, 150
Gerhards, Gertrud 13, 151, 152
Gerhards, Johanna geb. Fischer 151
Gerhards, Wilhelm August 151
Gerloff, Klaus 155
Gerloff, Susanna 154, 155
Gerloff, Uli 156
Gerner-Beuerle, Dr. Elisabeth 399
Gerner-Beuerle, Ludwig 399
Gesemann 60
Giron, Charles 157
Giron, Irène 15, 157, 158, 159, 160
Goebel, Amely (Maria Eva) 161, 162, 163
Goebel, Dr. Carl Michael 161
Goethe, Johann Wolfgang v. 64, 340
Gollwitzer, Helmut 83
Göring, Hermann 236
Gotthold 81
Grefraths, Helene 9, 164, 165
Greller, Hans 167
Greller, Hilde 166, 167, 168, 169
Grimm, Jakob 239
Gris, Juan 447
Gröning, Johannes 394
Groos, Sofie 385
Groß, Karl 83
Gruet 70
Guardini, Romano 39
Günther, Elisabeth 295
Günther, Johanna geb. Kiltz 295
Günther, Wilhelm 295
Gusovius, Hans Günter 170
Gusovius, Irmgard 170, 171
Gusovius, Ute 170
Haccius, Prof. Dr. Barbara 172, 173, 174
Hacks, Peter 426
Haehser, Karl 392, 449
Halein, Johann 175
Halein, Josefine 175, 176, 177
Hanke, Johannes 220, 221
Harmanns, Maria 448
Harmuth, Thea 225
Harney, Else 179, 180, 181
Hartmann 395
Haupt, Friedrich Wilhelm 182, 184

Haupt, Thea 182, 183, 184, 185
Hauptmann, Gerhard 426
Hauter, Katharina 365
Heckel, Erich 328
Hegert, Heinz 43
Heiliger, Brigitte 63, 64
Heiliger, Prof. Bernhard 43, 62
Heischkel, Edith 186
Heischkel-Artelt, Prof. Dr. Edith 186, 187, 188
Heller, Prof. Hermann 276
Henk, Emil 384
Henn, Hildegard Franziska 26
Hennig, Dora 189, 190
Hennig, Richard 189
Henrich, Franz 334
Herklotz, Karl 191
Herklotz, Luise 13, 191, 192, 193, 194
Hermans, Hubert 197, 300, 333, 334
Hermans, Susanne 13, 196, 197, 198, 234, 296
Hertel, Eugen 82
Hesse, Hermann 341
Hettier de Boislambert, Claude 90, 300
Heubner, Wolfgang 186
Heuser, Prof. Werner 179
Heuss, Theodor 421, 423
Heuss-Knapp, Elly 323
Heyden, Dr. Luise von der 9, 200, 201
Heyen, Prof. Dr. Franz-Josef 10
Heyl zu Herrnsheim, Freiin von 241
Hilger, Lina 59, 141
Hilgers, Maria 95
Hilgers, Theodor 95
Hillesheim, Susanne 196, 198, 296
Hilsdorf, Hans 433
Hirche, Margarete 120
Hitler, Adolf 39, 40, 53, 67, 71, 89, 90, 114, 122, 142, 176, 244, 291, 299, 333, 355, 379, 382, 384, 421, 429
Hitzberger, Prof. 366
Hochmann, Leo Michael 202
Hochmann, Mina 9, 202, 203, 204
Hoetger, Bernhard 327
Hoffmann, Sr. Dr. Norberta 205, 206, 207
Hoffmann, Volker 432
Hoffmann, Wilhelm 277, 278
Hofmannsthal, Hugo von 399
Hölderlin 207
Holst, Annemarie 208, 209
Holst-Steinel, Annemarie 208, 210

Holzamer, Prof. Karl 420
Holzner, Betty (Barbara) 211
Houska, Hannes 426
Huch, Ricarda 384
Hulstaert, Gustaaf 417
Impertro, Betty 211, 212
Impertro, Eduard 211
Izrael, Rona 116
Jackob, Anne 213, 214
Jackob, Edmund 213
Jackob, Hans 213
Jackob, Peter 214
Jacoby, Anna-Maria 13, 215, 216, 217
Jacoby, Anna-Maria geb. Schons 215
Jacoby, Johann 215
Jaeger, Elisabeth 9, 218, 219, 221, 222
Jaeger, Hermann 219
Jahn 225
Jähnke, Hildegard 3, 223, 224, 226
Jaspers, Karl 399
Jaurès, Jean Jaques 298
Jawlensky, Alexej von 64
Jeanbon St. André 45
Johann, Ernst 343
Johannes Paul II. 34
Jouve 39
Juchacz, Marie 194, 318, 338, 386
Junghans, Prof. Julius P. 403
Junglas, Johannes 89, 91, 296, 333
Jungmann, Christian Daniel 440
Jungmann, Gertrud 440, 441
Kaas, Ludwig 333
Kaiser, Jakob 335, 346
Kallen, Prof. Gerhard 78
Kalman, Emmerich 260
Kamp, Prof. Alfred 408, 366
Kanja, Katharina 227, 228
Karajan, Herbert von 103, 260, 433
Kaschnitz, Marie Luise 207, 343
Kaspar, Hermann 411
Kästner, Erich 62
Kaufmann, Ella 203
Kehr, Günther 432
Kehrein, Elfriede 229, 230, 231
Kehrein, Willy 229
Keilberth, Joseph 260
Keim, Dr. Anton Maria 10, 433
Kerner, Hildegard 232, 233, 234, 235
Kerner, Karl 233
Kesselstatt, Elisabeth Reichsgräfin von 9, 236, 237

Ketteler, Wilhelm Emmanuel von 34, 351
Kiesel, Carl Maria 123
Kipp-Kaule 177
Kirch, Elisabeth 238, 239, 240
Kirsch 423
Kirschmann, August 318
Kirschmann, Emil 318
Klauer, Agnes 290
Klawitter, Lilian 124
Klee, Dr. Dr. Eugen 241
Klee, Marie-Elisabeth 193, 241, 242, 243
Klee, Paul 64, 446
Kleiber, Erich 114
Kleine-Frölke, Hilde 223, 224, 225, 226
Klein-Kühborth, Wolfgang 441
Kleist, Heinrich v. 426
Knab, Anton 79
Knapp, Betsy 12
Knappertsbusch, Hans 260
Koenig, Anneliese 9, 254, 255, 256
Koenig, Carl Arthur 254, 255
Koenig, Karl 254
Koenig, Pierre 105, 157, 357, 360
Kohl, Dr. Helmut 58, 83, 212, 427
Kohl, Hans 383
Kohn, Johann 56
Kohn, Martha 56
Kohn, Ottilie geb. Hoffmann 56
Kolbenhoff, Walter 278
Kölsch, Lucie 190, 198, 244, 245, 246, 247, 248
Kölsch, Ludwig 245
Kömmerling, Karl 250
Kömmerling, Prof. Dr. Hedwig 13, 249, 250, 251, 252, 253, 283
Konrad, Elisabeth 9, 263, 264
Konrad, Fritz 263
Konrad, Georg Walter 263, 264
Konrad, Jakob 263
Koppers, Prof. Wilhelm 417
Köth, Erika 258, 259, 260, 261, 262, 311
Kovàts, Georg von 368
Krall, Aenne 372
Kranz, Prof. 366
Kraul, Elisabeth 396
Kriechbaum, Karoline 265, 266, 267
Kriechbaum, Leopold 265
Kroiss, Walburga (Sr. Luthardis) 9, 268, 269, 270
Krolow, Karl 343
Krumbach, Charlotte 271, 272, 273, 381

Krumbach, Helmut 271, 272
Kubelik, Raphael 113, 114
Kuby, Alfred H. 83
Kunz, Katharina 202
Kunz, Mina 202
Kurz, Eva 30
Kussler, Ilse 445, 446
Laaff, Prof. Dr. Ernst 432
Lachmann, Guy 359, 430
Lang, Klara 365
Lange, Annemarie 274, 275
Lange, Helene 282
Langgässer, Elisabeth 276, 277, 278, 343
Leber, Dr. Julius 382
Leclerc, Philippe 157
Lederer, Hugo 327
Lehmann, Alfred 112, 114, 115
Lehmann, Anni 112
Lehmann, Emilie 112
Lehmann, Hugo 112
Lehmann, Karl 265
Lehmann, Simon 112
Lehndorff, Hans von 39
Leising, Hannes 168
Leist, Franz 279
Leist, Magdalena geb. Faust 279
Leist, Maria 9, 279, 280, 281
Lenzer, Hans 112
Leschetitzky, Theodor 432
Leuschner, Wilhelm 382
Löb, Lucie 244
Loerke, Oskar 341
Ludowici, Helmo 413
Ludwig, Adolf 191
Ludwig, Dr. Werner 212, 255
Lutz 104
Mac Lean, Harry 63
Magin, Pauline 203
Magonet, Jonathan 87
Mahla, Elisabeth 13, 282, 283
Mann, Thomas 343
Mannlich, Johann Christian von 146
Marcks, Gerhard 63
Markscheffel, Günter 191, 246
Marwitz, von der 241
Marx 271
Marx, Wilhelm 298
Mataré, Ewald 50
Matisse, Henri 446
Mauer, Dora 189
Maus, Anna 47, 111, 284, 285

McCloy 253
Mebach, Karl-Heinz 374
Mechelen, Clemens 287
Mechelen, Helene geb. Buchartz 287
Mechelen, Maria 9, 287, 288
Meier, Gretel 225
Mengele, Dr. Joseph 375
Mertes, Addi 76
Merz, Emil 289
Merz, Mina 289
Meyer, Agnes 290, 291, 292, 293, 294
Meyer, Julius 290, 291, 293, 294
Meyer, Wolf 290, 293
Meyer-Bothling, Elisabeth 9, 295, 296, 297
Meyer-Bothling, Hans Helmut 295
Michels, Eugenie 219
Miller, Oskar von 95
Milton, John 64
Minninger, Matthias 76
Missong, Anton 299
Missong, Dr. Else 11, 38, 108, 209, 298, 299, 300
Mitterand, Danielle 325, 326
Modersohn-Becker, Paula 404
Molière, Jean Baptiste 426
Moreau, Jean-Charles 70
Mozart, Wolfgang Amadeus 116, 259
Much, Ursula 37
Mücklich, Ida 104
Müller, Adam 31
Müller, Ernst Wilhelm 417
Müller, Johann Georg 64
Müller-Landau, Rolf 438
Müller-Olm, Heinz 50
Muller, P. 70
Münch, Paul 266
Nauern, Heinrich 166
Nellessen, Dr. Walter 303
Nellessen-Schumacher, Dr. Gertraud 302, 204
Neuß, Wilhelm 247
Niemöller, Martin 40, 83
Nikodemus, Josef 79
Nordmann, Josefine 175
Nürnberger, Siegfried 424
Oesterle, Karl 349
Ohl, Otto 295
Ohlhof, Fritz 176
Ollenhauer, Erich 120
Orff, Carl 130

Osterspey, Hilde 305, 306, 307
Osterspey, Walter 305, 306
Ott, Christian 308
Ott, Hans 309
Ott, Liesel 308, 309, 310
Pacelli, Eugenio 299
Pankok, Otto 343
Peerenboom, Else 298, 299
Peerenboom, Johann Alexander 298
Peerenboom, Maria geb. Dillmann 298
Perron, Walter 62
Persijn, Dr. phil. Alexander 312
Persijn-Vautz, Marlott 311, 312
Peter, Hans-Rolf 438
Peters, Maria 313, 314
Pfaff, Georg Michael 8181
Pfaffenbach, Adolf 154
Pfaffenbach, Susi 154, 155
Pfau, Conrad 445
Pfeifer, Günter 50
Picasso, Pablo 64, 446, 447
Pius XI. 152
Pius XII. 82, 299, 323
Planck, Max 249
Platschek, Prof. 366
Prem, Cläre 76, 314, 315, 316
Purrmann, Hans 327, 328
Radler, Luise 317, 318, 319
Radler, Paul 317, 318, 319
Raether, Fritz 321
Raether, Marie 13, 320, 321
Rath, Maria 89
Rautenstrauch, Wilhelm 421, 422
Recklinghausen, Hans Morio von 170
Recklinghausen, Ida von 170
Recklinghausen, Irmgard von 170
Reichensperger, August 322
Reichensperger, Hedwig 322, 323
Reichensperger, Peter 322
Reinhard, Adam 337
Reinhard, Aenne (Anna Maria) 337
Reinholz, Hermann 77
Renger, Annemarie 194, 392
Renneberg, Annelore 361, 362
Reuter, Susanne Margarete 122
Reuther, Gisela 366
Reuther, Heinrich 366
Reuther, Paula geb. Söhn 366
Rick, Henni 319
Riel, Ursula 118
Rilke, Rainer Maria 207

Risch 340
Ritter, Christian 436
Ritter, Gerhard 384
Ritter, Luise 436
Ritter, Martin 438
Ritter, Mathilde 436
Ritz, Willy 324
Ritz-Münch, Liesel 324, 325, 326
Rock, Susanne 357
Roeder, Emy 118, 119, 327, 328, 329, 366, 445
Rolland, Romain 39
Roos, Heny 3, 330, 331, 349
Rost, Hermann 53
Rothländer, Helene 11, 90, 108, 109, 228, 300, 333, 334, 335, 435
Rowohlt, Ernst 42
Rucht, Karl 438
Rudolf, Josef 45
Rumetsch, Aenne 337, 338
Rumetsch, Friedrich Wilhelm 337
Rummel, Veit 89
Rumpff, Magda 316
Runte, Dr. Josefine 339, 340
Runte, Heinrich 339
Runte, Theresia Maria geb. Lühmann 339
Runte, Viktor 339
Rupp, Max 445, 446
Saalfeld, Martha 93, 341, 342, 343, 344
Sachsse, Lic. 221
Sahlberg, Clara 3, 345, 346, 347, 348, 349
Salomon 225
Sandt, Clara Luise 139
Sangnier, Marc 39
Sauer 308
Sauerborn, Gertrud 47, 97, 111, 285, 351, 352, 353
Sauerborn, Maria 351
Sauerborn, Wilhelm 351
Sauerheber, Philipp 394
Saxer, Heiner 49
Schaaff, Anneliese 254
Schädel, Prof. 249
Schaeffer, Willi 426
Schäfer, Afra geb. Wittmann 271
Schäfer, Charlotte Franziska Emilie Meta 271
Schäfer, Otto 271
Schäffer 37
Schardt, Ferdinand 354
Schardt, Hedwig 354, 355, 356

Schardt, Luise 354
Scheibe, Prof. Richard 366, 368
Scheidt, Werner vom 83, 341
Schelsky, Helmut 17
Scherer, Werner 77
Scheuer, Gregor 360
Scheuer, Johann 357, 358, 359
Scheuer, Susanne 357, 358, 359, 360
Scheuffgen, Hedwig 322
Schiel, M. Basia 269
Schiffers, Prof. Paul Egon 366
Schiffhauer, Karl 377
Schiffhauer, Maria 76
Schill, Carl 263
Schill, Lenchen geb. Clauß 263
Schilling, Anna 213
Schilling, Anne 213
Schilling, Georg 213
Schindler, Pauline 379
Schinnerer, Prof. Adolf 411
Schirrmacher, Dr. med. Gerhard 311
Schlegelmünig, Arthur 327
Schliessler, Prof. 366
Schlösser, Annelore 361, 362, 363
Schlösser, Dr. Karl 362
Schmahl, Ella geb. Boos 13, 364, 365
Schmahl, Richard 364
Schmelzer, Karl-Heinz 294
Schmid, Prof. Carlo 194, 233
Schmidt, Hans Georg 367
Schmidt, Helmut 400
Schmidt, Otto 82
Schmidtgen, Otto 432
Schmidt-Köngernheim, Wolfgang 432
Schmidt-Reuther, Gisela 366, 367, 368
Schmidt-Rottluff, Karl 328
Schmitt, Dr. Walter 134
Schmitt, Georg 378
Schmitthenner, Prof. Paul 48
Schmittlein, Raymond 14, 15, 70, 157, 158, 159, 160, 399
Schneider, Friedrich Wilhelm 81
Schneider, Hans 90
Schneider, Louise geb. Kuby 81
Schneider, Margarete (Sr. Edelgard) 9, 370, 371, 372
Schnippenkoetter 427
Schnippenkoetter, Swidbert 427
Schnitzler, Arthur 70, 426
Schnorbach, Dr. Josef 323
Schoen, Ulrich 394

Scholtz-Klink, Gertrud 236
Scholz, Hans 62
Schommer, Werner 221
Schönig, Katharina 393
Schönig, Margarete 394
Schott, Karoline 373, 374, 375, 376
Schowalter, Emilie 406
Schrader, Wilhelmine 47, 111
Schröder, Dr. Josef 377
Schröder, Els 406
Schröder-Schiffhauer, Dr. Maria 377
Schubert, Franz 261
Schuler, Anne-Marie 379, 380, 381
Schuler, Max 379, 380
Schumacher, Gertraud 302, 303
Schumacher, Kurt 83, 91, 191
Schuster, Martha 433
Schwamb, Elisabeth 190, 382, 383, 384
Schwamb, Ludwig 382, 383
Schwarzkopf, Hans 385
Schwarzkopf, Sofie 385, 386
Schwarzmann, Anne-Marie 379
Schwarzmann, Joseph 379
Schwerin von Schwanenfeld, Graf Ulrich Wilhelm 39
Sechter, Simon 432
Seeber, Ägidius 451
Seeber, Cäcilie 451
Seeber, Josephine geb. Cleuren 451
Seghers, Anna 44, 45
Seidel, Ina 343
Seise, Rudi 233
Seitz, Gustav 62
Senfft, Ilse von 9, 387, 388, 389
Seppi, Elfriede 390, 391, 392
Seppi, Ernst 390
Sethe, Paul 384
Siegert, Prof. Paul 366
Siegle, Theo 64
Simon, Hanna 59
Sinning, Lieselotte 405
Sintenis, Renée 327
Skopp, Dr. Paulus 55
Sobott, Franz 223
Sobott, Hilde 224
Sobott, Wilhelmine 223
Sommer, Dr. Oskar 49
Soutou 49
Spranger, Prof. Eduard 83
Sprenger, Jakob 236
Staadt 229

Stahl, Franz Xaver 411
Stahl, Wendelin 179
Stalter, Heinrich 393
Stalter, Katharina 393, 394, 395
Staufer, Dr. Ludwig 165
Stauffenberg, Claus Schenk Graf von 40
Stedman, Franz Andreas von 396
Stedman, Hilda von 9, 396, 397
Stedman, Robert 396
Stedman, Robert von 396
Stedman, Susanna 396
Steenberg, Neel van 48
Steffan, Jakob 300
Steger, Milly 179, 327
Steen, Gert 392
Steil, Karl 399
Steil-Beuerle, Dr. Elisabeth 399, 400, 401
Steinbach 373
Steingötter, Johann 405, 406, 407
Steingötter, Lieselotte 405, 406, 407
Steinmetz, Philippe 413
Stein-Wiese, Ina 403, 404
Stieger, Adolf 166
Stirn, Prof. Hans 122, 124
Stone, Alex 139
Stone, Erneste 139
Storkebaum, Werner 221, 222
Storr, James 410
Storr-Britz, Hildegard 408, 409, 410
Strauss, Richard 112, 261
Strawinsky, Igor 64
Stresemann, Gustav 241, 243, 302
Strieffler, Heinrich 411
Strieffler, Ida geb. Salm 411
Strieffler, Marie 411, 412, 413, 438
Sudermann, Hermann 39
Sulzmann, Dr. Erika 415, 416, 417, 418
Süsterhenn, Dr. Adolf 143, 209, 335
Suttner, Bertha von 83
Thoenissen 109
Thomas, Dr. Alois 274
Thomas, Ambroise 260
Thomé, Inge 419, 420
Thomé, Ludwig 419
Thormaehlen, Prof. Ludwig 143, 366, 445
Thress, Ellen 421, 422, 423
Thress, Ferdinand 421
Timko, Imre 35
Tonndorff, Gretl 424, 425, 426
Tönnesen, Ingeborg 225, 226, 348, 349
Treiber, Elisabeth 102

Treiber, Hedwig 103, 104
Treiber, Heinrich 102
Trimborn, Elisabeth 427, 428
Troendle, Prof. Hugo 179
Troll, Prof. Wilhelm 172
Unverzagt, Karl 124
Urich, Johannes 165
Vautz, Marlott 311
Vent, Elisabeth 47, 111
Verdi, Guiseppe 112
Verhülsdonk, Rudolf 334
Villon, François 64
Vogel, Dr. Bernhard 206, 247, 261, 270, 401
Vogel, Gertrud 190
Volbach, Prof. Fritz 143
Volk, Dr. Hermann 34
Völker, Maria Pauline Ingeborg (Inge) 419
Volkert, Dr. Heinz Peter 198
Vorhauer, Georg 438
Wacht, Gretel 429, 431
Wacht, Johann 430, 431
Wagner, Richard 112
Wagner, Carl-Ludwig 58
Waldmann, Elisabeth 399
Waldschmidt, Ludwig 438
Walzer, Martin 330
Wandel, Louise 432, 433
Weber, Tobias 210
Weber, Agnes 59
Weber, Berti 59
Weber, Ernst C. 59
Weber, Helene 109, 141, 197
Weber, Josef 191
Weber, Maria 226
Wehner, Herbert 193, 194
Weil, Otti 147, 148
Weis, Elisabeth (Elsa) geb. Luba 232
Weis, Hilde 232, 233
Weis, Michel 232
Weiß, Dr. Ella 434, 435
Weizsäcker, Richard von 150, 270
Wendel, Dr. Joseph 164
Werbelow, Mathilde 436, 437, 438
Werbelow, Rolf 436
Wetteskind, Conrad 118
Wetzel, Gertrud 440, 441
Wetzel, Wilhelm Robert 441
Weyel, Herman-Hartmut 69
Weyer, Gretel 429, 430
Weyer, Matthias 429

Weyerstall, Eugen 438
Wiebe, Elizabeth 8, 443, 444
Wiemeler, Prof. Ignatz 129
Wiese, Ina 403
Wild, Helmut 447
Wild-Kussler, Ilse 445, 446, 447
Wilder, Thornton 426
Wilhelm III von Oranien 396
Wilhelmy, Heinz 83
Will, Edwin 348
Wilms, Rudolf 93
Wimmer, Prof. Hans 43
Winau, Rolf 187
Windsperger, Lothar 432
Wirth 66
Wittgen, Otto 89
Wittkowsky, Wolfgang 217
Woitschach, Marcella 438
Wolf, Else 222
Wolf, Maria 448, 449, 450
Wolf, Waldemar 448
Wolters, August 347
Wuermeling, Franz-Josef 17
Wuesthoff, Dr. Freda 12
Wulf, Hedwig Wilhelmine geb. Bardorf 244
Wulf, Rudolf 244
Wust, Prof. Peter 339, 377
Zadkine, Ossip 51
Zahn-Harnack, Agnes von 282
Zeller, Carl 260
Zeuner, Günter 438
Ziegler, Cäcilie 451, 452
Ziegler, Franz 451
Zuckmayer, Carl 426
Zweig, Stefan 341

Ortsregister

Aach (b. Trier) 378
Aachen 164, 196, 287
Adelsheim (Baden) 380
Ahrweiler 100
Aibling s. Bad Aibling
Algier (Algerien) 157
Allenz (Kr. Mayen) 370
Altenburg (Außenlager des KZ Buchenwald) 375
Altenkirchen (Westerw.) 3, 100, 101, 120, 121, 391
Alt-St. Barbeln (Trier) 315
Alzey (Rheinhessen) 78, 241, 242, 243, 276, 373
Andernach (Kr. Mayen-Koblenz) 409
Ansbach (Mittelfranken) 43
Arenberg (Koblenz) 198
Arzberg (Oberfranken) 408
Asbacher Hütte (Hunsrück) 219, 221
Ascona Schweiz) 64, 130
Asterstein (Koblenz) 60, 61, 143
Auersmacher (b. Saargemünd) 56
Augsburg 250
Auschwitz (Konzentrationslager, Polen) 277, 293, 373, 374, 375, 376
Außen (b. Schmelz, Kr. Saarlouis) 74
Babenhausen (Kr. Dieburg, Hessen) 341, 343
Bad Aibling (Bayern) 328
Bad Bergzabern (Kr. Südliche Weinstraße) 46, 343
Bad Berleburg (Westfalen) 81
Bad Dürkheim (Pfalz) 326
Bad Ems (Lahn) 209, 303, 304
Bad Godesberg (b. Bonn) 109, 246
Bad Harzburg (Niedersachs.) 377
Bad Hönningen (Kr. Neuwied) 219
Bad Kreuznach an der Nahe 9, 59, 68, 141, 142, 143, 154, 155, 156, 209, 218, 219, 220, 221, 252, 318, 408, 421, 422, 423, 445, 446, 447
Bad Mergentheim am Main 119
Bad Münster am Stein (Kr. Bad Kreuznach) 348
Bad Pyrmont (Niedersachs.) 12, 71, 282, 334
Bad Soden am Taunus 218
Bad Tölz (Oberbayern) 37

Bad Wörishofen 270
Badem (Kr. Bitburg) 313
Baden-Baden 14, 70, 105, 260, 316, 399, 419
Barby an der Elbe 120
Basel (Schweiz) 64, 114
Baumbach (Ransbach-B., Westerw.) 13, 151, 152
Baumholder (Kr. Birkenfeld) 98, 252, 317
Beaulieue (Frankreich) 115
Belgrad 368
Bellheim (b. Landau, Pfalz) 203
Bendorf (Kr. Mayen-Koblenz) 85, 86, 87, 88, 323
Bensheim (a. d. Bergstraße) 205
Bergen-Belsen (KZ, Niedersachsen) 375
Bergisch-Gladbach (Nordrhein-Westfalen) 409
Bergzabern s. Bad Bergzabern
Berleburg s. Bad Berleburg
Berlin 3, 15, 16, 24, 32, 33, 34, 35, 42, 43, 47, 62, 70, 79, 93, 111, 123, 136, 170, 182, 186, 187, 193, 236, 249, 250, 260, 261, 272, 276, 277, 280, 302, 315, 318, 327, 328, 341, 345, 346, 347, 349, 361, 366, 368, 377, 378, 382, 384, 399, 401, 405, 408, 421, 426, 445
Bernkastel-Kues a. d. Mosel 36, 213, 217, 275
Besançon (Frankreich) 70, 71, 72
Besselich, Gut (Urbar b. Koblenz) 378, 396, 397
Bethel (b. Bielefeld) 135
Betzdorf an der Sieg 223, 224, 225
Biberach 269
Biebrich (Wiesbaden) 175
Bingen am Rhein 9, 52, 97, 205, 236, 237, 335
Birkenau (KZ b. Auschwitz, Polen) 374, 375
Birkenfeld an der Nahe 445, 447
Bischofsheim (Mainz-Bischofsheim) 123, 405
Bischwiller (Elsass) 413
Bitburg (Eifel) 98, 313
Bitsch (Pfalz) 145
Blechhammer (Außenlager des KZ Auschwitz III) 293
Bochum (Nordrh.-Westf.) 141

Bockenheim a. d. W. (Pfalz) 123, 308, 309, 310
Böhl (Pfalz) 82
Bonn 30, 39, 50, 95, 97, 98, 101, 107, 109, 122, 161, 164, 193, 195, 200, 215, 242, 243, 250, 298, 381, 401, 408, 409, 441
Boppard am Rhein 296
Boulogne sur Mer (Frankr.) 272, 381
Brauna (Sachsen) 298
Braunschweig (Niedersachsen) 170, 208
Bremen 182, 226, 300, 327, 396
Bremerhaven 208
Breslau 182, 302
Bretzenheim an der Nahe 148
Brühl (b. Köln) 385
Buchenwald (KZ b. Weimar, Thüringen) 37, 176, 373, 375
Budapest 139, 181
Buenos Aires (Argentinien) 114, 368
Bunzlau (Schlesien) 120
Burbach (Saarbrücken) 437
Burg Berwartstein (Pfalz) 183
Burg Coraidelstein (b. Klotten a. d. Mosel) 179
Busendorf (Elsass) 322
Caracas (Venezuela) 243, 300
Casablanca (Marokko) 157
Censtochau (Polen) 293
Clermont (Frankreich) 157
Coburg (Oberfranken) 380
Cochem an der Mosel 403
Coimbra (Portugal) 249
Colmar (Elsass) 93, 382
Contwig (Kr. Pirmasens) 364
Cranenburg (b. Elberfeld) 291
Crivitz (b. Schwerin, Mecklenburg) 429
Dachau (Bayern) 245
Dahnen (Kr. Bitburg) 313
Dansenberg (b. Kaisersl.) 182, 184
Danzig 368
Darmstadt 48, 205, 258, 259, 264, 276, 278, 320, 327, 368, 383
Dasburg (Kr. Prüm) 313
Daun (Eifel) 171
Debrecin (Ungarn) 139
Deggendorf (Niederbayern) 305, 306
Dieblich (Kr. Mayen-Koblenz) 403
Diemerstein (Frankenstein-D., b. Neustadt a.d.W.) 46
Dijon (Burgund) 33, 400
Dodenburg (Kr. Wittlich) 236

Dorn-Dürkheim (Kr. Mainz-Bingen) 320
Dortmund 163
Dresden 103, 186, 208
Driesdorf (Mittelfranken) 254
Duisburg 315, 403
Dünkirchen (Frankreich) 413
Düsseldorf 28, 59, 95, 161, 166, 179, 225, 226, 287, 299, 315, 322, 329, 341, 348, 368, 390, 403, 408, 445
Ebermannstadt (Fränkische Schweiz) 185
Echternach (Luxemburg) 449
Edenkoben (Pfalz) 143, 451
Edinburgh (Schottland) 340
Ehrang (Trier) 132, 133, 134
Ehrang-Pfalzel (Trier) 340
Ehrenbreitstein (b. Koblenz) 274
Eibingen (b. Rüdesheim a.Rh.) 236
Einöd (b. Homburg, heute Saarpfalzkreis) 92, 93, 271, 440
Eisenberg (SOS-Kinderdorf, Pfalz) 83, 251
Ellingen (b. Weißenburg) 43
Emmendingen (b. Freiburg i. Br.) 105
Engers (Kr. Neuwied) 292, 370, 371, 372
Enkenbach (b. Kaiserslautern) 169
Enkirch (Hunsrück) 60
Ensheim (Saar) 451
Erdorf (Kr. Bitburg) 313
Erfenbach (Kaiserslautern) 238
Ernst an der Mosel 161
Essen (Nordrhein-Westfalen) 46, 427
Esslingen (Baden-Württemb.) 42, 426
Euren (Trier) 56
Evora (Portugal) 249
Fell (b. Schweich, Kr. Trier-Saarburg) 215
Fellerich (Kr. Trier-Saarburg) 429, 430
Filderstadt (b. Stuttgart) 226
Fischerhude (b. Bremen) 327
Florenz (Italien) 327
Flörsheim am Main 379
Flörsheim-Dalsheim (Kr. Alzey-Worms) 365
Frankenthal (Pfalz) 37, 47, 62, 64, 103, 111, 164, 256, 284, 285, 289, 305, 306, 307, 434, 435, 440, 441, 442
Frankfurt am Main 3, 12, 15, 28, 67, 78, 101, 124, 129, 132, 179, 186, 187, 188, 218, 225, 241, 249, 260, 276, 295, 311, 341, 366, 373, 374, 375, 410, 415, 417, 443
Fraulautern (Saarlouis, Saarl.) 74

Freiburg i. Br. 72, 105, 155, 172, 186, 200, 298, 339, 434
Friedewald (Westerwald) 349
Friesenheim (Ludwigshafen) 104
Fritzlar (Schwalm-Eder-Kr.) 68
Fügen (Zillertal, Österreich) 361
Fulda (Hessen) 21, 205, 339
Fürth (Bayern) 61
Gartenstadt (Ludwigshafen) 211, 212, 435
Gau-Köngernheim (b. Alzey) 373
Geistingen (b. Köln) 290
Gelsenkirchen (Nordrh.-Westf.) 223, 305
Genf (Schweiz) 368, 409
Germersheim (Pfalz) 14, 15, 158, 159, 278, 379
Gerolstein (Kr. Daun, Eifel) 371
Gießen (Hessen) 56, 78, 188, 382, 403
Gladbach (Kr. Neuwied) 351, 353
Gleiwitz (Polen) 182
Gloucester (England) 340
Gmunden (Oberösterreich) 138
Göcklingen (b. Landau, Pfalz) 451
Gonsenheim (Mainz) 68, 159, 433
Görlitz (Sachsen) 408
Göttingen (Niedersachsen) 61
Grabsleben (Kr. Gotha, Thür.) 271
Greußen (Thüringen) 405
Grevenmacher (Luxemburg) 449
Griesheim (b. Darmstadt) 276
Großsteinhausermühle (Kr. Zweibrücken) 365
Großzimmern (b. Darmstadt) 320
Grünheide (b. Berlin) 42
Grünstadt (Pfalz) 145
Güls (Koblenz) 89, 196, 198
Gurs (Internierungslager i. d. Pyrenäen, Frankreich) 114, 115
Hagenau (Elsass) 283
Haifa (Israel) 307
Halle a. d. Saale 172
Hamburg 62, 85, 139, 157, 168, 225, 236, 237, 249, 278, 348, 419
Hanau (Hessen) 318
Handschuhsheim (b. Heidelb.) 62, 64
Hannover 12, 67, 90, 191
Hardheim b. Walldürn 26
Harlem (Niederlande) 340
Heddesdorf (b. Neuwied) 366, 390
Heidelberg 32, 62, 64, 132, 147, 250, 271, 279, 341, 384, 399, 406, 420, 434
Heidesheim (b. Mainz) 420

Heiligengrabe (Mark Brandenburg) 241
Heimbach (Neuwied) 287
Heppenheim (a. d. Bergstraße) 383
Herdorf (Sieg) 333
Heringen (b. Limburg) 42
Herrnsheim (Worms) 49, 241
Hertlingshausen (b. Carlsberg, Kr. Bad Dürkheim) 289
Herxheim (b. Landau, Pfalz) 203
Hetzerath (b. Bonn) 215
Heuchelheim (b. Landau) 202
Hillsboro (Kansas, U.S.A.) 443
Hindelang (Schwarzwald) 399
Hirschberg (Schlesien) 451
Hirschfeld (Hunsrück) 59
Hofgeismar (Hessen) 405
Hofgut Weilbach (b. Flörsheim) 379
Hofheim am Taunus 328
Höfles (b. Kronach, Oberfr.) 354, 355
Hohenasperg (Kr. Ludwigsburg, Baden-Württemberg) 373
Hohenheim (Stuttgart) 347
Höhr-Grenzhausen (Westerw.) 179, 366, 368, 408, 410
Homburg (Saarland) 64, 271, 440
Hoof (Kr. Kassel) 289
Horchheim (b. Worms) 48
Hüttersdorf (Saarland) 74, 75
Idar-Oberstein (Kr. Birkenfeld) 28, 317, 318, 319, 447
Ingelheim (am Rhein) 187
Innsbruck (Österreich) 112, 399
Irmenach (Hunsrück) 60
Istanbul 368
Jena (Thüringen) 110, 126, 127
Kaiserslautern 30, 64, 81, 82, 83, 84, 97, 98, 110, 122, 123, 166, 167, 168, 169, 182, 232, 233, 238, 239, 240, 252, 258, 260, 261, 265, 266, 267, 309, 311, 312, 324, 326, 329, 405, 406, 407
Kaiserswalde (Böhmen) 21
Kaiserswerth (Düsseldorf) 46
Karlsberg (Ostpreußen) 39
Karlsruhe 50, 172, 260, 327, 366
Kasel (Kr. Trier-Saarburg) 313, 314
Kassel (Hessen) 138, 405, 445
Kaub am Rhein 202, 203
Kaufbeuren (Allgäu) 249
Kenn (b. Trier) 132
Kiel 244
Kindsbach (Westpfalz) 232

475

Kirchheimbolanden (Donnersbergkreis) 271, 354, 355, 356, 364
Kirf (Kr. Trier-Saarburg) 73
Kloster Mallersdorf (b. Landshut, Niederbayern) 268, 270
Kloster Metten (Niederbayern) 268
Klotten (a. d. Mosel) 179, 181
Koblenz 9, 13, 24, 25, 33, 39, 40, 41, 47, 60, 61, 64, 89, 90, 91, 108, 109, 111, 141, 142, 143, 144, 196, 197, 198, 202, 208, 209, 210, 219, 227, 228, 238, 295, 299, 300, 302, 303, 322, 323, 333, 334, 335, 339, 351, 352, 358, 368, 385, 386, 389, 396, 397, 403, 404, 409, 419, 422, 424, 425, 426, 446
Kochel am See (Oberbayern) 224
Kolberg (Ostpommern, heute Polen) 406
Köllig (Nittel, Kr. Trier-Saarb.) 357, 358, 359, 360
Köln 24, 39, 59, 78, 100, 107, 112, 200, 250, 261, 290, 291, 293, 300, 322, 333, 385, 437
Könen (b. Konz, Kr. Trier-Saarburg) 430
Königsberg (Ostpreußen, heute: Kaliningrad, Russland) 42, 135, 136, 311, 406
Königsfeld (Schwarzwald) 103
Konz (Kr. Trier-Saarburg) 358, 360, 377, 430
Krakau (Polen) 232
Krefeld (Nordrhein-Westfalen) 448
Kreuzweiler (b. Saarburg) 357
Kyllburg (Eifel) 216
La Plata (Argentinien) 368
Lagos (Nigeria) 168
Lambrecht (Pfalz) 267
Lampertsmühle (Kaisersl.) 238
Landau (Pfalz) 9, 13, 32, 37, 38, 46, 123, 124, 202, 203, 204, 282, 283, 296, 341, 343, 411, 412, 413, 451
Landshut (Bayern) 127
Landstuhl (Pfalz) 30, 46
Langenberg (Rheinland) 295
Lans le Saunier (Frankreich) 70
Lauda (Baden-Württemberg) 250
Lausanne (Schweiz) 181, 399
Lauterbach (Hessen) 403
Le Puy (Frankreich) 157
Leeuwarden (Holland) 409
Leipzig 129, 135, 139, 186, 263, 277, 448
Lima (Peru) 339
Limburg (Lahn) 25, 42, 152, 339, 430

Limburgerhof (Kr. Ludwigsh.) 440, 441
Linz (Kr. Neuwied) 287, 298, 299, 300, 388, 389
Lissabon (Portugal) 249
Lodz (Polen) 375
Löllbach (Kr. Bad Kreuznach) 408
London 87
Lüdenscheid (Nordrh.-Westf.) 179
Ludwigshafen am Rhein 3, 9, 26, 27, 29, 46, 50, 52, 53, 64, 102, 103, 104, 105, 138, 164, 165, 211, 212, 254, 256, 271, 305, 330, 331, 337, 338, 427, 428, 435, 440
Ludwigswinkel (b. Landau/Pf.) 203
Lünen (Westfalen) 85, 387
Luxemburg 50, 76, 93, 449, 450
Lyon (Frankreich) 157
Madrid 243
Magdeburg 118, 120
Mailand (Italien) 408, 409
Mainz 9, 14, 15, 32, 33, 34, 35, 42, 43, 44, 45, 47, 49, 50, 52, 60, 64, 66, 67, 68, 69, 70, 78, 79, 80, 95, 97, 98, 99, 111, 112, 114, 116, 118, 119, 122, 123, 124, 125, 127, 128, 129, 130, 132, 147, 148, 149, 150, 154, 155, 158, 159, 160, 172, 174, 175, 176, 177, 187, 188, 189, 190, 197, 205, 209, 210, 213, 225, 243, 246, 247, 252, 254, 263, 270, 271, 278, 285, 295, 328, 329, 335, 340, 345, 348, 352, 353, 361, 362, 380, 382, 383, 384, 387, 399, 400, 401, 405, 409, 415, 417, 418, 419, 420, 423, 424, 425, 426, 432, 433, 446
Manderscheid (Kr. Bernkastel-Wittlich) 170, 171
Mannheim 26, 27, 29, 46, 62, 103, 123, 161, 168, 211, 261, 307, 341, 380, 427, 428, 440
Marburg an der Lahn 3, 200, 339, 382, 403
Maria Laach (Eifel) 287
Mariahof (Trier) 340
Marienborn (Mainz) 210
Marienfelde (Berlin) 251
Marquardtstein (Oberbayern) 426
Marseille (Frankreich) 53, 339
Mato Grosso (Brasilien) 249
Mauchenheim (b. Kirchheimbolanden) 364
Mayen (Eifel) 90, 370, 397
Meiningen (Thüringen) 135

Merchingen (b. Merzig, Saarland) 75
Merlebach (Lothringen, Frankreich) 92, 93
Merzig (Saarland) 74, 75, 76
Meseritz-Obrawalde (Pommern) 221
Mettlach (b. Merzig, Saarland) 237
Metz (Lothringen, Frankreich) 56, 92, 93, 164, 238, 298
Meurich (Kr. Trier-Saarburg) 73, 77
Miltenberg (Franken) 122
Mittelbollenbach (heute: Idar-Oberstein) 317
Monbijou, Hofgut (Kr. Zweibrücken) 365
Mönchengladbach (Nordrhein-Westfalen) 24, 25, 164, 165, 220
Mörstadt (Kr. Alzey-Worms) 364
Montabaur (Westerwald) 24, 25, 40, 97, 352
Monte Carlo (Monaco) 113, 114
Montevideo (Uruguay) 299
Montreux (Schweiz) 142, 339
Morbach (Hunsrück) 52
Morlautern (Kaiserslautern) 81
Moskau 81, 88
Mülheim (Ruhr) 46
Mülheim (Mülheim-Kärlich, b. Koblenz) 385, 403, 404
Mümling-Grumbach (Kr. Erbach, Odenwald) 66
Münchberg (Oberpfalz) 145
München 32, 38, 39, 43, 46, 48, 50, 59, 61, 64, 83, 85, 95, 107, 168, 172, 177, 179, 186, 200, 242, 249, 258, 260, 261, 268, 276, 298, 311, 327, 348, 368, 377, 379, 403, 406, 409, 411, 413, 434, 445, 447
Münster (Westf.) 39, 141, 205, 224, 298, 299, 377
Mutterstadt (Kr. Ludwigshafen) 440
Nahbollenbach (heute: Idar-Oberstein) 317, 318, 319
Nancy (Frankreich) 154
Nassau (Rhein-Lahn-Kr.) 379
Neu Delhi (Indien) 193
Neunkirchen (Saarland) 164, 317, 436
Neustadt an der Weinstraße 26, 48, 55, 105, 110, 124, 136, 137, 138, 176, 191, 233, 234, 235, 261, 262, 302, 303, 393, 394, 395, 411, 436, 437, 438, 443, 444
Neustadt an der Haardt s. Neustadt a. d. W.
Neuwied am Rhein 9, 97, 111, 229, 230, 285, 287, 288, 290, 291, 292, 293, 294, 300, 351, 353, 366, 368, 370, 372, 390, 391, 392,

New York 29, 112, 194
Nidda (Hessen) 40
Niederfell an der Mosel 389
Niederhochstadt (b. Hochstadt, Kr. Südl. Weinstr.) 413
Niederreidenbacher Hof (b. Idar-Oberstein) 221
Niederwörresbach (b. Idar-Oberstein) 221
Nizza (Frankreich) 368
Nordhorn (b. Bentheim, Niedersachsen) 223
Nürnberg 43, 98, 103. 182. 185, 208, 210, 225, 265, 291, 368, 380
Nyíregyháza (Ungarn) 35
Oberstein (Idar-Oberstein) 317, 445
Ochtendung (Eifel) 404
Oggersheim (Ludwigshafen) 102, 103, 104, 105, 337
Olpe (b. Kürten, Bergisches Land) 215
Onsdorf (b. Saarburg) 357
Oppenheim am Rhein 242, 361, 383
Oran (Algerien) 157
Osaka (Japan) 181
Ostende (Belgien) 368
Osthofen (b. Worms) 118, 245, 263, 264, 373
Otterbach (Pfalz) 124
Padula (Provinz Salerno, Italien) 327
Paris 13, 39, 50, 51, 64, 112, 115, 157, 160, 181, 193, 244, 325, 326, 327, 367, 378, 413, 445
Pasadena (Kalifornien) 427
Patschkau (Schlesien) 292, 293
Peking (China) 401
Périgueux (Frankreich) 114
Pfalzel (Stadtteil von Trier) 340
Pfeffenhausen (b. Landshut, Niederbayern) 268
Pferdsfeld (Kr. Bad Kreuznach) 52
Pflaumbach (b. Nördlingen) 211
Pforzheim (Baden-Württemberg) 249
Pfungstadt (Hessen) 250
Pirmasens (Pfalz) 13, 46, 139, 140, 210, 250, 251, 252, 253, 271, 272, 273, 279, 283, 381
Plymouth (England) 410
Potsdam (b. Berlin) 62, 135, 387
Prag 53, 54, 293, 368, 409
Primstal (b. Wadern, Saarl.) 74
Ramsen (b. Kirchheimbolanden) 46
Ramstein (b. Kaiserslautern) 238

Ransbach-Baumbach (Westerwald) 13, 152
Rappoltsweiler (Elsass) 283
Ravensbrück (Brandenburg) 373, 375
Recklinghausen (Nordrhein-Westfalen) 427
Reinhardshain 48
Rendsburg (Schlesw.-Holstein) 419
Rengsdorf (Kr. Neuwied) 367, 368
Rettmer, Domäne (Lüneburger Heide) 379
Reutlingen (Baden-Württemb.) 184
Rhaunen (Hunsrück) 59
Rheinbrohl (Kr. Neuwied) 287
Rheinzabern (Kr. Germersheim) 278
Rhens am Rhein 397
Rheydt (b. Mönchengladbach) 164
Rio de Janeiro (Brasilien) 300
Rivenich (Kr. Bernkastel-Wittlich) 215, 216
Rixdorf (b. Berlin, heute Berlin-Neukölln) 345
Rohrbach (b. Landau) 413
Röllshausen (Schwalm) 403
Rom 29, 193, 299, 329
Ronchi Poveromo (Italien) 327
Rostock (Mecklenburg-Vorpommern) 135
Rotenburg (Wümme, Niedersachsen) 118, 119
Rothau (Elsass) 274
Rotterdam (Niederlande) 51
Roxheim (Pfalz) 307
Rümmelsheim (b. Bad Kreuznach) 154
Ruwer (Trier) 56
Saarbrücken 53, 56, 64, 74, 76, 93, 218, 239, 240, 315, 426, 437, 439
Saarburg (b. Trier) 73, 74, 76, 77, 357, 358, 359, 360, 429, 430, 431
Salzburg (Österreich) 64, 260, 413
Sankt Martin (Kr. Südliche Weinstraße) 451, 452
Schernau (b. Landstuhl, Pfalz) 238
Schloß Balmoral (Bad Ems a. d. Lahn) 143
Schöneberg (Berlin) 346
Schönstein (b. Wissen a. d. Sieg) 100
Schönwald (b. Hof, Oberfranken) 408
Schopp (b. Kaiserslautern) 83, 84
Schussenried, Bad (Baden-Württemberg) 269
Schwarzenacker (Merlebach, Lothringen) 92
Schweppenhausen (b. Bad Kreuznach) 154
Schwerte (Westfalen) 377
Shanghai (China) 401

Siegburg (Nordrhein-Westf.) 95, 290
Simmern (Hunsrück) 155, 295, 296
Sinn-Fleisbach (Lahn-Dill-Kr.) 349
Smolensk (Russland) 51
Sobernheim an der Nahe 221, 366
Solingen (Nordrhein-Westf.) 46
Sonneberg (Thüringen) 380
Speyer 9, 14, 16, 21, 22, 23, 46, 47, 50, 54, 55, 64, 71, 92, 110, 111, 159, 160, 164, 191, 193, 194, 195, 253, 271, 281, 285, 331, 354, 356, 451
St. Arnual (b. Saarbrücken) 240
St. Avold (Lothringen) 93
St. Etienne (Loire, Frankreich) 92
St. Wendel (Saarland) 317, 370
Stalingrad 27, 74, 427
Steinbach (Hunsrück) 366
Steinen Schloß (b. Biebermühle, Pfalz) 184
Steinwenden (Kr. Kaiserslautern) 30, 31
Straßburg (Elsass, Frankreich) 92, 161, 172, 193, 194, 243, 282, 413
Stuttgart 12, 21, 22, 48, 129, 184, 185, 226, 347, 424
Swinemünde (Insel Usedom, Ostsee, heute Polen) 245
Tawern (Kr. Trier-Saarburg) 358
Tel Aviv (Israel) 112
Telgte (Westfalen) 409
Tettau (Oberfranken) 354
Theresienstadt (KZ, heute Tschechische Republik) 115, 277, 292
Tinz (Thüringen) 448
Tokio 181, 193
Tours (Frankreich) 33
Trier 3, 50, 56, 57, 58, 73, 75, 76, 77, 132, 133, 134, 142, 144, 161, 162, 163, 171, 196, 198, 215, 236, 274, 275, 299, 313, 315, 316, 323, 340, 345, 347, 351, 352, 357, 358, 360, 366, 377, 378, 421, 429, 430, 431, 448, 449, 450
Trierweiler (Kr. Trier-Saarburg) 76
Trippstadt (b. Kaiserslautern) 83
Troppau (heute Tschechische Republik) 112, 114
Truppacherhof (b. Contwig, Südwestpfalz)) 364, 365
Tübingen (Baden-Württemb.) 48, 107, 377, 378
Tunis (Tunesien) 157
Undenheim (Rheinhessen) 382, 384

Urbar (VG Vallendar) 9, 396
Vaals (Niederlande) 298
Valencia (Spanien) 50
Vallauris (Provence, Frankr.) 409
Vallendar (Kr. Mayen-Koblenz) 227, 237, 397
Versailles (Frankreich) 92
Vichy (Frankreich) 114, 157
Villa Viçosa (Portugal) 249
Villingen (Schwarzwald) 254
Volkmarsen (Nordhessen) 339
Wadgassen (Saar) 313
Waldbreitbach (Kr. Neuwied) 370, 372
Waldesch (Kr. Mayen-Koblenz) 389
Waldheim (Sachsen) 42, 45, 79
Waldmohr (Pfalz) 31
Warschau 154
Wartha (Warthegau) 220
Washington 57, 368
Wasserburg am Inn 341
Wattweiler (Zweibrücken) 281
Weatherford (Oklahoma, U.S.A.) 443
Wehlen an der Mosel 36
Weidenthal (Pfälzer Wald) 305
Weimar (Thüringen) 126, 202
Weisenau (Mainz) 97
Weißenburg (Bayern) 43
Weißenthurm (Kr. Mayen-Koblenz) 92
Weitersbach (Hunsrück) 59, 60
Weltersbach (Pfalz) 30, 31
Wennigsen (b. Hannover) 90
Wenzken (Kr. Angerburg, Ostpreußen) 118
Wiebelskirchen 75
Wien 28, 32, 70, 112, 139, 220, 250, 260, 415, 417, 432, 433
Wiesbaden 12, 124, 147, 205, 229, 230, 382
Wildsachsen (Taunus) 67
Wiltingen an der Mosel 431
Wintrich an der Mosel 430
Wirberg b. Reinhardshain (Oberhessen) 48
Wissen an der Sieg 100, 223, 224
Witebsk (Belarus) 81
Wittenberge (Brandenburg) 170
Wittlich (Eifel) 59, 170, 171, 215, 216, 217, 236, 339
Wolf (Kr. Bernkastel-Wittlich) 9, 200, 201
Wolfenbüttel 256
Wolfsheim (Rheinhessen) 387
Wollmesheim (b. Landau/Pf.) 413
Wöllstein (Rheinhessen) 78, 79

Worms 48, 49, 98, 190, 193, 241, 242, 244, 245, 246, 247, 248, 252, 253, 264, 341, 362, 363, 373, 375, 376
Wuppertal (Nordrhein-Westf.) 179, 200, 291
Würzburg 112, 305, 327, 329, 354, 434
Xanten (Kr. Wesel, Niederrh.) 141
Yorktown (Virginia, U.S.A.) 272
Zweibrücken 9, 93, 145, 146, 238, 265, 268, 270, 271, 272, 273, 279, 280, 281, 308, 309, 310, 364, 365, 379, 380, 381, 440

Bildnachweis

Alschner, Elisabeth	SPD Unterbezirk Speyer
Aretz, Gertrud	Handbuch Landtag Rheinl.-Pf. IV. Wahlperiode, Mainz 1959, S. 205
Auer, Hildegard	Stadtarchiv Ludwigshafen
Bader, Auguste	Roland Paul
Baron, Ruth	Ruth Baron (Foto: Klaus Benz)
Bereths, Franziska	Hans-Ulrich Praus, Bernkastel-Kues
Berghammer, Ulla	Dr. Konrad Berghammer
Bienko, Gertrud	Barbara Koops
Biernath, Irmgard	Charlotte Täffner
Blank-Sommer, Liselotte	Liselotte Blank-Sommer
Blum, Inge	Inge Blum
Bögler, Lene	Lene Bögler
Brach, Martha	Handbuch Landtag Rheinl.-Pf. IV. Wahlperiode, Mainz 1959
Breuer-Weber, Berti	Ursula Boehringer
Bruns, Karin	Stadtarchiv Frankenthal
Bund, Maria	privat
Carrez, Geneviève	Geneviève Carrez
Croon, Maria	Kreisarchiv Trier-Saarburg
Darapsky, Dr. Elisabeth	Stadtarchiv Mainz, BPS
Dauber, Carola	Roland Paul
Debray, Anneliese	Hedwig Dransfeld-Haus
Detzel, Maria	Rhein-Zeitung v. 8. Juli 1965
Deutsch-Einöder, Erni	Barbara Franke
Dietz, Maria	Rosmarie Hoffmann
Doerner, Josefine	Landtag Rheinl.-Pfalz, Fotosamml. I, Josefine Doerner, 1. Wp.
Doll, Hedwig	beide Abb.: Peter Gleber
Ehrgott, Auguste	Dr. Hanns Ehrgott
Eisler-Lehmann, Annie	Hedwig Brüchert
Enseleit, Ursula	privat
Falke, Margarete	Hans Helzer
Faschon, Susanne	G. Wellmer-Brennecke
Faulstich, Marga	Archiv Schott Glas, Mainz
Fiederling, Therese	Therese Fiederling
Flad, Dr. Helene	Dr. Helene Flad
Fuehrer, Dr. Ruth	Landtag Rheinl.-Pfalz, Fotosamml. I, Dr. Ruth Fuehrer, 1. Wp.
Fuhrmann-Stone, Erneste	Erni Deutsch-Einöder
Gantenberg, Dr. Mathilde	Landtag Rheinl.-Pfalz, Fotosamml. I, Dr. Math. Gantenberg, 3. Wp.
Gehrlein-Fuchs, Emmy	Annebärbel Kaul
Gerber, Otti	Otti Gerber

Gerhards, Gertrud	Gertrud Gerhards
Gerloff, Susanna	privat
Giron, Irène	Peter Manns, Höchst persönliche Erinnerungen an einen großen Franzosen und die bewegten Jahre der Wiederbegründung einer alten Universität. In memoriam Raymond Schmittlein. Mainz 1978
Goebel, Amely	Landtag Rheinland-Pfalz, Fotosamml. I, Amely Goebel, 3. Wp.
Greller, Hilde	Waltraud Leppla
Haccius, Prof. Dr. Barbara	Dr. Gerlinde Hausner
Halein, Josefine	Landtag Rheinland-Pfalz, Fotosamml. I, Josefine Halein, 1. Wp.
Harney, Else	Wendelin Stahl
Haupt, Thea	Frauengeschichte – Frauengeschichten aus Kaiserslauten, hrsg. v. d. Gleichstellungsstelle Kaiserslautern. Otterbach/Pfalz 1994
Heischkel-Artelt, Prof. Dr. Edith	Pressestelle der Universität Mainz
Hennig, Dora	Landtag Rheinland-Pfalz, Fotosamml. I, Dora Hennig, 2. Wp.
Herklotz, Luise	Luise Herklotz
Hermans, Susanne	Landtag Rheinland-Pfalz, Fotosamml. I, Susanne Hermans, 5. Wp.
Hochmann, Mina	Mildred Michel-Haas
Hoffmann, Sr. Dr. Norberta	Dr. Andrea Litzenburger
Holst-Steinel, Annemarie	Annemarie Holst-Steinel
Impertro, Betty	Christiane Pfanz-Sponagel
Jackob, Anne	Fam. Jackob
Jacoby, Anna-Maria	Laura Leggewie-Jacoby
Jaeger, Elisabeth	Diakonissenmutterhaus Bad Kreuznach
Jähnke, Hildegard	ÖTV-Archiv
Kehrein, Elfriede	beide Abb.: Peter Kehrein
Kerner, Hildegard	Judith Kauffmann
Kirch, Elisabeth	Frauengeschichte – Frauengeschichten aus Kaiserslauten, hrsg. v. d. Gleichstellungsstelle Kaiserslautern. Otterbach/Pfalz 1994
Klee, Marie-Elisabeth	Marie-Elisabeth Klee
Kölsch, Lucie	Andrea Kraft
Kömmerling, Prof. Dr. Hedwig	Prof. Dr. Dr. phil. Hedwig Kömmerling, Kolonialhistorikerin 1896–1996 Ausstellung der Stadtbücherei Pirmasens 11.6.-16.8.1996
Koenig, Anneliese	Anneliese Koenig
Köth, Erika	Ernst Dorn (Foto: Horst Maack, Berlin)

Konrad, Elisabeth	Georg Walter Konrad
Kriechbaum, Karoline	Archiv d. Stadt Kaiserslautern
Kroiss, Walburga (Sr. Luthardis)	Christoph Legner
Krumbach, Charlotte	Dr. Charlotte Glück-Christmann
Langgässer, Elisabeth	Literaturschauplatz Rheinhessen. Hrsg. v. d. Verlagsgruppe Rhein-Main, Mainz 1993
Leist, Maria	Dr. Charlotte Glück-Christmann
Mahla, Elisabeth	Stadtarchiv Landau i.d.Pf.
Maus, Anna	Stadtarchiv Frankenthal
Mechelen, Maria	Helene Böhr, Andernach
Merz, Mina	Stadtarchiv Frankenthal
Meyer, Agnes	Von Frau zu Frau. Auf der Suche nach der verschütteten Geschichte bedeutender Frauen in und um Neuwied, hrsg. v. Frauenbüro Neuwied (Teil I). Neuwied 1993
Meyer-Bothling, Elisabeth	H. Meyer-Bothling
Missong, Dr. Else	Deutscher Caritasverband (Hrsg.), caritas '97. Jahrbuch des Deutschen Caritasverbandes. Freiburg 1996
Nellessen, Dr. Gertraud	Bernhard Nellessen
Osterspey, Hilde	Jörg Osterspey
Ott, Liesel	Dieter Ott
Persijn-Vautz, Marlott	Marlott Persijn-Vautz (Foto: Isabelle Girard de Soucanton)
Peters, Maria	Bei us dahäam. Gedichte und Erzählungen von Maria Peters. Hrsg. v. Hermann Jakobs, Herbert Pies und Bernhard Simon i. Auftr. d. Ortsgemeinde Kasel 1992
Prem, Cläre	Literarisches Rheinland-Pfalz heute, Mainz 1988
Radler, Luise	Henni Rick
Raether, Marie	Gisela Biegler
Reichensperger, Hedwig	Paulinus v. 26.1.1958
Ritz-Münch, Liesel	Eva Klag-Ritz
Roeder, Emy	Stadtarchiv Mainz, BPS (Foto: Hanne Zapp)
Roos, Heny	Stadtarchiv Ludwigshafen
Rothländer, Helene	Landtag Rheinland-Pfalz, Fotosamml. I, Helene Rothländer, 1. Wp.
Rumetsch, Aenne	Stadtarchiv Ludwigshafen
Runte, Dr. Josefine	Dr. Hans-Joachim Kann
Saalfeld, Martha	Archiv Wolfgang Diehl, Landau
Sahlberg, Clara	ÖTV-Archiv
Sauerborn, Gertrud	Gertrud Rams

Schardt, Hedwig	Landtag Rheinland-Pfalz, Fotosamml. I, Hedwig Schardt, 5. Wp.
Scheuer, Susanne	Edgar Christoffel
Schlösser, Annelore	Annelore Schlösser
Schmahl, Ella	Liesel Schörry
Schmidt-Reuther, Gisela	Gisela Schmidt-Reuther
Schneider, Margarete (Sr. Edelgard)	Von Frau zu Frau. Auf der Suche nach der verschütteten Geschichte bedeutender Frauen in und um Neuwied, hrsg. v. Frauenbüro Neuwied, Teil II. Neuwied 1995
Schott, Karoline	Jacques Delfeld
Schröder-Schiffhauer, Dr. Maria	Dr. Hans-Joachim Kann
Schuler, Anne-Marie	Karl-Heinz Schuler
Schwamb, Elisabeth	Stadtarchiv Mainz, Nachlass E. Schwamb
Schwarzkopf, Sofie	Brunhild Gauls
Senfft, Ilse von	Histor. Bildarchiv SWR
Seppi, Elfriede	Landtag Rheinland-Pfalz, Fotosamml. I, Elfriede Seppi, 3. Wp.
Stalter, Katharina	Gerhard Berzel
Stedman, Hilda von	Landeshauptarchiv Koblenz, Depositum Familienarchiv v. Stedman
Steil-Beuerle, Dr. Elisabeth	Karl Steil
Stein-Wiese, Ina	Kurt Eitelbach
Steingötter, Lieselotte	Marliese Fuhrmann
Storr-Britz, Hildegard	Fam. Gerards
Strieffler, Marie	Hans Blinn, Die Malerin Marie Strieffler in der Neuen Welt, Landau 1992
Sulzmann, Dr. Erika	Anna-Maria Brandstetter
Thomé, Inge	Histor. Bildarchiv SWR
Thress, Ellen	F.D.P.-Landesverband Rheinland-Pfalz
Tonndorff, Gretl	Fritz Bockius, Koblenz
Trimborn, Elisabeth	Stadtarchiv Ludwigshafen
Wacht, Gretel	Gretel Wacht
Wandel, Louise	Anne Knauf
Weiß, Dr. Ella	Landtag Rheinland-Pfalz, Fotosamml. I, Dr. Ella Weiß, 1. Wp.
Werbelow, Mathilde	Wulf Werbelow
Wetzel, Gertrud	Archiv der Stadt Frankenthal
Wiebe, Elizabeth	Mildred Michel-Haas
Wild-Kussler, Ilse	Ilse Wild-Kussler
Wolf, Maria	Landtag Rheinland-Pfalz, Fotosamml. I, Maria Wolf, 3. Wp.
Ziegler, Cäcilie	Mildred Michel-Haas

Liste der Autorinnen und Autoren und der von ihnen verfaßten Biographien

Elke Balzhäuser	*Otti Gerber*
Anni Becker	*Liesel Ott*
Monika Beckerle	*Ernestе Fuhrmann-Stone, Elisabeth Langgässer*
Gerhard Berzel	*Katharina Stalter*
Gisela Biegler	*Marie Raether*
Gisela Brach	*Martha Brach*
Dr. Anna-Maria Brandstetter	*Dr. Erika Sulzmann*
Susanne Brötz	*Maria Mechelen, Gertrud Sauerborn, Elfriede Seppi*
Heike Brücher	*Anne Jackob*
Dr. Hedwig Brüchert	*Elisabeth Alschner, Gertrud Aretz, Franziska Bereths, Ulla Berghammer, Lilly Bischoff, Lene Bögler, Berti Breuer-Weber, Maria Bund, Geneviève Carrez, Dr. Elisabeth Darapsky, Maria Dietz, Josefine Doerner, Dr. Julia Dünner, Auguste Ehrgott, Anni Eisler-Lehmann, Dr. Helene Flad, Dr. Mathilde Gantenberg, Gertrud Gerhards, Irène Giron, Amely Goebel, Helene Grefraths, Irmgard Gusovius, Josefine Halein, Else Harney, Dora Hennig, Luise Herklotz, Dr. Luise v. d. Heyden, Sr. Dr. Norberta Hoffmann, Annemarie Holst-Steinel, Anna-Maria Jacoby, Katharina Kanja, Elisabeth Reichsgräfin von Kesselstatt, Prof. Dr. Hedwig Kömmerling, Elisabeth Konrad, Annemarie Lange, Elisabeth Mahla, Anna Maus, Dr. Else Missong, Hedwig Reichensperger, Liesel Ritz-Münch, Hedwig Schardt, Gisela Schmidt-Reuther, Sofie Schwarzkopf, Hilda von Stedman, Hildegard Storr-Britz, Dr. Ella Weiß, Ilse Wild-Kussler, Maria Wolf*
Dr. Anja Cherdron	*Emy Roeder*
Edgar Christoffel	*Maria Croon, Susanne Scheuer, Gretel Wacht*
Jacques Delfeld	*Karoline Schott*
Dr. Kurt Eitelbach	*Ina Stein-Wiese*
Monika Feigk	*Dr. Ruth Fuehrer*
Gertraude Feldmann	*Elisabeth Jaeger*
Heidemarie Fink	*Ruth Baron*
Dr. Stephan Flesch	*Elisabeth Meyer-Bothling*
Gisela Foltz	*Erika Köth*
Barbara Franke	*Erni Deutsch-Einöder*

Jockel Fuchs	*Dr. Elisabeth Steil-Beuerle*
Marliese Fuhrmann	*Thea Haupt, Elisabeth Kirch,*
	Karoline Kriechbaum, Lieselotte Steingötter
Alexandra Gerhardy	*Susanna Gerloff, Ellen Thress*
Peter Gleber, M.A.	*Hedwig Doll*
Dr. Charlotte Glück-Christmann	*Charlotte Krumbach, Maria Leist*
Dr. Gerlinde Hausner	*Prof. Dr. Barbara Haccius*
Hans Helzer	*Margarete Falke*
Marlene Hübel	*Irmgard Biernath*
Elisabeth Jost	*Luise Radler*
Stefanie Kaminski	*Prof. Dr. Edith Heischkel-Artelt*
Dr. Hans-Joachim Kann	*Maria Peters, Cläre Prem, Dr. Josefine Runte,*
	Dr. Maria Schröder-Schiffhauer
Mechtild Kappetein	*Anneliese Debray*
Dr. Brigitte Kassel	*Hildegard Jähnke, Clara Sahlberg*
Judith Kauffmann	*Hildegard Kerner*
Annebärbel Kaul	*Emmy Gehrlein-Fuchs*
Peter Kehrein	*Elfriede Kehrein*
Dr. Anton Maria Keim	*Inge Blum, Elisabeth Schwamb, Gretl Tonndorff*
Hedi Klee	*Inge Thomé*
Anne Knauf	*Louise Wandel*
Barbara Koops	*Gertrud Bienko, Maria Detzel,*
	Helene Rothländer
Andrea Kraft	*Lucie Kölsch*
Dr. Christoph Legner	*Walburga Kroiss (Sr. Luthardis)*
Mildred Michel-Haas	*Mina Hochmann, Elisabeth Mahla,*
	Martha Saalfeld, Marie Strieffler,
	Elizabeth Wiebe, Cäcilie Ziegler
Walter Mottl †	*Marlott Persijn-Vautz*
Dr. Dr. Henning Müller	*Agnes Meyer*
Gerhard Nestler	*Gertrud Wetzel*
Prof. Dr. Jörg Osterspey	*Hilde Osterspey*
Roland Paul, M.A.	*Auguste Bader, Carola Dauber*
Christiane Pfanz-Sponagel, M.A.	*Betty Impertro, Aenne Rumetsch*
Gertrud Rams	*Gertrud Sauerborn*
Angela v. Rennenberg	*Margarete Schneider (Sr. Edelgard)*
Rosemary Ripperger	*Therese Fiederling*
Bénédicte Ruelland	*Geneviève Carrez*
Martina Ruppert	*Hildegard Auer, Anneliese Koenig, Heny Roos,*
	Elisabeth Trimborn
Dr. Hans-Jürgen Sarholz	*Dr. Gertraud Nellessen*
Karl-Heinz Schuler	*Anne-Marie Schuler*
Liesel Schörry	*Ella Schmahl*

Helga Sourek	*Anneliese Debray*
Jutta Steinbrecher	*Hilde Greller*
Dr. Jürgen Steiner	*Marga Faulstich*
Christina Streit	*Liselotte Blank-Sommer, Marie-Elisabeth Klee, Annelore Schlösser*
Ursula Terner	*Ursula Enseleit*
Elisabeth Thullner	*Ilse von Senfft*
Prof. Wilhelm Weber †	*Karin Bruns*
Elisabeth Weiler	*Susanne Hermans*
Geesche Wellmer-Brennecke	*Susanne Faschon*
Wulf Werbelow	*Mathilde Werbelow*
Gertrud Wetzel †	*Mina Merz*

Aus drucktechnischen Gründen sind bei den Texten im vorliegenden Buch noch die alten Regeln der Rechtschreibung berücksichtigt.